三周突破SAT真题词汇

赵天骐　主编

中国科学技术大学出版社

内 容 简 介

本书为美国大学入学考试(SAT)的备考用书,针对2016年3月至2019年6月的近40套SAT真题试卷以及4套官方指南的阅读和文法部分的词汇进行选编、整理,并对每个重点单词配以例句,便于国内参加SAT考试的考生扩充词汇量。书中涉及重点单词和短语约2520个,分为21个部分。同时,本书为考生制订了科学的单词扩充计划,将所有单词乱序排列,每个部分都配有自测习题,便于学生自我检测、强化记忆。

图书在版编目(CIP)数据

三周突破SAT真题词汇/赵天骐主编.—合肥:中国科学技术大学出版社,2021.3
ISBN 978-7-312-05115-9

Ⅰ.三… Ⅱ.赵… Ⅲ.英语—词汇—高等学校—入学考试—美国—自学参考资料 Ⅳ.H313

中国版本图书馆CIP数据核字(2020)第257637号

三周突破SAT真题词汇
SAN ZHOU TUPO SAT ZHENTI CIHUI

出版	中国科学技术大学出版社
	安徽省合肥市金寨路96号,230026
	http://press.ustc.edu.cn
	https://zgkxjsdxcbs.tmall.com
印刷	安徽国文彩印有限公司
发行	中国科学技术大学出版社
经销	全国新华书店
开本	787 mm×1092 mm 1/16
印张	24
字数	716千
版次	2021年3月第1版
印次	2021年3月第1次印刷
定价	80.00元

Preface 前言

  自2016年美国大学委员会推出新SAT考试以来,其阅读和文法部分的文章风格更加多样化,这对于考生的词汇基础提出了更高的要求。编者多年从事SAT考试培训工作,深知中国考生在英文词汇积累方面遇到的挑战,故而在日常教学之余,针对每次SAT考试的阅读和文法部分中考生们容易感到困惑的词汇做了整理。久而久之,随着新SAT考试次数增多、题型逐渐稳定,考生们原本感到陌生的词汇反复出现,这些生词也就变得不再陌生。

  鉴于此,编者将这些年教学中涉及的重点词汇集结成书,针对2016年3月至2019年6月的近40套SAT真题试卷以及4套官方指南Practice Tests的阅读和文法部分的词汇进行选编、整理,并对每个重点单词配以例句,便于参加SAT考试的中国高中生扩充词汇量。本书涉及重点单词和短语约2520个,分成21个List。同时,本书为考生制定了科学的单词扩充计划,将所有单词乱序排列,每个List都配有自测习题,便于考生自我检测、强化记忆。

  编者在选取词汇时,重点关注以下三方面的因素:

  第一,词汇难度与SAT考试相匹配。这里的难度取决于中国普通的英语学习者在日常学习和生活中遇到某个单词的概率,并且与TOEFL考试的难度相区分。譬如,indignation(*n*. 愤慨)在一般的托福词汇教程中很少涉及,而在SAT阅读和文法真题中多次出现,故入选本书;而inadequate(*adj*. 不充分的)在TOEFL考试中时常考到,故不在本书中列出。这样可以方便考生有针对性地积累更难的词汇,减少在常见词上所花的时间和精力。建议考生根据自身实际情况决定是否需要搭配更加基础的词汇书进行学习。

  第二,词汇含义对于理解文本有所帮助。很多词汇书不加区分地选取了很多并不需要考生理解的术语词汇和外来语等,而考生本应当在阅读过程中通过文中的介绍来理解这类词汇。比如,真题当中出现过ribozyme(*n*. 核糖酶),这个单词并不需要考生认识,故不入选本书;而aerosol(*n*. 气雾剂,气溶胶)在多篇文章当中出现并且很多考生本就认识,虽然是化学术语,但对于考生理解文本有重要作用,因而保留。

第三,挖掘常见词汇的生僻含义。有些常见词汇在 SAT 文本中使用的并不是我们熟悉的含义,譬如 sport($v.$ 夸耀)。考生在背单词时应留意。

编者建议考生在背完一个单元之后,通过本书后半部分的自测练习进行巩固。本书的自测练习配以答案和单词索引,便于同学们参考。

由于编者水平有限,书中难免有不足之处,还望各位读者提出宝贵意见。非常感谢!

编 者
2020 年 6 月

Contents 目录

Preface　前言 ·· i

List 1 ··················	1	List 1 Practice ············	178
List 2 ··················	10	List 2 Practice ············	186
List 3 ··················	18	List 3 Practice ············	194
List 4 ··················	27	List 4 Practice ············	202
List 5 ··················	35	List 5 Practice ············	210
List 6 ··················	44	List 6 Practice ············	218
List 7 ··················	53	List 7 Practice ············	226
List 8 ··················	61	List 8 Practice ············	234
List 9 ··················	70	List 9 Practice ············	242
List 10 ················	78	List 10 Practice ···········	250
List 11 ················	86	List 11 Practice ···········	258
List 12 ················	94	List 12 Practice ···········	266
List 13 ················	102	List 13 Practice ···········	274
List 14 ················	110	List 14 Practice ···········	282
List 15 ················	118	List 15 Practice ···········	290
List 16 ················	127	List 16 Practice ···········	298
List 17 ················	135	List 17 Practice ···········	306
List 18 ················	143	List 18 Practice ···········	314
List 19 ················	152	List 19 Practice ···········	322
List 20 ················	160	List 20 Practice ···········	330
List 21 ················	169	List 21 Practice ···········	338

Answers　练习题答案 ··· 346

Indexes(A～Z)　索引(A～Z) ··· 353

List 1

Word	Part of Speech & Meaning	Example
inarticulate /ˌɪnɑrˈtɪkjələt/	adj. 口齿不清的；说不出话的	Making an inarticulate sound, he turned away. 他含糊不清地咕哝了一声后，转身走了。
diagnosis /ˌdaɪəgˈnoʊsɪs/	n. 诊断	I need to have a second test to confirm the diagnosis. 我需要复查来确诊。
notion /ˈnoʊʃən/	n. 概念；见解；打算	We each have a notion of just what kind of person we'd like to be. 我们每个人都对想要做个什么样的人有自己的想法。
envision /ɪnˈvɪʒn/	vt. 想象；预想	In the future we envision a federation of companies. 我们设想将来会有公司联盟。
jeer /dʒɪr/	v. & n. 嘲笑；戏弄；奚落	Demonstrators jeered the mayor as he arrived for a week-long visit. 市长到此进行为期一周的访问时，示威者们嘲弄了他。
reckon /ˈrɛkən/	vt. 测算；估计；认为；计算	We reckon him to be the best goalkeeper in the world. 我们认为他是世界上最好的守门员。
impeccably /ɪmˈpɛkəbli/	adv. 无可挑剔地	
minimalism /ˈmɪnɪməˌlɪz(ə)m/	n. 极简派艺术；最低纲领；极保守行动	
contraption /kənˈtræpʃn/	n. 奇异的机械；奇特的装置	
emergence /ɪˈmɜːrdʒəns/	n. 出现；浮现	the emergence of new evidence 新证据的出现
benevolence /bəˈnɛvələns/	n. 仁慈；善行	
repurpose /riːˈpɜːpəs/	v. 把……改变用途	A city must creatively use what is available, including repurposing landfills. 城市应当创造性地利用已有的资源，包括垃圾填埋场的改建。
herbivore /ˈhɜːbɪvɔːr/	n. 食草动物	
ferocious /fəˈroʊʃəs/	adj. 残忍的；惊人的	Fighting has been ferocious. 战斗一直很激烈。

steer /stɪr/	v. 控制；引导；驾驶 n. 阉牛	What is it like to steer a ship this size? 驾驶这样大小的船会怎么样呢？
categorise /ˈkætəɡəraɪz/	v. 将……分类	
sound /saʊnd/	adj. 合理的；无损的；有能力的；充足的	
gorge /ɡɔrdʒ/	n. 峡谷；胃；暴食；咽喉；障碍物 vt. 使……吃饱；吞下；使……扩张 vi. 拼命吃；狼吞虎咽	I could spend each day gorging on chocolate. 我可以将每一天都花在狂吃巧克力上。
ferment /fərˈmɛnt/	v. 使……发酵；激起（麻烦，动乱） n. 发酵；酵素；动乱	The whole country has been in a state of political ferment for some months. 整个国家几个月来一直处在政治动荡的状态中。
sigh for	渴望；为……叹息	
frantic /ˈfræntɪk/	adj. 狂乱的；疯狂的	A bird had been locked in and was by now quite frantic. 一只鸟被关了起来，到现在它都非常狂躁。
homogeneous /ˌhəʊməˈdʒiːnɪəs/	adj. 由同种族人组成的；由同类组成的；同种类的	The unemployed are not a homogeneous group. 失业者并不都是同一类人。
imprisonment /ɪmˈprɪznmənt/	n. 监禁；关押；坐牢；下狱	She was sentenced to seven years' imprisonment. 她被判处7年监禁。
convoke /kənˈvok/	vt. 召集；召集……开会	
mediocrity /miːdɪˈɒkrɪtɪ/	n. 平庸之才	
stunt /stʌnt/	n. 噱头；手腕 vt. 阻碍……的正常生长或发展 vi. 表演特技	He did all his own stunts. 所有特技都是他自己演的。
harpsichord /ˈhɑːpsɪkɔːd/	n. 羽管键琴；大键琴	
stir /stɜːr/	v. 激起（强烈的感情）；搅动 n. 轰动；愤怒	Amy remembered the anger he had stirred in her. 艾米记得他曾惹自己生气。
wind （wound, wound） /waɪnd/	v. 缠绕；上发条	The path wound down to the beach. 这条小路弯弯曲曲通向海滩。

cheapen /ˈtʃiːpən/	vi. 减价；跌价	She never cheapened herself by lowering her standards. 她从不降低标准来贬低自己。
metastasize /meˈtæstesaiz/	v. 扩散；转移	A checkup revealed a small tumour on the left lower lobe of his lung, but it had not yet metastasized. 一次检查显示，他的肺部左下叶有一小块肿瘤，但尚未扩散。
trajectory /trəˈdʒɛktəri/	n. 轨道；轨线；弹道	My career seemed to be on a downward trajectory. 我的事业似乎在走下坡路。
pollinator /ˈpɑlɪnetər/	n. 传粉者；传粉媒介；传粉昆虫；授花粉器	
contempt /kənˈtɛmpt/	n. 轻视；蔑视；耻辱	He has contempt for those beyond his immediate family circle. 他对自己直系亲属以外的人都心怀蔑视。
considerate /kənˈsɪdərɪt/	adj. 体贴的；体谅的；考虑周到的	She is always polite and considerate towards her employees. 她对待雇员总是客客气气，关心体谅。
supercilious /ˌsupərˈsɪliəs/	adj. 目空一切的；高傲的；傲慢的；自大的	supercilious wine waiters 傲慢的侍酒师
hoax /hoks/	vt. 愚弄；欺骗 n. 骗局；恶作剧	He denied making the hoax call but was convicted after a short trial. 他否认打过谎报电话，但经过一番短暂的审讯之后他被判有罪。
exclaim /ɪkˈskleɪm/	v. 呼喊；惊叫	"He went back to the lab," Inez exclaimed impatiently. "他回实验室了。"伊内兹不耐烦地叫道。
counteract /ˌkaʊntərˈækt/	vt. 抵消；中和；阻碍	My husband has to take several pills to counteract high blood pressure. 我丈夫不得不吃几片药来抑制高血压。
ornate /ɔrˈneɪt/	adj. 华丽的；装饰的	a mirror in an ornate gold frame 镶着豪华金框的镜子
urchin /ˈɜːtʃɪn/	n. 海胆	
peeler /ˈpiːlər/	n. /木/剥皮机	
verifiable /ˈvɛrəˌfaɪəbl/	adj. 可证实的；能作证的；可检验的	This is not a romantic notion but verifiable fact. 这不是一个不切实际的念头，而是一个可以证明的事实。
timeworn /ˈtaɪmˌwɔrn/	adj. 陈旧的；老朽的	Even in the dim light the equipment looked old and timeworn. 即便在昏暗的光线下，这台设备也显得陈旧过时。
obsolete /ˈɑbsəˌlit/	adj. 废弃的；老式的 n. 废词；陈腐的人 vt. 淘汰；废弃	With technological changes, many traditional skills have become obsolete. 随着技术的革新，许多传统技艺已被淘汰。

quasar /ˈkweɪzɑr/	n. /天/ 类星体；恒星状球体	
widest /ˈwaɪdɪst/	adj. 宽的；广阔的	
legitimate /ləˈdʒɪtəmɪt/	adj. 合法的；正当的；合理的；正统的 vt. 使……合法；认为……正当（= legitimize）	Politicians are legitimate targets for satire. 政客理所当然是讽刺的对象。
subversion /səbˈvɜːʃn/	n. 颠覆；破坏	He was arrested on charges of subversion for organizing the demonstration. 他因组织示威游行被指有颠覆企图而被捕了。
homogenize /hoˈmɑdʒənaɪz/	vt. 使……均匀；使……类同	Even Brussels bureaucrats can't homogenize national cultures and tastes. 即便是布鲁塞尔的官僚们也无法使民族文化和品味单一化。
thaw /θɔ/	v. 融化；解冻；变得随和；使……变得友善 n. 解冻时期；关系缓和	It's so cold the snow doesn't get a chance to thaw. 天气太冷了，积雪根本无法融化。
vindicate /ˈvɪndɪkeɪt/	vt. 维护；证明……无辜；证明……正确	The director said he had been vindicated by the experts' report. 主任说专家们的报告证明他是正确的。
indiscreet /ˌɪndɪˈskriːt/	adj. 轻率的；不慎重的	He is notoriously indiscreet about his private life. 他在私生活方面的不检点是出了名的。
mining /ˈmaɪnɪŋ/	n. 矿业；采矿	traditional industries such as coal mining and steel making 像采煤和炼钢这样的传统工业
autocratic /ˌɔtəˈkrætɪk/	adj. 专制的；独裁的；专横的	The people have grown intolerant in recent weeks of the king's autocratic ways. 最近几周，民众越来越难以忍受国王的专制行径。
tress /trɛs/	n. 一绺头发；发辫；卷发；枝条 vt. 把（头发）梳理成绺	
priestcraft /ˈpristkræft/	n. 祭祀的本领	
anecdotal /ˌænɪkˈdoʊtl/	adj. 轶事的；轶事一样的	His findings are based on anecdotal evidence rather than serious research. 他的发现依据的是传闻轶事，而不是认真的调查研究。

cautionary /ˈkɔːʃənərɪ/	adj. 警告的；劝诫的	Barely fifteen months later, it has become a cautionary tale of the pitfalls of international mergers and acquisitions. 15个月刚过，这便成了一个有关国际并购陷阱的警世故事。
molt /məʊlt/	vi. 脱毛；换毛	
base /beɪs/	adj. 卑鄙的；低劣的 n. 基础	base currency 基础货币
contrariness /ˈkɑntrerɪnɪs/	n. 反对；矛盾；乖张	
maintain /meɪnˈteɪn/	v. 主张	Critics maintain that these reforms will lead to a decline in educational standards. 批评者坚称这些改革会导致教育标准下降。
exultation /ˌɛgzʌlˈteɪʃən/	n. 狂喜；得意	
irreverent /ɪˈrev(ə)r(ə)nt/	adj. 不敬的；无礼的	She has an irreverent attitude towards marriage. 她对婚姻有一种不当回事的态度。
indiscriminate /ˌɪndɪˈskrɪmɪnət/	adj. 任意的；无差别的；不分青红皂白的	Doctors have been criticized for their indiscriminate use of antibiotics. 医生被指责滥用抗生素。
deflationary /dɪˈfleɪʃənˌɛri/	adj. 通货紧缩的	the government's refusal to implement deflationary measures 政府对实施通货紧缩措施的拒绝
gloat /gloʊt/	vi. 幸灾乐祸；心满意足地注视 n. 幸灾乐祸；贪婪的盯视	She was still gloating over her rival's disappointment. 她仍在为对手的失望而幸灾乐祸。
altar /ˈɔːltər/	n. 祭坛；圣坛；圣餐台	She put flowers on the altar as an offering. 她在祭坛上放上了鲜花作为牲礼。
utopian /juˈtoupɪən/	adj. 乌托邦的；空想的；理想化的 n. 空想家；乌托邦的居民	He was pursuing a utopian dream of world prosperity. 他那时在追求一个不切实际的世界繁荣之梦。
diligently /ˈdɪlədʒəntli/	adv. 勤奋地；勤勉地	
unsightly /ʌnˈsaɪtli/	adj. 难看的；不雅观的	an unsightly pile of rubbish right in front of the restaurant 在餐馆前面的一堆很不雅观的垃圾
plunger /ˈplʌndʒər/	n. /机/ 活塞；潜水者；跳水者；莽撞的人	

windshield /ˈwɪndʃiːld/	n. 挡风玻璃	
stumble /ˈstʌmb(ə)l/	vi. 踌躇；蹒跚；失足；犯错	I make it into the darkness with only one stumble. 我只踉跄了一下就把它弄进了黑暗中。
charade /ʃəˈrɑːd/	n. 装模作样；做戏；打哑谜猜字游戏	Unless more money is given to schools, all this talk of improving education is just a charade. 除非拨给学校更多的经费，否则说什么改善教育都是一堆空话。
casualty /ˈkæʒuəlti/	n. 意外事故；伤亡人员；急诊室	Troops fired on the demonstrators causing many casualties. 军队向示威的人群开火，造成不少伤亡。
chauffeur /ʃoʊˈfɜːr/	n. 司机 vt. 开车运送 vi. 当汽车司机	It was certainly useful to have her there to chauffeur him around. 有她在那儿为他开车肯定是有用的。
betwixt /bɪˈtwɪkst/	prep. & adv. 在……之间	
lacquer /ˈlækə/	n. 漆器	We put on the second coating of lacquer. 我们刷了第二层漆。
extraterrestrial /ˌekstrətəˈrestrɪəl/	adj. 地球外的	
dangle /ˈdæŋgl/	v. 使……摇晃地悬挂着；提着；炫示；用……来诱惑（或激励）	He sat on the edge with his legs dangling over the side. 他悬垂着双腿坐在边缘上。
stochastic /stɒˈkæstɪk/	adj. /数/ 随机的；猜测的	
protocol /ˈprotəkɒl/	n. 协议；草案；礼仪 v. 拟定	He has become a stickler for the finer observances of Washington protocol. 他成了拘泥于华盛顿外交礼节的人。
harry /ˈhæri/	v. 不断烦扰；不断袭击	He is increasingly active in harrying the government in late-night debates. 他愈来愈积极地在午夜辩论节目中不断攻击政府。
peg /pɛg/	n. 钉子 v. 钉住	She was busy pegging her tent to the ground. 她忙着把帐篷钉牢在地上。
unionize /ˈjuːnɪənaɪz/	v. 加入工会；成立工会	
deprivation /ˌdeprɪˈveɪʃən/	n. 剥夺；损失；匮乏；贫困	Sleep deprivation can result in mental disorders. 缺乏睡眠会引起精神紊乱。
clump /klʌmp/	n. 丛；笨重的脚步声；土块 vi. 形成一丛；以沉重的步子行走 vt. 使……成一丛；使……凝结成块	I was combing my hair and it was just falling out in clumps. 我当时正梳头，头发就一簇簇地掉了下来。

quirk /kwɜːrk/	n. 怪癖；急转；借口	Brown was always fascinated by the quirks and foibles of people in everyday situations. 布朗总是着迷于日常环境中人们的古怪性格和怪癖。
upbringing /ˈʌpbrɪŋɪŋ/	n. 教养；养育；抚育	Martin's upbringing shaped his whole life. 马丁的教养影响了他的一生。
paradoxically /ˌpɛrəˈdɑksək(ə)li/	adv. 自相矛盾地；似是而非地；反常地	
ascent /əˈsɛnt/	n. 上升；上坡路；登高	The cart began its gradual ascent up the hill. 运货马车开始缓缓上山。
reciprocally /rɪˈsɪprəkli/	adv. 相互地；相反地	
stride /straɪd/	n. 大步；步幅；进展 v. 跨过；大踏步走过	They were joined by a newcomer who came striding across a field. 一位新来的人大步穿过一片田地，加入他们的行列。
drowsy /ˈdraʊzi/	adj. 昏昏欲睡的；沉寂的；催眠的	What girl could resist a boy quoting poetry on a drowsy summer afternoon by the sea? 哪有女孩会抗拒男孩在夏日海滨昏昏欲睡的午后吟诗呢？
gourmet /ˈɡʊrmeɪ/	n. 美食家；精美的菜肴	The couple share a love of gourmet cooking. 这对夫妇都有烹饪美食的爱好。
pampered /ˈpæmpərd/	adj. 饮食过量的；饮食奢侈的	today's pampered superstars 当今被娇惯的超级明星们
acclaim /əˈkleɪm/	vt. 热烈称赞 adj. 受到高度赞扬的 n. 赞扬	The restaurant has been widely acclaimed for its excellent French cuisine. 这个餐馆因出众的法式烹调而受到广泛赞扬。
prestigious /prɛˈstɪdʒəs/	adj. 有名望的；享有声望的	It's one of the best equipped and most prestigious schools in the country. 这是国内设备最好、最有声望的学校之一。
distress /dɪˈstrɛs/	n. 危难；不幸；贫困；悲痛 vt. 使……悲痛；使……贫困	Jealousy causes distress and painful emotions. 嫉妒会引发悲伤和痛苦的情绪。
proclamation /ˌprɑkləˈmeɪʃən/	n. 公告；宣布；宣告；公布	The authorities issued a proclamation forbidding public meetings. 当局发布了公告，禁止公开集会。
lath /læθ/	n. 板条；瘦人 vt. 给……钉板条	
enticingly /enˈtaɪsɪŋli/	adv. 诱人地；迷人地	
wherewith /hwɛəˈwɪð/	adv. & conj. 用以 pron. 借以	the pen wherewith I am wont to write 我常用来写字的笔

foul /faʊl/	vi. 犯规;腐烂;缠结	
arena /əˈriːnə/	n. 舞台;竞技场	a sports arena 运动场
adequate /ˈædɪkwɪt/	adj. 充足的	One in four people worldwide are without adequate homes. 世界上1/4的人没有足够的住房。
cow /kaʊ/	vt. 威胁	The government, far from being cowed by these threats, has vowed to continue its policy. 政府根本没有被这些威胁吓倒,发誓要继续执行其政策。
flavor /ˈfleɪvər/	n. 特点	
deterrent /dɪˈtɜːrənt/	adj. 遏制的;威慑的;制止的 n. 威慑;妨碍物;挽留的事物	Hopefully his punishment will act as a deterrent to others. 对他的惩罚但愿能起到杀一儆百的作用。
unwanted /ˌʌnˈwɑːntɪd/	adj. 不需要的;有害的;讨厌的;空闲的	It is very sad when children feel unwanted (= feel that other people do not care about them). 小孩觉得没有人爱是很悲惨的。
inquisition /ˌɪnkwɪˈzɪʃən/	n. 调查;宗教法庭;审讯	
antithrombin /ˌæntɪˈθrɒmbɪn/	n. 抗凝血酶	
conglomeration /kənˌɡlɒməˈreɪʃ(ə)n/	n. 聚集(物);团块;凝聚;混合物	
piety /ˈpaɪəti/	n. 虔诚;孝敬;虔诚的行为或语言	Known for her piety, she would walk miles to attend communion services in the neighbouring villages. 她的虔诚是出了名的,她会步行几英里去参加邻村的圣餐仪式。
flare /fler/	vt. 使……闪耀;使……张开 n. 加剧;恶化;底部展开;闪耀;耀斑	The flare of the match lit up his face. 火柴的光照亮了他的脸。
non-committal /ˌnɒnkəˈmɪtl/	adj. 态度不明朗的;不承担义务的;无明确意义的	Sylvia's face was noncommittal. 西尔维娅一脸不置可否。

misgiving /ˌmɪsˈɡɪvɪŋ/	n. 担忧；疑虑；不安	Also, people really like hearing their name, and if you say it in a slightly misgiving way — like a mom scolding her child — they'll always laugh. 而且，人们很喜欢听自己的名字，如果你用一种带着些许担忧的方式说出它——就像母亲斥责她的孩子——他们经常是会笑的。
stupendous /stuˈpɛndəs/	adj. 惊人的；巨大的	He was a man of stupendous stamina and energy. 他是个有着惊人的耐力、精力充沛的人。
hail /heɪl/	n. 下冰雹 v. 向……欢呼；致敬	

List 2

aberration /ˌæbəˈreɪʃən/	n. 反常现象；异常行为；偏离；行为异常的人；精神失常；畸变；像差；光行差	It became very clear that the incident was not just an aberration; it was not just a single incident. 已经很明确这次事件并不仅仅是一次失常，也不只是一个单独的事件。
suffrage /ˈsʌfrɪdʒ/	n. 选举权；投票；参政权；代祷；赞成票	the women's suffrage movement 女性选举权运动
flimsy /ˈflɪmzi/	adj. 浅薄的；易损坏的；不牢靠的	a flimsy alliance between the two tribal groups 两个部落间脆弱的联盟
discretionary /dɪˈskrɛʃəneri/	adj. 任意的；自由决定的	the court's discretionary powers 法庭的酌情决定权
slat /slæt/	n. 板条；狭条 v. 用板条制作；提供板条；猛投	
biplane /ˈbaɪpleɪn/	n. 复翼飞机；双翼飞机	
traction /ˈtrækʃən/	n. 牵引；/机/车辆牵引力	Isabelle's legs were in traction for about two and a half weeks. 伊莎贝尔的双腿做了大约两周半的牵引。
relinquish /rɪˈlɪŋkwɪʃ/	v. & n. 放弃；放手；让渡	He does not intend to relinquish power. 他不打算放弃权力。
dispel /dɪˈspɛl/	vt. 驱散；驱逐；消除（烦恼等）	The president is attempting to dispel the notion that he has neglected the economy. 总统正试图消除他忽视了经济的这一想法。
banish /ˈbænɪʃ/	vt. 放逐；驱逐	John was banished from England. 约翰被逐出英国。
mutter /ˈmʌtər/	v. & n. 咕哝；喃喃自语	She can hear the old woman muttering about consideration. 她能听见这老妇人低声说要考虑考虑。
feign /feɪn/	vt. 假装；装作；捏造；想象	He survived the massacre by feigning death. 他装死才在大屠杀中死里逃生。
sound /ˈsaʊnd/	adj. 明智的；合理的；正确的	a man of great integrity and sound judgement 一个非常正直、判断力强的人

mainspring /ˈmenspriŋ/	n. 主要动力；（钟表）主发条；主要原因；主要动机	My life has been music, and a constant search for it has been the mainspring of my life. 我为音乐而生,对音乐的不懈探索已经成为我生活的动力。
angelic /ænˈdʒelɪk/	adj. 天使的；似天使的；天国的	She had an angelic smile, but a dreadful temper. 她笑起来像个天使,但脾气很可怕。
clad /klæd/	adj. 穿衣的；覆盖的	the figure of a woman clad in black 一个身穿黑衣的女子的身影
licentiousness /laɪˈsenʃəsnɪs/	n. 放荡；放肆	
clobber /ˈklɒbə/	v. 击打	Hillary clobbered him with a vase. 希拉里拿起一个花瓶向他打去。
replicate /ˈreplɪkeɪt/	vt. 复制；折叠 adj. 复制的；折叠的	Subsequent experiments failed to replicate these findings. 后来的实验没有得出同样的结果。
earthly /ˈɜːθlɪ/	adj. 地球的；尘世的；可能的	the need to confront evil during the earthly life 尘世生活中对抗罪恶的需要
fang /fæŋ/	n. 尖牙；毒牙	The cobra sank its venomous fangs into his hand. 眼镜蛇将毒牙咬进他的手。
gadget /ˈgædʒɪt/	n. 小玩意；小器具；小配件；诡计	Our friends talk about their desires for the latest gadget. 我们的朋友在谈论着对最新的小玩意的渴望。
palette /ˈpælət/	n. 调色板；颜料	The painter's right hand holds the brush, the left the palette. 那位画家右手握着画笔,左手拿着调色盘。
creep /kriːp/	vi. 慢慢地移动；爬行 n. 爬行(过去式和过去分词是 crept)	I crept up the stairs, trying not to wake my parents. 为了尽量不吵醒父母,我蹑手蹑脚地上了楼。
sidestep /ˈsaɪdˌstep/	vt. 回避（问题）	Rarely, if ever, does he sidestep a question. 他很少回避问题。
optimism /ˈɒptɪmɪzəm/	n. 乐观；乐观主义	The Indian prime minister has expressed optimism about India's future relations with the U.S. 印度总理表达了对未来印美关系的乐观态度。
adorn /əˈdɔːn/	vt. 装饰；使……生色	
mindful of	记着；想着；考虑到	Mindful of the danger of tropical storms, I decided not to go out. 想到热带风暴的危险,我决定不出门。
remorseful /rɪˈmɔːsfəl/	adj. 懊悔的；悔恨的	He was genuinely remorseful. 他发自内心地感到懊悔。
imperative /ɪmˈperətɪv/	adj. 必要的；不可避免的 n. 必要的事；命令	It is absolutely imperative that we finish by next week. 我们的当务之急是必须于下周完成。

resiliency /rɪˈzɪlɪjənsi/	n. 弹性；跳回	
frantically /ˈfræntɪkəli/	adv. 疯狂似地；狂暴地	
cubs /kʌb/	n. 幼仔；幼童军；没经验的年轻人 vi. 生幼仔	three five-week-old lion cubs 3只5周大的幼狮
vex /vɛks/	vt. 使……烦恼；使……困惑；使……恼怒	It vexed me to think of others gossiping behind my back. 想到别人在我背后说闲话我就很恼火。
torso /ˈtɔɪrsou/	n. 躯干；未完成的作品；残缺不全的东西	The man had the bulky upper torso of a weightlifter. 这名男子有着举重运动员般的粗壮身躯。
engage /ɪnˈgeɪdʒ/	vt. 吸引；使……加入；聘 vi. 从事；融入 n. 密切关系	I have never engaged in drug trafficking. 我从来没有从事过贩毒。
crochet /kroʊˈʃeɪ/	n. 钩边；钩针编织品 v. 用钩针编织	crocheted rugs 用钩针编织的小块地毯
celestial /sɪˈlɛstɪəl/	adj. 天上的；天空的	
nomination /ˌnɑmɪˈneɪʃən/	n. 任命；提名；提名权	his candidacy for the Republican presidential nomination 他获得了共和党总统候选人资格
conducive /kənˈdusɪv/	adj. 有益的；有助于……的	Make your bedroom as conducive to sleep as possible. 把你的卧室尽可能地布置得有助于睡眠。
intricacy /ˈɪntrɪkəsi/	n. 错综；复杂；难以理解	The price depends on the intricacy of the work. 价格取决于工艺的精细程度。
midst /mɪdst/	prep. 在…中间（等于 amidst）	
exhume /ɪgˈzuːm/	vt. 发掘；掘出	His remains have been exhumed from a cemetery in Queens. 他的遗体已从昆士郡的一个墓地里被挖了出来。
seam /siːm/	n. 缝；接缝 vt. 缝合 vi. 裂开	The health service seems to be falling apart at the seams. 公共医疗卫生服务似乎到了崩溃的边缘。
vaunt /vɔːnt/	vi. 自夸；吹嘘 vt. 自夸；吹嘘 n. 自吹自擂	
conceive /kənˈsiːv/	vt. 怀孕；构思；以为；持有	I just can't even conceive of that quantity of money. 我简直无法想象那样一笔数量的钱。

单词	词性/释义	例句
appraisal /əˈpreɪzl/	n. 评价；估价（尤指估价财产，以便征税）	What is needed in such cases is a calm appraisal of the situation. 在此类情况下需要的是对形势的冷静估计。
oversight /ˈəʊvəsaɪt/	n. 监督；照管；疏忽	William was angered and embarrassed by his oversight. 威廉对自己的疏忽感到恼火和尴尬。
gesticulate /dʒɛˈstɪkjulet/	v. 用姿势示意；(讲话时)做手势	A man with a paper hat upon his head was gesticulating wildly. 一个戴纸帽的男子在拼命地打手势。
swath /swɑθ/	n. 细长的列；收割的刈痕	
verbiage /ˈvɜːrbɪɪdʒ/	n. 冗词；废话	Stripped of their pretentious verbiage, his statements come dangerously close to inviting racial hatred. 脱去那些矫饰费解的冗词赘语的外衣，他的言论有挑起种族仇恨的危险。
stylish /ˈstaɪlɪʃ/	adj. 时髦的；现代风格的；潇洒的	a stylish woman in her forties 一位40多岁的时髦女子
tectonic /tɛkˈtɑnɪk/	adj. /地质/构造的；建筑的	
allotment /əˈlɑtmənt/	n. 分配；分配物；养家费；命运	
shrewd /ʃruːd/	adj. 精明的；狡猾的；机灵的 n. 精明(的人)；机灵(的人)	She is a shrewd judge of character. 她看人看得很准。
disembark /ˌdɪsɪmˈbɑrk/	vi. 登陆；下车；上岸	I looked toward the plane, 6 passengers had already disembarked. 我向飞机看去，6名乘客已下机。
complexion /kəmˈplekʃ(ə)n/	n. 肤色；面色；情况；局面	She was fair-complexioned with blonde hair. 她皮肤白皙，一头金发。
mountainous /ˈmaʊntɪnəs/	adj. 多山的；巨大的	They were struggling with mountainous debts. 他们背负着沉重的债务艰难打拼。
paradoxical /ˌpærəˈdɒksɪk(ə)l/	adj. 矛盾的；诡论的；似非而是的	Some sedatives produce the paradoxical effect of making the person more anxious. 一些镇静剂产生出使人更紧张这样自相矛盾的结果。
uninformative /ˌʌnɪnˈfɔːmətɪv/	adj. 不提供信息的；不增长见闻的	It was a singularly uninformative document. 这是一份格外缺乏信息的文件。
unveiling /ˌʌnˈveɪlɪŋ/	adj. 揭幕的 n. 除去遮盖物；公开；揭幕式 v. 揭示；除去面纱(unveil 的 ing 形式)	

defer /dɪˈfɜːr/	v. 推迟；延期；服从	Doctors are encouraged to defer to experts. 医生们被鼓励听从专家的意见。
hegemonic /ˌhedʒɪˈmɒnɪk; ˌhegɪ-/	adj. 霸权的；支配的	
snarky /ˈsnɑːkɪ/	adj. 尖锐批评的	
emphatic /ɪmˈfætɪk; em-/	adj. 着重的；加强语气的；显著的	Wilde was emphatic that the event should go ahead. 怀尔德强调活动应该继续进行。
surf /sɜːrf/	n. 海浪；拍岸浪	surf rolling onto white sand beaches 翻滚到白色沙滩上的浪花
uniform /ˈjuːnəˌfɔrm/	adj. 统一的；一致的；相同的；均衡的；始终如一的	Cut down between the bones so that all the chops are of uniform size. 在骨头之间砍削，使所有的排骨大小一致。
electric /ɪˈlektrɪk/	adj. 紧张刺激的；扣人心弦的	The atmosphere in the courtroom was electric. 法庭上的气氛十分紧张。
tentacle /ˈtentəkl/	n. 触手	Tentacles of fear closed around her body. 恐惧的阴影笼罩着她。
resemblance /rɪˈzembləns/	n. 相似；相似之处；相似物；肖像	There was a remarkable resemblance between him and Pete. 他和皮特有一个惊人的相似之处。
traverse /trəˈvɜːs/	v. 穿过；来回移动 n. 横穿	I traversed the narrow pedestrain bridge. 我走过了那条狭窄的步行桥。
aspire /əˈspaɪr/	vi. 渴望；立志；追求	She aspired to a scientific career. 她有志于科学事业。
bane /beɪn/	n. 毒药；祸害；灭亡的原因	This craving is, of course, the bane of many ex-alcoholics' existence. 这种渴望当然是许多老酒徒生活的烦恼之源。
transcendent /trænˈsendənt/	adj. 卓越的；超常的；出类拔萃的	the transcendent genius of Mozart 莫扎特的超凡天赋
instinctive /ɪnˈstɪŋktɪv/	adj. 本能的；直觉的；天生的	My instinctive reaction was to deny everything. 我的本能反应是否认一切。
coruscate /ˈkɒrəskeɪt/	vi. 焕发；闪烁	
dissipate /ˈdɪsɪpeɪt/	vt. 浪费；使……消散	Her laughter soon dissipated the tension in the air. 她的笑声很快消除了紧张气氛。
cordial /ˈkɔːdʒəl/	adj. 热情友好的；由衷的；兴奋的 n. 甜果汁饮料；镇定药；兴奋剂	The talks were conducted in a cordial atmosphere. 会谈在友好的气氛中进行。

单词	词性/释义	例句
segregation /ˈsɛɡrɪˈɡeɪʃən/	n. 隔离；分离；种族隔离	The Supreme Court unanimously ruled that racial segregation in schools was unconstitutional. 最高法院一致裁定学校实施的种族隔离措施违反宪法。
curator /kjʊˈreɪtər/	n. 博物馆馆长；动物园园长	
nostalgia /nəˈstældʒə/	n. 乡愁；怀旧之情；怀乡病	She is filled with nostalgia for her own college days. 她对自己的大学时代充满了怀念之情。
excavate /ˈɛkskəˌveɪt/	v. 挖掘；开凿	A new Danish expedition is again excavating the site in annual summer digs. 一支新的丹麦考察队又在对那个地方进行年度的夏季挖掘。
ambiguity /ˌæmbɪˈɡjuəti/	n. 含糊；不明确；暧昧；模棱两可的话	Write clear definitions in order to avoid ambiguity. 释义要写清楚以免产生歧义。
algal /ˈælɡəl/	adj. 海藻的	Sewage nutrients do increase algal growth in the harbour. 污水中的营养物的确会加快海藻的生长速度。
circumspection /ˌsɜːkəmˈspɛkʃən/	n. 慎重；细心	
sear /sɪr/	vt. 烤焦；使……枯萎	
indignation /ˌɪndɪɡˈneɪʃən/	n. 愤慨；愤怒；义愤	To his indignation, Charles found that his name was not on the list. 查尔斯发现他的名字没有出现在名单上，这让他深感愤慨。
scoundrel /ˈskaʊndrəl/	n. 恶棍；无赖；流氓 adj. 恶棍（般）的；卑鄙的	He is a lying scoundrel! 他是个无耻的骗子！
procure /prəˈkjʊr/	vt. 获得；取得；导致	
susceptibility /səˌsɛptəˈbɪləti/	n. 敏感性；感情；磁化系数	his increased susceptibility to infections 他越来越容易受感染的体质
impunity /ɪmˈpjunəti/	n. 不受惩罚；无患；/法/免罚	These gangs operate with apparent impunity. 这些犯罪团伙明火执仗，却没有受到惩罚。
discernment /dɪˈsɜːrnmənt/	n. 识别；洞察力；敏锐；眼力	He shows great discernment in his choice of friends. 他选择朋友很有眼光。
picketer /ˈpɪkɪtər/	n. 纠察员	
spacious /ˈspeɪʃəs/	adj. 宽敞的；广阔的；无边无际的	The house has a spacious kitchen and dining area. 这座住宅有一个宽敞的厨房和用餐区。

单词	词性/释义	例句
hissing /ˈhɪsɪŋ/	n. 蔑视；发嘶嘶声 v. 发出嘘声；发嘶嘶声（hiss 的 ing 形式）	He jumped on to his quad bike to escape but the hissing bird flew at him, landed on his head and knocked him off course. 当他跳上自己的四轮机车准备逃走时，这只嘶嘶鸣叫的大鸟猛扑向他，骑在他头上，把他从车上赶了下来。
vicious /ˈvɪʃəs/	adj. 恶毒的；恶意的；堕落的；有错误的；品性不端的；剧烈的	She wrote me a vicious letter. 她给我写了一封严厉的信。
detach /dɪˈtætʃ/	vt. 分离；派遣；使……超然	Detach the coupon and return it as soon as possible. 将赠券撕下后尽快寄回。
aloe /ˈæləʊ/	n. 芦荟；龙舌兰	
benevolent /bəˈnevələnt/	adj. 仁慈的；慈善的	A benevolent uncle paid for her to have music lessons. 一位叔叔慷慨解囊，出钱供她上音乐课。
steadfast /ˈstɛdfæst/	adj. 坚定的	Dr. Faraday remained steadfast in his plea of innocence. 法拉第医生坚持自己无罪的抗辩。
meddle with	管闲事；干涉；干预	I'm not the sort of newspaper owner who meddles with editorial policy. 我不是那种干涉编辑方针的报社老板。
icky /ˈɪki/	adj. 讨厌的；过分甜的；黏得讨厌的 n. 令人作呕的人	She could feel something icky on her fingers. 她感觉到手指上有种黏糊糊的恶心玩意。
modicum /ˈmɑdɪkəm/	n. 少量；一点点	I'd like to think I've had a modicum of success. 我希望我已经取得了一点成绩。
verge /vɜːrdʒ/	vi. 濒临；接近；处在边缘 n. 边缘	The country was on the verge of becoming prosperous and successful. 这个国家即将变得繁荣昌盛。
vellum /ˈvɛləm/	n. 牛皮纸	
sham /ʃæm/	n. 假装；骗子；赝品 vt. 假装；冒充	The government's promises were exposed as a hollow sham. 政府的承诺被揭露为一个空洞的谎言。
pronounce /prəˈnaʊns/	vt. 发音；宣判 vi. 发音；作出判断	The judge will pronounce sentence today. 法官将于今天宣判。
glamour /ˈɡlæmə/	n. 魅力；魔力；迷人的美 vt. 迷惑；迷住	the glamour of show biz 演艺业的诱惑力
eddy /ˈɛdi/	n. 涡流；漩涡	The waves swirled and eddied around the rocks. 波浪翻滚着在岩石周围打旋。

uncompromisingly /ʌnˈkɒmprəˌmaɪzɪŋli/	adv. 坚决地；不妥协地	
nudge /nʌdʒ/	v.（用肘）推开；劝说；接近 n. 推动	I nudged Stan and pointed again. 我轻推了推斯坦，又指了一下。
clairvoyant /klɛrˈvɔɪənt/	n. 千里眼；有洞察力的人 adj. 透视的；有洞察力的	clairvoyant powers 未卜先知的能力
delinquent /dɪˈlɪŋkwənt/	adj. 有过失的；急忽的；拖欠债务的 n. 流氓；行为不良的人；失职者	juvenile delinquent 少年犯
tempered /ˈtempərd/	adj. 缓和的；温和的；调节的	
reimbursement /ˌriːmˈbɜːrsmənt/	n. 补偿	She is demanding reimbursement for medical and other expenses. 她在要求医疗和其他费用的报销。
confide /kənˈfaɪd/	vt. 吐露；委托	She confided all her secrets to her best friend. 她向她最要好的朋友倾吐了自己所有的秘密。
locomotion /ˌloʊkəˈmoʊʃən/	n. 运动；移动；旅行	Flight is the form of locomotion that puts the greatest demands on muscles. 飞行是对肌肉要求最高的运动形式。
partisanship /ˈpɑːrtəzənˌʃɪp/	n. 党派性；党派偏见；对党派的忠诚	
tyrannosaurus /tɪˌrænəˈsɔːrəs/	n. 暴龙	
tether /ˈteðər/	n. 系链；拴绳 v.（用绳或链）拴住	She was jealous, humiliated, and emotionally at the end of her tether. 她觉得又嫉妒又屈辱,情绪低落至极。
clinch /klɪn(t)ʃ/	v. 确定；敲定；解决；成功赢得	a young salesman eager to clinch the deal 一名急于想做成这笔生意的年轻推销员

List 3

enchant /ɪnˈtʃænt/	v. 使……迷惑；施魔法；使……陶醉；使……入迷	I was enchanted by the way she smiled. 她微笑时的样子让我着迷。
fecundity /fɪˈkʌndəti/	n. /生物/繁殖力；多产	
slender /ˈslendə/	adj. 细长的；苗条的；微薄的	
outpost /ˈaʊtpəʊst/	n. 前哨；警戒部队；边区村落	This rural outpost, 400 miles northeast of Helena, has one stoplight. 这个在赫勒拿东北400英里处的农村居民点有一个交通信号灯。
embark /ɪmˈbɑːk/	vi. 从事；着手；上船或飞机 vt. 使……从事；使……上船	He's embarking on a new career as a writer. 他即将开始新的职业生涯——当一名作家。
be bound to	必然；一定要	
propeller /prəˈpɛlər/	n. 螺旋桨；推进器	
sinister /ˈsɪnɪstər/	adj. 阴险的；凶兆的；灾难性的；左边的	There was something sinister about him that she found disturbing. 他身上带有某种令她心神不宁的阴险。
banter /ˈbæntər/	n. 无恶意的玩笑	easy banter between her cousins 她表兄妹之间轻松的打趣说笑
antithesis /ænˈtɪθəsɪs/	n. 对立面；对照；对仗	Love is the antithesis of selfishness. 爱是自私的对立面。
dubious /ˈdjuːbɪəs/	adj. 可疑的；暧昧的；无把握的；半信半疑的	This claim seems to us to be rather dubious. 这项声明在我们看来相当不可信。
rouge /ruːʒ/	n. 胭脂；口红；铁丹；红铁粉 v. 擦口红；在……上搽胭脂	Florentine women rouged their earlobes. 佛罗伦萨的妇女往她们的耳垂上搽胭脂。

单词	词性/释义	例句
seductive /sɪˈdʌktɪv/	adj. 有魅力的；引人注意的；令人神往的	The idea of retiring to the south of France is highly seductive. 退休后到法国南方去，这个主意令人心驰神往。
retribution /ˌretrɪˈbjuːʃən/	n. 报应；惩罚；报答；报偿	He didn't want any further involvement for fear of retribution. 由于害怕遭到惩罚，他不想进一步卷进去。
bounty /ˈbaʊntɪ/	n. 慷慨；丰富；奖励金；赠款	autumn's bounty of fruits, seeds and berries 秋天丰收的水果、种子和浆果
contemplate /ˈkɒntəmpleɪt/	v. 沉思；注视；思忖；预期	It is a place of quiet contemplation. 这是一个适合静静深思的地方。
loan /ləʊn/	n. 贷款；借款 vi. 借出 vt. 借；借给	The country has no access to foreign loans or financial aid. 该国得不到外国贷款或财政援助。
taper /ˈteɪpər/	v. 逐渐减少；逐渐变弱	Unlike other trees, it doesn't taper very much. It stays fat all the way up. 不像其他树，它不是越往上越细，而是自下往上一样粗。
lean /liːn/	adj. 不景气的 v. 倾斜身体；倾斜；倚靠；使……斜靠	Eileen leaned across and opened the passenger door. 艾琳探过身来打开了乘客门。
avarice /ˈævərɪs/	n. 贪婪；贪财	He paid a month's rent in advance, just enough to satisfy the landlord's avarice. 他预交了一个月的房租，正好满足了房东的贪心。
knavery /ˈneɪvərɪ/	n. 恶行；欺诈；无赖行为	dishonest knavery 无赖行为，不诚实的行为
vault /ˈvɔːlt/	n. 拱顶；撑竿跳；地下室 vi. 跳跃；成穹状弯曲 vt. 做成圆拱形；撑竿跳过	He could easily vault the wall. 他可以轻而易举地跃过这堵墙。
institutionalize /ˌɪnstɪˈtjuːʃənəlaɪz/	vt. 使……制度化	She became seriously ill and had to be institutionalized for a lengthy period. 她病情严重，必须接受长期收容治疗。
lynx /lɪŋks/	n. 猞猁；山猫	
ridge /rɪdʒ/	n. 山脊；山脉；屋脊	
plenipotentiary /ˌplenəpəˈtenʃərɪ/	adj. 全权代表的；有全权的 n. 全权代表；全权大使	the U.S. Plenipotentiary to the UN conference 美国在联合国大会的全权代表
ambivalence /æmˈbɪvələns/	n. /心理/ 矛盾情绪；正反感情并存	

countenance /ˈkaʊntɪnəns/	n. 面容；表情；支持；拥护 v. 支持；赞同；认可	Jake would not countenance Janis's marrying while still a student. 杰克不会赞同贾尼斯还是学生时就结婚。
scornful /ˈskɔːnfl/	adj. 轻蔑的	He is deeply scornful of politicians. 他对政客是很不屑的。
granular /ˈɡrænjələr/	adj. 颗粒的；粒状的	a granular fertilizer 一种粒状化肥
bay /beɪ/	vt. 向……吠叫	
groundbreaking /ˈɡraʊndbreɪkɪŋ/	adj. 开创性的	
vile /vaɪl/	adj. 卑鄙的；邪恶的；低廉的；肮脏的	The weather was really vile most of the time. 天气大部分时间都很糟糕。
weld /wɛld/	vt. 焊接；使……结合；使……成整体 vi. 焊牢 n. 焊接；焊接点	It's possible to weld stainless steel to ordinary steel. 将不锈钢和普通钢焊接在一起是可能的。
innate /ɪˈneɪt/	adj. 先天的；固有的	Children have an innate ability to learn language. 儿童学习语言的能力是与生俱来的。
revamp /ˌriːˈvæmp/	vt. 修补；翻新；修改 n. 改进；换新鞋面	All the country's political parties have accepted that it is time to revamp the system. 这个国家的所有政党都承认现在是体制改革的时候了。
encode /ɪnˈkoʊd/	vt.（将文字材料）译成密码；编码；编制成计算机语言	The two parties encode confidential data in a form that is not directly readable by the other party. 双方把机密数据写成一种不能被对方直接读懂的密码。
utter /ˈʌtər/	adj. 完全的；彻底的；无条件的	To my utter amazement she agreed. 令我大感意外的是，她同意了。
in step with	与……一致；协调；与……保持一致	
ugliness /ˈʌɡlɪnɪs/	n. 丑陋	
hatchet /ˈhætʃɪt/	n. 短柄小斧	
patrilocal /ˌpætrɪˈloʊk(ə)l/	adj.（婚后）居住在男方家的	

resolve /rɪˈzɑːlv/	vt. 决定；使……分解 vi. 解决；分解 n. 坚决	Both sides met in order to try to resolve their differences. 双方为了努力解决分歧而会晤。
reflexive /rɪˈfleksɪv/	adj.（词或词形）反身的；反射性的；本能反应的；（关系）自反的；考虑自身影响的	
staggering /ˈstæɡərɪŋ/	adj. 惊人的；令人震惊的	Regardless of which percentage or cost you believe in, the potential savings with static analysis tools is staggering. 不管您相信多少，静态分析工具潜在的成本节省是惊人的。
asunder /əˈsʌndə/	adv. 化为碎片地；分离地 adj. 分成碎片的；分离的	Topic: Concentrate spirit with differentiation that asunder energy. 题目：集中精神和分散精力的区别。
exceptional /ɪkˈsepʃnl/	adj. 异常的；例外的；优越的	He's an exceptionally talented dancer and needs to practise several hours every day. 他是位天赋非凡的舞蹈家，每天都需要练习几小时。
propel /prəˈpel/	vt. 推进；驱使；激励	He succeeded in propelling the ball across the line. 他成功地把球带过线。
crept /krept/	v. 悄悄地缓慢行进	
wince /wɪns/	vi. 畏缩；退避 n. 畏缩	He winced as a sharp pain shot through his left leg. 左腿的一阵剧痛疼得他直龇牙咧嘴。
stupefy /ˈstjuːpɪfaɪ/	vt. 使……惊呆；使……昏迷	He was stupefied by the amount they had spent. 得知他们花了那么多钱，他都惊呆了。
drap /dræp/	n. 拖拉；呢绒；织物 vt. 使……滴下（等于 drop） vi. 滴下（等于 drop）	
primacy /ˈpraɪməsi/	n. 首位	We must give primacy to education. 我们必须以教育为本。
triumph /ˈtraɪəmf/	n. 胜利；凯旋；欢欣 vi. 获得胜利；成功	The championships proved to be a personal triumph for the coach, Dave Donovan. 那些冠军称号证明了教练戴夫·多诺万的个人成就。
duplicity /duˈplɪsəti/	n. 口是心非；表里不一；不诚实	Malcolm believed he was guilty of duplicity in his private dealings. 马尔科姆相信他在为其私底下的奸诈行为内疚着。
steer /stɪr/	v. 控制；驾驶	He took her arm and steered her towards the door. 他抓住她的胳膊，把她带往门口。

exorbitant /ɪɡˈzɔrbɪtənt/	adj.（要价等）过高的；（性格等）过分的；不在法律范围之内的	
ridership /ˈraɪdərˌʃɪp/	n.（某种公共交通工具的）客流量	"It is necessary to consider modes at their best and worst ridership levels to understand the potential of the system," said by Chester. 切斯特说："考虑到每种交通方式的最佳和最差载客水平是很有必要的，这有助于了解这种交通方式的潜力。"
indulgence /ɪnˈdʌldʒəns/	n. 纵容	The king's indulgence toward his sons angered the business community. 国王对孩子们的纵容激怒了商界。
contingent /kənˈtɪndʒənt/	n.（警察、士兵、军车）批；代表团	Nigeria provided a large contingent of troops to the West African Peacekeeping Force. 尼日利亚向西非维和部队派出了一大批军队。
flytrap /ˈflaɪtræp/	n. 捕蝇草；捕蝇器；防火墙机器	
corroboration /kəˌrɑbəˈreɪʃn/	n. 确证；证实；确证的事实	
overarching /ˌəʊvərˈɑːtʃɪŋ/	adj. 首要的；支配一切的；包罗万象的	The crisis gave an overarching justification to the government's policy. 这场危机为政府的政策找到了能解释一切的正当理由。
otter /ˈɑtər/	n. 水獭；水獭皮	
accrue /əˈkru/	vi. 产生；自然增长或利益增加 vt. 获得；积累	I owed $5000 — part of this was accrued interest. 我已经欠了5000美元——这其中的一部分是累积的利息。
clout /klaʊt/	n. 破布；敲打；影响力 vt. 给……打补丁；猛击	I knew his opinion carried a lot of clout with them. 我知道他的观点对他们很有影响力。
purportedly /pɜːˈrpɔːtɪdli/	adv. 据称；据称地	documents that were purportedly smuggled out of China 据称已被偷运到中国境外的文件
by extension	自然地；当然地（用于提及另一自然相关的事物）	My primary responsibility is to the pupils, and by extension to the teachers and parents. 我主要是对学生负责，当然也对教师和家长负责。
coercive /koʊˈɜːrsɪv/	adj. 强制的	coercive measures to reduce absenteeism 减少旷工现象的高压措施
provincial /prəˈvɪnʃl/	adj. 省的；地方性的；偏狭的 n. 粗野的人；乡下人；外地人	the Quebec and Ontario provincial police 魁北克和安大略省的警察

单词	词性/释义	例句
wobble /ˈwɒbl/	v. 摇晃；摇摆；游移不定 n. 摆动；摇晃；不稳定	Some of the tables wobble. 有的桌子摇晃。
vigilant /ˈvɪdʒələnt/	adj. 警惕的；警醒的；注意的	A pilot must remain vigilant at all times. 飞行员必须随时保持警惕。
summon /ˈsʌmən/	vt. 召唤；召集	In May 1688, he was urgently summoned to London. 1688年5月，他被紧急召往伦敦。
creed /kriːd/	n. 信条；教义	their devotion to their creed of self-help 他们对自助信条的奉献
spire /ˈspaɪr/	n. 尖顶；尖塔；螺旋 vi. 螺旋形上升	a church spire poking above the trees 伸出树梢的教堂尖顶
unmask /ˌʌnˈmæsk/	v. 撕下……的假面具；揭露	Elliott unmasked and confronted the master spy and traitor Kim Philby. 艾略特揭露了头号间谍和叛国者金·菲尔比，并与其对质。
primates /ˈpraɪmetiz/	n. 灵长类	The woolly spider monkey is the largest primate in the Americas. 绒毛蛛猴是美洲最大的灵长目动物。
pant /pænt/	v. & n. 喘息渴望	She climbed rapidly until she was panting with the effort. 她飞快地爬着，直到气喘吁吁。
translucent /trænsˈluːsnt/	adj. 半透明的	
effortful /ˈefətfʊl/	adj. 需要努力的；显示努力的；充满努力的	
marginal /ˈmɑːdʒɪnl/	adj. 边缘的；临界的；末端的	This is a marginal improvement on October. 这是对10月份的一个小小的改进。
give ground	给；产生；让步；举办；授予	
liberate /ˈlɪbəreɪt/	vt. 解放	
levitation /ˌlɛvəˈteɪʃən/	n. 升空；飘浮	
habitual /həˈbɪtʃuəl/	adj. 习惯的；惯常的；习以为常的	If bad posture becomes habitual, you risk long-term effects. 如果不良姿势成为习惯，你会有遭受长期影响的危险。
statute /ˈstætʃuːt/	n. 法规；法令；条例	Corporal punishment was banned by statute in 1987. 1987年通过的法令明文禁止体罚。
annex /əˈneks/	v. 并吞	Rome annexed the Nabatean kingdom in 106 AD. 罗马帝国于公元106年并吞了纳巴泰王国。

broach /broʊtʃ/	vt. 提出	Eventually I broached the subject of her early life. 最后我提出她早年生活的话题。
relinquishment /rɪˈlɪŋkwɪʃmənt/	n. 作罢；让渡	
wreck /rɛk/	n. 破坏；失事；残骸；失去健康的人 vt. 破坏；使……失事；拆毁 vi. 失事；营救失事船只	His life has been wrecked by the tragedy. 他的生活被这场悲剧毁了。
intervene /ˌɪntəˈviːn/	vi. 干涉；调停；插入	The situation calmed down when police intervened. 警察干预后，局势平静了下来。
perch /pɜːrtʃ/	n. (鸟的)栖木	
elongate /ɪˈlɔŋɡeɪt/	vt. 拉长；使……延长；使……伸长 adj. 伸长的；延长的	Her legs were elongated by the very high heels which she wore. 她穿的高跟鞋非常高，显得她的腿很长。
routine /ruˈtin/	adj. 常规的；例行的；平常的；乏味的	a series of routine medical tests including X-rays and blood tests 一系列包括X光和验血在内的常规医学检查
ramble /ˈræmb(ə)l/	v. (在乡间)漫步；闲逛；漫谈，闲聊；(植物)蔓生	an hour's ramble through the woods 一小时穿过树林的漫步
pledge /plɛdʒ/	n. 保证；誓言；抵押；抵押品；典当物	
attire /əˈtaɪə/	n. 服装；盛装 vt. 打扮；使……穿衣	seven women dressed in their finest attire 7位着盛装的女士
vaccine /vækˈsin/	n. 疫苗	There is no vaccine against HIV infection. 目前还没有防艾滋病病毒传染的疫苗。
seesaw /ˈsiːˌsɔː/	n. 跷跷板；秋千 adj. 交互的；前后动的 vi. 玩跷跷板；上下来回摇动 vt. 使……上下或来回摇动	There was a sandpit, a seesaw and a swing in the playground. 操场上有一个沙坑、一副跷跷板和一架秋千。
aught /ɔːt/	n. 任何事物(等于anything)；无物	

单词	词性/释义	例句
fraud /frɔːd/	n. 欺骗；骗子；诡计	He was jailed for two years for fraud and deception. 他因诈骗与欺诈被监禁了2年。
culinary /ˈkʌlɪnɛri/	adj. 烹饪的；烹饪用的；食物的	advanced culinary skills 高超的烹调技艺
balsam /ˈbɔlsəm/	n. 香脂；凤仙花；香膏；产香脂的树	
invigorate /ɪnˈvɪɡəreːt/	vt. 鼓舞；使……精力充沛	They felt refreshed and invigorated after the walk. 散步之后他们感到精神焕发。
avenue /ˈævənuː/	n. 方法；途径	
haul /hɔːl/	v. (用力)拖；拉；费力前进	She hauled her backpack onto her back. 她背上沉重的背包。
scrupulous /ˈskrupjələs/	adj. 细心的；小心谨慎的；一丝不苟的	You must be scrupulous about hygiene when you're preparing a baby's feed. 给婴儿准备食物时，对卫生丝毫马虎不得。
eminent /ˈɛmɪnənt/	adj. 卓越的；有名望的	an eminent scientist 一位卓越的科学家
apprehensive /ˌæprɪˈhɛnsɪv/	adj. 忧虑；不安的；敏悟的；知晓的	I was a little apprehensive about the effects of what I had said. 我有点担忧我说话的后果。
escort /ˈɛskɔːrt/	vt. 护送；陪同 n. 陪同；护航舰	The President arrived, escorted by twelve soldiers. 总统在十二名卫兵的护送下到达。
indigenous /ɪnˈdɪdʒənəs/	adj. 本土的；国产的；固有的	the country's indigenous population 该国的本土人口
whence /wɛns/	adv. 从何处；由此；到原来的地方	
allay /əˈleɪ/	vt. 减轻；使……缓和；使……平静	He did what he could to allay his wife's myriad fears. 他尽其所能来消除他妻子的各种恐惧。
herbivory /həːˈbɪvəri/	n. 食草性	
pilot /ˈpaɪlət/	n. 飞行员 v. 驾驶；引导；试用	The new exams are currently being piloted in a number of areas. 目前一些地区正在试行新的考试。
inconsiderate /ˌɪnkənˈsɪdərət/	adj. 轻率的；不顾别人的；无谋的	Instead of assuming your co-worker is intentionally being rude or inconsiderate, assume he is unaware of how his actions are affecting you. 不要假设你的同事故意表现粗鲁或不顾别人，而要假设他并不知道他的行为对你有何影响。
stamina /ˈstæmɪnə/	n. 耐力；持久力；毅力	You have to have a lot of stamina to be a top-class dancer. 你得很有毅力才能成为一名顶级舞蹈家。

palp /pælp/	n. （昆虫等的）触须（等于 palpus）	
superadd /ˌsuːpərˈæd/	vt. 添加；再加上	
doggedly /ˈdɒɡɪdli/	adv. 顽强地；固执地	
dread /drɛd/	v. & n. 惧怕	I'm dreading Christmas this year. 我害怕今年的圣诞节。

List 4

moult /moult/	v. (动物)脱毛；换羽；(毛、羽)蜕去 n. 脱毛；换羽	Like most aquatic insects, mayflies moult as they grow. 像大多数水生昆虫一样，蜉蝣在成长过程中换羽。	
brethren /ˈbreðrən/	n. (旧)兄弟们；同胞；(旧)同党；会友	You and your brethren possess something that is not yours. 你和你的弟兄们占有了不属于你们的东西。	
dispirited /dɪˈspɪrɪtɪd/	adj. 沮丧的；没有精神的；意气消沉的	She looked tired and dispirited. 她显得疲倦而且神情沮丧。	
android /ˈændrɔɪd/	n. 机器人		
impetus /ˈɪmpɪtəs/	n. 动力；促进；冲力	The impetus for change came from lawyers. 促进转变的动力来自于律师们。	
burgeon /ˈbɜːdʒən/	v. 萌芽；发芽；迅速增长 n. 芽；嫩枝	Plants burgeon from every available space. 植物能从任何可获得的空间中迅速生长。	
tantamount /ˈtæntəˌmaʊnt/	adj. 无异于的	What Bracey is saying is tantamount to heresy. 布里斯正在说的无异于异端邪说。	
aspiration /ˌæspəˈreɪʃn/	n. 渴望；抱负；送气；吸气	He has never had any aspiration to earn a lot of money. 他从未企求赚很多钱。	
agronomist /əˈɡrɑnəmɪst/	n. 农学家		
enmity /ˈenmɪti/	n. 敌意；憎恨	I think there is an historic enmity between them. 我认为他们之间存在着宿怨。	
onerous /ˈɑnərəs/	adj. 繁重的；麻烦的；负有义务的；负有法律责任的	parents who have had the onerous task of bringing up a very difficult child 那些身负重任要养育一个非常难调教的孩子的父母	
manifestation /ˌmænɪfeˈsteɪʃ(ə)n/	n. 表现；显示；示威运动	These latest riots are a clear manifestation of growing discontent. 最近发生的这些骚乱是不满情绪日益增长的明显表现。	
adversary /ˈædvərseri/	n. 对手；敌手	His political adversaries would like to discredit him. 他的政敌想破坏他的声誉。	

Word	Part of Speech / Meaning	Example
venerable /ˈvɛnərəbəl/	adj. 庄严的;值得尊敬的;珍贵的	Her Chinese friends referred to the empress as their venerable ancestor. 她的中国朋友们称那位皇后是令他们尊敬的祖先。
ennoble /ɪˈnoʊbl/	vt. 使……成为贵族;使……高贵;授予爵位	the enduring fundamental principles of life that ennoble mankind 经久不衰的生活基本准则,让人类彰显高尚
prosecute /ˈprɑsɪkjʊt/	vt. 检举;贯彻;从事;依法进行 vi. 起诉;告发;作检察官	The police have decided not to prosecute because the evidence is not strong enough. 警方已决定不起诉,因为证据不够充分。
uncongenial /ˌʌnkənˈdʒiːnɪəl/	adj. 志趣不相投的	He continued to find the Simpsons uncongenial bores. 他不断地发现辛普森一家是些不友好又无聊的人。
vanquish /ˈvæŋkwɪʃ/	vt. 征服;击败;克服	A happy ending is only possible because the hero has first vanquished the dragons. 只有主人公先把那些恶龙制服,才有可能实现大团圆结局。
lattice /ˈlætɪs/	n. /晶体/ 晶格;格子;格架	We were crawling along the narrow steel lattice of the bridge. 我们沿着大桥上狭窄的钢制格子爬行着。
encampment /ɪnˈkæmpm(ə)nt; en-/	n. 营地;露营	a large military encampment 一个大型军事营地
deface /dɪˈfeɪs/	v. 损伤外观;丑化;毁坏	It's illegal to deface property. 在房子上乱涂乱画是非法的。
strenuously /ˈstrɛnjʊəsli/	adv. 勤奋地;费力地	
augment /ɔɡˈmɛnt/	v. & n. 增加;增大	Any surplus was sold to augment their income. 所有多余的东西被售卖一空来增加他们的收入。
oculi /ˈɔkjulaɪ/	n. 眼	
wrest /rɛst/	vt. 用力拧;抢夺;歪曲 n. 扭;拧	The men had returned to wrest back power. 这些人是为了夺权回来的。
swindle /ˈswɪndl/	v. & n. 诈骗	They swindled him out of hundreds of dollars. 他们诈骗了他好几百元。
commend /kəˈmɛnd/	vt. 推荐;称赞 vi. 称赞	She was commended on her handling of the situation. 她因妥善处理了那个局面而受到表扬。
malnutrition /ˌmælnʊˈtrɪʃən/	n. 营养失调;营养不良	Infections are more likely in those suffering from malnutrition. 感染更有可能发生在那些营养不良的人身上。
welter /ˈwɛltər/	n. 杂乱的一堆;一片混乱;翻滚;起伏	

smirk /smɜːrk/	v. 得意地笑；幸灾乐祸地笑；傻笑；假笑；以假笑表示；以傻笑表示 n. 傻笑；得意的笑；假笑	Two men standing nearby looked at me, nudged each other and smirked. 站在旁边的两个男人看着我，互相用胳膊肘轻碰对方，幸灾乐祸地笑着。
uphill /ˌʌpˈhɪl/	adj. 上山的；艰难的（斗争等）	It had been an uphill battle to achieve what she had wanted. 经过艰难的奋斗，她才达到想要的目标。
distressed /dɪˈstrɛst/	adj. 心烦的；忧虑的	I feel very alone and distressed about my problem. 我感到孤单无依，对我的问题苦恼不已。
thermoregulation /ˈθɜːməʊˌregjʊˈleɪʃən/	n. 温度调节	
convulsion /kənˈvʌlʃən/	n. 惊厥；动乱；震撼；震动	The child went into convulsions. 那孩子全身抽搐起来。
intricate /ˈɪntrɪkət/	adj. 复杂的；错综的；缠结的	the production of carpets with highly intricate patterns 图案复杂精细的地毯的制作
reconcile /ˈrɛkənsaɪl/	vt. 使……一致；使……和解；调停；调解；使……顺从	She had reconciled herself to never seeing him again. 她不情愿地接受了再也不和他见面的事实。
feline /ˈfiːlaɪn/	n. 猫科动物 adj. 猫科的；猫一样的；狡猾的	She walks with feline grace. 她步履轻盈。
speck /spɛk/	n. 灰尘；污点；小颗粒 vt. 使……有斑点	The ship was now just a speck in the distance. 此时，那艘船不过是远处的一个小点。
matron /ˈmeɪtrən/	n. 主妇；保姆；妇女；女舍监	
freewheeling /ˈfriːwiːlɪŋ/	adj. 随心所欲的；惯性滑行的 n. 惯性滑行	He has given up his freewheeling lifestyle to settle down with his baby daughter. 他已抛弃了自己随心所欲的生活方式，与他的小女儿一起稳定了下来。
weedy /ˈwiːdi/	adj. 瘦弱的；似杂草的；尽是杂草的	
pelvis /ˈpɛlvɪs/	n. 骨盆	
seamlessly /ˈsiːmlɪsli/	adv. 无缝地	

单词	词性/释义	例句
cartographer /kɑrˈtɑgrəfər/	n. 制图师；地图制作者	
mediation /midɪˈeʃən/	n. 调解；仲裁；调停	
animism /ˈænɪmɪzəm/	n. 万物有灵论	
benignant /bɪˈnɪgnənt/	adj. 良性的；仁慈的；有益的；和蔼的	
connexion /kəˈnekʃən/	n. 连接；联系	
predilection /ˌpredlˈɛkʃən/	n. 偏爱；嗜好	Mrs Lane's predilection for gossip 莱恩太太说长道短的癖好
inhospitable /ˌɪnhɑˈspɪtəbl/	adj. 荒凉的；冷淡的；不好客的；不适居留的	the Earth's most inhospitable regions 地球上最不适于居住的地区
assiduously /əˈsɪdʒuəsli/	adv. 刻苦地；勤勉地	
propagate /ˈprɒpəˌgeɪt/	v. 传播；繁殖	They propagated political doctrines that promised to tear apart the fabric of society. 他们宣传的政治学说有可能摧毁社会结构。
layoffs /ˈleɪɒfz/	n. 裁员；解雇	It will close more than 200 stores nationwide resulting in the layoffs of an estimated 2000 employees. 在全国范围内将关闭200多家商店，造成约2000人失业。
murky /ˈmɜːrki/	adj. 浑浊的；含糊不清的	murky water 浊水
nectar /ˈnektə/	n. /植/花蜜；甘露；神酒；任何美味的饮料	mango nectar 芒果汁
lament /ləˈment/	n. 挽歌；恸哭 vi. 哀悼；悲叹 vt. 哀悼；痛惜	In the poem he laments the destruction of the countryside. 在那首诗里他对乡村遭到的破坏流露出悲哀。
overthrow /ˌoʊvərˈθroʊ/	v. 推翻；倾覆；瓦解；投（球过远；背弃） n. 推翻；打倒；倾覆；投球过猛；（拱门、门廊上方的）铁艺装饰板	They do not necessarily want to overthrow their regime, but to express the depths of their frustration with its inadequacy. 他们并不是一定要推翻这个政体，只是在表达他们对其无能失望到了何种程度。

单词	词性/释义	例句
ubiquity /juːˈbɪkwətɪ/	n. 普遍存在；到处存在	
imperishable /ɪmˈpɛrɪʃəbl/	adj. 不朽的；不灭的	My memories are within me, imperishable. 我的记忆刻在心间，永不磨灭。
opt /ɑpt/	vi. 选择	After graduating she opted for a career in music. 毕业后她选择了从事音乐工作。
slander /ˈslændər/	n. 诽谤；中伤 v. 诽谤；诋毁；造谣中伤	He's suing them for slander. 他控告他们口头诽谤。
cramp /kræmp/	n. 痉挛；绞痛 vt. 束缚；限制 adj. 狭窄的；难解的	Hillsden was complaining of a cramp in his calf muscles. 希尔斯登一直在抱怨他小腿肌肉抽筋。
self-sufficiency /ˈsɛlfsəˈfɪʃənsɪ/	n. 自给自足	
palsy /ˈpɔːlzɪ/	n. 瘫痪；麻痹	
wickedness /ˈwɪkɪdnɪs/	n. 邪恶；不道德	
regime /reɪˈʒiːm/	n. 政权；政体；社会制度；管理体制	the collapse of the Fascist regime at the end of the war 战争结束时法西斯统治的崩溃
bait /beɪt/	n. 饵；诱惑物 v. 上饵；故意激怒；（放犬）折磨或攻击（动物）	He baited his hook with pie. 他把馅饼放在钓钩上作饵。
panicky /ˈpænɪkɪ/	adj. 恐慌的；惊慌失措的	She suddenly felt panicky like a mouse cornered by a hungry cat. 她突然感到害怕，就像老鼠遇到饿猫似的。
mange /meɪn(d)ʒ/	n. /兽医/兽疥癣；/兽医/家畜疥	
impenetrable /ɪmˈpɛnɪtrəbl/	adj. 不能通过的；顽固的；费解的；不接纳的	His philosophical work is notoriously impenetrable. 他的哲学著作是出了名的令人费解。
primary /ˈpraɪmɛrɪ/	adj. 主要的；初级的	Our primary concern is to provide the refugees with food and health care. 我们的头等大事是向难民提供食品和医疗。
burrow /ˈbɜːroʊ/	v. 挖洞 n. （动物的）洞穴	
apparition /ˌæpəˈrɪʃən/	n. 幽灵；幻影；鬼怪	

variance /ˈvɛərɪəns/	n. 变异；变化；不一致；分歧；数/方差	Many of his statements were at variance with the facts. 他的许多陈述都与事实相矛盾。
throb /θrɑb/	v. & n. (有规律地)抽动；(有节奏地)跳动；抽搐；阵痛	His head throbbed. 他的头一阵阵地痛。
dispel /dɪˈspɛl/	vt. 驱散；驱逐；消除	The president is attempting to dispel the notion that he has neglected the economy. 总统正试图消除他忽视了经济这一想法。
meanness /ˈmiːnnɪs/	n. 卑鄙；吝啬；劣等	
baptism /ˈbæpˌtɪzəm/	n. 洗礼；严峻考验	Infants prepared for baptism should be dressed in pure white. 准备受洗礼的婴儿应穿纯白色的衣服。
supremacist /suˈprɛməsɪst/	n. 至上主义者 adj. 至上主义者的	a white supremacist group 一个白人至上主义者团体
matinee /ˈmætɪneɪ/	n. (戏剧、电影的)午后场；日场	
misperception /ˌmɪspəˈsɛpʃən/	n. 误解；错误知觉	There's a misperception that the tenants here don't care and don't have an investment in the city. 有这样一种误解，即认为这里的租客不在乎也没有对该市进行投资。
temporal /ˈtɛmp(ə)r(ə)l/	adj. 暂时的；当时的；现世的	
disdain /dɪsˈdeɪn/	n. 蔑视 vt. 鄙弃	Janet looked at him with disdain. 珍妮特轻蔑地看着他。
dodgy /ˈdɑdʒɪ/	adj. 狡猾的；逃避的；善于骗人的；躲闪的	He made a lot of money, using some very dodgy methods. 他采用极其狡诈的手段赚了许多钱。
promptly /ˈprɒmptlɪ/	adv. 迅速地；立即地；敏捷地	Sister Francesca entered the chapel, took her seat, and promptly fell asleep. 弗朗西丝卡修女走进小教堂,就座后,很快就睡着了。
crave /kreɪv/	v. 渴望；恳求	There may be certain times of day when smokers crave their cigarette. 一天中可能有那么几次吸烟者特别想叼上烟。
esteemed /ɪsˈtiːmd/	adj. 受人尊敬的	He was esteemed by his neighbours. 他备受邻居尊重。
unseemly /ʌnˈsiːmlɪ/	adj. 不适宜的；不得体的	

plunge /plʌndʒ/	v. 使……突然地下落；猛插；骤降；陡峭地向下倾斜；颠簸；跳进；使……陷入；栽种	
warfare /ˈwɔrfɛr/	n. 战争；冲突	the threat of chemical warfare 化学战的威胁
redundant /rɪˈdʌndənt/	adj. 多余的；过剩的；被解雇的；失业的；冗长的；累赘的	Changes in technology may mean that once valued skills are now redundant. 技术的变化可能意味着从前受重视的技巧现在变得多余了。
fanciful /ˈfænsɪfʊl/	adj. 想象的；稀奇的	fanciful ideas about Martian life 关于火星生命的奇思妙想
mangrove /ˈmæŋgrouv/	n. 红树林	
militate /ˈmɪlɪteɪt/	vi. 有影响；产生作用	The supervisor's presence militated against a relaxed atmosphere. 监管的出现驱散了松懈的气氛。
megalith /ˈmɛgəlɪθ/	n. 巨石	
penury /ˈpɛnjʊrɪ/	n. 贫困；贫穷	He was brought up in penury, without education. 他从小一贫如洗，没有受过教育。
bank /bæŋk/	vi. 堆积；倾斜转弯	They have to bank their lorries.
unwieldy /ʌnˈwiːldɪ/	adj. 笨拙的；笨重的；不灵便的；难处理的	
tedious /ˈtiːdɪəs/	adj. 沉闷的；冗长乏味的	Such lists are long and tedious to read. 这种清单读起来既冗长又乏味烦人。
correctitude /kəˈrɛktɪtjuːd/	n. 端正；得体	
enfeeble /ɪnˈfiːb(ə)l; en-/	vt. 使……衰弱；使……无力	
candidacy /ˈkændɪdəsɪ/	n. 候选资格；候选人的身份	Today he is formally announcing his candidacy for president. 今天他正式宣布他的总统候选人身份。
reap /riːp/	vi. 收割；收获	They are now reaping the rewards of all their hard work. 现在，他们的全部辛劳都得到了回报。
strife /straɪf/	n. 冲突；争吵；不和	Money is a major cause of strife in many marriages. 钱在许多婚姻中是导致冲突的一个主要原因。
bribe /braɪb/	v. 向……行贿；诱哄（尤指小孩） n. 贿赂	He was being investigated for receiving bribes. 他那时因为接收贿赂在受到调查。

单词	词性/释义	例句
despise /dɪˈspaɪz/	vt. 轻视；鄙视	I can never, ever forgive him. I despise him. 我永远，永远都不会原谅他。我鄙视他。
indefatigable /ˌɪndɪˈfætɪgəbl/	adj. 不知疲倦的；不屈不挠的；有耐性的	His indefatigable spirit helped him to cope with his illness. 他不屈不挠的精神帮助他对抗病魔。
barreled /ˈbærəld/	adj. 桶装的；有管的	The wine is aged for almost a year in oak barrels. 这葡萄酒在橡木桶里陈了将近一年。
dermatological /ˌdɜːmətəˈlɒdʒɪkl/	adj. 皮肤病学的	
greenery /ˈgriːnəri/	n. 绿色植物；温室	The room was decorated with flowers and greenery. 屋里装点着花卉和绿叶植物。
arbiter /ˈɑːbɪtər/	n. 法/仲裁者；裁决人	The designer has received rave reviews from such arbiters of taste as *Elle* magazine. 那位设计师受到《世界时装之苑》杂志等时尚权威的热情赞扬。
fateful /ˈfeɪtfl/	adj. 重大的；决定性的；宿命的	It was a fateful decision, one which was to break the Government. 那是一项重大的决定，一个将使政府垮台的决定。
antagonistic /ænˌtægəˈnɪstɪk/	adj. 敌对的	antagonistic to new ideas 反对新观点
hectic /ˈhektɪk/	adj. 紧张忙碌的；肺病的；脸上发红的；狂热的	I've had a pretty hectic day. 我忙乱了一整天。
gutter /ˈgʌtər/	n. 排水沟；槽 vi. 流；形成沟 vt. 开沟于…；弄熄 adj. 贫贱的	The gutters were blocked and overflowing. 排水沟堵住了，水都溢出来了。
bazaar /bəˈzɑː/	n. 集市；市场；义卖市场	Kamal was a vendor in Cairo's open-air bazaar. 卡莫尔曾是开罗露天集市的摊贩。
obituary /oˈbɪtʃuəri/	n. （报纸上的）讣告；讣文	His obituary was published in one edition of his own newspaper before it was discovered that he was alive. 他的讣文刊登在他自己的报纸版面上之后，人们才发现他还活着。
tray /treɪ/	n. 托盘	
markedly /ˈmɑːkɪdlɪ/	adv. 明显地；显著地；引人注目地	
centrifuge /ˈsentrɪfjuːdʒ/	v. 用离心机分离；使……受离心作用 n. 离心机	
execrate /ˈeksɪˌkreɪt/	v. 憎恶；痛骂；诅咒	

List 5

exhilarate /ɪɡˈzɪləreɪt/	vt. 使……高兴；使……振奋；使……愉快	Speed had always exhilarated him. 速度总是使他感到兴奋。
asteroids /ˈæstərɔɪd/	n. /天/小行星；/无脊椎/海盘车；小游星 adj. 星状的	
in conjunction with	连同；共同；与……协力	
tempestuous /tɛmˈpɛstʃuəs/	adj. 有暴风雨的；暴乱的；剧烈的	For years, the couple's tempestuous relationship made the headlines. 多年来，这对夫妻间紧张起伏的关系总是登上报纸头条。
clamor /ˈklæmər/	n. 喧闹；叫嚷；大声的要求 v. 喧嚷	
overdrive /ˈovərdraɪv/	n. （汽车的）超速档；极度忙碌；超常态操作装置 v. 过度驱使	Once again, the press went into overdrive, with headlines such as *Butterfly Killing Corn*. 媒体再次用诸如"杀死蝴蝶的玉米"的标题吸引众人眼球。
influenza /ˌɪnfluˈɛnzə/	n. 流行性感冒（简写 flu）	
whitewash /ˈwaɪtˌwɒʃ/	n. 粉饰；白色涂料；石灰水 vt. 掩饰；把……刷白	The walls had been whitewashed. 墙壁被粉刷成白色。
dichotomy /daɪˈkɑtəmi/	n. 二分法；两分；分裂；双歧分枝	
wonderment /ˈwʌndərmənt/	n. 惊奇；惊叹	His big blue eyes opened wide in wonderment. 他的蓝色大眼睛因惊喜睁得大大的。
subterranean /ˌsʌbtəˈreɪniən/	adj. 地下的；秘密的；隐蔽的	The city has 9 miles of such subterranean passages. 这座城市有9英里这样的地下通道。

entrepreneur /ˌɑntrəprəˈnɜːr/	n. 企业家；承包人；主办者	
cyclone /ˈsaɪkloʊn/	n. 旋风	The race was called off as a cyclone struck. 由于旋风袭击，比赛被取消了。
custody /ˈkʌstədi/	n. 保管；监护；拘留；抚养权	I'm going to go to court to get custody of the children. 我要打官司以争取对孩子们的监护权。
denounce /dɪˈnaʊns/	vt. 谴责；告发；公然抨击；通告废除	She publicly denounced the government's handling of the crisis. 她公开谴责政府处理这场危机的方式。
realm /rɛlm/	n. 领域；范围；王国	the realm of politics 政治领域
captivate /ˈkæptɪveɪt/	v. 迷住；使……着迷	I was captivated by her brilliant mind. 我为她的聪慧所迷。
exemplary /ɪgˈzɛmpləri/	adj. 典范的；惩戒性的；可仿效的	Her behaviour was exemplary. 她的行为堪作楷模。
aerosol /ˈɛərəˌsɒl/	n.（涂料、除臭剂等）喷雾器；喷雾罐	an aerosol can of insecticide 一个杀虫剂喷雾罐
inclusive /ɪnˈkluːsɪv/	adj. 包含的；包括的	The rent is inclusive of water and heating. 租金包括水费和暖气费。
incompatible /ˌɪnkəmˈpætəbl/	adj. 不相容的；矛盾的 n. 互不相容的人或事物	The hours of the job are incompatible with family life. 这份工作的上班时间和家庭生活有冲突。
satirical /səˈtɪrɪk(ə)l/	adj. 讽刺性的；讥讽的；爱挖苦人的	
ledger /ˈlɛdʒər/	n. 总账；分户总账；会计/分类账；账簿；底账；（脚手架上的）横木	You are creating a new chapter in your ledger of life each day. 每一天你们都在创造生命帐目中的新章节。
relish /ˈrɛlɪʃ/	n. 享受；乐趣；爱好；调味品 v. 尽情享受	I relish the challenge of doing jobs that others turn down. 我喜欢挑战别人拒绝做的工作。
vice versa /ˌvaisi ˈvɜːsə/	反之亦然	They want to send students from low-income homes into more affluent neighborhoods and vice versa. 他们想把来自低收入家庭的学生送到较为富裕的地区，反之亦然。
abysmal /əˈbɪzməl/	adj. 深不可测的；糟透的；极度的	The general standard of racing was abysmal. 比赛的总体水平糟透了。

单词	词性/释义	例句
trot /trɒt/	v. & n. (马)小跑；(人)小跑	I trotted down the steps and out to the shed. 我小步跑下台阶去棚屋。
flutter /ˈflʌtər/	vi. 飘动；鼓翼；烦扰 n. 摆动；鼓翼；烦扰	Her eyelids fluttered but did not open. 她的眼皮动了一下，但没有睁开眼。
paternalism /pəˈtɜːrnəlɪzəm/	n. 家长式统治；家长作风	the company's reputation for paternalism 该公司家长作风的名声
toddle /ˈtɑdl/	v. 蹒跚学步；摇摇晃晃地走	She toddles down to the park most afternoons. 她下午大都溜达着去公园。
disturbance /dɪˈstɜːrbəns/	n. 打扰	There were disturbances in the crowd as fans left the stadium. 球迷离开体育场时，人群中发生了骚乱。
circumvent /ˌsɜːrkəmˈvent/	v. 规避	The company opened an account abroad, in order to circumvent the tax laws. 为规避税法，这家公司在国外开设了账户。
brazier /ˈbreɪzɪə/	n. 金属炭火盆；烧烤；铜匠	
suggestive /səˈdʒestɪv/	adj. 暗示的；提示的；影射的	It was a huge sound, suggestive of whales calling each other. 声音很大，就像是鲸鱼在互相召唤。
erudition /ˌɛruˈdɪʃən/	n. 博学；学识	His erudition was apparently endless. 他显然学识渊博。
arable /ˈærəbl/	adj. 适于耕种的；可开垦的	arable farming/farms/crops 耕作农业/农场/庄稼
outspoken /aʊtˈspoʊkən/	adj. 坦率的；直言不讳的	Some church leaders have been outspoken in their support for political reform in Kenya. 一些宗教领袖在对肯尼亚政治改革的支持上一直直言不讳。
array /əˈreɪ/	v. 部署	
shed light on	阐明	
stubborn /ˈstʌbərn/	adj. 顽固的；顽强的；难处理的	He is a stubborn character used to getting his own way. 他是一个固执的人，过去常常随心所欲。
incubator /ˈɪŋkjubeɪtər/	n. (用于体弱婴儿或早产儿护理的)恒温箱；保育箱；孵化器	
blot /blɑt/	v. (用软纸或布)吸干；把墨水溅到(纸上)；弄脏；使……模糊；遮蔽 n. 污渍；墨渍	Clouds blotted out the sun. 云遮住了太阳。
repertoire /ˈrɛpərˌtwɑr/	n. 全部节目	The group include some techno in their repertoire. 这个组合的常备表演项目里包括高科技舞曲。

upheaval /ʌpˈhiːv(ə)l/	n. 剧变;隆起;举起	
squelch /skwɛltʃ/	vt. 消除;镇压;压碎;使……咯吱咯吱地响 n. 嘎吱声;压倒对方的反驳;压碎的一堆	He squelched across the turf. 他咯吱咯吱地走过草皮。
perpetually /pərˈpɛtʃuəli/	adv. 常常;没完没了地;永恒地	
aviation /ˌeviˈeɪʃən/	n. 航空;飞行术;飞机制造业	the aviation industry 航空工业
coherently /kəʊˈhɪərəntli/	adv. 连贯地;前后一致地;条理清楚地;互相偶合地;凝聚性地	
commotion /kəˈmoʊʃən/	n. 骚动;暴乱	The crowd waiting outside was causing a commotion. 在外面等待的人群眼看就要发生骚乱。
further /ˈfɜːðə/	v. 促进;增进;助长	Education needn't only be about furthering your career. 教育不只是为了推进你的事业。
inhibition /ˌɪnhɪˈbɪʃn/	n. 抑制;压抑;禁止	The children were shy at first, but soon lost their inhibitions. 孩子们起初很羞涩,但很快就放开了。
governess /ˈɡʌvərnəs/	n. 女家庭教师	
mechanically /mɪˈkænɪkəli/	adv. 机械地;呆板地;物理上地	
blushing /ˈblʌʃɪŋ/	adj. 脸红的 n. /涂料/雾浊	"Hello, Maria", he said, and she blushed again. 他说道:"玛丽亚,你好!"然后她的脸又红了。
embalm /ɪmˈbɑːm/	vt. 铭记于心;使……不朽;防腐	His body was embalmed. 他的尸体进行了防腐处理。
buoy /ˈbʊi/	n. 浮标;航标;救生圈 v. 使……浮起;使……振奋	In May they danced in the streets, buoyed by their victory. 5月他们在街上跳舞,为胜利而振奋。
desert /dɪˈzɜːrt/	v. 遗弃;舍弃,离弃（某地方）	Poor farmers are deserting their parched farm fields and coming here looking for jobs. 贫穷的农民丢下干旱的农田,来这里寻找工作。
monetary /ˈmʌnɪteri/	adj. 货币的;财政的	Some countries tighten monetary policy to avoid inflation. 一些国家紧缩货币政策以避免通货膨胀。
complacent /kəmˈpleɪsnt/	adj. 自满的;得意的;满足的	We cannot afford to be complacent about our health. 对于健康我们决不能掉以轻心。

patronize /ˈpeɪtrəˌnaɪz/	vt. 以高人一等的态度对待；经常光顾；惠顾；资助；保护	The club is patronized by students and locals alike. 学生和当地居民都经常去那个俱乐部。
contextualize /kənˈtɛkstʃuəlaɪz/	vt. 将……置于上下文中研究；使……融入背景	
hesitant /ˈhɛzɪtənt/	adj. 迟疑的；踌躇的；犹豫不定的	She was hesitant about coming forward with her story. 她迟迟不愿说出自己的经历。
revitalize /ˌriːˈvaɪtəlaɪz/	v. 使……更强壮；使……恢复生机	They hope to revitalize the neighborhood by providing better housing. 他们希望通过提供更好的住房条件使这个社区恢复活力。
fetish /ˈfɛtɪʃ/	n. 恋物（等于 fetich）；迷信；偶像	rubber and leather fetishes 橡胶和皮革恋物癖
adversarial /ˌædvərˈsɛriəl/	adj. 对抗的；对手的；敌手的	In our country there is an adversarial relationship between government and business. 我们的国家，在政府和商界之间存有一种敌对关系。
insular /ˈɪnsələr/	adj. 孤立的；与世隔绝的；海岛的	The British are often accused of being insular. 英国人常被指责为思想褊狭。
intuitive /ɪnˈtjuːɪtɪv/	adj. 直觉的；凭直觉获知的	A positive pregnancy test soon confirmed her intuitive feelings. 阳性的孕检结果很快证实了她的直觉。
deflate /dɪˈfleɪt/	vt. 使……漏气 vi. 放气；漏气 adj. 泄气的	I hate to deflate your ego, but you seem to have an exaggerated idea of your importance to me. 我不愿伤你的自尊，但是你好像高估了你对我的重要性。
nothingness /ˈnʌθɪŋnəs/	n. 虚无；不存在；空白；不存在的状态	There might be something beyond the grave, you know, and not nothingness. 坟墓之外也许还有些什么，你知道的，并非什么都没有。
impersonal /ɪmˈpɜːs(ə)n(ə)l/	adj. 客观的；非个人的；没有人情味的；非人称的	
colloquially /kəˈləʊkwiəli/	adv. 口语地；用通俗语	
cognitive /ˈkɒɡnɪtɪv/	adj. 认知的；认识的	As children grow older, their cognitive processes become sharper. 随着孩子们长大，他们的认知过程也变得越来越敏锐了。
philosophize /fəˈlɒsəfaɪz/	vi. 进行哲学探讨；理性地思考	He spent the evening philosophizing on the meaning of life. 他整个晚上大谈人生的意义。

单词	词性释义	例句
dwindle /ˈdwɪndl/	vi. 减少;变小 vt. 使……缩小;使……减少	The factory's workforce has dwindled from over 4000 to a few hundred. 该厂的工人总数已从4000多减少到了几百。
substantial /səbˈstænʃəl/	adj. 大量的;实质的;内容充实的 n. 本质;重要材料	A substantial number of mothers with young children are deterred from undertaking paid work because they lack access to childcare. 很多有小孩的母亲找不到人照顾小孩,从而无法从事有薪工作。
molest /məˈlest/	vt. 骚扰;调戏;干扰	
treacherous /ˈtretʃərəs/	adj. 奸诈的;叛逆的;背叛的;危险的	He publicly left the party and denounced its treacherous leaders. 他公开脱离了该党,并谴责党内那些背信弃义的领导人们。
curtail /kərˈteɪl/	vt. 缩减;剪短;剥夺……特权等	Spending on books has been severely curtailed. 购书开支已被大大削减。
GMO (genetically modifiedorganism)	abbr. 基因改造生物	the presence of GMOs in many processed foods 许多加工食品中转基因生物的存在
sunburst /ˈsʌnbɜːrst/	n. 阳光突现;从云隙射下的阳光;镶有钻石的旭日形首饰	Each bloom a small sunburst, its breeze — catching seeds a source of childhood delight, it's also the prime villain of a lawn-care industry dedicated to its eradication. 每一次绽放就像一小缕突然迸发的阳光,微风送去的种子给孩子们带去快乐,但它们却是草坪修理行业的头号公敌。
starboard /ˈstɑːrˌbərd/	n. 右舷	I could see the fishing boat to starboard. 我能看见右侧的那艘渔船。
respiratory /ˈrespərəˌtɔri/	adj. 呼吸的	The blocking of these receptors causes paralysis, respiratory failure and death. 这些受体的阻塞将会引起麻痹、呼吸衰竭和死亡。
conformity /kənˈfɔrməti/	n. 遵守;符合	an emphasis on conformity and control 对遵从和控制的重视;conformity to social expectations 对社会期望的遵从
preemie /ˈpriːmi/	n. 早产婴儿	
levy /ˈlevi/	n. 征收;征兵;征税 vt. 征收(税等);征集(兵等);发动(战争) vi. 征税;征兵	They levied religious taxes on Christian commercial transactions. 他们对基督教的商业交易征收宗教税。
confederacy /kənˈfedərəsi/	n. 联盟;联邦;私党	They've entered this new confederacy because the central government's been unable to control the collapsing economy. 他们已经参加了这个新同盟,因为中央政府已经不能控制摇摇欲坠的经济了。

legacy /ˈlɛgəsi/	n. 遗赠;遗产	They each received a legacy of ＄5000. 他们每人得到了5000美元的遗产。
perk /pɜːrk/	n.（工资外的）补贴;特殊待遇 v. 振作起来;（咖啡）滤煮;昂首 adj. 活跃的;活泼的	a company car, health insurance and other perks 一辆公司配车、健康保险以及其他特殊待遇
trendy /ˈtrɛndi/	adj. 时髦的;流行的;受新潮思想影响的	a trendy Bay Area restaurant 海湾地区一家时髦的餐馆
equatorial /ˌɛkwəˈtɔːriəl/	adj. 赤道的;近赤道的;中纬线的	the equatorial island with a hundred and twenty thousand people living there 有12万人居住的赤道岛屿
corroborate /kəˈrɑbəreɪt/	vt. 证实;使……坚固	The evidence was corroborated by two independent witnesses. 此证据由两名独立证人提供。
inscrutable /ɪnˈskruːtəb(ə)l/	adj. 神秘的;不可理解的;不能预测的;不可思议的	He stood silent and inscrutable. 他静静地站着,让人难以捉摸。
smug /smʌg/	adj. 自鸣得意的;自以为是的;整洁的 n. 书呆子;自命不凡的家伙	Thomas and his wife looked at each other in smug satisfaction. 托马斯和他妻子互相看着对方,面带着自鸣得意的满足。
thrifty /ˈθrɪfti/	adj. 节约的;（牲畜或植物）茁壮的;健康的	My mother taught me to be thrifty. 我母亲教会我生活要节俭。
exhale /ɛksˈheɪl/	v. 呼气;发出;发散;使……蒸发	Hold your breath for a moment and exhale. 屏息一会儿,然后呼气。
tease /tiːz/	vt. 取笑;戏弄;梳理;欺负;强求;使……起毛	But actually he doesn't like to go there because other children often tease him because of his long hair. 实际上,他并不喜欢去学校,他那头豪放不羁、不失飘逸的长发,常常是其他孩子取笑的对象。
obediently /əʊˈbiːdiəntli/	adv. 顺从地;服从地;忠顺地	
ditch /dɪtʃ/	v. 开沟;掘沟;修渠	
pageant /ˈpædʒənt/	n. 盛会;选美比赛;露天表演;虚饰	the Miss Universe beauty pageant 环球小姐选美大赛
practitioner /prækˈtɪʃənər/	n. 开业者;从业者;执业医生	

indulgent /ɪnˈdʌldʒ(ə)nt/	adj. 放纵的；宽容的；任性的	His indulgent mother was willing to let him do anything he wanted. 他那宽纵的母亲任他为所欲为。
breakneck /ˈbreɪknɛk/	adj. 非常危险的；要使颈骨折断似的；极快的	Jack drove to the hospital at breakneck speed. 杰克以飞快的速度驾车到了医院。
austere /ɔːˈstɪr/	adj. 严峻的；简朴的；苦行的；无装饰的	a cream linen suit and austere black blouse 一套奶油色的亚麻西装和一件朴素的黑衬衫
on the heel	在足跟；在鞋后跟	
grumble /ˈɡrʌmbl/	vi. 抱怨；嘟囔 n. 怨言	She's always grumbling to me about how badly she's treated at work. 她总是向我抱怨她在工作中如何受亏待。
parody /ˈpærədi/	n. 拙劣的模仿；诙谐的改编诗文 vt. 拙劣模仿	It was like a parody of the balcony scene from Romeo and Juliet. 它就像《罗密欧与朱丽叶》阳台上那一幕的模仿作。
musing /ˈmjuːzɪŋ/	n. 沉思；冥想 adj. 冥想的；沉思的	We had to sit and listen to his musings on life. 我们只好坐着听他谈论人生。
cogitate /ˈkɒdʒɪteɪt/	vt. 仔细考虑；谋划 vi. 思考；考虑	We cogitated on the meaning of life. 我们深思生命的意义。
brawl /brɔːl/	v. & n. 喧嚣；斗殴	He had been in a drunken street brawl. 他曾参与了一场街头醉酒斗殴。
cruelty /ˈkruːəlti/	n. 残酷；残忍；残酷的行为	Britain had laws against cruelty to animals but none to protect children. 英国曾有反对虐待动物的法律，却没有一部保护儿童的法律。
perpetuate /pərˈpɛtʃueɪt/	v. 使……持续；使……长存；使……永久化（尤指不好的事物）	We must not perpetuate the religious divisions of the past. 我们绝不能使过去的宗教分裂继续下去。
unillumined /ˌʌnɪˈluːmɪnd/	adj. 未照亮的	
farfetched /ˈfɑrˈfɛtʃt/	adj. 牵强附会的	The whole story sounds very farfetched. 整个叙述听起来很难以置信。
anarchy /ˈænərki/	n. 无政府状态；混乱	The school's liberal, individualistic traditions were in danger of slipping into anarchy. 这所学校的自由主义和个人主义的传统有滑入无政府状态的危险。
bequest /bɪˈkwɛst/	n. 遗产；遗赠	The church here was left a bequest to hire doctors who would work with the poor. 这个教堂收到一笔遗产，用来雇佣为穷人治病的医生。
dispersal /dɪˈspɜːsl/	n. 分散；传播；散布；疏散；消失	Plants have different mechanisms of dispersal for their spores. 对不同植物的孢子有不同的喷散装置。

intrusion /ɪnˈtruːʒn/	n. 侵入；闯入		I hope you don't mind this intrusion, Jon. 乔恩，我希望你不会介意这次打扰。
inundate /ˈɪnʌndeɪt/	vt. 淹没；（洪水般）扑来		After the broadcast, we were inundated with requests for more information. 节目播出之后，太多人来询问详情，令我们应接不暇。
ballad /ˈbæləd/	n. 民谣；叙事歌谣；流行抒情歌曲		*You Don't Know Paris* is one of the most beautiful ballads that he ever wrote. 《你不了解巴黎》是他写过的最优美的流行情歌之一。
beguile /bɪˈɡaɪl/	vt. 欺骗；使……着迷；轻松地消磨		She beguiled them into believing her version of events. 她哄骗他们相信了她叙述的事情。
vim and vigor	精力旺盛		After swimming, I feel full of vim and vigour. 游泳后，我觉得充满活力。

List 6

词	词性释义	例句
flush /flʌʃ/	v. & n. 洋溢;面红;旺盛;奔流;用水冲洗 adj. 富有的	Do you sweat a lot or flush a lot? 你常出汗或是常脸红吗?
remit /ˈrimɪt/	v. 汇款;赦(罪);推迟;减弱 n. 职权范围	Many immigrants regularly remit money to their families. 很多移民定期给他们的家人寄钱。
thrust /θrʌst/	v. 插入;强使……接受 n. 推力;强攻	He thrust the baby into my arms and ran off. 他把婴儿往我怀里一塞就跑了。
alabaster /ˈæləbæstər/	n. 雪花石膏 adj. 以雪花石膏制的	
wrongful /ˈrɔŋfl/	adj. 不正当的;不讲道理的;不合法的	She decided to sue her employer for wrongful dismissal. 她决定起诉雇主非法解雇她。
yarn /jɑːrn/	n. 纱线;奇谈;故事 vt. 用纱线缠 vi. 讲故事	She still spins the yarn and knits sweaters for her family. 她仍在为她的家人纺线织毛衣。
plumage /ˈpluːmɪdʒ/	n. (鸟)全身羽毛;羽衣	the parrot's brilliant blue plumage 那只鹦鹉亮丽的蓝色羽毛
egotist /ˈiːɡətɪst/	n. 自高自大者	
offset /ˌɔfˈset/	v. 抵消	The increase in pay costs was more than offset by higher productivity. 工资成本的增加远非更高的生产率所能抵消的。
cradle /ˈkreɪdəl/	n. 摇篮;发源地 vt. 抚育	I cradled her in my arms. 我把她小心轻柔地抱在怀中。
laborious /ləˈbɔrɪəs/	adj. 勤劳的;艰苦的;费劲的	Collecting the raw materials proved a long and laborious task. 结果证实采集原料是一项耗时费力的任务。
blend /blɛnd/	v. & n. 混合	Blend the butter with the sugar and beat until light and creamy. 把黄油和糖混合起来,快速搅拌成松软的糊状。

单词	词性/释义	例句
fern /fɜːrn/	n. /植/蕨；蕨类植物	
remedy /ˈrɛmədi/	n. 补救；疗法；解决办法；(硬币的)公差 v. 补救；纠正；治疗	The remedy lies in the hands of the government. 解决办法就在政府手中。
bustle /ˈbʌsl/	v. 四下忙碌 n. 喧闹	She bustled around in the kitchen. 她在厨房里忙得团团转。
careen /kəˈriːn/	vi. 倾侧；倾斜 vt. 使……倾侧；使……倾斜 n. 船的倾侧	He stood to one side as they careened past him. 他们在他身边猛冲而过,他赶紧让到一边。
petition /pɪˈtɪʃ(ə)n/	n. 请愿；请愿书；祈求；/法/ 诉状	
feeble /ˈfiːbl/	adj. 微弱的；无力的；虚弱的	The heartbeat was feeble and irregular. 心搏无力,心律不齐。
ignominiously /ˌɪgnəˈmɪniəsli/	adv. 可耻地	
obstinate /ˈɒbstɪnət/	adj. 顽固的；倔强的；难以控制的	He was the most obstinate man I've ever met. 他是我遇到过的最固执的人。
banquet /ˈbæŋkwɪt/	n. 宴会；盛宴 vt. 宴请；设宴款待	a state banquet in honour of the visiting President 为来访总统举办的国宴
obscure /əbˈskjʊr/	adj. 昏暗的；朦胧的；晦涩的 vt. 使……模糊不清；掩盖；隐藏	We mustn't let these minor details obscure the main issue. 我们不能让枝节问题掩盖主要问题。
vantage ground	优越地位；有利地形	
overcloud /ˌəʊvəˈklaʊd/	v. 变阴暗；变忧郁；密云满布	Then, suddenly overclouding all his features, he growled in a hoarsened rasping voice as he hewed again vigorously at the loaf. 接着他又骤然满脸戚容,一边重新使劲切面包,一边用嘶哑刺耳的声音吼着。
lag /læg/	n. 落后；迟延；防护套；囚犯；桶板	The restructuring of the pattern of consumption also lagged behind. 消费结构的调整也落后了。
blindfold /ˈblaɪndfəʊld/	n. 障眼物；眼罩 v. 蒙住眼睛 adj. 被蒙住眼睛的 adv. 易如反掌地；鲁莽地；轻率地	His abductors blindfolded him and drove him to an apartment in southern Beirut. 绑架者们用布蒙住了他的眼睛,把他载到了贝鲁特南部的一套公寓。

单词	词性及释义	例句
jurisdiction /ˌdʒʊrɪsˈdɪkʃən/	n. 司法权；审判权；管辖权；权限；权力	The committee has jurisdiction over all tax measures. 这个委员会有权制定所有税收措施。
dismay /dɪsˈmeɪ/	n. 沮丧；灰心；惊慌 vt. 使……沮丧；使……惊慌	He was dismayed at the change in his old friend. 他对老朋友变化之大感到震惊。
thump /θʌmp/	vt. 重击；用拳头打；砰地撞到 vi. 重击；狠打；砰然地响 n. 重打；重击声	I heard you thumping on the door. 我听到你在捶门了。
oviposition /ˌəʊvɪpəˈzɪʃən/	n. /昆/产卵；下子	
cryptic /ˈkrɪptɪk/	adj. 神秘的；含义模糊的；/动/隐藏的	a cryptic note at the end of the letter 信尾含义隐晦的一句话
triumphantly /traɪˈʌmfəntli/	adv. 成功地；耀武扬威地	
bonfire /ˈbɒnfaɪər/	n. 篝火；营火	With bonfires outlawed in urban areas, gardeners must cart their refuse to a dump. 市区禁止户外焚烧垃圾，园林工人必须用推车把垃圾运到垃圾场。
recitation /ˌresɪˈteɪʃən/	n. 背诵；朗诵；详述	She continued her recitation of the week's events. 她接着逐一讲述这一周发生的事。
stiff /stɪf/	adj. 呆板的；坚硬的 adv. 极其；僵硬地 vt. 诈骗；失信	The furniture was stiff, uncomfortable, too delicate, and too neat. 这家具又硬又不舒服，过分易碎且过于光洁。
tuck /tʌk/	v. 把……塞入；把……夹入 n. 减脂手术；缝摺	He tried to tuck his flapping shirt inside his trousers. 他试图把飘动的衬衫塞进他的裤子里。
dismissal /dɪsˈmɪsl/	n. 解雇；免职	
justified /ˈdʒʌstɪfaɪd/	adj. 有正当理由的；合乎情理的；事出有因的	Under the circumstances, the principal was justified in expelling this student. 在这种情况下，校长完全有理由开除这名学生。
wither /ˈwɪðə/	vt. 使……凋谢；使……畏缩；使……衰弱	
unmistakable /ˌʌnmɪˈsteɪkəbl/	adj. 明显的；不会弄错的	Her accent was unmistakable. 她的口音很明显。

grandeur /ˈɡrændʒər/	n. 壮丽；庄严；宏伟		He is wholly concerned with his own grandeur. 他只关心自己的显赫地位。
untapped /ˌʌnˈtæpt/	adj. 未开发的；未使用的；塞子未开的		Older people are an untapped resource in the employment market. 年龄较大的人是就业市场中有待利用的资源。
liberality /ˌlɪbəˈræləti/	n. 慷慨；大方；胸怀广阔		
redress /rɪˈdrɛs/	v. 纠正；重新放直 n. 赔偿；矫正；救济		Little could be done to redress the situation. 局势难以挽回。
delegate /ˈdelɪɡeɪt/	vt. 委派……为代表 n. 代表		The Canadian delegate offered no reply. 那位加拿大代表没给答复。
paleontologist /ˌpeliɑnˈtɑlədʒɪst/	n. 古生物学者		
immense /ɪˈmens/	adj. 巨大的；广大的；无边无际的；非常好的		If we do so, your contribution to our ultimate victory will have been immense. 如果我们真的成功了，那么你对最终胜利的贡献将是巨大的。
vexation /vekˈseɪʃn/	n. 苦恼；恼怒；令人烦恼的事		Erika stamped her foot in vexation. 埃丽卡恼火地跺了跺脚。
undeniably /ˌʌndɪˈnaɪəbli/	adv. 不可否认地；确凿无疑地		
doomed /duːmd/	adj. 注定的		Their plans seemed doomed to failure. 看起来，他们的计划注定要失败。
reminiscent /ˌremɪˈnɪsnt/	adj. 怀旧的；回忆往事的 n. 回忆录作者；回忆者		The way he laughed was strongly reminiscent of his father. 他笑的样子让人很容易想起他的父亲。
cornerstone /ˈkɔrnərstoʊn/	n. 基础；奠基石		The magazine became the cornerstone of McFadden's publishing empire. 这本杂志成了迈克法登出版帝国的支柱。
suboptimal /sʌbˈɔptəməl/	adj. 次最优的；最适度下的		
detriment /ˈdetrɪmənt/	n. 损害；伤害；损害物		These tests will give too much importance to written exams to the detriment of other skills. 这些测试太侧重于书面考核而有损于其他技能。
continuum /kənˈtɪnjuəm/	n. 连续统一体		These various complaints are part of a continuum of ill-health. 这些不同的抱怨是健康持续欠佳的一部分。
pretension /prɪˈtenʃn/	n. 自负；要求；主张；借口；骄傲		Her wide-eyed innocence soon exposes the pretensions of the art world. 她的天真无邪很快就暴露出艺术界的做作。
incinerate /ɪnˈsɪnəreɪt/	vi. 把……烧成灰；烧弃		All the infected clothing was incinerated. 所有沾染了细菌的衣服都被焚化了。

词	词性/释义	例句
accolade /ˈækəleɪd/	n. 荣誉；连谱号；称赞	She received a Grammy Award, the highest accolade in the music business. 她获得了音乐界的最高奖项——格莱美奖。
abolition /ˌæbəˈlɪʃən/	n. 废除；废止	The abolition of slavery in Brazil and the Caribbean closely followed the pattern of the United States. 巴西和加勒比海地区对奴隶制的废除很大程度上遵循了美国的模式。
edifice /ˈɛdɪfɪs/	n. 大厦；大建筑物	The taxi driver reeled off a list of historic edifices they must not fail to visit. 出租车司机一口气说出了一串他们不应错过参观的历史建筑。
vie /vaɪ/	vi. 争；竞争 vt. 使……针锋相对；提出……来竞争；以……作较量	Simon and Julian were vying for her attention all through dinner. 晚饭的时候，西蒙和朱利安从头到尾都在抢着向她献殷勤。
quip /kwɪp/	n. 妙语；嘲弄；讽刺语 vi. 嘲弄；讥讽	"Giving up smoking is easy", he quipped. "I've done it hundreds of times." "戒烟很容易啊"，他风趣地说，"我已经戒过几百次了。"
wary /ˈwɛri/	adj. 谨慎的；机警的；惟恐的	She was wary of getting involved with him. 她唯恐和他有牵连。
envious /ˈɛnviəs/	adj. 羡慕的；嫉妒的	I don't think I'm envious of your success. 我不认为我羡慕你的成功。
win upon	超过	
sanctuary /ˈsæŋktʃuɛri/	n. 避难所；至圣所；耶路撒冷的神殿	The government offered sanctuary to 4000 refugees. 政府为4000名难民提供了保护。
restrictive /rɪˈstrɪktɪv/	adj. 限制的；限制性的；约束的	Many members thought the rules were too restrictive. 很多会员认为这些规定限制条件太多。
cynicism /ˈsɪnɪsɪz(ə)m/	n. 玩世不恭；愤世嫉俗；冷嘲热讽	I found Ben's cynicism wearing at times. 我觉得本的愤世嫉俗论有时让人烦。
promised land	n. 乐土	
unrefined /ˌʌnrɪˈfaɪnd/	adj. 未提炼的	Unrefined carbohydrates include brown rice and other grains. 未加工的碳水化合物包括糙米以及其他谷类。
splendor /ˈsplɛndə/	n. 光彩；壮丽；显赫	
commensurate /kəˈmɛnsərɪt, -ʃə-/	adj. 相称的；同样大小的	Salary will be commensurate with age and experience. 工资将与年龄和经验挂钩。
perspiration /ˌpɜːspəˈreɪʃən/	n. 汗水；流汗；努力	He wiped the beads of perspiration (= drops) from his brow. 他擦去了额头的汗珠。

stampede /stæmˈpiːd/	n. 惊跑；人群的蜂拥；军队溃败 vi. 蜂拥；逃窜	There was a stampede for the exit. 人群争先恐后地向出口狂奔。
hoard /hɔːrd/	n. 贮存（品）；秘藏（品） v. 贮藏（钱财或贵重物品）	They've begun to hoard food and petrol and save their money. 他们已开始贮藏食物和汽油并攒钱。
entrepreneurial /ˌɑntrəprəˈnjʊrɪəl/	adj. 企业家的；创业者的；中间商的	her prodigious entrepreneurial flair 她惊人的创业天赋
inductive /ɪnˈdʌktɪv/	adj. /数/归纳的；/电/感应的；诱导的	
permanence /ˈpɜːmənəns/	n. 持久；永久	
myriad /ˈmɪriəd/	adj. 无数的；种种的 n. 无数；极大数量	Designs are available in a myriad of colours. 各种色彩的款式应有尽有。
prototype /ˈproʊtəˌtaɪp/	n. 原型；标准；模范	Chris Retzler has built a prototype of a machine called the wave rotor. 克里斯·雷兹勒做出了一台叫作波转子的样机。
unrepresentative /ˌʌnˌreprɪˈzentətɪv/	adj. 非代表性的；不典型的	The president denounced the demonstrators as unrepresentative of the people. 总统指责这些示威者不能代表人民。
solemn /ˈsɑləm/	adj. 庄严的；严肃的；隆重的；郑重的	Her face grew solemn. 她的脸严肃起来。
josh /dʒɑʃ/	v. & n. 戏弄（某人）	
overwrought /ˌoʊvərˈrɔːt/	adj. 过度紧张的；过度兴奋的	Clara was tired and overwrought after all the problems of the last few days. 经历了过去几天的重重困难之后，克拉拉既疲惫又紧张。
martial art	武术	
pupate /pjuːˈpeɪt/	v. 化蛹	
mighty /ˈmaɪti/	adj. 有力的	There was a flash and a mighty bang. 一道闪光伴随着一声轰然巨响。
lineup /ˈlaɪnˌʌp/	n. 阵容；一组人；电视节目时间表	One player sure to be in the lineup is star midfielder Landon Donovan. 肯定列入该阵容的一名球员是中场球星兰登·多诺万。
vigor /ˈvɪgər/	n. /生物/活力；精力	He worked with renewed vigor and determination. 他以新的活力和决心工作着。

单词	词性/释义	例句
shabby /ˈʃæbi/	adj. 破旧的	She wore a shabby old jeans and a T-shirt. 她穿着一条破旧的牛仔裤和一件T恤衫。
auditorium /ˌɔːdɪˈtɔːriəm/	n. 礼堂；观众席	Anderson was to sing at the Constitution Hall auditorium. 安德森将要在宪法厅的观众席演唱。
nuthouse /ˈnʌthaʊs/	n. 精神病院	I don't want to spend another night in this nuthouse. 我可不想在这乱七八糟的地方再待一个晚上。
microbial /maɪˈkroʊbiəl/	adj. 微生物的；由细菌引起的	One project took ocean samples from more than 1200 sites around the world in order to find out more about microbial life. 在一个项目中，为了更多地了解微生物生命，科学家从世界上超过1200个地点的海洋中采样。
overhaul /ˈoʊvərhɔːl/	v. 彻底检修；赶上；超过 n. 大检修	The engine has been completely overhauled. 发动机已彻底检修过了。
ripple /ˈrɪpl/	n. 波纹；涟漪；/物/涟波 vi. 起潺潺声 vt. 在……上形成波痕	Gleaming ripples cut the lake's surface. 闪着微光的涟漪打破了湖面的平静。
plague /pleɪɡ/	n. 瘟疫；麻烦事 v. 使……折磨；使……苦恼	The plague caused 100000 deaths in London alone in the 1600s. 17世纪，鼠疫仅在伦敦一地就造成了10万人死亡。
reverberation /rɪˌvɜːrbəˈreɪʃən/	n. 混响；反射；反响；回响	In the end, the attempt failed, but the reverberations still can be felt today. 虽然最后的尝试以失败告终，但其反响至今依然存在。
granite /ˈɡrænɪt/	n. 花岗岩；坚毅；冷酷无情	
await /əˈweɪt/	vt. 等候；等待；期待	Very little was said as we awaited the arrival of the chairman. 我们在等候主席的到来时几乎没说什么话。
anguish /ˈæŋɡwɪʃ/	v. & n. 痛苦；使……极度痛苦；感到极度痛苦	He groaned in anguish. 他痛苦地呻吟。
inexorable /ɪnˈeksərəbl/	adj. 无情的；不屈不挠的；不可阻挡的	Spending on health is growing inexorably. 健康上的开销在不可阻挡地增加。
zoom in on	把镜头移近在……处	
afflict /əˈflɪkt/	vt. 折磨；使……痛苦；使……苦恼	Italy has been afflicted by political corruption for decades. 意大利受政治腐败困扰已数十年了。

dub /dʌb/	vt. 把……称为(be dubbed with …)	The Belgian actor Jean Claude Van Damme has been dubbed "Muscles from Brussels". 比利时演员让·克劳德·范·达默被戏称为"布鲁塞尔的肌肉"。
cushiony /ˈkʊʃəni/	adj. 似垫子的；柔软的	
subordinate /səˈbɔːrdɪnət/	adj. 从属的；次要的 n. 部属 v. 使……居下位	In many societies women are subordinate to men. 在许多社会中，妇女都从属于男人。
stamping out	v. 杜绝	
commonalty /ˈkɒmənəltɪ/	n. 平民；法人团体；团体	
riposte /rɪˈpoʊst/	v. & n. 还击；机敏的回答	Laura glanced at Grace, expecting a clever riposte. 劳拉瞥了格雷丝一眼，期望她给个机敏的回答。
deference /ˈdɛfərəns/	n. 顺从；尊重	the older political tradition of deference to great leaders 敬重伟大领导人的较老的政治传统
destitute /ˈdɛstɪtjuːt/	adj. 穷困的；无的；缺乏的	destitute children who live on the streets 露宿街头的穷孩子们
chancy /ˈtʃɑːnsɪ/	adj. 不确实的；偶然发生的；不安的	Acting professionally is a chancy business. 专业表演是有风险的行业。
nibbling /ˈnɪblɪŋ/	n. /机/步冲轮廓法；抗偏驶性；分段剪切	
predominately /prɪˈdɒmɪnətlɪ/	adv. 占优势地；有影响力地；更大量地；占绝大多数地；主导性地；多数情况下	a predominately white, middle-class suburb 居民以白人中产阶级为主的郊区
prank /præŋk/	n. 恶作剧；开玩笑 vt. 装饰 vi. 炫耀自己；胡闹	Their pranks are amusing at times. 他们的恶作剧有时很逗。
aptitude /ˈæptɪtud, -tjud/	n. 天资；自然倾向；适宜	He drifted into publishing and discovered an aptitude for working with accounts. 他偶入出版界，发现自己具有管账的天资。
interstitial /ˌɪntərˈstɪʃl/	adj. 间质的；空隙的；填隙的 n. 填隙原子；节间 n. 插屏广告	
gloomy /ˈgluːmɪ/	adj. 黑暗的；沮丧的；阴郁的	Inside it's gloomy after all that sunshine. 明媚的阳光过后，里面一片昏暗。

ad-lib /æd'lɪb/	v. 即兴演唱；即兴讲演 adj. 即兴的 n. 即兴的演唱	He began comically ad-libbing a script. 他开始即兴穿插一段剧本了。
outrageous /aʊt'redʒəs/	adj. 无法容忍的；不可能的；反常的；粗暴的	By diplomatic standards, this was outrageous behaviour. 按外交标准，这是不可接受的行为。
sneer /snɪr/	v. 嘲笑；冷笑 n. 嘲笑；冷笑	Canete's mouth twisted in a contemptuous sneer. 卡内特撇了下嘴，一副蔑视嘲讽的样子。

List 7

focal /ˈfoukl/	adj. 焦点的；在焦点上的；灶的；病灶的	the focal plane of the telescope 望远镜的焦平面
schematically /skɪˈmætɪklɪ/	adv. 计划性地	That's shown schematically here, let me talk about the bottom diagram first, which shows the process of mitosis. 在此我们图解了这一过程，我先从下面图表里的有丝分裂过程讲起。
immersive /ɪˈmɜːrsɪv/	adj. 拟真的；沉浸式的；沉浸感的；增加沉浸感的	immersive television sets 沉浸式电视机
tender /ˈtɛndər/	adj. 温柔的；柔软的；脆弱的	What he needs now is a lot of tender loving care. 他现在需要的是充分的关心和爱护。
mutation /mjuˈteɪʃən/	n. /遗/突变；变化；元音变化	
nomenclature /ˈnoumənˌkleɪtʃər/	n. 命名法；术语	
provision /prəˈvɪʒ(ə)n/	n. 规定；条款；准备；供应品	The agreement includes a provision for each side to check the other side's weapons. 协议有项规定，允许双方互查武器。
rancher /ˈræntʃər/	n. 大农场经营者；大农场工人；牧场住宅	a cattle rancher 一位养牛场场主
clear-cut /ˈklɪəˈkʌt/	adj. 清晰的；轮廓鲜明的	This was a clear-cut case of the original land owner being in the right. 这是一起明显的原土地所有者有理的案件。
conundrum /kəˈnʌndrəm/	n. 难题；谜语	this theological conundrum of the existence of evil and suffering in a world created by a good God 生存在良善之神所创造的一个邪恶和痛苦的世界这个神学难题
ditch /dɪtʃ/	n. 沟渠；壕沟 v. 开沟；修渠	I decided to ditch the sofa bed. 我决定把沙发床扔掉。
enclave /ˈenkleɪv/	n. 飞地；被包围的领土；被包围物	the former Portuguese enclave of East Timor 东帝汶的前葡萄牙人聚居地

swell /swɛl/	v. 膨胀；肿胀；隆起 n. 肿胀；隆起 adj. 漂亮的；一流的	Do your ankles swell at night? 你的脚踝晚上会肿吗？
lessen /ˈlɛsn/	vt. 使……变小；使……减轻；使……变少 vi. 减少；减轻；变小	He is used to a lot of attention from his wife, which will inevitably lessen when the baby is born. 他习惯了妻子无微不至的关心，这种关心在孩子出生以后将不可避免地减少。
mayhem /ˈmeɪhem/	n. 骚乱；混乱；故意伤害罪，重伤罪；蓄意破坏	There was complete mayhem after the explosion. 爆炸发生后一片混乱。
erroneous /ɪˈrouniəs/	adj. 错误的	His economic predictions are based on some erroneous assumptions. 他的经济预测是基于错误假设之上的。
abyssal /əˈbɪsl/	adj. 深渊的；深海的；深不可测的	
despoil /dɪˈspɔɪl/	vt. 掠夺；剥夺；夺取	people who despoil the countryside 掠夺乡村的人
perennial /pəˈrɛnɪəl/	adj. 多年生的；常年的；四季不断的	Lack of resources has been a perennial problem since the beginning. 财力不足从最初起就一直是个问题。
alimony /ˈælɪmoni/	n. 离婚扶养费；生活费	
monger /ˈmʌŋɡə/	v. (挨家挨户)兜售；贩卖；散播(观点)	
uptick /ˈʌptɪk/	n. 小幅增加；微升；报升(股票成交价格比上一个交易的微高)	uptick trade 小幅交易
wharf /wɔrf/	n. 码头；停泊处 v. 靠码头；为……建码头	
exert /ɪɡˈzɜːrt/	vt. 运用；发挥；施以影响	These organizations exert great influence in public life. But we have no means of discovering on whose behalf they do it. 这些组织在公共生活中发挥着巨大的影响，我们却没办法发现它们代表谁的利益。
diabetes /ˌdaɪəˈbiːtɪs/	n. 糖尿病；多尿症	
resolute /ˈrɛzəlut/	adj. 坚决的；果断的	He became even more resolute in his opposition to the plan. 他更加坚决地反对这个计划。

turf /tɜːrf/	n. 草皮	
at the mercy of	受……支配；任凭	I'm not going to put myself at the mercy of the bank. 我不想任由银行摆布。
menial /ˈmiːnjəl/	adj. 卑微的；仆人的 n. 仆人；住家佣工；下贱的人	low-paid menial jobs, such as cleaning and domestic work 工钱少又卑微的工作，诸如打扫清洁或做家务
manipulate /məˈnɪpjʊleɪt/	vt. 操纵；操作；巧妙地处理；篡改	He was one of those men who manipulated people. 他是那种要摆布别人的人。
potent /ˈpoʊtnt/	adj. 有效的；强有力的；有权势的；有说服力的	Advertising is a potent force in showing smoking as a socially acceptable habit. 广告的力量很大，把吸烟说成为社会所接受的习惯。
blemish /ˈblɛmɪʃ/	v. & n. 瑕疵；缺点；玷污	His reputation is without a blemish. 他的名誉可以说是白璧无瑕。
likelihood /ˈlaɪklɪhʊd/	n. 可能性；可能	The likelihood of infection is minimal. 传染的可能性微乎其微。
vanish /ˈvænɪʃ/	v. 消失；突然不见；成为零 n. 弱化音	He just vanished and was never seen again. 他就这么突然消失了，再也没有人见过他。
strand /strænd/	n. 线；串；海滨 vi. 搁浅	She wore a single strand of pearls around her neck. 她脖子上戴着单串珍珠。
solitary /ˈsɒlɪtəri/	adj. 孤独的；独居的 n. 独居者；隐士	Paul was a shy, pleasant, solitary man. 保罗是个腼腆的、讨人喜欢的、惯于独处的人。
common ground	（争论双方的）共同基础；一致之处	
scrutiny /ˈskruːtəni/	n. 详细审查；监视；细看；选票复查	Her argument doesn't really stand up to scrutiny. 她的观点经不起认真推敲。
accordingly /əˈkɔːrdɪŋli/	adv. 因此；于是；相应地；照着	We have to discover his plans and act accordingly. 我们得找出他的计划并照办。
tapestry /ˈtæpɪstri/	n. 织锦；挂毯；绣帷	a colourful tapestry depicting a hunting scene 描绘狩猎场面的彩色壁毯
deprecate /ˈdeprɪkeɪt/	vt. 反对；抨击；轻视；声明不赞成	He deprecated the low quality of entrants to the profession. 他抨击了行业中的滥竽充数。
holistic /hoʊˈlɪstɪk/	adj. 整体的；全盘的	practitioners of holistic medicine 整体医学医生
utilitarian /juːˌtɪlɪˈtɛəriən/	adj. 实用的；功利的；功利主义的	Bruce's office is utilitarian and unglamorous. 布鲁斯的办公室实用而素淡。
pronounced /prəˈnaʊnst/	adj. 显著的；断然的	Most of the art exhibitions have a pronounced Appalachian theme. 大部分艺术展品都有一种明显的阿巴拉契亚主题。

单词	词性释义	例句
tissue /ˈtɪʃuː/	n. 组织；纸巾；薄纱；一套 vt. 饰以薄纱；用化妆纸揩去	As we age we lose muscle tissue. 随着年纪的增大，我们会失去一些肌肉组织。
mingled /ˈmɪŋɡ(ə)l/	v. 使……相混；融合；掺和	Add the mint and allow the flavours to mingle. 加入薄荷，把各种味道混合起来。
hysteria /hɪˈstɪəriə/	n. 癔病；歇斯底里；不正常的兴奋	In a fit of hysteria, Silvia blamed me for causing her father's death. 西尔维娅一阵歇斯底里，指责我害死了她的父亲。
residual /rɪˈzɪdʒuəl/	n. 剩余；残渣 adj. 剩余的；残留的	residual radiation from nuclear weapons testing 来自核武器试验的残留放射物
deduce /dɪˈdjuːs/	vt. 推论；推断；演绎出	Can we deduce from your silence that you do not approve? 你保持沉默，我们是否可以据此推断出你不赞成？
outperform /ˌaʊtpərˈfɔrm/	vt. 胜过；做得比……好	In recent years, the Austrian economy has outperformed most other industrial economies. 近年来，奥地利的经济已经超过了其他大多数的工业经济。
advisable /ədˈvaɪzəb(ə)l/	adj. 明智的；可取的；适当的	Because of the popularity of the region, it is advisable to book hotels or camp sites in advance. 鉴于该地区的受欢迎度，事先预订旅馆或露营地是可取的。
eccentric /ɪkˈsentrɪk/	adj. 古怪的；反常的 n. 古怪的人	He is an eccentric character who likes wearing aberet and dark glasses. 他是个怪人，喜欢戴贝雷帽和墨镜。
admirable /ˈædmərəbəl/	adj. 令人钦佩的；极好的；值得赞扬的	She did an admirable job of holding the audience's attention. 她做了件值得钦佩的事：吸引了观众的注意力。
garish /ˈɡerɪʃ/	adj. 炫耀的；过分装饰的	They climbed the garish, purple-carpeted stairs. 他们登上了那些铺着耀眼紫色地毯的楼梯。
infatuation /ɪnˌfætjʊˈeɪʃən/	n. 迷恋	his infatuation with bullfighting 他对斗牛的迷恋
deed /diːd/	n. 行动；功绩；证书 vt. 立契转让	Everyone sins at some time, in thought if not in deed. 人人都会犯罪，不是在行动上就是在思想上。
conspirator /kənˈspɪrətər/	n. 阴谋者；反叛者；同谋者	Julius Caesar was murdered by a group of conspirators famously headed by Marcus Junius Brutus. 尤利乌斯·凯撒被以人所共知的马库斯·朱尼厄斯·布鲁特斯为首脑的一伙谋反者谋杀了。
congestion /kənˈdʒestʃən/	n. (交通)拥塞	The problems of traffic congestion will not disappear in a hurry. 交通堵塞问题不会很快消失。
tantalizing /ˈtæntəlaɪzɪŋ/	adj. 撩人的；逗引性的；干着急的	the dreams of democracy that have so tantalized them 让他们可望而不可即的民主梦想
weather-cock /ˈweðərkɑk/	n. /气象/风向标	
endearing /ɪnˈdɪrɪŋ/	adj. 可爱的；讨人喜欢的	Shyness is one of her most endearing qualities. 腼腆是她最可爱的特质之一。

单词	词性/释义	例句
pervading /pəˈveɪdɪŋ/	adj. 普遍的；无处不在的	The smell of sawdust and glue pervaded the factory. 锯屑和胶水的气味弥漫在工厂里。
beneficent /bɪˈnɛfɪsnt/	adj. 慈善的；善行的	the beneficent properties of natural remedies 自然疗法的益处
harness /ˈhɑrnɪs/	v. 治理；利用；套；驾驭	We must harness the skill and creativity of our workforce. 我们必须尽量发挥全体职工的技能和创造力。
stroll /strəʊl/	v. 散步；闲逛；(体育比赛)轻而易举地获胜	After dinner, I took a stroll round the city. 晚饭后,我绕城溜达了一圈。
troupe /trʊp/	n. 剧团 vi. 巡回演出	
haul /hɔːl/	v. (用力)拖；拉；费力前进 n. 赃物；一网的捕鱼量；旅程；拖运距离	A crane had to be used to haul the car out of the stream. 不得不用一台起重机把轿车从河里拉出来。
baritone /ˈbærəˌtoʊn/	n. 男中音 adj. 男中音的	
holler /ˈhɑlər/	vi. 发牢骚；叫喊；抱怨	
imposingly /ɪmˈpoʊzɪŋlɪ/	adv. 令人印象深刻地	
averse /əˈvɜːrs/	adj. 反对的；不愿意的	He's not averse to publicity of the right kind. 他不反对正当的宣传。
oust /aʊst/	vt. 驱逐；剥夺；取代	The rebels finally managed to oust the government from power. 反叛者最后总算推翻了政府。
disposition /ˌdɪspəˈzɪʃn/	n. 处置；心理/性情	The rides are unsuitable for people of a nervous disposition. 这种骑乘不适合紧张型性格的人。
maneuver /məˈnuːvə/	n. 机动；演习；策略；调遣 vi. 机动；演习；调遣；用计谋	There was very little room to manoeuvre. 这里几乎没有什么活动空间。
prosper /ˈprɒspə/	v. 兴旺；发达；成功	Businesses across the state are prospering. 整个州的企业都很景气。
crank out	制成	In 1933 the studio cranked out fifty-five feature films. 1933年,这家电影公司粗制滥造了55部故事片。
grapple with	努力设法解决；搏斗	The new government has yet to grapple with the problem of air pollution. 新政府还需尽力解决空气污染问题。
dawdle /ˈdɔːd(ə)l/	vi. 混日子；游手好闲；偷懒	They dawdled along by the river, laughing and talking. 他们沿河边闲逛,一路谈笑风生。

单词	词性/释义	例句
ornament /ˈɔrnəmənt/	n. 装饰；/建//服装/装饰物；教堂用品	Because the mural is not only the ornament but also the part of environment. 因为壁画不但是环境的装饰，亦是环境的组成部分。
cause /kɔːz/	n. 事业	Refusing to have one leader has not helped the cause. 拒绝接受一个无益于该事业的领导。
drape /dreɪp/	vt. 用布帘覆盖；使……呈褶裥状	She had a shawl draped around her shoulders. 她肩上披着一条围巾。
cabal /kəˈbæl/	n. 阴谋（尤指政治上的） vi. 策划阴谋	He had been chosen by a cabal of fellow senators. 他被参议员同伴们选入了一个政治阴谋小集团。
recreational /rekrɪˈeɪʃnl/	adj. 娱乐的；消遣的；休养的	
pathogen /ˈpæθədʒən/	n. 病原体；病菌	Whenever it meets one that is "not self" and thus likely to be part of a pathogen, it destroys it. 只要遇到一个"非本体"分子，就有可能是病原体的一部分，免疫系统就会将它消灭。
societal /səˈsaɪətl/	adj. 社会的	the societal changes that have taken place over the last two decades 过去20年中发生的社会演变
smudge /smʌdʒ/	vt. 弄脏；涂污 n. 污点；污迹；烟熏火堆	He had smudged his signature with his sleeve. 他用袖子把自己的签字擦得看不清了。
prudence /ˈpruːdəns/	n. 审慎	Western businessmen are showing remarkable prudence in investing in the region. 西方商人对投资那个地区正表现出异常的谨慎。
comprehension /kɒmprɪˈhenʃ(ə)n/	n. 理解；包含	
judiciary /dʒʊˈdɪʃ(ə)rɪ/	n. 司法部；法官；司法制度	
intervention /ˌɪntərˈvenʃən/	n. 介入；调停；妨碍	the role of the United States and its intervention in the internal affairs of many countries 美国所扮演的角色及其对许多国家内政的干涉
roar /rɔːr/	n. 咆哮；吼；轰鸣 v. 咆哮；吼叫；喧闹	A police car roared past. 一辆警车呼啸而过。
tantalize /ˈtæntəlaɪz/	vt. 逗弄；使……干着急	A tantalizing aroma of roast beef fills the air. 烤牛肉诱人的香味弥漫在空气中。
foothold /ˈfʊthould/	n. 据点；立足处	Businesses are investing millions of dollars to gain a foothold in this new market. 商家们正投资数百万美元以求在新市场中赢得立足点。

单词	词性/释义	例句
alchemist /ˈælkəmɪst/	n. 炼金术士	
presumably /prɪˈzuːməbli/	adv. 大概；推测起来；可假定	I couldn't concentrate, presumably because I was so tired. 我的精神集中不起来，大概是太累了吧。
igneous /ˈɪɡnɪəs/	adj. 火的；/岩/火成的；似火的	
forum /ˈfɔːrəm/	n. 论坛；讨论会；法庭；公开讨论的广场	Members of the council agreed that was an important forum for discussion. 理事会成员们一致认为那是一个用于讨论的重要论坛。
sprawl /sprɔːl/	v. 蔓延；随意扩展 n. 蔓延物	He sprawled out on the sofa. 他摊开手脚躺在沙发上。
revelation /ˌrevəˈleɪʃn/	n. 启示；揭露	The company's financial problems followed the revelation of a major fraud scandal. 重大的欺诈丑闻被揭露之后，公司随之出现了财政问题。
absenteeism /ˌæbsənˈtiːɪzəm/	n. 旷工；旷课；有计划的怠工；经常无故缺席	
majesty /ˈmædʒəsti/	n. 威严	
panoply /ˈpænəpli/	n. 华丽服饰；全套甲胄；全副盔甲	
metaphysics /ˌmetəˈfɪzɪks/	n. 玄学；形而上学	
prosaic /prəˈzeɪɪk/	adj. 平凡的；乏味的；散文体的	The reality, however, is probably more prosaic. 然而，事实很可能更平淡无奇。
lofty /ˈlɔfti/	adj. 高的；崇高的；高级的；高傲的	He stayed at the Four Seasons Hotel, from whose lofty heights he could see across New York. 他住在四季酒店，从酒店高处可以看到纽约的全景。
malevolent /məˈlev(ə)l(ə)nt/	adj. 恶毒的；有恶意的；坏心肠的	Her stare was malevolent, her mouth a thin line. 她目光狠毒，嘴唇紧闭。
stridulation /ˌstrɪdjuˈleɪʃn/	n. 摩擦声；尖锐的声音；鸣声	
irretrievable /ˌɪrɪˈtriːvəbl/	adj. 不能弥补的；不能复原的；无法挽救的	The money already paid is irretrievable. 已经支付的钱是无法收回的。
miser /ˈmaɪzər/	n. 守财奴；吝啬鬼	I'm married to a miser. 我嫁了个守财奴。
unconstrained /ˌʌnkənˈstreɪnd/	adj. 不勉强的；非强迫的；不受约束的	

单词	词性/释义	例句
snap /snæp/	n.（口语）轻而易举	
culmination /ˌkʌlməˈneɪʃən/	n. 顶点；高潮	Their arrest was the culmination of an operation in which 120 other people were detained. 那次行动以他们的被捕以及另外120个人的被拘留而告终。
viable /ˈvaɪəbl/	adj. 可行的；能养活的；能生育的	The committee came forward with one viable solution. 委员会提出了一个切实可行的解决方案。
recapture /ˌriːˈkæptʃər/	vt. 夺回；拿回；再体验；政府征收再经历 n. 夺回；取回；政府对公司超额收益或利润的征收	They said the bodies were found when rebels recaptured the area. 他们说这些尸体是在反叛者们重新占领这个地区时被发现的。
sultry /ˈsʌltri/	adj. 闷热的；狂暴的；淫荡的	The climax came one sultry August evening. 高潮在8月一个闷热潮湿的夜晚到来了。
genesis /ˈdʒenəsɪs/	n. 发生；起源	The project had its genesis two years earlier. 该项目是从两年前开始的。
aerial /ˈɛərɪəl/	adj. 空中的；航空的；空气中的 n. 电讯/天线	an aerial attack 空袭
executioner /ˈɛksɪˈkjuːʃənər/	n. 刽子手；死刑执行人	Executioner, show the people my head, it's worth it! 刽子手，向人们展示我的头，它有这个价值！
hypocrisy /hɪˈpɑkrəsi/	n. 虚伪；伪善	It would be sheer hypocrisy to pray for success, since I've never believed in God. 为获成功而祈祷是纯粹的虚伪之举，因此我从不相信上帝。
harass /ˈhærəs/	v. 骚扰；使……困扰（或烦恼）；反复袭击	A woman reporter complained one of them sexually harassed her in the locker room. 一名女记者抱怨说，他们当中的一人在更衣室里对她进行了性骚扰。
plumpness /ˈplʌmpnɪs/	n. 丰满	

List 8

percussion /pərˈkʌʃən/	n.	临床/叩诊;振动;敲打乐器	a large orchestra, with a vast percussion section 一支有很大的打击乐器组的大型管弦乐队
elucidate /ɪˈl(j)uːsɪdeɪt/	vt.	阐明;说明	Haig went on to elucidate his personal principle of war. 海格继续解释他个人的战争原则。
tribunal /traɪˈbjuːnəl/	n.	法庭;裁决;法官席	His case comes before an industrial tribunal in March. 他的案子将于3月在产业法庭审判。
divinity /dɪˈvɪnəti/	n.	神;神性;神学	a lasting faith in the divinity of Christ's word 一种对基督之道神力恒久的信心
catchall /ˈkætʃɔːl/	n. adj.	装杂物的容器;总受器;分沫器 包罗万象的	Indigestion is a catchall term for any kind of stomach distress. 消化不良是一切胃部疾病的笼统用语。
appall /əˈpɔːl/	vt.	使……胆寒;使……惊骇	
sanction /ˈsæŋkʃən/	n. v.	制裁;处罚;制发 批准;对……实行制裁;赞许	a newspaper run by citizens without the sanction of the government 未经政府许可的一家民办报纸
hotshot /ˈhɒtʃɒt/	n. adj.	有成就的人;高手 高手的	a bunch of corporate hotshots 一群公司精英
outstep /ˌaʊtˈstep/	vt.	超过;走过头	
xenophobia /ˌzenoʊˈfoʊbiə/	n.	仇外;对外国人的畏惧和憎恨	a just and tolerant society which rejects xenophobia and racism 一个不容排外情绪和种族歧视的公正宽容的社会
propagandist /ˌprɒpəˈɡændɪst/	n.	宣传者;鼓吹者	He was also a brilliant propagandist for free trade. 他也是一个杰出的倡导自由贸易的宣传者。
trust /trʌst/	n.	信托	You could also set up a trust so the children can't spend any inheritance until they are a certain age. 你也可以建立信托,那样孩子们到了一定的年龄以后才可以使用遗产。
sequestration /ˌsiːkwəˈstreɪʃn/	n.	封存;隔离	
oppression /əˈpreʃn/	n.	压抑;镇压;压迫手段;沉闷;苦恼	an attempt to escape political oppression 逃避政治压迫的一次尝试

单词	词性释义	例句
polarization /ˌpoləriˈzeɪʃən/	n. 极化;偏振;两极分化	
competence /ˈkɑmpɪtəns/	n. 能力;胜任;权限;作证能力;足以过舒适生活的收入	Many people have testified to his competence. 很多人已证实了他的能力。
tribute /ˈtrɪbjuːt/	n. 礼物;/税收/贡物;颂词;(尤指对死者的)致敬;悼念;吊唁礼物	The song is a tribute to Roy Orbison. 这首歌是敬献给罗伊·奥比森的。
sagacious /səˈgeɪʃəs/	adj. 睿智的;聪慧的;有远见的;聪慧的	
proliferation /prəˌlɪfəˈreɪʃn/	n. 激增;涌现	
sulfur /ˈsʌlfər/	n. 硫;硫磺;硫磺色;美洲粉蝶	Because the removal of phosphorus and sulfur require special condition that can be met only bythe basic process. 因为除去钢中的磷和硫需要一些特殊的条件,这些条件只有碱性法才能满足。
venting /ˈventɪŋ/	n. 排气;通气 v. 排放(vent 的现在分词)	Both. I'm venting, sure, but if these questions have answers, I'd sure as hell like to hear them! 两方面都有。我的确是在发泄,但如果这些问题有答案的话,我下地狱都想听到这些答案!
epidemic /ˌɛpɪˈdɛmɪk/	adj. 流行的;传染性的 n. 传染病;流行病;风尚等的流行	Over 500 people died during last year's flu epidemic. 去年流感大暴发期间有 500 多人死亡。
envelop /ɪnˈvɛləp/	vt. 包围;包封 n. 信封;包裹	She was enveloped in a huge white towel. 她裹在一条白色大毛巾里。
pendent /ˈpɛndənt/	adj. 悬而未决的;下垂的;未定的;向外伸出的	
preposterous /prɪˈpɑstərəs/	adj. 荒谬的;可笑的	The band were famous for their preposterous clothes and haircuts. 这支乐队以怪异的服装和发式而闻名。
weathered /ˈwɛðərd/	n. 天气;气象;气候;处境 vt. 经受住;使……风化;侵蚀;使……受风吹雨打 vi. 风化;受侵蚀;经受风雨 adj. 露天的;迎风的	Unpainted wooden furniture weathers to a grey colour. 没有上漆的木质家具会褪成灰色。

ridicule /ˈrɪdɪˌkjuːl/	v. & n. 嘲笑；奚落	I admired her all the more for allowing them to ridicule her and never striking back. 我更加钦佩她了,因为她能够容许他们嘲笑自己而从不回击。
aristocrat /əˈrɪstəkræt/	n. 贵族	a wealthy southern aristocrat 一位富有的南方贵族
squint /skwɪnt/	vi. 眯眼看；斜视；窥视；偏移 vt. 使……斜眼；眯眼看	It is usually caused by a squint in one eye, which means the eyes look in different directions. 它通常是由一只眼睛的斜视造成的,这意味着眼睛看起来在不同的方向。
tenet /ˈtɛnɪt/	n. 原则；信条	Non-violence and patience are the central tenets of their faith. 非暴力和忍耐是他们信仰的基本原则。
microscopic /ˌmaɪkrəˈskɑpɪk/	adj. 微观的；用显微镜可见的	Microscopic fibres of protein were visible. 极为精密的蛋白质纤维是能被看见的。
exertion /ɪɡˈzɜːrʃən/	n. 发挥；运用；努力	She was hot and breathless from the exertion of cycling uphill. 她骑车上山累得全身发热,喘不过气来。
exaction /ɪɡˈzækʃ(ə)n; eg-/	n. 强求；勒索；榨取；苛捐杂税	
lagoon /ləˈɡuːn/	n. /地理//水/泻湖；环礁湖；咸水湖	
eternity /ɪˈtɜːrnəti/	n. 来世；来生；不朽；永世；永恒	There will be rich and poor for all eternity. 贫富将永远存在。
stray /streɪ/	vi. 流浪；迷路；偏离	My dear friends, what do you think? How do you deal with these stray cats? 亲爱的朋友,你是怎么认为的呢?该如何处理这些流浪猫呢?
thrill /θrɪl/	n. 激动；震颤；紧张 vt. 使……颤动；使……紧张；使……感到兴奋或激动 vi. 颤抖；感到兴奋；感到紧张	I can remember the thrill of not knowing what I would get on Christmas morning. 我记得,在圣诞节早上不知道会收到何种礼物时自己的激动心情。
ascertain /ˌæsərˈteɪn/	vt. 确定；查明；探知	The police are trying to ascertain what really happened. 警方正设法查清到底发生了什么。
omniscient /ɑmˈnɪsiənt/	adj. 全知的；无所不知的 n. 上帝；无所不知者	a benevolent and omniscient deity 一位仁慈、全知的神
engender /ɪnˈdʒɛndər/	v. 产生；造成；引起	It helps engender a sense of common humanity. 它有助于引发一种共同的人道主义精神。
prolific /prəˈlɪfɪk/	adj. 多产的；丰富的	She is a prolific writer of novels and short stories. 她是位多产的长篇和短篇小说家。

单词	词性/释义	例句
tumult /ˈtʌmʌlt/	n. 骚动；骚乱；吵闹；激动	I could simply not be heard in the tumult. 一片嘈杂声中别人根本听不到我说话。
sparse /spɑːs/	adj. 稀疏的；稀少的	
scope /skəup/	n. 范围；余地；视野 vt. 审视	The extra money will give us the scope to improve our facilities. 有了这笔额外资金，我们就能把设备加以改进了。
quarantine /ˈkwɔrənˈtin/	n. 检疫；隔离	She was sent home and put in quarantine. 她被送回家实施隔离。
implacable /ɪmˈplækəbl/	adj. 不能安抚的；无法改变的	The government faces implacable opposition on the issue of nuclear waste. 在核废料问题上政府遭到了坚决地反对。
delineate /dɪˈlɪnɪeɪt/	vt. 描绘；描写；画……的轮廓	Biography must to some extent delineate characters. 在某种程度上，传记一定要描述人物。
preceptress /prɪˈseptrɪs/	n. 女教师；女导师；女校长	
assimilate /əˈsɪmɪleɪt/	vt. 吸收；使……同化；把……比作；使……相似	There is every sign that new Asian-Americans are just as willing to assimilate. 各种迹象表明，新入籍的亚裔美籍人也很乐意被同化。
precursor /prɪˈkɜːsə/	n. 先驱；前导	He said that the deal should not be seen as a precursor to a merger. 他说这次交易不应该被看作合并的前兆。
portfolios /pɔːtˈfəulɪəu/	n. 档案；文件夹（portfolio 的复数）；证券投资组合	After dinner that evening, Edith showed them a portfolio of her own political cartoons. 那天晚饭后，伊迪丝给他们看了她自己的政治漫画选辑。
quintessential /ˌkwɪntɪˈsenʃəl/	adj. 典型的；完美的；精髓的	Everybody thinks of him as the quintessential New Yorker. 每个人都认为他是个典型的纽约人。
wispy /ˈwɪspi/	adj. 像小束状的；纤细的；脆弱的	wispy hair/clouds 一缕缕头发/云彩
daze /deɪz/	vt. 使……茫然 n. 迷乱	I've been in a complete daze since hearing the news. 自从听到那消息，我一直茫然不知所措。
merciful /ˈmɜːsɪfʊl/	adj. 仁慈的；慈悲的；宽容的	We can only hope the court is merciful. 我们只能寄希望于法庭的宽大处理了。
scuttle /ˈskʌtəl/	v. 急促奔跑	Two very small children scuttled away in front of them. 两个很小的孩子在他们面前迈着又碎又快的步子跑开了。
mesh /meʃ/	vi. 相啮合 n. 网眼；网丝；圈套	This evidence meshes with earlier reports of an organized riot. 这一证据和先前关于一次有组织暴乱的报告相吻合。
maternal /məˈtɜːrnl/	adj. 母亲的；母系的；母体遗传的	She had little maternal instinct. 她几乎没有母性。
petty /ˈpeti/	adj. 琐碎的；小气的；小规模的	He was miserable all the time and fights would start over petty things. 他一直都很闷闷不乐，常为一些鸡毛蒜皮的事吵架。

studiously /ˈstuːdiəsli/	adv. 故意地;注意地	He studiously avoided answering the question. 他刻意不去回答那个问题。
devise /dɪˈvaɪz/	vt. 构思;设计	We devised a scheme to help him. 我们想出了一个计划来帮助他。
impose /ɪmˈpoʊz/	vi. 利用;欺骗;施加影响 vt. 强加;征税;以……欺骗	Fines are imposed on retailers who sell tobacco to minors. 向未成年人销售烟草制品的零售商要被强制罚款。
hibernate /ˈhaɪbərneɪt/	vi. 过冬;(动物)冬眠;(人等)避寒	Dormice hibernate from October to May. 睡鼠从10月到5月冬眠。
lurid /ˈlʊrɪd/	adj. 可怕的;耸人听闻的;火烧似的	The paper gave all the lurid details of the murder. 这份报纸对这起凶杀案骇人听闻的细节描述得淋漓尽致。
scoff /skɔf/	v. & n. 嘲笑;贪婪地吃;狼吞虎咽	At first I scoffed at the notion. 刚开始时我对那种想法嗤之以鼻。
atrocious /əˈtroʊʃəs/	adj. 凶恶的;残暴的	I remain to this day fluent in Hebrew, while my Arabic is atrocious. 直到今天,我的希伯莱语仍很流利,而我的阿拉伯语则极差。
wry /raɪ/	adj. 歪斜的;歪曲的;用反语表达幽默的;揶揄的 v. 扭曲;扭歪	Matthew allowed himself a wry smile. 马休露出了一丝苦笑。
industrious /ɪnˈdʌstriəs/	adj. 勤勉的	She was an industrious and willing worker. 她是个勤劳肯干的工人。
covetously /ˈkʌvɪtəsli/	adv. 贪心地;妄想地	
imputation /ˌɪmpjʊˈteɪʃən/	n. 归罪;非难;归咎;污名	
equate /ɪˈkweɪt/	vt. 使……相等;视为平等 n. 等同	I'm always wary of men wearing suits, as I equate this with power and authority. 我总是提防着穿制服的人,因为我将其等同于权力及权威。
entertain /ˌentərˈteɪn/	vt. 娱乐;招待	He entertained us for hours with his stories and jokes. 他既讲故事又说笑话,把我们逗得乐了好几个小时。
lavender /ˈlævəndər/	n. 薰衣草;淡紫色 adj. 淡紫色的 vt. 用薰衣草熏	I have my favorite lavender and purple. 我最喜欢薰衣草和紫色。
wasp /wɑsp/	n. 黄蜂	

gizzard /ˈgɪzərd/	n. （鸟的）肌胃；砂囊	
stern /stɜrn/	adj. 严厉的；坚定的；严峻的；认真的 n. 船尾；末端	The police are planning sterner measures to combat crime. 警方正制定更严厉的措施以打击犯罪活动。
myrrh /mɜːr/	n. 没药（热带树脂，可作香料、药材）；/植/没药树	
metropolitan /ˌmɛtrəˈpɒlɪtən/	adj. 大都会的	the metropolitan district of Miami 迈阿密的大都会区
perturbation /ˌpɜːrtərˈbeɪʃən/	n. /数/天/摄动；不安；扰乱	perturbations in Jupiter's gravitational field 木星重力场的微小变化
nocturnal /nɑkˈtɜːrnl/	adj. 夜的；夜曲的；夜间发生的	The dog's main duty will be to accompany me on long nocturnal walks. 那只狗的主要职责将是陪我走长途夜路。
ethologist /iˈθɒlədʒɪst/	n. 动物行为学家；（个体）生态学研究者	
mingle /ˈmɪŋgl/	vi. 混合；交往	It is not easy for him to mingle with people because he was very shy. 由于他非常害羞,因此和他人交往对他来说不是件容易的事。
promulgate /ˈprɒməlˌgeɪt/	vt. 公布；传播；发表	The shipping industry promulgated a voluntary code. 航运业对自律守则进行了宣传。
bellow /ˈbɛlo/	vt. 大声喊叫；大声发出	The coach bellowed instructions from the sidelines. 教练在场边大声发号施令。
conviction /kənˈvɪkʃ(ə)n/	n. 定罪；确信；证明有罪；确信；坚定的信仰	He will appeal against his conviction. 他将对判决进行上诉。
unambitious /ˌʌnæmˈbɪʃəs/	adj. 无野心的；无名利心的；谦虚的	
inattentive /ˌɪnəˈtɛntɪv/	adj. 疏忽的；怠慢的；不注意的	accidents caused by inattentive or reckless drivers 由于驾驶员疏忽或鲁莽而造成的事故
preeminence /priˈɛmɪnəns/	n. 卓越；杰出	
corral /kəˈræl/	v. 把（马、牛）关进畜栏 n.（北美农牧场的）畜栏	They drove the ponies into a corral. 他们把矮种马赶进了畜栏。

injunction /ɪnˈdʒʌŋkʃən/	n. /管理/禁令；命令；劝告	He took out a court injunction against the newspaper demanding the return of the document. 他拿出法院强制令，要求这家报纸归还该文件。
involuntarily /ɪnˈvɑlənˌtɛrəli/	adv. 无心地；不自觉地；偶然地	
festive /ˈfɛstɪv/	adj. 节日的；喜庆的；欢乐的	The whole town is in festive mood. 全城喜气洋洋。
quietude /ˈkwaɪətud/	n. 平静；寂静；沉着	
normalcy /ˈnɔːməlsɪ/	n. 常态	Underneath this image of normalcy, addiction threatened to rip this family apart. 在这一切正常的表象下，藏着一个让这个家庭破裂的毒瘾。
aggrandize /əˈɡrænˌdaɪz/	vt. 增加；夸大；强化	plans to aggrandize the building 使建筑物更加壮观的计划
tapering /ˈtepərɪŋ/	adj. 尖端细的；渐渐减少的	Unlike other trees, it doesn't taper very much. It stays fat all the way up. 不像其他树，它不是越往上越细，而是自下往上一样粗。
precedent /ˈprɛsɪdənt/	n. 先例；前例	The trial could set an important precedent for dealing with similar cases. 这次审判能为处理类似案件开创一个重要先例。
waver /ˈweɪvər/	vi. 摇曳；踌躇；摆动 n. 动摇；踌躇；挥动者	The shadows of the dancers wavered continually. 舞者的身影摇摆不停。
restorative /rɪˈstɔrətɪv/	adj. 有助于复原的；整容的 n. 滋补剂	She opened the door to her bedroom, thinking how restorative a hot bath would feel tonight. 她打开了卧室的门，想着今晚洗个热水澡将会多么惬意啊。
noxious /ˈnɑkʃəs/	adj. 有害的；有毒的；败坏道德的；讨厌的	the heavy, noxious smell of burning sugar, butter, fats, and flour 糖、黄油、油脂和面粉浓烈难闻的焦糊气味
rectify /ˈrɛktɪfaɪ/	vt. 改正；精馏；整流	We must take steps to rectify the situation. 我们一定要采取措施整顿局面。
variant /ˈvɛrɪənt/	n. 变体；转化 adj. 不同的；多样的	The quagga was a strikingly beautiful variant of the zebra. 白氏斑马是一种极其美丽的斑马变种。
distortion /dɪsˈtɔrʃən/	n. 变形；/物/失真；扭曲；曲解	I think it would be a gross distortion of reality to say that they were motivated by self-interest. 我认为说他们被自身利益所驱使是对事实的公然扭曲。
foundry /ˈfaʊndrɪ/	n. 铸造；铸造类；/机/铸造厂	
potency /ˈpoʊtənsɪ/	n. 效能；力量；潜力；权势	All their songs have a lingering potency. 他们所有的歌曲都有挥之不去的影响力。

单词	词性/释义	例句
ill-advised /ˈɪləd'vaɪzd/	adj. 不明智的；失策的；不理智的；没脑筋的；欠考虑的	In this context, Germany's new austerity package is the latest and most striking element in a sequence of ill-advised responses. 由此看来，德国的紧缩方案是一系列错误的反应中最新的也是最令人侧目的元素。
autoimmune /ˌɔːtəʊɪˈmjuːn/	adj. 自身免疫的；自体免疫的	autoimmune diseases such as rheumatoid arthritis 自体免疫疾病，如类风湿性关节炎
shear /ʃɪr/	vt. 剪；修剪；剥夺 n. 切变；修剪；大剪刀	It was time for the sheep to be shorn. 是剪羊毛的时节了。
virile /ˈvɪrəl/	adj. 有阳刚之气的	He wanted his sons to become strong, virile, and athletic like himself. 他希望他的儿子们变得像他一样身强力壮、充满阳刚之气，并擅长体育运动。
prune /pruːn/	vi. 修剪（树枝）；删除；减少 n. 深紫红色；傻瓜；李子干	The roses need pruning. 玫瑰需要修枝了。
provocative /prəˈvɒkətɪv/	adj. 刺激的；挑拨的；气人的	He has made a string of outspoken and sometimes provocative speeches in recent years. 他最近几年做了一系列直言不讳的、有时带有挑衅的演说。
misapprehend /ˌmɪsæprɪˈhend/	vt. 误会；误解	
forlorn /fərˈlɔrn/	adj. 被遗弃的；绝望的；孤独的	One of the demonstrators, a young woman, sat forlorn on the sidewalk. 其中一名示威者，一位年轻的女子，孤独无助地坐在人行道上。
withstand /wɪðˈstænd/	vt. 抵御	armoured vehicles designed to withstand chemical attack 设计用来抵御化学攻击的装甲车
cast-off /ˈkæstˌɒf/	adj. 遭遗弃的；丢失的	Alexandra looked plump and awkward in her cast-off clothing. 亚力山德拉穿着她那件丢弃的衣服，显得臃肿而又笨拙。
physician /fɪˈzɪʃən/	n. 医师；内科医师	
yoke /joʊk/	n. 轭；束缚；牛轭	So can we harness them to the yoke? 因此我们可以给他们装上枷锁吗？
protagonist /prəˈtæg(ə)nɪst/	n. 主角；主演；主要人物；领导者	protagonist of educational reform 教育改革的积极拥护者
reassure /ˌriːəˈʃʊr/	v. 使……安心；安慰；重新保证；分保	I tried to reassure her, "Don't worry about it. We won't let it happen again." 我尽力使她安心，"别担心，我们不会允许它再发生的。"
hassle /ˈhæsl/	n. 困难；分歧；起哄 v. 烦扰；与……争辩	without any hassle 没有任何麻烦

| grip /grɪp/ | n. 紧握；柄；支配；握拍方式；拍柄绷带
vt. 紧握；夹紧
vi. 抓住 | She gripped the rope. | 她紧紧抓住绳子。 |

List 9

disquiet /dɪsˈkwaɪət/	n. 焦虑不安	There is growing public disquiet about the cost of such policing. 公众对这样的警务开支的忧虑不断增长。
subscribe /səbˈskraɪb/	vi. 订阅；捐款；认购；赞成	I've personally never subscribed to the view that either sex is superior to the other. 我个人从未赞成一种性别比另一种性别优越的观点。
arrant /ˈærənt/	adj. 极恶的；声名狼藉的；彻头彻尾的	That's arrant nonsense. 那完全是胡说。
dire /ˈdaɪə(r)/	adj. 可怕的；悲惨的；极端的	Such action may have dire consequences. 这种行为可能产生严重的后果。
mismatch /ˈmɪsmætʃ/	v. & n. 不匹配	the mismatch between the demand for health care and the supply 医疗保健供求之间的不协调
obliviousness /əˈblɪviəsnɪs/	n. 健忘；不注意	
vacant /ˈveɪkənt/	adj. 空虚的；空的；空缺的；空闲的；茫然的	Halfway down the bus was a vacant seat. 这辆公共汽车中部有个空座。
personify /pərˈsɑnɪfaɪ/	v. 是……的典型；集中表现；是（品质、观念）的化身；拟人化	She seemed to personify goodness and nobility. 她似乎是善良和高贵的化身。
syndrome /ˈsɪndrəm/	n. 综合症状；并发症状	This syndrome is associated with frequent coughing. 这种综合症与经常咳嗽有关。
purge /pɜːdʒ/	vi. 净化；通便	The army have called for a more thorough purge of people associated with the late president. 军队已要求对已故总统的关联人物来一次更彻底的清除。
mould /məʊld/	n. （人的）个性；类型	He could never be accused of fitting the mould. 他永远都不可能被指责属于这个类型。
altruism /ˈæltruɪzəm/	n. 利他；利他主义	Fortunately, volunteers are not motivated by self-interest, but by altruism. 幸运的是，志愿者们不是被自身利益而是被利他主义推动。

单词	词性/释义	例句
glean /gli:n/	vt. 收集(资料);拾(落穗)	These figures have been gleaned from a number of studies. 这些数据是通过多次研究收集得来的。
meticulous /mə'tɪkjələs/	adj. 一丝不苟的;小心翼翼的;拘泥小节的	He was so meticulous about everything. 他对任何事情都很小心谨慎。
immure /ɪ'mjʊə/	v. 禁闭;监禁	
rag /ræg/	n. 破布;碎屑	
censure /'sɛnʃər/	v. 严厉斥责;正式谴责 n. 谴责	It is a controversial policy which has attracted international censure. 这是一条有争议的政策,已经遭到国际谴责。
threshold /'θrɛʃhold/	n. 入口;门槛;开始;极限;临界值	She felt as though she was on the threshold of a new life. 她觉得好像就要开始新生活了。
abode /ə'boʊd/	n. 住处;营业所	If you can listen with intent on that day you shall hear the applause from above as we welcome you to new abode. 如果你们留意倾听,你们将会听到来自天堂的掌声,欢迎你们来到新的住所。
blubbery /'blʌbərɪ/	adj. 鲸脂的	
incidental /ˌɪnsə'dɛntl/	adj. 附带的;偶然的;容易发生的 n. 附带事件;偶然事件;杂项	The playing of music proved to be incidental to the main business of the evening. 音乐演奏成为当晚商业活动的陪衬。
emancipate /ɪ'mænsɪpeɪt/	vt. 解放;释放	Slaves were not emancipated until 1863 in the United States. 在美国,奴隶直到1863年才获得自由。
resplendence /rɪ'splɛndəns/	n. 辉煌;灿烂	
striation /straɪ'eɪʃən/	n. 条纹;流束	
appendage /ə'pɛndɪdʒ/	n. 附加物;下属;附器	Their bodies have appendages which look like wings. 他们的身体拥有像翅膀一样的附属肢体。
unanswerable /ʌn'ænsərəbl/	adj. 无法回答的;没有责任的	They presented an unanswerable case for more investment. 他们提出了一个无可争辩的理由,要求增加投资。
sensual /'sɛnʃʊəl/	adj. 感官的;感性的	He was a very sensual person. 他是个非常感性的人。
discrepancy /dɪs'krɛpənsi/	n. 矛盾;相差	Police found discrepancies in the two men's reports. 警方发现两名男子的叙述不一致。

单词	词性释义	例句
decisive /dɪˈsaɪsɪv/	adj. 决定性的；果断的；确定的；明确的	The answer was a decisive no. 回答是明确否定的。
egregious /ɪˈɡridʒɪəs/	adj. 惊人的；过分的；恶名昭彰的	the most egregious abuses of human rights 最恶劣的人权侵犯
pigmentation /ˌpɪɡmənˈteɪʃn/	n. 染色；色素淀积；天然颜色	
volunteerism /ˌvɑlənˈtɪrˌɪzəm/	n. 志愿精神；志愿服务	
lubrication /ˌlubrɪˈkeɪʃn/	n. 润滑；润滑作用	
deterioration /dɪˌtɪriəˈreɪʃn/	n. 恶化；退化；堕落	
squanderer /ˈskwɑndərər/	n. 放荡者；挥霍者	
ignominy /ˈɪɡnəmɪni/	n. 耻辱；不体面；丑行	the ignominy of being fired 被开除的羞辱
tributary /ˈtrɪbjɛteri/	n. （大河或湖泊的）支流；进贡国；附属国	For each river and tributary, scientists would calculate the maximum sustainable allocations of water and states would make sure that extractions did not exceed that figure. 对于每一条河流和支流，科学家都会计算出最大的可持续水配给量，各州需要保证它们的实际提取不超过该数值。
villain /ˈvɪlən/	n. 坏人；恶棍；戏剧、小说中的反派角色	He often plays the part of the villain. 他经常扮演反面人物。
sinew /ˈsɪnjuː/	n. 筋；肌腱；体力；精力	That is the sinew raging war between employers and employees. 这是雇主和雇员之间精力的较量。
teeny /ˈtiːni/	adj. 极小的；微小的	I was just a teeny bit disappointed. 我只是稍微有点失望。
mudslinging /ˈmʌdslɪŋɪŋ/	n. 揭发隐私	
disclosure /dɪsˈkloʊʒər/	n. 揭发出来的事情	startling disclosures about his private life 对他的私生活耸人听闻的披露
watchful /ˈwɑtʃfl/	adj. 注意的；警惕的；警醒的	Her expression was watchful and alert. 她露出一副察言观色、处处提防的表情。
lava /ˈlɑːvə/	n. 火山岩浆；火山所喷出的熔岩	Mexico's Mount Colima began spewing lava and ash last night. 墨西哥科利马山昨晚开始喷发熔岩和火山灰。
foppish /ˈfɑpɪʃ/	adj. 浮华的；有纨绔习气的	

单词	词性/释义	例句
warp /wɔːrp/	n. 弯曲；歪曲；偏见；乖戾 v. 变形；有偏见；曲解	Left out in the heat of the sun, tapes easily warp or get stuck in their cases. 放在太阳底下暴晒后,磁带容易翘曲变形或卡带。
acoustic /əˈkuːstɪk/	adj. 声学的；音响的；听觉的	
wittily /ˈwɪtɪli/	adv. 机智地；俏皮地	
obstinacy /ˈɒbstənəsi/	n. 固执；顽固；(病痛等的)难治；难解除	
abridge /əˈbrɪdʒ/	vt. 删节；缩短；节略	
constitute /ˈkɒnstətuːt/	vt. 组成；构成；建立；任命	Testing patients without their consent would constitute a professional and legal offence. 未得病人同意即对其进行试验会构成职业和法律犯罪。
usurp /juːˈzɜːp/	vt. 篡夺；夺取；侵占	There were a couple of attempts to usurp the young king. 屡次有人企图篡夺那位年轻国王的王位。
fasting /ˈfɑːstɪŋ/	n. 禁食；斋戒	
humdrum /ˈhʌmdrʌm/	adj. 单调的；无聊的 n. 单调 vi. 单调乏味地进行	
pesky /ˈpeski/	adj. 恼人的；讨厌的	He was a pesky tourist asking silly questions. 他是个问愚蠢问题的讨厌的游客。
soberly /ˈsəʊbəli/	adv. 冷静地；严肃地；朴素地	
courtesy /ˈkɜːtɪsi/	n. 礼貌；好意；恩惠	
alienated /ˈeɪliəneɪtɪd/	adj. 疏远的；被疏远的	The government cannot afford to alienate either group. 该政府承担不起冷落两个组织中的任何一个的后果。
mishap /ˈmɪshæp/	n. 灾祸；不幸事故；晦气	After a number of mishaps she did manage to get back to Germany. 发生了几次小的不幸之后,她设法回到了德国。
plunder /ˈplʌndər/	v. 掠夺；抢劫；侵吞；剽窃 n. 抢夺；战利品	The troops crossed the country, plundering and looting as they went. 部队经过乡村,一路抢劫掳掠。
clash /klæʃ/	v. & n. 冲突	Behind the scenes, Parsons clashed with almost everyone on the show. 幕后,帕森斯几乎跟每个参与演出的人都产生过矛盾。

单词	词性/释义	例句
inflammatory /ɪnˈflæmətɔri/	adj. 炎症性的；煽动性的；激动的	nationalist policies that are too drastic and inflammatory 过于激烈、煽动性强的民族主义政策
cognate /ˈkɒɡneɪt/	adj. /地质/同源的；同类的	
aesthetic /esˈθetɪk/	adj. 美的；美学的；审美的；具有审美趣味的	From an esthetic point of view, it's a nice design. 从美学角度看，这是个不错的设计。
pertain /pɜːrˈteɪn/	vi. 属于；关于；适合	legislation pertaining to employment rights 与就业权利有关的立法
serene /səˈriːn/	adj. 平静的；安详的；清澈的；晴朗的 n. 平静；晴朗 vt. 使……平静	The child's face was serene and beautiful. 这孩子的神情宁静可爱。
adaptable /əˈdæptəb(ə)l/	adj. 适合的；能适应的；可修改的	The American Constitution has proved adaptable in changing political conditions. 事实证明美国宪法能适应政治形势的变化。
internecine /ˌɪntərˈniːsaɪn/	adj. 两败俱伤的；致命的	
intrusive /ɪnˈtruːsɪv/	adj. 侵入的；打扰的	The cameras were not an intrusive presence. 这些摄像机的存在不会造成干扰。
disrepair /ˌdɪsrɪˈpɛr/	n. 失修；塌毁；破损	The house was unoccupied and in a bad state of disrepair. 这间房子没有人住，并且破损严重。
fare /fɛr/	v. 经营；进展；过活	fare well/badly/better etc. 成功/失败/更成功等
functionary /ˈfʌn(k)ʃ(ə)n(ə)ri/	n. 公职人员；官员；(做繁琐工作的)职员	
resilience /rɪˈzɪliəns/	n. 恢复力；弹力；顺应力	
defendant /dɪˈfendənt/	n. 被告(人) adj. 防御的；防守的	The defendant pleaded guilty and was fined $500. 被告认罪，并被罚款500美元。
facetiousness /fəˈsiːʃəsnɪs/	n. 滑稽；玩笑	Stop being facetious, this is serious. 别乱开玩笑，这是个严肃的事。
pounding /ˈpaʊndɪŋ/	adj. 巨大的；重重的	
pang /pæŋ/	n. 突然的痛苦；突然的剧痛	For a moment she felt a pang of guilt about the way she was treating him. 有那么一会儿，她为自己对待他的方式感到一阵突然的愧疚。

restoration /ˌrɛstəˈreɪʃn/	n. 恢复；复位；王政复辟；归还	Major restoration work will begin in May. 大规模的修复工作将在5月开始。
quadrupedal /ˈkwɔˈdruːpidəl/	adj. 有四足的；四足动物的	
all-purpose /ˈɔːlˈpəːpəs/	adj. 通用的；多用途的	a biodegradable, all-purpose cleaner for general stain removal 可降解生物的、通用污斑清洁剂
vice /vaɪs/	n. 恶习；缺点 prep. 代替 vt. 钳住 adj. 副的；代替的	The film ended most satisfactorily: vice punished and virtue rewarded. 这部电影的结尾皆大欢喜：邪恶受到惩治，美德得到报偿。
fragmentary /ˈfrægməntəri/	adj. 支离破碎的	Any action on the basis of such fragmentary evidence would be foolish. 任何依据这些破碎证据的行动都将是愚蠢的。
confounded /kənˈfaʊndɪd/	adj. 困惑的；糊涂的；讨厌的；惊慌失措的	That confounded dog has run away again! 那条该死的狗又跑掉了！
ingenuity /ˌɪndʒəˈnuːəti/	n. 心灵手巧；独创性；足智多谋；精巧的装置	Inspecting the nest can be difficult and may require some ingenuity. 仔细检查鸟巢可能有困难，也许需要一些巧妙的心思。
accessory /əkˈsɛsəri/	n. 配件；附件；从犯	He was charged with being an accessory to murder. 他被控为谋杀罪的从犯。
barge /bɑːrdʒ/	n. 平底载货船 vi. 闯入；撞	Carrying goods by train costs nearly three times more than carrying them by barge. 用火车运货的费用几乎比用货船高出3倍。
nonentity /ˌnɒnˈɛntɪti/	n. 不存在；虚无；无足轻重的人	Amidst the current bunch of nonentities, he is a towering figure. 在目前这帮无足轻重的人里面，他算是鹤立鸡群了。
compost /ˈkɑmpoʊst/	n. 堆肥；混合物 vt. 堆肥；施堆肥	
clueless /ˈkluːləs/	adj. 一无所知的；无能为力的（含贬义）	Many teachers are clueless about the needs of immigrant students. 许多教师对移民学生的需求一无所知。
wooed and won	吸引和赢得	
affectionate /əˈfekʃ(ə)nət/	adj. 深情的	He looked affectionately at his niece. 他慈爱地看着他的侄女。
fungal /ˈfʌŋɡ(ə)l/	adj. 真菌的	Athlete's foot is a fungal infection. 脚癣是由真菌感染引起的。
primordial /praɪˈmɔːrdiəl/	adj. 第一的；首先的 n. 第一 adv. 第一	

单词	词性/释义	例句
halting /ˈhɔːltɪŋ/	adj. 犹豫的；蹒跚的；跛的	In a halting voice she said that she wished to make a statement. 她结结巴巴地说自己要做一项声明。
decipher /dɪˈsaɪfər/	v. 破译；译解 n. 密电（或密信的）译文	She studied the envelope, trying to decipher the handwriting. 她仔细地看信封，试图辨认上面的字迹。
plaster /ˈplɑːstə/	vt. 减轻；粘贴；涂以灰泥	
symptomatic /ˌsɪmptəˈmætɪk/	adj. 有症状的；症候的	These disagreements are symptomatic of the tensions within the party. 出现意见分歧表明该党内部的关系紧张。
frown /fraʊn/	v. & n. 皱眉；不同意	Nancy shook her head, frowning. 南希摇摇头，皱着眉头。
apprehend /ˌæprɪˈhɛnd/	vt. 理解；逮捕；忧虑	The police have failed to apprehend the culprits. 警方未能拘捕罪犯。
impartiality /ˌɪmˌpɑːrʃɪˈælətɪ/	n. 公正；公平；不偏不倚	
inflict /ɪnˈflɪkt/	vt. 使……遭受（伤害或破坏等）	the damage being inflicted on industries by the recession 经济衰退给工业造成的损失
herbivorous /ˈhɜːrbɪvərəs/	adj. （动）食草的	
chronological /ˌkrɑnəˈlɑdʒɪkl/	adj. 按发生时间顺序排列的；按时间计算的	I have arranged these stories in chronological order. 我按时间顺序排列了这些故事。
enjoin /ɪnˈdʒɔɪn/	vt. 命令；吩咐；嘱咐；禁止	She enjoined me strictly not to tell anyone else. 她严令我不要告诉其他任何人。
momentous /moʊˈmɛntəs/	adj. 重要的；重大的	the momentous decision to send in the troops 派兵的重大决定
outpouring /ˈaʊtpɔrɪŋ/	n. 流露；流出；倾泻	The news of his death produced an instant outpouring of grief. 他逝世的消息立即造成了一股悲伤情绪的涌现。
terrifically /təˈrɪfɪklɪ/	adv. 极端地；可怕地；非常地	
synthetic /sɪnˈθɛtɪk/	adj. 综合的；合成的；人造的	Boots made from synthetic materials can usually be washed in a machine. 用合成材料做成的靴子通常可以在机器里洗。
remedy /ˈrɛmɪdɪ/	vt. 补救；纠正 n. 解决方法；治疗；药品	The remedy lies in the hands of the government. 解决办法就在政府手中。
solely /ˈsoʊllɪ/	adv. 单独地；唯一地	She was motivated solely by self-interest. 她完全是出于私利。
hickory /ˈhɪkərɪ/	n. 山核桃木	The first skis were long, thin strips of hickory. 第一批滑雪板是又长又薄的山胡桃木板子。

monastery /ˈmɒnəstri/	n. 修道院；僧侣	
cusp /kʌsp/	n. 尖点；交点；介于两个状态之间；将要进入特定状态	I am sitting on the cusp of middle age. 我正处于中年。
garner /ˈgɑrnər/	v. 获得（信息或支持）；储存 n. 谷仓	The party garnered 70 percent of the vote. 该党得到了70%的选票。
penitentiary /ˌpɛnɪˈtɛnʃəri/	n. 监狱；宗教裁判官；宗教裁判所；教养所	the North Carolina state penitentiary 北卡罗来纳州立监狱
practicable /ˈpræktɪkəbl/	adj. 可实行的	The only practicable course of action is to sell the company. 唯一可行的做法是把公司卖掉。
prowl /praʊl/	v. 潜行；徘徊；搜寻 n. 徘徊；潜行；悄悄踱步	He prowled around the room, not sure what he was looking for or even why he was there. 他在房间里悄悄地走来走去，不知道自己在找什么，甚至不知道自己为什么在那里。
stratified /ˈstrætəˌfaɪd/	adj. 分层的；形成阶层的；分为不同等级的	a highly stratified, unequal and class-divided society 一个高度等级分化的不平等社会
ameliorate /əˈmiliəˌreɪt/	vt. 改善；减轻（痛苦等）	It is not clear what can be done to ameliorate the situation. 可以采取何种办法来改善局面并不明确。
illegitimate /ˌɪlɪˈdʒɪtɪmeɪt/	adj. 私生的；非法的；不合理的	He realized that, otherwise, the election would have been dismissed as illegitimate by the international community. 他意识到，不这样的话，选举就会被国际社会以不合法为由而不予承认。
slumber /ˈslʌmbər/	n. 睡眠；麻木状态；静止状态 v. 睡眠；蛰伏；麻木	For even as you slumber, they watch closely over you. They are there beside you in each and every thing you do. 即使你在睡眠中，他们也在密切地注视着你。无论你做什么事，他们就在你的身边。

List 10

reprimand /ˈreprɪmænd/	n. 谴责;训斥;申诉 vt. 谴责;训斥;责难	He was reprimanded by a teacher for talking in the corridor. 他因在走廊里说话而被一位老师训斥。
bog down	妨碍;阻碍	We mustn't get bogged down in details. 我们一定不能因细节问题误事。
biodiversity /ˌbaɪoʊdaɪˈvɜːrsəti/	n. 生物多样性	
trustworthiness /ˈtrʌstˌwɜːrðinɪs/	n. 可信赖;确实性	
termite /ˈtɜːmaɪt/	n. 白蚁	
segregate /ˈsegrɪgeɪt/	vt. 使……隔离;使……分离;在……实行种族隔离	In all our restaurants, smoking and non-smoking areas are segregated from each other. 在我们所有的餐馆中,吸烟区和非吸烟区都是分开的。
mineralize /ˈmɪn(ə)rəlaɪz/	vt. 使……含无机化合物;使……矿物化	
superficially /ˌsuːpərˈfɪʃəli/	adv. 表面地;浅薄地	
blob /blɑb/	n. 一滴;一抹;难以名状的一团	a blob of chocolate mousse 一团巧克力奶油冻
stepwise /ˈstepwaɪz/	adj. 逐步的;逐渐的;(按音阶)级进的 adv. 逐步地;阶梯式地	
culprit /ˈkʌlprɪt/	n. 犯人;罪犯;被控犯罪的人	The police quickly identified the real culprits. 警方很快查出了真正的罪犯。
retina /ˈretənə/	n. 视网膜	Bruno had to have eye surgery on a torn retina two years ago. 布鲁诺两年前因为视网膜破裂不得不进行了一次眼部手术。
retract /rɪˈtrækt/	v. 缩回;缩进;取消	He confessed to the murder but later retracted his statement. 他承认谋杀,但后来又翻供了。

spell out	讲清楚	
indulge /ɪnˈdʌldʒ/	vt. 满足；纵容 vi. 沉溺	They went into town to indulge in some serious shopping. 他们进城去大肆购物。
entrench /ɪnˈtrɛntʃ/	vt. 确立；牢固；侵犯	Sexism is deeply entrenched in our society. 性别歧视在我们这个社会根深蒂固。
dispute /ˈdɪsˈpjuːt/	n. 辩论；争吵 v. 辩论；对……进行质疑；争夺；抵抗（进攻）	They have won previous pay disputes with the government. 他们曾赢过前几起与政府的工资纠纷。
curio /ˈkjʊəriəʊ/	n. 古董；珍品	oriental curios 东方珍奇小物件
successive /səkˈsɛsɪv/	adj. 连续的；继承的；依次的	Successive governments have tried to tackle the problem. 历届政府都试图解决这个问题。
anew /əˈnuː/	adv. 重新；再	She's ready to start anew. 她准备好重新来过。
islet /ˈaɪlət/	n. 小岛	
sullen /ˈsʌlən/	adj. 愠怒的；不高兴的；（天气）阴沉的；沉闷的	The offenders lapsed into a sullen silence. 这些罪犯陷入了愤懑的沉默。
scrawled /skrɔld/	vt. 潦草地写；乱涂	He scrawled a hasty note to his wife. 他草草写了张便条给他的妻子。
corpse /kɔːps/	n. 尸体	
perilous /ˈpɛrɪləs/	adj. 危险的；冒险的	The road grew even steeper and more perilous. 这条路变得更陡更险了。
impend /ɪmˈpɛnd/	vi. 迫近；即将发生	
vernal /ˈvɜːrnl/	adj. 春天的；和煦的；青春的	
debar /dɪˈbɑː/	vt. （法律或法规）禁止某人做某事	the decision to debar particular immigrants 禁止特殊移民的决定
remuneration /rɪˌmjuːnəˈreɪʃən/	n. 报酬；酬劳；赔偿	the continuing marked increases in the remuneration of the company's directors 公司主管们薪酬的持续显著增加
paradox /ˈpærədɒks/	n. 悖论；反论；似是而非的论点	It is a curious paradox that professional comedians often have unhappy personal lives. 这真是个奇怪的矛盾现象——职业喜剧演员的私人生活往往并不快乐。
feigned /feɪnd/	adj. 假的；做作的；捏造的	No like feigned soft. 不喜欢做作的温柔。

单词	词性及释义	例句
monstrous /ˈmɒnstrəs/	adj. 巨大的；怪异的；荒谬的；畸形的	She endured the monstrous behaviour for years. 她忍受这种骇人听闻的行为多年。
aristocratic /əˌrɪstəˈkrætɪk/	adj. 贵族的；贵族政治的；有贵族气派的	a wealthy, aristocratic family 一个富有的贵族家庭
unanimously /juːˈnænɪməslɪ/	adv. 全体一致地	
spiteful /ˈspaɪtfl/	adj. 怀恨的；恶意的	a stream of spiteful telephone calls 一连串的恶意电话
erratic /ɪˈrætɪk/	adj. 不规则的；不确定的；不稳定的；不可靠的	Argentina's erratic inflation rate threatens to upset the plans. 阿根廷动荡不定的通货膨胀率可能会破坏那些计划。
fatigue /fəˈtiːg/	v. & n. 疲劳；杂役 adj. 疲劳的	The problem turned out to be metal fatigue in the fuselage. 问题原来出在机身的金属疲劳。
scold /skould/	v. 责骂；叱责 n. 责骂；爱责骂的人	If he finds out, he'll scold me. 如果他发现了，他会责骂我。
stationary /ˈsteɪʃ(ə)n(ə)rɪ/	adj. 固定的；静止的；定居的；常备军的	
spirited /ˈspɪrɪtɪd/	adj. 英勇的；生机勃勃的	This television programme provoked a spirited debate. 这个电视节目引起了激烈的争论。
urbanite /ˈɜːrbənaɪt/	n. 都市人	
blunt /blʌnt/	adj. 钝的；不锋利的；生硬的；直率的 vt. 使……迟钝	She is blunt about her personal life. 她对自己的私生活直言不讳。
glom on to	对……产生强烈的兴趣；粘住	Kids soon glom on to the latest trend. 孩子们很快就迷上了最新的款式。
paramount /ˈpærəˌmaʊnt/	adj. 首要的	The children's welfare must be seen as paramount. 孩子们的福利必须被视为是最重要的。
rumbling /ˈrʌmblɪŋ/	n. 隆隆声；辘辘声 v. 隆隆作响；喃喃地讲话（rumble 的 ing 形式）	the rumbling of an empty stomach 空腹发出的咕噜声
savannah /səˈvænə/	n. 热带和亚热带草原；(非洲的)稀树草原	
denude /dɪˈnjuːd/	vt. 剥夺；使……裸露	

retrofit /ˈrɛtroufɪt/	vt. 改进;/计/更新;式样翻新 n. 式样翻新;花样翻新	A retrofit may involve putting in new door jambs. 房子翻新可能需安装一些新的门框。
comprehensible /ˌkɑmprɪˈhɛnsəbl/	adj. 可理解的	He spoke abruptly, in barely comprehensible Arabic. 他突然开始说话,说的是几乎没人能听懂的阿拉伯语。
facade /fəˈsɑːd/	n. 正面;表面;外观	They hid the troubles plaguing their marriage behind a facade of family togetherness. 他们把困扰他们婚姻的问题掩藏在家人亲密无间的假象背后。
expedite /ˈɛkspədaɪt/	vt. 加快;促进;发出	If the order of the rows is not important, however, you can consider sending requests in parallel, to expedite processing. 然而,如果行序无关紧要的话,可以考虑以并行方式发送请求,从而加快处理速度。
falsify /ˈfɔːlsɪfaɪ/	v. 篡改	The charges against him include fraud, bribery, and falsifying business records. 对他的指控包括诈骗、贿赂和篡改业务记录。
transgression /trænzˈgrɛʃən/	n. /地质/海侵;犯罪;违反;逸出	
entrust /ɪnˈtrʌst/	vt. 委托;信托	He entrusted his cash to a business partner for investment in a series of projects. 他把现款委托给一个生意合伙人投资一系列项目。
transfix /trænsˈfɪks/	vt. 钉住;刺穿;使……呆住	Passing children stood transfixed by the spectacle. 路过的孩子被这一景象惊呆了。
reduction /rɪˈdʌkʃən/	n. 减少;下降;缩小;还原反应	a future reduction in interest rates 一次未来利率的降低
mortality rate	死亡率	To monitor the changing trend of infant mortality rate (IMR) in Hongkou district Shanghai, observe how IMR affected average life expectancy, in order to take proper measures to reduce the rate. 监测上海市虹口区婴儿死亡的变化趋势,观察婴儿死亡率对平均期望寿命的影响,并采取相应措施降低婴儿死亡率。
timidity /tɪˈmɪdəti/	n. 胆怯;胆小;羞怯	
consensus /kənˈsɛnsəs/	n. 一致;舆论;合意	The consensus among the world's scientists is that the world is likely to warm up over the next few decades. 地球可能在未来几十年中变暖是全世界科学家的共识。
wistful /ˈwɪstfl/	adj. 渴望的;沉思的;引起怀念的;不满足似的	I can't help feeling slightly wistful about the perks I'm giving up. 我对自己将放弃的外快不由感到有点依依不舍。
withdrawal /wɪðˈdrɔːəl/	n. 撤退;收回;提款;取消;退股	If you experience any unusual symptoms after withdrawal of the treatment then contact your doctor. 如果在治疗结束后感到有任何异常症状,请和您的医生联系。

单词	词性释义	例句
revive /rɪˈvaɪv/	vi. 复兴；复活；苏醒；恢复精神	The flowers soon revived in water. 这些花见了水很快就活过来了。
harangue /həˈræŋ/	n. 高谈阔论；热烈的演说 v. 向……滔滔不绝地演讲；大声训斥	An argument ensued, with various band members joining in and haranguing Simpson and his girlfriend for over two hours. 接着是一场争论，许多乐队成员加入进来，对辛普森及其女友进行长达两个多小时的强力说教。
concise /kənˈsaɪs/	adj. 简明的；简洁的	Burton's text is concise and informative. 伯顿的文章文字简洁、内容丰富。
attainment /əˈteɪnmənt/	n. 达到；成就	a young woman of impressive educational attainments 一位学业成就斐然的年轻女子
arrogant /ˈærəg(ə)nt/	adj. 自大的；傲慢的	He was unbearably arrogant. 他的傲慢让人无法忍受。
disciplinary /ˈdɪsəplənɛri/	adj. 规律的；训练的；训诫的	The company will be taking disciplinary action against him. 公司将对他进行纪律惩罚。
dominion /dəˈmɪnɪən/	n. 主权；统治权；支配；领土	Soon the whole country was under his sole dominion. 不久，他便独揽了整个国家的大权。
chronicle /ˈkrɑnɪkl/	n. 编年史 vt. 记录；把……载入编年史	Her achievements are chronicled in a new biography out this week. 她的成就已载入本周出版的一本新传记中。
bluster /ˈblʌstə/	v. 咆哮；气势汹汹地说（但效果不大）	He was still blustering, but there was panic in his eyes. 他还在咆哮，但眼神里带着惊慌。
lurching /ˈlətʃɪŋ/	n. 车辆横向振动；突倾；东倒西歪地行驶	As the car sped over a pothole she lurched forward. 汽车飞速驶过路面上的一个坑洼时，她身体前倾打了个趔趄。
artful /ˈɑrtfl/	adj. 巧妙的；狡猾的；欺诈的	There is also an artful contrast of shapes. 还有一种不同形状的巧妙对比。
theatrical /θɪˈætrɪkl/	adj. 戏剧的；夸张的；做作的	She gave a theatrical sigh. 她夸张地叹了口气。
deploy /dɪˈplɔɪ/	v. 配置；展开；使……疏开 n. 部署	The President said he had no intention of deploying ground troops. 总统说他无意调遣地面部队。
consummation /ˌkɑnsəˈmeɪʃən/	n. 圆满成功；完成；成就；达到极点	
mottle /ˈmɑtl/	vt. 使……呈杂色；使……显得斑驳陆离 n. 斑点；杂色；斑驳	

predation /prɪˈdeɪʃən/	n. 捕食；掠夺	
inflation /ɪnˈfleɪʃən/	n. 膨胀；通货膨胀；夸张；自命不凡	rising unemployment and high inflation 上涨的失业率和高通胀
retort /rɪˈtɔːrt/	v. & n. 反驳；回嘴	He was about to make a sharp retort. 他正要尖刻地反驳。
scribble /ˈskrɪbl/	v. 潦草或匆忙地写；乱写；乱涂 n. 潦草的字	She scribbled a note to his sister before leaving. 临行前，他给妹妹草草写了一封短信。
hedgerow /ˈhedʒroʊ/	n. 灌木篱墙	He crouched behind a low hedgerow. 他蹲在一排低矮的灌木篱后面。
amalgamate /əˈmælgəmet/	v. 合并；汞齐化；调制汞合金	The firm has amalgamated with another company. 这家公司已经与另一家公司合并了。
hereditary /həˈredəteri/	adj. 遗传的；世袭的 n. 遗传类	Cystic fibrosis is the commonest fatal hereditary disease. 囊性纤维化是最常见的致命性遗传疾病。
replica /ˈreplɪkə/	n. 复制品；仿制品	The weapon used in the raid was a replica. 抢劫案中使用的武器是一件仿制品。
quaver /ˈkweɪvə/	vt. 颤抖	
wretchedness /ˈretʃɪdnɪs/	n. 可怜；悲惨；不幸	Gloriousness and wretchedness need each other. One inspires us, the other softens us. 光荣和悲惨需要彼此。一个激励我们，另一个使我们变柔和。
hunker /ˈhʌŋkər/	vi. 蹲下；盘坐 n. 守旧者	
throng /θrɔŋ/	n. 人群；众多 v. 蜂拥而至；群集	Tourists thronged the bars and restaurants. 游客挤满了酒吧和餐馆。
sanity /ˈsænəti/	n. 明智；头脑清楚；精神健全；通情达理	He and his wife finally had to move from their apartment just to preserve their sanity. 为了保持精神正常，他和妻子最后不得不搬离其公寓。
discern /dɪˈsɜːrn/	vt. 觉察出；识别；了解	It is possible to discern a number of different techniques in her work. 从她的作品中可以识别出许多不同的创作手法。
ironmongery /ˈaɪərnmʌŋɡəri/	n. 铁器店；铁器类；五金器件	
secure /sɪˈkjʊr/	v. (经过大量努力)获得；争取到	Federal leaders continued their efforts to secure a ceasefire. 联邦政府的领导人们继续他们争取停火的努力。
veranda /vəˈrændə/	n. (和房屋侧面相连的)游廊；阳台	They had their coffee and tea on the veranda. 他们在阳台上享用了自己的咖啡和茶。

单词	词性/释义	例句
purport /pəˈpɔːt/	vt. 声称；意图；意指；打算	Two undercover officers purporting to be dealers infiltrated the gang. 两位伪装成毒贩的警员打入了那个团伙。
compartment /kəmˈpɑːtmənt/	n. /建/隔间；区划；卧车上的小客房 vt. 分隔；划分	The fire started in the baggage compartment. 火是从行李舱着起来的。
ripple /ˈrɪpl/	n. 波纹；涟漪 vi. 起潺潺声	The wind rippled the wheat in the fields. 田野上的麦浪在风中起伏。
debunk /ˌdiːˈbʌŋk/	vt. 揭穿；拆穿……的假面具；暴露	Historian Michael Beschloss debunks a few myths. 历史学家迈克尔·贝斯切罗斯揭露了一些神话的真相。
dramatize /ˈdræmətaɪz/	vt. 使……戏剧化；编写剧本	Don't worry too much about what she said — she tends to dramatize things. 别太在意她说的话——她往往言过其实。
flank /flæŋk/	n. 侧面；侧翼；侧腹	He put his hand on the dog's flank. 他把手放在狗的胁腹上。
drone /drəʊn/	n. 发出持续的嗡嗡声；嗡嗡作响 v. 唠叨	An airplane droned overhead. 一架飞机在头顶上轰鸣。
genome /ˈdʒiːnəʊm/	n. 基因组；染色体组	the mapping of the human genome 人类基因图谱
grudge /grʌdʒ/	v. & n. 怀恨；怨恨	I'm not harbouring some secret grudge against you. 我没有暗地里对你怀恨在心。
rebuke /rɪˈbjuːk/	v. 斥责；指责；控制 n. 指责；斥责	His statements drew a stinging rebuke from the chairman. 他的申明受到了主席严厉的谴责。
transparent /trænsˈpærənt/	adj. 透明的；显然的；坦率的；易懂的	The way the system works will be transparent to the user. 这个系统的运行方式对使用者来说清楚易懂。
cesspool /ˈsesˌpuːl/	n. 污水坑	
implemental /ˌɪmpləˈmentl/	adj. 器具的；有帮助的	
venture /ˈventʃər/	vt. 敢于 vi. 冒险；投机 n. 企业；风险；冒险	a Russian-American joint venture 一个俄美合资的风险项目
objectionable /əbˈdʒekʃ(ə)nəb(ə)l/	adj. 讨厌的；会引起反对的；有异议的	This programme contains scenes some viewers may find objectionable. 本节目可能包含一些令观众反感的镜头。
reciprocate /rɪˈsɪprəkeɪt/	v. 报答；互换；互给	I would like to think the way I treat people is reciprocated. 我愿意认为我对待别人的方式得到了同等的回应。
crumb /krʌm/	n. 面包屑；碎屑；少许 vt. 弄碎；捏碎	The government's only crumb of comfort is that their opponents are as confused as they are. 政府唯一聊以自慰的是反对派与他们一样困惑不解。

painstakingly /ˈpeɪnzteɪkɪŋli/	adv. 煞费苦心地；费力地	
deter /dɪˈtɜː/	vt. 制止；阻止；使……打消念头	Supporters of the death penalty argue that it would deter criminals from carrying guns. 死刑的支持者辩称，死刑可以阻止罪犯携带枪支。
idle /ˈaɪdl/	adj. 闲置的；懒惰的；停顿的 vi. 无所事事；虚度；空转	Over ten percent of the workforce is now idle. 现在有超过百分之10的劳动力闲置。
bosom /ˈbʊzəm/	n. 胸怀；胸襟；内心；内部 vt. 怀抱；把……藏在心中 adj. 知心的；亲密的	They were bosom buddies. 他们曾是知心的伙伴。
amphibian /æmˈfɪbɪən/	n. /脊椎/两栖动物；水陆两用飞机	
instantaneous /ˌɪnstənˈteɪnɪəs/	adj. 瞬间的；即时的；猝发的	Death was almost instantaneous. 死亡一触即发。
unanimity /ˌjuːnəˈnɪmətɪ/	n. 一致同意	
banner /ˈbænər/	n. 横幅图片的广告模式；旗帜；横幅；标语	A large crowd of students followed the coffin, carrying banners and shouting slogans denouncing the government. 一大群学生跟在灵柩的后面，举着横幅，高喊口号谴责政府。
intermission /ˌɪntərˈmɪʃn/	n. 中间休息；间歇	
ally /ˈælaɪ/	n. 同盟国；伙伴	She knew she had found an ally in Ted. 她知道泰德已经是她的盟友了。
impede /ɪmˈpiːd/	vt. 阻碍；妨碍；阻止	Debris and fallen rock are impeding the progress of the rescue workers. 瓦砾和落下的岩石正阻碍着救援人员的进程。

List 11

unreflective /ˌʌnrɪˈflektɪv/	*adj.* 粗心大意的；草率的；不思考的	
quantum /ˈkwɒntəm/	*n.* 份额	
stump /stʌmp/	*n.* 树桩；残余部分；假肢 *vt.* 砍伐；使……为难	If you have a tree stump, check it for fungus. 如果你有一个树桩，就在上面找找菌类。
taut /tɔːt/	*adj.* 拉紧的；紧张的；整洁的 *vt.* 使……纠缠；使……缠结	The clothes line is pulled taut and secured. 晾衣绳被拉紧系牢了。
pristine /ˈprɪstiːn; -staɪn/	*adj.* 崭新的；清新的；干净的；未开发的；原始的	pristine African rainforest 非洲原始雨林
pardonable /ˈpɑːdnəbl/	*adj.* 难怪的；可原谅的	He had made the pardonable mistake of trusting the wrong person. 他信任了不该信任的人，这样的错误可以原谅。
momentarily /ˌməʊmənˈterəli/	*adv.* 随时地；暂地；立刻	She paused momentarily when she saw them. 她看到他们时稍停了一会儿。
hierarchy /ˈhaɪərɑːki/	*n.* 层级；等级制度	She's quite high up in the management hierarchy. 她位居管理层要职。
dismissive /dɪsˈmɪsɪv/	*adj.* 轻蔑的；鄙视的	Some historians have been dismissive of this argument. 一些历史学家对这个论点不屑一顾。
implant /ɪmˈplænt/	*vt.* 种植；灌输；嵌入 *n.* /医/ 植入物	Surgeons successfully implanted an artificial hip. 外科医生成功地植入了一个人工髋关节。
daunt /dɔːnt/	*vt.* 使……气馁；使……畏缩；威吓	She was a brave woman but she felt daunted by the task ahead. 她是一个勇敢的女人，但对面前的任务却感到信心不足。
chough /tʃʌf/	*n.* 红嘴山鸦	
resignation /ˌrezɪɡˈneɪʃn/	*n.* 顺从；辞职；放弃	He sighed with profound resignation. 他极度无奈地叹气。

单词	词性/释义	例句
disorder /dɪsˈɔːrdər/	n. 混乱;骚乱 vt. 使……失调;扰乱	His financial affairs were in complete disorder. 他的财务完全是一笔糊涂账。
unilateral /ˌjʊnɪˈlætərəl/	adj. 单边的;/植/单侧的;单方面的;单边音;(父母)单系的	unilateral nuclear disarmament 单方面的核裁军
expedient /ɪkˈspiːdɪənt/	adj. 权宜的;方便的;有利的 n. 权宜之计;应急手段	The curfew regulation is a temporary expedient made necessary by a sudden emergency. 宵禁令是应对突发事件时必要的临时权宜之举。
sovereignty /ˈsɒvrɪntɪ/	n. 主权;主权国家;君主;独立国	
literalist /ˈlɪtərəlɪst/	n. 拘泥于字面解释的人;直译者	
demand /dɪˈmænd/	n. 要求 v. 强烈要求;需要	Flying makes enormous demands on pilots. 驾驶飞机对飞行员要求很高。
cynical /ˈsɪnɪkl/	adj. 愤世嫉俗的;冷嘲的	It's hard not to be cynical about reform. 很难对改革不持怀疑态度。
substantiate /səbˈstænʃɪeɪt/	vt. 证实;使……实体化	The results of the tests substantiated his claims. 这些检验的结果证实了他的说法。
livability /ˌlɪvəˈbɪlətɪ/	n. 宜居性	
cashew /ˈkæʃuː/	n. 腰果(等于cashew nut);腰果树 adj. 漆树科的	
polarize /ˈpoləˌraɪz/	v. 极化;偏振;两极分化	Missile deployment did much to further polarize opinion. 导弹的部署进一步地加剧了意见的分化。
writhe /raɪð/	vi. 翻滚;蠕动 vt. 扭曲;扭动 n. 翻滚;扭动;苦恼	
excel /ɪkˈsɛl/	vt. 超过;擅长 vi. (在某方面)胜过(或超过)别人	Mary was a better rider than either of them and she excelled at outdoor sports. 玛丽比他们俩骑得都好,她擅长户外运动。
shriveled /ˈʃrɪvəld/	adj. 枯萎的 v. 使……枯萎	The plant shrivels and dies. 那棵植物枯死了。
pittance /ˈpɪtns/	n. 少量;小额施舍;少量津贴	She raised three children on a pittance. 她靠微薄的收入抚养三个孩子。

stark /stɑːrk/	adj. & adv. 完全的;荒凉的;刻板的;光秃秃的	Companies face a stark choice if they want to stay competitive. 各公司要想保持竞争力就要面临一个严酷的选择。
neurotic /nʊˈrɑtɪk/	adj. 神经过敏的;神经病的 n. 神经病患者;神经过敏者	He was almost neurotic about being followed. 他对被人跟踪几乎神经过敏。
plight /plaɪt/	n. 困境;誓约 vt. 保证;约定	The nation saw the plight of the farmers, whose crops had died. 该国看到了农民因庄稼死亡而陷入困境。
dissent /dɪˈsɛnt/	v. 不同意 n. 异议	the ruthless suppression of political dissent 对政治异见的无情压制
transit /ˈtrænzɪt/	v. 交通运输系统;运输	baggage that is lost or damaged in transit 在运输过程中丢失或损坏的行李
intestinal /ɪnˈtɛstɪnl/	adj. 肠的	
gibe /dʒaɪb/	v. 嘲笑;愚弄 n. 讥讽;嘲讽话	
aquarium /əˈkwɛriəm/	n. 水族馆;养鱼池;玻璃缸	We saw a ray at the aquarium. 我们在水族馆看见了一只鳐。
prophet /ˈprɑfɪt/	n. 先知;预言者;提倡者	William Morris was one of the early prophets of socialism. 威廉·莫里斯是社会主义的早期传播者之一。
queer /kwɪr/	adj. 异常的;妖里妖气的;男同性恋的;不舒服的 n. 同性恋者;怪人;伪造的货币 v. 破坏……的计划	If you ask me, there's something kind of queer going on. 如果问起来的话,是有点奇怪。
snip /snɪp/	vt. 剪断	
emancipator /ɪˈmænsəˌpeɪtər/	n. 释放者;解放者	
judicial /dʒʊˈdɪʃəl/	adj. 公正的,明断的;法庭的;审判上的	an independent judicial system 一个独立的司法体系
aptly /ˈæptli/	adv. 适宜地;适当地	
quilt /kwɪlt/	n. 被子;棉 vt. 东拼西凑地编;加软衬料后缝制 vi. 缝被子	Quilting a bed cover can be laborious. 缝制一个床罩会很费力的。

monograph /ˈmɒnəɡræf/	n. 专题著作；专题论文 vt. 写关于……的专著	a monograph on her favourite author, John Updike 关于她最喜欢的作者约翰·厄普代克的一本专著
stoop /stuːp/	vi. 弯腰 n. 弯腰 vt. 俯曲	She stooped down to pick up the child. 她俯身抱起孩子。
courageous /kəˈreɪdʒəs/	adj. 有胆量的；勇敢的	The children were very courageous. 孩子们都很勇敢。
legitimacy /lɪˈdʒɪtɪməsɪ/	n. 合法；合理；正统	
extremism /ɪkˈstriːmɪzəm/	n. 极端主义；极端性（尤指政治或宗教方面）	Greater demands were being placed on the police by growing violence and left and right-wing extremism. 不断增加的暴行和左翼、右翼极端主义，对警方提出了更高的要求。
carnal /ˈkɑːn(ə)l/	adj. 肉体的；肉欲的；淫荡的	Their ruling passion is that of carnal love. 他们的主导激情源于肉欲之爱。
nominal /ˈnɑmɪnl/	adj. 名义上的；有名无实的；/会计/票面上的	The above specification describes the nominal behavior, but there are some additional requirements that correspond to anomalous situations. 上述规格所描述的是标称行为，但是对于异常的状况会有一些额外的需求。
teleology /ˌteliˈɒlədʒɪ; ˌtiːl-/	n. 目的论	
downtrodden /ˈdaʊntrɑːdn/	adj. 被践踏的；被蹂躏的；受压迫的	The owner is making huge profits at the expense of downtrodden peasants. 物主靠压榨农民而赢得暴利。
designation /ˌdezɪɡˈneɪʃn/	n. 指定；名称；指示；选派	Her official designation is Financial Controller. 她的正式职务是财务总监。
speculation /ˌspekjuˈleɪʃən/	n. 投机；推测；思索；投机买卖	There was widespread speculation that she was going to resign. 人们纷纷推测她将辞职。
dispensable /dɪˈspensəbl/	adj. 可有可无的；非必要的	Part-time workers are considered dispensable. 兼职工作人员被认为是可有可无的。
tam /tæm/	n. 便帽	
ponder /ˈpɒndə/	vt. 仔细考虑；衡量	He pondered over the difficulties involved. 他仔细思考了有关的种种困难。
exclamation /ˌekskləˈmeɪʃən/	n. 感叹；惊叫；惊叹词	Sue gave an exclamation as we got a clear sight of the house. 当我们清晰地看到房子时，苏发出了一声惊叹。
anesthetic /ˌænəsˈθetɪk/	n. 麻醉剂	
penalty /ˈpenəlti/	n. 罚款；罚金；处罚	One of those arrested could face the death penalty. 那些被捕之人其中的一个可能会面临死刑。

trickery /ˈtrɪkəri/	n. 欺骗；诡计	
in conjunction with	共同；与……协力	The police are working in conjunction with tax officers on the investigation. 警方正和税务官员协同进行调查。
hazardous /ˈhæzərdəs/	adj. 有危险的；冒险的；碰运气的	It would be hazardous to invest so much. 投资这么多会有风险。
mantelpiece /ˈmæntlpiːs/	n. 壁炉架；壁炉台	On the mantelpiece are a pair of bronze Ming vases. 在壁炉台上的是一对明代的青铜花瓶。
effortless /ˈɛfərtləs/	adj. 容易的；不费力气的	He made playing the guitar look effortless. 他弹起吉他来显得轻松自如。
rebuttals /rɪˈbʌtəl/	n. 辩驳；反驳；驳斥	He is conducting a point-by-point rebuttal of charges from former colleagues. 他正在对前同事的指责逐条加以驳斥。
eligible /ˈɛlɪdʒəbl/	adj. 合格的；合适的 n. 合格者	Only those over 70 are eligible for the special payment. 只有70岁以上的人才有资格领取这项专款。
magnanimous /mægˈnænɪməs/	adj. 宽宏大量的；有雅量的；宽大的	a magnanimous gesture 宽宏大量的姿态
dethrone /ˌdiˈθroun/	vt. 废黜；废位赶出；罢免	He dethroned Tyson in a fight that shook the boxing world. 他在一场震惊拳坛的比赛中把泰森赶下了拳王宝座。
inherent /ɪnˈhɪrənt/	adj. 固有的；内在的；与生俱来的；遗传的	Stress is an inherent part of dieting. 要节食必定会经受压力。
trait /treɪt/	n. 特征	a mental illness associated with particular personality traits 和某些性格特征有关的精神疾病
jeopardy /ˈdʒɛpərdi/	n. 危险；(被告处于被判罪或受处罚的) 危险境地	A series of setbacks have put the whole project in jeopardy. 一系列的挫折已经使整个项目陷入险境。
inversion /ɪnˈvɜːʃən/	n. 倒置；反向；倒转	a scandalous inversion of the truth 一个令人愤慨的是非颠倒
run of the mill	一般化的；不突出的	
conscientiousness /ˌkɑnʃɪˈɛnʃəsnɪs/	n. 尽责；凭良心办事	
caption /ˈkæpʃən/	n. 标题；字幕；说明；逮捕 vt. 加上说明；加上标题	The local paper featured me standing on a stepladder with a caption, "Wendy climbs the ladder to success." 当地的报纸刊登了一幅我站在活梯上的特写，下面写着："温迪登上了成功之梯。"
exclusionary /ɪksˈkluːʒənɛri/	adj. 排他的	exclusionary business practices 排外的商业行为

单词	词性/释义	例句
disguise /dɪsˈgaɪz/	vt. 掩饰；假装；隐瞒 n. 伪装	She disguised herself as a man so she could fight on the battlefield. 她女扮男装以便能上战场打仗。
boisterous /ˈbɔɪstərəs/	adj. 喧闹的；狂暴的；猛烈的	It was a challenge, keeping ten boisterous 7-year-olds amused. 要逗十个好动的七岁孩子玩真是一种挑战。
poignant /ˈpɔɪnjənt/	adj. 尖锐的；辛酸的；深刻的；切中要害的	a poignant combination of beautiful surroundings and tragic history 优美环境与悲怆历史的辛酸结合
clamber /ˈklæmbər/	vi. 攀登；爬上 vt. 爬；攀登 n. 攀登；爬上	The children clambered up the steep bank. 孩子们攀登上了陡峭的河岸。
lineage /ˈlɪnɪɪdʒ/	n. 血统；家系；/遗/世系	They can trace their lineage back to the 18th century. 他们的家族可以追溯到18世纪。
somber /ˈsɑːmbər/	adj. 忧郁的；昏暗的；严峻的	
sprout /spraʊt/	vi. 发芽；长芽	It only takes a few days for beans to sprout. 豆子只需几天就会发芽。
behold /bɪˈhoʊld/	vt. 看	They beheld a bright star shining in the sky. 他们看到了一颗明亮的星在天空中闪闪发光。
meteorological /ˌmiːtɪərəˈlɑdʒɪkl/	adj. 气象的；气象学的	adverse meteorological conditions 不利的气象条件
conduit /ˈkɑːnduɪt/	n. 导管；沟渠；导水管	The organization had acted as a conduit for money from the arms industry. 那家机构充当了从军火工业向他处中转资金的渠道。
disparity /dɪˈspærɪtɪ/	n. 不同；不一致；不等	the health disparities between ethnic and socio-economic groups in the U.S. 美国各种族和社会经济群体之间明显的健康差异
retaliation /rɪˌtælɪˈeɪʃn/	n. 报复；反击；回敬	This action was undoubtedly in retaliation for last week's bomb attack. 这个行动无疑是对上周炸弹袭击事件的报复。
egotism /ˈiːgətɪzəm/	n. 自负；自我中心	
soothsayer /ˈsuːθseɪə/	n. 算命者	
drudgery /ˈdrʌdʒəri/	n. 苦工；苦差事	People want to get away from the drudgery of their everyday lives. 人们想摆脱日常生活中的苦差事。
carnivore /ˈkɑːrnɪvɔːr/	n. 食肉动物；食虫植物	This is a delicious vegetarian dish that even carnivores love. 这是一道肉食者们都喜欢的美味素食。
imitating /ˈɪmɪteɪtɪŋ/	v. 模仿；仿效；仿造；伪造	a genuine German musical that does not try to imitate the American model 一部不试图模仿美国模式的正宗德国音乐剧

单词	词性/释义	例句
jarring /ˈdʒɑːrɪŋ/	adj. 不和谐的；刺耳的；碾轧的 n. 碾轧声；冲突；震动 v. 震惊；冲突；发出刺耳声（jar 的现在分词）	She opened up a jar of plums. 她打开了一罐李子。
chastisement /tʃæˈstaɪzmənt/	n. 惩罚	
toehold /ˈtoʊhoʊld/	n. 克服困难的办法；排除障碍的方法；小立足点	The firm is anxious to gain a toehold in Europe. 这家公司急于在欧洲找个立脚点。
crescendo /krəˈʃendoʊ/	n. 声音渐增 adv. 渐次加强地 adj. 渐强的 vi. 音量逐渐增强	There was a crescendo of press criticism. 媒体的批评逐渐升温。
peculiar /pɪˈkjuːliər/	adj. 特殊的；独特的；奇怪的；罕见的 n. 特权；特有财产	Mr. Kennet has a rather peculiar sense of humour. 肯尼特先生有一种相当不寻常的幽默感。
valet /ˈvælɪt/	n. 贴身男仆；用车的人；伺候客人停车 vt. 为……管理衣物；替……洗熨衣服 vi. 清洗汽车；服侍	a valeting service 洗车服务
handicapping /ˈhændikæpɪŋ/	n. 障碍；不利条件	
acrobatic /ˌækrəˈbætɪk/	adj. 杂技的；特技的	They performed some amazing acrobatic feats. 他们表演了一些令人惊叹的杂技动作。
acreage /ˈeɪkərɪdʒ/	n. 面积	
diminution /ˌdɪmɪˈnjuːʃ(ə)n/	n. 减少；降低；缩小	a diminution in value 价值的减少
faulty /ˈfɔːlti/	adj. 有错误的；有缺点的	The money will be used to repair faulty equipment. 这笔钱将被用来修理出故障的设备。
affiliate /əˈfɪlieɪt/	v. 使……附属；加入；接纳；紧密联系 n. 分支机构；联号	The World Chess Federation has affiliates in around 120 countries. 世界象棋联盟在大约 120 个国家内设有分支机构。

unfounded /ʌnˈfaʊndɪd/	adj. 未建立的；没有理由的；没有事实根据的	Unfounded rumours began circulating that Ian and Susan were having an affair. 无端的谣言开始流传开来，说伊恩和苏珊有暧昧关系。
self-assured /ˈselfəˈʃʊəd/	adj. 有自信的	He's a self-assured, confident negotiator. 他是个胸有成竹、很有信心的谈判者。
unbecoming /ˌʌnbɪˈkʌmɪŋ/	adj. 不适当的；不相称的；不合身的；不得体的	
juxtaposition /ˌdʒʌkstəpəˈzɪʃən/	n. 并置；并列；毗邻	This juxtaposition of brutal reality and lyrical beauty runs through Park's stories. 残酷的现实和抒情诗般的美并存贯穿于帕克的故事之中。
gradation /grəˈdeɪʃən/	n. (色彩、颜色、次序、音调等的)渐变；分等级	There are many gradations of colour between light and dark blue. 浅蓝和深蓝之间有许多颜色层次。
outrival /ˌaʊtˈraɪvəl/	vt. 胜过；打败	
gurgle /ˈɡɜːrɡl/	v. 作汩汩声；汩汩地流	Water gurgled through the pipes. 水汩汩地从管道中流过。
prosaically /prəʊˈzeɪɪkəli/	adv. 平凡地；散文式地	
satiate /ˈseɪʃieɪt/	vt. 充分满足；使……厌腻	The dinner was enough to satiate the gourmets. 这顿饭足以让美食家们吃个够。
unbending /ʌnˈbendɪŋ/	adj. 坚定的；不易弯曲的；冷漠的	He was rigid and unbending. 他刻板而严厉。
unwitting /ʌnˈwɪtɪŋ/	adj. 不知情的；不知不觉的；无意的	We were unwitting collaborators in his plan. 我们无意中成为他的计划的协作者。
hush /hʌʃ/	v. 安静 n. 寂静	Hush now and try to sleep. 别出声了，睡吧。
spin-off /ˈspɪnɔːf/	n. 副产品；衍生产品	He rescued the company and later spun off its textile division into a separate entity. 他挽救了该公司，后来又将其纺织部脱离出来组建成一个独立实体。
agitation /ˌædʒɪˈteɪʃən/	n. 激动；搅动；煽动；烦乱	Dot arrived in a state of great agitation. 多特到达时十分焦虑不安。
unsettling /ʌnˈsetlɪŋ/	adj. 令人不安(或紧张、担忧)的；扰乱的	Phil had several unsettling dreams every night. 菲尔每晚都做好几个令他不安的梦。

List 12

agitated /ˈædʒɪteɪtɪd/	adj. 激动的；焦虑的；表现不安的	Susan seemed agitated about something. 苏姗像是对什么事感到不安。
supremacy /suːˈprɛməsi/	n. 霸权；至高无上；主权；最高地位	The conservative old guard had re-established its political supremacy. 这位保守派的老卫士已重新建立起其政治上的支配地位。
anomaly /əˈnɑməli/	n. 异常；不规则；反常事物	the apparent anomaly that those who produced the wealth, the workers, were the poorest 创造财富的工人最贫穷这一明显不正常的现象
concatenate /kɑnˈkætəˌneɪt/	v. 连接；联结；使……连锁 adj. 连接的；联结的；连锁的	
hatred /ˈheɪtrɪd/	n. 憎恨；怨恨；敌意	Her hatred of them would never lead her to murder. 她对他们的仇恨永远不会将她引向凶杀。
eccentricity /ˌɛksɛnˈtrɪsəti/	n. 古怪；怪癖；/数/离心率	She is unusual to the point of eccentricity. 她与众不同到了古怪的地步。
parochial /pəˈroʊkɪəl/	adj. 教区的；狭小的；地方范围的	When her brother arrives home on a visit from Hong Kong, he sneers at her parochial existence. 她哥哥从香港回家探访时，讥笑她偏狭的生活方式。
allocate /ˈæləˌkeɪt/	vt. 分配	Tickets are limited and will be allocated to those who apply first. 票数有限,将分配给那些先申请的人。
tyranny /ˈtɪrəni/	n. 暴虐	Gorky was often the victim of his grandfather's tyranny. 高尔基经常是他祖父专横管制的受害者。
silhouette /ˌsɪluˈɛt/	n. 轮廓；剪影	The mountains stood out in silhouette. 群山的轮廓鲜明凸显。
unmitigated /ʌnˈmɪtɪˌgeɪtɪd/	adj. 全然的；严厉的；未缓和的	Last year's cotton crop was an unmitigated disaster. 去年的棉花收成是场十足的灾难。
grope /groʊp/	v. 摸索；探索 n. 摸索；触摸	He groped for solutions to his problems. 他寻找问题的解决办法。
shed /ʃɛd/	vt. 流出；摆脱；散发；倾吐	

gild /gɪld/	vt. 镀金；虚饰；供给钱	
hatch /hætʃ/	n. 孵化；舱口 vt. 孵；策划 vi. 孵化	The young disappeared soon after they were hatched. 幼崽孵出后不久就不见了。
antipathy /æn'tɪpəθi/	n. 反感；厌恶；憎恶；不相容	the voting public's antipathy toward the president 投票民众对总统的憎恶
gill /gɪl/	n. 鳃	
consortium /kən'sɔrtɪəm/	n. 财团；联合；合伙	The consortium includes some of the biggest building contractors in North America. 该联盟包括北美一些最大的建筑承包商。
lucrative /'lu:krətɪv/	adj. 有利可图的；赚钱的；合算的	He inherited a lucrative business from his father. 他从父亲那里继承了一家赚大钱的公司。
munch /mʌntʃ/	v. 用力咀嚼	
impostor /ɪm'pɑstər/	n. 骗子；冒充者	The nurse was soon discovered to be an impostor. 那个护士很快被发现是个冒牌货。
warrant /'wɔrənt/	n. 根据；证明；正当理由；委任状 vt. 保证；担保；批准；辩解	The allegations are serious enough to warrant an investigation. 指控已严重到有必要进行一番调查。
interject /ˌɪntər'dʒɛkt/	vt. 突然插入；插嘴	He listened thoughtfully, interjecting only the odd word. 他细心地聆听，只插了几句话。
reiterate /ri'ɪtəreɪt/	vt. 重申；反复地做	He reiterated his opposition to the creation of a central bank. 他重申了他对创办中央银行的反对。
token /'toʊkən/	n. 表征；代币；记号 adj. 象征的；表意的 vt. 象征；代表	Please accept this small gift as a token of our gratitude. 区区薄礼，以表谢忱，请笑纳。
permutation /ˌpɜːmjʊ'teɪʃən/	n. /数/排列；置换	Variation among humans is limited to the possible permutations of our genes. 人类的变化形式受限于我们基因中可能的那些排列。
plaintiff /'pleɪntɪf/	n. 原告	The lead plaintiff of the lawsuit is the University of California. 这次诉讼的第一原告是加利福尼亚大学。
commence /kə'mɛns/	v. 开始；着手	The meeting is scheduled to commence at noon. 会议定于午间召开。
volition /və'lɪʃən/	n. 意志；意志力；决断力	We like to think that everything we do and everything we think is a product of our volition. 我们常常认为我们所做和所想的一切都是出于自己的意愿。

gravity-defying	adj. 反重力的	
mediate /ˈmiːdɪeɪt/	vi. 调解；斡旋；居中	
emeritus /ɪˈmerɪtəs; iː-/	adj. 退休的；名誉退休的	He will continue as chairman emeritus. 他将会继续担任荣誉主席。
consent /kənˈsent/	vi. 同意；赞成；答应	He asked Ginny if she would consent to a small celebration after the christening. 他问金尼是否同意在洗礼仪式后来个小庆祝。
timid /ˈtɪmɪd/	adj. 胆小的；羞怯的	She doesn't ridicule my timidity. 她不会嘲笑我的羞怯。
iota /aɪˈəʊtə/	n. 极微小；希腊语的第九个字母	He's never shown an iota of interest in any kind of work. 他对任何一种工作都没有表现出一点儿兴趣。
propel /prəˈpel/	vt. 推进；驱使；激励；驱策	rocket-propelled grenades 火箭推进的榴弹
stitch /stɪtʃ/	n. 针脚；线迹；一针 v. 缝合	Fold the fabric and stitch the two layers together. 把布料对折，将两层缝在一起。
grind /graɪd/	v. & n. 磨碎/折磨；苦工作	The lenses are ground to a high standard of precision. 镜片被磨到很高的精确度。
exalt /ɪɡˈzɔːlt/	v. 提升；提拔；赞扬；使……得意	His work exalts all those virtues that we, as Americans, are taught to hold dear. 他的作品盛赞了所有那些身为美国人应该珍视的美德。
displace /dɪsˈpleɪs/	vt. 取代；置换；转移；把……免职	Gradually factory workers have been displaced by machines. 工厂的工人已逐渐被机器取代。
reassuring /ˌriːəˈʃʊərɪŋ/	adj. 安心的；可靠的；鼓气的	It's reassuring (to know) that we've got the money if necessary. 我们有了应急的钱，这就不必担心了。
brainchild /ˈbreɪntʃaɪld/	n. 脑力劳动的产物	The record was the brainchild of rock star Bob Geldof. 这张唱片是摇滚明星鲍勃·格尔多夫的智慧结晶。
conservatively /kənˈsɜːvətɪvli/	adv. 谨慎地；保存地；适当地	
unpretentious /ˌʌnprɪˈtenʃəs/	adj. 谦逊的；含蓄的；不炫耀的；不铺张的	The Tides Inn is both comfortable and unpretentious. 潮汐旅舍舒适而朴实。
transmute /trænzˈmjuːt/	vt. 使……变形；使……变质 vi. 变形；变质	Scientists transmuted matter into pure energy and exploded the first atomic bomb. 科学家们使物质转化为纯能量，爆破了第一枚原子弹。
port /pɔːrt/	n. 左舷	USS Ogden turned to port. 美国奥格登号舰向左转了。
outgrow /ˌaʊtˈɡroʊ/	vt. 过大而不适于；出生	She's already outgrown her school uniform. 她已经穿不进校服了。

consequential /ˌkɒnsɪˈkwɛnʃəl/	adj. 间接的；结果的；重要的；随之发生的；自傲的	The estimate for extra staff and consequential costs such as accommodation was an annual $9.18 million. 额外员工引起的如住宿成本等估计每年为918万美元。
larceny /ˈlɑrsəni/	n. 盗窃；盗窃罪	Haggerman now faces 2 to 20 years in prison on grand larceny charges. 哈格曼因重大盗窃罪现在面临2至20年的刑期。
luscious /ˈlʌʃəs/	adj. 甘美的；满足感官的	luscious silks and velvets 柔软光滑的丝绸和天鹅绒
pernicious /pərˈnɪʃəs/	adj. 有害的；恶性的；致命的；险恶的	I did what I could, but her mother's influence was pernicious. 我已尽我所能，但她母亲造成的影响是很极为不利的。
opulently /ˈɑpjələntli/	adv. 富裕地；丰裕地	
filament /ˈfɪləmənt/	n. 灯丝；细丝	
affluence /ˈæfluəns/	n. 富裕；丰富；流入；汇聚	The postwar era was one of new affluence for the working class. 战后时期是工人阶级新富期。
swoop /swuːp/	v. 俯冲	More than 20 helicopters began swooping in low over the ocean. 超过20架直升飞机开始下降向海平面俯冲。
debase /dɪˈbeɪs/	vt. 降低；使……贬值；掺杂	Politicians have debased the meaning of the word "freedom". 政治家们已经降低了"自由"一词的意义。
haunting /ˈhɔntɪŋ/	adj. 不易忘怀的；萦绕于心头的；给人以强烈感受的	It might motivate a few to do their best work, but for most, this haunting belief that we always have to be "on" can be paralyzing. 虽然这有可能激励个别人去竭尽全力工作，但对大多数人来说，这个萦绕心头的、每时每刻都必须树立的信仰，会被麻痹。
garniture /ˈgɑrnɪtʃər/	n. 装饰品；附属品；配件	
grit /grɪt/	n. 勇气；决心	If they gave gold medals for grit, Karen would be right up there on the winners' podium. 如果他们颁发毅力金牌，卡伦应该站在领奖台上。
assembly /əˈsɛmbli/	n. 装配；集会；汇编；编译	Power has been handed over to provincial and regional assemblies. 权力已移交给省和地区议会。
inconstancy /ɪnˈkɑnstnsi/	n. 反复无常；易变；不定性	The article discuss the historic continuity and inconstancy of music from esthetic viewpoint. 本文从音乐审美功能角度论述音乐的历史延续性和易变性。
chivalrous /ˈʃɪvəlrəs/	adj. 侠义的；骑士的	He was handsome, upright, and chivalrous. 他英俊、正直、对女士彬彬有礼。
astrology /əˈstrɑlədʒi/	n. 占星术；占星学；星座	

单词	词性/释义	例句
sinner /ˈsɪnər/	n. 罪人；有错者	
lurk /lɜrk/	vi. 潜伏；潜藏；埋伏 n. 潜伏；埋伏	A crocodile was lurking just below the surface. 有条鳄鱼就潜伏在水面下。
enact /ɪˈnækt/	vt. 颁布；制定法律；扮演；发生	They seemed unaware of the drama being enacted a few feet away from them. 他们对于正在咫尺之外上演的戏剧性事件似乎浑然不知。
rustic /ˈrʌstɪk/	adj. 乡村的；纯朴的；粗野的；手工粗糙的 n. 乡下人；乡巴佬	the rustic charm of a country lifestyle 乡村生活方式的质朴魅力
make off	逃离	They broke free and made off in a stolen car. 他们挣脱后开着一辆偷来的车逃走了。
prompting /ˈprɑmptɪŋ/	n. 激励；提示；刺激	He wrote the letter without further prompting. 他不用别人再催促就写了信。
enshroud /ɪnˈʃraʊd/	vt. 掩盖；遮蔽；笼罩	The mystery enshrouds their disappearance. 笼罩在他们失踪事件上的谜团。
complementary /ˌkɑmplɪˈmentri/	adj. 补充的；互补的	The computer and the human mind have different but complementary abilities. 电脑与人脑各不相同，却又互为补充。
bulge /bʌldʒ/	n. 胀；膨胀；凸出部分	He bulges out of his black T-shirt. 他臃肿的身体在黑色T恤下面鼓了出来。
astute /əˈstuːt/	adj. 机敏的；狡猾的；诡计多端的	It was an astute move to sell the shares then. 那时出售股份是精明之举。
hectare /ˈhɛktɛr/	n. 公顷（等于1万平方米）	
dreadful /ˈdrɛdfəl/	adj. 可怕的；糟透的；令人不快的	They told us the dreadful news. 他们告诉了我们这个坏消息。
dispossess /ˌdɪspəˈzɛs/	vt. 剥夺；使……失去；逐出；霸占	people who were dispossessed of their land under apartheid 在种族隔离制度下失去地产的人们
meander /mɪˈændər/	v. （河流、道路等）蜿蜒；漫步 n. 河流（或道路）弯道；河曲；漫游	The stream meanders slowly down to the sea. 这条小河弯弯曲曲缓慢地流向大海。
optimize /ˈɑptɪmaɪz/	vt. 使……最优化；使……完善	They need to optimize the use of available resources. 他们需要充分利用手上的资源。
decreed /dɪˈkriːd/	adj. 任命的 v. 颁布法令	court decrees 法院的判决
nuance /ˈnjuːɑːns/	n. 细微差别	He was aware of every nuance in her voice. 他听得出她声音中的每一个细微变化。

单词	词性/释义	例句
eclipse /ɪˈklɪps/	vt. 使……黯然失色;形成蚀 n. 日蚀;月蚀;黯然失色	the solar eclipse on May 21　5月21日的日食
prone /proʊn/	adj. 俯卧的;有……倾向的;易于……的	For all her experience as a television reporter, she was still prone to camera nerves.　尽管有做电视记者的丰富经验,她仍然容易在镜头前紧张。
attachment /əˈtætʃmənt/	n. 附件;依恋;连接物;扣押财产	Some models come with attachments for dusting.　一些模型带有附加的除尘装置。
prosthetic /prɒsˈθetɪk/	adj. 假体的	
coax /koks/	v. 哄;哄诱	We had to coax Alan into going to school.　我们只好哄着艾伦去上学。
fancy /ˈfænsi/	v. & n. 喜爱;想象;幻想	She didn't fancy (=did not like) the idea of going home in the dark.　她不喜欢在黑夜回家这个主意。
repression /rɪˈprɛʃən/	n. 抑制;心理/压抑;镇压	a society conditioned by violence and repression　处于暴力和压迫中的一个社会
sway /sweɪ/	vt. 影响;统治 n. 影响;摇摆;统治	She wasn't swayed by his good looks or his clever talk.　他相貌不凡,谈吐风趣,但她不为所动。
smugly /ˈsmʌgli/	adv. 自鸣得意地;沾沾自喜的	
apex /ˈepɛks/	n. 顶点;尖端	At the apex of the party was its central committee.　该党的最高机构是其中央委员会。
underscore /ˌʌndərˈskɔːr/	vt. 强调 n. 底线	The Labour Department figures underscore the shaky state of the economic recovery.　劳工部的数字突显了经济复苏的不稳定。
aquatic /əˈkwætɪk/	adj. 水生的;水栖的;在水中或水面进行的 n. 水上运动;水生植物或动物	The pond is small but can support many aquatic plants and fish.　这个池塘虽小,但是能养活许多水生植物和鱼。
squalid /ˈskwaːlɪd/	adj. 肮脏的;污秽的;卑劣的	The early industrial cities were squalid and unhealthy places.　早期的工业城市曾是些又脏又乱、不利于健康的地方。
descent /dɪˈsɛnt/	n. 下降;沉沦	his swift descent from respected academic to struggling small businessman　他从受人尊敬的学者到挣扎求存的小商人的迅速沦落
gladden /ˈglæd(ə)n/	vt. 使……喜悦;使……高兴	The sight of the flowers gladdened her heart.　看到这些花她心花怒放。
vertebrate /ˈvɜrtəbrɪt/	n. 脊椎动物	

unrewarding /ˌʌnrɪˈwɔːrdɪŋ/	adj. 不值得做的；无报酬的	dirty and unrewarding work 又脏又没有成就感的工作
irrevocably /ɪˈrevəkəbli/	adv. 不能取消地；不能撤回地	
temperament /ˈtemprəmənt/	n. 气质；性情；性格；急躁	His impulsive temperament regularly got him into difficulties. 他容易冲动的性格经常使他陷入困境。
observance /əbˈzɜːv(ə)ns/	n. 惯例；遵守；仪式；庆祝	County governments should use their powers to ensure strict observance of laws. 县政府应该利用他们的权力确保法律的严格遵守。
stance /stæns/	n. 立场；姿态；位置；准备击球姿势	When should this stance change if not now? 如果现在不改变立场，还要等到什么时候？
shrouding /ˈʃraudɪŋ/	n. 覆盖 v. 用裹尸布裹；遮蔽（shroud 的现在分词）	Cover shrouding on busbar provides extra protection. 用保护盖遮蔽母线以提供额外保护。
consolidate /kənˈsɒlɪdeɪt/	v. 巩固；使……固定；联合	The question is: will the junta consolidate its power by force? 问题是，这个军政府会通过武力来巩固它的政权吗？
pinpoint /ˈpɪnpɒɪnt/	vt. 查明；精确地找到；准确描述	It's difficult to pinpoint the cause of the accident. 事故原因很难查明。
smash /smæʃ/	vt. 粉碎；使……破产 n. 破碎 vi. 粉碎 adj. 了不起的	
tournament /ˈtɜːrnəmənt/	n. 锦标赛；联赛；比赛	
collectible /kəˈlektəbl/	adj. 可收集的；可回收的	Many of these cushions have survived and are very collectible. 很多这种垫子都保存了下来并极具收藏价值。
evince /ɪˈvɪns/	vt. 表明；表示；引起	The entire production evinces authenticity and a real respect for the subject matter. 整个作品显示了真实性和对主题的真正尊重。
tactful /ˈtæktfl/	adj. 机智的；圆滑的；老练的	He had been extremely tactful in dealing with the financial question. 他在处理这个财务问题时一直非常有分寸。
perish /ˈperɪʃ/	vt. 使……麻木；毁坏 vi. 死亡；毁灭；腐烂；枯萎	Most of the butterflies perish in the first frosts of autumn. 大多数蝴蝶在秋季初霜来临时死亡。
convergence /kənˈvɜːrdʒəns/	n. /数/收敛；会聚；集合	

tumultuous /tjuːˈmʌltʃuəs/	adj. 吵闹的；骚乱的；狂暴的	the tumultuous years of the Civil War 内战的动荡年代
ledge /ledʒ/	n. 壁架	She put the vase of flowers on the window ledge. 她把那瓶花放在窗台上。
repository /rɪˈpɑzəˌtɔri/	n. 贮藏室	a fire-proof repository for government papers 存放政府文件的防火贮藏室
plumage /ˈpluːmɪdʒ/	n. 鸟类羽毛；翅膀	
overreach /ˌoʊvərˈriːtʃ/	vt. 走过头；过度伸张；诈骗	In making these promises, the company had clearly over-reached itself. 这家公司作出这些承诺，显然是不自量力。
espouse /ɪˈspaʊz; e-/	vt. 支持；嫁娶；赞成；信奉	She ran away with him to Mexico and espoused the revolutionary cause. 她与他一起逃到了墨西哥，支持革命事业。
lethargy /ˈleθərdʒi/	n. 无精打采；死气沉沉；昏睡；嗜眠（症）	People's reluctance and lethargy had, initially, to be overcome. 起初，人们的抵触和无精打采是需要克服的。
tumble /ˈtʌmbl/	vi. 摔倒；倒塌；滚动 n. 跌倒；翻筋斗	He slipped and tumbled down the stairs. 他脚一滑滚下了楼梯。
scum /skʌm/	n. 浮渣；泡沫；糟粕	When it is on the boil, we lessen the fire and scum. 当汤煮沸了之后，我们把火减小然后剽除汤里的浮渣。
ratify /ˈrætɪfaɪ/	vt. 批准；认可	The parliaments of Australia and Indonesia have yet to ratify the treaty. 澳大利亚和印度尼西亚议会还未批准该条约。

List 13

transferable /trænsˈfɜːəbəl/	*adj.* 可转让的；可转移的	Use the transferable skills acquired from your previous working background. 利用你以前工作经历中获得的可转移性技能。
preeminent /priˈɛmɪnənt/	*adj.* 卓越的；超群的	some of the preeminent names in baseball 棒球史上一些杰出的名字
overrun /ˈoʊvərʌn, ˌoʊvəˈrʌn/	*v.* 泛滥；肆虐	A group of rebels overran the port area and most of the northern suburbs. 一群叛乱分子迅速占领了港口地区及绝大部分北部郊区。
ratchet up	渐升高；略微调高	
medley /ˈmɛdli/	*n.* 混合；混杂 *adj.* 混合的；拼凑的	He played a medley of Beatles songs. 他演奏了一组披头士乐队的歌曲。
abject /ˈæbdʒɛkt/	*adj.* 卑鄙的；可怜的；不幸的；（境况）凄惨的；绝望的	Both of them died in abject poverty. 他们两个人都死于穷困潦倒。
authoritarian /əˌθɔrəˈtɛriən/	*adj.* 独裁主义的；权力主义的 *n.* 权力主义者；独裁主义者	Senior officers could be considering a coup to restore authoritarian rule. 高级军官们可能会考虑发动一场政变来恢复独裁统治。
cloister /ˈklɔɪstə/	*n.* （修道院或大教堂广场周围）有顶的地区	
unequivocal /ˌʌnɪˈkwɪvək(ə)l/	*adj.* 明确的；不含糊的	His answer was an unequivocal "No". 他的回答是毫不含糊的"不"。
accost /əˈkɔst/	*vt.* 勾引；引诱；对……说话；搭讪	She was accosted in the street by a complete stranger. 在街上，一个完全陌生的人贸然走到她跟前搭讪。
retention /rɪˈtɛnʃən/	*n.* 保留；扣留；滞留；记忆力；闭尿	*The Citizens' Forum* supported special powers for Quebec but also argued for the retention of a strong central government. 《市民论坛》支持魁北克的特殊权力，但是也主张保留一个强有力的中央政府。
improvisational /ˌɪmprəvaɪˈzeɪʃənəl/	*adj.* 即兴的	

单词	词性/释义	例句
quixotic /kwɪkˈsɒtɪk/	adj. 堂吉诃德式的；狂想的	This is a vast, exciting, and perhaps quixotic project. 这是一个庞大的、令人兴奋的项目，但可能有点不切实际。
femininity /feˈmɪnəti/	n. 女子气质；柔弱	I wonder if there isn't a streak of femininity in him, a kind of sweetness. 我想知道他身上是否没有一丝女性气质，一种温柔。
inescapability /ɪnɪˌskeɪpəˈbɪləti/	n. 不可避免	
uncluttered /ʌnˈklʌtəd/	adj. 整洁的；整齐的	If you keep a room uncluttered it makes it seem lighter and bigger. 如果你少放杂物，会使房间看起来更明亮宽敞。
feat /fiːt/	n. 功绩；壮举；技艺表演	The tunnel is a brilliant feat of engineering. 这条隧道是工程方面的光辉业绩。
elusive /ɪˈluːsɪv/	adj. 难懂的；易忘的；逃避的；难捉摸的	She managed to get an interview with that elusive man. 她设法采访到了那个行踪飘忽的人。
admonition /ˌædməˈnɪʃ(ə)n/	n. 警告	an admonitory glance 责备的目光
eminence /ˈemɪnəns/	n. 显赫；卓越；高处	Many of the pilots were to achieve eminence in the aeronautical world. 其中的很多飞行员后来都在航空界声名显赫。
cling to	坚持；依靠；依附	
cringe /krɪndʒ/	v. & n. 畏缩；奉承；阿谀	Molly had cringed when Ann started picking up the guitar. 安伸手去拿吉他时，莫利感到局促不安。
penetration /ˌpenɪˈtreɪʃən/	n. 渗透；突破；侵入；洞察力	The floor is sealed to prevent water penetration. 地板加了密封涂料防止渗水。
counterpart /ˈkaʊntərpɑːrt/	n. 副本；配对物；极相似的人或物	The Foreign Minister held talks with his Chinese counterpart. 外交部长与中国外交部长举行了会谈。
unadorned /ʌnəˈdɔːnd/	adj. 朴素的；未装饰的	The room is typically simple and unadorned, with white walls and a tiled floor. 这个房间是典型的简单、未装修的，有白色墙壁和瓷砖地板。
bewilder /bɪˈwɪldər/	v. 使……迷惑；使……不知所措	He was bewildered by his daughter's reaction. 他被女儿的反应弄糊涂了。
insensitive /ɪnˈsensətɪv/	adj. 对他人的感受漠不关心；对某事物无感觉、无反应	The government seems totally insensitive to the mood of the country. 政府似乎对全国民众的心情全然不知。
prudent /ˈpruːd(ə)nt/	adj. 谨慎的；精明的；节俭的	It might be prudent to get a virus detector for the network. 装个网络病毒检测软件也许是一种慎重的做法。
detractor /dɪˈtræktər/	n. 贬低者；诽谤者	This performance will silence many of his detractors. 这次表演会让他的很多诋毁者哑口无言。

单词	词性/释义	例句
stigmatized /ˈstɪgməˌtaɪz/	v. 污辱；指责（stigmatize 的过去分词）	Children in single-parent families must not be stigmatized. 单亲家庭的孩子不应该受到侮辱。
beget (begot, begotten/begot) /bɪˈgɛt/	vt. 产生；招致；成为……之父	Hunger begets crime. 饥饿滋生犯罪。
avalanche /ˈævəlɑːnʃ/	vt. 雪崩	
manifest /ˈmænɪfest/	v. 表明；清楚显示；显现	She manifestly failed to last the mile-and-a-half of the race. 她显然没有跑完1.5英里的比赛。
domestic /dəˈmestɪk/	adj. 国内的；家庭的 n. 国货；佣人	a plan for sharing domestic chores 一份分担家务的计划
reunify /ˌriːˈjuːnɪfaɪ/	vt. 使……重新统一；再统一；再联合	
repose /rɪˈpouz/	n. 休息；睡眠；静止 v. 使……休息；寄托于……	He had a still, almost blank face in repose. 他休息时面部平静，几乎毫无表情。
vendor /ˈvendər/	n. 卖主；小贩	He bought a copy from a newspaper vendor. 他从报贩那里买了一份报纸。
contextualization /kənˌtekstʃʊələˈzeɪʃn/	n. 情境化；处境化；语境化	
prosecution /ˌprɒsɪˈkjuːʃən/	n. 起诉；检举；进行；经营	He threatened to bring a private prosecution against the doctor. 他威胁要对医生提起民事诉讼。
tamp /tæmp/	vt. 夯实；砸实；填塞 n. 捣棒；打夯的工具	Then I tamp down the soil with the back of a rake. 然后我用耙背将土壤拍实。
desolation /ˌdesəˈleɪʃən/	n. 孤寂；悲哀；忧伤；荒芜；荒凉；废墟；凄凉	Kozelek expresses his sense of desolation absolutely without self-pity. 科泽莱克毫不自怜地表达了他内心的凄凉。
achingly /ˈeɪkɪŋli/	adv. 极其；痛惜地；非常痛地	three achingly beautiful ballads 三首美得令人心痛的民谣
expatriate /ˌeksˈpeɪtrɪət/	v. 移居国外；流放；放弃国籍 n. 被流放者；移居国外者 adj. 移居国外的；被流放的	British expatriates in Spain 侨居西班牙的英国人

单词	词性/释义	例句
hyperbole /haɪˈpɜːrbəli/	n. 夸张的语句；夸张法	the hyperbole that portrays him as one of the greatest visionaries in the world 将他描绘成世界上最伟大的远见家之一的夸张
compartmentalize /ˌkɒmpɑːtˈmentəlaɪz/	vt. 划分；区分	You must compartmentalize everything you do in order to remain focused on the goal at hand. 你必须划分要做的每件事，这样是为了对手边的目标随时保持关注。
mischief /ˈmɪstʃɪf/	n. 恶作剧；伤害；顽皮；不和	The incident caused a great deal of political mischief. 这一事件造成了严重的政治危害。
outrage /ˈaʊtreɪdʒ/	n. 愤怒；愤慨；暴行；侮辱 vt. 凌辱；强奸；对……施暴行；激起愤怒	Many people have been outraged by some of the things that have been said. 许多人曾为其听说的一些事情所震怒。
prospective /prəˈspektɪv/	adj. 未来的；预期的	The story should act as a warning to other prospective buyers. 这篇报道应该可以对其他潜在的购买者起到警告作用。
fondle /ˈfɒndl/	vt. 爱抚；抚弄	She fondled his neck. 她抚摸着他的脖子。
fortitude /ˈfɔːtɪtjuːd/	n. 刚毅；不屈不挠；勇气	His fortitude character and delicate sensibility looks contradictory, but there seems to be many contrarieties mixed in him. 他性格中的坚韧与敏感看似矛盾，但是在他的身上，矛盾似乎还不止这些。
ferocity /fəˈrɒsəti/	n. 凶猛；残忍；暴行	The armed forces seem to have been taken by surprise by the ferocity of the attack. 武装部队好像被猛烈的进攻给镇住了。
dedicate /ˈdedɪkeɪt/	vt. 致力；献身；题献	For the next few years, she dedicated herself to her work. 随后的几年里，她全身心地投入工作。
tinge /tɪndʒ/	n. 淡色；些许味道；风味 vt. 微染；使……带气息	There was a faint pink tinge to the sky. 天空略带一点淡淡的粉红色。
graphite /ˈɡræfaɪt/	n. 石墨 v. 用石墨涂	
concoction /kənˈkɒkʃn/	n. 混合；调合；调合物	
descendant /dɪˈsendənt/	n. 后裔；子孙	For I myself am an Israelite, a descendant of Abraham, a member of the tribe of Benjamin. 我是一名以色列人，是亚伯拉罕的后裔，是该部落的成员本杰明。
blurt /blɜːrt/	vt. 未加思索地脱口而出；突然说出	She blurted it out before I could stop her. 我还没来得及制止，她已脱口而出。

单词	释义	例句
proprietor /prəˈpraɪətər/	n. 业主；所有者；经营者	the proprietor of a local restaurant 一家当地餐馆的业主
disobedient /ˌdɪsəˈbiːdɪənt/	adj. 不服从的；违背的；不孝的	Her tone was that of a parent to a disobedient child. 她的声音听上去好像家长在教训不听话的小孩。
humanoid /ˈhjuːmənɔɪd/	adj. 像人的 n. 类人动物	humanoid robots that could mimic a range of human activities 可以模拟一系列人类活动的类人机器人
palliation /ˌpælɪˈeɪʃən/	n.（痛苦的）减轻；缓和；辩解	
illuminate /ɪˈluːmɪneɪt/	vt. 阐明；说明	The report illuminated the difficult issues at the heart of science policy. 报告阐明了科学方针核心部分的难点。
tame /teɪm/	adj. 驯服的；平淡的 vt. 驯养 vi. 变得驯服	They never became tame; they would run away if you approached them. 它们从没有被驯服，如果你靠近，它们就跑开了。
authentically /ɔːˈθentɪkli/	adv. 真正地；确实地；可靠地	
denomination /dɪˌnɑmɪˈneɪʃən/	n. 面额；名称；教派	She paid in cash, in bills of large denominations. 她用大面额钞票的现金支付。
tuft /tʌft/	n.（在底部丛生或聚集的）一绺毛发；一丛草	
subvert /sʌbˈvɜːrt/	vt. 颠覆；推翻；破坏	an alleged plot to subvert the state 一个被指控颠覆国家的阴谋
glorify /ˈɡlɔrɪfaɪ/	vt. 赞美；美化；崇拜	He denies that the movie glorifies violence. 他否认这部影片美化暴力。
dismiss /dɪsˈmɪs/	vt. 解散；解雇；开除	Two more witnesses were called, heard, and dismissed. 又有两名证人被传讯后获准离开了。
monotony /məˈnɑtəni/	n. 单调；千篇一律	She watches television to relieve the monotony of everyday life. 她天天靠看电视来解闷儿。
indolent /ˈɪndələnt/	adj. 懒惰的；无痛的	
periodically /ˌpɪrɪˈɑdɪkli/	adv. 定期地；周期性地；偶尔；间歇	
celestial /səˈlɛstʃəl/	adj. 天上的 n. 神仙	
loom /luːm/	n. 织布机；若隐若现的景象 vi. 可怕地出现；朦胧地出现；隐约可见 vt. 在织布机上织	Vincent loomed over me, as pale and grey as a tombstone. 文森特赫然出现在我面前,脸色苍白阴沉得像块墓碑。

germination /ˌdʒɜrməˈneɪʃən/	n. 萌发；产生	
morphine /ˈmɔːfiːn/	n. 毒物//药/吗啡	
crimson /ˈkrɪmzn/	n. 深红色	She went crimson. 她的脸变得通红。
discomfiture /dɪsˈkʌmfɪtʃə/	n. 狼狈；挫败；崩溃	
raw /rɔː/	adj. 生的；未加工的；阴冷的；刺痛的；擦掉皮的；无经验的；（在艺术等方面）不成熟的	The meat was black and scorched outside but still raw inside. 这块肉外面又黑又焦而里面却还是生的。
mouthpiece /ˈmaʊθpiːs/	n. 喉舌；代言人；送话口	He shouted into the mouthpiece. 他冲着电话话筒大叫。
ideological /ˌaɪdɪəˈlɒdʒɪkl/	adj. 思想的；意识形态的	Others left the party for ideological reasons. 其余的人因意识形态原因脱离了该党。
widower /ˈwɪdəʊə/	n. 鳏夫	He is a widower and lives in Durango. 他是一个鳏夫，住在杜兰戈。
console /kənˈsəʊl/	n. 控制台 vt. 安慰	"Never mind, Ned", he consoled me. "不要紧，内德"，他安慰我说。
confer /kənˈfɜːr/	v. 给予；授予；商议	The constitution also confers large powers on Brazil's 25 constituent states. 宪法还授予巴西25个成员州极大的权力。
soot /sʊt/	n. 煤烟；烟灰	These pollutants are called aerosols and they include soot as well as compounds of nitrogen and sulfur and other stuff into the air. 通常，我们称这些污染物为悬浮微粒，它们包含烟尘以及氮硫与进入大气的其他物质的混合物。
mendacity /menˈdæsəti/	n. 谎言；虚伪；撒谎癖	an astonishing display of cowardice and mendacity 一种令人吃惊的懦弱和撒谎的表现
pyrotechnic /ˌpaɪrəˈtekniks/	adj. 烟火的；令人眼花缭乱的；出色的	
vigorous /ˈvɪɡərəs/	adj. 有力的；精力充沛的	Take vigorous exercise for several hours a week. 每周做几个小时剧烈运动。
flatten /ˈflætn/	vt. 击败；摧毁；使……平坦 vi. 变平；变单调	He carefully flattened the wrappers and put them between the leaves of his book. 他小心翼翼地弄平包装纸，把它们夹在书页里。
proliferate /prəˈlɪfəreɪt/	vi. 增殖；扩散；激增	

单词	词性/释义	例句
procure /prəˈkjʊr/	v. 获得；取得；导致	It remained very difficult to procure food, fuel and other daily necessities. 当时仍然很难获得食品、燃料和其他日用必需品。
sarcasm /ˈsɑrkæzəm/	n. 讽刺；挖苦；嘲笑	There was just a touch of sarcasm in her voice. 她的话音里含有一丝挖苦。
persecution /ˌpɜːrsɪˈkjʊʃən/	n. 迫害；烦扰	the persecution of minorities 对少数派的迫害
featureless /ˈfiːtʃəlɪs/	adj. 无特色的	Malone looked out at the grey-green featureless landscape. 马龙望向灰绿色、毫无特色的景观。
acquisition /ˌækwɪˈzɪʃən/	n. 获得物；获得；收购	His latest acquisition is a racehorse. 他最近购得一匹赛马。
judicial /dʒʊˈdɪʃəl/	adj. 公正的；明断的；法庭的	an independent judicial system 一个独立的司法体系
agglomerate /əˈɡlɑməreɪt/	v. 使……成团；使……结块；凝聚 n. 团块；凝聚物；（事物的）集合；（火山）集块岩 adj. 成团的；结块的；凝聚的；聚集的	
reproof /rɪˈpruːf/	n. 责备；谴责	She raised her eyebrows in reproof. 她竖起眉毛，面露责备。
riot /ˈraɪət/	n. 暴乱；放纵；蔓延 vi. 骚乱；放荡 vt. 浪费；挥霍	Twelve inmates have been killed during a riot at the prison. 12名囚犯在该监狱里的一次暴乱中丧生。
conform to	符合；遵照	
idly /ˈaɪdlɪ/	adv. 无理由地；无目的地	
proxy /ˈprɑksi/	n. 代理人；委托书；代用品	Those not attending the meeting may vote by proxy. 没有到会的人可由别人代为投票。
typography /taɪˈpɑɡrəfi/	n. 排印；活版印刷术；印刷格式	
romp /rɒmp/	vi. 玩耍；轻快地跑；轻易地取胜 n. 嬉耍喧闹；顽皮的女孩	Mr. Foster romped home with 141 votes. 福斯特先生以141票轻松获胜。
luxuriant /lʌɡˈʒʊriənt/	adj. 繁茂的；浓密的；丰富的；肥沃的；奢华的	There were two very large oak trees in front of our house with wide spreading branches and luxuriant foliage. 那时我们家门口有两棵枝广叶茂的大橡树。

单词	词性/释义	例句
skyscraper /ˈskaɪˌskreɪpər/	n. 摩天楼；特别高的东西	
inimitable /ɪˈnɪmɪtəbl/	adj. 无可比拟的	He makes his own point in his own inimitable way. 他以他独有的方式阐述了自己的观点。
mayhem /ˈmeɪhɛm/	n. 骚乱；混乱	There was absolute mayhem when everyone tried to get out at once. 众人蜂拥而出，造成了极大的混乱。
growl /graʊl/	vi. 咆哮着说 vt. 咆哮 n. 咆哮声	"Who are you?" he growled at the stranger. "你是谁?"他向陌生人怒吼道。
lexicographer /ˌlɛksɪˈkɑɡrəfər/	n. 词典编纂者	
irremediable /ˌɪrɪˈmiːdiəbl/	adj. 不能挽回的；不能补救的	His memory suffered irremediable damage. 他的记忆受到了无法补救的损害。
throughout /θruːˈaʊt/	adv. & prep. 自始至终；遍及	The national tragedy of rival groups killing each other continued throughout 1990. 1990年全年，敌对组织互相残杀的民族悲剧持续不断。
rescind /rɪˈsɪnd/	vt. 解除；废除	The governor does not have the authority to rescind the ruling. 该州长无权撤销这项裁决。
pancreas /ˈpæŋkrɪəs/	n. /解剖/胰腺	
tactic /ˈtæktɪk/	n. 策略；战术；用兵学	a tactic employed to speed up the peace process 为加速和平进程而采取的策略
glisten /ˈɡlɪsən/	vi. 闪光；闪亮 n. 闪光；闪耀	The calm sea glistened in the sunlight. 平静的海面在阳光下闪闪发光。
rosette /ruːˈzɛt/	n. 莲座丛；玫瑰形饰物；圆花饰	The leaves formed a dark green rosette. 这些叶子聚在一起，像是一朵深绿色的玫瑰。
carnivorous /kɑːˈnɪv(ə)rəs/	adj. 食肉的；肉食性的	
untimely /ʌnˈtaɪmli/	adj. 不合时宜的；过早的	His mother's untimely death had a catastrophic effect on him. 母亲的早逝对他造成了毁灭性的影响。
assail /əˈseɪl/	v. 猛烈攻击；袭击	Carla was suddenly assailed by doubts. 卡拉突然为各种疑问所困扰。
slab /slæb/	n. 厚板；平板；混凝土路面；厚片 vt. 把……分成厚片；用石板铺	slabs of stone 一块块石板

List 14

malfeasance /ˌmælˈfiːzns/	n. 渎职;违法行为; 不正当;坏事	
lounge /laʊn(d)ʒ/	v. & n. 闲逛;懒洋洋地躺卧;闲混	Where lounged the richly groomed footmen? 那些衣着华丽的下人在哪里闲逛?
apologetically /əˌpɒləˈdʒetɪkli/	adv. 道歉地	
ecstatic /ɪkˈstætɪk/	adj. 狂喜的;入迷的 n. 狂喜的人	an ecstatic welcome from the thousands who lined the streets 数千人狂热的夹道欢迎
primal /ˈpraɪml/	adj. 原始的;本能的	a primal fear of the unknown 对未知事物的本能恐惧
populous /ˈpɒpjʊləs/	adj. 人口稠密的;人口多的	Indonesia, with 216 million people, is the fourth most populous country in the world. 印度尼西亚有 2.16 亿人口,是世界人口数量第 4 位的国家。
morbid /ˈmɔːbɪd/	adj. 病态的;由病引起的;恐怖的	He had a morbid fascination with blood. 他对血有着一种病态的喜好。
acquaint /əˈkweɪnt/	vt. 使……熟悉;使……认识	You will first need to acquaint yourself with the filing system. 你首先需要熟悉文件归档方法。
proximity /prɒkˈsɪməti/	n. 接近;/数/邻近;接近;接近度;距离;亲近	Part of the attraction is Darwin's proximity to Asia. 达尔文港的部分吸引力在于它与亚洲毗邻。
justness /ˈdʒʌstnɪs/	n. 公正;正确;精确	
mutant /ˈmjuːtənt/	n. 突变体;突变异种 adj. 突变的	When they introduced the mutant forms into cultures of neurons, they saw a reduction in the growth and branching of the neurons. 如果把突变体引入到体外培养的神经元中,神经元的生长和分支都会降低。
hieroglyph /ˈhaɪərəɡlɪf/	n. 象形文字;图画文字;秘密符号	
disparate /ˈdɪspərɪt/	adj. 不同的;不相干的;全异的	Scientists are trying to pull together disparate ideas in astronomy. 科学家正试图把天文学界各种迥然不同的观点汇集起来。

malice /ˈmælɪs/	n. 恶意；怨恨；预谋	There was a strong current of malice in many of his portraits. 他的许多肖像画中都透出强烈的恶意。
prominent /ˈprɑmɪnənt/	adj. 突出的；显著的；杰出的；卓越的	She was prominent in the fashion industry. 她曾在时装界名噪一时。
wit /wɪt/	n. 智慧；才智；智力	
deduct /dɪˈdʌkt/	vt. 扣除；减去；演绎	The company deducted this payment from his compensation. 公司从他的补偿金中扣除了这笔款项。
pervasive /pɜˈveɪsɪv/	adj. 普遍的；到处渗透的；流行的	the pervasive influence of the army in national life 军队在国民生活中无处不在的影响
cache /kæʃ/	n. 缓存；贮存物；隐藏处 vt. 隐藏	A huge arms cache was discovered by police. 一大批私藏武器遭警方查获。
hallmark /ˈhɔːlmɑːk/	n. 特点；品质证明	The explosion had all the hallmarks of a terrorist attack. 这起爆炸事件具有恐怖袭击的所有特征。
pessimistic /ˌpesɪˈmɪstɪk/	adj. 悲观的；厌世的；悲观主义的	I think you're being far too pessimistic. 我觉得你过于悲观了。
depravity /dɪˈprævəti/	n. 堕落；邪恶	the absolute depravity that can exist in war 能够存在于战争中的绝对堕落
accountable /əˈkaʊntəbl/	adj. 有责任的；有解释义务的；可解释的	Public officials can finally be held accountable for their actions. 政府官员最终是要对他们的行为负责任的。
whisk /wɪsk/	vt. 迅速带走	He whisked her across the dance floor. 他带她迅速穿过舞池。
disengaged /ˌdɪsɪnˈɡeɪdʒd/	adj. 空闲的；自由的；已脱离的	teenagers who are depressed or disengaged from their families 感到沮丧或与家人有隔阂的青少年
overture /ˈoʊvətʃʊr/	n. 前奏曲；提案；序幕 vt. 提议；为……奏前奏曲	
presumption /prɪˈzʌmpʃən/	n. 放肆；傲慢；推测	the presumption that a defendant is innocent until proved guilty 在被证明有罪之前被告为无罪的假定
satchel /ˈsætʃəl/	n. 书包；小背包	
filth /fɪlθ/	n. 污秽	The floor was covered in grease and filth. 地板上满是油垢和污物。
roam /roʊm/	v. & n. 漫步；流浪	The sheep are allowed to roam freely on this land. 绵羊可以在这片地上自由走动。

aphid /ˈeɪfɪd/	n. 昆/蚜虫	
get a kick out of	因……而感到愉快	
clemency /ˈklɛmənsi/	n. 仁慈；温和	She was granted clemency after killing her violent husband. 她杀死粗暴的丈夫后得到了宽大处理。
whimsical /ˈwɪmzɪkl/	adj. 古怪的；异想天开的；反复无常的	Much of his writing has a whimsical quality. 他的大部分作品都很出奇。
naivete /naːˈiːvteɪ/	n. 天真；质朴；纯真无邪	
armband /ˈɑːmbænd/	n. 臂章；袖章；臂环	
rigorous /ˈrɪɡərəs/	adj. 严格的；严厉的；严密的；严酷的	The selection process is based on rigorous tests of competence and experience. 挑选过程是建立在对能力和经验严格缜密的考核的基础之上的。
accentuate /əkˈsɛntʃueɪt/	vt. 强调；重读	The photograph seemed to accentuate his large nose. 照片似乎突出了他的大鼻子。
pedant /ˈpɛdnt/	n. 学究；书呆子；卖弄学问的人；空谈家	
organelle /ˌɔːɡəˈnɛl/	n. 细胞器；细胞器官	
debit /ˈdɛbɪt/	n. 借记；借方；借项 v. 记入借（账户）借方；（从银行账户中）取款	The total of debits must balance the total of credits. 借方总额必须和贷款总方相抵。
monotonous /məˈnɒtənəs/	adj. 单调的	It's monotonous work, like most factory jobs. 这是个单调的工作，和大多数工厂的工作一样。
nuisance /ˈnusns/	n. 讨厌的人；损害；麻烦事；讨厌的东西	He could be a bit of a nuisance when he was drunk. 他喝醉时是一个有点令人讨厌的人。
coveted /ˈkʌvɪtɪd/	adj. 垂涎的；梦寐以求的 v. 垂涎；渴望（covet 的过去分词形式）；贪图	one of sport's most coveted trophies 体育界最令人向往的奖杯之一
hoary /ˈhɔːri/	adj. 久远的；古老的；灰白的	Not that hoary old chestnut (= old idea, joke, remark etc.) again. 别再说那老掉牙的话了。
blissful /ˈblɪsfl/	adj. 极乐的；幸福的	We spent a blissful week together. 我们一起度过了非常快乐的一周。

baffle /ˈbæfl/	vt. 使……困惑 n. 挡板；困惑 vi. 做徒劳挣扎	The question baffled me completely. 这个问题把我彻底难倒了。
allude /əˈluːd/	vi. 暗指；转弯抹角地说到；略为提及；顺便提到	Rick didn't want to discuss his past, though he alluded darkly to "some bad things that happened". 里克不想谈论自己的过去，不过他曾伤感地暗示"发生过一些不幸的事情"。
anemometer /ˌænɪˈmɑmɪtər/	n. 风力计；风速计	
clumsy /ˈklʌmzi/	adj. 笨拙的	I spilt your coffee. Sorry — that was clumsy of me. 我弄洒了你的咖啡。对不起，我真是笨手笨脚的。
testimony /ˈtɛstəmouni/	n. /法/证词；证言；证据	His testimony was an important element of the prosecution's case. 他的证词是本起公诉案中的一个重要因素。
supernovae /ˈsʊpərˈnouvə/	n. 超新星	At least one supernova occurs per decade in our galaxy. 每10年至少有一颗超新星在我们的银河系中出现。
liveried /ˈlɪvərɪd/	adj. 穿制服的；穿规定服装的	a liveried servant 穿制服的仆人
ingredient /ɪnˈgridɪənt/	n. 原料；要素；组成部分	Coconut is a basic ingredient for many curries. 椰子是多种咖喱菜的基本成分。
staple /ˈsteɪpl/	n. 主要产品；订书钉；主题；主食 adj. 主要的；大宗生产的	Rice is the staple food of more than half the world's population. 大米是世界上半数以上人口的主食。
sensational /sɛnˈseʃənl/	adj. 轰动的；耸人听闻的；非常好的；使人感动的	The result was a sensational 4-1 victory. 比赛结果是轰动性的——以4∶1狂胜对手。
malleable /ˈmælɪəbl/	adj. 可锻的；可塑的；有延展性的；易适应的	Silver is the most malleable of all metals. 银是所有金属中延展性最好的。
reigning /ˈreɪnɪŋ/	adj. 统治的；在位的	the reigning world champion 本届世界冠军
moose /muːs/	n. /脊椎/驼鹿；麋（复数 moose）	
arthritis /ɑrˈθraɪtɪs/	n. /外科/关节炎	
unpretentious /ˌʌnprɪˈtɛnʃəs/	adj. 谦逊的；含蓄的；不炫耀的	The Tides Inn is both comfortable and unpretentious. 潮汐旅舍舒适而朴实
melodramatic /ˌmɛlədrəˈmætɪk/	adj. 夸张的；情节剧的；戏剧似的	"Don't you think you're being slightly melodramatic?" Jane asked. "你不觉得你有点夸张吗?"简问道。

单词	词性/释义	例句
blunder /ˈblʌndər/	n. 愚蠢(或粗心)的错误 v. 犯大错；笨嘴笨舌；跌跌撞撞地走	A last-minute blunder cost them the match. 最后一刻的失误使他们输掉了这场比赛。
acuteness /əˈkjʊtnɪs/	n. 剧烈；敏锐；锐利	He is an acute observer of the social scene. 他是个敏锐的社会现状观察者。
lowbrow /ˈləʊbraʊ/	adj. 无文化修养的；浅薄的	
undulating /ˈʌndjəˌleɪtɪŋ/	adj. 波状的；波浪起伏的	gently undulating hills 平缓起伏的小山
unfold /ʌnˈfəʊld/	vt. 打开；呈现	The audience watched as the story unfolded before their eyes. 观众注视着剧情逐渐地展开。
shard /ʃɑːrd/	n. (陶瓷)碎片	Eyewitnesses spoke of rocks and shards of glass flying in the air. 目击者们提到了在空中飞舞的石子和玻璃碎片。
incriminate /ɪnˈkrɪmɪneɪt/	vt. 控告；暗示……有罪	They were afraid of answering the questions and incriminating themselves. 他们担心因回答这些问题而受到牵连。
psychedelic /ˌsaɪkəˈdɛlɪk/	adj. 引起幻觉的	
disinformation /ˌdɪsˌɪnfərˈmeɪʃən/	n. 故意的假情报；虚假信息	They spread disinformation in order to discredit politicians. 他们为破坏政治家们的名声故意散布假信息。
canvass /ˈkænvəs/	v. 游说；拉选票	The US has been canvassing support from other Asian states. 美国一直游说其他亚洲国家,寻求支持。
forage /ˈfɔrɪdʒ/	n. 饲料 vi. 搜寻粮草；搜寻	People are being forced to forage for food and fuel. 人们只得四处寻找食物和燃料。
antique /ænˈtiːk/	adj. 古老的；年代久远的；过时的；古董的；古风的；古式的 n. 古董；古玩；古风；古希腊和古罗马艺术风格 vi. 觅购古玩	a genuine antique 一件真古董
alienate /ˈeɪliəneɪt/	vt. 使……疏远；离间；让与	The government cannot afford to alienate either group. 该政府承担不起冷落两个组织中的任何一个的后果。
inhibit /ɪnˈhɪbɪt/	vt. 抑制；禁止	Officers will be inhibited from doing their duty. 官员们将被阻止履行其职责。
entomologists /ˌentəˈmɑlədʒɪst/	n. 昆虫学者	
installment /ɪnˈstɔːlmənt/	n. 安装；分期付款；部分；就职	

单词	词性/释义	例句
imprudence /ɪmˈpruːdns/	n. 轻率；鲁莽的行为	
indispensable /ˌɪndɪˈspensəbl/	adj. 不可缺少的；绝对必要的；责无旁贷的	Cars have become an indispensable part of our lives. 汽车已成了我们生活中必不可少的一部分。
pendulous /ˈpendʒələs/	adj. 下垂的；悬垂的；摇摆的	pendulous cheeks 松垂的双颊
carbohydrate /ˌkɑːbəʊˈhaɪdreɪt/	n.（为身体提供热量的）碳水化合物；含碳水化合物的食物	carbohydrates such as bread, pasta, or potatoes 含碳水化合物的食物，如面包、意大利面或马铃薯
constellation /ˌkɒnstəˈleɪʃən/	n. /天/星座；星群；荟萃；兴奋丛	
phenotypic /ˌfinoʊˈtɪpɪk/	adj. 表型的	
pearly /ˈpɜːrli/	adj. 珍珠的	pearly white teeth 珍珠般洁白的牙齿
choke back	抑制	
scythe /saɪð/	n. 长柄大镰刀	
rapacious /rəˈpeɪʃəs/	adj. 贪婪的；掠夺的	Maybe not surprisingly, the language of anti-elitism has often been a useful tool of the most rapacious and merciless among the elite. 也有可能不会让人感到惊讶，反精英的语言经常是对付那些贪婪无情的精英的有力工具。
attentive /əˈtentɪv/	adj. 留意的；注意的；照顾周到的	an attentive audience 聚精会神的听众
legislation /ˌledʒɪsˈleɪʃən/	n. 立法；法律	
acorn /ˈeɪkɔːrn/	n. /植/橡子；/林/橡实	
prescribe /prɪˈskraɪb/	vi. 规定；开药方	the drugs prescribed for his stomach pains 开给他治疗胃痛的药物
venomous /ˈvenəməs/	adj. 有毒的；恶毒的；分泌毒液的；怨恨的	He had been bitten by a venomous snake. 他被一条毒蛇咬了。
regress /rɪˈgres/	vi. 逆行；倒退；复归	
militia /məˈlɪʃə/	n. 自卫队；义勇军；国民军	The troops will not attempt to disarm the warring militias. 军队不会试图解除交战民兵组织的武装。

agitate /ˈædʒɪteɪt/	vt. 摇动；骚动；使……激动 vi. 煽动	The women who worked in these mills had begun to agitate for better conditions. 在这些工厂里工作的女工开始为更佳的条件而抗争。
unscramble /ˌʌnˈskræmbl/	v. 理顺（混乱的情形）	All you have to do to win is unscramble the words here to find four names of birds. 如果你想赢的话，只需理清这些词语并从中找到四种鸟的名字。
outright /aʊtˈraɪt/	adv. 全部地；立刻地；率直地；一直向前；痛快地 adj. 完全的；彻底的；直率的；总共的	Kawaguchi finally resorted to an outright lie. 川口最后干脆公开撒谎。
remnant /ˈremnənt/	n. 剩余	Beneath the present church were remnants of Roman flooring. 目前，这座教堂下面还有残余的古罗马地板。
finesse /fɪˈnes/	n. 策略；灵巧； v. 巧妙实现；耍诡计	Games have to be designed with a new level of graphical finesse for optimal iPad experience. 游戏必须在全新的图像精度下设计，以获得最佳的平板电脑使用体验。
combatant /kəmˈbætənt/	n. 战士；争斗者 adj. 战斗的；好斗的	I have never suggested that U.N. forces could physically separate the combatants in the region. 我从未表示过联合国部队能将该地区的参战者们实际隔离开。
averted /əˈvɜːtɪd/	adj. 转移的；移开的 v. 避免（avert 的过去分词）；转开	Talks with the teachers' union over the weekend have averted a strike. 周末与教师工会的会谈避免了一次罢工。
integrity /ɪnˈtɛgrəti/	n. 完整；正直；诚实；廉正	I have always regarded him as a man of integrity. 我一直把他当作一个正直诚实的人。
sophistic /səˈfɪstɪk/	adj. 强词夺理的；诡辩的	sophistic reasoning 诡辩推理
lactose /ˈlæktoʊs/	n. /有化/乳糖	
tickle sb. pink	使……喜出望外	
antiquated /ˈæntɪkweɪtɪd/	adj. 过时的；陈旧的；年老的	Many factories are so antiquated they are not worth saving. 许多工厂太陈旧以致不值得保留。
pilgrimage /ˈpɪlɡrɪmɪdʒ/	n. 朝圣之旅	make a pilgrimage/go on 进行一次朝圣之旅
aviator /ˈeɪvɪeɪtər/	n. 飞行员	
blight /blaɪt/	vt. 破坏；使……枯萎	His career has been blighted by injuries. 他的事业不断受到伤病的困扰。

daredevil /ˈdɛrdɛvl/	n. 铤而走险的人 adj. 蛮勇的	A new circus is in town, with Siberian white tigers and daredevil bikers. 镇里来了一个新的马戏团,有西伯利亚白老虎和不怕死的自行车表演者。
disenfranchise /ˌdɪsɪnˈfræntʃaɪz/	vt. 剥夺……的公民权	
gnarled /nɑːld/	adj. (木)多节的;粗糙的;多瘤的	
wail /weɪl/	v. & n. 哭泣;哭号	Somewhere behind them a child began to wail. 有个孩子在他们身后的某个地方大哭起来。
captivating /ˈkæptɪveɪtɪŋ/	adj. 迷人的	her captivating smile and alluring looks 她那迷人的微笑和妩媚的容颜
volubility /ˌvɒljuˈbɪlɪti/	n. 流利;健谈	
relish /ˈrelɪʃ/	v. & n. 享受	I relish the challenge of doing jobs that others turn down. 我喜欢挑战别人拒绝做的工作。
pending /ˈpendɪŋ/	adj. 未决定的;即将发生的	A judge has suspended the ban pending a full inquiry. 一名法官已暂时取消了此项禁令,等待一次全面调查。
esthetic /ɛsˈθɛtɪk/	adj. 审美的(等于 aesthetic);感觉的 n. 美学;审美家;唯美主义者	
dicey /ˈdaɪsi/	adj. 不确定的;冒险性的;认命的;危险的	The future looks pretty dicey for small businesses. 小型企业的前途看来不妙。
bequeath /bɪˈkwiːð/	vt. 遗赠;把……遗赠给;把……传下去	He bequeathed all his silver to his children. 他把所有银币都留给了他的孩子们。

List 15

plenitude /ˈplɛnɪtuːd/	n. 充分；丰富；大量	The music brought him a feeling of plenitude and freedom. 这音乐带给他一种完满和自由的感觉。
circadian /sɜːrˈkeɪdiən/	adj. 生理节律的	
provenance /ˈprɑvənəns/	n. 出处；起源	Kato was fully aware of the provenance of these treasures. 卡托对这些珍宝的出处全都了如指掌。
embryo /ˈembriəʊ/	n. /胚/胚胎；胚芽；初期	
intangible /ɪnˈtændʒəbl/	adj. 无形的；触摸不到的；难以理解的	the intangible and non-material dimensions of our human and social existence 我们人类社会生活的那些难以捉摸的和非物质的方面
castellated /ˈkæstəleɪtɪd/	adj. 构造似城堡的	
gleam /gliːm/	n. 微光；闪光；瞬息的一现 v. 闪烁；隐约地闪现	His black hair gleamed in the sun. 他的黑头发在阳光下闪闪发光。
carnival /ˈkɑrnɪvl/	n. 狂欢节；嘉年华会；饮宴狂欢	
rendering /ˈrɛndərɪŋ/	n. 翻译；表现；表演；描写；打底；（建筑物等）透视图	a rendering of *Verdi's Requiem* by the Chicago Symphony Orchestra 芝加哥交响乐团对威尔第的《安魂曲》的一场演奏
tenacity /təˈnæsɪti/	n. 韧性；固执；不屈不挠；黏性	Talent, hard work and sheer tenacity are all crucial to career success. 才能、勤奋和百分之百的执着对事业成功都是至关重要的。
phraseology /ˌfreɪziˈɑlədʒi/	n. 措辞；语法；词组	This phraseology is intended to appeal to various sides of the conflict. 这种措词有意迎合冲突各方。
landslide /ˈlændslaɪd/	n. /地质/山崩；大胜利 vi. 发生山崩；以压倒优势获胜	He won last month's presidential election by a landslide. 他以绝对优势赢得了上个月的总统选举。

单词	词性/释义	例句
ordeal /ɔːrˈdiːl/	n. 折磨；严酷的考验；痛苦的经验	the painful ordeal of the last eight months 过去8个月里令人痛苦的煎熬
divinely /dɪˈvaɪn/	adv. 凭神的力量	
minuscule /ˈmɪnəskjuːl/	adj. 极小的；（字母）小写；微不足道的（非正式） n. 小写字体	The film was shot in 17 days, a minuscule amount of time. 这部电影用了短短的17天就拍摄完成了。
dislodge /dɪsˈlɒdʒ/	vt. 逐出；驱逐；使……移动；用力移动	Rainfall from a tropical storm dislodged the debris from the slopes of the volcano. 一场热带风暴带来的降雨把岩屑从火山坡上冲走了。
startling /ˈstɑːtlɪŋ/	adj. 令人吃惊的	Sometimes the results may be rather startling. 有时结果可能相当惊人。
proponent /prəˈpoʊnənt/	n. 支持者；建议者；提出认证遗嘱者	Dr. George is one of the leading proponents of this view. 乔治博士是这种观点的主要拥护者。
unscrupulous /ʌnˈskruːpjələs/	adj. 肆无忌惮的；寡廉鲜耻的；不讲道德的	These kids are being exploited by very unscrupulous people. 这些孩子正被极不道德的人利用。
recurrent /rɪˈkɜːrənt/	adj. 复发的；周期性的；经常发生的	Race is a recurrent theme in the work. 种族是该作品中反复出现的一个主题。
symbiotic /ˌsɪmbaɪˈɒtɪk/	adj. 共生的；共栖的	fungi that have a symbiotic relationship with the trees of these northwestern forests 与这些位于西北部的森林里的树木存在共生关系的真菌
almanac /ˈɔːlmənæk/	n. 年鉴；历书；年历	Apparently he never looked at a calender, watch, almanac, or even a mirror. 显然，他从不看日历、手表、年历，甚至不照镜子。
embankment /ɪmˈbæŋkmənt/	n. 路堤；堤防	They climbed a steep embankment. 他们爬上了一个陡峭的堤岸。
mosque /mɒsk/	n. 清真寺	
arbitrate /ˈɑːbɪtreɪt/	vt. 仲裁；公断	He arbitrates between investors and members of the association. 他在投资者与该协会成员之间做仲裁。
perforated /ˈpɜːrfəˌreɪtɪd/	adj. 穿孔的；有排孔的	
suffrage /ˈsʌfrɪdʒ/	n. 选举权；投票	the women's suffrage movement 女性选举权运动

heuristic /hjʊˈrɪstɪk/	adj. 启发式的；探索的 n. 启发式教育法	
clothe /kloʊð/	vt. 给……穿衣；覆盖；赋予	They could barely keep the family fed and clothed. 他们几乎无力为家人提供衣食。
placid /ˈplæsɪd/	adj. 平静的；温和的；沉着的	She was a placid child who rarely cried. 她是个温和的孩子，很少哭。
lobstering /ˈlɑbstərɪŋ/	n. 捕龙虾	
intervening /ˌɪntərˈviːnɪŋ/	adj. 介于中间的	During those intervening years Bridget had married her husband Robert. 在其间的那些年里，布里奇特与罗伯特结为夫妻。
squiggle /ˈskwɪgl/	vt. 潦草地写	Are these dots and squiggles supposed to be your signature? 这一堆点点画画就是你的签名吗？
chafe /tʃeɪf/	vt. 擦破；激怒 vi. 擦伤；激怒 n. 擦伤；气恼	He soon chafed at the restrictions of his situation. 他很快便因为处处受到限制而感到恼火。
inextricably /ˌɪnɪkˈstrɪkəbli/	adv. 逃不掉地；解不开地；解决不了地	
oration /ɔˈreɪʃən/	n. 演说；致辞；叙述法	a brief funeral oration 一篇简短的葬礼悼词
slur /slɜːr/	vt. 忽视；草率地看过；含糊地念；诋毁 n. 污点；诽谤；连音符	She had drunk too much and her speech was slurred. 她喝得太多了，话都说不利索了。
synchrony /ˈsɪnkrəni/	n. 同步	
cryptologist /ˌkrɪpˈtɒlədʒɪst/	n. 密码破译家；密码学家	
upturned /ˌʌpˈtɜːrnd/	adj. 朝上的；向上翘的；翻过来的	His eyes are closed and his palms are upturned. 他的眼睛闭着，手掌朝上。
hellish /ˈhelɪʃ/	adj. 地狱的；令人毛骨悚然的	I've had a hellish day at work. 我今天上班糟透了。
regulate /ˈregjuleɪt/	vt. 调节；规定；控制；校准	Under such a plan, the government would regulate competition among insurance companies so that everyone gets care at lower cost. 根据这样一个计划，政府会控制保险公司之间的竞争，这样每个人都能以较低价格获得保险。

brilliancy /ˈbrɪljənsɪ-jənsi/	n. 光辉;耀度;宝石光	
submerge /səbˈmɜːrdʒ/	vt. 淹没;把……浸入;沉浸	The submarine had had time to submerge before the warship could approach. 潜水艇没等军舰靠近就已经潜入水下了。
imbibe /ɪmˈbaɪb/	vt. 吸收;接受;喝;吸入	They were used to imbibing enormous quantities of alcohol. 他们曾经常大量饮酒。
minuscule /ˈmɪnəˌskjuːl/	adj. 极小的;(字母)小写;微不足道的(非正式) n. 小写字体;小写字母	The film was shot in 17 days, a minuscule amount of time. 这部电影用了短短17天就拍摄完成了。
exquisite /ɪkˈskwɪzɪt/	adj. 精致的;细腻的;异常的	She has exquisite taste in art. 她有敏锐的艺术鉴赏力。
heedless /ˈhiːdlɪs/	adj. 不注意的;不留心的	People blame me and call me heedless; I doubt not they are right in their blame. 人们责备我,说我不理会人;我也知道他们的责备是有道理的。
menacing /ˈmɛnəsɪŋ/	adj. 威胁的;险恶的	The strong, dark eyebrows give his face an oddly menacing look. 两道又浓又黑的眉毛让他的脸异常吓人。
mercenary /ˈmɜːrsəneri/	adj. 雇佣的;唯利是图的 n. 雇佣兵;唯利是图者	the recruitment of foreign mercenaries 对外籍雇佣兵的招募
mirage /məˈrɑːʒ/	n. 海市蜃楼;幻想	His idea of love was a mirage. 他的爱情观不现实。
counterfeit /ˈkaʊntərfɪt/	adj. 伪造的;假冒的 v. 伪造;仿造 n. 仿冒品	Are you aware these notes are counterfeit? 你觉察到这些钞票是伪造的吗?
don /dɒn/	vt. 穿上	He donned his cloak and gloves. 他穿戴上他的披风和手套。
assortment /əˈsɔːtmənt/	n. 分类;混合物	a wide assortment of friends 三教九流的朋友
flagrant /ˈfleɪɡrənt/	adj. 不能容忍的;非常的;臭名远扬的;明目张胆的(名词flagrancy,副词flagrantly)	The judge called the decision "a flagrant violation of international law". 法官称这个决定是"对国际法的公然违反"。
auction /ˈɔːkʃən/	vt. 拍卖;竞卖 n. 拍卖	The house was sold at auction. 这房子被拍卖了。

单词	词性/释义	例句
perplex /pərˈplɛks/	vt. 使……困惑；使……为难；使……复杂化	They were perplexed by her response. 她的答复令他们困惑不解。
usurpation /ˌjuzərˈpeɪʃən/	n. 篡夺；夺取	
churning /ˈtʃɜːrnɪŋ/	adj. 旋涡的 n. 搅拌；搅乳；一次提制的奶油 v. 搅拌；翻腾；反胃；使……感到不安	anything to take our minds off that gap and the brown, churning water below 任何能让我们把思绪离开那个裂缝和它下面棕色漩涡的事
apprehension /ˌæprɪˈhɛnʃən/	n. 理解；恐惧；逮捕；忧惧	It reflects real anger and apprehension about the future. 这反映出对未来真正的愤怒和忧虑。
burdensome /ˈbɜːrdnsəm/	adj. 繁重的；累赘的；恼人的	These charges are particularly burdensome for poor parents. 这些收费对于没钱的家长负担尤其沉重。
stratosphere /ˈstrætəsfɪə/	n. 同温层；最上层；最高阶段	This was enough to launch their careers into the stratosphere. 这足够将他们的事业推上顶峰了。
amid /əˈmɪd/	prep. 在……过程中；四周是；在……气氛中	He sat amid the trees. 他坐在树丛中。
repudiate /rɪˈpjuːdɪeɪt/	vt. 拒绝；否定；批判；与……断绝关系；拒付	He repudiated all offers of friendship. 他拒绝任何人给他的友谊。
quell /kwɛl/	vt. 平息；镇压；减轻	Extra police were called in to quell the disturbances. 已调集了增援警力来平定骚乱。
disperse /dɪˈspɜːrs/	vt. 分散；使……散开 vi. 分散 adj. 分散的	
foliage /ˈfolɪdʒ/	n. 植物；叶子（总称）	
flock /flɒk/	n. 群；棉束（等于 floc） vt. 用棉束填满 vi. 聚集；成群而行	They kept a small flock of sheep. 他们养了一小群绵羊。
diverge /dɪˈvɜrdʒ/	v. 分歧；偏离；分叉；离题	His interests increasingly diverged from those of his colleagues. 他和同事们的兴趣越来越不同。
depredation /ˌdɛprəˈdeɪʃən/	n. 掠夺；破坏；破坏痕迹	Much of the region's environmental depredation is a result of poor planning. 这个地区的环境破坏大都是规划不周的结果。

单词	词性/释义	例句
transactive /ˈtrænsətɪv/	adj. 联动的	Results show that relationship conflicts have negative effects on transactive memory system, team performance and team learning. 实证研究认为,关系冲突对交互式记忆系统、团队绩效与团队学习产生直接负面影响。
impaired /ɪmˈpeəd/	adj. 受损的	The blast left him with permanently impaired hearing. 爆炸造成了他永久性听力损伤。
boomer /ˈbuːmər/	n. 生育高峰中出生的人;发育完全的雄袋鼠;异常大的东西	
pall /pɔl/	n. 幕;棺罩;遮盖物 vt. 覆盖;使……乏味 vi. 走味	Already the allure of meals in restaurants had begun to pall. 餐馆里饭菜的吸引力已经变得平淡了。
obsolescence /ˌɑːbsəˈlɛsns/	n. 过时;淘汰	the planned obsolescence of some software 某些软件的有计划报废
tuberculosis /tʊˌbɜːrkjəˈlousɪs/	n. 肺结核;结核病	He became debilitated by tuberculosis and in 1898 exchanged his active lifestyle in Moscow for the tranquility of Yalta. 他因肺结核变得虚弱,1898年,他放弃了莫斯科的活跃生活,来到雅尔塔享受宁静。
alliance /əˈlaɪəns/	n. 联盟;联合;联姻	The two parties were still too much apart to form an alliance. 这两个党派分歧过大,无法形成联盟。
adventurous /ədˈventʃərəs/	adj. 爱冒险的;大胆的;充满危险的	Warren was an adventurous businessman. 沃伦是一位有冒险精神的商人。
compile /kəmˈpaɪl/	vt. 编译;编制;编辑;图情/汇编	The book took 10 years to compile. 这本书花了10年编写。
unrivaled /ˌʌnˈraɪvəld/	adj. 无敌的;至高无上的;无比的	
interconnected /ˌɪntərkəˈnɛktɪd/	adj. 连通的;有联系的	The causes are many and may interconnect. 原因很多,而且还可能互相关联。
merit /ˈmerɪt/	n. 优点;功绩 vt. 值得 vi. 应受报答	The argument seemed to have considerable merit. 这个论点似乎有相当大的价值。
paternal /pəˈtɜːrnl/	adj. 父亲的;父亲般的	He gave me a piece of paternal advice. 他给了我慈父般的忠告。
want /wɑnt/	n. 缺乏;贫困;必需品;想要的东西	The gallery closed down for want of funding. 那家画廊由于缺乏资金关闭了。
flinch /flɪntʃ/	vi. 退缩;畏惧 n. 退缩;畏惧	She flinched away from the dog. 她一下子避开了那条狗。

单词	词性/释义	例句
literate /ˈlɪtərət/	n. 学者 adj. 受过教育的	
bewitching /bɪˈwɪtʃɪŋ/	adj. 迷人的；使人着迷的；使……销魂的	Frank was a quiet young man with bewitching brown eyes. 弗兰克是一个文静的年轻人，拥有一双令人着魔的褐色眼睛。
notch /nɑtʃ/	n. 刻痕；凹口 vt. 赢得；用刻痕计算	For each day he spent on the island, he cut a new notch in his stick. 他在岛上每过一天，就在手杖上刻一个新的记号。
partake /pɑrˈteɪk/	v. 分享；参与；分担	a woman's fundamental right to partake in club affairs 妇女参与俱乐部事务的基本权利
encapsulate /ɪnˈkæpsjʊˌleɪt/	v. 概括	A *Wall Street Journal* editorial encapsulated the views of many conservatives. 《华尔街日报》的一篇社论概括了很多保守派人士的观点。
elevate /ˈɛlɪveɪt/	vt. 提升；举起；振奋情绪	It was an attempt to elevate football to a subject worthy of serious study. 这是试图将足球拔高成一门学科来进行的严肃研究。
forensic /fəˈrɛnsɪk/	adj. 法院的；辩论的；适于法庭的	They were convicted on forensic evidence alone. 他们仅凭法庭证据被定了罪。
patroness /ˌpeɪtrənˈɛs/	n. 女主顾；女资助人；女保护人	
pinnacle /ˈpɪnəkl/	n. 高峰；小尖塔；尖峰；极点 vt. 造小尖塔；置于尖顶上；置于高处	She was still at the pinnacle of her career. 她依然处在事业的巅峰时期。
temper /ˈtɛmpər/	v. 调和；使……缓和	
reproach /rɪˈproʊtʃ/	n. 责备；耻辱 vt. 责备；申斥	I have nothing either to hope or fear, and nothing to reproach him with. 我既没有什么奢望，也没有什么担心，更没有什么要责备他的地方。
shone /ʃoʊn/	v. 发光；把……照向；擦亮；出色	
prod /prɑd/	v. 刺；戳；刺激；督促	She prodded him in the ribs to wake him up. 她用手指杵他的肋部把他叫醒。
embolden /ɛmˈboʊldən/	v. 使……有胆量；更勇敢；鼓励	Emboldened by the wine, he went over to introduce himself to her. 他借酒壮胆，走上前去向她作自我介绍。
clarification /ˌklærəfəˈkeɪʃən/	n. 澄清；说明；净化	There have been a number of official changes and clarifications. 官方有过数次修改和说明。
workable /ˈwɜːrkəbl/	adj. 切实可行的；可经营的；能工作的	Investors can simply pay cash, but this isn't a workable solution in most cases. 投资者可以仅付现金，但这在多数情况下不是一种切实可行的解决办法。

单词	词性/释义	例句
unoccupied /ˌʌnˈɒkjupaɪd/	adj. 空闲的；没人住的；未占领的	I sat down at the nearest unoccupied table. 我在最近的一张空桌旁坐了下来。
deliberative /dɪˈlɪb(ə)rətɪv/	adj. 审议的；慎重的	
beam upon /biːm əˈpɒn/	v. 看着……微笑	
desolate /ˈdɛsələt/	adj. 荒凉的；无人烟的 vt. 使……荒凉；使……孤寂	I wonder why moralists said that the world is a desolate wilderness; In me, it is generally in flower rose. 我奇怪为什么道德家说这个世界是一个荒芜的旷野；于我，它却如玫瑰一般开着花。
demoralize /dɪˈmɒrəlaɪz/	vt. 使……道德败坏；使……堕落；使……士气低落	Clearly, one of the objectives is to demoralize the enemy troops in any way they can. 显然，他们的目的之一是想尽一切办法瓦解敌军的士气。
syllable /ˈsɪləbl/	n. 语/音节	
hostility /hɒˈstɪlɪti/	n. 敌意；战争行动	
dismal /ˈdɪzməl/	adj. 凄凉的；忧郁的；阴沉的	Their recent attempt to increase sales has been a dismal failure. 他们最近努力想提高销量，全是白费劲。
personification /pəˌsɒnɪfɪˈkeɪʃ(ə)n/	n. 人格化；化身；拟人法（一种修辞手法）；象征	Janis Joplin was the personification of the 60s female rock singer. 贾尼斯·乔普林是60年代女摇滚歌手的典型。
innumerable /ɪˈnjuːmərəbl/	adj. 无数的；数不清的	He has invented innumerable excuses, told endless lies. 他编造了数不清的借口，说了无止尽的谎言。
sanguine /ˈsæŋgwɪn/	adj. 乐观的；满怀希望的；面色红润的	
showy /ˈʃəʊi/	adj. 艳丽的；炫耀的；显眼的	an attractive shrub with showy flowers 一丛开有鲜艳花朵的漂亮灌木
disparagement /dɪˈspærɪdʒmənt/	n.（语气轻蔑的）谈论	Reviewers have been almost unanimous in their disparagement of this book. 评论家们几乎一致地对这本新书作出轻蔑的评价。
glut /glʌt/	v. & n. 供应过多；充斥	Exports have become increasingly important to wineries as they battle a global wine glut. 出口对于各葡萄酒厂来说已变得日益重要，因为他们得应对全球性的葡萄酒供应过剩问题。
adduce /əˈdjuːs/	vt. 举出；引证	Several factors have been adduced to explain the fall in the birth rate. 有几个因素已被援引来说明出生率降低的原因。
pupa /ˈpjuːpə/	n. 蛹	The pupae remain dormant in the soil until they emerge as adult moths in the winter. 蛹在土壤下休眠，直到冬季才变为成年的蛾飞出来。

relinquishing /rɪˈlɪŋkwɪʃ/	*n.* 放弃 *v.* 放弃（relinquish 的现在分词）	He does not intend to relinquish power. 他不打算放弃权力。
bloated /ˈbloʊtɪd/	*adj.*（身体部位）肿起的；臃肿的；生活奢侈的；饮食过度的	the bloated body of a dead bullock 一头小公牛的肿胀尸体
unscathed /ʌnˈskeɪðd/	*adj.* 未受伤的	Tony emerged unscathed apart from a severely bruised finger. 托尼除了一个手指严重淤青外，没受别的伤。
forbearance /fɔrˈbɛrəns/	*n.* 自制；忍耐；宽容	All the Greenpeace people behaved with impressive forbearance and dignity. 所有绿色和平组织人员表现出的宽容及尊严令人印象深刻。

List 16

单词	词性/释义	例句
raucous /ˈrɔːkəs/	adj. 沙哑的；刺耳的；粗声的	They laughed together raucously. 他们一起大声笑起来，声音很刺耳。
wield /wiːld/	vt. 使用；行使；挥舞	She wields enormous power within the party. 她操纵着党内大权。
abolitionist /ˌæbəˈlɪʃənɪst/	n. 废奴主义者；废除主义者	John Brown was a radical abolitionist who believed in the violent overthrow of the slavery system. 约翰·布朗是一个激进的废奴主义者，他信仰用暴力砸碎奴隶制的镣铐。
grave /ɡreɪv/	adj. 重大的；严肃的；黯淡的；有沉音符的；(乐)缓慢的	He said that the situation in his country is very grave. 他说他的国家形势很严峻。
withering /ˈwɪðərɪŋ/	adj. 使……干枯的；使……畏缩的；极有毁灭性的；极有讽刺性的	Deborah Jane's mother gave her a withering look. 德博拉·简的母亲狠狠瞪了她一眼。
therapeutic /ˌθerəˈpjuːtɪk/	adj. 治疗的；治疗学的；有益于健康的	Painting can be very therapeutic. 绘画可以使人放松。
utopia /juːˈtəʊpiə/	n. 乌托邦(理想中最美好的社会)；理想国	We weren't out to design a contemporary utopia. 我们不想去设计一个当代乌托邦。
tentative /ˈtentətɪv/	adj. 试验性的；暂定的；踌躇的 n. 假设；试验	Political leaders have reached a tentative agreement to hold a preparatory conference next month. 政治领导人已经就下个月召开准备会达成初步协议。
shanty /ˈʃænti/	n. (穷人居住的)简陋小木屋	Workers were living in tents and shanties. 工人们住在帐篷和棚屋里。
hydraulic /haɪˈdrɔːlɪk/	adj. 液压的；水力的；水力学的	The boat has no fewer than five hydraulic pumps. 这艘船有不下5个液压泵。
inefficacious /ˌɪnefɪˈkeɪʃəs/	adj. 无用的；无效果的	
comical /ˈkɒmɪkl/	adj. 滑稽的；好笑的	Her expression is almost comical. 她的表情几乎有点儿滑稽。

superimposed /ˌsuːpərɪmˈpoʊzd/	adj. 叠加的	The image of a seemingly tiny dancer was superimposed on the image of the table.　一个看似很小的舞蹈者的影像被叠加在了那张桌子的影像上。
spring ... into action	突然工作（或行动）起来	"Let's go!" he said, springing into action.　他突然行动起来，说道："咱们走！"
haggle /ˈhæɡl/	v. 讨价还价；争论；乱劈；乱砍 n. 讨价还价；争论	Like any other member state, Poland has every right to haggle with the EU.　如同任何会员国一样，波兰有权同欧盟讨价还价。
drag on	拖延	
censuses /ˈsensəs/	n. 人口普查；人口调查	
recompense /ˈrekəmpens/	v. 赔偿；酬谢 n. 赔偿；报酬	He demands no financial recompense for his troubles.　他对遭受到的麻烦没有要求经济补偿。
parchment /ˈpɑːrtʃmənt/	n. 羊皮纸	
phytoplankton /ˌfaɪtoʊˈplæŋktən/	n. /植/浮游植物（群落）	
felicity /fəˈlɪsəti/	n. 幸福；快乐；幸运	joy and felicity　快乐和幸福
inventiveness /ɪnˈventɪvnɪs/	n. 创造性；发明的才能	
impel /ɪmˈpel/	v. 迫使；驱策	the courage and competitiveness which impels him to take risks　驱策他冒险的勇气和竞争精神
inventory /ˈɪnvəntɔːri/	n. 存货；存货清单；详细目录；财产清册	Before starting, he made an inventory of everything that was to stay.　出发前，他把要留下的所有东西列了一份详细清单。
contentment /kənˈtentmənt/	n. 满足；满意	I cannot describe the feeling of contentment that was with me at that time.　我无法形容我当时的满足感。
affluent /ˈæfluənt/	adj. 富足的	an affluent society/area etc.
unassuming /ˌʌnəˈsuːmɪŋ/	adj. 谦逊的；不装腔作势的；不出风头的	He's a man of few words, very polite and unassuming.　他不爱说话，非常有礼貌，也不装腔作势。
harbinger /ˈhɑːrbɪndʒər/	n. 先驱；前兆；预告者 vt. 预告；充做……的前驱	The November air stung my cheeks, a harbinger of winter.　11月的空气刺痛了我的脸颊，这是冬天要来的先兆。
dough /doʊ/	n. 生面团；金钱	Roll out the dough into one large circle.　将面团擀成一个大圆形。

indecisiveness /ˌɪndɪˈsaɪsɪvnəs/	n. 犹豫不定	
commandment /kəˈmændmənt/	n. 戒律；法令	
coerce /koʊˈɜːrs/	vt. 强制；迫使	They were coerced into negotiating a settlement. 他们被迫通过谈判解决。
turbine /ˈtɜːrbaɪn/	n. /动力/涡轮；/动力/涡轮机	The new ship will be powered by two gas turbines and four diesel engines. 那艘新轮船将由2台燃气涡轮机和4台柴油机驱动。
blanket /ˈblæŋkɪt/	vt. 覆盖；掩盖；用毯覆盖	More than a foot of snow blanketed parts of Michigan. 一英尺多厚的白雪覆盖了密歇根州的部分地区。
incomprehensible /ˌɪnˌkɑmprɪˈhensəbl/	adj. 费解的；不可思议的；无限的	Some application forms can be incomprehensible to ordinary people. 有些申请表格一般人可能看不懂。
influx /ˈɪnflʌks/	n. 流入；汇集；河流的汇集处	problems caused by the influx of refugees 难民大量涌入所造成的问题
hare /hɛr/	n. 野兔	
morphological /ˌmɔːfəˈlɒdʒɪkəl/	adj. 形态学的	
instigate /ˈɪnstəˌɡeɪt/	vt. 唆使；煽动；教唆；怂恿	He did not instigate the coup or even know of it beforehand. 他没有发起政变，甚至事先都不知道。
blurring /ˈblɜːrɪŋ/	adj. 模糊的	
liability /ˌlaɪəˈbɪləti/	n. 责任；债务；倾向；可能性；不利因素	As the president's prestige continues to fall, they're clearly beginning to consider him a liability. 随着总统的威信持续下降，他们显然开始认为他是一个累赘。
tweak /twiːk/	n. 微调	The camera has undergone only two minor tweaks since its introduction. 这款相机自推出以来只经过两次小的改进。
principalities /ˌprɪnsɪˈpælɪtɪz/	n. 公国；王公治理的国家	
reluctance /rɪˈlʌktəns/	n. 勉强；不情愿	People's reluctance and lethargy had, initially, to be overcome. 人们起初的不情愿和无精打采是需要克服的。
bump /bʌmp/	n. 肿块；隆起物；撞击 v. 碰撞；撞击；颠簸而行 adv. 突然地	They stopped walking and he almost bumped into them. 他们停下了脚步，这下他几乎撞到他们。
educe /ɪˈdjuːs/	vt. 引出；演绎	

valor /ˈvælə/	n. 英勇；勇猛	
inferior /ɪnˈfɪərɪə/	adj. 差的；自卑的；下级的；下等的	
summit /ˈsʌmɪt/	n. 顶点；最高级会议；最高阶层 adj. 最高级的；政府首脑的	next week's Washington summit 下周的华盛顿峰会
diva /ˈdivə/	n. 歌剧中的首席女主角；名媛；喜怒无常的女人	
embellish /ɪmˈbelɪʃ/	vt. 修饰；装饰；润色 vi. 装饰起来；加以润色	Either you completely cover the wedding dress with lace or you only embellish a part of your wedding dress. The lace part you will surely make you look the best. 不论你是想穿着布满蕾丝的婚纱还是只想用蕾丝装饰花边，蕾丝这个元素必定会让身着婚纱的你成为最美的新娘。
formidable /ˈfɔrmɪdəbl/	adj. 强大的；可怕的；艰难的	We have a formidable task ahead of us. 我们面前有一项艰巨的任务。
fickle /ˈfɪkl/	adj. 浮躁的；易变的；变幻无常的	The weather here is notoriously fickle. 这里的天气出了名的变化无常。
adverse /ædˈvɜrs/	adj. 不利的；相反的；敌对的	The police said Mr. Hadfield's decision would have no adverse effect on the progress of the investigation. 警方说哈德菲尔德先生的决定对于调查进展不会有任何不利的影响。
champion /ˈtʃæmpɪən/	vt. 支持；拥护	He passionately championed the poor. 他曾热情地捍卫穷人。
sustenance /ˈsʌstənəns/	n. 食物；生计；支持	The state provided a basic quantity of food for daily sustenance, but little else. 国家提供基本的日常食物供应，仅此而已。
unrequited /ˌʌnrɪˈkwaɪtɪd/	adj. 无回报的；无报酬的	But it has to be unrequited, because nothing good can come of any other decision. 但这必须是不要报酬的，因为任何其他决定都不能带来好处。
protrusion /prouˈtruʒn/	n. 突出；突出物	He grabbed at a protrusion of rock with his right hand. 他用右手抓住了一块凸起的岩石。
singly /ˈsɪŋglɪ/	adv. 逐一地；个别地；各自地；直截了当地	They marched out singly or in pairs. 他们一个一个地或成双成对地走出去。
pheasant /ˈfɛznt/	n. 野鸡；雉科鸟	roast pheasant 烤野鸡肉
credit /ˈkrɛdɪt/	vt. 信任	The staff are crediting him with having saved Hythe's life. 全体人员都将海斯的获救归功于他。

surly /ˈsɜːli/	adj.	脾气坏的；粗鲁无礼的	He became surly and rude toward me. 他变得对我粗暴无礼。
flickering /ˈflɪkərɪŋ/	adj.	闪烁的；忽隐忽现的；摇曳的	Fluorescent lights flickered, and then the room was blindingly bright. 荧光灯闪了闪，接着房间里就变得令人目眩了。
monopoly /məˈnɑpəli/	n.	垄断；垄断者；专卖权	In the past central government had a monopoly on television broadcasting. 过去，中央政府对电视节目播放实行垄断。
inadequacy /ɪnˈædɪkwəsi/	n.	不足；缺点；不适当；不完全	the inadequacy of the water supply 水供应不足
commemorate /kəˈmɛməreɪt/	vt.	庆祝；纪念	A plaque commemorates the battle. 有一块饰板用来纪念那次战役。
sturdy /ˈstɜːrdi/	adj.	坚定的；强健的；健全的	The village has always maintained a sturdy independence. 这个村子始终顽强地保持着独立。
enthrone /ɪnˈθroʊn/	vt. vi.	使……登基；立……为王；任为主教；崇拜 热心	Emperor Akihito of Japan has been enthroned in Tokyo. 日本明仁天皇已在东京登基。
conservationist /ˌkɑnsərˈveɪʃənɪst/	n.	（自然环境、野生动植物等）保护主义者	Conservationists say the law must be strengthened. 环保主义者称必须加强法制。
incredulous /ɪnˈkrɛdʒələs/	adj.	怀疑的；不轻信的	"He made you do it?" Her voice was incredulous. "他让你做的?"她的声音充满怀疑。
fledge /flɛdʒ/	vi. vt.	长羽毛 装上羽毛	
conceited /kənˈsiːtɪd/	adj.	自高自大的	I thought he was conceited and arrogant. 我认为他自高自大而且傲慢。
anachronistic /əˌnækrəˈnɪstɪk, -kəl/	adj.	时代错误的	Don't be anachronistic, don't think back into the ancient text something that actually arose later. 不要犯时代的错误，不要在古文中寻找后来才出现的事物。
burthen /ˈbɜːrðən/	n.	负荷；负担；载重量	
recount /rɪˈkaʊnt/	v. & n.	讲述；叙述；重新计数或计算	He then recounted the story of the interview for his first job. 然后他叙述了有关他第一份工作面试的故事。
marvel /ˈmɑrvl/	v. n.	感到惊奇（或好奇）；大为赞叹 令人惊异的人（或事）；不平凡的成果；成就；奇迹；十分有用（灵巧）的物（人）；惊讶；惊奇	Her fellow members marvelled at her seemingly infinite energy. 她的同事们对她那似乎无尽的精力大为赞叹。

apartheid /əˈpɑrtaɪt/	n. 种族隔离	
legume /ˈlɛgjuːm/	n. 豆类；豆科植物；豆荚	
unimpeded /ˌʌnɪmˈpiːdɪd/	adj. 畅通无阻的；未受阻的	She could drive unimpeded by slow-moving traffic. 她可以不受影响地在缓慢的车流里行驶。
utterance /ˈʌtərəns/	n. 表达；说话；说话方式	Politicians are judged by their public utterances. 人们根据政治家公开的言论来评判他们。
masterful /ˈmæstərfl/	adj. 有控制能力的；巧妙地	Klein handled the situation in a masterful way. 克莱因很好地控制了局势。
nebulous /ˈnɛbjələs/	adj. 朦胧的；星云的；星云状的	Music is such a nebulous thing. 音乐是如此朦胧之物。
veil /vel/	vt. 遮蔽；掩饰；以面纱遮掩	
render /ˈrɛndər/	v. 致使；提供；回报；援助；提交；提出	They rendered assistance to the disaster victims. 他们给灾民提供了援助。
presumably /prɪˈzuːməbli/	adv. 大概	Presumably this is where the accident happened. 这大概就是事故现场。
gully /ˈgʌli/	n. 冲沟；水沟 v. 在……上开沟	The bodies of the three climbers were located at the bottom of a steep gully. 3名登山者的尸体在一个陡峭的隘谷谷底找到了。
ambivalent /æmˈbɪvələnt/	adj. 心情矛盾的	We are both somewhat ambivalent about having a child. 我们两人对于生孩子这件事心情都有点矛盾。
altruistic /ˌæltrʊˈɪstɪk/	adj. 利他的；无私心的	Were his motives entirely altruistic? 他的动机是完全无私的吗？
actuality /ˌæktʃuˈæləti/	n. 现状；现实；事实	It exists in dreams rather than actuality. 它于梦想而非实际中存在。
affix /əˈfɪks/	vt. 粘上；署名；将罪责加之于……	
sheer /ʃɪr/	adj. 绝对的；透明的；峻峭的；纯粹的 adv. 完全；陡峭地 vi. 偏航	His music is sheer delight. 他的音乐是纯粹的快乐。
tamper /ˈtæmpər/	v. 做手脚；破坏	Someone had obviously tampered with the brakes of my car. 显然有人鼓捣过我汽车的刹车。

单词	词性/释义	例句
rostrum /ˈrɒstrəm/	n. 讲坛；演讲者；嘴；喙	As he stood on the winner's rostrum, he sang the words of the national anthem. 当他站在领奖台上，他唱起了国歌中的词句。
anatomy /əˈnætəmi/	n. 解剖；解剖学；剖析；骨骼	Various parts of his anatomy were clearly visible. 他身体的各个部位都清晰可见。
splinter /ˈsplɪntər/	vi. 分裂；裂成碎片 n. 碎片；微小的东西	Several firms have splintered off from the original company. 从原公司分离出好几个企业。
audibility /ˌɔːdəˈbɪləti/	n. 可闻度；可听到	
frequent /ˈfriːkwənt/	vt. 常到；常去 adj. 频繁的	He is a frequent visitor to this country. 他常常访问这个国家。
beholding /bɪˈhəʊldɪŋ/	n. 注视 v. 看见；注视	She looked into his eyes and beheld madness. 透过他的眼睛，她看到了疯狂。
undo /ʌnˈduː/	v. 破坏；撤销	I managed secretly to undo a corner of the parcel. 我设法偷偷地打开包裹的一角。
finch /fɪntʃ/	n. 雀科鸣鸟；雀类	
lay claim to	要求；自以为	
gracile /ˈɡræsɪl; ˈɡræsaɪl/	adj. 纤弱的；细长的；纤细优美的	
decryption /diːˈkrɪpʃən/	n. /通信/解密；/计/ /通信/译码（解释编码的数据）	
prodigious /prəˈdɪdʒəs/	adj. 惊人的；异常的；奇妙的；巨大的	Laser discs can store prodigious amounts of information. 激光磁盘能够贮存大量信息。
pragmatic /præɡˈmætɪk/	adj. 实际的；实用主义的	Robin took a pragmatic look at her situation. 罗宾从务实的角度看待她的状况。
squadron /ˈskwɒdrən/	n. 空军中队	A squadron of F-15 fighters is on its way home. 一个F-15战斗机中队正在返程途中。
toughness /ˈtʌfnɪs/	n. 韧性；强健；有粘性	
fluster /ˈflʌstə/	v. 使……忙乱；紧张；使……心烦意乱	
clumsily /ˈklʌmzili/	adv. 笨拙地；粗陋地	

congest /kənˈdʒɛst/	vt. 充塞 vi. 拥挤	Many of Europe's airports are heavily congested. 欧洲的许多机场都十分拥挤。
nostril /ˈnɒstr(ə)l/	n. 鼻孔	
outraged /ˈaʊtreɪdʒd/	adj. 义愤填膺的；愤慨的；气愤的	He is truly outraged about what's happened to him. 他确实为发生在他身上的事情而震怒。
long-standing /ˈlɒŋstændɪŋ/	adj. 长期存在的；存在已久的	They are on the brink of resolving their long-standing dispute over money. 他们即将要解决彼此之间为时已久的金钱争议。
dormant /ˈdɔːmənt/	adj. 休眠的；静止的；睡眠状态的；隐匿的	In this lazy a dormant winter days, please let me sing a song for your awakening. 在这个慵懒的令人蛰伏的冬日里，请让我用歌声来唤醒你们。
dismissive /dɪsˈmɪsɪv/	adj. 轻蔑的；不加考虑的；不屑一顾的	Mr. Jones was dismissive of the report, saying it was riddled with inaccuracies. 琼斯先生对那份报告不屑一顾，说那里面充斥着不准确的信息。
explicit /ɪkˈsplɪsɪt/	adj. 明确的；清楚的；直率的；详述的	Sexually explicit scenes in movies and books were taboo under the old regime. 电影和书籍中露骨的性爱场景在旧体制下是禁忌的。
penal /ˈpiːnəl/	adj. 刑事的；刑罚的	penal and legal systems 刑罚与法律体系
surge /sɜːdʒ/	n. 汹涌；大浪；波涛；汹涌澎湃；巨涌 v. 汹涌；起大浪；蜂拥而来	The taxi surged forward. 出租车突然往前冲。
combustion /kəmˈbʌstʃən/	n. 燃烧；氧化；骚动	The energy is released by combustion on the application of a match. 能量通过点火柴燃烧释放出来。
extirpate /ˈɛkstəːpeɪt/	v. 根除；彻底毁坏	
scorn /skɔːrn/	v. & n. 轻蔑；嘲笑；藐视的对象	Researchers greeted the proposal with scorn. 研究者们对这个提议持以轻蔑的态度。

List 17

commonplace /ˈkɒmənpleɪs/	n. 司空见惯的事；普通的东西；老生常谈	
blotch /blɒtʃ/	n. 斑点；污点；疙瘩 vt. 弄脏	His face was covered in red blotches, seemingly a nasty case of acne. 他脸上布满了红斑，看起来像是严重的痤疮。
shew /skjuː/	adj. 偏的；歪斜的；偏态的；异面的 n. 斜角；倾斜；偏见；偏态 v. 偏离；歪斜；扭转；偏转；歪曲；使……（分布）偏态；斜视	The arithmetic of nuclear running costs has been skewed by the fall in the cost of other fuels. 对核运行费用的计算因其他燃料费用的下降而出现了偏差。
multiskilling /ˌmʌltiˈskɪlɪŋ/	adj. 多才多能力的	
unparallel /ʌnˈpærəlel/	adj. 不平行的；无法匹敌的	
indiscrimination /ˈɪndɪsˌkrɪmɪˈneɪʃən/	n. 无差别	
babble /ˈbæb(ə)l/	vi. 喋喋不休；呀呀学语；作潺潺声	Momma babbled on and on about how he was ruining me. 妈妈喋喋不休地述说他在如何毁灭我。
visionary /ˈvɪʒənəri/	adj. 有远见的；宗教幻觉的；空想的；梦想的 n. 有眼光的人；出现宗教幻觉的人；梦想家	An entrepreneur is more than just a risk taker. He is a visionary. 企业家不仅是个冒险者，还是一个有远见的人。
dehydration /ˌdiːhaɪˈdreɪʃən/	n. 脱水	
unveil /ˌʌnˈveɪl/	vt. 使……公之于众；揭开；揭幕 vi. 除去面纱；显露	From this week, however, they will start to break cover and unveil their new cars to an expectant public. 但是在这个星期，他们将会从工厂中出来，为所有期待已久的观众揭开新车的面纱。

litter /ˈlɪtər/	v. 弄丢	Glass from broken bottles litters the sidewalk. 碎瓶子的玻璃碴散落在人行道上。
ensemble /ɑːnˈsɑːmbl/	n. 全体；总效果；全套服装；全套家具；合奏 adv. 同时	an ensemble of young musicians 一个由年轻音乐家组成的乐团
sluggish /ˈslʌɡɪʃ/	adj. 萧条的；迟钝的 n. 市况呆滞	He felt very heavy and sluggish after the meal. 饭后他感觉身子很沉，不想动。
backdrop /ˈbækˈdrɑp/	n. 背景	a love story set against a backdrop of war and despair 在战争和绝望背景下的一个爱情故事
avow /əˈvaʊ/	vt. 承认；公开宣称；坦率承认	
mannerism /ˈmænərɪz(ə)m/	n. 特殊习惯；矫揉造作；怪癖	
stewardship /ˈstʊədʃɪp/	n. 管理工作；管事人的职位及职责	
minute /maɪˈnjuːt/	adj. 微小的；详细的	Only a minute amount is needed. 只需很少的一点。
superlative /suːˈpɜːlətɪv/	adj. 最高的；最高级的；过度的 n. 最高级	Some superlative wines are made in this region. 一些极好的葡萄酒产自这个地区。
curbside /ˈkɜːrbsaɪd/	n. 路边	
coronation /ˈkɔrəˈneɪʃən/	n. 加冕礼	
aficionado /əˌfɪʃəˈnɑdo/	n. 迷；狂热爱好者	I happen to be an aficionado of the opera, and I love art museums. 碰巧我是个歌剧迷，而且喜欢艺术馆。
mural /ˈmjʊrəl/	n. 壁画 adj. （似）墙的	a mural of San Francisco Bay 一幅旧金山湾壁画
bondage /ˈbɑndɪdʒ/	n. 奴役；束缚；奴役身份	Masters sometimes allowed their slaves to buy their way out of bondage. 主人们有时候允许奴隶赎身。
typify /ˈtɪpɪfaɪ/	vt. 代表；作为……的典型；具有……的特点	These two buildings typify the rich extremes of local architecture. 这两座建筑物代表着当地建筑风格的迥异。
hem /hɛm/	vt. 包围；给……缝边 n. 边；边缘；摺边 vi. 做褶边	She lifted the hem of her dress and brushed her knees. 她拎起连衣裙的下摆掠过她的两膝。

incalculable /ɪnˈkælkjələbl/	adj. 无数的	
cater /ˈkeɪtər/	vt. 投合；迎合；满足需要；提供饮食及服务	Most of our work now involves catering for weddings. 我们现在的工作多半是承办婚宴。
proceeding /prəˈsiːdɪŋ/	n. 会议；事件；诉讼；记录	John is taking legal proceedings against his ex-partner. 约翰在对他的前合伙人提起法律诉讼。
enchanting /ɪnˈtʃæntɪŋ/	adj. 迷人的；妩媚的 v. 使……迷惑（enchant 的 ing 形式）	She's an absolutely enchanting child. 她是个非常招人喜爱的孩子。
embroider /ɪmˈbrɔɪdə/	adj. 绣花的；刺绣的 v. 刺绣；润色；渲染（embroider 的过去分词）	The collar was embroidered with very small red strawberries. 这衣领上绣了非常小的红色草莓。
condescension /ˌkɒndɪˈsenʃn/	n. 谦虚；屈尊；傲慢态度；纡尊降贵（表不满）	There was a tinge of condescension in her greeting. 她的问候中有些许的纡尊降贵。
chromosome /ˈkrəʊməsəʊm/	n. /遗//细胞//染料/染色体	Each cell of our bodies contains 46 chromosomes. 我们体内的每个细胞都有 46 条染色体。
weary /ˈwɪri/	adj. 疲倦的；厌烦的 vi. 疲倦；厌烦	She suddenly felt old and weary. 她突然感到了衰老和疲倦。
rudimentary /ˌruːdɪˈmentri/	adj. 基本的；初步的；退化的；残遗的；未发展的	He had only a rudimentary knowledge of French. 他只有最基本的法语知识。
gradient /ˈɡreɪdiənt/	n. /数//物/梯度；坡度；倾斜度	
seasoned /ˈsiːz(ə)n/	adj. 经验丰富的；老练的；调过味的	
linger /ˈlɪŋɡə/	vi. 徘徊；苟延残喘；磨蹭	Mike let his eyes linger on her face. 迈克的目光在她的脸上徘徊。
demise /dɪˈmaɪz/	n. 死亡；终止；转让；传位 vt. 遗赠；禅让	the demise of the reform movement 改良运动的告终
rampant /ˈræmpənt/	adj. 猖獗的；蔓延的；狂暴的	Unemployment is now rampant in most of Europe. 在欧洲的大部分地区，失业问题难以控制。
thwart /θwɔːt/	vt. 挫败；反对；阻碍 adj. 横放的；固执的 n. 划手座；独木舟的横梁	The security forces were doing all they could to thwart terrorists. 安全部队正尽其所能挫败恐怖分子。

synonymous /sɪˈnɑnɪməs/	adj. 同义的	Wealth is not necessarily synonymous with happiness. 财富未必等同于幸福。
rivulet /ˈrɪvjʊlɪt/	n. 小溪；小河	
bode /bəʊd/	vt. 预示；为……的兆头	These figures do not bode well for the company's future. 这些数据对于公司的前景不是个好兆头。
galvanize /ˈgælvənaɪz/	vt. 镀锌；通电；刺激	The aid appeal has galvanized the country's business community. 这份援助呼吁已使该国的商界采取行动。
militarism /ˈmɪlɪt(ə)rɪz(ə)m/	n. 军国主义；尚武精神；好战态度	The country slipped into a dangerous mixture of nationalism and militarism. 该国陷入了一种民族主义和军国主义并存的危险境地。
specificity /ˌspesɪˈfɪsɪtɪ/	n. /免疫/特异性；特征；专一性	
crunch /krʌntʃ/	v. & n. 咬碎；咬碎声；扎扎地踏	A piece of china crunched under my foot. 一块瓷片在我的脚下发出嘎吱的响声。
get worked up about sth.	为某事而感到不安	
underappreciated /ˌʌndərəˈpriːʃieɪtɪd/	adj. 未受到充分赏识的；未得到正确评价的	one of the jazz world's most underappreciated artist 爵士乐界最未得到充分赏识的艺术家之一
institution /ˌɪnstɪˈtuːʃn/	n. 机构；习俗；制度	I believe in the institution of marriage. 我相信婚姻制度。
slain /sleɪn/	v. 杀死（slay-slew-slain）	
outlay /ˈaʊtleɪ/	vt. 花费 n. /会计/经费；支出；费用	Apart from the capital outlay of buying the machine, dishwashers can actually save you money. 抛开购买的费用不讲，洗碗机实际上能给你省钱。
impoverished /ɪmˈpɒvərɪʃt/	adj. 穷困的；用尽了的；无创造性的	We need to reduce the burden of taxes that impoverish the economy. 我们需要减少使经济贫困的租税负担。
counterargument /ˈkaʊntərɑːrgjʊmənt/	n. 抗辩；辩论；用来反驳的论点	an attempt to develop a counterargument to the labour theory 一次对劳动理论提出抗辩的尝试
frankincense /ˈfræŋkɪnsens/	n. 乳香	
nuance /ˈnjuːɑːnst/	adj. 微妙的	We can use our eyes and facial expressions to communicate virtually every subtle nuance of emotion there is. 我们可以用眼睛和面部表情来如实地传达情感上的每一丝细微差别。

单词	词性/释义	例句
pious /ˈpaɪəs/	adj. 虔诚的；敬神的；可嘉的；尽责的	He was brought up by pious female relatives. 他是由尽责的女性亲属抚养大的。
versatile /ˈvɜːrsətl/	adj. 多才多艺的；通用的；万能的	He's a versatile actor who has played a wide variety of parts. 他是个多才多艺的演员，扮演过各种各样的角色。
subduction /səbˈdʌkʃən/	n. 俯冲；除去；减法	
stew over	为……而烦恼	
labial /ˈleɪbɪəl/	adj. 唇的；唇音的	
hygiene /ˈhaɪdʒiːn/	n. 卫生；卫生学；保健法	Be extra careful about personal hygiene. 要特别注意个人卫生。
hurdle /ˈhɜːrdl/	n. 障碍；栏；跳栏 v. 克服	Two-thirds of candidates fail at this first hurdle and are sent home. 2/3 的候选人未能通过这第一关，被打发回家了。
posthumously /ˈpɑːstʃəməsli/	adv. 于死后；于身后；于著作者死后出版地	
gleefully /ˈɡliːfəli/	adv. 欢欣地；极快乐地	
prevail /prɪˈveɪl/	v. 盛行	
sagacity /səˈɡæsəti/	n. 睿智；聪敏；有远见	a man of great sagacity and immense experience 一个极为睿智且经验丰富的男人
turnabout /ˈtɜːrnəbaʊt/	n. 转变；旋转；转向	As her confidence grows you may well see a considerable turn-about in her attitude. 随着她自信心的增强，你很可能会看到她的态度有非常大的转变。
bittersweet /ˈbɪtərˌswiːt/	adj. 苦乐参半的 n. 又苦又甜的东西	a wine with a bitter-sweet flavour 又苦又甜的葡萄酒
sheepishly /ˈʃiːpɪʃli/	adv. 羞怯地；愚蠢地	
pharmacist /ˈfɑːrməsɪst/	n. 药剂师	We had to wait for the pharmacist to make up her prescription. 我们只得等药剂师给她配好药。
elitist /eˈliːtɪst/	n. 杰出人物统治论者；精英主义者；优秀人才；杰出人物 adj. 精英主义的；优秀人才的；杰出人才的	He worries about a time when college athletics become even more elitist than they are now. 他担心有一天大学体育运动会变得比现在更加精英主义化。

trial /ˈtraɪəl/	n. 试验；审讯 adj. 试验的	The men were arrested but not brought to trial. 这些人已被逮捕但并未送交法院审判。
irksome /ˈɜːrksəm/	adj. 令人厌烦的；讨厌的；令人厌恶的	the irksome regulations 烦人的规定
admonish /ədˈmɒnɪʃ/	vt. 劝诫；警告	The witness was admonished for failing to answer the question. 证人因没有回答问题而受到警告。
dampen /ˈdæmpən/	vt. 抑制；使……沮丧；使……潮湿	The light rain dampened the crowd's enthusiasm. 小雨使观众的热情减退了。
as opposed to	与……截然相反；对照	
reproduction /ˌriːprəˈdʌkʃən/	n. 繁殖；生殖；复制	Scientists studied the reproduction, diet, and health of the dolphins. 科学家研究了海豚的繁殖情况、进食规律和健康状况。
bustling /ˈbʌslɪŋ/	adj. 熙熙攘攘的；忙乱的	Like this bustling scene, this should not be, can often be a sudden I have some sad. 面对这种热闹的场面，本是不应该如此，可我每每却会突如其来地有些伤感。
fresco /ˈfrɛskəʊ/	n. 壁画	
hack /hæk/	v. 砍；猛踢；非法入侵计算机；对付	The saboteurs had demanded money in return for revealing how they hacked into the systems. 这些破坏分子要求以钱作交换，才会透露他们是如何侵入该系统的。
snug /snʌɡ/	adj. 舒适的；温暖的 vt. 使……变得温暖舒适；隐藏 n. 舒适温暖的地方	I spent the afternoon snug and warm in bed. 我睡了一下午，又暖和又舒服。
picket /ˈpɪkɪt/	vt. 派……担任纠察；用尖桩围住 vi. 担任纠察	A few dozen employees picketed the company's headquarters. 几十名雇员聚集在公司总部的外面示威抗议。
cumbersome /ˈkʌmbərsəm/	adj. 笨重的；累赘的	Although the machine looks cumbersome, it is actually easy to use. 这机器虽然看起来笨重，其实使用起来很方便。
mortifying /ˈmɔːrtɪfaɪɪŋ/	adj. 禁欲苦修的；使人难为情的	She felt it would be utterly mortifying to be seen in such company as his by anyone. 她觉得要是让人看到她和他在一起，那会让她无地自容。
orchestrate /ˈɔːkɪstreɪt/	v. 精心策划（秘密地）	The colonel was able to orchestrate a rebellion from inside an army jail. 上校得以在陆军监狱里精心组织了一场叛乱。
fervor /ˈfɜːvə/	n. 热情；热烈；热心；炽热	
wariness /ˈweərɪnɪs/	n. 谨慎；小心	Be wary of strangers who offer you a ride. 提防那些主动让你搭车的陌生人。

diminutive /dɪˈmɪnjʊtɪv/	adj. 小的；小型的；微小的 n. 爱称；指小词；身材极小的人	Her eyes scanned the room until they came to rest on a diminutive figure standing at the entrance. 她的目光扫视着房间，最后停留在一个站在入口的小小的身影上。
reminisce /ˌremɪˈnɪs/	vi. 缅怀往事；叙旧	I don't like reminiscing because it makes me feel old. 我不喜欢回忆旧事，这让我觉得我老了。
incantation /ˌɪnkænˈteɪʃən/	n. 咒语；符咒	strange prayers and incantations 奇怪的祈祷和咒语
subservient /səbˈsɜːvɪənt/	adj. 屈从的；奉承的；有用的；有帮助的	Her willingness to be subservient to her children isolated her. 她希望孩子顺从，这使她陷于孤立。
superiority /suːˌpɪrɪˈɔrəti/	n. 优越；优势；优越性	We have air superiority. 我们有空中优势。
topographic /ˌtɑpəˈgræfɪk/	adj. 地形测量的；地质的	
faculty /ˈfækəlti/	n. 才能	He was drunk and not in control of his faculties. 他喝醉了，全身都不听使唤了。
accusation /ˌækjuˈzeɪʃən/	n. 控告；指控	No one believed her wild accusations against her husband. 无人相信她对她丈夫的无端指责。
brevity /ˈbrɛvəti/	n. 简洁；简短；短暂	The report is a masterpiece of brevity. 那份报告是言简意赅的典范。
discriminate /dɪˈskrɪmɪneɪt/	v. 歧视；区别；辨别	He is incapable of discriminating between a good idea and a terrible one. 他无法区分一个好主意和一个坏主意。
swamp /swɑmp/	n. 沼泽；低地；水洼；湿地	
camaraderie /ˌkɑməˈrɑːdəri/	n. 友情；同志之爱	the loyalty and camaraderie of the wartime Army 战时军中的忠心和友情
enunciation /ɪˌnʌnsɪˈeɪʃɪn/	n. 阐明；表明；清晰的发音	
briny /ˈbraɪni/	adj. 海水的；咸的；盐水的	
balladeer /ˌbæləˈdɪr/	n. 民谣歌手	
mushroom /ˈmʌʃrʊm/	v. 迅速增加；采蘑菇；迅速生长	The media training industry has mushroomed over the past decade. 媒体培训业在过去的10年中迅速发展。
replenish /rɪˈplɛnɪʃ/	vt. 补充；再装满；把……装满；给……添加燃料	Three hundred thousand tons of cereals are needed to replenish stocks. 需要30万吨谷物才能重新装满仓库。
benefactor /ˈbɛnɪfæktər/	n. 恩人；捐助者；施主	An anonymous benefactor donated $2 million. 一位匿名捐助人捐款200万美元。

superfluous /suˈpɜːrfluəs/	adj. 多余的；不必要的；奢侈的	She gave him a look that made words superfluous. 她看了他一眼，这已表明一切，无须多言了。
herald /ˈher(ə)ld/	v. 预示……的来临；宣布；通报；公开称赞	A flash of lightning heralded torrential rain. 一道闪电预示着暴雨即将来临。
disclose /dɪsˈkloʊz/	vt. 公开；揭露	The spokesman refused to disclose details of the takeover to the press. 发言人拒绝向新闻界透露公司收购的详细情况。
uplift /ˈʌplɪft/	v. 抬起；举起；振奋；鼓舞；捡起 n. 提高；增长；振奋；精神动力	We need a little something to help sometimes, to uplift us and make us feel better. 我们有时需要一些事来打起精神并且让我们感觉好受点儿。
thither /ˈðɪðə/	adv. 向那方；到那边	
heap /hiːp/	n. 堆；许多；累积 vt. 堆；堆积	The building was reduced to a heap of rubble. 大楼变成了一片残垣断壁。
relegate /ˈrelɪɡeɪt/	v. 贬职；把……降低到	She was then relegated to the role of assistant. 她随后被降级做助手了。
jockey /ˈdʒɑki/	n. 赛马的骑师；（非正式）操作员；驾驶员 v. 当赛马骑师；驾驶；耍手段图谋；欺骗；移动	The rival political parties are already jockeying for power. 各反对党已经在不择手段地谋取权势了。
Pharaoh /ˈfɛroʊ/	n. 暴君；法老	
pinching /ˈpɪntʃɪŋ/	adj. 吝啬的；引起痛苦的	She pinched his arm as hard as she could. 她使出全力拧他的胳膊。
monarchy /ˈmɑnərki/	n. 君主政体；君主国；君主政治	There are several constitutional monarchies in Europe. 欧洲有若干个君主立宪国。
confrontation /ˌkɑnfrənˈteɪʃən/	n. 对抗；面对；对峙	The commission remains so weak that it will continue to avoid confrontation with governments. 该委员会依然如此弱小以致它将继续避免和各政府的冲突。
inspirational /ˌɪnspəˈreɪʃənl/	adj. 鼓舞人心的；带有灵感的；给予灵感的	Gandhi was an inspirational figure. 甘地是一位有感召力的人物。
onslaught /ˈɒnslɔːt/	n. 猛攻；突击	In December they launched a full-scale onslaught on the capital. 12月，他们对首都发起了全面攻击。

List 18

knight /naɪt/	n. 骑士;武士;爵士 vt. 授……以爵位	
entity /ˈentəti/	n. 实体;存在;本质	the earth as a living entity 作为一个生命实体的地球
cobbled /ˈkɑbld/	adj. 铺有鹅卵石的 v. 铺鹅卵石(cobble 的过去式和过去分词)	a cobbled courtyard 一个铺着鹅卵石的庭院
mob /mɑb/	n. 人群;(尤指)暴民;犯罪团伙;黑手党 v. (鸟群或兽群)围攻;聚众袭击	
ruminate /ˈrumɪneɪt/	vt. 反刍;沉思;反复思考 vi. 沉思;反刍	He ruminated on the terrible wastefulness that typified American life. 他认真思考了美国生活中典型且非常严重的浪费问题。
alligator /ˈæləˌɡeɪtər/	n. 短吻鳄	There are numerous signs warning people not to feed the alligators in the area. 有很多标识警告人们不要在这个区域喂这些短吻鳄。
defiant /dɪˈfaɪənt/	adj. 挑衅的;蔑视的;挑战的	They defiantly rejected any talk of a compromise. 他们轻蔑地拒绝了一切妥协谈判。
annihilate /əˈnaɪəleɪt/	vt. 歼灭;战胜;废止 vi. 湮灭;湮没	There are lots of ways of annihilating the planet. 有很多毁灭那个星球的方式。
sap /sæp/	vt. 使……衰竭;使……伤元气	Years of failure have sapped him of his confidence. 连年失败使他逐渐丧失了自信。
ardent /ˈɑrdnt/	adj. 热情的;热心的;激烈的	He's been one of the most ardent supporters of the administration's policy. 他是政府政策最热烈的支持者之一。
telltale /ˈtɛlteɪl/	adj. 报警的;泄密的;搬弄是非的 n. 迹象;指示器;搬弄是非者	Only occasionally did the telltale redness around his eyes betray the fatigue he was suffering. 只有他眼周偶尔发红的时候才显出他有多么疲劳。
obsession /əbˈsɛʃ(ə)n/	n. 痴迷;困扰	Her fear of flying is bordering on obsession. 她害怕乘飞机几乎到了不可救药的地步。

futile /ˈfjuːtaɪl/	adj. 无用的；无效的；没有出息的；琐细的；不重要的	He brought his arm up in a futile attempt to ward off the blow. 他抬起胳膊徒劳地想挡住这一拳。
employability /ɪmˌplɔɪəˈbɪləti/	n. 就业能力；/劳经/受雇就业能力；受聘价值；可雇性	
scenario /səˈnærɪo/	n. 方案；情节；剧本；设想	The conflict degenerating into civil war is everybody's nightmare scenario. 这场冲突恶化成内战成为每个人的噩梦。
landfill /ˈlændˈfɪl/	n. 垃圾填埋地；垃圾堆	The map shows the position of the new landfills. 这张地图上标有新的废物填埋场的位置。
coat of arms	盾徽；盾形纹章	
notwithstanding /ˌnɑtwɪθˈstændɪŋ/	prep. 尽管 adv. 尽管 conj. 虽然	Notwithstanding some major financial problems, the school has had a successful year. 虽然有些重大的经费问题,这所学校一年来还是很成功。
pry /praɪ/	vt. 撬动；撬开 vi. 刺探；探查	We do not want people prying into our affairs. 我们不想让人刺探我们的私事。
unduly /ʌnˈdjuːlɪ/	adv. 过度地；不适当地；不正当地	This will achieve greater security without unduly burdening the consumers or the economy. 此举可提高安全性,而不会给消费者或经济过度增加负担。
aggravation /ˌægrəˈveɪʃn/	n. 加剧；激怒；更恶化	
griddle /ˈgrɪdl/	n. 矿筛 vt. 筛 vi. 用锅煎	
unreturned /ˌʌnˈtɜːrnd/	adj. 未翻转的；未颠倒的；不转动的	
besiege /bɪˈsiːdʒd/	v. 包围；困扰	She was besieged by the press and the public. 她不断被媒体和公众打扰。
aversion /əˈvɜːrʒn/	n. 厌恶；讨厌的人	He had an aversion to getting up early. 他十分讨厌早起。
luminosity /luːmɪˈnɒsətɪ/	n. /光//天/光度；光明；光辉	Ultrafine powder with a rosy tinge gives the skin warmth and luminosity. 带玫瑰色的超细扑粉让皮肤显得温暖而有光泽。
musket /ˈmʌskɪt/	n. 步枪；滑膛枪，毛瑟枪	
meddlesome /ˈmɛdlsəm/	adj. 爱管闲事的；好干涉的	a meddlesome old woman 一个爱管闲事的老太太

overbearing /ˌəʊvəˈbeərɪŋ/	v. 压倒；击败；控制；专横对待	My husband can be a little overbearing with our son. 我丈夫对我们的儿子可能有点专横。
punctuality /ˌpʌŋktʃʊˈæləti/	n. 严守时间；正确；规矩	The airline hopes to improve punctuality next year. 这家航空公司希望明年在准点率上做出改善。
sensation /senˈseɪʃn/	n. 感觉；知觉；直觉	One sign of a heart attack is a tingling sensation in the left arm. 心脏病发作的一个征兆是左臂有刺痛感。
shackle /ˈʃæk(ə)l/	n. 束缚；桎梏；脚镣	The labour unions are shackled by the law. 该工会被法律所羁绊。
postulate /ˈpɒstʃəleɪt/	vt. 假定；要求；视……为理所当然 n. 基本条件；假定	He dismissed arguments postulating differing standards for human rights in different cultures and regions. 他无法接受的是假定人权标准在不同文化和地区有所不同。
hyacinth /ˈhaɪəsɪnθ/	n. 风信子；红锆石；紫蓝色	
pulpit /ˈpʊlpɪt/	n. 讲道坛；高架操纵台；神职人员	The time came for the sermon and he ascended the pulpit steps. 布道的时间到了，他迈上了讲坛的台阶。
customary /ˈkʌstəˈmɛri/	adj. 习惯的 n. 习惯法汇编	Barbara answered with her customary enthusiasm. 芭芭拉以惯有的热情作了回答。
endemic /ɛnˈdɛmɪk/	adj. 地方性的；风土的	Malaria is endemic in many hot countries. 疟疾是许多气候炎热国家的流行病。
spherule /ˈsfɛruːl/	n. 小球；小球体	
snare /snɛr/	v. 设陷阱（或罗网、套子）捕捉；使……上当 n. （捕鸟、兽的）陷阱；圈套	He found himself snared in a web of intrigue. 他发现自己中了圈套。
presume /prɪˈzjuːm/	vt. 假定；推测；擅自；意味着	I presume you're here on business. 我想你是来这儿出差的吧。
enfranchisement /ɪnˈfræntʃɪzmənt/	n. 解放；释放	the enfranchisement of the country's blacks 对该国黑人选举权的授予
taint /teɪnt/	v. 污染；玷污；使……腐坏 n. 腐坏；污染；污点；感染；难闻的气味	Opposition leaders said that the elections had been tainted by corruption. 反对派领导人说这些选举已被腐败玷污了。
dissected /dɪˈsɛktɪd/	adj. 分裂的	

单词	词性/释义	例句
sport /spɔrt/	vi. 嬉戏；开玩笑；嘲笑；浮夸地显摆 vt. 炫耀；参加体育运动 n. 运动；嘲弄 adj. 运动的	She showed up at the party sporting a bright red hat. 她戴着鲜红色的帽子在派对上招摇。
validate /ˈvælɪdeɪt/	vt. 证实；验证；确认；使……生效	Check that their courses have been validated by a reputable organization. 要确保他们的课程获得有声望机构的承认。
municipality /mjʊnɪsəˈpæləti/	n. 市政当局；自治市或区	
profile /ˈproʊfaɪl/	n. 侧面；外形；剖面；简况 v. 描……的轮廓；扼要描述	This picture shows the girl in profile. 这张照片照的是女孩的侧面。
antenna /ænˈtenə/	n. /电讯/天线（等于 aerial）；/昆/触须；/植/蕊喙；直觉	
unsparing /ʌnˈspɛrɪŋ/	adj. 严厉的；不吝惜的；不宽恕的	She is unsparing in her criticism. 她批评人毫不留情。
magnolia /mægˈnoʊlɪə/	n. 木兰；玉兰类的植物	
lumberjack /ˈlʌmbədʒæk/	n. 伐木工人；木材商的佣工；短夹克衫	
ordain /ɔrˈdeɪn/	vt. 命令；注定 vi. 颁布命令	Fate had ordained that they would never meet again. 他们命里注定永远不会再相见。
insuperable /ɪnˈsuːpərəbəl/	adj. 不能克服的	an insuperable obstacle to negotiations 谈判的一个不可逾越的障碍
populace /ˈpɒpjʊləs/	n. 大众；平民；人口	
underpinning /ˌʌndərˈpɪnɪŋ/	n. 基础	
whimsy /ˈwɪmzi/	n. 怪念头；反复无常	
caterer /ˈkeɪtərər/	n. 备办食物者；承办酒席的人；筹备人	The caterers were already laying out the tables for lunch. 酒宴承办者已经在摆午餐的饭桌了。
boulder /ˈboʊldə/	n. 卵石；大圆石；巨砾	

单词	词性/释义	例句
disfluencies /dɪsˈfluːənsi/	n. 不流利	
dovetail /ˈdʌvteɪl/	v. 吻合；有共同点	My plans dovetailed nicely with hers. 我的计划与她的计划正好吻合。
convective /kənˈvɛktɪv/	adj. 对流的；传递性的	
usher /ˈʌʃə/	vt. 引导；招待；迎接；开辟	I ushered him into the office. 我领他进了办公室。
subjugate /ˈsʌbdʒugeɪt/	vt. 征服；使……服从；克制	the brutal subjugation of native tribes 对当地部落残暴的征服
blockade /blɑˈkeɪd/	n. 包围；封锁；障碍物；阻滞；阻塞 v. 封锁	It's not yet clear who will actually enforce the blockade. 目前还不清楚到底谁会来执行封锁。
parasitic /ˌpærəˈsɪtɪk/	adj. 寄生的	Will global warming mean the spread of tropical parasitic diseases? 全球变暖将会意味着热带寄生虫病的传播吗？
compensation /ˌkɑmpənˈseɪʃən/	n. 补偿；报酬；赔偿金	People who are wrongly arrested may be paid compensation. 被误抓的人有可能得到补偿费。
logistics /ləˈdʒɪstɪks/	n. 〖军〗后勤；后勤学；物流	The skills and logistics of getting such a big show on the road pose enormous practical problems. 这样的一个大型巡演节目在技术和后勤方面都会面临大量实际问题。
anthropomorphize /ˌænθrəpəʊˈmɔːfaɪz/	vt. 赋予人性；人格化	
preoccupy /priˈɑkjəpai/	v. 使……全神贯注；提前占据；使……日夜思考	Crime and the fear of crime preoccupy the community. 犯罪和对犯罪的恐惧一直困扰着整个社区。
invaluable /ɪnˈvæljʊəbl/	adj. 无价的；非常贵重的	The book will be invaluable for students in higher education. 这本书对于高校学生将有重大价值。
peony /ˈpiəni/	n. 牡丹；芍药	The large, rich peony flowers look great in gardens and this is exactly why they are often seen as part of outdoors arrangements. 花园里大大的、富丽堂皇的牡丹花看上去美极了，这就是为什么我们总能在户外布景看到它们。
recoil /rɪˈkɔɪl/	v. & n. 畏缩；弹回；报应	For a moment I thought he was going to kiss me, I recoiled in horror. 一时间我认为他要吻我，我惊恐地躲开了。
hurl /hɜːrl/	vt. 丢下；用力投掷；愤慨地说出 vi. 猛投；猛掷 n. 用力的投掷	Groups of angry youths hurled stones at police. 一群群愤怒的年轻人朝着警察猛掷石块。

trade-off /ˈtreɪdɒf,-ɔːf/	n. 交换；交易；权衡；协定	the trade-off between inflation and unemployment 通胀和失业之间的妥协
inauspicious /ˌɪnɔːˈspɪʃəs/	adj. 不祥的；不吉的；厄运的	The meeting got off to an inauspicious start when he was late. 他迟到了，此次会议一开始就不顺。
dorsal /ˈdɔːs(ə)l/	adj. 背部的；背的；背侧的	a dolphin's dorsal fin 一个海豚的背鳍
enfranchise /ɪnˈfræntʃaɪz/	vt. 给予选举权；给予自治权；解放；释放	
linearity /ˌlɪnɪˈærəti/	n. 线性；线性度；直线性	
headlong /ˈhedlɒŋ/	adj. 轻率的	And this was why, he argues, his own first perestroika slogans were exhortations to "accelerate" and "perfect" the existing system, not a headlong rush for change. 这是为什么他坚决主张他的第一个政治改革口号是倡导"加快转变"和"完善地结合"现行体系，而不是一次轻率仓促地改变。 a headlong torrent of emotion 一股澎湃的情感迸发
dispassionate /dɪsˈpæʃənət/	adj. 不带感情的；平心静气的；公平的	We, as prosecutors, try to be dispassionate about the cases we bring. 我们作为公诉人尽量在经手的案件上不带偏见。
agreeableness /əˈɡriːəblnəs/	n. 适合；一致	
robust /rouˈbʌst/	adj. 强健的；健康的；粗野的	She was almost 90, but still very robust. 她将近90岁了，但身体仍然十分强健。
lawfulness /ˈlɔːflnəs/	n. 法制；合法	
hitherto /ˌhɪðərˈtuː/	adv. 迄今；至今	The ruling party is likely to be opened up to let in people hitherto excluded. 执政党可能会放开政策，吸纳迄今被排斥在外的人士。
jagged /ˈdʒæɡɪd/	adj. 锯齿状的；参差不齐的	jagged black cliffs 嶙峋的黑色峭壁
soprano /səˈprɑːnəʊ/	n. 女高音；最高音部；女高音歌手	
nonchalance /ˈnɒnʃəl(ə)ns/	n. 冷淡；漠不关心；冷静	
magma /ˈmæɡmə/	n. /地质/岩浆；糊剂	The volcano threw new showers of magma and ash into the air. 这座火山向空气中喷发了新的岩浆和火山灰。

impairment /ɪmˈpɛrmənt/	n.（身体或智力方面的）缺陷；（身体机能的）损伤；削弱	He has a visual impairment in the right eye. 他的右眼有视力损伤。
roomy /ˈruːmi/	adj. 宽敞的；广阔的；宽大的	The car is roomy and a good choice for anyone who needs to carry equipment. 这车内部宽敞，对于需要携带设备的人来说是个不错的选择。
dreary /ˈdrɪri/	adj. 沉闷的；枯燥的	a dreary little town in the Midwest 中西部一个沉闷的小镇
inning /ˈɪnɪŋ/	n. 棒球的一局	
audacity /ɔːˈdæsɪti/	n. 大胆；厚颜无耻	I can't believe he had the audacity to ask me for more money! 我真不敢相信，他竟胆还敢向我要钱！
communicate /kəˈmjuːnɪkeɪt/	v. 传达；表达（思想感情）	My birth mother has never communicated with me. 我的生母从未与我交流过。
imitate /ˈɪmɪteɪt/	v. 模仿；仿效	She was a splendid mimic and loved to imitate Winston Churchill. 她是个出色的模仿者，喜欢模仿温斯顿·丘吉尔。
materialize /məˈtɪriəlaɪz/	vt. 使……具体化；使……有形；使……突然出现；使……重物质而轻精神	A rebellion by radicals failed to materialize. 激进分子的一次叛乱未能实现。
stoical /ˈstoɪkl/	adj. 坚忍的；禁欲的；斯多葛学派的	She bore the pain stoically. 她默默忍受着痛苦。
javelin /ˈdʒævlɪn/	n. 标枪；投枪	Steve Backley who won the javelin 赢了标枪比赛的史蒂夫·巴克里
authentic /ɔːˈθentɪk/	adj. 真正的；真实的；可信的	an authentic work by Picasso 毕加索的真迹
forestall /fɔːˈstɔːl/	vt. 先发制人；垄断；囤积	Large numbers of police were in the square to forestall any demonstrations. 大批警察在广场上以预先阻止任何游行示威。
earnest /ˈɜːnɪst/	adj. 认真的；热心的；重要的 n. 认真；定金；诚挚	Campaigning will begin in earnest tomorrow. 活动明天正式开始。
sibling /ˈsɪblɪŋ/	n. 兄弟姊妹	Most young smokers are influenced by their friends' and older siblings' smoking habits. 大多数年轻的吸烟者都是因为他们的朋友或者哥哥、姐姐有吸烟习惯而受影响的。
tollbooth /ˈtoʊlbuːθ/	n. 过路收费亭	

torrential /təˈrenʃ(ə)l/	adj. （水）奔流的；（雨）倾泻的；如注的；猛烈的	
impending /ɪmˈpendɪŋ/	adj. 即将发生的；迫切的；悬挂的 v. 迫近；悬空（impend 的现在分词）	On the morning of the expedition, I awoke with a feeling of impending disaster. 远征出发的那天早上,我醒来就有一种大难临头的感觉。
caveat /ˈkævɪæt; ˈke-/	n. 警告；中止诉讼手续的申请；货物出门概不退换；停止支付的广告	One big caveat, though — all of these require you to be mindful and reflect if you really expect to get a lot out of them. 但是有一个大的警告——如果你真的希望能够从中受益的话,你需要小心谨慎并且能够深思熟虑。
extracurricular /ˌekstrəkəˈrɪkjələr/	adj. 课外的；业余的；婚外的	Each child had participated in extracurricular activities at school. 每个孩子都参加了学校的课外活动。
stagnation /stæɡˈneɪʃən/	n. 停滞；滞止	
eradicate /ɪˈrædɪkeɪt/	vt. 根除；根绝；消灭	They are already battling to eradicate illnesses such as malaria and tetanus. 他们已经在为根除疟疾、破伤风等疾病而斗争。
toasty /ˈtəʊstɪ/	adj. 似烤面包片的；暖和舒适的；祝酒的	The heat of the fire keeps things toasty. 火的温度让东西保持温暖。
asphalt /ˈæsfɔlt/	n. 沥青；柏油 vt. 以沥青铺 adj. 用柏油铺成的	
loquacious /ləˈkweɪʃəs/	adj. 话多的；健谈的；喋喋不休的	You might interrupt his loquacious talking and repeat your question. 你可以打断他的唠叨,并重复你的问题。
contemplate /ˈkɒntəmpleɪt/	vt. 沉思；注视；思忖；预期 vi. 冥思苦想；深思熟虑	For a time he contemplated a career as an army medical doctor. 他曾一度考虑做一名军医。
threadbare /ˈθrɛdbɛr/	adj. 磨破的；衣衫褴褛的；乏味的；俗套的	She sat cross-legged on a square of threadbare carpet. 她盘腿坐在那块破旧地毯的一方上。
vex /vɛks/	v. 烦恼；使……困惑；使……恼怒	It vexed me to think of others gossiping behind my back. 想到别人在我背后说闲话让我很恼火。
upbeat /ˈʌpbiːt/	adj. 乐观的；积极向上的	Keep it upbeat by talking about what you like rather than what you dislike. 谈论你喜欢的而不是你厌恶的来保持乐观向上的情绪。

rapid /ˈræpɪd/	n. 急流；高速交通工具；高速交通网	Design patterns gave me the confidence to run a rapid that would otherwise be beyond my skill level. 设计模式给予我信心，使我能够通过一个原本超越我技能水平之上的急流。
cravat /krəˈvæt/	n. 领带；领巾；领结	
arrogate /ˈærəgeɪt/	vt. 冒称；霸占；没来由地将……归属于	He arrogated the privilege to himself alone. 他只为自己捞取特权。
versatility /ˌvɜːrsəˈtɪləti/	n. 多功能性；多才多艺；用途广泛	
calisthenic /ˌkæləsˈθenɪk/	adj. 柔软体操的；体操的	

List 19

spawn /spɔːn/	v. 产卵;酿成;造成 n. 卵;菌丝;产物	The band's album spawned a string of hit singles.　这支乐队的专辑衍生出一连串走红的单曲唱片。
venture /ˈventʃər/	n. 企业;风险;冒险 vi. 冒险;投机	A disastrous business venture lost him thousands of dollars.　一个彻底失败的经营项目使他损失严重。
profess /prəˈfes/	vt. 自称;公开表示	He professed to be an expert on Islamic art.　他自称是伊斯兰艺术的专家。
conjure /ˈkʌndʒər/	v. 念咒召唤;用魔法驱赶	Thirteen years ago she found herself having to conjure a career from thin air.　13年前她认识到自己得白手起家闯出一番事业来。
fatuous /ˈfætʃuəs/	adj. 愚蠢的	
rug /rʌg/	n. 小地毯;毛皮地毯;男子假发	A Persian rug covered the hardwood floors.　一张波斯小地毯铺在了那硬木地板上。
dosage /ˈdousɪdʒ/	n. 剂量;用量	The daily dosage is steadily reduced over several weeks.　几周之内逐渐减少每日剂量。
denizen /ˈdenɪz(ə)n/	n. 给……居住权;移植	Gannets are denizens of the open ocean.　塘鹅是栖息于大海的动物。
metabolic /ˌmetəˈbɑlɪk/	adj. 新陈代谢的	
squish /skwɪʃ/	v. 发出嘎吱声;压坏;压扁;挤进 n. 咯吱声	the ripe peach fell with a squish　成熟的桃子被压扁了
boudoir /ˈbuːdwɑː/	n. 闺房;女人的会客室或化妆室	
mockery /ˈmɒkəri/	n. 嘲弄;笑柄;徒劳无功;拙劣可笑的模仿或歪曲	Was there a glint of mockery in his eyes?　他的眼里是不是有一丝嘲讽?
misery /ˈmɪzəri/	n. 痛苦;悲惨;不幸;苦恼;穷困	All that money brought nothing but sadness, misery and tragedy.　那些钱带来的只有悲哀、苦难和不幸。
ineffectuality /ˈɪnɪˌfektʃʊˈæləti/	n. 无效	

词	词性/释义	例句
ghastly /ˈɡæstli/	adj. 可怕的；惨白的；惊人的；极坏的	This lipstick has a ghastly colour. 这唇膏的颜色令人恶心。
toil /tɔɪl/	n. 辛苦；苦工 vi. 辛苦工作 vt. 费力地做；使……过度劳累	I've been toiling away at this essay all weekend. 我整个周末都在埋头写这篇文章。
prodigal /ˈprɑdɪɡl/	adj. 挥霍的；十分慷慨的 n. 挥霍者	The prodigal had returned. 浪子已经回头了。
lodging /ˈlɑdʒɪŋ/	n. 寄宿；寄宿处；出租的房间	He was given free lodging. 他得到了免费住宿。
trove /trəʊv/	n. 藏品；无主财宝；埋藏物；宝库	
copious /ˈkopɪəs/	adj. 丰富的；很多的；多产的	I went out for dinner last night and drank copious amounts of red wine. 昨晚我出去吃饭，喝了许多红酒。
radiant /ˈreɪdɪənt/	adj. 辐射的；容光焕发的；光芒四射的 n. 光点；发光的物体	The sun was radiant in a clear blue sky. 湛蓝的天空阳光灿烂。
deficient /dɪˈfɪʃənt/	adj. 不足的；有缺陷的；不充分的	Women who are dieting can become iron deficient. 节食的女性有可能缺铁。
savvy /ˈsævi/	n. 悟性；洞察力；实际知识 v. 理解 adj. 聪慧的；具有实际知识的	He is known for his political savvy and strong management skills. 他以其政治洞察力和高超的管理手段著称。
confidant /ˈkɑnfɪdænt/	n. 知己；密友	a close confidant of the president 总统的一位亲密心腹
omnipotence /ɒmˈnɪpət(ə)ns/	n. 全能；无限力量	the omnipotence of God 上帝的无所不能
lethargic /lɪˈθɑːdʒɪk/	adj. 无精打采的；懒洋洋的；昏睡的	He felt too miserable and lethargic to get dressed. 他感到很难受而且有气无力，以至于穿不了衣服。
algorithm /ˈælɡərɪð(ə)m/	n. /计//数/算法；运算法则	
albeit /ɔːlˈbiːɪt/	conj. 虽然；尽管	He accepted the job, albeit with some hesitation. 尽管有些犹豫，他还是接受了那份工作。
caribou /ˈkærɪbuː/	n. 北美驯鹿	

scour /skaʊr/	vi. 冲刷；擦；腹泻 vt. 擦亮；洗涤；冲洗；清除 n. 擦；冲刷；洗涤剂；（畜类等的）腹泻	Rescue crews had scoured an area of 30 square miles. 救援人员已经搜遍了30平方英里的范围。
wire /ˈwaɪər/	v. 拍电报	learning to wire and plumb the house herself 她学会自己在房子里装设电线和水管
mortar /ˈmɔrtər/	n. 迫击炮；臼；研钵；灰浆 vt. 用灰泥涂抹；用灰泥结合	A cameraman was killed when his vehicle came under mortar fire. 一名摄影师因所乘坐的汽车遭到迫击炮袭击而丧生。
amicable /ˈæmɪkəbl/	adj. 友好的；友善的	Their relationship hasn't always been amicable. 他们的关系不是一直都很和睦。
rustling /ˈrʌslɪŋ/	v. 发出沙沙声；使……窸窣作响	
blaze /bleɪz/	v. 闪耀	The log fire was blazing merrily. 篝火正在欢快地熊熊燃烧着。
proposition /ˌprɑpəˈzɪʃən/	n. /数/命题；提议 vt. 向……提议	He was trying to make it look like an attractive proposition. 他正设法使他的计划显得吸引人。
lest /lɛst/	conj. 唯恐；以免；（引出产生某种情感的原因）唯恐；担心	He gripped his brother's arm lest he be trampled by the mob. 他紧抓着他兄弟的胳膊，怕他让暴民踩着。
pandemonium /ˌpændɪˈmoʊnjəm/	n. 一片混乱；闹哄哄的场所	There was pandemonium in court as the judge gave his verdict. 当法官宣判时，法庭一阵嘈杂。
litigant /ˈlɪtɪg(ə)nt/	n. 诉讼当事人	
sonorous /ˈsɑnərəs/	adj. 响亮的	"Doctor McKee?" the man called in an even, sonorous voice. "麦基医生？"那个男人电话里的声音平静浑厚。
score /skɔːr/	v. 获得；赢得	His abiding passion was ocean racing, at which he scored many successes. 他长期的爱好是海上赛艇，并曾赢得多次胜利。
shun /ʃʌn/	vt. 避开；避免；回避	From that time forward everybody shunned him. 从那时起，人人都有意回避他。
manhood /ˈmænhʊd/	n. 成年；男子；男子气概	Every boy, as he grows up, wants to have his manhood affirmed and the most important person to affirm it is his dad. 在每个男孩的成长中，都想要证明他的男子汉气质，能肯定男孩的最重要的人就是他的父亲。
dietary /ˈdaɪəˌtɛri/	adj. 饮食的；饭食的；规定食物的 n. 规定的食物；食谱	Dr. Susan Hankinson has studied the dietary habits of more than 50000 women. 苏珊·汉金森博士研究了5万多名妇女的饮食习惯。

exonerate /ɪgˈzɒnəˌreɪt/	vt. 宣判……无罪；证明……的清白	The official report basically exonerated everyone. 该官方报告基本洗脱了所有人的干系。
fallibility /ˌfæləˈbɪləti/	n. 易误；不可靠；出错性	
unfetter /ʌnˈfetə/	vt. 释放；使……自由；除去……脚镣	
scanty /ˈskænti/	adj. 缺乏的；吝啬的；仅有的；稀疏的	So far, what scanty evidence we have points to two suspects. 目前，我们指向两名嫌犯的证据太少。
decrepit /dɪˈkrɛpɪt/	adj. 衰老的；破旧的	The film had been shot in a decrepit old police station. 这部电影的拍摄地点在一个破旧的老警察局。
sequester /sikwesˈtər/	vt. 使……隔绝；使……隐退；没收；扣押	Everything he owned was sequestered. 他所有的财产都被扣押了。
outdo /ˌaʊtˈduː/	vt. 超过；胜过	It was important for me to outdo them, to feel better than they were. 超过他们，感觉自己比他们强，这对我来说非常重要。
assert oneself	果断地行动（或讲话）	It was time to assert himself. 是他采取果断行动的时候了。
bower /ˈbaʊə/	n. 凉亭；树阴处	a rose-scented bower 玫瑰飘香的树荫
flee /fliː/	vi. 逃走；消失；消散 vt. 逃跑；逃走；逃避	He slammed the bedroom door behind him and fled. 他砰地关上卧室的门就逃走了。
dine /daɪn/	vi. 进餐；用餐	
anomalous /əˈnɒmələs/	adj. 异常的；不规则的；不恰当的	For years this anomalous behaviour has baffled scientists. 多年来，这种反常的行为使科学家们感到困惑。
welder /ˈwɛldər/	n. 焊接工	
egocentrism /ˌiːɡəʊˈsɛntrɪzəm/	n. 唯我主义；利己主义	
jot /dʒɒt/	vt. 略记；摘要记载下来	
manicurist /ˈmænɪˈkjʊrɪst/	n. 指甲修饰师	
accomplice /əˈkʌmplɪs/	n. 同谋者；共犯	Witnesses said the gunman immediately ran to a motorcycle being ridden by an accomplice. 证人们说该枪手立即向其同犯驾驶的摩托车跑去。

antler /ˈæntlər/	n. 鹿角；茸角；多叉鹿角	
uninterrupted /ˌʌnˌɪntəˈrʌptɪd/	adj. 不间断的；连续的	This enables the healing process to continue uninterrupted. 这能使愈合进程连续不断。
efficacious /ˌɛfɪˈkeɪʃəs/	adj. 有效的；灵验的	The nasal spray was new on the market and highly efficacious. 这种鼻腔喷雾剂是市场新品，非常有效。
habituation /həˌbɪtʃʊˈeɪʃən/	n. 习惯；熟习	
tout /taʊt/	vt. 兜售；招徕 n. 侦查者；兜售者	He's busy touting his client's latest book around London's literary agents. 他正忙于向伦敦各文学作品代理人兜售他的委托人的一部新书。
gnat /næt/	n. 小昆虫；小烦扰	
preceding /prɪˈsiːdɪŋ/	adj. 在前的；前面的	As we saw in the preceding chapter, groups can be powerful agents of socialization. 如我们在前文所见，团组可以说是社会化的有力动因。
jostle /ˈdʒɒsl/	vt. 推挤；争夺 vi. 竞争	The visiting president was jostled by angry demonstrators. 到访的总统被愤怒的示威者推搡。
ostrich /ˈɒstrɪtʃ/	n. 鸵鸟；逃避现实的人	Like an ostrich, she thought that if she couldn't see me, then I don't exist or at least I'd go away. 就像传说中的鸵鸟一样，她以为她这样不看我，我就不存在，估计在想没人搭理的话我会离开。
unshackle /ʌnˈʃækl/	vt. 除去……镣铐；释放	
impart /ɪmˈpɑːt/	adj. 给予的；授予的	The ability to impart knowledge and command respect is the essential qualification for teachers. 传授知识并博得尊敬对老师们来说是基本的能力。
arduous /ˈɑːdʒuəs/	adj. 努力的；费力的；险峻的	The work was arduous. 这项工作很艰巨。
ingenious /ɪnˈdʒiniəs/	adj. 有独创性的；机灵的；精制的	She's very ingenious when it comes to finding excuses. 她很善于找借口。
bordered on	濒于；近乎；挨着；接壤	She felt an anxiety bordering on hysteria. 她感觉到一种近乎歇斯底里的焦虑。
vindication /ˌvɪndɪˈkeɪʃən/	n. 辩护；证明无罪	
upright /ˈʌpraɪt/	adj. 正直的；诚实的；垂直的；直立的；笔直的；合乎正道的	Oh, if he could only be so honest and upright that the Lord might have no excuse for ruling him out. 啊，他要怎么样才能够真正的诚实、正直，使得那在天之主没有可以排斥他的借口呢！
tally /ˈtæli/	n. 标签；记账 vt. 计算；记录	Some of the records held by the accounts departments did not tally. 会计部门的一些账目有出入。

pretrial /ˌpriːˈtraɪəl/	n. 事先审理 adj. 审判前的	
inquisitive /ɪnˈkwɪzətɪv/	adj. 好奇的；好问的；爱打听的	I'd have asked more questions, but I didn't want to seem inquisitive. 我本想问更多的问题，但我不想看上去那么爱打听。
electrified /ɪˈlektrəfaɪd/	adj. 电气化的	The house was surrounded by an electrified fence. 该房子四周布有带电栅栏。
contralto /kənˈtræltoʊ/	n. 女低音；女低音歌唱家	The score calls for a contralto. 这次的配乐需要一个女低音歌手。
status quo of	现状	
outweigh /ˌaʊtˈweɪ/	vt. 比……重（在重量上）；比……重要；比……有价值	The advantages of this deal largely outweigh the disadvantages. 这笔交易的利远大于弊。
outwardly /ˈaʊtwədli/	adv. 表面上；向外；外观上地	They may feel tired, and though outwardly calm, can be irritable. 他们可能累了，所以尽管表面上平静，却可能容易发怒。
impropriety /ˌɪmprəˈpraɪəti/	n. 不适当；不正确；用词错误	Accusations of impropriety were made against the company's directors. 对公司董事不正当的行为提出了指控。
conform /kənˈfɔːrm/	v. 符合；遵照；适应环境 adj. 一致的；顺从的	The lamp has been designed to conform to new safety standards. 该灯设计得符合新的安全标准。
treatise /ˈtriːtɪs/	n. 论述；论文；专著	
perplexity /pərˈpleksəti/	n. 困惑；混乱	He began counting them and then, with growing perplexity, counted them a second time. 他开始数，然后更加困惑地数第二遍。
forcible /ˈfɔːrsəbl/	adj. 强行的	the forcible overthrow of the government 暴力推翻政府
colossal /kəˈlɒsl/	adj. 巨大的；异常的；非常的	The singer earns a colossal amount of money. 那歌手现在可赚大钱了。
comply /kəmˈplaɪ/	vi. 遵守；顺从；遵从；答应	The commander said that the army would comply with the ceasefire. 指挥官说过部队会遵从停火协议。
mantra /ˈmæntrə/	n. 咒语；颂歌	Listening to customers is now part of the mantra of new management in public services. 倾听顾客的要求是当今公用事业新型管理准则中的一部分。
globular /ˈglɒbjʊlə/	adj. 球状的；由小球形成的；闻名世界的	The globular seed capsule contains numerous small seeds. 这颗球形果壳里包着无数的小种子。
entreat /ɪnˈtriːt/	v. 恳求；请求	He entreated them to delay their departure. 他恳求他们晚些再走。

mechanization /ˌmɛkənɪˈzeɪʃən/	n. 机械化；机动化	
designate /ˈdezɪgneɪt/	vt. 指定；指派；标出；把……定名为	
artistry /ˈɑrtɪstri/	n. 艺术性；工艺；艺术技巧	He played the piece with effortless artistry. 他游刃有余地演奏了这首乐曲。
synchronize /ˈsɪŋkrənaɪz/	vi. 同步；同时发生	The sound track did not synchronize with the action. 声迹与动作不同步。
whit /wɪt/	n. 一点点；些微	Sara had not changed a whit. 萨拉一点也没变。
discount /dɪsˈkaʊnt/	n. 折扣；贴现率 vi. 贴现；打折扣出售商品 vt. 打折扣；将……贴现；贬损；低估；忽视	All full-time staff get a 20 percent discount. 所有全职员工都可以享受8折优惠。
consolation /ˌkɒnsəˈleɪʃ(ə)n/	n. 安慰；慰问；起安慰作用的人或事物	He had the consolation of knowing that he couldn't have done any better. 他知道自己已经尽了最大努力，心中便有了安慰。
divine /dɪˈvaɪn/	adj. 神圣的；非凡的；天赐的；极好的	He suggested that the civil war had been a divine punishment. 他暗示此次内战是上天的惩罚。
gaudy /ˈgɔːdi/	adj. 华而不实的；俗丽的 n. 盛大宴会	her gaudy orange-and-purple floral hat 她那花哨的、橘色和紫色相间的花帽子
craze /kreɪz/	n. 狂热 v. 发狂；产生纹裂	the craze for Mutant Ninja Turtles 风靡一时的忍者神龟热
volatile /ˈvɒlətl/	adj. 易挥发的；不稳定的；反复无常的	Petrol is a volatile substance. 汽油是挥发性物质。
inculcate /ɪnˈkʌlkeɪt/	vt. 教育；教授；反复灌输	We have tried to inculcate a feeling of citizenship in youngsters. 我们试图向年轻人灌输公民意识。
infrequent /ɪnˈfriːkwənt/	adj. 罕见的；稀少的；珍贵的；不频发的	John's infrequent visits to Topeka 约翰对托皮卡很少的几次拜访
quail /kweɪl/	n. 鹌鹑；北美鹑；鹌鹑肉 v. 畏缩；胆怯；感到恐惧	The very words make many of us quail. 这几个字眼让我们中的很多人都感到畏缩。

malicious /məˈlɪʃəs/	adj. 恶意的；恶毒的；蓄意的；怀恨的	That might merely have been malicious gossip. 那可能只是恶意闲言。
undergird /ˌʌndəˈgɜːd/	vt. 加强；从底层加固	
masquerade /ˌmæskəˈreɪd/	n. 掩藏；掩饰；伪装；化装；欺骗；化装舞会 v. 伪装；化装；冒充	He masqueraded as a doctor and fooled everyone. 他冒充医生，骗过了每一个人。
hysterical /hɪˈsterɪkl/	adj. 歇斯底里的；异常兴奋的	He became almost hysterical when I told him. 我告诉他时，他几乎要发疯了。
solicitude /səˈlɪsɪtuːd/	n. 牵挂；关怀	He is full of tender solicitude towards my sister. 他对我的姊妹表现出亲切的挂念。
suspicion /səˈspɪʃən/	n. 怀疑	I can't say for definite who did it, but I certainly have my suspicions. 我不能确切说是谁干的，但我肯定有怀疑的对象。
caravan /ˈkærəvæn/	n. 旅行拖车；有篷马车；旅行队	the old caravan routes from Central Asia to China 从中亚到中国的古老旅行路线
dally /ˈdæli/	vi. 玩弄；闲荡；轻率地对待 vt. 浪费(时间)	After months of dallying, the government has finally agreed to allow the plan to go ahead. 拖了几个月后，政府终于同意实施这个方案。
engaging /ɪnˈgeɪdʒɪŋ/	adj. 迷人的	one of her most engaging and least known novels 她最迷人却最鲜为人知的小说之一
hindsight /ˈhaɪndsaɪt/	n. 后见之明；枪的照门	With hindsight, we'd all do things differently. 事后想来，我们可能都会以不同的方式做事。
feral /ˈfer(ə)l; ˈfɪrə-/	adj. 野生的；凶猛的；阴郁的	
scatterbrained /ˈskætərˌbreɪnd/	adj. 注意力不集中的；浮躁的	

List 20

speculate /ˈspekjʊleɪt/	vi. 推测；投机；思索	Critics of the project speculate about how many hospitals could be built instead. 该项目的批评者们则推测这相当于可以建多少家医院。
impervious /ɪmˈpɜːviəs/	adj. 不受影响的；无动于衷的；不能渗透的	His ego was impervious to self-doubt. 他从不自我怀疑。
autoclave /ˈɔːtoʊkleɪv/	n. 高压灭菌器；高压锅	
endorsement /ɪnˈdɔːsmənt/	n. 认可；支持；背书	The election victory is a clear endorsement of their policies. 竞选成功显然是对他们政策的支持。
stake out position	坚持立场	
inadvertently /ˌɪnədˈvɜːt(ə)ntlɪ/	adv. 无意地；不经意地	
lance /læns/	n. 长矛；执矛战士；柳叶刀 vt. 以长矛攻击；用柳叶刀割开；冲进	It is a painful experience having the boil lanced. 将疖子切开是个痛苦的经历。
premise /ˈpremɪs/	n. 前提；假定 v. 以……为前提；引出；说明	His reasoning is based on the premise that all people are equally capable of good and evil. 他的推理是以人可以为善亦可以为恶为前提的。
atonement /əˈtoʊnmənt/	n. 赎罪；补偿；弥补	The priest is a representative of his people, making atonement for their sin. 神父是会众的代表，为他们赎罪。
evangel /ɪˈvæn(d)ʒel/	n. 福音（书）；佳音	
compound /ˈkɑmˌpaʊnd/	n. /化学/化合物；混合物；复合词 adj. 复合的；混合的 v. 合成；混合；恶化；加重；和解；妥协	They took refuge in the embassy compound. 他们在大使馆围区内避难。

vow /vaʊ/	n. 发誓；誓言；许愿 v. 发誓；郑重宣告	While many models vow to go back to college, few do. 很多模特儿发誓要重返大学，但几乎无人做到。
unorthodox /ʌnˈɔrθəˌdɑks/	adj. 非正统的；异端的；异教的	The reality-based show followed the unorthodox lives of Ozzy, his wife Sharon, daughter Kelly, and son Jack. 这个写实剧取材于奥兹、其妻莎伦、女儿凯莉和儿子杰克的另类生活。
mischievous /ˈmɪstʃɪvəs/	adj. 淘气的；（人、行为等）恶作剧的；有害的	Their sons are noisy and mischievous. 他们的几个儿子又吵又淘气。
hereafter /ˈhɪrˈæftər/	adv.（法律文件等）以下；此后；死后 n. 来世；将来 adj. 今后的；此后的；死后的	I realized how hard life was going to be for me hereafter. 我意识到我的生活今后将会多么艰难。
longing /ˈlɔːŋɪŋ/	n. 渴望；热望；憧憬 adj. 渴望的；极想得到的	He felt a longing for the familiar. 他渴望熟悉的氛围。
lorry /ˈlɒrɪ/	n.（英）卡车；车辆；货车；运料车	
strangle /ˈstræŋgl/	v. 勒死	
colloquial /kəˈlokwɪəl/	adj. 白话的；通俗的；口语体的	a colloquial expression 一个口语表达法
recollection /ˌrɛkəˈlɛkʃən/	n. 回忆；回忆起的事物	My recollection of events differs from his. 我回忆的情况和他不一样。
fledgling /ˈflɛdʒlɪŋ/	n. 无经验的人；无经验的组织；新体系	Russia's fledgling democracy 俄罗斯新的民主
metamorphosis /ˌmɛtəˈmɔrfəsɪs/	n. 变形；变质	She had undergone an amazing metamorphosis from awkward schoolgirl to beautiful woman. 她经历了从笨女生到大美人这一令人惊讶的变化。
chide /tʃaɪd/	vt. 责骂；斥责 vi. 斥责；责骂	Jack chided himself for worrying. 杰克责备自己多虑。
illusiveness /iˈluːsɪvnɪs/	n. 错觉；幻影	
culminate /ˈkʌlmɪneɪt/	v. 到绝顶；达到高潮；达到顶点	They had an argument, which culminated in Tom getting drunk. 他们发生了争论，结果导致汤姆喝醉了酒。
entice /ɪnˈtaɪs/	vt. 诱使；怂恿	The birds were enticed back into Britain 40 years ago. 那些鸟在40年前被引回英国。
timbre /ˈtɪmbər/	n. /声/音色；音质；音品	His voice had a deep timbre. 他的嗓音深沉。

calamity /kəˈlæməti/	n. 灾难；不幸事件	It will be a calamity for farmers if the crops fail again. 如果再次歉收，将会给农民带来灾难。
diplomacy /dɪˈploʊməsi/	n. 外交；外交手腕；交际手段	Today's Security Council resolution will be a significant success for American diplomacy. 今天的安理会决议将成为美国外交的一次重大胜利。
petite /pəˈtiːt/	adj.（女子）娇小的；小个子的 n. 妇女服装尺码的小号	She was of below average height, petite and slender. 她低于平均身高，娇小且苗条。
whirl /wɜːrl/	v. 回旋；使……急转；混乱；恍惚；（思绪）接连不断 n. 旋转；回旋；一连串的事或活动；短暂的旅行	Not receiving an answer, she whirled around. 她没有得到答复，猛地转过身来。
conspicuous /kənˈspɪkjuəs/	adj. 显著的；显而易见的	Most people don't want to be too conspicuous. 大多数人不愿过于显眼。
charismatic /ˌkærɪzˈmætɪk/	adj. 超凡魅力的；神赐能力的	With her striking looks and charismatic personality, she was noticed far and wide. 她以出众的相貌和富有魅力的个性闻名遐迩。
lure /lʊr/	v. & n. 诱惑	People may be lured into buying tickets by clever advertising. 人们可能会受巧妙广告的诱惑去买票。
luddite /ˈlʌdaɪt/	n. 强烈反对机械化或自动化的人	Named after Ned Lud, one of the workers who destroyed machinery in factories in the early 19th century, because they believed it would take away their jobs. 19世纪初的工人内德·卢德，同其他一些工人都认为机器会夺走工作因而将工厂机器捣毁。
rehabilitate /ˌriːəˈbɪlɪteɪt/	v. 使……恢复 n. 复原	Considerable efforts have been made to rehabilitate patients who have suffered in this way. 为使受这种苦的病人康复已经付出了相当大的努力。
intentness /ɪnˈtentnɪs/	n. 热心；专心	
clench /klentʃ/	vt. 紧握 vi. 握紧 n. 紧抓	He clenched his fists in anger. 他愤怒地攥紧了拳头。
cascade /kæˈskeɪd/	n. 小瀑布；瀑布状物；串联 vi. 像瀑布般大量倾泻下来 vi. 像瀑布般悬挂着	The women have lustrous cascades of black hair. 这些女子长着浓密而有光泽的黑发。
recourse /ˈriːkɔrs/	n. 求援；求助	She made a complete recovery without recourse to surgery. 她未做手术就完全恢复了健康。

retrial /ˌriːˈtraɪəl/	n. 复审；复试	The jury was dismissed and the judge ordered a retrial. 陪审团被解散，法官下令复审案件。
firmament /ˈfɜːrməmənt/	n. 天空；苍天	There are no stars in the firmament. 天空没有星星。
apprenticeship /əˈprentɪʃɪp/	n. 学徒期；学徒身份	He's serving an apprenticeship as a printer. 他现在是一名印刷工学徒。
reluctant /rɪˈlʌkt(ə)nt/	adj. 不情愿的；勉强的；顽抗的	
contend /kənˈtend/	vi. 竞争；奋斗；斗争；争论 vt. 主张；为……斗争	It is time, once again, to contend with racism. 又是对付种族主义的时候了。
harrumph /həˈrʌmf/	vi. 发哼声 vt. 哼着说 n. 哼声；鼻息	Art harrumphed and tried to ignore the voice. 阿特嗤之以鼻，并试图忽视这种声音。
greedy /ˈɡriːdi/	adj. 贪婪的；贪吃的；渴望的	He attacked greedy bosses for awarding themselves big raises. 他攻击那些给自己大幅涨工资的贪婪的老板们。
badger /ˈbædʒər/	n. 獾 vt. 纠缠不休；吵着要；烦扰	They kept phoning and writing, badgering me to go back. 他们不断打电话、写信，缠着要我回去。
uncultivated /ʌnˈkʌltɪveɪtɪd/	adj. 未经耕作的；无教养的；不文明的	the flat, largely uncultivated plains 大片平坦的未耕种的平原
cockatoo /ˈkɒkəˌtuː/	n. 凤头鹦鹉；葵花鹦鹉	
tug /tʌɡ/	v. (用力地)拉；(迅速地)穿衣服；竞争；努力做	A little boy came running up and tugged at his sleeve excitedly. 一个小男孩跑了过来，兴奋地拽着他的袖子。
ubiquitous /juˈbɪkwɪtəs/	adj. 普遍存在的；无所不在的	Coffee shops are ubiquitous these days. 如今，咖啡馆好像无处不在。
runout /ˈrʌnˌaʊt/	n. 避开；（板球）刺杀	
nostalgic /nɒˈstældʒɪk/	adj. 怀旧的；乡愁的	Many people were nostalgic for the good old days. 很多人都怀念过去的好时光。
moderate /ˈmɒd(ə)rət/	vt. 节制；减轻	
handicraft /ˈhændɪkrɑːft/	n. 手工艺；手工艺品	She sells handicrafts to the tourists. 她向游客们出售手工艺品。
stockpile /ˈstɒkpaɪl/	n. 库存；积蓄 v. 贮存；储蓄	People are stockpiling food for the coming winter. 人们正在为即将到来的冬天大量储备食物。

单词	词性释义	例句
insolent /ˈɪnsələnt/	adj. 无礼的；傲慢的；粗野的；无耻的	an insolent tone of voice 傲慢的语气
managerial /ˌmænəˈdʒɪrɪəl/	adj. 管理/管理的；经理的	his managerial skills 他的管理技能
concede /kənˈsiːd/	vt. 承认；退让 vi. 让步	I had to concede the logic of this. 我得承认这件事情有它的逻辑。
startle /ˈstɑːtl/	vt. 使……吓一跳；使……惊奇 vi. 惊吓；惊奇 n. 惊愕	It startled me to find her sitting in my office. 我一进办公室，发现她坐在里面，把我吓了一跳。
neutrality /njuːˈtrælɪtɪ/	n. 中立；中性；中立立场	
multitask /ˌmʌltɪˈtæsk/	vt. 使……多任务化 n. /计/多任务	
specimen /ˈspesɪmɪn/	n. 样品；样本；标本	
merriment /ˈmerɪm(ə)nt/	n. 欢笑；嬉戏；欢庆	Her eyes sparkled with merriment. 她的眼里闪现出愉快的神情。
ingest /ɪnˈdʒest/	vt. 摄取；咽下；吸收；接待	side effects occurring in fish that ingest this substance 在吃了此物质的鱼身上产生的副作用
gargantuan /ɡɑːˈɡæntʃuən/	adj. 庞大的；巨大的	a marketing event of gargantuan proportions 一次大型的营销活动
odious /ˈoudɪəs/	adj. 可憎的；讨厌的	Mr. Smith is certainly the most odious man I have ever met. 施密斯先生无疑是我见过的最可恨的人。
cluster /ˈklʌstər/	vi. 群聚；丛生 vt. 使……聚集；聚集在某人的周围	clusters of men in formal clothes 几组身着正装的男人
remiss /rɪˈmɪs/	adj. 疏忽的；懈怠的；玩忽职守的	She had clearly been remiss in her duty. 她在工作中显然马马虎虎。
meek /miːk/	adj. 温顺的；谦恭的；驯服的	The humble are not the shy and meek, they are the bravest warriors of them all for they possess both confidence and selflessness. 谦逊并不是害羞或驯服，耶稣和苏格拉底是所有人中最为勇敢的勇士，因为他们拥有自信与无私的品质。
sordid /ˈsɔːdɪd/	adj. 肮脏的；卑鄙的；利欲熏心的；色彩暗淡的	He sat with his head buried in his hands as his sordid double life was revealed. 当他卑鄙的两面生活被揭发时，他双手掩面地坐着。

circulate /ˈsɜːrkjəleɪt/	v. 传播；流传；循环；流通	The document was previously circulated in New York at the United Nations. 这份文件过去曾在纽约的联合国总部传阅过。
ephemeral /əˈfɛmərəl/	adj. 短暂的；朝生暮死的 n. 只生存一天的事物	He talked about the country's ephemeral unity being shattered by the defeat. 他谈到战败彻底粉碎了国家的短暂统一。
unholy /ʌnˈhouli/	adj. 不神圣的；罪恶的；不适宜的	You hated them because of their detestable practices, their sorcery and unholy worship. 因为他们操行巫术和邪恶的祭祀，做出了最可憎的事，所以你憎恨他们。
possessive /pəˈzɛsɪv/	adj. 占有的；所有的；所有格的；占有欲强的 n. 所有格	I've ruined every relationship with my possessiveness. 我的独占欲每次都毁掉了两人关系。
moderation /ˌmɑdəˈreɪʃən/	n. 适度；节制；温和；缓和	There was a call for moderation on the part of the trade unions. 有人呼吁工会保持克制。
aroma /əˈroumə/	n. 芳香	the wonderful aroma of freshly baked bread 新烤面包的美妙香味
homograph /ˈhɑməgræf/	n. 同形异义词	
ambassadorial /æmˌbæsəˈdɔːriəl/	adj. 大使的；使节的	an ambassadorial post 大使级职位
play out	完成	Let's play the game out if we aren't too late. 如果时间还不太晚，让我们玩游戏吧。
phenology /fɪˈnɑlədʒi/	n. 生物气候学；物候学	
sculptural /ˈskʌlptʃərəl/	adj. 雕刻的；雕刻般的	He enjoyed working with clay as a sculptural form. 他喜欢用黏土来做雕塑。
peripheral /pəˈrɪfərəl/	adj. 外围的；次要的	Fund-raising is peripheral to their main activities. 对他们的主要活动而言，筹集资金是次要的。
abolish /əˈbɑlɪʃ/	vt. 废除；废止；取消；革除	An Illinois House committee voted Thursday to abolish the death penalty. 伊利诺伊州议院的一个委员会在星期四投票废除了死刑。
catalogue /ˈkæt(ə)lɒg/	vt. 把……编入目录	
plodding /ˈplɑdɪŋ/	adj. 单调乏味的；沉重缓慢的	He is plodding on with negotiations. 他正进行艰苦的谈判。
downplay /ˌdaʊnˈpleɪ/	vt. 不予重视；将……轻描淡写	The coach is downplaying the team's poor performance. 教练对这个队的拙劣表现不以为然。
mannequin /ˈmænəkɪn/	n. 人体模型；服装模特儿	

165

单词	词性/释义	例句
situated /ˈsɪtʃueɪtɪd/	adj. 位于……的；处于……境遇的	His hotel is situated in one of the loveliest places on the Loire. 他的旅馆坐落在卢瓦尔的一个最优美的地方。
antidote /ˈæntɪdout/	n. 解药/解毒剂；解药	There is no known antidote to the poison. 这种毒的解药尚未发现。
brewing /ˈbruɪŋ/	n. 酿造；酝酿；计划	My enthusiasm in chaos in how many years brewing. 我的热情在混沌里酝酿了多少年。
fuchsia /ˈfjuːʃə/	n. 紫红色；/植/倒挂金钟属	
endear /ɪnˈdɪə/	vt. 使……受钟爱；使……亲密	Their taste for gambling has endeared them to Las Vegas casino owners. 他们对赌博的爱好使其受到了拉斯维加斯赌场老板们的欢迎。
coyote /kaɪˈouti/	n. 丛林狼；郊狼；非法移民偷运者	
veritable /ˈvɛrɪtəbl/	adj. 真正的；名副其实的	a veritable feast of pre-game entertainment 一场名副其实的赛前娱乐盛宴
intact /ɪnˈtækt/	adj. 完整的；原封不动的；未受损伤的	Most of the house remains intact even after two hundred years. 虽然过了200年，这房子的大部分还保持完好。
creditor /ˈkrɛdɪtər/	n. 债权人；贷方	The company said it would pay in full all its creditors except Credit Suisse. 该公司说将全额付款给除瑞士信贷以外的所有债权人。
engross /ɪnˈgrous/	vt. 使……全神贯注；独占；吸引	The notes totally engrosed him. 那些笔记完全吸引了他的注意力。
indelible /ɪnˈdɛləbl/	adj. 难忘的；擦不掉的	My visit to India in 1986 left an indelible impression on me. 1986年的印度之行给我留下了难忘的印象。
blatantly /ˈbleɪtəntli/	adv. 公然地；喧闹地；看穿了地	For years, blatantly false assertions have gone unchallenged. 很多年来，极其错误的断言从未曾受到质疑。
becoming /bɪˈkʌmɪŋ/	adj. 合适的	This behaviour is not any more becoming among our politicians than it is among our voters. 这种行为对于政客与选民来说都不合适。
fallible /ˈfælɪbəl/	adj. 易犯错误的；不可靠的	They are only human and all too fallible. 他们只不过是普通人，难免会犯错误。
continuance /kənˈtɪnjuəns/	n. 持续；停留；续篇；诉讼延期	We can no longer support the President's continuance in office. 我们不能再支持总统继续任职。
rouse /raʊz/	vt. 唤醒；激起；使……振奋	The telephone roused me from my sleep at 6 a.m. 早晨6点钟，电话铃声就把我从睡梦中吵醒了。

单词	词性及释义	例句
dusty /ˈdʌsti/	adj. 落满灰尘的	Through the dusty curtains to stare at the past, can find no time. 透过布满灰尘的窗帘去凝视过去,能否找到无瑕的自己。
mouldy /ˈmouldi/	n. 鱼雷 adj. 发霉的;腐朽的	mouldy bread 发霉的面包
expertise /ˈɛkspɜːrˈtiːz/	n. 专门知识;专门技术	They have considerable expertise in dealing with oil spills. 他们在处理溢油问题方面非常在行。
imposing /ɪmˈpouzɪŋ/	adj. 壮观的;给人深刻印象的;威风的;仪表堂堂的	He was an imposing man. 他是个仪表堂堂的男子汉。
illumination /ɪˌluːmɪˈneɪʃn/	n. 照明;光源	White candles, the only illumination, burned on the table. 白蜡烛作为唯一的光源在桌子上燃烧着。
gauge /geɪdʒ/	vt. 测量;估计;给……定规格	They interviewed employees to gauge their reaction to the changes. 他们与雇员面谈以判定其应变能力。
thoroughfare /ˈθɜːrofɛr/	n. 大道	The motel was off the main thoroughfare. 那家汽车旅馆远离大路。
sentinel /ˈsɛntɪnl/	n. 哨兵	
grievance /ˈɡriːvəns/	n. 不满;不平;委屈;冤情	They had a legitimate grievance. 他们的委屈是合乎情理的。
preferential /ˌprɛfəˈrɛnʃl/	adj. 优先的;选择的;特惠的;先取的	Firstborn sons received preferential treatment. 长子们受到了优等待遇。
indebted /ɪnˈdɛtɪd/	adj. 负债的;受惠的 v. 使……负债;使……受恩惠(indebt 的过去分词)	I am deeply indebted to him for his help. 我对他的帮助非常感激。
precede /prɪˈsiːd/	vt. 领先;在……之前;优于;高于 vi. 领先;在前面	Intensive negotiations between the main parties preceded the vote. 投票之前,主要政党间进行了深入细致的磋商。
retail /ˈriːteɪl/	n. 零售 v. 零售;转述 adj. 零售的	She retailed the neighbours' activities with relish. 她饶有兴趣地对邻居们的活动说三道四。
omnibus /ˈɒmnɪbʌs/	n. 公共汽车;精选集;文集 adj. 综合性的;总括的;(包括)多项的	a new omnibus edition of three Ruth Rendell chillers 一本收录露丝·伦德尔三篇恐怖故事的新选集

chuse /tʃuːz/	*v.* 选择（古语中等于 choose）	
heretofore /ˌhɪrtuˈfɔːr/	*adv.* 直到此时；迄今为止；在这以前	They reported that clouds are an important and heretofore uninvestigated contributor to the climate. 他们报告说，云是影响气候的一个重要因素，但迄今尚未对其进行过调查研究。

List 21

scalp /skælp/	n. 头皮；战利品 v. 剥头皮	He smoothed his hair back over his scalp. 他把头发顺着头皮往后捋平。
demarcation /ˌdiːmɑːˈkeɪʃ(ə)n/	n. 划分；划界；限界	
obedience /əˈbiːdjəns/	n. 顺从；服从；遵守	
maze /meɪz/	n. 迷宫；迷惑 vt. 迷失；使……混乱	The building is a maze of corridors. 这座建筑长廊交错，简直就是一座迷宫。
minister /ˈmɪnɪstər/	vi. 执行牧师职务；辅助或伺候某人	She spent much time ministering to the sick. 她很多时间都在照顾病人。
groom /gruːm/	vt. 整饰；推荐；喂马；刷洗（马等）	Tim was being groomed for a managerial position. 蒂姆正在接受培训，准备担任经理职位。
clerical /ˈklɛrɪkl/	adj. 书记的；牧师的 n. 牧师	a strike by clerical staff in all government departments 一次所有政府部门文书职员的罢工
dairying /ˈdɛrɪɪŋ/	n. 制酪业；乳制品业	
exemption /ɪɡˈzɛmpʃən/	n. 免除；豁免；免税	
ferret /ˈfɛrɪt/	v. （翻箱倒柜地）搜寻；寻找；搜出；查获某物	He started ferreting around in his desk. 他开始在自己的书桌里翻找起来。
needy /ˈniːdi/	adj. 贫困的；贫穷的；生活艰苦的	a multinational force aimed at ensuring that food and medicine get to needy Somalis 旨在确保食品和药品送到索马里贫民手中的一支多国部队
trapes /treɪps/	vi. 闲荡；漫步	
foretell /fɔːrˈtɛl/	vt. 预言；预示；预告	The witch foretold that she would marry a prince. 女巫预言她将嫁给王子。

169

单词	词性/释义	例句
equitable /ˈekwɪtəb(ə)l/	adj. 公平的；公正的；平衡法的	He has urged them to come to an equitable compromise that gives Hughes his proper due. 他已敦促他们达成公平合理的妥协，给休斯应得的权益。
practical /ˈpræktɪkl/	adj. 实际的；实用性的	They provide financial and practical help for disabled students. 他们为残障学生提供经济上的援助以及实际的帮助。
consign /kənˈsaɪn/	vt. 交付；托运；把……委托给	I consigned her letter to the waste basket. 我把她的信丢进了废纸篓。
ill-will	n. 敌意；憎恶	
disseminate /dɪˈsemɪneɪt/	vt. 宣传；传播；散布	Her findings have been widely disseminated. 她的发现已广为传播。
atlas /ˈætləs/	n. 地图集；寰椎	
shack /ʃæk/	n. 简陋的小屋；棚屋	
orthodox /ˈɔːθədɒks/	adj. 正统的；惯常的；东正教的 n. 正统的人事	He challenged the orthodox views on education. 他对传统的教育观念提出了质疑。
humanize /ˈhjuːməˌnaɪz/	vt. 教化；赋予人性；使……通人情	These measures are intended to humanize the prison system. 这些措施的目的是使监狱体制更人性化。
bale /beɪl/	n. 包；捆；灾祸；不幸 v. 将……打包	bales of hay 大捆大捆的干草
cachet /kæˈʃeɪ/	n.（证明品质的）优良标志；威望；纪念邮戳	A Mercedes carries a certain cachet. 奔驰汽车久负盛名。
fabricate /ˈfæbrɪkeɪt/	vt. 制造；伪造；装配	All four claim that officers fabricated evidence against them. 4人全部声称官员们伪造了不利于他们的证据。
encompass /ɪnˈkʌmpəs/	vt. 包含；包围；环绕	The fog soon encompassed the whole valley. 大雾很快笼罩了整个山谷。
preclude /prɪˈkluːd/	vt. 排除；妨碍；阻止	At 84, John feels his age precludes too much travel. 在84岁时，约翰感觉到他的年龄不允许他去太多的旅行。
scrap /skræp/	vt. 废弃；使……解体；拆毁 vi. 吵架	Our guys scrapped and competed and went right to the wire. 我们的小伙子们一边吵着，一边比赛，一直到比赛结束。
mitigation /ˌmɪtɪˈɡeɪʃən/	n. 减轻；缓和；平静	The prosecutor told the judge in mitigation that the offences had been at the lower end of the scale. 公诉人对法官说这些罪行情节较轻，希望能够从宽判决。
oppressive /əˈpresɪv/	adj. 压迫的；沉重的；压制性的；难以忍受的	Are the newcomers prepared to shoulder some of the burdens which we have suddenly discovered to be oppressive? 这些新来者准备承担一部分我们忽然间感到很沉重的那些负担吗？

单词	词性/释义	例句
redeem /rɪˈdiːm/	vt. 赎回；挽回；兑换；履行；补偿；恢复	He realized the mistake he had made and wanted to redeem himself. 他认识到自己的错误并想挽回声誉。
padlock /ˈpædˌlɑk/	n. 挂锁；关闭；禁止进入 vt. 用挂锁锁上；关闭	They had put a padlock on the door of his house. 他们已经在他家房门上了一把挂锁。
desolating /ˈdesələtɪŋ/	adj. 荒凉的；感到凄凉的	a desolate landscape of flat green fields 一片荒凉平坦的绿地景观
contortion /kənˈtɔːʃən/	n.（脸部或躯体）扭弯；扭歪；扭曲的动作（或姿势）；困难；周折	I had to admire the contortions of the gymnasts. 我不得不佩服体操运动员身体的柔韧性。
observable /əbˈzɜːrvəbl/	adj. 显著的；看得见的 n. /物/可观察量	Mars is too faint and too low in the sky to be observable. 火星太暗，在空中位置太低，所以观测不到。
enterprising /ˈentərpraɪzɪŋ/	adj. 有事业心的；有进取心的；有魄力的	Some enterprising students are designing software. 一些有创业精神的学生在设计软件。
secluded /sɪˈkluːdɪd/	adj. 隐蔽的；隐退的；隐居的 v. 隔绝（seclude 的过去式）	We were tucked away in a secluded corner of the room. 我们被塞进了那个房间的一个僻静的角落里。
canids /ˈkænɪd/	n. 犬科动物	
forgo /fɔrˈgoʊ/	vt. 放弃；停止；对……断念	
attest /əˈtest/	vt. 证明；证实 vi. 证明；作证	Contemporary accounts attest to his courage and determination. 当时的报道证实了他的勇气和决心。
solidarity /ˌsɑlɪˈdærəti/	n. 团结；团结一致	an appeal for worker solidarity 呼吁工人们团结
commission /kəˈmɪʃən/	n. 委员会；佣金；委任 vt. 委任；使……服役；委托制作	The Department of Agriculture commissioned a study into organic farming. 农业部委托了一项有机耕作的研究。
garland /ˈgɑːrlənd/	n. 花环	They wore blue silk dresses with cream sashes and garlands of summer flowers in their hair. 她们穿着配有米色腰带的蓝色丝质连衣裙，头上戴着夏季的花儿编成的花环。
underpin /ˌʌndərˈpɪn/	vt. 巩固；支持；从下面支撑；加强……的基础	mystical themes that underpin all religions 支撑所有宗教的神话主题

freeholder /ˈfriːˈhouldər/	n. (土地或房产的)终身保有者；永久产权的业主	
phantom /ˈfæntəm/	n. 幽灵 adj. 幽灵的；幻觉的；有名无实的	They vanished down the stairs like two phantoms. 他们像两个幽灵似的下楼不见了。
retreat /rɪˈtriːt/	n. 撤退；休息寓所；撤退 vi. 撤退；退避；向后倾 vt. 退(棋)；使……后退	"I've already got a job", I said quickly, and retreated from the room. "我已经有了工作"，我迅速说道，然后就从房间里退了出来。
baronet /ˈbærənɪt/	n. (在英国)从男爵；拥有世袭荣誉称号，职位在男爵之下的平民	
kick off	/口/使……开始	The mayor kicked off the party. 市长揭开了宴会的序幕。
dodge /dɑːdʒ/	v. 闪开；躲开；避开；(尤指不诚实地)逃避 n. 推脱的计策；逃避的诡计；骗人的伎俩	He dodged amongst the seething crowds of men. 他在川流不息的人群中东躲西闪。
peril /ˈpɛrəl/	n. 危险；冒险 vt. 危及；置……于险境	The country's economy is now in grave peril. 现在，这个国家的经济陷入了严重危机。
profuse /prəˈfjuːs/	adj. 丰富的；慷慨的；浪费的	a remedy that produces profuse sweating 一种让人大量出汗的疗法
aggression /əˈɡreɪʃ(ə)n/	n. 侵略；进攻；侵犯；侵害	
aperture /ˈæpətʃər/	n. 孔；穴；(照相机、望远镜等的)光圈；孔径；缝隙	Through the aperture he could see daylight. 通过这个孔隙他能看到日光。
retrospect /ˈrɛtrəspɛkt/	n. 回顾；追溯 vi. 回顾；追溯；回想 vt. 回顾；追忆	The decision seems extremely odd, in retrospect. 回想起来，这个决定显得极其荒谬。
arrest /əˈrɛst/	vt. 逮捕；阻止；吸引 n. 逮捕；监禁	Police arrested five young men in connection with one of the attacks. 警方逮捕了与其中一起袭击事件有关的5名年轻男子。

intrude /ɪnˈtruːd/	vt. 把……强加；把……硬挤 vi. 闯入；侵入；侵扰	The press has been blamed for intruding into people's personal lives in an unacceptable way. 新闻媒体因以一种令人无法接受的方式侵入人们的私生活而受到谴责。
legible /ˈlɛdʒəbl/	adj. 清晰的；易读的；易辨认的	My handwriting isn't very legible. 我写的字不太好认。
dash /dæʃ/	vt. 猛冲；猛撞，猛击；赶紧离开；使……破灭	He dashed along the platform and jumped on the train. 他沿站台猛跑，纵身跳上火车。
futility /fjʊˈtɪləti/	n. 无用；徒劳；无价值	Brown's article tells of the tragedy and futility of war. 布朗的文章讲述了战争的悲剧性和无谓性。
sublunary /ˈsʌbljʊnəri/	adj. 地上的；月下的	
decimate /ˈdɛsəmeɪt/	v. 大批杀害；大量毁灭；大大削弱；使……严重失效	a recession which decimated the nation's manufacturing industry 严重削弱了该国制造业的一次经济衰退
quibbling /ˈkwɪblɪŋ/	n. 诡辩；找碴子；吹毛求疵 adj. 吹毛求疵的	These are minor quibblings. 这都是些微不足道的抱怨。
gibberish /ˈdʒɪbərɪʃ/	n. 乱语；快速而不清楚的言语	When he was talking to a girl he could hardly speak, and when he did speak he talked gibberish. 他在女孩面前几乎说不出话，好不容易说出来了，又都是些胡言乱语。
strenuous /ˈstrɛnjuəs/	adj. 紧张的；费力的；奋发的	Avoid strenuous exercise in the evening. 应避免在傍晚进行剧烈的运动。
static /ˈstætɪk/	adj. 静态的；静电的；静力的 n. 静电；静电干扰	The number of young people obtaining qualifications has remained static or decreased. 获得各种资格证书的年轻人的数量一直保持不变或者已经减少。
lateral /ˈlætərəl/	adj. 侧面的；横向的	
complexional /kəmˈplekʃənəl/	adj. 肤色的；天性的	
transgenic /trænzˈdʒɛnɪk/	adj. 转基因的；基因改造的	transgenic sheep that secrete a human protein into their milk 乳汁中分泌人类蛋白质的转基因绵羊
champ /tʃæmp/	v. 大声地嚼；格格地咬；啃；（变得）焦急	to bite food in a noisy way 大声咀嚼(食物)
rash /ræʃ/	adj. 轻率的；鲁莽的；不顾后果的	It would be rash to rely on such evidence. 依靠这样的证据太轻率了。
stagflation /stæɡˈfleɪʃ(ə)n/	n. /经/滞胀；不景气状况下的物价上涨	

snatch /snætʃ/	v. 夺得；抢走；一把抓起	The thief snatched her purse and ran. 小偷抢了她的钱包就跑。
wretch /retʃ/	n. 可怜的人；不幸的人；卑鄙的人	Before the poor wretch had time to speak, he was shot. 这个可怜的人，还没来得及开口就中弹了。
dump /dʌmp/	v. 倾倒；丢下；猛地放下	Merrill dumped her suitcase down in the hall. 梅里尔把手提箱扔在门厅里。
cower /ˈkaʊər/	vi. 退缩；抖缩；蜷缩；弯腰屈膝	A gun went off and people cowered behind walls and under tables. 一声枪响，人们缩到墙后或桌子底下躲起来。
humanitarian /hjuːˌmænɪˈteriən/	adj. 人道主义的；博爱的；基督凡人论的 n. 人道主义者；慈善家；博爱主义者；基督凡人论者	I wanted him to be viewed as more than that, as an ambassador to the world and especially into China, and what a great person and humanitarian he is. 但是我认为他比那还要伟大，对这个世界，尤其是中国来说，他是一个大使，他是一个非常伟大的人、一个杰出的人道主义者。
tenant /ˈtenənt/	n. 承租人；房客；佃户；居住者	
insatiable /ɪnˈseɪʃəbl/	adj. 有专营市场的；贪得无厌的；不知足的	A section of the reading public has an insatiable appetite for dirty stories about the famous. 读者大众中有一部分人总爱窥探名人的风流韵事。
droop /druːp/	vi. 下垂；萎靡；凋萎 vt. 使……下垂 n. 下垂；消沉	Crook's eyelids drooped and he yawned. 克鲁克的眼睑垂了下来，打起了呵欠。
preliminary /prɪˈlɪmɪneri/	adj. 初步的；开始的 n. 初步行动	After a few preliminary remarks he announced the winners. 说了几句开场白之后，他即宣布优胜者名单。
persecute /ˈpɜːrsɪkjuːt/	vt. 迫害；困扰；同……捣乱	They began by brutally persecuting the Catholic Church. 他们以残酷迫害天主教会作为开始。
leaf litter	落叶层	
counterintuitive /ˌkaʊntərɪnˈtjuːɪtɪv/	adj. 违反直觉的	
coarse /kɔːrs/	adj. 粗糙的；粗俗的；下等的	The coarse sand was hot and rough under her feet. 她脚下的粗沙又烫又硌脚。
perceptible /pərˈseptəbl/	adj. 可察觉到的；可感知的	The price increase has had no perceptible effect on sales. 这次提价没有对销售产生明显的影响。
attune /əˈtuːn; əˈtjuːn/	vt. 使……协调；使……合拍	
groan /ɡroʊn/	v. & n. 呻吟；抱怨；发吱嘎声	She heard him let out a pitiful, muffled groan. 她听到他发出一声可怜、压抑的呻吟。

underside /ˈʌndəsaɪd/	n. 下面;阴暗面	
protectiveness /prəˈtɛktɪvnɪs/	n. 保护;防护	
demographic /ˌdɛməˈɡræfɪk/	adj. 人口结构的;人口统计的 n. 特定年龄段的人口;(demographics)人口统计数据;人口统计资料	The station has won more listeners in the 25—39 demographic. 这个电台吸引了更多的 25—39 岁年龄段的听众。
downcast /ˈdaʊnkæst/	adj. 沮丧的;低垂的;气馁的 n. 倒台;俯视的目光;向下转换	She was silent, her eyes downcast. 她不作声,目光低垂。
inalienable /ɪnˈeɪliənəbl/	adj. 不可分割的;不可剥夺的;不能让与的	inalienable human rights 不可剥夺的人权
captivity /kæpˈtɪvɪtɪ/	n. 囚禁;圈养	The hostages were released from captivity. 人质被释放了。
susceptible /səˈsɛptɪb(ə)l/	adj. 易受影响的;易感动的;容许……的	Young people are the most susceptible to advertisements. 年轻人最容易受广告影响。
extraneous /ɪkˈstreɪnɪəs/	adj. 外来的;没有关联的;来自体外的	
bon mot	妙语;警句	
showcase /ˈʃoʊkeɪs/	n. 展示(本领、才华或优良品质)的场合;(商店或博物馆等的)玻璃柜台;玻璃陈列柜 v. 展现;表现	The festival remains a valuable showcase for new talent. 该音乐节依然是新秀展示才华的宝贵机会。
wistaria /wɪˈstɛərɪə/	n. 紫藤	
unambiguous /ˌʌnæmˈbɪɡjʊəs/	adj. 不含糊的;清楚的;明白的	The President said that she had stated the U.S. position very clearly and unambiguously. 总统说她清楚而且不含糊地陈述了美国的立场。
preoccupied /priˈɑkjəˌpaɪd/	adj. 全神贯注的;心事重重的;被先占的	He was too preoccupied with his own thoughts to notice anything wrong. 他只顾想着心事,没注意到有什么不对。

salient /ˈseɪliənt/	adj. 显著的；突出的；跳跃的 n. 凸角；突出部分	He read the salient facts quickly. 他迅速地阅读了那些最重要的事实。
chalk /tʃɔːk/	n. 白垩；粉笔；白垩地层；用粉笔划的记号	somebody writing with a piece of chalk 正用粉笔写字的某人
prop /prɑp/	v. 支撑；放置；用……撑住（某物）	He rocked back in the chair and propped his feet on the desk. 他往椅背上一靠，将双脚搁在了桌子上。
vernacular /vərˈnækjələr/	adj. 本国的；地方的 n. 本地话；方言	He lapsed into the local vernacular (= language spoken in a particular area). 他说着说着就讲起了地方方言。
dissolution /ˌdɪsəˈluːʃ(ə)n/	n. 分解；溶解；（议会等的）解散；（契约等的）解除；死亡	
defy /dɪˈfaɪ/	v. & n. 藐视；公然反抗；挑衅	This was the first (and last) time that I dared to defy my mother. 这是我第一次（也是最后一次）胆敢违抗我母亲。
gloom /gluːm/	n. 昏暗；阴暗	You are wonderful souls that deserve everything that is shortly to lift you up, out of the gloom and drudgery of your dimension. 你们都是不可思议的灵魂，值得拥有一切，很快就会把你们从黑暗和苦难中解救出来。
concurrently /kənˈkɜːrəntli/	adv. 兼；同时发生地	
trench /trentʃ/	n. 沟；沟渠；战壕；堑壕 v. 掘沟	We fought with them in the trenches. 我们在战壕里与他们作战。
buffer /ˈbʌfər/	n. /计/缓冲区；缓冲器；/车辆/减震器 vt. 缓冲	Keep savings as a buffer against unexpected cash needs. 应备有存款来作为急需现金时的缓冲。
gruff /grʌf/	adj. 粗暴的；粗哑的；脾气坏的 vt. 粗鲁地说；生硬地说	Beneath his gruff exterior, he's really very kind-hearted. 他外表冷漠，心地却十分善良。
extravagance /ɪkˈstrævəgəns/	n. 奢侈；浪费；过度；放肆的言行	Why waste money on such extravagances? 为什么在这样的奢侈品上浪费钱?
ostensibly /ɑsˈtɛnsəbli/	adv. 表面上；外表	
ominous /ˈɑmɪnəs/	adj. 预兆的；不吉利的	She picked up the phone but there was an ominous silence at the other end. 她拿起电话，但对方只有不祥的沉默。

hunch /hʌn(t)ʃ/	vt. 耸肩；预感到；弯腰驼背	He got out his map and hunched over it to read the small print. 他掏出地图并俯身去看上面的小字。
sore /sɔː/	adj. 疼痛的；痛心的	
masculine /ˈmæskjəlɪn/	adj. 男性的；阳性的；男子气概的 n. 男性；阳性；阳性词	masculine characteristics like a husky voice and facial hair 沙哑的嗓音和面部的胡须之类的男性特征
nobility /nouˈbɪləti/	n. 贵族；高贵；高尚	his nobility of character, and his devotion to his country 他的高尚品格和他对国家的献身精神
exotica /ɪɡˈzɒtɪkə; eɡ-/	n. 新奇事物；异族事物	
choreographed /ˈkɔːriːəɡræft/	adj. （事先安排好的但显得自然的）有人物出现的活动	a carefully choreographed White House meeting between the two presidents 白宫内一场精心彩排后如期进展的两位元首的会面
detrimental /ˌdetrɪˈmentl/	adj. 不利的；有害的	The policy will be detrimental to the peace process. 这项政策将不利于和平进程。
sullen /ˈsʌlən/	adj. 愠怒的；不高兴的	She gave him a sullen glare. 她满脸不高兴地瞪了他一眼。
institute /ˈɪnstɪtuːt/	n. （尤指科学、教育的）机构；（与法律相关的）注释 v. 实行；建立	We will institute a number of measures to better safeguard the public. 我们将制定许多措施更好地保护公众。
evade /ɪˈveɪd/	v. 逃避；规避；逃脱	She turned and gazed at the river, evading his eyes. 她转身注视着那条河，避开了他的目光。

List 1 Practice

从下列选项中选出词义正确的一项。

1. molt
    (A) *vi.* 看 (B) *vt.* 颤抖 (C) *vi.* 脱毛；换毛 (D) *v.* 插入；强使……接受 *n.* 推力；强攻
2. convoke
    (A) *v.* 使……持续；使……长存；使……永久化(尤指不好的事物) (B) *vt.* 使……呈杂色；使……显得斑驳陆离 *n.* 斑点；杂色；斑驳 (C) *vt.* 召集；召集……开会 (D) *v.* 用力咀嚼
3. maintain
    (A) *v.* 插入；强使……接受 *n.* 推力；强攻 (B) *vt.* 使……疏远；离间；让与 (C) *vt.* 歼灭；战胜；废止 *vi.* 湮灭；湮没 (D) *v.* 主张
4. proclamation
    (A) *n.* 明智；头脑清楚；精神健全；通情达理 (B) *n.* 流入；汇集；河流的汇集处 (C) *n.* 公告；宣布；宣告；公布 (D) *n.* 原告
5. trajectory
    (A) *n.* 板条 *vt.* 给……钉板条 (B) *n.* 轨道；轨线；弹道 (C) *n.* 恩人；捐助者；施主 (D) *n.* 公正；公平；不偏不倚
6. cheapen
    (A) *v.* 缩回；缩进；取消 (B) *vi.* 调解；斡旋；居中 (C) *vi.* 减价；跌价 (D) *v.* 纠正；重新放直 *n.* 赔偿；矫正；救济
7. homogeneous
    (A) *adj.* 虔诚的；敬神的；可嘉的；尽责的 (B) *adj.* 非常危险的；要使颈骨折断似的；极快的 (C) *adj.* 由同种族人组成的；由同类组成的；同种类的 (D) *adj.* 专制的；独裁的；专横的
8. lacquer
    (A) *n.* 戒律；法令 (B) *n.* 漆器 (C) *n.* 范围；余地；视野 *vt.* 审视 (D) *n.* 卵石；大圆石；巨砾
9. stochastic
    (A) *adj.* 罕见的；稀少的；珍贵的；不频发的 (B) *adj.* /数/随机的；猜测的 (C) *adj.* 极恶的；声名狼藉的；彻头彻尾的 (D) *adj.* 浮躁的；易变的；变幻无常的
10. gorge
    (A) *n.* 地图集；寰椎 (B) *n.* 束缚；桎梏；脚镣 (C) *n.* 峡谷；胃；暴食；咽喉；障碍物 *vt.* 使……吃饱；吞下；使……扩张 *vi.* 拼命吃；狼吞虎咽 (D) *n.* 癔病；歇斯底里；不正常的兴奋
11. exultation
    (A) *n.* 狂喜；得意 (B) *n.* 沼泽；低地；水洼；湿地 (C) *n.* 词典编纂者 (D) *n.* 控制台 *vt.* 安慰
12. prestigious
    (A) *adj.* 心烦的；忧虑的 (B) *adj.* 地形测量的；地质的 (C) *adj.* 悲观的；厌世的；悲观主义的 (D) *adj.* 有名望的；享有声望的
13. dangle
    (A) *v.* 使……迷惑；施魔法；使……陶醉；使……入迷 (B) *v.* 骚扰；使……困扰(或烦恼)；反复袭击 (C) *v.* 使……摇晃地悬挂着；提着；炫示；用……来诱惑(或激励) (D) *vi.* 退缩；抖缩；蜷缩；弯腰屈膝

14. pollinator
    (A) *n*. 鹌鹑;北美鹑;鹌鹑肉 *v*. 畏缩;胆怯;感到恐惧　(B) *n*. 极简派艺术;最低纲领;极保守行动
    (C) *n*. 端正;得体　(D) *n*. 传粉者;传粉媒介;传粉昆虫;授花粉器

15. acclaim
    (A) *v*. 破坏;撤销　(B) *vt*. 热烈称赞 *adj*. 受到高度赞扬的 *n*. 赞扬　(C) *vt*. 遮蔽;掩饰;以面纱遮掩　(D) *v*. 拍电报

16. cow
    (A) *vi*. 摇曳;踌躇;摆动 *n*. 动摇;踌躇;挥动者　(B) *vt*. 威胁　(C) *vt*. 遗赠;把……遗赠给;把……传下去　(D) *vt*. 操纵;操作;巧妙地处理;篡改

17. impeccably
    (A) *adv*. 刻苦地;勤勉地　(B) *adv*. & *conj*. 用以 *pron*. 借以　(C) *adv*. 表面上;向外;外观上地
    (D) *adv*. 无可挑剔地

18. gourmet
    (A) *n*. 浮渣;泡沫;糟粕　(B) *n*. 折扣;贴现率 *vi*. 贴现;打折扣出售商品 *vt*. 打折扣;将……贴现;贬损;低估;忽视　(C) *n*. 占星术;占星学;星座　(D) *n*. 美食家;精美的菜肴

19. legitimate
    (A) *adj*. 显著的;看得见的 *n*. /物/可观察量　(B) *adj*. 合法的;正当的;合理的;正统的 *vt*. 使……合法;认为正当(等于 legitimize)　(C) *adj*. 有症状的;症候的　(D) *adj*. 男性的;阳性的;男子气概的 *n*. 男性;阳性;阳性词

20. steer
    (A) *vt*. 解放;释放　(B) *v*. 迅速增加;采蘑菇;迅速生长　(C) *v*. 杀死　(D) *v*. 控制;引导;驾驶 *n*. 阉牛

21. deterrent
    (A) *adj*. 沉闷的;冗长乏味的　(B) *adj*. 遏制的;威慑的;制止的 *n*. 威慑;妨碍物;挽留的事物　(C) *adj*. 不提供信息的;不增长见闻的　(D) *adj*. 不合时宜的;过早的

22. piety
    (A) *n*. 虔诚;孝敬;虔诚的行为或语言　(B) *n*. 战士;争斗者 *adj*. 战斗的;好斗的　(C) *n*. /气象/风向标　(D) *n*. 猫科动物 *adj*. 猫科的;猫一样的;狡猾的

23. reciprocally
    (A) *adv*. 表面上;向外;外观上地　(B) *adv*. 相互地;相反地　(C) *adv*. 公然地;喧闹地;看穿了地
    (D) *adv*. 机械地;呆板地;物理上地

24. distress
    (A) *n*. /鸟的/全身羽毛;羽衣　(B) *n*. 生物气候学;物候学　(C) *n*. 魅力;魔力;迷人的美 *vt*. 迷惑;迷住　(D) *n*. 危难;不幸;贫困;悲痛 *vt*. 使……悲痛;使……贫困

25. obsolete
    (A) *adj*. 无野心的;无名利心的;谦虚的　(B) *adj*. 人口稠密的;人口多的　(C) *adj*. 有助于复原的;整容的 *n*. 滋补剂　(D) *adj*. 废弃的;老式的 *n*. 废词;陈腐的人 *vt*. 淘汰;废弃

26. benevolence
    (A) *n*. 钩边;钩针编织品 *v*. 用钩针编织　(B) *n*. 团结;团结一致　(C) *n*. /法/仲裁者;裁决人
    (D) *n*. 仁慈;善行

27. cautionary
    (A) *adj*. 未提炼的　(B) *adj*. 可实行的　(C) *adj*. 警告的;劝诫的　(D) *adj*. 不足的;有缺陷的;不充分的

28. arena
    (A) *n*. 同步　(B) *n*. 舞台;竞技场　(C) *n*. 欢笑;嬉戏;欢庆　(D) *n*. 大农场经营者;大农场工人;牧场住宅

29. adequate
    (A) *adj*. 严峻的;简朴的;苦行的;无装饰的　(B) *adj*. 机敏的;狡猾的;诡计多端的　(C) *adj*. 落满灰尘的　(D) *adj*. 充足的

30. hail

(A) *n*. 恢复力;弹力;顺应力 (B) *n*. 识别;洞察力;敏锐;眼力 (C) *n*. 脊椎动物 (D) *n*. 下冰雹 *v*. 向……欢呼;致敬

31. wherewith

(A) *adv*. & *conj*. 用以 *pron*. 借以 (B) *adv*. 表面地;浅薄地 (C) *adv*. 向那方;到那边 (D) *adv*. 逃不掉地;解不开地;解决不了地

32. mediocrity

(A) *n*. 主权;主权国家;君主;独立国 (B) *n*. 感觉;知觉;直觉 (C) *n*. 雪花石膏 *adj*. 以雪花石膏制的 (D) *n*. 平庸之才

33. tress

(A) *n*. 冗词;废话 (B) *n*. 一绺头发;发辫;卷发;枝条 *vt*. 把(头发)梳理成绺 (C) *n*. 变体;转化 *adj*. 不同的;多样的 (D) *n*. 拙劣的模仿;诙谐的改编诗文 *vt*. 拙劣模仿

34. envision

(A) *vi*. 分裂;裂成碎片 *n*. 碎片;微小的东西 (B) *v*. 掠夺;抢劫;侵吞;剽窃 *n*. 抢夺;战利品 (C) *v*. 击打 (D) *vt*. 想象;预想

35. altar

(A) *n*. 礼物;/税收/贡物;颂词;(尤指对死者的)致敬;悼念;吊唁礼物 (B) *n*. 前奏曲;提案;序幕 *vt*. 提议;为……奏前奏曲 (C) *n*. 女家庭教师 (D) *n*. 祭坛;圣坛;圣餐台

36. ferocious

(A) *adj*. 怀旧的;回忆往事的 *n*. 回忆录作者;回忆者 (B) *adj*. 恶意的;恶毒的;蓄意的;怀恨的 (C) *adj*. 残忍的;惊人的 (D) *adj*. 微小的;详细的

37. priestcraft

(A) *n*. 覆盖 *v*. 用裹尸布裹;遮蔽 (B) *n*. 祭祀的本领 (C) *n*. 标题;字幕;说明;逮捕 *vt*. 加上说明;加上标题 (D) *n*. 暴虐

38. contempt

(A) *n*. 检疫;隔离 (B) *n*. 轻视;蔑视;耻辱 (C) *n*. 夸张的语句;夸张法 (D) *n*. 至上主义者 *adj*. 至上主义者的

39. mining

(A) *n*. 灰尘;污点;小颗粒 *vt*. 使……有斑点 (B) *n*. 昆虫学者 (C) *n*. 矿业;采矿 (D) *n*. 小球;小球体

40. stir

(A) *v*. 激起(强烈的感情);搅动 *n*. 轰动;愤怒 (B) *v*. & *n*. 增大;增大 (C) *vi*. 同步;同时发生 (D) *vt*. 误会;误解

41. widest

(A) *adj*. 宽的;广阔的 (B) *adj*. 微弱的;无力的;虚弱的 (C) *adj*. 努力的;费力的;险峻的 (D) *adj*. 粗糙的;粗俗的;下等的

42. antithrombin

(A) *n*. 调色板;颜料 (B) *n*. 抗凝血酶 (C) *n*. 热情;热烈;热心;炽热 (D) *n*. 犬科动物

43. peeler

(A) *n*. /木/剥皮机 (B) *n*. 象形文字;图画文字;秘密符号 (C) *n*. 堆肥;混合物 *vt*. 堆肥;施堆肥 (D) *n*. 补救;疗法;解决办法;(硬币的)公差 *v*. 补救;纠正;治疗

44. non-committal

(A) *adj*. 甘美的;满足感官的 (B) *adj*. 普遍的;无所不在的 (C) *adj*. /地质/同源的;同类的 (D) *adj*. 态度不明朗的;不承担义务的;无明确意义的

45. thaw

(A) *v*. (翻箱倒柜地)搜寻;寻找;搜出;查获某物 (B) *vi*. 幸灾乐祸;心满意足地注视 *n*. 幸灾乐祸;贪婪地盯视 (C) *vt*. 逐出;驱逐;使……移动;用力移动 (D) *v*. 融化;解冻;变得随和;使……变得友善 *n*. 解冻时期;关系缓和

46. herbivore

(A) *n*. 蛹 (B) *n*. 贮存物 (C) *n*. 原告 (D) *n*. 食草动物

47. irreverent
   (A) *adj*. 笨拙的;笨重的;不灵便的;难处理的 (B) *adj*. 唇的;唇音的 (C) *adj*. 显著的;显而易见的 (D) *adj*. 不敬的;无礼的

48. foul
   (A) *vi*. 犯规;腐烂;缠结 (B) *vi*. 渴望;立志;追求 (C) *v*. & *n*. 喜爱;想象;幻想 (D) *vt*. 走过头;过度伸张;诈骗

49. ornate
   (A) *adj*. 雇佣的;唯利是图的 *n*. 雇佣兵;唯利是图者 (B) *adj*. 统一的;一致的;相同的;均衡的;始终如一的 (C) *adj*. 恶毒的;恶意的;堕落的;有错误的;品性不端的;剧烈的 (D) *adj*. 华丽的;装饰的

50. inarticulate
   (A) *adj*. 口齿不清的;说不出话的 (B) *adj*. 牵强附会的 (C) *adj*. 肮脏的;污秽的;卑劣的 (D) *adj*. 神秘的;含义模糊的;/动/ 隐藏的

51. reckon
   (A) *v*. 摇晃;摇摆;游移不定 *n*. 摆动;摇晃;不稳定 (B) *vt*. 测算;估计;认为;计算 (C) *v*. (使)相混;融合;掺和 (D) *vi*. 订阅;捐款;认购;赞成

52. indiscreet
   (A) *adj*. 闲置的;懒惰的;停顿的 *vi*. 无所事事;虚度;空转 (B) *adj*. 轻率的;不慎重的 (C) *adj*. 正统的;惯常的;东正教的 *n*. 正统的人事 (D) *adj*. 宽宏大量的;有雅量的;宽大的

53. categorise
   (A) *v*. 将……分类 (B) *vt*. 征服;击败;克服 (C) *vi*. 争;竞争 *vt*. 使……针锋相对;提出……来竞争;以……作较量 (D) *vt*. 发掘;掘出

54. gloat
   (A) *vt*. 使……漏气 *vi*. 放气;漏气 *adj*. 泄气的 (B) *vi*. 幸灾乐祸;心满意足地注视 *n*. 幸灾乐祸;贪婪地盯视 (C) *vi*. 规定;开药方 (D) *v*. 禁闭;监禁

55. conglomeration
   (A) *n*. 胸怀;胸襟;内心;内部 *vt*. 怀抱;把……藏在心中 *adj*. 知心的;亲密的 (B) *n*. 故意的假情报;虚假信息 (C) *n*. 剩余;残渣 *adj*. 剩余的;残留的 (D) *n*. 聚集(物);团块;凝聚;混合物

56. unionize
   (A) *vt*. 使……一致;使……和解;调停;调解;使……顺从 (B) *v*. & *n*. 哭泣;哭号 (C) *v*. 用离心机分离;使……受离心作用 *n*. 离心机 (D) *v*. 加入工会;成立工会

57. timeworn
   (A) *adj*. 多才多艺的 (B) *adj*. 陈旧的;老朽的 (C) *adj*. 私生的;非法的;不合理的 (D) *adj*. 淘气的;(人、行为等)恶作剧的;有害的

58. enticingly
   (A) *adv*. 随时地;暂时地;立刻 (B) *adv*. 无意地;不经意地 (C) *adv*. 令人印象深刻地 (D) *adv*. 诱人地;迷人地

59. unwanted
   (A) *adj*. 不需要的;有害的;讨厌的;空闲的 (B) *adj*. 无可比拟的 (C) *adj*. 困惑的;糊涂的;讨厌的;惊慌失措的 (D) *adj*. 即兴的

60. harry
   (A) *v*. (不断)烦扰;不断袭击 (B) *vi*. 长羽毛 *vt*. 装上羽毛 (C) *vt*. 编译;编制;编辑;/图情/汇编 (D) *vt*. 娱乐;招待

61. extraterrestrial
   (A) *adj*. 烹饪的;烹饪用的;食物的 (B) *adj*. 英勇的;生机勃勃的 (C) *adj*. 地球外的 (D) *adj*. 熙熙攘攘的;忙乱的

62. unsightly
   (A) *adj*. 明确的;清楚的;直率的;详述的 (B) *adj*. 铺有鹅卵石的 *v*. 铺鹅卵石(cobble 的过去式和过去分词) (C) *adj*. 强健的;健康的;粗野的 (D) *adj*. 难看的;不雅观的

63. lath
   (A) *n*. 板条 *vt*. 给……钉板条　(B) *n*. 系链;拴绳 *v*. (用绳或链)拴住　(C) *n*. 祭祀的本领
   (D) *n*. 剧烈;敏锐;锐利

64. ascent
   (A) *n*. 一致同意　(B) *n*. 诽谤;中伤 *v*. 诽谤;诋毁;造谣中伤　(C) *n*. 上升;上坡路;登高
   (D) *n*. 盗窃;盗窃罪

65. jeer
   (A) *v*. & *n*. 喘息渴望　(B) *vt*. 赋予人性;人格化　(C) *vt*. 流出;摆脱;散发;倾吐　(D) *v*. & *n*. 嘲笑;戏弄;奚落

66. vindicate
   (A) *vt*. 编译;编制;编辑;/图情/汇编　(B) *vt*. 维护;证明……无辜;证明……正确　(C) *vi*. 潜伏;潜藏;埋伏 *n*. 潜伏;埋伏　(D) *vt*. 使……戏剧化;编写剧本

67. anecdotal
   (A) *adj*. 使……干枯的;使……畏缩的;极有毁灭性的;极有讽刺性的　(B) *adj*. 背部的;背的;背侧的　(C) *adj*. 轶事的;轶事一样的　(D) *adj*. 时代错误的

68. diligently
   (A) *adv*. 不可否认地;确凿无疑地　(B) *adv*. 故意地;注意地　(C) *adv*. 勤奋地;勤勉地　(D) *adv*. 逃不掉地;解不开地;解决不了地

69. upbringing
   (A) *n*. 利他;利他主义　(B) *n*. 教养;养育;抚育　(C) *n*. 路堤;堤防　(D) *n*. (鸟的)肌胃;砂囊

70. stupendous
   (A) *adj*. 挥霍的;十分慷慨的 *n*. 挥霍者　(B) *adj*. 不易忘怀的;萦绕于心头的;给人以强烈感受的
   (C) *adj*. 难怪的;可原谅的　(D) *adj*. 惊人的;巨大的

71. exclaim
   (A) *v*. 呼喊;惊叫　(B) *v*. 抬起;举起;振奋;鼓舞;捡起 *n*. 提高;增长;振奋;精神动力　(C) *v*. 杀死　(D) *v*. 插入;强使……接受 *n*. 推力;强攻

72. flavor
   (A) *n*. 小幅增加;微升;报升(股票成交价格比上一个交易的微高)　(B) *n*. 旅行拖车;有篷马车;旅行队　(C) *n*. 废奴主义者;废除主义者　(D) *n*. 特点

73. minimalism
   (A) *n*. 合法;合理;正统　(B) *n*. /遗//细胞//染料/染色体　(C) *n*. 演说;致辞;叙述法　(D) *n*. 极简派艺术;最低纲领;极保守行动

74. base
   (A) *adj*. 过时的;陈旧的;年老的　(B) *adj*. 卑鄙的;低劣的　(C) *adj*. 轻蔑的;鄙视的　(D) *adj*. 有害的;恶性的;致命的;险恶的

75. verifiable
   (A) *adj*. 可证实的;能作证的;可检验的　(B) *adj*. 屈从的;奉承的;有用的;有帮助的　(C) *adj*. 公正的;明断的;法庭的;审判上的　(D) *adj*. 无精打采的;懒洋洋的;昏睡的

76. indiscriminate
   (A) *adj*. 任意的;无差别的;不分皂白的　(B) *adj*. 绣花的;刺绣的 *v*. 刺绣;润色;渲染　(C) *adj*. 卓越的;有名望的　(D) *adj*. 有独创性的;机灵的;精制的

77. betwixt
   (A) *prep*. 濒于;近乎;挨着;接壤　(B) *v*. 对……产生强烈的兴趣;粘住　(C) *prep*. & *adv*. 在……之间　(D) *v*. 自给自足

78. windshield
   (A) *n*. 挡风玻璃　(B) *n*. 能力;胜任;权限;作证能力;足以过舒适生活的收入　(C) *n*. 离婚扶养费;生活费　(D) *n*. 主权;统治权;支配;领土

79. wind
   (A) *v*. 缠绕;上发条　(B) *vt*. 补救;纠正 *n*. 解决方法;治疗;药品　(C) *v*. 使……忙乱;紧张;使……心烦意乱　(D) *vt*. 使……受钟爱;使……亲密

80. considerate

(A) *adj*. 浮华的；有纨绔习气的 (B) *adj*. 体贴的；体谅的；考虑周到的 (C) *adj*. 警告的；劝诫的 (D) *adj*. 外围的；次要的

81. harpsichord

(A) *n*. 小球；小球体 (B) *n*. 放肆；傲慢；推测 (C) *n*. 羽管键琴；大键琴 (D) *n*. 威严

82. inquisition

(A) *n*. 剧团 *vi*. 巡回演出 (B) *n*.（人的）个性；类型 (C) *n*. 调查；宗教法庭；审讯 (D) *n*. 志愿精神；志愿服务

83. sound

(A) *adj*. 合理的；无损的；有能力的；充足的 (B) *adj*. 阴险的；凶兆的；灾难性的；左边的 (C) *adj*. 歇斯底里的；异常兴奋的 (D) *adj*. 多余的；不必要的；奢侈的

84. utopian

(A) *adj*. 乌托邦的；空想的；理想化的 *n*. 空想家；乌托邦的居民 (B) *adj*. 易犯错误的；不可靠的 (C) *adj*. 习惯的；惯常的；习以为常的 (D) *adj*. 虔诚的；敬神的；可嘉的；尽责的

85. hoax

(A) *v. & n*. 喜爱；想象；幻想 (B) *vt*. 假定；推测；擅自；意味着 (C) *vt*. 愚弄；欺骗 *n*. 骗局；恶作剧 (D) *vi*. 复兴；复活；苏醒；恢复精神

86. stumble

(A) *vt*. 平息；镇压；减轻 (B) *vt*. 冒称；霸占；没来由地将……归属于 (C) *vt*. 娱乐；招待 (D) *vi*. 跨蹋；蹒跚；失足；犯错

87. notion

(A) *n*. 年鉴；历书；年历 (B) *n*. 辛苦；苦工 *vi*. 辛苦工作 *vt*. 费力地做；使……过度劳累 (C) *n*. 概念；见解；打算 (D) *n*. 基因组；染色体组

88. paradoxically

(A) *adv*. 疯狂似地；狂暴地 (B) *adv*. 过度地；不适当地；不正当地 (C) *adv*. 自相矛盾地；似是而非地；反常地 (D) *adv*. 表面上；外表

89. contrariness

(A) *n*. 克服困难的办法；排除障碍的方法；小立足点 (B) *n*. 控告；指控 (C) *n*. 摩天楼；特别高的东西 (D) *n*. 反对；矛盾；乖张

90. protocol

(A) *n*. 古生物学者 (B) *n*. 污秽 (C) *n*. 协议；草案；礼仪 *v*. 拟定 (D) *n*. 联盟；联合；联姻

91. casualty

(A) *n*. /天/类星体；恒星状球体 (B) *n*. 意外事故；伤亡人员；急诊室 (C) *n*.（修道院或大教堂广场周围）有顶的地区 (D) *n*. 倒置；反向；倒转

92. diagnosis

(A) *n*. 诊断 (B) *n*. 侧面；侧翼；侧腹 (C) *n*. 错综；复杂；难以理解 (D) *n*. 反复无常；易变；不定性

93. pampered

(A) *adj*. 排他的 (B) *adj*. 暗示的；提示的；影射的 (C) *adj*. 狂乱的；疯狂的 (D) *adj*. 饮食过量的；饮食奢侈的

94. autocratic

(A) *adj*. 排他的 (B) *adj*. 专制的；独裁的；专横的 (C) *adj*. 堂吉诃德式的；狂想的 (D) *adj*. 畅通无阻的；未受阻的

95. sigh for

(A) 濒于；近乎；挨着；接壤 (B) 促进 (C) 渴望；为……叹息 (D) 尽管；尽管；虽然

96. stride

(A) *n*. 骚乱；混乱；故意伤害罪；重伤罪；蓄意破坏 (B) *n*. 膨胀；通货膨胀；夸张；自命不凡 (C) *n*. 大步；步幅；进展 *v*. 跨过；大踏步走过 (D) *n*. /经/滞胀；不景气状况下的物价上涨

97. metastasize

(A) *v*. 扩散；转移 (B) *vt*. 指定；指派；标出；把……定名为 (C) *vi*. 调解；斡旋；居中 (D) *vi*. 跨

踬;蹒跚;失足;犯错

98. drowsy
(A) *adj*. 显著的;突出的;跳跃的 *n*. 凸角;突出部分 (B) *adj*. 主要的;初级的 (C) *adj*. 丰富的;很多的;多产的 (D) *adj*. 昏昏欲睡的;沉寂的;催眠的

99. imprisonment
(A) *n*. 定罪;确信;证明有罪;确信;坚定的信仰 (B) *n*. /遗//细胞//染料/染色体 (C) *n*. 反对;矛盾;乖张 (D) *n*. 监禁;关押;坐牢;下狱

100. charade
(A) *n*. 升空;飘浮 (B) *n*. 信托 (C) *n*. 诽谤;中伤 *v*. 诽谤;诋毁;造谣中伤 (D) *n*. 装模作样;做戏;打哑谜猜字游戏

101. repurpose
(A) *v*. 把……改变用途 (B) *vi*. 减少;变小 *vt*. 使……缩小;使……减少 (C) *vt*. 使……喜悦;使……高兴 (D) *v*. 抬起;举起;振奋;鼓舞;捡起 *n*. 提高;增长;振奋;精神动力

102. misgiving
(A) *n*. 补救;疗法;解决办法;(硬币的)公差 *v*. 补救;纠正;治疗 (B) *n*. 担忧;疑虑;不安 (C) *n*. 饵;诱惑物 *v*. 上饵;故意激怒;(放犬)折磨或攻击(动物) (D) *n*. 候选资格;候选人的身份

103. ferment
(A) *vt*. 忽视;草率地看过;含糊地念;诋毁 *n*. 污点;诽谤;连音符 (B) *vt*. 重申;反复地做 (C) *v*. 使……发酵;激起(麻烦;动乱) *n*. 发酵;酵素;动乱 (D) *vt*. 构思;设计

104. urchin
(A) *n*. 细长的列;收割的刈痕 (B) *n*. 暴乱;放纵;蔓延 *vi*. 骚乱;放荡 *vt*. 浪费;挥霍 (C) *n*. 右舷 (D) *n*. 海胆

105. supercilious
(A) *adj*. 目空一切的;高傲的;傲慢的;自大的 (B) *adj*. 难忘的;擦不掉的 (C) *adj*. 缓和的;温和的;调节的 (D) *adj*. 轰动的;耸人听闻的;非常好的;使人感动的

106. contraption
(A) *n*. 危险;冒险 *vt*. 危及;置……于险境 (B) *n*. 沼泽;低地;水洼;湿地 (C) *n*. 视网膜 (D) *n*. 奇异的机械;奇特的装置

107. subversion
(A) *n*. 药剂师 (B) *n*. 颠覆;破坏 (C) *n*. 迫害;烦扰 (D) *n*. (昆虫等的)触须(等于 palpus)

108. quirk
(A) *n*. 激动;搅动;煽动;烦乱 (B) *n*. 怪癖;急转;借口 (C) *n*. (戏剧、电影的)午后场;日场 (D) *n*. 古生物学者

109. emergence
(A) *n*. 平底载货船 *vi*. 闯入;撞 (B) *n*. 矿筛 *vt*. 筛 *vi*. 用锅煎 (C) *n*. 出现;浮现 (D) *n*. 路边

110. deflationary
(A) *adj*. 规律的;训练的;训诫的 (B) *adj*. 恶毒的;有恶意的;坏心肠的 (C) *adj*. 通货紧缩的 (D) *adj*. 有力的

111. frantic
(A) *adj*. 桶装的;有管的 (B) *adj*. 两败俱伤的;致命的 (C) *adj*. 微妙的 (D) *adj*. 狂乱的;疯狂的

112. flare
(A) *vt*. 使……公之于众;揭开;揭幕 *vi*. 除去面纱;显露 (B) *vt*. 使……闪耀;使……张开 *n*. 加剧;恶化;底部展开;闪耀;耀斑 (C) *v*. 闪耀 (D) *v*. 污辱;指责

113. clump
(A) *n*. 健忘;不注意 (B) *n*. 综合症状;并发症状 (C) *n*. 丛;笨重的脚步声;土块 *vi*. 形成一丛;以沉重的步子行走 *vt*. 使……成一丛;使……凝结成块 (D) *n*. /脊椎/两栖动物;水陆两用飞机

114. deprivation
(A) *n*. /外科/关节炎 (B) *n*. 归罪;非难;归咎;污名 (C) *n*. 剥夺;损失;匮乏;贫困 (D) *n*. 意

志;意志力;决断力

115. quasar

(A) *n*. 小岛　(B) *n*. 厌恶;讨厌的人　(C) *n*. 路边　(D) *n*. /天/类星体;恒星状球体

116. counteract

(A) *vt*. 减轻;使……缓和;使……平静　(B) *vt*. 抵消;中和;阻碍　(C) *vt*. 假定;推测;擅自;意味着　(D) *vt*. 取代;置换;转移;把……免职

117. plunger

(A) *n*. 乐观;乐观主义　(B) *n*. /植/浮游植物(群落)　(C) *n*. /机/活塞;潜水者;跳水者;莽撞的人　(D) *n*. 睿智;聪敏;有远见

118. stunt

(A) *n*. /管理/禁令;命令;劝告　(B) *n*. 囚禁;圈养　(C) *n*. 噱头;手腕 *vt*. 阻碍……的正常生长或发展 *vi*. 表演特技　(D) *n*. 怀疑

119. peg

(A) *n*. 大步;步幅;进展 *v*. 跨过;大踏步走过　(B) *n*. 困境;誓约 *vt*. 保证;约定　(C) *n*. 被子;棉 *vt*. 东拼西凑地编;加软材料后缝制 *vi*. 缝被子　(D) *n*. 钉子 *v*. 钉住

120. homogenize

(A) *vt*. 确定;查明;探知　(B) *vt*. 使……均匀;使……类同　(C) *vt*. 预示;为……的兆头　(D) *vt*. 热烈称赞 *adj*. 受到高度赞扬的 *n*. 赞扬

121. chauffeur

(A) *n*. 企业;风险;冒险 *vi*. 冒险;投机　(B) *n*. 奴役;束缚;奴役身份　(C) *n*. (在英国)从男爵;拥有世袭荣誉称号;职位在男爵之下的平民　(D) *n*. 司机 *vt*. 开车运送 *vi*. 当汽车司机

List 2 Practice

从下列选项中选出词义正确的一项。

1. resiliency
   (A) *n*. 上升;上坡路;登高 (B) *n*. 喧闹;叫嚷;大声的要求 *v*. 喧嚷 (C) *n*. 附件;依恋;连接物;扣押财产 (D) *n*. 弹性;跳回

2. reimbursement
   (A) *n*. 补偿 (B) *n*. 成年;男子;男子气概 (C) *n*. 凶猛;残忍;暴行 (D) *n*. 流行性感冒(简写为 flu)

3. biplane
   (A) *n*. 波纹;涟漪;/物/涟波 *vi*. 起潺潺声 *vt*. 在……上形成波痕 (B) *n*. 暴龙 (C) *n*. 复翼飞机;双翼飞机 (D) *n*. 附件;依恋;连接物;扣押财产

4. appraisal
   (A) *n*. 评价;估价(尤指估价财产;以便征税) (B) *n*. 天真;质朴;纯真无邪 (C) *n*. 雀科鸣鸟;雀类 (D) *n*. 无政府状态;混乱

5. tectonic
   (A) *adj*. 不服从的;违背的;不孝的 (B) *adj*. 小的;小型的;微小的 *n*. 爱称;指小词;身材极小的人 (C) *adj*. /地质/构造的;建筑的 (D) *adj*. 审美的(等于 aesthetic);感觉的 *n*. 美学;审美家;唯美主义者

6. excavate
   (A) *v*. 挖掘;开凿 (B) *v*. 咆哮;气势汹汹地说(但效果不大) (C) *v*. 急促奔跑 (D) *vt*. 抑制;使……沮丧;使……潮湿

7. seam
   (A) *n*. 注视 *v*. 看见;注视 (B) *n*. 缝;接缝 *vt*. 缝合 *vi*. 裂开 (C) *n*. 轮廓;剪影 (D) *n*. 论述;论文;专著

8. aspire
   (A) *vi*. 渴望;立志;追求 (B) *vt*. 镀金;虚饰;供给钱 (C) *vt*. 颁布;制定法律;扮演;发生 (D) *vt*. 声称;意图;意指;打算

9. aloe
   (A) *n*. 芦荟;龙舌兰 (B) *n*. 剥夺;损失;匮乏;贫困 (C) *n*. 理解;恐惧;逮捕;忧惧 (D) *n*. 剩余

10. instinctive
    (A) *adj*. 本能的;直觉的;天生的 (B) *adj*. 贪婪的;贪吃的;渴望的 (C) *adj*. 严峻的;简朴的;苦行的;无装饰的 (D) *adj*. 迷人的

11. optimism
    (A) *n*. 占星术;占星学;星座 (B) *n*. 乐观;乐观主义 (C) *n*. /地质/山崩;大胜利 *vi*. 发生山崩;以压倒优势获胜 (D) *n*. 政权;政体;社会制度;管理体制

12. earthly
    (A) *adj*. 白话的;通俗的;口语体的 (B) *adj*. 休眠的;静止的;睡眠状态的;隐匿的 (C) *adj*. 无法回答的;没有责任的 (D) *adj*. 地球的;尘世的;可能的

13. mountainous
    (A) *adj*. 充足的 (B) *adj*. 多山的;巨大的 (C) *adj*. 白话的;通俗的;口语体的 (D) *adj*. 有胆量

的;勇敢的

14. modicum

(A) *n*. 缓存;贮存物;隐藏处 *vt*. 隐藏 (B) *n*. 纱线;奇谈;故事 *vt*. 用纱线缠 *vi*. 讲故事 (C) *n*. 少量;一点点 (D) *n*. 小幅增加;微升;报升(股票成交价格比上一个交易的微高)

15. vaunt

(A) *v*. 使……成团;使……结块;凝聚 *n*. 团块;凝聚物;(事物的)集合;(火山)集块岩 *adj*. 成团的;结块的;凝聚的;聚集的 (B) *v*. & *n*. 怀恨;怨恨 (C) *vi*. 发牢骚;叫喊;抱怨 (D) *vi*. 自夸;吹嘘 *vt*. 自夸;吹嘘 *n*. 自吹自擂

16. swath

(A) *n*. 突变体;突变异种 *adj*. 突变的 (B) *n*. 细长的列;收割的刈痕 (C) *n*. 药剂师 (D) *n*. 辩驳;反驳;驳斥

17. algal

(A) *adj*. 卓越的;有名望的 (B) *adj*. 坦率的;直言不讳的 (C) *adj*. 报警的;泄密的;搬弄是非的 *n*. 迹象;指示器;搬弄是非者 (D) *adj*. 海藻的

18. picketer

(A) *n*. /电讯/天线(等于 aerial);/昆/触须;/植/蕊喙;直觉 (B) *n*. 勇气;决心 (C) *n*. 鸟类羽毛;翅膀 (D) *n*. 纠察员

19. cordial

(A) *adj*. 任意的;无差别的;不分皂白的 (B) *adj*. 精致的;细腻的;异常的 (C) *adj*. 似垫子的;柔软的 (D) *adj*. 热情友好的;由衷的;兴奋的 *n*. 甜果汁饮料;镇定药;兴奋剂

20. crochet

(A) *n*. 钩边;钩针编织品 *v*. 用钩针编织 (B) *n*. 骚乱;混乱 (C) *n*. 热情;热烈;热心;炽热 (D) *n*. 幕;棺罩;遮盖物 *vt*. 覆盖;使……乏味 *vi*. 走味

21. discernment

(A) *n*. 药剂师 (B) *n*. 识别;洞察力;敏锐;眼力 (C) *n*. (旧)兄弟们;同胞;同党;会友 (D) *n*. /数//物/梯度;坡度;倾斜度

22. ambiguity

(A) *n*. 魅力;魔力;迷人的美 *vt*. 迷惑;迷住 (B) *n*. 平民;法人团体;团体 (C) *n*. 异常;不规则;反常事物 (D) *n*. 含糊;不明确;暧昧;模棱两可的话

23. clinch

(A) *vt*. 击败;摧毁;使……平坦 *vi*. 变平;变单调 (B) *v*. 盛行 (C) *vt*. 穿上 (D) *v*. 确定;敲定;解决;成功赢得

24. banish

(A) *vi*. 遵守;顺从;遵从;答应 (B) *vt*. 宣判……无罪;证明……的清白 (C) *v*. 模仿;仿效;仿造;伪造 (D) *vt*. 放逐;驱逐

25. eddy

(A) *n*. 负荷;负担;载重量 (B) *n*. 才能 (C) *n*. 头皮;战利品 *v*. 剥头皮 (D) *n*. 涡流;漩涡

26. relinquish

(A) *vt*. 放弃;放手;让渡 (B) *v*. & *n*. 增加;增大 (C) *vi*. 减少;变小 *vt*. 使……缩小;使……减少 (D) *v*. & *n*. 嘲笑;贪婪地吃;狼吞虎咽

27. paradoxical

(A) *adj*. 虔诚的;敬神的;可嘉的;尽责的 (B) *adj*. 边缘的;临界的;末端的 (C) *adj*. 矛盾的;诡论的;似非而是的 (D) *adj*. 遭遗弃的;丢失的

28. mainspring

(A) *n*. 偏爱;嗜好 (B) *n*. 无恶意的玩笑 (C) *n*. 主要动力;(钟表)主发条;主要原因;主要动机 (D) *n*. 揭发隐私

29. vex

(A) *vt*. 勾引;引诱;对……说话;搭讪 (B) *vt*. 批准;认可 (C) *vt*. 觉察出;识别;了解 (D) *vt*. 使……烦恼;使……困惑;使……恼怒

30. defer
    (A) v. 表明;清楚显示;显现 (B) v. 推迟;延期;服从 (C) vt. 改进;/计/更新;式样翻新 n. 式样翻新;花样翻新 (D) vi. 发牢骚;叫喊;抱怨

31. traction
    (A) n. 牵引;/机//车辆/牵引力 (B) n. 适度;节制;温和;缓和 (C) n. 女主顾;女资助人;女保护人 (D) n. 英勇;勇猛

32. indignation
    (A) n. 滑稽;玩笑 (B) n. 联盟;联邦;私党 (C) n. 愤慨;愤怒;义愤 (D) n. 闺房;女人的会客室或化妆室

33. locomotion
    (A) n. 运动;移动;旅行 (B) n. 特点;品质证明 (C) n. 附加物;下属;附器 (D) n. 保证;誓言;抵押;抵押品;典当物

34. aberration
    (A) n. 反常现象;异常行为;偏离;行为异常的人;精神失常;畸变;像差;光行差 (B) n. 机动;演习;策略;调遣 vi. 机动;演习;调遣;用计谋 (C) n. 被子;棉 vt. 东拼西凑地编;加软衬料后缝制 vi. 缝被子 (D) n. 贫困;贫穷

35. slat
    (A) n. 板条;狭条 v. 用板条制作;提供板条;猛投 (B) n. 特殊习惯;矫揉造作;怪癖 (C) n. 金属炭火盆;烧烤;铜匠 (D) n. 树桩;残余部分;假肢 vt. 砍伐;使……为难

36. gadget
    (A) n. 小玩意;小器具;小配件;诡计 (B) n. 浮渣;泡沫;糟粕 (C) n. 小溪;小河 (D) n. 拙劣的模仿;诙谐的改编诗文 vt. 拙劣模仿

37. angelic
    (A) adj. 启发式的;探索的 n. 启发式教育法 (B) adj. 公正的;明断的;法庭的 (C) adj. 天使的;似天使的;天国的 (D) adj. 沙哑的;刺耳的;粗声的

38. nostalgia
    (A) n. 强求;勒索;榨取;苛捐杂税 (B) n. 灾难;不幸事件 (C) n. 滑稽;玩笑 (D) n. 乡愁;怀旧之情;怀乡病

39. icky
    (A) adj. 心烦的;忧虑的 (B) adj. 富足的 (C) adj. 转移的;移开的 v. 避免;转开 (D) adj. 讨厌的;过分甜的;粘得讨厌的 n. 令人作呕的人

40. intricacy
    (A) n. 野兔 (B) n. 一致同意 (C) n. 错综;复杂;难以理解 (D) n. 征收;征兵;征税 vt. 征收(税等);征集(兵等);发动(战争) vi. 征税;征兵

41. mindful of
    (A) 要求;自以为 (B) 管闲事;干涉;干预 (C) 一般化的;不突出的 (D) 记着;想着;考虑到

42. imperative
    (A) adj. 霸权的;支配的 (B) adj. 任意的;自由决定的 (C) adj. 必要的;不可避免的 n. 必要的事;命令 (D) adj. 有力的;精力充沛的

43. transcendent
    (A) adj. 卓越的;超常的;出类拔萃的 (B) adj. 不注意的;不留心的 (C) adj. 不受影响的;无动于衷的;不能渗透的 (D) adj. 优先的;选择的;特惠的;先取的

44. palette
    (A) n. 膨胀;通货膨胀;夸张;自命不凡 (B) n. 调色板;颜料 (C) n. 怪念头;反复无常 (D) n. 端正;得体

45. snarky
    (A) adj. 炫耀的;过分装饰的 (B) adj. 未开发的;未使用的;塞子未开的 (C) adj. 尖锐批评的 (D) adj. 坚定的;不易弯曲的;冷漠的

46. spacious
    (A) adj. 鼓舞人心的;带有灵感的;给予灵感的 (B) adj. 宽敞的;广阔的;无边无际的 (C) adj.

补充的;互补的 (D) *adj.* 无价的;非常贵重的

47. midst
   (A) *prep.* 在……过程中;四周是;在……气氛中 (B) 自给自足 (C) *prep.* 在……中间(等于 amidst) (D) 与……一致;协调;与……保持一致

48. frantically
   (A) *adv.* 真正地;确实地;可靠地 (B) *adv.* 常常;没完没了地;永恒地 (C) *adv.* 疯狂似地;狂暴地 (D) *adv.* 机智地;俏皮地

49. impunity
   (A) *n.* 乌托邦(理想中最美好的社会);理想国 (B) *n.* 理解;包含 (C) *n.* 不受惩罚;无患;/法/免罚 (D) *n.* 警告;中止诉讼手续的申请;货物出门概不退换;停止支付的广告

50. discretionary
   (A) *adj.* 严厉的;不吝惜的;不宽恕的 (B) *adj.* 不带感情的;平心静气的;公平的 (C) *adj.* 愠怒的;不高兴的;(天气)阴沉的;沉闷的 (D) *adj.* 任意的;自由决定的

51. stylish
   (A) *adj.* 惊人的;令人震惊的 (B) *adj.* 时髦的;现代风格的;潇洒的 (C) *adj.* 固有的;内在的;与生俱来的;遗传的 (D) *adj.* 注意的;警惕的;警醒的

52. uninformative
   (A) *adj.* 不提供信息的;不增长见闻的 (B) *adj.* 任命的 *v.* 颁布法令 (C) *adj.* 沮丧的;没有精神的;意气消沉的 (D) *adj.* 容易的;不费力气的

53. torso
   (A) *n.* 运动;移动;旅行 (B) *n.* 守财奴;吝啬鬼 (C) *n.* 躯干;未完成的作品;残缺不全的东西 (D) *n.* 担忧;疑虑;不安

54. verbiage
   (A) *n.* 海市蜃楼;幻想 (B) *n.* 冗词;废话 (C) *n.* 学者 *adj.* 受过教育的 (D) *n.* 概念;见解;打算

55. procure
   (A) *vi.* 暗指;转弯抹角地说到;略为提及;顺便提到 (B) *vt.* 描绘;描写;画……的轮廓 (C) *vt.* 获得;取得;导致 (D) *vt.* 划分;区分

56. nudge
   (A) *vi.* 执行牧师职务;辅助或伺候某人 (B) *vi.* 抱怨;嘟囔 *n.* 怨言 (C) *v.* 预示……的来临;宣布;通报;公开称赞 (D) *v.* (用肘)推开;劝说;接近 *n.* 推动

57. susceptibility
   (A) *n.* 美食家;菜肴精美的 (B) *n.* 敏感性;感情;磁化系数 (C) *n.* 假装;骗子;赝品 *vt.* 假装;冒充 (D) *n.* 细胞器;细胞器官

58. pronounce
   (A) *vi.* 干涉;调停;插入 (B) *vt.* 发音;宣判 *vi.* 发音;作出判断 (C) *vt.* 使……麻木;毁坏 *vi.* 死亡;毁灭;腐烂;枯萎 (D) *v.* 夺得;抢走;一把抓起

59. uncompromisingly
   (A) *adv.* 坚决地;不妥协地 (B) *adv.* 羞怯地;愚蠢地 (C) *adv.* 贪心地;妄想地 (D) *adv.* 极其;痛惜地;非常痛地

60. remorseful
   (A) *adj.* 揭幕的 *n.* 除去遮盖物;公开;揭幕式 *v.* 揭示;除去面纱 (B) *adj.* 羡慕的;嫉妒的 (C) *adj.* 懊悔的;悔恨的 (D) *adj.* 屈从的;奉承的;有用的;有帮助的

61. segregation
   (A) *n.* 放荡;放肆 (B) *n.* 隔离;分离;种族隔离 (C) *n.* 撤退;收回;提款;取消;退股 (D) *n.* 噱头;手腕 *vt.* 阻碍……的正常生长或发展 *vi.* 表演特技

62. gesticulate
   (A) *vt.* 平息;镇压;减轻 (B) *v.* 用姿势示意;(讲话时)做手势 (C) *v.* 用离心机分离;使……受离心作用 *n.* 离心机 (D) *vt.* 运用;发挥;施以影响

63. partisanship
(A) *n*. 过时；淘汰 (B) *n*. 就业能力；/劳经/受雇就业能力；受聘价值；可雇性 (C) *n*. 铁器店；铁器类；五金器件 (D) *n*. 党派性；党派偏见；对党派的忠诚

64. traverse
(A) *v*. 穿过；来回移动 *n*. 横穿 (B) *vt*. 使……困惑 *n*. 挡板；困惑 *vi*. 做徒劳挣扎 (C) *vt*. 强调 *n*. 底线 (D) *v*. & *n*. 供应过多；充斥

65. conceive
(A) *vi*. 群聚；丛生 *vt*. 使……聚集；聚集在某人的周围 (B) *vt*. 召唤；召集 (C) *v*. 掠夺；抢劫；侵吞；剽窃 *n*. 抢夺；战利品 (D) *vt*. 怀孕；构思；以为；持有

66. vellum
(A) *n*. /机/活塞；潜水者；跳水者；莽撞的人 (B) *n*. 回忆；回忆起的事物 (C) *n*. 牛皮纸 (D) *n*. 浮标；航标；救生圈 *v*. 使……浮起；使……振奋

67. creep
(A) *v*. 砍；猛踢；非法入侵计算机；对付 (B) *vt*. 预言；预示；预告 (C) *vt*. 粘上；署名；将罪责加之于…… (D) *vi*. 慢慢地移动；爬行 *n*. 爬行

68. delinquent
(A) *adj*. 有过失的；忽略的；拖欠债务的 *n*. 流氓；行为不良的人；失职者 (B) *adj*. 拱形的；圆顶的 (C) *adj*. 不能克服的 (D) *adj*. 过度紧张的；过度兴奋的

69. fang
(A) *n*. 山核桃木 (B) *n*. 尖牙；毒牙 (C) *n*. 少量；小额施舍；少量津贴 (D) *n*. 麻醉剂

70. dispel
(A) *v*. 巩固；使……固定；联合 (B) *v*. & *n*. 藐视；公然反抗；挑衅 (C) *vi*. 玩耍；轻快地跑；轻易地取胜 *n*. 嘻耍喧闹；顽皮的女孩 (D) *vt*. 驱散；驱逐；消除(烦恼等)

71. glamour
(A) *n*. 理解；包含 (B) *n*. 端正；得体 (C) *n*. 魅力；魔力；迷人的美 *vt*. 迷惑；迷住 (D) *n*. 涡流；漩涡

72. tether
(A) *n*. 保留；扣留；滞留；记忆力；闭尿 (B) *n*. 可能性；可能 (C) *n*. 系链；拴绳 *v*. (用绳或链)拴住 (D) *n*. 绿色植物；温室

73. shrewd
(A) *adj*. 清晰的；轮廓鲜明的 (B) *adj*. 平凡的；乏味的；散文体的 (C) *adj*. 精明的；狡猾的；机灵的 *n*. 精明(的人)；机灵(的人) (D) *adj*. 娱乐的；消遣的；休养的

74. complexion
(A) *n*. 出处；起源 (B) *n*. 弹性；跳回 (C) *n*. 小昆虫；小烦扰 (D) *n*. 肤色；面色；情况；局面

75. feign
(A) *vt*. 假装；装作；捏造；想象 (B) *vt*. 放弃；放手；让渡 (C) *vt*. 支持；嫁娶；赞成；信奉 (D) *vt*. 丢下；用力投掷；愤慨地说出 *vi*. 猛投；猛掷 *n*. 用力的投掷

76. cubs
(A) *n*. 祭祀的本领 (B) *n*. 理解；恐惧；逮捕；忧惧 (C) *n*. 幼企；幼童军；没经验的年轻人 *vi*. 生幼仔 (D) *n*. 沟渠；壕沟 *v*. 开沟；修渠

77. emphatic
(A) *adj*. 合法的；正当的；合理的；正统的 *vt*. 使……合法；认为正当(等于 legitimize) (B) *adj*. 对流的；传递性的 (C) *adj*. 羡慕的；嫉妒的 (D) *adj*. 着重的；加强语气的；显著的

78. confide
(A) *vt*. 吐露；委托 (B) *vt*. 使……变小；使……减轻；使……变少 *vi*. 减少；减轻；变小 (C) *vt*. 铭记于心；使……不朽；防腐 (D) *v*. & *n*. 漫步；流浪

79. verge
(A) *vi*. 攀登；爬上 *vt*. 攀登 *n*. 攀登；爬上 (B) *vt*. 使……气馁；使……畏缩；威吓 (C) *vi*. 濒临；接近；处在边缘 *n*. 边缘 (D) *v*. 插入；强使……接受 *n*. 推力；强攻

80. tentacle

（A）*n*．污秽 （B）*n*．目的论 （C）*n*．骑士；武士；爵士 *vt*．授以爵位 （D）*n*．触手

81. meddle with

（A）抑制 （B）在……中间(等于 amidst) （C）管闲事；干涉；干预 （D）现状

82. hegemonic

（A）*adj*．审议的；慎重的 （B）*adj*．羡慕的；嫉妒的 （C）*adj*．霸权的；支配的 （D）*adj*．无用的；无效的；没有出息的；琐细的；不重要的

83. benevolent

（A）*adj*．凄凉的；忧郁的；阴沉的 （B）*adj*．宽宏大量的；有雅量的；宽大的 （C）*adj*．仁慈的；慈善的 （D）*adj*．/地质/构造的；建筑的

84. tyrannosaurus

（A）*n*．中立；中性；中立立场 （B）*n*．避开；(板球)刺杀 （C）*n*．暴龙 （D）*n*．抗凝血酶

85. licentiousness

（A）*n*．分散；传播；散布；疏散；消失 （B）*n*．放荡；放肆 （C）*n*．筋；肌腱；体力；精力 （D）*n*．放荡；放肆

86. sear

（A）*vt*．拍卖；竞卖 *n*．拍卖 （B）*vt*．烤焦；使……枯萎 （C）*vt*．构思；设计 （D）*vt*．鼓舞；使……精力充沛

87. dissipate

（A）*v*．破坏；撤销 （B）*v*．萌芽；发芽；迅速增长 *n*．芽；嫩枝 （C）*vt*．划分；区分 （D）*vt*．浪费；使……消散

88. conducive

（A）*adj*．真正的；名副其实的 （B）*adj*．有益的；有助于……的 （C）*adj*．瞬间的；即时的；猝发的 （D）*adj*．静态的；静电的；静力的 *n*．静电；静电干扰

89. sound

（A）*adj*．明智的；合理的；正确的 （B）*adj*．富足的 （C）*adj*．迷人的；使人着迷的；使……销魂的 （D）*adj*．隐蔽的；隐退的；隐居的 *v*．隔绝

90. unveiling

（A）*adj*．适于耕种的；可开垦的 （B）*adj*．揭幕的 *n*．除去遮盖物；公开；揭幕式 *v*．揭示；除去面纱 （C）*adj*．刑事的；刑罚的 （D）*adj*．瞬间的；即时的；猝发的

91. circumspection

（A）*n*．摇篮；发源地 *vt*．抚育 （B）*n*．主要产品；订书钉；主题；主食 *adj*．主要的；大宗生产的 （C）*n*．慎重；细心 （D）*n*．不适当；不正确；用词错误

92. allotment

（A）*n*．剧烈；敏锐；锐利 （B）*n*．细胞器；细胞器官 （C）*n*．分配；分配物；养家费；命运 （D）*n*．责任；债务；倾向；可能性；不利因素

93. resemblance

（A）*n*．喉舌；代言人；送话口 （B）*n*．气质；性情；性格；急躁 （C）*n*．相似；相似之处；相似物；肖像 （D）*n*．织锦；挂毯；绣帷

94. bane

（A）*n*．对抗；面对；对峙 （B）*n*．优越；优势；优越性 （C）*n*．毒药；祸害；灭亡的原因 （D）*n*．候选资格；候选人的身份

95. mutter

（A）*v*．& *n*．咕哝；喃喃自语 （B）*vt*．使……气馁；使……畏缩；威吓 （C）*vt*．剥夺……的公民权 （D）*vt*．不予重视；将……轻描淡写

96. clad

（A）*adj*．霸权的；支配的 （B）*adj*．不相容的；矛盾的 *n*．互不相容的人或事物 （C）*adj*．实际的；实用性的 （D）*adj*．穿衣的；覆盖的

97. exhume

（A）*v*．急促奔跑 （B）*vt*．发掘；掘出 （C）*v*．憎恶；痛骂；诅咒 （D）*v*．根除；彻底毁坏

98. sham

(A) *n*. 命名法；术语 (B) *n*. 假装；骗子；赝品 *vt*. 假装；冒充 (C) *n*. 流行性感冒（简写为 flu） (D) *n*. 生面团；金钱

99. uniform

(A) *adj*. 微小的；详细的 (B) *adj*. 空虚的；空的；空缺的；空闲的；茫然的 (C) *adj*. 努力的；费力的；险峻的 (D) *adj*. 统一的；一致的；相同的；均衡的；始终如一的

100. vicious

(A) *adj*. 坚忍的；禁欲的；斯多葛学派的 (B) *adj*. 长期存在的；存在已久的 (C) *adj*. 恶毒的；恶意的；堕落的；有错误的；品性不端的；剧烈的 (D) *adj*. 荒凉的；感到凄凉的

101. celestial

(A) *adj*. 充足的 (B) *adj*. 轻蔑的 (C) *adj*. 天上的；天空的 (D) *adj*. 公正的；明断的；法庭的

102. nomination

(A) *n*. 破布；碎屑 (B) *n*. 审慎 (C) *n*. 任命；提名；提名权 (D) *n*. 变形；变质

103. scoundrel

(A) *n*. 恶作剧；开玩笑 *vt*. 装饰 *vi*. 炫耀自己；胡闹 (B) *n*. 昏暗；阴暗 (C) *n*. 痛苦；悲惨；不幸；苦恼；穷困 (D) *n*. 恶棍；无赖；流氓 *adj*. 恶棍（般）的；卑鄙的

104. surf

(A) *n*. 机构；习俗；制度 (B) *n*. 海浪；拍岸浪 (C) *n*. 归罪；非难；归咎；污名 (D) *n*. 玩世不恭；愤世嫉俗；冷嘲热讽

105. steadfast

(A) *adj*. 巧妙的；狡猾的；欺诈的 (B) *adj*. 不能弥补的；不能复原的；无法挽救的 (C) *adj*. 不朽的；不灭的 (D) *adj*. 坚定的

106. electric

(A) *adj*. 合法的；正当的；合理的；正统的 *vt*. 使……合法；认为正当（等于 legitimize） (B) *adj*. 紧张刺激的；扣人心弦的 (C) *adj*. 有独创性的；机灵的；精制的 (D) *adj*. 全知的；无所不知的 *n*. 上帝；无所不知者

107. detach

(A) *vt*. 分离；派遣；使……超然 (B) *v*. 给予；授予；商议 (C) *v*. 撕下……的假面具；揭露 (D) *vt*. 复制；折叠 *adj*. 复制的；折叠的

108. flimsy

(A) *adj*. 独裁主义的；权力主义的 *n*. 权力主义者；独裁主义者 (B) *adj*. 时代错误的 (C) *adj*. 鲸脂的 (D) *adj*. 浅薄的；易损坏的；不牢靠的

109. suffrage

(A) *n*. 机器人 (B) *n*. 冲突；争吵；不和 (C) *n*. 选举权；投票；参政权；代祷；赞成票 (D) *n*. 注视 *v*. 看见；注视

110. clobber

(A) *vt*. 推荐；称赞 *vi*. 称赞 (B) *v*. 击打 (C) *v*. 传播；流传；循环；流通 (D) *v*. 闪耀

111. engage

(A) *v*. & *n*. 喘息渴望 (B) *vt*. 吸引；使……加入；聘 *vi*. 从事；使……融入 *n*. 密切关系 (C) *vt*. 穿上 (D) *v*. 破译；译解 *n*. 密电（或密信）的译文

112. adorn

(A) *vi*. 堆积；倾斜转弯 (B) *vi*. 收割；收获 (C) *v*. & *n*. 嘲笑；戏弄；奚落 (D) *vt*. 装饰；使……生色

113. clairvoyant

(A) *n*. 过时；淘汰 (B) *n*. 剩余；残渣 *adj*. 剩余的；残留的 (C) *n*. 千里眼；有洞察力的人 *adj*. 透视的；有洞察力的 (D) *n*. 宣传者；鼓吹者

114. tempered

(A) *adj*. 地球的；尘世的；可能的 (B) *adj*. 缓和的；温和的；调节的 (C) *adj*. 单调的；无聊的 *n*. 单调 *vi*. 单调乏味地进行 (D) *adj*. 微妙的

115. coruscate
   (A) *v*. 俯冲   (B) *vi*. 焕发;闪烁   (C) *vt*. 组成;构成;建立;任命   (D) *vt*. 预言;预示;预告
116. sidestep
   (A) *vt*. 维护;证明…无辜;证明…正确   (B) *vt*. 回避(问题)   (C) *vt*. 组成;构成;建立;任命   (D) *v*. 模仿;仿效;仿造;伪造
117. hissing
   (A) *n*. 据点;立足处   (B) *n*. 企业家;承包人;主办者   (C) *n*. 蔑视;发嘶嘶声 *v*. 发出嘘声;发嘶嘶声   (D) *n*. (戏剧、电影的)午后场;日场
118. oversight
   (A) *n*. 缓存;贮存物;隐藏处 *vt*. 隐藏   (B) *n*. 苦工;苦差事   (C) *n*. 监督;照管;疏忽   (D) *n*. /心理/ 矛盾情绪;正反感情并存
119. disembark
   (A) *vt*. 发掘;掘出   (B) *v*. 用离心机分离;使……受离心作用 *n*. 离心机   (C) *vt*. 使……公之于众;揭开;揭幕 *vi*. 除去面纱;显露   (D) *vi*. 登陆;下车;上岸
120. curator
   (A) *n*. 水族馆;养鱼池;玻璃缸   (B) *n*. (旧)兄弟们;同胞;同党;会友   (C) *n*. 阳光突现;从云隙射下的阳光;镶有钻石的旭日形首饰   (D) *n*. 博物馆馆长;动物园园长
121. replicate
   (A) *vt*. 使……烦恼;使……困惑;使……恼怒   (B) *vt*. 复制;折叠 *adj*. 复制的;折叠的   (C) *vi*. 犯规;腐烂;缠结   (D) *vt*. 解放;释放

List 3 Practice

从下列选项中选出词义正确的一项。

1. enchant
   (A) *vi.* 选择 (B) *vi.* 分裂;裂成碎片 *n.* 碎片;微小的东西 (C) *vt.* 谴责;告发;公然抨击;通告废除 (D) *v.* 使……迷惑;施魔法;使……陶醉;使……入迷

2. fecundity
   (A) *n.* 海胆 (B) *n.* 沮丧;灰心;惊慌 *vt.* 使……沮丧;使……惊慌 (C) *n.* /生物/ 繁殖力;多产 (D) *n.* 无精打采;死气沉沉;昏睡;嗜眠(症)

3. slender
   (A) *adj.* 细长的;苗条的;微薄的 (B) *adj.* 笨拙的;笨重的;不灵便的;难处理的 (C) *adj.* 勤勉的 (D) *adj.* 猖獗的;蔓延的;狂暴的

4. outpost
   (A) *n.* 莲座丛;玫瑰形饰物;圆花饰 (B) *n.* /机/ 步冲轮廓法;抗偏驶性;分段剪切 (C) *n.* 歌剧中的首席女主角;名媛;喜怒无常的女人 (D) *n.* 前哨;警戒部队;边区村落

5. embark
   (A) *vi.* 从事;着手;上船或飞机 *vt.* 使……从事;使……上船 (B) *vt.* 使……均匀;使……类同 (C) *v.* 配置;展开;使……疏开 *n.* 部署 (D) *v.* 责骂;叱责 *n.* 责骂;爱责骂的人

6. be bound to
   (A) 必然;一定要 (B) 渴望;为……叹息 (C) 在…中间(等于 amidst) (D) 坚持立场

7. propeller
   (A) *n.* 卓越;杰出 (B) *n.* 鸟类羽毛;翅膀 (C) *n.* 机器人 (D) *n.* 螺旋桨;推进器

8. sinister
   (A) *adj.* 有害的;恶性的;致命的;险恶的 (B) *adj.* 阴险的;凶兆的;灾难性的;左边的 (C) *adj.* 忧郁的;昏暗的;严峻的 (D) *adj.* 教区的;狭小的;地方范围的

9. banter
   (A) *n.* 根据;证明;正当理由;委任状 *vt.* 保证;担保;批准;辩解 (B) *n.* 强烈反对机械化或自动化的人 (C) *n.* 上升;上坡路;登高 (D) *n.* 无恶意的玩笑

10. antithesis
    (A) *n.* 不足;缺点;不适当;不完全 (B) *n.* 对立面;对照;对仗 (C) *n.* 占星术;占星学;星座 (D) *n.* 步枪;滑膛枪;毛瑟枪

11. dubious
    (A) *adj.* 可疑的;暧昧的;无把握的;半信半疑的 (B) *adj.* 气象的;气象学的 (C) *adj.* 难懂的;易忘的;逃避的;难捉摸的 (D) *adj.* 平静的;温和的;沉着的

12. rouge
    (A) *n.* 无恶意的玩笑 (B) *n.* 沉思;冥想 *adj.* 冥想的;沉思的 (C) *n.* 宴会;盛宴 *vt.* 宴请;设宴款待 (D) *n.* 胭脂;口红;铁丹;红铁粉 *v.* 擦口红;在……上搽胭脂

13. seductive
    (A) *adj.* 未照亮的 (B) *adj.* 笨拙的 (C) *adj.* 不勉强的;非强迫的;不受约束的 (D) *adj.* 有魅力的;引人注意的;令人神往的

14. retribution
    (A) *n*. 饲料 *vi*. 搜寻粮草;搜寻   (B) *n*. 书包;小背包   (C) *n*. 报应;惩罚;报答;报偿   (D) *n*. 抗辩;辩论;用来反驳的论点

15. bounty
    (A) *n*. 慷慨;丰富;奖励金;赠款   (B) *n*. 欺骗;骗子;诡计   (C) *n*. 谨慎;小心   (D) *n*. 智慧;才智;智力

16. contemplate
    (A) *v*. & *n*. 诱惑   (B) *v*. 开沟;掘沟;修渠   (C) *v*. 获得(信息或支持);储存 *n*. 谷仓   (D) *v*. 沉思;注视;思忖;预期

17. loan
    (A) *n*. 刽子手;死刑执行人   (B) *n*. 样品;样本;标本   (C) *n*. 颠覆;破坏   (D) *n*. 贷款;借款 *vi*. 借出 *vt*. 借;借给

18. taper
    (A) *v*. 使……摇晃地悬挂着;提着;炫示;用……来诱惑(或激励)   (B) *v*. 逐渐减少;逐渐变弱   (C) *vt*. 使……疏远;离间;让与   (D) *v*. 赔偿;酬谢 *n*. 赔偿;报酬

19. lean
    (A) *adj*. 审美的(等于 aesthetic);感觉的 *n*. 美学;美学家;唯美主义者   (B) *adj*. 遏制的;威慑的;制止的 *n*. 威慑;妨碍物;挽留的事物   (C) *adj*. 不景气的 *v*. 倾斜身体;倾斜;倚靠;使……斜靠   (D) *adj*. 给予的;授予的

20. avarice
    (A) *n*. 不存在;虚无;无足轻重的人   (B) *n*. 海胆   (C) *n*. 贪婪;贪财   (D) *n*. 饲料 *vi*. 搜寻粮草;搜寻

21. knavery
    (A) *n*. 恶行;欺诈;无赖行为   (B) *n*. 礼堂;观众席   (C) *n*. 壁画   (D) *n*. 法制;合法

22. vaulted
    (A) *adj*. 雇佣的;唯利是图的 *n*. 雇佣兵;唯利是图者   (B) *adj*. 拱形的;圆顶的   (C) *adj*. 自满的;得意的;满足的   (D) *adj*. 虔诚的;敬神的;可嘉的;尽责的

23. institutionalize
    (A) *vi*. 咆哮着说 *vt*. 咆哮 *n*. 咆哮声   (B) *v*. & *n*. (有规律地)抽动;(有节奏地)跳动;抽搐;阵痛   (C) *vt*. 使…制度化   (D) *vi*. 发牢骚;叫喊;抱怨

24. lynx
    (A) *n*. 不适当;不正确;用词错误   (B) *n*. 讲道坛;高架操纵台;神职人员   (C) *n*. 猞猁;山猫   (D) *n*. 住处;营业所

25. ridge
    (A) *n*. 喉舌;代言人;送话口   (B) *n*. 平庸之才   (C) *n*. 山脊;山脉;屋脊   (D) *n*. /地质/山崩;大胜利 *vi*. 发生山崩;以压倒优势获胜

26. plenipotentiary
    (A) *adj*. 古怪的;反常的 *n*. 古怪的人   (B) *adj*. 轻蔑的   (C) *adj*. 全权代表的;有全权的 *n*. 全权代表;全权大使   (D) *adj*. 普遍的;到处渗透的;流行的

27. ambivalence
    (A) *n*. /心理/ 矛盾情绪;正反感情并存   (B) *n*. 食物;生计;支持   (C) *n*. 臂章;袖章;臂环   (D) *n*. 坏人;恶棍;戏剧、小说中的反派角色

28. countenance
    (A) *n*. 突出;突出物   (B) *n*. 中立;中性;中立立场   (C) *n*. 风力计;风速计   (D) *n*. 面容;表情;支持;拥护 *v*. 支持;赞同;认可

29. scornful
    (A) *adj*. 怀旧的;回忆往事的 *n*. 回忆录作者;回忆者   (B) *adj*. 体贴的;体谅的;考虑周到的   (C) *adj*. 轻蔑的   (D) *adj*. 极小的;微小的

30. granular
    (A) *adj*. 颗粒的;粒状的   (B) *adj*. 自高自大的   (C) *adj*. 肉体的;肉欲的;淫荡的   (D) *adj*. 私生

的;非法的;不合理的

31. bay
   (A) *vt*. 想象;预想   (B) *vt*. 向……吠叫   (C) *vt*. 阻碍;妨碍;阻止   (D) *vt*. 镀锌;通电;刺激

32. groundbreaking
   (A) *adj*. 开创性的   (B) *adj*. 分裂的   (C) *adj*. 困惑的;糊涂的;讨厌的;惊慌失措的   (D) *adj*. 沙哑的;刺耳的;粗声的

33. vile
   (A) *adj*. 卑鄙的;邪恶的;低廉的;肮脏的   (B) *adj*. 闷热的;狂暴的;淫荡的   (C) *adj*. 简明的;简洁的   (D) *adj*. 直觉的;凭直觉获知的

34. weld
   (A) *vt*. 焊接;使……结合;使……成整体 *vi*. 焊牢 *n*. 焊接;焊接点   (B) *vi*. 竞争;奋斗;斗争;争论 *vt*. 主张;为……斗争   (C) *vt*. 打开;呈现   (D) *vt*. 组成;构成;建立;任命

35. innate
   (A) *adj*. 口齿不清的;说不出话的   (B) *adj*. 怀旧的;乡愁的   (C) *adj*. 先天的;固有的   (D) *adj*. 夜曲的;夜曲的;夜间发生的

36. revamp
   (A) *vt*. 测算;估计;认为;计算   (B) *v*. 使……安心;安慰;重新保证;分保   (C) *vt*. 修补;翻新;修改 *n*. 改进;换新鞋面   (D) *vi*. 推测;投机;思索

37. encode
   (A) *vt*.(将文字材料)译成密码;编码;编制成计算机语言   (B) *v*. & *n*. 磨碎;折磨;苦工作   (C) *vi*. 倾侧;倾斜 *vt*. 使……倾侧;使……倾斜 *n*. 船的倾侧   (D) *vt*. 不予重视;将……轻描淡写

38. utter
   (A) *adj*. 沮丧的;没有精神的;意气消沉的   (B) *adj*. 完全的;彻底的;无条件的   (C) *adj*. 显著的;断然的   (D) *adj*. 介于中间的

39. in step with
   (A) 渴望;为……叹息   (B) 与……一致;协调;与…保持一致   (C) 尽管;尽管;虽然   (D) 制成

40. ugliness
   (A) *n*. 声音渐增 *adv*. 渐次加强地 *adj*. 渐强的 *vi*. 音量逐渐增强   (B) *n*. 食肉动物;食虫植物   (C) *n*. 顶点;高潮   (D) *n*. 丑陋

41. hatchet
   (A) *n*. 飞行员   (B) *n*. 被告(人) *adj*. 防御的;防守的   (C) *n*.补偿   (D) *n*. 短柄小斧

42. patrilocal
   (A) *adj*. 牵强附会的   (B) *adj*. 习惯的 *n*. 习惯法汇编   (C) *adj*. 无数的;种种的 *n*. 无数的;极大数量   (D) *adj*.(婚后)居住在男方家的

43. resolve
   (A) *vt*. 等候;等待;期待   (B) *vt*. 决定;使……分解 *vi*. 解决;分解 *n*. 坚决   (C) *vi*. 进行哲学探讨;理性地思考   (D) *v*. 发光;把……照向;擦亮;出色

44. reflexive
   (A) *adj*. 热情的;热心的;激烈的   (B) *adj*.(词或词形)反身的;反射性的;本能反应的;(关系)自反的;考虑自身影响的   (C) *adj*. 时髦的;现代风格的;潇洒的   (D) *adj*. 壮观的;给人深刻印象的;威风的;仪表堂堂的

45. staggering
   (A) *adj*. 惊人的;令人震惊的   (B) *adj*. 实用的;功利的;功利主义的   (C) *adj*. 容易的;不费力气的   (D) *adj*. 地球外的

46. asunder
   (A) *adv*. 道歉地   (B) *adv*. 公然地;喧闹地;看穿了地   (C) *adv*. 化为碎片地;分离地 *adj*. 分成碎片的;分离的   (D) *adv*. 计划性地

47. exceptional
   (A) *adj*. 国内的;家庭的 *n*. 国货;佣人   (B) *adj*.地狱的;令人毛骨悚然的   (C) *adj*. 异常的;例外的;优越的   (D) *adj*. 志趣不相投的

48. propel

(A) *vt*. 委派……为代表 *n*. 代表 (B) *v*. 摸索;探索 *n*. 摸索;触摸 (C) *vi*. 混合;交往 (D) *vt*. 推进;驱使;激励

49. crept

(A) *vt*. 提出 (B) *vt*. 构思;设计 (C) *vt*. 颁布;制定法律;扮演;发生 (D) *v*.悄悄地缓慢行进

50. wince

(A) *vt*. 鼓舞;使……精力充沛 (B) *v*. 把(马、牛)关进畜栏 *n*. (北美农牧场的)畜栏 (C) *vi*. 畏缩;退避 *n*. 畏缩 (D) *v*. 沉思;注视;思忖;预期

51. stupefy

(A) *v*. 呼喊;惊叫 (B) *vt*. 征服;击败;克服 (C) *v*. 化蛹 (D) *vt*. 使……惊呆;使……昏迷

52. drap

(A) *n*. 发现拖;呢绒;织物 *vt*. 使……滴下(等于 drop) *vi*. 滴下(等于 drop) (B) *n*. 旷工;旷课;有计划的怠工;经常无故缺席 (C) *n*. 肿块;隆起物;撞击 *v*. 碰撞;撞击;颠簸而行 *adv*. 突然地 (D) *n*. 赎罪;补偿;弥补

53. primacy

(A) *n*. 天空;苍天 (B) *n*.妙语;警句 (C) *n*. 男中音 *adj*. 男中音的 (D) *n*. 首位

54. triumph

(A) *n*. 假装;骗子;赝品 *vt*. 假装;冒充 (B) *n*.宣传者;鼓吹者 (C) *n*. 胜利;凯旋;欢欣 *vi*. 获得胜利;成功 (D) *n*. 盛会;选美比赛;露天表演;虚饰

55. duplicity

(A) *n*. 基础 (B) *n*. 口是心非;表里不一;不诚实 (C) *n*. 高峰;小尖塔;尖峰;极点 *vt*. 造小尖塔;置于尖顶上;置于高处 (D) *n*. 脊椎动物

56. steer

(A) *vi*. 潜伏;潜藏;埋伏 *n*. 潜伏;埋伏 (B) *vi*. 自夸;吹嘘 *vt*. 自夸;吹嘘 *n*. 自吹自擂 (C) *v*. 控制;驾驶 (D) *vi*. 踌躇;蹒跚;失足;犯错

57. exorbitant

(A) *adj*. 宽敞的;广阔的;无边无际的 (B) *adj*. 易受影响的;易感动的;容许……的 (C) *adj*. 构造似城堡的 (D) *adj*. (要价等)过高的;(性格等)过分的;不在法律范围之内的

58. ridership

(A) *n*. 生物多样性 (B) *n*. 弹性;跳回 (C) *n*. (某种公共交通工具的)客流量 (D) *n*. 学者 *adj*. 受过教育的

59. indulgence

(A) *n*. 毒药;祸害;灭亡的原因 (B) *n*. 显赫;卓越;高处 (C) *n*. /解剖/胰腺 (D) *n*. 纵容

60. contingent

(A) *n*. 基础;奠基石 (B) *n*. (警察、士兵、军车)批;代表团 (C) *n*. 极微小;希腊语的第九个字母 (D) *n*. 承租人;房客;佃户;居住者

61. flytrap

(A) *n*. 玩世不恭;愤世嫉俗;冷嘲热讽 (B) *n*. 捕蝇草;捕蝇器;防火墙机器 (C) *n*. 蛹 (D) *n*. 孔;穴;(照相机,望远镜等的)光圈;孔径;缝隙

62. corroboration

(A) *n*. 确证;证实;确证的事实 (B) *n*. 尸体 (C) *n*. 避开;(板球)刺杀 (D) *n*. 礼堂;观众席

63. overarching

(A) *adj*. 海藻的 (B) *adj*. 不勉强的;非强迫的;不受约束的 (C) *adj*.强制的 (D) *adj*. 首要的;支配一切的;包罗万象的

64. otter

(A) *n*. 服装;盛装 *vt*. 打扮;使……穿衣 (B) *n*. 水獭;水獭皮 (C) *n*. 猫科动物 *adj*. 猫科的;猫一样的;狡猾的 (D) *n*. 孤寂;悲哀;忧伤;荒芜;荒凉;废墟;凄凉

65. accrue

(A) *vi*. 喋喋不休;牙牙学语;作潺潺声 (B) *v*. & *n*. 反驳;回嘴 (C) *vt*. 掩盖;遮蔽;笼罩 (D) *vi*. 产生;自然增长或利益增加 *vt*. 获得;积累

66. clout

(A) *n*. 天气;气象;气候;处境 *vt*. 经受住;使……风化;侵蚀;使……受风吹雨打 *vi*. 风化;受侵蚀;经受风雨 *adj*. 露天的;迎风的 (B) *n*. 贴身男仆;用车的人;伺候客人停车 *vt*. 为……管理衣物;替……洗熨衣服 *vi*. 清洗汽车;服侍 (C) *n*. 破布;敲打;影响力 *vt*. 给……打补丁;猛击 (D) *n*. 超新星

67. purportedly

(A) *adv*. 过度地;不适当地;不正当地 (B) *adv*. 据称;据称地 (C) *adv*. 疯狂似地;狂暴地 (D) *adj*. 轻率的

68. by extension

(A) 渐升高;略微调高 (B) 自然地;当然地(用于提及另一自然相关的事物) (C) 促进 (D) (争论双方的)共同基础;一致之处

69. coercive

(A) *adj*. 优先的;选择的;特惠的;先取的 (B) *adj*. 遭遗弃的;丢失的 (C) *adj*. 强制的 (D) *adj*. 沉闷的;枯燥的

70. provincial

(A) *adj*. 无法回答的;没有责任的 (B) *adj*. 拱形的;圆顶的 (C) *adj*. 多年生的;常年的;四季不断的 (D) *adj*. 省的;地方性的;偏狭的 *n*. 粗野的人;乡下人;外地人

71. wobble

(A) *v*. 开沟;掘沟;修渠 (B) *vt*. 擦破;激怒 *vi*. 擦伤;激怒 *n*. 擦伤;气恼 (C) *v*. 摇晃;摇摆;游移不定 *n*. 摆晃;摇晃;不稳定 (D) *v*. 包围;困扰

72. vigilant

(A) *adj*. 警惕的;警醒的;注意的 (B) *adj*. 宽的;广阔的 (C) *adj*. 次最优的;最适度下的 (D) *adj*. 矛盾的;诡论的;似非而是的

73. summon

(A) *vt*. 诱使;怂恿 (B) *vt*. 召唤;召集 (C) *v*. 游说;拉选票 (D) *v*. 抵消

74. creed

(A) *n*. 层级;等级制度 (B) *n*. 信条;教义 (C) *n*. 蔑视 *vt*. 鄙弃 (D) *n*. 动力;促进;冲力

75. spire

(A) *n*. 涡流;漩涡 (B) *n*. 偏爱;嗜好 (C) *n*. 歌剧中的首席女主角;名媛;喜怒无常的女人 (D) *n*. 尖顶;尖塔;螺旋 *vi*. 螺旋形上升

76. unmask

(A) *vt*. 钉住;刺穿;使……呆住 (B) *v*. 使……迷惑;使……不知所措 (C) *v*. 撕下……的假面具;揭露 (D) *vt*. 整饰;推荐;喂马;刷洗(马等)

77. primates

(A) *n*. 心灵手巧;独创性;足智多谋;精巧的装置 (B) *n*. 混响;反射;反响;回响 (C) *n*. 灵长类 (D) *n*. 野兔

78. pant

(A) *vt*. 击败;摧毁;使……平坦 *vi*. 变平;变单调 (B) *vt*. 回避(问题) (C) *v*. & *n*. 喘息渴望 (D) *vt*. 包含;包围;环绕

79. translucent

(A) *adj*. 显著的;显而易见的 (B) *adj*. 半透明的 (C) *adj*. 微妙的 (D) *adj*. 英勇的;生机勃勃的

80. effortful

(A) *adj*. 气象的;气象学的 (B) *adj*. 一无所知的;无能为力的(含贬义) (C) *adj*. 需要努力的;显示努力的;充满努力的 (D) *adj*. 静态的;静电的;静力的 *n*. 静电;静电干扰

81. marginal

(A) *adj*. 切实可行的;可经营的;能工作的 (B) *adj*. 边缘的;临界的;末端的 (C) *adj*. 侠义的;骑士的 (D) *adj*. 不适当的;不相称的;不合身的;不得体的

82. give ground

(A) 给;产生;让步;举办;授予 (B) 充塞 *vi*. 拥挤 (C) 泛滥;肆虐 (D) 主张

83. liberate
　　(A) vt. 给予选举权;给予自治权;解放;释放　(B) v. 连接;联结;使……连锁 adj. 连接的;联结的;连锁的　(C) vt. 欺骗;使……着迷;轻松地消磨　(D) vt. 抵消

84. levitation
　　(A) n. 升空;飘浮　(B) n. 首位　(C) n. 幽灵;幻影;鬼怪　(D) n. 装饰品;附属品;配件

85. habitual
　　(A) adj. 心情矛盾的　(B) adj. 可察觉到的;可感知的　(C) adj. 难忘的;擦不掉的　(D) adj. 习惯的;惯常的;习以为常的

86. statute
　　(A) n. 落后;迟延;防护套;囚犯;桶板　(B) n. 剧变;隆起;举起　(C) n. 法规;法令;条例　(D) n. 微光;闪光;瞬息的一现 v. 闪烁;隐约地闪现

87. annex
　　(A) v. 并吞　(B) v. 破坏;撤销　(C) vt. 颠覆;推翻;破坏　(D) vt. 拒绝;否定;批判;与…断绝关系;拒付

88. broach
　　(A) vi. 同意;赞成;答应　(B) vt. 提出　(C) v. (用力)拖;拉;费力前进 n. 赃物;一网的捕鱼量;旅程;拖运距离　(D) v. 合并;汞齐化;调制汞合金

89. relinquishment
　　(A) n. 损害;伤害;损害物　(B) n. 作罢;让渡　(C) n. 食物;生计;支持　(D) n. 变异;变化;不一致;分歧;/数/方差

90. wreck
　　(A) n. 持续;停留;续篇;诉讼延期　(B) n. 制裁;处罚;制发 v. 批准;对……实行制裁;赞许　(C) n. 表现;显示;示威运动　(D) n. 破坏;失事;残骸;失去健康的人 vt. 破坏;使……失事;拆毁 vi. 失事;营救失事船只

91. intervene
　　(A) vt. 取代;置换;转移;把……免职　(B) vt. 证实;验证;确认;使……生效　(C) vi. 干涉;调停;插入　(D) v. 推翻;倾覆;瓦解;投(球过远);背弃 n. 推翻;打倒;倾覆;投球过猛;(拱门、门廊上方的)铁艺装饰板

92. perch
　　(A) n. (鸟的)栖木　(B) n. 沥青;柏油 vt. 以沥青铺 adj. 用柏油铺成的　(C) n. 紫红色;/植/倒挂金钟属　(D) n. 卖主;小贩

93. elongate
　　(A) vt. 拉长;使……延长;使……伸长 adj. 伸长的;延长的　(B) vt. 夯实;砸实;填塞 n. 捣棒;打夯的工具　(C) v. 恳求;请求　(D) vt. 投合;迎合;满足需要;提供饮食及服务

94. routine
　　(A) adj. 精明的;狡猾的;机灵的 n. 精明(的人);机灵(的人)　(B) adj. 受人尊敬的　(C) adj. 声学的;音响的;听觉的　(D) adj. 常规的;例行的;平常的;乏味的

95. ramble
　　(A) vi. 玩耍;轻快地跑;轻易地取胜 n. 嘻耍喧闹;顽皮的女孩　(B) v. (在乡间)漫步;闲逛;漫谈;闲聊;(植物)蔓生　(C) v. 使……迷惑;使……不知所措　(D) v. 激起(强烈的感情);搅动 n. 轰动;愤怒

96. pledge
　　(A) n. 悟性;洞察力;实际知识 v. 理解 adj. 聪慧的;具有实际知识的　(B) n. /化学/化合物;混合物;复合词 adj. 复合的;混合的 v. 合成;混合;恶化;加重;和解;妥协　(C) n. 保证;誓言;抵押;抵押品;典当物　(D) n. 一致;舆论;合意

97. attire
　　(A) n. 复审;复试　(B) n. 焦虑不安　(C) n. 立场;姿态;位置;准备击球姿势　(D) n. 服装;盛装 vt. 打扮;使……穿衣

98. vaccine
　　(A) n. 疫苗　(B) n. 厚板;平板;混凝土路面;厚片 vt. 把……分成厚片;用石板铺　(C) n. 瘟疫

麻烦事 v. 使……折磨；使……苦恼 (D) n. 固执；顽固；(病痛等的)难治；难解除

99. seesaw
(A) n. 迫击炮；臼；研钵；灰浆 vt. 用灰泥涂抹；用灰泥结合 (B) n. 跷跷板；秋千 adj. 交互的；前后动的 vi. 玩跷跷板上下来回摇动 vt. 使……上下或来回摇动 (C) n. (英)卡车；/车辆/货车；运料车 (D) n. 复制品；仿制品

100. aught
(A) n. /数//物/梯度；坡度；倾斜度 (B) n. 自高自大者 (C) n. 公顷(等于1万平方米) (D) n. 任何事物(等于 anything)；无物

101. fraud
(A) n. 饵；诱惑物 v. 上饵；故意激怒；(放犬)折磨或攻击(动物) (B) n. 自制；忍耐；宽容 (C) n. 欺骗；骗子；诡计 (D) n. 波纹；涟漪 vi. 起潺潺声

102. culinary
(A) adj. 优先的；选择的；特惠的；先取的 (B) adj. 烹饪的；烹饪用的；食物的 (C) adj. 联动的 (D) adj. 感官的；性感的

103. balsam
(A) n. 面积 (B) n. 特点；品质证明 (C) n. 立场；姿态；位置；准备击球姿势 (D) n. 香脂；凤仙花；香膏；产香脂的树

104. invigorate
(A) vt. 假定；要求；视……为理所当然 n. 基本条件；假定 (B) vt. 鼓舞；使……精力充沛 (C) vt. 使……登基；立……为王；任为主教；崇拜 vi. 热心 (D) vt. 掩盖；遮蔽；笼罩

105. avenue
(A) n. 方法；途径 (B) n. 藏品；无主财宝；埋藏物；宝库 (C) n. 主妇；保姆；妇女；女舍监 (D) n. 澄清；说明；净化

106. haul
(A) vt. 声称；意图；意指；打算 (B) v. (用力)拖；拉；费力前进 (C) v. & n. 讲述；叙述；重新计数或计算 (D) vi. 濒临；接近；处在边缘 n. 边缘

107. scrupulous
(A) adj. 细心的；小心谨慎的；一丝不苟的 (B) adj. 通货紧缩的 (C) adj. 夸张的；情节剧的；戏剧似的 (D) adj. 昏昏欲睡的；沉寂的；催眠的

108. eminent
(A) adj. 不能弥补的；不能复原的；无法挽救的 (B) adj. 卓越的；有名望的 (C) adj. 自大的；傲慢的 (D) adj. 似垫子的；柔软的

109. apprehensive
(A) adj. 忧虑的；不安的；敏悟的；知晓的 (B) adj. 自身免疫的；自体免疫的 (C) adj. 良性的；仁慈的；有益的；和蔼的 (D) adj. 社会的

110. escort
(A) vt. 使……气馁；使……畏缩；威吓 (B) vt. 提出 (C) vt. 护送；陪同 n. 陪同；护航舰 (D) v. 合并汞齐化；调制汞合金

111. indigenous
(A) adj. 从属的；次要的 n. 部属 v. 使……居下位 (B) adj. 揭幕的 n. 除去遮盖物；公开；揭幕式 v. 揭示；除去面纱 (C) adj. 本土的；国产的；固有的 (D) adj. 大都会的

112. whence
(A) adv. 单独地；唯一地 (B) adv. 贪心地；妄想地 (C) adv. & conj. 用以 pron. 借以 (D) adv. 从何处；由此；到原来的地方

113. allay
(A) vt. 假定；推测；擅自；意味着 (B) v. 使……持续；使……长存；使……永久化(尤指不好的事物) (C) vt. 减轻；使……缓和；使……平静 (D) v. 膨胀；肿胀；隆起 n. 肿胀；隆起 adj. 漂亮的；一流的

114. herbivory
(A) n. 食草性 (B) n. (痛苦的)减轻；缓和；辩解 (C) n. 先驱；前导 (D) n. 豆类；豆科植物；豆

荚

115. pilot

(A) *n*. 狼狈;挫败;崩溃 (B) *n*. 飞行员 *v*. 驾驶;引导;试用 (C) *n*. 恢复;复位;王政复辟;归还 (D) *n*. 自高自大者

116. inconsiderate

(A) *adj*. 真正的;真实的;可信的 (B) *adj*. 差的;自卑的;下级的;下等的 (C) *adj*. 轻率的;不顾别人的;无谋的 (D) *adj*. 无形的;触摸不到的;难以理解的

117. stamina

(A) *n*. 膨胀;通货膨胀;夸张;自命不凡 (B) *n*. /解剖/胰腺 (C) *n*. 信条;教义 (D) *n*. 耐力;持久力;毅力

118. palp

(A) *n*. 基础;奠基石 (B) *n*. 自制;忍耐;宽容 (C) *n*. (昆虫等的)触须(等于 palpus) (D) *n*. 迫击炮;臼;研钵;灰浆 *vt*. 用灰泥涂抹;用灰泥结合

119. superadd

(A) *vt*. 潦草地写 (B) *vt*. 添加;再加上 (C) *vi*. 喋喋不休;牙牙学语;作潺潺声 (D) *v*. 萌芽;发芽;迅速增长 *n*. 芽;嫩枝

120. doggedly

(A) *adv*. 直到此时;迄今为止;在这以前 (B) *adv*. 极其;痛惜地;非常痛地 (C) *adv*. 贪心地;妄想地 (D) *adv*. 顽强地;固执地

121. dread

(A) *vt*. 操纵;操作;巧妙地处理;篡改 (B) *v*. & *n*. 惧怕 (C) *v*. & *n*. 不匹配 (D) *v*. 传播;流传;循环;流通

List 4 Practice

从下列选项中选出词义正确的一项。

1. moult
   (A) v.(动物)脱毛;换羽;(毛、羽)蜕去 n. 脱毛;换羽　(B) v. 潜行;徘徊;搜寻 n. 徘徊;潜行;悄悄踱步　(C) vt. 使……烦恼;使……困惑;使……恼怒　(D) v. & n. 畏缩;奉承;阿谀

2. brethren
   (A) n. 特征　(B) n. 制裁;处罚;制发 v. 批准;对……实行制裁;赞许　(C) n. 打扰　(D) n. (旧)兄弟们;同胞;同党;会友

3. dispirited
   (A) adj. 朦胧的;星云的;星云状的　(B) adj. 连续的;继承的;依次的　(C) adj. 在前的;前面的　(D) adj. 沮丧的;没有精神的;意气消沉的

4. android
   (A) n. 强求;勒索;榨取;苛捐杂税　(B) n. 欢笑;嬉戏;欢庆　(C) n. 机器人　(D) n. 优越;优势;优越性

5. impetus
   (A) n. 骚乱;混乱;故意伤害罪;重伤罪;蓄意破坏　(B) n. 贵族　(C) n. 动力;促进;冲力　(D) n. 脱水

6. burgeon
   (A) vt. 使……麻木;毁坏 vi. 死亡;毁灭;腐烂;枯萎　(B) vt. 猛冲;猛撞;猛击;赶紧离开;使……破灭　(C) v. 萌芽;发芽;迅速增长 n. 芽;嫩枝　(D) v. 做手脚;破坏

7. tantamount
   (A) adj. 微妙的　(B) adj. 不情愿的;勉强的;顽抗的　(C) adj. 无异于的　(D) adj. 高的;崇高的;高级的;高傲的

8. aspiration
   (A) n. 异常;不规则;反常事物　(B) n. 任命;提名;提名权　(C) n. 分解;溶解;(议会等的)解散;(契约等的)解除;死亡　(D) n. 渴望;抱负;送气;吸气

9. agronomist
   (A) n. 反复无常;易变;不定性　(B) n. 毒药;祸害;灭亡的原因　(C) n. 脊椎动物　(D) n. 农学家

10. enmity
    (A) n. 敌意;憎恨　(B) n. 花岗岩;坚毅;冷酷无情　(C) n. 复制品;仿制品　(D) n. 至上主义者 adj. 至上主义者的

11. onerous
    (A) adj. 母亲的;母系的;母体遗传的　(B) adj. 包含的;包括的　(C) adj. 转基因的;基因改造的　(D) adj. 繁重的;麻烦的;负有义务的;负有法律责任的

12. manifestation
    (A) n. 怪癖;急转;借口　(B) n. 表现;显示;示威运动　(C) n. 辛苦;辛苦工作 vi. 辛苦工作 vt. 费力地做;使……过度劳累　(D) n. 草皮

13. adversary
    (A) n. 后见之明;枪的照门　(B) n. 对手;敌手　(C) n. 小玩意;小器具;小配件;诡计　(D) n. 纠

察员

14. venerable
    (A) *adj*. 深渊的;深海的;深不可测的 (B) *adj*. 庄严的;值得尊敬的;珍贵的 (C) *adj*. 尖端细的;渐渐减少的 (D) *adj*. 最高的;最高级的;过度的 *n*. 最高级

15. ennoble
    (A) *vt*. 钉住;刺穿;使……呆住 (B) *vt*. 批准;认可 (C) *v*. 蹒跚学步;摇摇晃晃地走 (D) *vt*. 使……成为贵族;使……高贵;授予爵位

16. prosecute
    (A) *vt*. 忽视;草率地看过;含糊地念;诋毁 *n*. 污点;诽谤;连音符 (B) *v*. 模仿;仿效;仿造
    (C) *vt*. 阻碍;妨碍;阻止 (D) *vt*. 检举;贯彻;从事;依法进行 *vi*. 起诉;告发;做检察官

17. uncongenial
    (A) *adj*. 模糊的 (B) *adj*. 赤道的;近赤道的;中纬线的 (C) *adj*. 英勇的;生机勃勃的
    (D) *adj*. 志趣不相投的

18. vanquish
    (A) *vt*. 阐明;说明 (B) *vi*. 发牢骚;叫喊;抱怨 (C) *vt*. 征服;击败;克服 (D) *vt*. 超过;擅长 *vi*. (在某方面)胜过(或超过)别人

19. lattice
    (A) *n*. 男中音 *adj*. 男中音的 (B) *n*. 线性;线性度;直线性 (C) *n*. 恩人;捐助者;施主
    (D) *n*. /晶体/晶格;格子;格架

20. encampment
    (A) *n*. 撤退;收回;提款;取消;退股 (B) *n*. /兽医/兽疥癣;/兽医/家畜疗 (C) *n*. /地质/海侵;犯罪;违反;逸出 (D) *n*. 营地;露营

21. deface
    (A) *v*. 损伤外观;丑化;毁坏 (B) *vt*. 使……闪耀;使……张开 *n*. 加剧;恶化;底部展开;闪耀;耀斑
    (C) *v*. 摸索;探索 *n*. 摸索;触摸 (D) *vt*. 超过;走过头

22. strenuously
    (A) *adv*. 不能取消地;不能撤回地 (B) *adv*. 刻苦地;勤勉地 (C) *adv*. 计划性地 (D) *adv*. 勤奋地;费力地

23. augment
    (A) *vt*. 包围;包封 *n*. 信封;包裹 (B) *v*. & *n*. 增加;增大 (C) *vi*. 飘动;鼓翼;烦扰 *n*. 摆动;鼓翼;烦扰 (D) *vi*. 减价;跌价

24. oculi
    (A) *n*. 流行性感冒(简写 flu) (B) *n*. 眼 (C) *n*. 显赫;卓越;高处 (D) *n*. 分解;溶解;(议会等的)解散;(契约等的)解除;死亡

25. wrest
    (A) *vt*. 用力拧;抢夺;歪曲 *n*. 扭;拧 (B) *v*. & *n*. 怀恨;怨恨 (C) *vi*. 发哼声 *vt*. 哼着说 *n*. 哼声;鼻息 (D) *v*. 把(马、牛)关进畜栏 *n*. (北美农牧场的)畜栏

26. swindle
    (A) *v*. & *n*. 诈骗 (B) *vt*. 弄脏;涂污 *n*. 污点;污迹;烟熏火堆 (C) *v*. & *n*. 磨碎;折磨;苦工作
    (D) *vt*. 唤醒;激起;使……振奋

27. commend
    (A) *v*. 禁闭;监禁 (B) *vt*. 控告;暗示……有罪 (C) *v*. 包围;困扰 (D) *vt*. 推荐;称赞 *vi*. 称赞

28. malnutrition
    (A) *n*. 政权;政体;社会制度;管理体制 (B) *n*. 智慧;才智;智力 (C) *n*. 糖尿病;多尿症
    (D) *n*. 营养失调;营养不良

29. welter
    (A) *n*. 适度;节制;温和;缓和 (B) *n*. 警告 (C) *n*. 杂乱的一堆;一片混乱;翻滚;起伏
    (D) *n*. 学究;书呆子;卖弄学问的人;空谈家

30. smirk
    (A) *vi*. 混日子;游手好闲;偷懒 (B) *vt*. 先发制人;垄断;囤积 (C) *vi*. 喋喋不休;牙牙学语;作潺

203

潺声　(D) v. 得意地笑；幸灾乐祸地笑；傻笑；假笑；以假笑表示；以傻笑表示 n. 傻笑；得意的笑；假笑

31. uphill
　　(A) adj. 隐蔽的；隐退的；隐居的 v. 隔绝　(B) adj. 上山的；艰难的(斗争等)　(C) adj. 穷困的；无的；缺乏的　(D) adj. 易挥发的；不稳定的；反复无常的

32. distressed
　　(A) adj. 狡猾的；逃避的；善于骗人的；躲闪的　(B) adj. 心烦的；忧虑的　(C) adj. 良性的；仁慈的；有益的；和蔼的　(D) adj. 有专营市场的；贪得无厌的；不知足的

33. thermoregulation
　　(A) n. 苦工；苦差事　(B) n. 温度调节　(C) n. 破布；敲打；影响力 vt. 给……打补丁；猛击　(D) n. 妙语；嘲弄；讽刺语 vi. 嘲弄；讥讽

34. convulsion
　　(A) n. 装配；集会；汇编；编译　(B) n. 贫困；贫穷　(C) n. 惊厥；动乱；震撼；震动　(D) n. 完整；正直；诚实；廉正

35. intricate
　　(A) adj. 完整的；原封不动的；未受损伤的　(B) adj. 货币的；财政的　(C) adj. 复杂的；错综的；缠结的　(D) adj. 不注意的；不留心的

36. reconcile
　　(A) vt. 使……隔绝；使……隐退；没收；扣押　(B) vt. 使……全神贯注；独占；吸引　(C) v. 咆哮；气势汹汹地说(但效果不大)　(D) vt. 使……一致；使……和解；调停；调解；使……顺从

37. feline
　　(A) n. 高压灭菌器；高压锅　(B) n. 词典编纂者　(C) n. 单调；千篇一律　(D) n. 猫科动物 adj. 猫科的；猫一样的；狡猾的

38. speck
　　(A) n. 调色板；颜料　(B) n. 灰尘；污点；小颗粒 vt. 使……有斑点　(C) n. 头皮；战利品 v. 剥头皮　(D) n. 极微小；希腊语的第九个字母

39. matron
　　(A) n. 主妇；保姆；妇女；女舍监　(B) n. 变形；/物/失真；扭曲；曲解　(C) n. (人的)个性；类型　(D) n. 折扣；贴现率 vi. 贴现；打折扣出售商品 vt. 打折扣；将……贴现；贬损；低估；忽视

40. freewheeling
　　(A) adj. 疲倦的；厌烦的 vi. 疲倦；厌烦　(B) adj. 简明的；简洁的　(C) adj. 私生的；非法的；不合理的　(D) adj. 随心所欲的；惯性滑行的 n. 惯性滑行

41. weedy
　　(A) adj. 连通的；有联系的　(B) adj. 可爱的；讨人喜欢的　(C) adj. 有害的；恶性的；致命的；险恶的　(D) adj. 瘦弱的；似杂草的；尽是杂草的

42. pelvis
　　(A) n. 虔诚；孝敬；虔诚的行为或语言　(B) n. 债权人；贷方　(C) n. 骨盆　(D) n. (穷人居住的)简陋小木屋

43. seamlessly
　　(A) adv. 无缝地　(B) adv. 勤奋地；勤勉地　(C) adv. 从何处；由此；到原来的地方　(D) adv. 极端地；可怕地；非常地

44. cartographer
　　(A) n. 敌意；憎恶　(B) n. 舞台；竞技场　(C) n. 标题；字幕；说明；逮捕 vt. 加上说明；加上标题　(D) n. 制图师；地图制作者

45. mediation
　　(A) n. /脊椎/驼鹿；麋　(B) n. 指甲修饰师　(C) n. 宴会；盛宴 vt. 宴请；设宴款待　(D) n. 调解；仲裁；调停

46. animism
　　(A) n. 投机；推测；思索；投机买卖　(B) n. 欺骗；诡计　(C) n. 万物有灵论　(D) n. 补偿；报酬；赔偿金

47. benignant
   (A) *adj*. 宽宏大量的；有雅量的；宽大的 (B) *adj*. 良性的；仁慈的；有益的；和蔼的 (C) *adj*. 天上的 *n*. 神仙 (D) *adj*. 同义的

48. connexion
   (A) *n*. 指甲修饰师 (B) *n*. 危难；不幸；贫困 *vt*. 使……悲痛；使……贫困 (C) *n*. 迷宫；迷惑 *vt*. 迷失；使……混乱 (D) *n*. 连接；联系

49. predilection
   (A) *n*. 偏爱；嗜好 (B) *n*. /光//天/光度；光明；光辉 (C) *n*. 农学家 (D) *n*. 剧变；隆起；举起

50. inhospitable
   (A) *adj*. 警惕的；警醒的；注意的 (B) *adj*. 闲置的；懒惰的；停顿的 *vi*. 无所事事；虚度；空转
   (C) *adj*. 谦逊的；含蓄的；不炫耀的 (D) *adj*. 荒凉的；冷淡的；不好客的；不适居留的

51. assiduously
   (A) *adv*. 刻苦地；勤勉地 (B) *adv*. 可耻地 (C) *adv*. 从何处；由此；到原来的地方 (D) *adv*. 全部地；立刻地；率直地；一直向前；痛快地 *adj*. 完全的；彻底的；直率的；总共的

52. propagate
   (A) *v*. 传播；繁殖 (B) *vi*. 发哼声 *vt*. 哼着说 *n*. 哼声；鼻息 (C) *vt*. 公开；揭露 (D) *v*. 传达；表达(思想感情)

53. layoffs
   (A) *n*. 危难；不幸；贫困；悲痛 *vt*. 使……悲痛；使……贫困 (B) *n*. 困境；誓约 *vt*. 保证；约定
   (C) *n*. 裁员；解雇 (D) *n*. 鳏夫

54. murky
   (A) *adj*. 勤勉的 (B) *adj*. 浑浊的；含糊不清的 (C) *adj*. 多余的；过剩的；被解雇的；失业的；冗长的；累赘的 (D) *adj*. 极乐的；幸福的

55. nectar
   (A) *n*. /植/花蜜；甘露；神酒；任何美味的饮料 (B) *n*. 贷款；借款 *vi*. 借出 *vt*. 借；借给 (C) *n*. 主权；统治权；支配；领土 (D) *n*. /地理//水文/泻湖；环礁湖；咸水湖

56. lament
   (A) *n*. 糖尿病；多尿症 (B) *n*. 一绺头发；发辫；卷发；枝条 *vt*. 把(头发)梳理成绺 (C) *n*. 挽歌；恸哭 *vi*. 哀悼；悲叹 *vt*. 哀悼；痛惜 (D) *n*. 识别；洞察力；敏锐；眼力

57. overthrow
   (A) *vt*. 等候；等待；期待 (B) *vi*. 进餐；用餐 (C) *v*. 推翻；倾覆；瓦解；投(球过远；背弃 *n*. 推翻；打倒；倾覆；投球过猛；(拱门、门廊上方的)铁艺装饰板 (D) *vt*. 使……最优化；使……完善

58. ubiquity
   (A) *n*. 普遍存在；到处存在 (B) *n*. (鸟)的肌胃；砂囊 (C) *n*. 奢侈；浪费；过度；放肆的言行
   (D) *n*. 书包；小背包

59. imperishable
   (A) *adj*. 不朽的；不灭的 (B) *adj*. 货币的；财政的 (C) *adj*. 古怪的；异想天开的；反复无常的
   (D) *adj*. 一无所知的；无能为力的(含贬义)

60. opt
   (A) *v*. & *n*. 还击；机敏的回答 (B) *vt*. 使……重新统一；再统一；再联合 (C) *vi*. 选择
   (D) *vt*. 教化；赋予人性；使……通人情

61. slander
   (A) *n*. 措辞；语法；词组 (B) *n*. 诽谤；中伤 *v*. 诽谤；诋毁；造谣中伤 (C) *n*. /天/类星体；恒星状球体 (D) *n*. 同谋者；共犯

62. cramp
   (A) *n*. 痉挛；绞痛 *vt*. 束缚；限制 *adj*. 狭窄的；难解的 (B) *n*. 热带和亚热带草原；(非洲的)稀树草原 (C) *n*. 剧烈；敏锐；锐利 (D) *n*. 俯冲；除去；减法

63. self-sufficiency
   (A) *n*. 谎言；虚伪；撒谎癖 (B) *n*. 隆隆声；辘辘声 *v*. 隆隆作响；喃喃地讲话 (C) *n*. 自给自足
   (D) *n*. 制图师；地图制作者

64. palsy
    (A) n. 瘫痪；麻痹 (B) n. 人体模型；服装模特儿 (C) n. 免除；豁免；免税 (D) n. 绿色植物；温室

65. wickedness
    (A) n. 邪恶；不道德 (B) n. /脊椎/驼鹿；麋 (C) n. 创造性；发明的才能 (D) n. 怪念头；反复无常

66. regime
    (A) n. 分配；分配物；养家费；命运 (B) n. 破坏；失事；残骸；失去健康的人 vt. 破坏；使……失事；拆毁 vi. 失事；营救失事船只 (C) n. 政权；政体；社会制度；管理体制 (D) n. 顶点；高潮

67. bait
    (A) n. 饵；诱惑物 v. 上饵；故意激怒；(放犬)折磨或攻击(动物) (B) n. 热带和亚热带草原；(非洲的)稀树草原 (C) n. 小岛 (D) n. 揭发隐私

68. panicky
    (A) adj. 可怕的；耸人听闻的；火烧似的 (B) adj. 恐慌的；惊慌失措的 (C) adj. 不知情的；不知不觉的；无意的 (D) adj. 私生的；非法的；不合理的

69. mange
    (A) n. /兽医/兽疥癣；/兽医/家畜疥 (B) n. 唯我主义；利己主义 (C) n. 下面；阴暗面 (D) n. 简陋的小屋；棚屋

70. impenetrable
    (A) adj. 崭新的；清新的；干净的；未开发的；原始的 (B) adj. 紧张刺激的；扣人心弦的 (C) adj. 不能通过的；顽固的；费解的；不接纳的 (D) adj. 仁慈的；慈悲的；宽容的

71. primary
    (A) adj. 艳丽的；炫耀的；显眼的 (B) adj. 主要的；初级的 (C) adj. 宽敞的；广阔的；无边无际的 (D) adj. 贵族的；贵族政治的；有贵族气派的

72. burrow
    (A) vt. 引出；演绎 (B) v. 挖洞 n. (动物的)洞穴 (C) vt. 使……茫然 n. 迷乱 (D) vt. 推进；驱使；激励

73. apparition
    (A) n. 措辞；语法；词组 (B) n. 码头；停泊处 v. 靠码头；为……建码头 (C) n. 路堤；堤防 (D) n. 幽灵；幻影；鬼怪

74. variance
    (A) n. 厚板；平板；混凝土路面；厚片 vt. 把……分成厚片；用石板铺 (B) n. 命名法；术语 (C) n. 玩世不恭；愤世嫉俗；冷嘲热讽 (D) n. 变异；变化；不一致；分歧；/数/方差

75. throb
    (A) v. (用力)拖；拉；费力前进 n. 赃物；一网的捕鱼量；旅程；拖运距离 (B) vi. 争；竞争 vt. 使……针锋相对；提出……来竞争；以……作较量；/vying/ adj. / (C) v. & n. (有规律地)抽动；(有节奏地)跳动；抽搐；阵痛 (D) vt. 引出；演绎

76. dispel
    (A) vt. 驱散；驱逐；消除 (B) v. 歧视；区别；辨别 (C) vt. 庆祝；纪念 (D) vi. 攀登；爬上 vt. 爬；攀登 n. 攀登；爬上

77. meanness
    (A) n. 补偿 (B) n. 黄蜂 (C) n. 昏暗；阴暗 (D) n. 卑鄙；吝啬；劣等

78. baptism
    (A) n. 二分法；两分；分裂；双歧分枝 (B) n. 方法；途径 (C) n. 样品；样本；标本 (D) n. 洗礼；严峻考验

79. supremacist
    (A) n. 故意的假情报；虚假信息 (B) n. 至上主义者 adj. 至上主义者的 (C) n. 短吻鳄 (D) n. 寄宿；寄宿处；出租的房间

80. matinee
    (A) n. 表征；代币；记号 adj. 象征的；表意的 vt. 象征；代表 (B) n. 流利；健谈 (C) n. 针脚；线

迹;一针 v. 缝合 （D）n.（戏剧、电影的）午后场;日场

81. misperception
（A）n. 乐土 （B）n. 挂锁;关闭;禁止进入 vt. 用挂锁锁上;关闭 （C）n. 误解;错误知觉 （D）n. 原型;标准;模范

82. temporal
（A）adj./管理/ 管理的;经理的 （B）adj. 轻率的;不慎重的 （C）adj. 暂时的;当时的;现世的 （D）adj. 可有可无的;非必要的

83. disdain
（A）n. 相似;相似之处;相似物;肖像 （B）n. 蔑视 vt. 鄙弃 （C）n. 新奇事物;异族事物 （D）n. 海市蜃楼;幻想

84. dodgy
（A）adj. 狡猾的;逃避的;善于骗人的;躲闪的 （B）adj. 畅通无阻的;未受阻的 （C）adj. 沮丧的; 低垂的;气馁的 n. 倒台;俯视的目光;向下转换 （D）adj. 似垫子的;柔软的

85. promptly
（A）adv. 谨慎地;保存地;适当地 （B）adv. 过度地;不适当地;不正当地 （C）adv. 坚决地;不妥协地 （D）adv. 迅速地;立即地;敏捷地

86. crave
（A）vt. 节制;减轻 （B）vt. 使……气馁;使……畏缩;威吓 （C）v.（在乡间）漫步;闲逛;漫谈;闲聊;(植物)蔓生 （D）v. 渴望;恳求

87. esteemed
（A）adj. 紧张忙碌的;肺病的;脸上发红的;狂热的 （B）adj. 受人尊敬的 （C）adj. 显著的;看得见的 n./物/ 可观察量 （D）adj. 可理解的

88. unseemly
（A）adj. 不适宜的;不得体的 （B）adj. 朴素的;未装饰的 （C）adj. 未开发的;未使用的;塞子未开的 （D）adj. 神秘的;不可理解的;不能预测的;不可思议的

89. plunge
（A）vt. 使……喜悦;使……高兴 （B）v. 使……突然地下落;猛插;骤降;陡峭地向下倾斜;颠簸;跳进;使……陷入;栽种 （C）vi. 弯腰 n. 弯腰 vt. 俯曲 （D）vt. 充分满足;使……厌腻

90. warfare
（A）n. 战争;冲突 （B）n. 人口普查;人口调查 （C）n.（警察、士兵、军车）批;代表团 （D）n. 慎重;细心

91. redundant
（A）adj. 饮食的;饭食的;规定食物的 n. 规定的食物;食谱 （B）adj. 细心的;小心谨慎的;一丝不苟的 （C）adj. 多余的;过剩的;被解雇的;失业的;冗长的;累赘的 （D）adj. 不确实的;偶然发生的;不安的

92. fanciful
（A）adj. 想象的;稀奇的 （B）adj. 荒凉的;无人烟的 vt. 使……荒凉;使……孤寂 （C）adj. 坦率的;直言不讳的 （D）adj. 有害的;有毒的;败坏道德的;讨厌的

93. mangrove
（A）n. 牛皮纸 （B）n.（土地或房产的）终身保有者;永久产权的业主 （C）n. 红树林 （D）n. 企业;风险;冒险 vi. 冒险;投机

94. militate
（A）v. 急促奔跑 （B）vt. 引出;演绎 （C）vt. 反刍;反复思考 vi. 沉思;反刍 （D）vi. 有影响;产生作用

95. megalith
（A）n. 二分法;两分;分裂;双歧分枝 （B）n. 方法;途径 （C）n. 巨石 （D）n. 条纹;流束

96. penury
（A）n. 存货;存货清单;详细目录;财产清册 （B）n. 贫困;贫穷 （C）n. 层级;等级制度 （D）n. 祭祀的本领

97. bank

　　(A) *vi*. 堆积；倾斜转弯　(B) *vt*. 复制；折叠 *adj*. 复制的；折叠的　(C) *v*. 激起(强烈的感情)；搅动 *n*. 轰动；愤怒　(D) *v*. 极化；偏振；两极分化

98. unwieldy

　　(A) *adj*. 笨拙的；笨重的；不灵便的；难处理的　(B) *adj*. 神经过敏的；神经病的 *n*. 神经病患者；神经过敏者　(C) *adj*. 精明的；狡猾的；机灵的 *n*. 精明(的人)；机灵(的人)　(D) *adj*. 轻蔑的

99. tedious

　　(A) *adj*. 独裁主义的；权力主义的 *n*. 权力主义者；独裁主义者　(B) *adj*. 沉闷的；冗长乏味的　(C) *adj*. 珍珠的　(D) *adj*. 响亮的

100. correctitude

　　(A) *n*. 起诉；检举；进行；经营　(B) *n*. 端正；得体　(C) *n*. 装杂物的容器；总受器；分沫器 *adj*. 包罗万象的　(D) *n*. 束缚；桎梏；脚镣

101. enfeeble

　　(A) *vt*. 承认；公开宣称；坦率承认　(B) *vt*. 潦草地写　(C) *vt*. 使……衰弱；使……无力　(D) *v*. 使……安心；安慰；重新保证；分保

102. candidacy

　　(A) *n*. /管理/禁令；命令；劝告　(B) *n*. 天真；质朴；纯真无邪　(C) *n*. 骑士；武士；爵士；*vt*. 授以爵位　(D) *n*. 候选资格；候选人之身份

103. reap

　　(A) *v*.(经过大量努力)获得；争取到　(B) *vi*. 咆哮着说 *vt*. 咆哮 *n*. 咆哮声　(C) *v*. (河流、道路等)蜿蜒；漫步 *n*. 河流(或道路)弯道；河曲；漫游　(D) *vi*. 收割；收获

104. strife

　　(A) *n*. 覆盖 *v*. 用裹尸布裹；遮蔽　(B) *n*. 书包；小背包　(C) *n*. 保留；扣留；滞留；记忆力；闭尿　(D) *n*. 冲突；争吵；不和

105. bribe

　　(A) *vt*. 充塞 *vi*. 拥挤　(B) *vt*. 使……气馁；使……畏缩；威吓　(C) *vt*. 以高人一等的态度对待；经常光顾；惠顾；资助；保护　(D) *v*. 向……行贿；诱哄(尤指小孩) *n*. 贿赂

106. despise

　　(A) *vt*. 钉住；刺穿；使……呆住　(B) *v*. 包围；困扰　(C) *v*. 汇款；赦(罪)；推迟；减弱 *n*. 职权范围　(D) *vt*. 轻视；鄙视

107. indefatigable

　　(A) *adj*. 合法的；正当的；合理的；正统的 *vt*. 使……合法；认为正当(等于 legitimize)　(B) *adj*. 不知疲倦的；不屈不挠的；有耐性的　(C) *adj*. 孤立的；与世隔绝的；海岛的　(D) *adj*. 人口稠密的；人口多的

108. barreled

　　(A) *adj*. 高的；崇高的；高级的；高傲的　(B) *adj*. 桶装的；有管的　(C) *adj*. 社会的　(D) *adj*. 辐射的；容光焕发的；光芒四射的 *n*. 光点；发光的物体

109. dermatological

　　(A) *adj*. 电气化的　(B) *adj*. 皮肤病学的　(C) *adj*. 正统的；惯常的；东正教的 *n*. 正统的人事　(D) *adj*. 悲观的；厌世的；悲观主义的

110. greenery

　　(A) *n*. 端正；得体　(B) *n*. 报应；惩罚；报答；报偿　(C) *n*. 绿色植物；温室　(D) *n*. 海胆

111. arbiter

　　(A) *n*. 轻视；蔑视；耻辱　(B) *n*. /法/仲裁者；裁决人　(C) *n*. 划分；划界；限界　(D) *n*. 剂量；用量

112. fateful

　　(A) *adj*. 治疗的；治疗学的；有益于健康的　(B) *adj*. 坚忍的；禁欲的；斯多葛学派的　(C) *adj*. 重大的；决定性的；宿命的　(D) *adj*. 谦逊的；不装腔作势的；不出风头的

113. antagonistic

　　(A) *adj*. 朴素的；未装饰的　(B) *adj*. 珍珠的　(C) *adj*. 占有的；所有的；所有格的；占有欲强的 *n*.

所有格　(D) *adj*. 敌对的

114. hectic

(A) *adj*. 有正当理由的;合乎情理的;事出有因的　(B) *adj*. 轶事的;轶事一样的　(C) *adj*. 紧张忙碌的;肺病的;脸上发红的;狂热的　(D) *adj*. 疏忽的;怠慢的;不注意的

115. gutter

(A) *n*. 脱水　(B) *n*. 愤怒;愤慨;暴行;侮辱 *vt*. 凌辱;强奸;对……施暴行;激起愤怒　(C) *n*. 行动;功绩;证书 *vt*. 立契转让　(D) *n*. 排水沟;槽 *vi*. 流;形成沟 *vt*. 开沟于……;弄熄 *adj*. 贫贱的

116. bazaar

(A) *n*. 恶意;怨恨;预谋　(B) *n*. 红嘴山鸦　(C) *n*. 保证;誓言;抵押;抵押品;典当物　(D) *n*. 集市;市场;义卖市场

117. obituary

(A) *n*. 企业;风险;冒险 *vi*. 冒险;投机　(B) *n*. (报纸上的)讣告;讣文　(C) *n*. 礼貌;好意;恩惠　(D) *n*. 莲座丛;玫瑰形饰物;圆花饰

118. tray

(A) *n*. 托盘　(B) *n*. 特点　(C) *n*. 右舷　(D) *n*. 立场;姿态;位置;准备击球姿势

119. markedly

(A) *adv*. 令人印象深刻地　(B) *adv*. 表面上;外表　(C) *adv*. 于死后;于身后;于著作者死后出版地　(D) *adv*. 明显地;显著地;引人注目地

120. centrifuge

(A) *v*. 用离心机分离;使……受离心作用 *n*. 离心机　(B) *vt*. 举出;引证　(C) *v*. 夺得;抢走;一把抓起　(D) *vt*. 收集(资料);拾(落穗)

121. execrate

(A) *vi*. 混合;交往　(B) *v*. 憎恶;痛骂;诅咒　(C) *vt*. 废弃;使……解体;拆毁 *vi*. 吵架　(D) *vt*. 加快;促进;发出

List 5 Practice

从下列选项中选出词义正确的一项。

1. arable
   (A) *adj.* 深渊的;深海的;深不可测的 (B) *adj.* 缺乏的;吝啬的;仅有的;稀疏的 (C) *adj.* /地质/同源的;同类的 (D) *adj.* 适于耕种的;可开垦的

2. equatorial
   (A) *adj.* 认知的;认识的 (B) *adj.* 即兴的 (C) *adj.* 人道主义的;博爱的;基督凡人论的 *n.* 人道主义者;慈善家;博爱主义者;基督凡人论者 (D) *adj.* 赤道的;近赤道的;中纬线的

3. flutter
   (A) *vt.* 骚扰;调戏;干扰 (B) *vt.* 使……呈杂色;使……显得斑驳陆离 *n.* 斑点;杂色;斑驳 (C) *vi.* 飘动;鼓翼;烦扰 *n.* 摆动;鼓翼;烦扰 (D) *v. & n.* 享受

4. wonderment
   (A) *n.* 芳香 (B) *n.* 板条;狭条 *v.* 用板条制作;提供板条;猛投 (C) *n.* 立场;姿态;位置;准备击球姿势 (D) *n.* 惊奇;惊叹

5. array
   (A) *v.* 使……摇晃地悬挂着;提着;炫示;用……来诱惑(或激励) (B) *v.* 部署 (C) *vt.* 先发制人;垄断;囤积 (D) *vt.* 给……穿衣;覆盖;赋予

6. levy
   (A) *n.* 征收;征兵;征税 *vt.* 征收(税等);征集(兵等);发动(战争) *vi.* 征税;征兵 (B) *n.* 发誓;誓言;许愿 *v.* 发誓;郑重宣告 (C) *n.* 空军中队 (D) *n.* /计/缓冲区;缓冲器;/车辆/减震器 *vt.* 缓冲

7. practitioner
   (A) *n.* 芦荟;龙舌兰 (B) *n.* 开业者;从业者;执业医生 (C) *n.* 礼物;/税收/贡物;颂词;(尤指对死者的)致敬;悼念;吊唁礼物 (D) *n.* 挽歌;恸哭 *vi.* 哀悼;悲叹 *vt.* 哀悼;痛惜

8. disturbance
   (A) *n.* 打扰 (B) *n.* 织布机;若隐若现的景象 *vi.* 可怕地出现;朦胧地出现;隐约可见 *vt.* 在织布机上织 (C) *n.* 剥夺;损失;匮乏;贫困 (D) *n.* 神;神性;神学

9. captivate
   (A) *v.* 弄丢 (B) *v.* 迷住;使……着迷 (C) *vt.* 节制;减轻 (D) *v.* 赔偿;酬谢 *n.* 赔偿;报酬

10. cogitate
    (A) *v.* 严厉斥责;正式谴责 *n.* 谴责 (B) *vt.* 控告;暗示……有罪 (C) *v.* 插入;强使……接受 *n.* 推力;强攻 (D) *vt.* 仔细考虑;谋划 *vi.* 思考;考虑

11. cyclone
    (A) *n.* 旋风 (B) *n.* 抑制;/心理/压抑;镇压 (C) *n.* 目的论 (D) *n.* 繁殖;生殖;复制

12. vice versa
    (A) 为……而烦恼 (B) 反之亦然 (C) 现状 (D) 符合;遵照

13. thrifty
    (A) *adj.* 有害的;有毒的;败坏道德的;讨厌的 (B) *adj.* 有助于复原的;整容的 *n.* 滋补剂 (C) *adj.* 节约的;(牲畜或植物)茁壮的;健康的 (D) *adj.* 极小的;(字母)小写的;微不足道的(非正式) *n.* 小写字体;小写字母

210

14. bequest

    (A) *n*. 备办食物者;承办酒席的人;筹备人 (B) *n*. 海胆 (C) *n*. 遗产;遗赠 (D) *n*. 策略;战术;用兵学

15. subterranean

    (A) *adj*. 地下的;秘密的;隐蔽的 (B) *adj*. 注意的;警惕的;警醒的 (C) *adj*. 过时的;陈旧的;年老的 (D) *adj*. 课外的;业余的;婚外的

16. respiratory

    (A) *adj*. /地质/同源的;同类的 (B) *adj*. 无用的;无效的;没有出息的;琐细的;不重要的 (C) *adj*. 呼吸的 (D) *adj*. 半透明的

17. realm

    (A) *n*. 寄宿;寄宿处;出租的房间 (B) *n*. 领域;范围;王国 (C) *n*. 灌木篱墙 (D) *n*. 常态

18. inundate

    (A) *vt*. 吸收;接受;喝;吸入 (B) *vt*. 淹没;(洪水般)扑来 (C) *v*. 看看……微笑 (D) *vt*. 避开;避免;回避

19. sunburst

    (A) *n*. 阳光突现;从云隙射下的阳光;镶有钻石的旭日形首饰 (B) *n*. 丛;笨重的脚步声;土块 *vi*. 形成一丛;以沉重的步子行走 *vt*. 使……成一丛;使……凝结成块 (C) *n*. 昏暗;阴暗 (D) *n*. 悟性;洞察力;实际知识 *v*. 理解 *adj*. 聪慧的;具有实际知识的

20. preemie

    (A) *n*. 后见之明;枪的照门 (B) *n*. 早产婴儿 (C) *n*. 原告 (D) *n*. (昆虫等的)触须(等于palpus)

21. shed light on

    (A) 逃离 (B) 阐明 (C) 自然地;当然地(用于提及另一自然相关的事物) (D) 努力设法解决;搏斗

22. satirical

    (A) *adj*. 朦胧的;星云的;星云状的 (B) *adj*. 讽刺性的;讥讽的;爱挖苦人的 (C) *adj*. 未照亮的 (D) *adj*. 空中的;航空的;空气中的 *n*. /电讯/ 天线

23. perpetually

    (A) *adv*. 富裕地;丰裕地 (B) *adv*. 常常;没完没了地;永恒地 (C) *adv*. 令人印象深刻地 (D) *adv*. 刻苦地;勤勉地

24. austere

    (A) *adj*. 省的;地方性的;偏狭的 *n*. 粗野的人;乡下人;外地人 (B) *adj*. 严峻的;简朴的;苦行的;无装饰的 (C) *adj*. 好奇的;好问的;爱打听的 (D) *adj*. 仁慈的;慈悲的;宽容的

25. corroborate

    (A) *vt*. 证实;使……坚固 (B) *vt*. 发音;宣判 *vi*. 发音;作出判断 (C) *vt*. 改进;/计/更新;式样翻新 *n*. 式样翻新;花样翻新 (D) *vt*. 使……均匀;使……类同

26. entrepreneur

    (A) *n*. 古董;珍品 (B) *n*. 机构;习俗;制度 (C) *n*. 企业家;承包人;主办者 (D) *n*. 剩余;残渣 *adj*. 剩余的;残留的

27. mechanically

    (A) *adv*. 煞费苦心地;费力地 (B) *adv*. 平凡地;散文式地 (C) *adv*. 自鸣得意地;沾沾自喜的 (D) *adv*. 机械地;呆板地;物理上地

28. overdrive

    (A) *n*. /声/ 音色;音质;音品 (B) *n*. (汽车的)超速档;极度忙碌;超常态操作装置 *v*. 过度驱使 (C) *n*. 胭脂;口红;铁丹;红铁粉 *v*. 擦口红;在……上搽胭脂 (D) *n*. 学究;书呆子;卖弄学问的人;空谈家

29. clamor

    (A) *n*. 狂喜;得意 (B) *n*. 喧闹;叫嚷;大声的要求 *v*. 喧嚷 (C) *n*. 突出;突出物 (D) *n*. 鳃

30. exemplary

    (A) *adj*. 羡慕的;嫉妒的 (B) *adj*. 地上的;月下的 (C) *adj*. 典范的;惩戒性的;可仿效的 (D) *adj*.

对他人的感受漠不关心;对某事物无感觉、无反应

31. circumvent
    (A) v. 规避 (B) v. 挖掘;开凿 (C) vt. 证实;使……实体化 (D) vt. 获得;取得;导致

32. influenza
    (A) n. 压抑;镇压;压迫手段;沉闷;苦恼 (B) n. 目的论 (C) n. /地质/岩浆;糊剂 (D) n. 流行性感冒(简写 flu)

33. denounce
    (A) vt. 谴责;告发;公然抨击;通告废除 (B) vt. 宣传;传播;散布 (C) vt. 驱散;驱逐;消除
    (D) vt. 解ې;废除

34. commotion
    (A) n. 强烈反对机械化或自动化的人 (B) n. 骚动;暴乱 (C) n. 接近;/数/邻近;接近;接近度;距离;亲近 (D) n. 公告;宣布;宣告;公布

35. philosophize
    (A) v. 消失;突然不见;成为零 n. 弱化音 (B) vt. 怀孕;构思;以为;持有 (C) vi. 进行哲学探讨;理性地思考 (D) v. 击打

36. tease
    (A) vt. 取笑;戏弄;梳理;欺负;强求;使……起毛 (B) v. 夺得;抢走;一把抓起 (C) vi. 自夸;吹嘘 vt. 自夸;吹嘘 n. 自吹自擂 (D) vt. 使……含无机化合物;使……矿物化

37. relish
    (A) n. 流入;汇集;河流的汇集处 (B) n. 享受;乐趣;爱好;调味品 v. 尽情享受 (C) n. 嘲弄;笑柄;徒劳无功;拙劣可笑的模仿或歪曲 (D) n. 钉子 v. 钉住

38. asteroids
    (A) n. 咒语;颂歌 (B) n. 罪人;有错者 (C) n. /天/小行星;/无脊椎/海盘车;小游星 adj. 星状的 (D) n. 谦虚;屈尊;傲慢态度;纡尊降贵(表不满)

39. treacherous
    (A) adj. 不间断的;连续的 (B) adj. 奸诈的;叛逆的;背叛的;危险的 (C) adj. 琐碎的;小气的;小规模的 (D) adj. 柔软体操的;体操的

40. repertoire
    (A) n. 一致同意 (B) n. 全部节目 (C) n. 主要动力;(钟表)主发条;主要原因;主要动机 (D) n. 没药(热带树脂;可作香料、药材);/植/没药树

41. legacy
    (A) n. 遗赠;遗产 (B) n. 汹涌;大浪;波涛;汹涌澎湃;巨涌 v. 汹涌;起大浪;蜂拥而来 (C) n. 任命;提名;提名权 (D) n. 哨兵

42. brazier
    (A) n. 金属炭火盆;烧烤;铜匠 (B) n. 顶点;尖端 (C) n. 健忘;不注意 (D) n. (某种公共交通工具的)客流量

43. governess
    (A) n. 咒语;颂歌 (B) n. 暴乱;放纵;蔓延 vi. 骚乱;放荡 vt. 浪费;挥霍 (C) n. 谎言;虚伪;撒谎癖 (D) n. 女家庭教师

44. indulgent
    (A) adj. 宽的;广阔的 (B) adj. 坚定的;不易弯曲的;冷漠的 (C) adj. 有症状的;症候的 (D) adj. 放纵的;宽容的;任性的

45. confederacy
    (A) n. 膨胀;通货膨胀;夸张;自命不凡 (B) n. 联盟;联邦;私党 (C) n. 乐观;乐观主义 (D) n. 左舷

46. insular
    (A) adj. 目空一切的;高傲的;傲慢的;自大的 (B) adj. 繁重的;累赘的;恼人的 (C) adj. 孤立的;与世隔绝的;海岛的 (D) adj. 无法回答的;没有责任的

47. trot
    (A) v. & n. (马)小跑;(人)小跑 (B) vt. 征服;使……服从;克制 (C) vt. 确定;查明;探知 (D)

vt. 释放;使……自由;除去……脚镣

48. unillumined
    (A) *adj*. 未照亮的 (B) *adj*. 公平的;公正的;平衡法的 (C) *adj*. 浑浊的;含糊不清的 (D) *adj*. 地形测量的;地质的

49. inclusive
    (A) *adj*. 非常危险的;要使颈骨折断似的;极快的 (B) *adj*. 呼吸的 (C) *adj*. 包含的;包括的 (D) *adj*. 单调的;无聊的 *n*. 单调 *vi*. 单调乏味地进行

50. inscrutable
    (A) *adj*. 可行的;能养活的;能生育的 (B) *adj*. 宽的;广阔的 (C) *adj*. 被践踏的;被踩躏的;受压迫的 (D) *adj*. 神秘的;不可理解的;不能预测的;不可思议的

51. obediently
    (A) *adv*. 成功地;耀武扬威地 (B) *adv*. 直到此时;迄今为止;在这以前 (C) *adv*. 顺从地;服从地;忠顺地 (D) *adv*. 全体一致地

52. beguile
    (A) *v*. 模仿;仿效;仿造;伪造 (B) *vt*. 强制;迫使 (C) *vt*. 欺骗;使……着迷;轻松地消磨 (D) *vt*. 使……茫然 *n*. 迷乱

53. colloquially
    (A) *adv*. 令人印象深刻地 (B) *adv*. 口语地;用通俗语 (C) *adv*. 可耻地 (D) *adv*. 欢欣地;极快乐地

54. abysmal
    (A) *adj*. 水生的;水栖的;在水中或水面进行的 *n*. 水上运动;水生植物或动物 (B) *adj*. 深不可测的;糟透的;极度的 (C) *adj*. 空闲的;自由的;已脱离的 (D) *adj*. 华而不实的;俗丽的 *n*. 盛大宴会

55. exhilarate
    (A) *v*. 使……发酵;激起(麻烦;动乱) *n*. 发酵;酵素;动乱 (B) *vt*. 使……困惑 *n*. 挡板;困惑 *vi*. 做徒劳挣扎 (C) *vt*. 使……高兴;使……振奋;使……愉快 (D) *v*. & *n*. 咕哝;喃喃自语

56. perpetuate
    (A) *v*. 使……持续;使……长存;使……永久化(尤指不好的事物) (B) *v*. 用力咀嚼 (C) *v*. 破坏;撤销 (D) *vt*. 证实;验证;确认;使……生效

57. anarchy
    (A) *n*. 福音(书);佳音 (B) *n*. 无政府状态;混乱 (C) *n*. 排水沟;槽 *vi*. 流;形成沟 *vt*. 开沟于……;弄熄 *adj*. 贫贱的 (D) *n*. 加剧;激怒;更恶化

58. custody
    (A) *n*. 保管;监护;拘留;抚养权 (B) *n*. 古生物学者 (C) *n*. 羽管键琴;大键琴 (D) *n*. 狂喜;得意

59. adversarial
    (A) *adj*. 上山的;艰难的(斗争等) (B) *adj*. 磨破的;衣衫褴褛的;乏味的;俗套的 (C) *adj*. 对抗的;对手的;敌手的 (D) *adj*. 枯萎的 *v*. 使……枯萎

60. blot
    (A) *vt*. 胜过;打败 (B) *v*. 安静 *n*. 寂静 (C) *vt*. 兜售;招徕 *n*. 侦查者;兜售者 (D) *v*. (用软纸或布)吸干;把墨水溅到(纸上);弄脏;使……模糊;遮蔽 *n*. 污渍;墨渍

61. molest
    (A) *vt*. 使……多任务化 *n*. /计/多任务 (B) *v*. (翻箱倒柜地)搜寻;寻找;搜出;查获某物 (C) *vt*. 庆祝;纪念 (D) *vt*. 骚扰;调戏;干扰

62. impersonal
    (A) *adj*. 勤勉的 (B) *adj*. 不能挽回的;不能补救的 (C) *adj*. 不情愿的;勉强的;顽抗的 (D) *adj*. 客观的;非个人的;没有人情味的;非人称的

63. inhibition
    (A) *n*. 剩余;残渣 *adj*. 剩余的;残留的 (B) *n*. 机构;习俗;制度 (C) *n*. 抑制;压抑;禁止 (D) *n*. 立法;法律

64. starboard

(A) *n*. 迷恋　(B) *n*. 右舷　(C) *n*. 染色；色素淀积；天然颜色　(D) *n*. 折磨；严酷的考验；痛苦的经验

65. perk

(A) *n*. /毒物//药/吗啡　(B) *n*. 麻醉剂　(C) *n*. (工资外的)补贴；特殊待遇 *v*. 振作起来；(咖啡)滤煮；昂首 *adj*. 活跃的；活泼的　(D) *n*. 适合；一致

66. exhale

(A) *vt*. 使……登基；立……为王；任为主教；崇拜 *vi*. 热心　(B) *v*. 理顺(混乱的情形)　(C) *v*. 呼气；发出；发散；使……蒸发　(D) *vt*. 影响；统治 *n*. 影响；摇摆；统治

67. curtail

(A) *vt*. 缩减；剪短；剥夺……特权等　(B) *v*. 夺得；抢走；一把抓起　(C) *v*. 即兴唱；即兴演讲 *adj*. 即兴的 *n*. 即兴的演唱　(D) *vt*. 焊接；使……结合；使……成整体 *vi*. 焊牢 *n*. 焊接；焊接点

68. blushing

(A) *adj*. 叠加的　(B) *adj*. 久远的；古老的；灰白的　(C) *adj*. 脸红的 *n*. (涂料)雾浊　(D) *adj*. 有控制能力的；巧妙地

69. musing

(A) *n*. /药/ 解毒剂；解药　(B) *n*. /数//物/梯度；坡度；倾斜度　(C) *n*. 谦虚；屈尊；傲慢态度；纡尊降贵(表不满)　(D) *n*. 沉思；冥想 *adj*. 冥想的；沉思的

70. on the heel

(A) 为某事而感到不安　(B) 在足跟；在鞋后跟　(C) 果断地行动(或讲话)　(D) 与……一致；协调；与……保持一致

71. intrusion

(A) *n*. 胭脂；口红；铁丹；红铁粉 *v*. 擦口红；在……上搽胭脂　(B) *n*. (在英国)从男爵；拥有世袭荣誉称号；职位在男爵之下的平民　(C) *n*. 血统；家系；遗/世系　(D) *n*. 侵入；闯入

72. aerosol

(A) *n*. 植物；叶子(总称)　(B) *n*. (涂料、除臭剂等)喷雾器；喷雾罐　(C) *n*. /数/ 收敛；会聚；集合　(D) *n*. 挽歌；恸哭 *vi*. 哀悼 悲叹 *vt*. 哀悼 痛惜

73. further

(A) *vt*. 控告；暗示……有罪　(B) *v*. 给予；授予；商议　(C) *vt*. 征服；使……服从；克制　(D) *v*. 促进；增进；助长

74. outspoken

(A) *adj*. 讨厌的；会引起反对的；有异议的　(B) *adj*. 联动的　(C) *adj*. 无可比拟的　(D) *adj*. 坦率的；直言不讳的

75. dichotomy

(A) *n*. 占星术；占星学；星座　(B) *n*. 伐木工人；木材商的佣工；短夹克衫　(C) *n*. 骗子；冒充者　(D) *n*. 二分法；两分；分裂；双歧分枝

76. ballad

(A) *n*. 投机；推测；思索；投机买卖　(B) *n*. 折磨；严酷的考验；痛苦的经验　(C) *n*. 民谣；叙事歌谣；流行抒情歌曲　(D) *n*. 揭发出来的事情

77. ledger

(A) *n*. 充分；丰富；大量　(B) *n*. 优点；功绩 *vt*. 值得 *vi*. 应受报答　(C) *n*. 总账；分户总账；/会计/分类账；账簿；底账；(脚手架上的)横木　(D) *n*. 博物馆馆长；动物园园长

78. dispersal

(A) *n*. 损害；伤害；损害物　(B) *n*. 分散；传播；散布；疏散；消失　(C) *n*. 能力；胜任；权限；作证能力；足以过舒适生活的收入　(D) *n*. 出处；起源

79. conformity

(A) *n*. 遵守；符合　(B) *n*. 惊奇；惊叹　(C) *n*. 玩世不恭；愤世嫉俗；冷嘲热讽　(D) *n*. 食物；生计；支持

80. grumble

(A) *v*. 污辱；指责　(B) *vi*. 抱怨；嘟囔 *n*. 怨言　(C) *vi*. 下垂；萎靡；凋萎 *vt*. 使……下垂 *n*. 下

垂;消沉　(D) *vt*. 废黜;废位赶出;罢免

81. in conjunction with

　　(A) 记着;想着;考虑到　(B) 自给自足　(C) 连同;共同;与……协力　(D) 必然;一定要

82. whitewash

　　(A) *n*. 暴乱;放纵;蔓延 *vi*. 骚乱;放荡 *vt*. 浪费;挥霍　(B) *n*. 监禁;关押;坐牢;下狱　(C) *n*. 下冰雹 *v*. 向……欢呼;致敬　(D) *n*. 粉饰;白色涂料;石灰水 *vt*. 掩饰;把……刷白

83. deflate

　　(A) *vt*. 未加思索地冲口说出;突然说出　(B) *vi*. 慢慢地移动;爬行 *n*. 爬行　(C) *v*. & *n*. 嘲笑;贪婪地吃;狼吞虎咽　(D) *vt*. 使……漏气 *vi*. 放气;漏气 *adj*. 泄气的

84. vim and vigor

　　(A) 精力旺盛　(B) 促进　(C) 濒于;近乎;挨着;接壤　(D) 唯恐;以免;(引出产生某种情感的原因)唯恐;担心

85. complacent

　　(A) *adj*. (婚后)居住在男方的　(B) *adj*. 过度紧张的;过度兴奋的　(C) *adj*. 思想的;意识形态的　(D) *adj*. 自满的;得意的;满足的

86. toddle

　　(A) *v*. 感到惊奇(或好奇);大为赞叹 *n*. 令人惊异的人(或事);不平凡的成果;成就;奇迹;十分有用(灵巧)的物(人);惊讶;惊奇　(B) *v*. 蹒跚学步;摇摇晃晃地走　(C) *v*. & *n*. 嘲笑;奚落　(D) *v*. 迫使;驱策

87. pageant

　　(A) *n*. 盛会;选美比赛;露天表演;虚饰　(B) *n*. 礼堂;观众席　(C) *n*. 障眼物;眼罩 *v*. 蒙住眼睛 *adj*. 被蒙住眼睛的 *adv*. 易如反掌地;鲁莽地;轻率地　(D) *n*./数//天/摄动;不安;扰乱

88. nothingness

　　(A) *n*. 鹿角;茸角;多叉鹿角　(B) *n*. 虚无;不存在;空白;不存在的状态　(C) *n*. 警告　(D) *n*. 脑力劳动的产物

89. ditch

　　(A) *v*. 夺得;抢走;一把抓起　(B) *v*. 把……改变用途　(C) *v*. 开沟;掘沟;修渠　(D) *vi*. 相啮合 *n*. 网眼;网丝;圈套

90. upheaval

　　(A) *n*. 树桩;残余部分;假肢 *vt*. 砍伐;使……为难　(B) *n*. 痴迷;困扰　(C) *n*. 剧变;隆起;举起　(D) *n*. 出处;起源

91. cognitive

　　(A) *adj*. 罕见的;稀少的;珍贵的;不频发的　(B) *adj*. 沮丧的;低垂的;气馁的 *n*. 倒台;俯视的目光;向下转换　(C) *adj*. 生理节律的　(D) *adj*. 认知的;认识的

92. paternalism

　　(A) *n*. 制图师;地图制作者　(B) *n*. 车辆横向振动;突倾;东倒西歪地行驶　(C) *n*. 家长式统治;家长作风　(D) *n*. 抗辩;辩论;用来反驳的论点

93. erudition

　　(A) *n*. 自高自大者　(B) *n*. 展示(本领、才华或优良品质)的场合;(商店或博物馆等的)玻璃柜台;玻璃陈列柜 *v*. 展现;表现　(C) *n*. 债权人;贷方　(D) *n*. 博学;学识

94. dwindle

　　(A) *v*. & *n*. 藐视;公然反抗;挑衅　(B) *vt*. 组成;构成;建立;任命　(C) *vt*. 覆盖;掩盖;用毯覆盖　(D) *vi*. 减少;变小 *vt*. 使……缩小;使……减少

95. stubborn

　　(A) *adj*. 顽固的;顽强的;难处理的　(B) *adj*. 气象的;气象学的　(C) *adj*./木/多节的;粗糙的;多瘤的　(D) *adj*. 权宜的;方便的;有利的 *n*. 权宜之计;应急手段

96. revitalize

　　(A) *vt*. 委派……为代表 *n*. 代表　(B) *v*. 使……更强壮;使……恢复生机　(C) *vt*. 镀金;虚饰;供给钱　(D) *v*. & *n*. 痛苦;使……极度痛苦;感到极度痛苦

97. smug
　　(A) *adj*. 不带感情的;平心静气的;公平的　　(B) *adj*. 自鸣得意的;自以为是的;整洁的 *n*. 书呆子;自命不凡的家伙　　(C) *adj*. 恼人的;讨厌的　　(D) *adj*. 包含的;包括的

98. coherently
　　(A) *adv*. 连贯地;前后一致地;条理清楚地;互相偶合地;凝聚性地　　(B) *adv*. 煞费苦心地;费力地　　(C) *adv*. 全体一致地　　(D) *adv*. 勤奋地;费力地

99. squelch
　　(A) *vt*. 消除;镇压;压碎;使……咯吱咯吱的响 *n*. 嘎吱声;压倒对方的反驳;压碎的一堆　　(B) *vt*. 包围;给……缝边 *n*. 边;边缘;摺边 *vi*. 做褶边　　(C) *v*. & *n*. 增加;增大　　(D) *v*. 拍电报

100. contextualize
　　(A) *vt*. 将置于上下文中研究;使……融入背景　　(B) *vt*. 护送;陪同 *n*. 陪同;护航舰　　(C) *v*. 用姿势示意;(讲话时)做手势　　(D) *vt*. 颤抖

101. substantial
　　(A) *adj*. 大量的;实质的;内容充实的 *n*. 本质;重要材料　　(B) *adj*. 轰动的;耸人听闻的;非常好的;使人感动的　　(C) *adj*. 有效的;强有力的;有权势的;有说服力的　　(D) *adj*. 第一的;首先的 *n*. 第一 *adv*. 第一

102. buoy
　　(A) *n*. 兄弟姊妹　　(B) *n*. 浮标;航标;救生圈 *v*. 使……浮起;使……振奋　　(C) *n*. 错觉;幻影　　(D) *n*. 功绩;壮举;技艺表演

103. breakneck
　　(A) *adj*. 闲置的;懒惰的;停顿的 *vi*. 无所事事;虚度;空转　　(B) *adj*. 沉闷的;冗长乏味的　　(C) *adj*. 非常危险的;要使颈骨折断似的;极快的　　(D) *adj*. 声学的;音响的;听觉的

104. suggestive
　　(A) *adj*. 暗示的;提示的;影射的　　(B) *adj*. 整体的;全盘的　　(C) *adj*. 病态的;由病引起的;恐怖的　　(D) *adj*. 古怪的;异想天开的;反复无常的

105. brawl
　　(A) *v*. & *n*. 喧嚣;斗殴　　(B) *vi*. 下垂;萎靡;凋萎 *vt*. 使……下垂 *n*. 下垂;消沉　　(C) *vt*. 放逐;驱逐　　(D) *vt*. 降低;使……贬值;掺杂

106. patronize
　　(A) *vt*. 掠夺;剥夺;夺取　　(B) *vt*. 补救;纠正 *n*. 解决方法;治疗;药品　　(C) *vt*. 以高人一等的态度对待;经常光顾;惠顾;资助;保护　　(D) *v*. (用力地)拉;(迅速地)穿衣服;竞争;努力做

107. hesitant
　　(A) *adj*. 爱管闲事的;好干涉的　　(B) *adj*. 迟疑的;踌躇的;犹豫不定的　　(C) *adj*. 宽宏大量的;有雅量的;宽大的　　(D) *adj*. (词或词形)反身的;反射性的;本能反应的;(关系)自反的;考虑自身影响的

108. incubator
　　(A) *n*. 任何事物(等于 anything);无物　　(B) *n*. (用于体弱婴儿或早产儿护理的)恒温箱;保育箱;孵化器　　(C) *n*. 流利;健谈　　(D) *n*. 厚板;平板;混凝土路面;厚片 *vt*. 把……分成厚片;用石板铺

109. embalm
　　(A) *vt*. 释放;使……自由;除去……脚镣　　(B) *vt*. 铭记于心;使……不朽;防腐　　(C) *vt*. 提出　　(D) *vt*. 撬动;撬开 *vi*. 刺探;探查

110. trendy
　　(A) *adj*. 时髦的;流行的;受新潮思想影响的　　(B) *adj*. 不同的;不相干的;全异的　　(C) *adj*. 可爱的;讨人喜欢的　　(D) *adj*. 友好的;友善的

111. intuitive
　　(A) *adj*. 怀疑的;不轻信的　　(B) *adj*. 目空一切的;高傲的;傲慢的;自大的　　(C) *adj*. 直觉的;凭直觉获知的　　(D) *adj*. 分层的;形成阶层的;分为不同等级的

112. incompatible
　　(A) *adj*. 难怪的;可原谅的　　(B) *adj*. 紧张的;费力的;奋发的　　(C) *adj*. 不相容的;矛盾的 *n*. 互不相容的人或事物　　(D) *adj*. 宽宏大量的;有雅量的;宽大的

113. monetary

(A) *adj*. 货币的;财政的　(B) *adj*. 实际的;实用主义的　(C) *adj*. 破旧的　(D) *adj*. 经验丰富的;老练的;调过味的

114. fetish

(A) *n*. 愚蠢(或粗心)的错误 *v*. 犯大错,笨嘴笨舌;跌跌撞撞地走　(B) *n*. 固执;顽固;(病痛等的)难治;难解除　(C) *n*. 恋物(等于 fetich);迷信;偶像　(D) *n*. 贮存(品);秘藏(品) *v*. 贮藏(钱财或贵重物品)

115. parody

(A) *n*. 大步;步幅;进展 *v*. 跨过;大踏步走过　(B) *n*. 减轻;缓和;平静　(C) *n*. 拙劣的模仿;诙谐的改编诗文 *vt*. 拙劣模仿　(D) *n*. 洗礼;严峻考验

116. farfetched

(A) *adj*. 刑事的;刑罚的　(B) *adj*. /动/食草的　(C) *adj*. 牵强附会的　(D) *adj*. 高的;崇高的;高级的;高傲的

117. GMO(genetically modified organism)

(A) 妨碍;阻碍　(B) 基因改造生物　(C) 符合;遵照　(D) 超过

118. cruelty

(A) *n*. 残酷;残忍;残酷的行为　(B) *n*. 涡流;漩涡　(C) *n*. 借记;借方;借项 *v*. 记入借(账户)借方;(从银行账户中)取款　(D) *n*. 狂喜;得意

119. desert

(A) *vi*. 慢慢地移动;爬行 *n*. 爬行(过去式和过去分词是 crept)　(B) *vt*. 操纵;操作;巧妙地处理;篡改　(C) *v*. 遗弃;舍弃;离弃(某地方)　(D) *vt*. 使……茫然 *n*. 迷乱

120. tempestuous

(A) *adj*. 深不可测的;糟透的;极度的　(B) *adj*. 有暴风雨的;暴乱的;剧烈的　(C) *adj*. 有四足的;四足动物的　(D) *adj*. 遗传的;世袭的 *n*. 遗传类

121. aviation

(A) *n*. 回忆;回忆起的事物　(B) *n*. 混合;混杂 *adj*. 混合的;拼凑的　(C) *n*. 航空;飞行术;飞机制造业　(D) *n*. 黄蜂

List 6 Practice

从下列选项中选出词义正确的一项。

1. entrepreneurial
    (A) *adj.* 企业家的;创业者的;中间商的 (B) *adj.* 强健的;健康的;粗野的 (C) *adj.* 显著的;看得见的 *n.* /物/ 可观察量 (D) *adj.* 乌托邦的;空想的;理想化的 *n.* 空想家;乌托邦的居民
2. subordinate
    (A) *adj.* 真正的;名副其实的 (B) *adj.* 从属的;次要的 *n.* 部属 *v.* 使……居下位 (C) *adj.* 体贴的;体谅的;考虑周到的 (D) *adj.* 不适当的;不相称的;不合身的;不得体的
3. alabaster
    (A) *n.* 自负;要求;主张;借口;骄傲 (B) *n.* 候选资格;候选人的身份 (C) *n.* 雪花石膏 *adj.* 以雪花石膏制的 (D) *n.* 种族隔离
4. myriad
    (A) *adj.* 无数的;种种的 *n.* 无数;极大数量 (B) *adj.* 胆小的;羞怯的 (C) *adj.* 狂乱的;疯狂的 (D) *adj.* 强词夺理的;诡辩的
5. nuthouse
    (A) *n.* 精神病院 (B) *n.* 牵挂;关怀 (C) *n.* 主要产品;订书钉;主题;主食 *adj.* 主要的;大宗生产的 (D) *n.* 鸵鸟;逃避现实的人
6. justified
    (A) *adj.* 努力的;费力的;险峻的 (B) *adj.* 有正当理由的;合乎情理的;事出有因的 (C) *adj.* 浮华的;有纨绔习气的 (D) *adj.* 微弱的;无力的;虚弱的
7. bustle
    (A) *v.* 撕下……的假面具;揭露 (B) *vt.* 给……穿衣;覆盖;赋予 (C) *v.* 四下忙碌 *n.* 喧闹 (D) *v.* 分歧;偏离;分叉;离题
8. obstinate
    (A) *adj.* 顽固的;倔强的;难以控制的 (B) *adj.* 假的;做作的;捏造的 (C) *adj.* 可证实的;能作证的;可检验的 (D) *adj.* 羡慕的;嫉妒的
9. granite
    (A) *n.* 花岗岩;坚毅;冷酷无情 (B) *n.* 规定;条款;准备;供应品 (C) *n.* 尖点;交点;介于两个状态之间;将要进入特定状态 (D) *n.* 常态
10. microbial
    (A) *adj.* 在前的;前面的 (B) *adj.* 穿衣的;覆盖的 (C) *adj.* 固有的;内在的;与生俱来的;遗传的 (D) *adj.* 微生物的;由细菌引起的
11. stiff
    (A) *adj.* 明显的;不会弄错的 (B) *adj.* 遗传的;世袭的 *n.* 遗传类 (C) *adj.* 怀疑的;不轻信的 (D) *adj.* 呆板的;坚硬的 *adv.* 极其;僵硬地 *adv.* 极其;僵硬地 *vt.* 诈骗;失信
12. splendor
    (A) *n.* 钩边;钩针编织品 *v.* 用钩针编织 (B) *n.* 丛林狼;郊狼;非法移民偷运者 (C) *n.* 右舷 (D) *n.* 光彩;壮丽;显赫
13. overhaul
    (A) *vi.* 流浪;迷路;偏离 (B) *vt.* 摄取;咽下;吸收;接待 (C) *vt.* 整饰;推荐;喂马;刷洗(马等)

(D) *v*. 彻底检修;赶上;超过 *n*. 大检修
14. cushiony
   (A) *adj*. 不能安抚的;无法改变的 (B) *adj*. 似垫子的;柔软的 (C) *adj*. 笨拙的;笨重的;不灵便的;难处理的 (D) *adj*. 可察觉到的;可感知的
15. riposte
   (A) *vt*. 证实;验证;确认;使……生效 (B) *v*. & *n*. 还击;机敏的回答 (C) *vi*. 有影响;产生作用 (D) *v*. 控制;驾驶
16. continuum
   (A) *n*. 悖论;反论;似是而非的论点 (B) *n*. 连续统一体 (C) *n*. 狂欢节;嘉年华会;饮宴狂欢 (D) *n*. 海浪;拍岸浪
17. inductive
   (A) *adj*. 雕刻的;雕刻般的 (B) *adj*. 轶事的;轶事一样的 (C) *adj*. /数/归纳的;/电/感应的;诱导的 (D) *adj*. 不含糊的;清楚的;明白的
18. deference
   (A) *n*. 补偿 (B) *n*. 误解;错误知觉 (C) *n*. 顺从;尊重 (D) *n*. 女主顾;女资助人;女保护人
19. destitute
   (A) *adj*. 有症状的;症候的 (B) *adj*. 突出的;显著的;杰出的;卓越的 (C) *adj*. 侧面的;横向的 (D) *adj*. 穷困的;无的;缺乏的
20. thrust
   (A) *v*. 插入;强使……接受 *n*. 推力;强攻 (B) *vt*. 召唤;召集 (C) *vt*. 添加;再加上 (D) *vt*. 挫败;反对;阻碍 *adj*. 横放的;固执的 *n*. 划手座;独木舟的横梁
21. auditorium
   (A) *n*. 礼堂;观众席 (B) *n*. 犹豫不定 (C) *n*. 死亡;终止;转让;传位 *vt*. 遗赠;禅让 (D) *n*. 变形;/物/ 失真;扭曲;曲解
22. envious
   (A) *adj*. 拉紧的;紧张的;整洁的 *vt*. 使……纠缠;使……缠结 (B) *adj*. 罕见的;稀少的;珍贵的;不频发的 (C) *adj*. 羡慕的;嫉妒的 (D) *adj*. 难怪的;可原谅的
23. await
   (A) *v*. 概括 (B) *vt*. 表明;表示;引起 (C) *vt*. 等候;等待;期待 (D) *vt*. 释放;使……自由;除去……脚镣
24. interstitial
   (A) *adj*. 非正统的;异端的;异教的 (B) *adj*. 不祥的;不吉的;厄运的 (C) *adj*. 间质的;空隙的;填隙的 *n*. 填隙原子;节间;插屏广告 (D) *adj*. 专制的;独裁的;专横的
25. perspiration
   (A) *n*. 食肉动物;食虫植物 (B) *n*. 汗水;流汗;努力 (C) *n*. 人群;众多 *v*. 蜂拥而至;群集 (D) *n*. 假装;骗子;赝品 *vt*. 假装;冒充
26. bonfire
   (A) *n*. 雀科鸣鸟;雀类 (B) *n*. 篝火;营火 (C) *n*. (陶瓷)碎片 (D) *n*. 专题著作;专题论文 *vt*. 写关于……的专著
27. pretension
   (A) *n*. 自负;要求;主张;借口;骄傲 (B) *n*. 制图师;地图制作者 (C) *n*. 拘泥于字面解释的人;直译者 (D) *n*. 归罪;非难;归咎;污名
28. flush
   (A) *v*. 抬起;举起;振奋;鼓舞;捡起 *n*. 提高;增长;振奋;精神动力 (B) *vi*. 长羽毛 *vt*. 装上羽毛 (C) *v*. & *n*. 洋溢;面红;旺盛;奔流;用水冲洗 *adj*. 富有的 (D) *vt*. 召集;召集……开会
29. unrefined
   (A) *adj*. 呼吸的 (B) *adj*. 空闲的;自由的;已脱离的 (C) *adj*. 未提炼的 (D) *adj*. 不易忘怀的;萦绕于心头的;给人以强烈感受的
30. fern
   (A) *n*. 横幅图片的广告模式;旗帜;横幅;标语 (B) *n*. 邪恶;不道德 (C) *n*. /植/蕨;/植/蕨类植

物 (D) n. 光彩;壮丽;显赫

31. pupate
   (A) vt. 将置于上下文中研究;使……融入背景 (B) v. 把(马、牛)关进畜栏 n. (北美农牧场的)畜栏 (C) v. 化蛹 (D) v. 使……迷惑;使……不知所措

32. wither
   (A) vt. 操纵;操作;巧妙地处理;篡改 (B) vt. 使……凋谢;使……畏缩;使……衰弱 (C) v. (经过大量努力)获得;争取到 (D) vt. 抑制;使……沮丧;使……潮湿

33. blend
   (A) v. 压倒;击败;控制;专横对待 (B) vt. 理解;逮捕;忧虑 (C) vi. 幸灾乐祸;心满意足地注视 n. 幸灾乐祸;贪婪地盯望 (D) v. & n. 混合

34. incinerate
   (A) vt. 抵消;中和;阻碍 (B) v. 分歧;偏离;分叉;离题 (C) vi. 缅怀往事;叙旧 (D) vi. 把……烧成灰;烧弃

35. thump
   (A) vt. & vi. 斥责;责骂 (B) vt. 重击;用拳头打;砰地撞到 vi. 重击;狠打;砰然地响 n. 重打;重击声 (C) v. & n. 供应过多;充斥 (D) vt. 热烈称赞 adj. 受到高度赞扬的 n. 赞扬

36. delegate
   (A) vt. 指定;指派;标出;把……定名为 (B) v. 根除;彻底毁坏 (C) vi. 进行哲学探讨;理性地思考 (D) vt. 委派……为代表 n. 代表

37. wary
   (A) adj. 极恶的;声名狼藉的;彻头彻尾的 (B) adj. 谨慎的;机警的;唯恐的 (C) adj. 粗暴的;粗哑的;脾气坏的 vt. 粗鲁地说;生硬地说 (D) adj. 极小的;(字母)小写的;微不足道的(非正式) n. 小写字体;小写字母

38. vexation
   (A) n. 变形;变质 (B) n. 染色;色素淀积;天然颜色 (C) n. 避难所;至圣所;耶路撒冷的神殿 (D) n. 苦恼;恼怒;令人烦恼的事

39. promised land
   (A) 先知;预言者;提倡者 (B) 发出持续的嗡嗡声;嗡嗡作响;唠叨 (C) 乐土 (D) 波纹;涟漪;起潺潺声

40. zoom in on
   (A) 为某事而感到不安 (B) 把镜头移近在……处 (C) 一般化的;不突出的 (D) 努力设法解决;搏斗

41. prank
   (A) n. 解雇;免职 (B) n. 花环 (C) n. 剩余 (D) n. 恶作剧;开玩笑 vt. 装饰 vi. 炫耀自己;胡闹

42. grandeur
   (A) n. 对手;敌手 (B) n. 阵容;一组人;电视节目时间表 (C) n. 业主;所有者;经营者 (D) n. 壮丽;庄严;宏伟

43. detriment
   (A) n. 损害;伤害;损害物 (B) n. 肺结核;结核病 (C) n. 路堤;堤防 (D) n. 无经验的人;无经验的组织;新体系

44. vigor
   (A) n. 渎职;违法行为;不正当;坏事 (B) n. /生物/活力;精力 (C) n. 拙劣的模仿;诙谐的改编诗文 vt. 拙劣模仿 (D) n. 生面团;金钱

45. stampede
   (A) n. 法庭;裁决;法官席 (B) n. 惊跑;人群的蜂拥;军队溃败 vi. 蜂拥;逃窜 (C) n. 少量;一点点 (D) n. 奇异的机械;奇特的装置

46. gloomy
   (A) adj. 昏昏欲睡的;沉寂的;催眠的 (B) adj. 不朽的;不灭的 (C) adj. 志趣不相投的 (D) adj. 黑暗的;沮丧的;阴郁的

47. cornerstone

(A) *n*. 渎职；违法行为；不正当；坏事　(B) *n*. 博学；学识　(C) *n*. 诊断　(D) *n*. 基础；奠基石

48. josh

(A) *v*. 精心策划(秘密地)　(B) *v*. 自夸；吹嘘 *n*. 自吹自擂　(C) *v*. & *n*. 瑕疵；缺点；玷污　(D) *v*. & *n*. 戏弄(某人)

49. lineup

(A) *n*. 金属炭火盆；烧烤；铜匠　(B) *n*. 标签；记账 *vt*. 计算；记录　(C) *n*. 阵容；一组人；电视节目时间表　(D) *n*. 装杂物的容器；总受器；分沫器 *adj*. 包罗万象的

50. plague

(A) *n*. 前提；假定 *v*. 以……为前提；引出；说明　(B) *n*. 瘟疫；麻烦事 *v*. 使……折磨；使……苦恼　(C) *n*. 无恶意的玩笑　(D) *n*. 论坛；讨论会；法庭；公开讨论的广场

51. laborious

(A) *adj*. 肆无忌惮的；寡廉鲜耻的；不讲道德的　(B) *adj*. 白话的；通俗的；口语体的　(C) *adj*. 勤劳的；艰苦的；费劲的　(D) *adj*. (婚后)居住在男方家的

52. dismay

(A) *n*. 错综；复杂；难以理解　(B) *n*. 沮丧；灰心；惊慌 *vt*. 使……沮丧；使……惊慌　(C) *n*. 纠察员　(D) *n*. 大步；步幅；进展 *v*. 跨过；大踏步走过

53. careen

(A) *vt*. 篡夺；夺取；侵占　(B) *v*. 呼喊；惊叫　(C) *vi*. 倾侧；倾斜 *vt*. 使……倾侧；使……倾斜 *n*. 船的倾侧　(D) *vt*. 种植；灌输；嵌入 *n*. /医/植入物

54. unmistakable

(A) *adj*. 无数的　(B) *adj*. 桶装的；有管的　(C) *adj*. 明显的；不会弄错的　(D) *adj*. 可收集的；可回收的

55. petition

(A) *n*. 摇篮；发源地；*vt*. 抚育　(B) *n*. 库存；积蓄 *v*. 贮存；储蓄　(C) *n*. 请愿；请愿书；祈求；/法/诉状　(D) *n*. 特殊习惯；矫揉造作；怪癖

56. ripple

(A) *n*. 算命者　(B) *n*. 波纹；涟漪；/物/涟波 *vi*. 起潺潺声 *vt*. 在……上形成波痕　(C) *n*. 韧性；固执；不屈不挠；黏性　(D) *n*. 一绺头发；发辫；卷发；枝条 *vt*. 把(头发)梳理成绺

57. win upon

(A) 精力旺盛　(B) 超过　(C) 因……而感到愉快　(D) 自给自足

58. sanctuary

(A) *n*. 识别；洞察力；敏锐；眼力　(B) *n*. 报应；惩罚；报答；报偿　(C) *n*. 慎重；细心　(D) *n*. 避难所；至圣所；耶路撒冷的神殿

59. hoard

(A) *n*. 贮存(品)；秘藏(品) *v*. 贮藏(钱财或贵重物品)　(B) *n*. /地质/ 海侵；犯罪；违反；逸出　(C) *n*. 骚乱；混乱　(D) *n*. 澄清；说明；净化

60. stamping out

(A) *v*. 杜绝　(B) *vt*. 排除；妨碍；阻止　(C) *v*. & *n*. 咕哝；喃喃自语　(D) *vt*. 潦草地写

61. triumphantly

(A) *adv*. 向那方；到那边　(B) *adv*. 过度地；不适当地；不正当地　(C) *adv*. 成功地；耀武扬威地　(D) *adv*. 可耻地

62. oviposition

(A) *n*. 红树林　(B) *n*. /昆/产卵；下子　(C) *n*. 顺从；服从；遵守　(D) *n*. (人的)个性；类型

63. aptitude

(A) *n*. 天资；自然倾向；适宜　(B) *n*. 特点；品质证明　(C) *n*. 一片混乱；闹哄哄的场所　(D) *n*. 贪婪；贪财

64. paleontologist

(A) *n*. 凶猛；残忍；暴行　(B) *n*. /经/滞胀；不景气状况下的物价上涨　(C) *n*. 古生物学者　(D) *n*.

堆肥；混合物 *vt*．堆肥；施堆肥

65. afflict
    (A) *vt*．(将文字材料)译成密码，编码，编制成计算机语言　(B) *v*．(河流、道路等)蜿蜒；漫步 *n*．河流(或道路)弯道；河曲；漫游　(C) *vt*．折磨；使……痛苦；使……苦恼　(D) *vt*．推崇，称赞 *vi*．称赞

66. remit
    (A) *vi*．蹲下；盘坐 *n*．守旧者　(B) *v*．开始；着手　(C) *v*．汇款；赦(罪)；推迟；减弱 *n*．职权范围　(D) *vt*．重击；用拳头打；砰地撞到 *vi*．重击；狠打；砰然地响 *n*．重打；重击声

67. reverberation
    (A) *n*．基因组；染色体组　(B) *n*．混响；反射；反响；回响　(C) *n*．(昆虫等的)触须(等于 palpus)　(D) *n*．(修道院或大教堂广场周围)有顶的地区

68. overcloud
    (A) *v*．变阴暗；变忧郁；密云满布　(B) *vt*．证实；使……实体化　(C) *vt*．改进；/计/更新；式样翻新 *n*．式样翻新；花样翻新　(D) *vi*．推测；投机；思索

69. banquet
    (A) *n*．宴会；盛宴 *vt*．宴请；设宴款待　(B) *n*．揭发隐私　(C) *n*．发出持续的嗡嗡声；嗡嗡作响 *v*．唠叨　(D) *n*．调查；宗教法庭；审讯

70. vantage ground
    (A) 濒于；近乎；挨着；接壤　(B) (争论双方的)共同基础；一致之处　(C) 记着；想着；考虑到　(D) 优越地位；有利地形

71. wrongful
    (A) *adj*．喧闹的；狂暴的；猛烈的　(B) *adj*．懒惰的；无痛的　(C) *adj*．使……干枯的；使……畏缩的；极有毁灭性的；极有讽刺性的　(D) *adj*．不正当的；不讲道理的；不合法的

72. redress
    (A) *v*. & *n*．呻吟；抱怨；发吱嘎声　(B) *vt*．淹没；把……浸入；沉浸　(C) *vt*．弄脏；涂污 *n*．污点；污迹；烟熏火堆　(D) *v*．纠正；重新放直 *n*．赔偿；矫正；救济

73. dub
    (A) *vt*．把……称为　(B) *v*. & *n*．洋溢；面红；旺盛；奔流；用水冲洗 *adj*．富有的　(C) *vi*．规定；开药方　(D) *vi*．缅怀往事；叙旧

74. prototype
    (A) *n*．原型；标准；模范　(B) *n*．创造性；发明的才能　(C) *n*．乐观；乐观主义　(D) *n*．幽灵 *adj*．幽灵的；幻觉的；有名无实的

75. restrictive
    (A) *adj*．启发式的；探索的 *n*．启发式教育法　(B) *adj*．不正当的；不讲道理的；不合法的　(C) *adj*．形态学的　(D) *adj*．限制的；限制性的；约束的

76. yarn
    (A) *n*．深红色　(B) *n*．全能；无限力量　(C) *n*．要求 *v*．强烈要求；需要　(D) *n*．纱线；奇谈；故事 *vt*．用纱线缠 *vi*．讲故事

77. offset
    (A) *v*．抵消　(B) *vt*．节制；减轻　(C) *v*．萌芽；发芽；迅速增长 *n*．芽；嫩枝　(D) *vi*．发芽；长芽

78. shabby
    (A) *adj*．破旧的　(B) *adj*．肆无忌惮的；寡廉鲜耻的；不讲道德的　(C) *adj*．可疑的；暧昧的；无把握的；半信半疑的　(D) *adj*．荒凉的；冷淡的；不好客的；不适居留的

79. jurisdiction
    (A) *n*．特点　(B) *n*．司法权；审判权；管辖权；权限；权力　(C) *n*．小昆虫；小烦扰　(D) *n*．健忘；不注意

80. doomed
    (A) *adj*．谦逊的；含蓄的；不炫耀的；不铺张的　(B) *adj*. & *adv*．完全的；荒凉的；刻板的；光秃秃的　(C) *adj*．注定的　(D) *adj*．随心所欲的；惯性滑行的 *n*．惯性滑行

81. immense
    (A) *adj*．占有的；所有的；所有格的；占有欲强的 *n*．所有格　(B) *adj*．巨大的；广大的；无边无际的；

222

非常好的 (C) *adj*. 不和谐的;刺耳的;碾轧的 *n*. 碾轧声;冲突;震动 *v*. 震惊;冲突;发刺耳声 (D) *adj*. 无法回答的;没有责任的

82. feeble
(A) *adj*. 病态的;由病引起的;恐怖的 (B) *adj*. 微弱的;无力的;虚弱的 (C) *adj*. 想象的;稀奇的 (D) *adj*. 霸权的;支配的

83. sneer
(A) *v*. & *n*. 嘲笑;冷笑 (B) *v*. 摸索;探索 *n*. 摸索;触摸 (C) *vt*. 使用;行使;挥舞 (D) *vt*. 承认;退让 *vi*. 让步

84. dismissal
(A) *n*. 解雇;免职 (B) *n*. 盾徽;盾形纹章 (C) *n*. 掠夺;破坏;破坏痕迹 (D) *n*. 领域;范围;王国

85. unrepresentative
(A) *adj*. 未建立的;没有理由的;没有事实根据的 (B) *adj*. 显著的;突出的;跳跃的 *n*. 凸角;突出部分 (C) *adj*. 沙哑的;刺耳的;粗声的 (D) *adj*. 非代表性的;不典型的

86. undeniably
(A) *adv*. & *prep*. 自始至终;遍及 (B) *adv*. 从何处;由此;到原来的地方 (C) *adv*. 不可否认地;确凿无疑地 (D) *adv*. 适宜地;适当地

87. remedy
(A) *n*. 发出持续的嗡嗡声;嗡嗡作响 *v*. 唠叨 (B) *n*. 作罢;让渡 (C) *n*. 补救;疗法;解决办法;(硬币)公差 *v*. 补救;纠正;治疗 (D) *n*. 声音渐增 *adv*. 渐次加强地 *adj*. 渐强的 *vi*. 音量逐渐增强

88. cynicism
(A) *n*. /木/剥皮机 (B) *n*. 变形;/物/失真;扭曲;曲解 (C) *n*. 翻译;表现;表演;描写;打底;(建筑物等)透视图 (D) *n*. 玩世不恭;愤世嫉俗;冷嘲热讽

89. tuck
(A) *vt*. 吸收;接受;喝;吸入 (B) *vt*. 证实;使……坚固 (C) *v*. 把……塞入;把……夹入 *n*. 减脂手术;缝摺 (D) *v*. 烦恼;使……困惑;使……恼怒

90. edifice
(A) *n*. 大厦;大建筑物 (B) *n*. /天/类星体;恒星状球体 (C) *n*. 煤烟;烟灰 (D) *n*. 挂锁;禁止进入 *vt*. 用挂锁锁上;关闭

91. untapped
(A) *adj*. 精致的;细腻的;异常的 (B) *adj*. 典型的;完美的;精髓的 (C) *adj*. 肤色的;天性的 (D) *adj*. 未开发的;未使用的;塞子未开的

92. ignominiously
(A) *adv*. 机智地;俏皮地 (B) *adv*. 极端地;可怕地;非常地 (C) *adv*. 可耻地 (D) *adv*. 随时地;暂时地;立刻

93. recitation
(A) *n*. 背诵;朗诵;详述 (B) *n*. 骗子;冒充者 (C) *n*. 剩余 (D) *n*. 膨胀;通货膨胀;夸张;自命不凡

94. accolade
(A) *n*. 贵族 (B) *n*. 紧握;柄;支配;握拍方式;拍柄绷带 *vt*. 紧握;夹紧 *vi*. 抓住 (C) *n*. 荣誉;连谱号;称赞 (D) *n*. 公正;公平;不偏不倚

95. blindfold
(A) *n*. 障眼物;眼罩 *v*. 蒙住眼睛 *adj*. 被蒙住眼睛的 *adv*. 易如反掌地;鲁莽地;轻率地 (B) *n*. 喉舌;代言人;送话口 (C) *n*. 犬科动物 (D) *n*. 肤色;面色;情况;局面

96. inexorable
(A) *adj*. 大量的;实质的;内容充实的 *n*. 本质;重要材料 (B) *adj*. 虔诚的;敬神的;可嘉的;尽责的 (C) *adj*. 无情的;不屈不挠的;不可阻挡的 (D) *adj*. 脸红的 *n*. (涂料)雾浊

97. cryptic
(A) *adj*. 神秘的;含义模糊的;/动/ 隐藏的 (B) *adj*. 仁慈的;慈善的 (C) *adj*. 不能通过的;顽固

的;费解的;不接纳的 (D) *adj*. 衰老的;破旧的

98. martial art
(A) 武术 (B) 在足跟;在鞋后跟 (C) 尽管;尽管;虽然 (D) 反之亦然

99. vie
(A) *v*.交通运输系统;运输 (B) *vi*. 争;竞争 *vt*. 使……针锋相对;提出……来竞争;以……作较量 (C) *vt*. 加快;促进;发出 (D) *v*. 破译;译解 *n*. 密电(或密信的)译文

100. quip
(A) *n*. 紫红色;/植/倒挂金钟属 (B) *n*. 妙语;嘲弄;讽刺语 *vi*. 嘲弄;讥讽 (C) *n*. 白垩;粉笔;白垩地层;用粉笔划的记号 (D) *n*. 民谣歌手

101. mighty
(A) *adj*. 残忍的;惊人的 (B) *adj*. 宽宏大量的;有雅量的;宽大的 (C) *adj*. 需要努力的;显示努力的;充满努力的 (D) *adj*. 有力的

102. ad-lib
(A) *vt*. 阐明;说明 (B) *v*. 即兴演唱;即兴讲演 *adj*. 即兴的 *n*. 即兴的演唱 (C) *v*. 倾倒;丢下;猛地放下 (D) *vt*. 整饰;推零;喂马;刷洗(马等)

103. egotist
(A) *n*. 贫困;贫穷 (B) *n*. /军/ 后勤;后勤学;物流 (C) *n*. 遵守;符合 (D) *n*. 自高自大者

104. outrageous
(A) *adj*. 无法容忍的;不可能的;反常的;粗暴的 (B) *adj*. 惊人的;过分的;恶名昭彰的 (C) *adj*. 不能克服的 (D) *adj*. 连通的;有联系的

105. suboptimal
(A) *adj*. 极恶的;声名狼藉的;彻头彻尾的 (B) *adj*. 警告的;劝诫的 (C) *adj*. 次最优的;最适度下的 (D) *adj*. 刺激的;挑拨的;气人的

106. nibbling
(A) *n*. /机/步冲轮廓法;抗偏驶性;分段剪切 (B) *n*. 鼻孔 (C) *n*. 藏品;无主财宝;埋藏物;宝库 (D) *n*. 牵引;/机/车辆/牵引力

107. overwrought
(A) *adj*. 有责任的;有解释义务的;可解释的 (B) *adj*. 惊人的;令人震惊的 (C) *adj*. 过度紧张的;过度兴奋的 (D) *adj*. 令人厌烦的;讨厌的;令人厌恶的

108. chancy
(A) *adj*. 明显的;不会弄错的 (B) *adj*. 禁欲苦修的;使人难为情的 (C) *adj*. 不确实的;偶然发生的;不安的 (D) *adj*. 在前的;前面的

109. abolition
(A) *n*. 大胆;厚颜无耻 (B) *n*. 废除;废止 (C) *n*. 天真;质朴;纯真无邪 (D) *n*. 开业者;从业者;执业医生

110. reminiscent
(A) *adj*. 不明智的;失策的;不理智的;没脑筋的;欠考虑的 (B) *adj*.强行的 (C) *adj*. 怀旧的;回忆往事的 *n*. 回忆录作者;回忆者 (D) *adj*. 无法回答的;没有责任的

111. commonalty
(A) *n*. 俯冲;除去;减法 (B) *n*. 无精打采;死气沉沉;昏睡;嗜眠(症) (C) *n*. 平民;法人团体;团体 (D) *n*. 苦恼;恼怒;令人烦恼的事

112. plumage
(A) *n*. 炼金术士 (B) *n*. 壁架 (C) *n*. 渴望;热望;憧憬 *adj*. 渴望的;极想得到的 (D) *n*. (鸟的)全身羽毛;羽衣

113. liberality
(A) *n*. 线;串;海滨 *vi*. 搁浅 (B) *n*. 慷慨;大方;胸怀广阔 (C) *n*.无政府状态;混乱 (D) *n*. 花岗岩;坚毅;冷酷无情

114. lag
(A) *n*. 慎重;细心 (B) *n*. 阐明;表明;清晰的发音 (C) *n*. 落后;迟延;防护套;囚犯;桶板 (D) *n*. 风力计;风速计

115. solemn

(A) *adj*. 庄严的;严肃的;隆重的;郑重的 (B) *adj*. 雕刻的;雕刻般的 (C) *adj*. 勤劳的;艰苦的;费劲的 (D) *adj*. 繁茂的;浓密的;丰富的;肥沃的;奢华的

116. obscure

(A) *adj*. 昏暗的;朦胧的;晦涩的 *vt*. 使……模糊不清;掩盖;隐藏 (B) *adj*. 非代表性的;不典型的 (C) *adj*. 时髦的;流行的;受新潮思想影响的 (D) *adj*. 超凡魅力的;神赐能力的

117. predominately

(A) *adv*. 连贯地;前后一致地;条理清楚地;互相偶合地;凝聚性地 (B) *adv*. 自相矛盾地;似是而非地;反常地 (C) *adv*. 极端地;可怕地;非常地 (D) *adv*. 占优势地;有影响力地;更大量地;占绝大多数地;主导性地;多数情况下

118. permanence

(A) *n*. 持久;永久 (B) *n*. 焊接工 (C) *n*. 骗子;冒充者 (D) *n*. 急流;高速交通工具;高速交通网

119. cradle

(A) *n*. 破布;碎屑 (B) *n*. 摇篮;发源地 *vt*. 抚育 (C) *n*. 业主;所有者;经营者 (D) *n*. 渗透;突破;侵入;洞察力

120. commensurate

(A) *adj*. 一丝不苟的;小心翼翼的;拘泥小节的 (B) *adj*. 令人厌烦的;讨厌的;令人厌恶的 (C) *adj*. 固有的;内在的;与生俱来的;遗传的 (D) *adj*. 相称的;同样大小的

121. anguish

(A) *vt*. 征服;击败;克服 (B) *v*. & *n*. 痛苦;使……极度痛苦;感到极度痛苦 (C) *vt*. 阻碍;妨碍;阻止 (D) *vt*. 驱逐;剥夺;取代

List 7 Practice

从下列选项中选出词义正确的一项。

1. unconstrained
   (A) *adj*. 不勉强的;非强迫的;不受约束的 (B) *adj*. 决定性的;果断的;确定的;明确的 (C) *adj*. 半透明的 (D) *adj*. 拱形的;圆顶的

2. panoply
   (A) *n*. 剩余 (B) *n*. 慷慨;大方;胸怀广阔 (C) *n*. 强求;勒索;榨取;苛捐杂税 (D) *n*. 华丽服饰;全套甲胄;全副盔甲

3. baritone
   (A) *n*. 男中音 *adj*. 男中音的 (B) *n*. 激增;涌现 (C) *n*. 责备;耻辱 *vt*. 责备;申斥 (D) *n*. 面容;表情;支持;拥护 *v*. 支持;赞同;认可

4. holler
   (A) *vt*. 未加思索地冲口说出;突然说出 (B) *vt*. 超过;走过头 (C) *vt*. 描绘;描写;画……的轮廓 (D) *vi*. 发牢骚;叫喊;抱怨

5. pathogen
   (A) *n*. 减轻;缓和;平静 (B) *n*. 筋;肌腱;体力;精力 (C) *n*. 病原体;病菌 (D) *n*. 后见之明;枪的照门

6. averse
   (A) *adj*. 反对的;不愿意的 (B) *adj*. 权宜的;方便的;有利的 *n*. 权宜之计;应急手段 (C) *adj*. 非常危险的;要使颈骨折断似的;极快的 (D) *adj*. 锯齿状的;参差不齐的

7. genesis
   (A) *n*. 发生;起源 (B) *n*. 天真;质朴;纯真无邪 (C) *n*. 全能;无限力量 (D) *n*. 辩论;争吵 *v*. 辩论;对……进行质疑;争夺;抵抗(进攻)

8. mingled
   (A) *v*. 使……相混;融合;掺和 (B) *vt*. 补救;纠正 *n*. 解决方法;治疗;药品 (C) *vt*.穿上 (D) *vt*. 剥夺;使……失去;逐出;霸占

9. troupe
   (A) *n*. 惩罚 (B) *n*. 剧团 *vi*. 巡回演出 (C) *n*. 气质;性情;性格;急躁 (D) *n*. 包;捆;灾祸;不幸 *v*. 将……打包

10. focal
    (A) *adj*. 俯卧的;有……倾向的;易于……的 (B) *adj*. 从属的;次要的 *n*. 部属 *v*. 使……居下位 (C) *adj*. 焦点的;在焦点上的;灶的;病灶的 (D) *adj*. 可收集的;可回收的

11. executioner
    (A) *n*. 措辞;语法;词组 (B) *n*. 迫击炮;臼;研钵;灰浆 *vt*. 用灰泥涂抹;用灰泥结合 (C) *n*. 刽子手;死刑执行人 (D) *n*. 女家庭教师

12. conundrum
    (A) *n*. 微光;闪光;瞬息的一现 *v*. 闪烁;隐约地闪现 (B) *n*. 线性;线性度;直线性 (C) *n*. 辛苦;苦工 *vi*. 辛苦工作 *vt*. 费力地做;使……过度劳累 (D) *n*. 难题;谜语

13. hysteria
    (A) *n*. 单调;千篇一律 (B) *n*. 癔病;歇斯底里;不正常的兴奋 (C) *n*. 斑点;污点;疙瘩 *vt*. 弄脏

(D) n.右舷
14. abyssal
    (A) adj.惊人的;巨大的   (B) adj.深渊的;深海的;深不可测的   (C) adj.充足的   (D) adj.紧张刺激的;扣人心弦的
15. comprehension
    (A) n.司法部;法官;司法制度   (B) n.理解;包含   (C) n.自制;忍耐;宽容   (D) n.书包;小背包
16. erroneous
    (A) adj.适合的;能适应的;可修改的   (B) adj.错误的   (C) adj./管理/管理的;经理的   (D) adj.歇斯底里的;异常兴奋的
17. igneous
    (A) adj.放纵的;宽容的;任性的   (B) adj.火的,/岩/火成的;似火的   (C) adj.卓越的;超常的;出类拔萃的   (D) adj.繁茂的;浓密的;丰富的;肥沃的;奢华的
18. common ground
    (A) 逃离   (B) (争论双方的)共同基础;一致之处   (C) 果断地行动(或讲话)   (D) 与……一致;协调,与……保持一致
19. metaphysics
    (A) n.代理人;委托书;代用品   (B) n.玄学;形而上学   (C) n.发现拖;呢绒;织物 vt.使……滴下 vi.滴下   (D) n.紫红色;/植/倒挂金钟属
20. mutation
    (A) n./遗/突变;变化;元音变化   (B) n./数//天/摄动;不安;扰乱   (C) n.旋风   (D) n.蔑视 vt.鄙弃
21. societal
    (A) adj.社会的   (B) adj.本国的;地方的 n.本地话;方言   (C) adj.罕见的;稀少的;珍贵的;不频发的   (D) adj.坦率的;直言不讳的
22. schematically
    (A) adv.占优势地;有影响力地;更大量地;占绝大多数地;主导性地;多数情况下   (B) adv.凭神的力量   (C) adv.计划性地   (D) adv.真正地;确实地;可靠地
23. nomenclature
    (A) n.前哨;警戒部队;边区村落   (B) n.人格化;化身;拟人法(一种修辞手法);象征   (C) n.志愿精神;志愿服务   (D) n.命名法;术语
24. harness
    (A) v.使……忙乱;紧张;使……心烦意乱   (B) v.治理;利用;套;驾驭   (C) vi.过冬;(动物)冬眠;(人等)避寒   (D) vt.勾引;引诱;对……说话;搭讪
25. perennial
    (A) adj.迷人的;使人着迷的;使……销魂的   (B) adj.习惯的 n.习惯法汇编   (C) adj.不朽的;不灭的   (D) adj.多年生的;常年的;四季不断的
26. deduce
    (A) vi.登陆;下车;上岸   (B) vt.推论;推断;演绎出   (C) vt.猛冲;猛撞;猛击;赶紧离开;使……破灭   (D) v.做手脚;破坏
27. stridulation
    (A) n.摩擦声;尖锐的声音;鸣声   (B) n.狂欢节;嘉年华会;饮宴狂欢   (C) n.横幅图片的广告模式;旗帜;横幅;标语   (D) n.面积
28. endearing
    (A) adj.牵强附会的   (B) adj.可爱的;讨人喜欢的   (C) adj.柔软体操的;体操的   (D) adj.无回报的;无报酬的
29. miser
    (A) n.轻率;鲁莽的行为   (B) n.守财奴;吝啬鬼   (C) n.口是心非;表里不一;不诚实   (D) n./免疫/特异性;特征;专一性

30. maneuver
   (A) $n.$ 惯例；遵守；仪式；庆祝　(B) $n.$ 显赫；卓越；高处　(C) $n.$ 折磨；严酷的考验；痛苦的经验　(D) $n.$ 机动；演习；策略；调遣　$vi.$ 机动；演习；调遣；用计谋

31. recreational
   (A) $adj.$ 遏制的；威慑的；制止的　$n.$ 威慑；妨碍物；挽留的事物　(B) $adj.$ 娱乐的；消遣的；休养的　(C) $adj.$ 固有的；内在的；与生俱来的；遗传的　(D) $adj.$ 废弃的；老式的　$n.$ 废词；陈腐的人　$vt.$ 淘汰；废弃

32. at the mercy of
   (A) 受……支配；任凭　(B) 精力旺盛　(C) 一般化的；不突出的　(D) 共同；与……协力

33. strand
   (A) $n.$ 线；串；海滨　$vi.$ 搁浅　(B) $n.$ 同盟国；伙伴　(C) $n.$ 权天使　(D) $n.$ 润滑；润滑作用

34. oust
   (A) $vt.$ 驱逐；剥夺；取代　(B) $vt.$ 庆祝；纪念　(C) $v.$ & $n.$ 供应过多；充斥　(D) $v.$ 不同意　$n.$ 异议

35. viable
   (A) $adj.$ 肆无忌惮的；寡廉鲜耻的；不讲道德的　(B) $adj.$ 疏忽的；懈怠的；玩忽职守的　(C) $adj.$ 不相容的；矛盾的　$n.$ 互不相容的人或事物　(D) $adj.$ 可行的；能养活的；能生育的

36. majesty
   (A) $n.$ 慎重；细心　(B) $n.$ 感觉；知觉；直觉　(C) $n.$ 命名法；术语　(D) $n.$ 威严

37. culmination
   (A) $n.$ 顶点；高潮　(B) $n.$ 副本；配对物；极相似的人或物　(C) $n.$ 自负；自我中心　(D) $n.$ 现状；现实；事实

38. provision
   (A) $n.$ 贮藏室　(B) $n.$ 要求　$v.$ 强烈要求；需要　(C) $n.$ 沟渠；壕沟　$v.$ 开沟；修渠　(D) $n.$ 规定；条款；准备；供应品

39. scrutiny
   (A) $n.$ 详细审查；监视；细看；选票复查　(B) $n.$ 选举权；投票　(C) $n.$ /心理/ 矛盾情绪；正反感情并存　(D) $n.$ 慷慨；丰富；奖励金；赠款

40. resolute
   (A) $adj.$ 自大的；傲慢的　(B) $adj.$ 独裁主义的；权力主义的　$n.$ 权力主义者；独裁主义者　(C) $adj.$ 坚决的；果断的　(D) $adj.$ 体贴的；体谅的；考虑周到的

41. mayhem
   (A) $n.$ 骚乱；混乱；故意伤害罪；重伤罪；蓄意破坏　(B) $n.$ 骑士；武士；爵士　$vt.$ 授以爵位　(C) $n.$ 煤烟；烟灰　(D) $n.$ /植/花蜜；甘露；神酒；任何美味的饮料

42. swell
   (A) $v.$ 膨胀；肿胀；隆起　$n.$ 肿胀；隆起　$adj.$ 漂亮的；一流的　(B) $vt.$ 劝诫；警告　(C) $vt.$ 代表；作为……的典型；具有……的特点　(D) $vt.$ 雪崩

43. pervading
   (A) $adj.$ 极小的；(字母)小写；微不足道的(非正式)　$n.$ 小写字体　(B) $adj.$ 合理的；无损的；有能力的；充足的　(C) $adj.$ 不平行的；无法匹敌的　(D) $adj.$ 普遍的；无所不在的

44. despoil
   (A) $vi.$ 发芽；长芽　(B) $v.$ 治理；利用；套；驾驭　(C) $vt.$ 掠夺；剥夺；夺取　(D) $vt.$ 假定；推测；擅自；意味着

45. plumpness
   (A) $n.$ 智慧；才智；智力　(B) $n.$ 丰满　(C) $n.$ 后见之明；枪的照门　(D) $n.$ 排印；活版印刷术；印刷格式

46. revelation
   (A) $n.$ 启示；揭露　(B) $n.$ 大道　(C) $n.$ 补偿　(D) $n.$ 肤色；面色；情况；局面

47. ornament
   (A) $n.$ 恢复；复位；王政复辟；归还　(B) $n.$ 学徒期；学徒身份　(C) $n.$ 装饰；/建//服装/装饰物；教

堂用品 （D）n. 公正;公平;不偏不倚

48. prudence
（A）n. 审慎 （B）n. 原料;要素;组成部分 （C）n. /光//天/光度;光明;光辉 （D）n. 小球;小球体

49. smudge
（A）v. 污染;玷污;使……腐坏 n. 腐坏;污染;污点;感染;难闻的气味 （B）v. 刺;戳;刺激;督促 （C）vt. 使……胆寒;使……惊骇 （D）vt. 弄脏;涂污 n. 污点;污迹;烟熏火堆

50. manipulate
（A）vt. 产生;招致;成为……之父 （B）vt. 鼓舞;使……精力充沛 （C）vt. 操纵;操作;巧妙地处理;篡改 （D）v. 选择(古语中等于 choose)

51. accordingly
（A）adv. 因此;于是;相应地;照着 （B）adv. 从何处;由此;到原来的地方 （C）adv. & conj. 用以 pron. 借以 （D）adv. (法律文件等)以下;此后;死后 n. 来世;将来 adj. 今后的;此后的;死后的

52. stroll
（A）v. & n. 混合 （B）v. 散步;闲逛;(体育比赛)轻而易举地获胜 （C）vt. 假定;要求;视……为理所当然 n. 基本条件;假定 （D）vt. 测量;估计;给……定规格

53. weather-cock
（A）n. /气象/风向标 （B）n. 措辞;语法;词组 （C）n. 胭脂;口红;铁丹;红铁粉 v. 擦口红;在……上搽胭脂 （D）n. 苦工;苦差事

54. uptick
（A）n. 小幅增加;微升;报升(股票成交价格比上一个交易的微高) （B）n. 信条;教义 （C）n. 孵化;舱口 vt. 孵;策划 vi. 孵化 （D）n. 复审;复试

55. pronounced
（A）adj. 全权代表的;有全权的 n. 全权代表;全权大使 （B）adj. 精明的;狡猾的;机灵的 n. 精明(的人);机灵(的人) （C）adj. 显著的;断然的 （D）adj. 口齿不清的;说不出话的

56. prosper
（A）v. 致使;提供;回报;援助;提交;提出 （B）vi. 渴望;立志;追求 （C）v. 兴旺;发达;成功 （D）vt. 预言;预示;预告

57. turf
（A）n. 调色板;颜料 （B）n. 挂锁;关闭;禁止进入 vt. 用挂锁锁上;关闭 （C）n. 天空;苍天 （D）n. 草皮

58. judiciary
（A）n. 堆;许多;累积 vt. 堆;堆积 （B）n. 古生物学者 （C）n. 司法部;法官;司法制度 （D）n. 堕落;邪恶

59. cabal
（A）n. 北美驯鹿 （B）n. 阴谋(尤指政治上的) vi. 策划阴谋 （C）n. 意外事故;伤亡人员;急诊室 （D）n. 破布;敲打;影响力 vt. 给……打补丁;猛击

60. forum
（A）n. 全部节目 （B）n. 惯例;遵守;仪式;庆祝 （C）n. 易误;不可靠;出错性 （D）n. 论坛;讨论会;法庭;公开讨论的广场

61. deed
（A）n. 行动;功绩;证书 vt. 立契转让 （B）n. 咒语;颂歌 （C）n. 情境化;处境化;语境化 （D）n. 睡眠;麻木状态;静止状态 v. 睡眠;蛰伏;麻木

62. roar
（A）n. 朝圣之旅 （B）n. 咆哮;吼;轰鸣 v. 咆哮;吼叫;喧闹 （C）n. 猫科动物 adj. 猫科的;猫一样的;狡猾的 （D）n. 愚蠢(或粗心)的错误 v. 犯大错;笨嘴笨舌;跌跌撞撞地走

63. malevolent
（A）adj. 脾气坏的;粗鲁无礼的 （B）adj. 易犯错误的;不可靠的 （C）adj. 无价的;非常贵重的 （D）adj. 恶毒的;有恶意的;坏心肠的

64. utilitarian

(A) *adj*. 凄凉的;忧郁的;阴沉的 (B) *adj*. 沮丧的;低垂的;气馁的 *n*. 倒台;俯视的目光;向下转换 (C) *adj*. 实用的;功利的;功利主义的 (D) *adj*. 废弃的;老式的 *n*. 废词;陈腐的人 *vt*. 淘汰;废弃

65. infatuation

(A) *n*. 复制品;仿制品 (B) *n*. 滑稽;玩笑 (C) *n*. 戒律;法令 (D) *n*. 迷恋

66. immersive

(A) *adj*. 拟真的;沉浸式的;沉浸感的;增加沉浸感的 (B) *adj*. 普遍存在的;无所不在的 (C) *adj*. 适合的;能适应的;可修改的 (D) *adj*. 易犯错误的;不可靠的

67. holistic

(A) *adj*. 繁茂的;浓密的;丰富的;肥沃的;奢华的 (B) *adj*. 整体的;全盘的 (C) *adj*. 歪斜的;歪曲的;用反语表达幽默的;揶揄的 *v*. 扭曲;扭歪 (D) *adj*. 愠怒的;不高兴的

68. presumably

(A) *adv*. 无心地;不自觉地;偶然地 (B) *adv*. 大概;推测起来;可假定 (C) *adv*. 表面上;向外;外观上地 (D) *adv*.（法律文件等）以下;此后;死后 *n*. 来世;将来 *adj*. 今后的;此后的;死后的

69. exert

(A) *vi*. 修剪（树枝）;删除;减少 *n*. 深紫红色;傻瓜;李子干 (B) *vt*. 运用;发挥;施以影响 (C) *v*. 缠绕;上发条 (D) *vt*. 强调 *n*. 底线

70. grapple with

(A) 使……开始 (B) 努力设法解决;搏斗 (C) 受……支配;任凭 (D) 为……而烦恼

71. irretrievable

(A) *adj*. 一无所知的;无能为力的(含贬义) (B) *adj*. 巨大的;重重的 (C) *adj*. 不能弥补的;不能复原的;无法挽救的 (D) *adj*. 乡村的;纯朴的;粗野的;手工粗糙的 *n*. 乡下人;乡巴佬

72. tantalize

(A) *v*. 猛烈攻击;袭击 (B) *v*. 憎恶;痛骂;诅咒 (C) *vt*. 摇动;骚动;使……激动 *vi*. 煽动 (D) *vt*. 逗弄;使……干着急

73. prosaic

(A) *adj*. 平凡的;乏味的;散文体的 (B) *adj*. 父亲的;父亲般的 (C) *adj*. 名义上的;有名无实的;/会计/票面上的 (D) *adj*. 疏远的;被疏远的

74. tissue

(A) *n*. 组织;纸巾;薄纱;一套 *vt*. 饰以薄纱;用化妆纸揩去 (B) *n*. 戒律;法令 (C) *n*. 虚伪;伪善 (D) *n*. /建/隔间;区划;卧车上的小客房 *vt*. 分隔;划分

75. cause

(A) *n*. 轮廓;剪影 (B) *n*. 凤头鹦鹉;葵花鹦鹉 (C) *n*. 事业 (D) *n*. 控制台 *vt*. 安慰

76. sultry

(A) *adj*. 闷热的;狂暴的;淫荡的 (B) *adj*. 正直的;诚实的;垂直的;直立的;笔直的;合乎正道的 (C) *adj*. 谦逊的;含蓄的;不炫耀的;不铺张的 (D) *adj*. 波状的;波浪起伏的

77. tender

(A) *adj*. 细长的;苗条的;微薄的 (B) *adj*. 深情的 (C) *adj*. 真菌的 (D) *adj*. 温柔的;柔软的;脆弱的

78. congestion

(A) *n*.（交通）拥塞 (B) *n*. 障碍;栏;跳栏 *v*. 克服 (C) *n*. 不满;不平;委屈;冤情 (D) *n*. /遗//细胞//染料/染色体

79. wharf

(A) *n*. 大步;步幅;进展 *v*. 跨过;大踏步走过 (B) *n*. 纵容 (C) *n*. 牵引;/机//车辆/ 牵引力 (D) *n*. 码头;停泊处 *v*. 靠லை头;为……建码头

80. intervention

(A) *n*. 君主政体;君主国;君主政治 (B) *n*.（交通）拥塞 (C) *n*. 介入;调停;妨碍 (D) *n*. 涡流;漩涡

81. disposition

(A) *n*. 渴望;抱负;送气;吸气 (B) *n*. 处置;/心理/性情 (C) *n*. 理解;包含 (D) *n*. 折磨;严酷

的考验;痛苦的经验

82. haul
    (A) *vt*. 改善;减轻(痛苦等) (B) *v*. 歧视;区别;辨别 (C) *vt*. 排除;妨碍;阻止 (D) *v*. (用力)拖;拉;费力前进 *n*. 赃物;一网的捕鱼量;旅程;拖运距离

83. monger
    (A) *v*. 发出沙沙声;使……窸窣作响 (B) *vt*. 指定;指派,标出;把……定名为 (C) *v*. 闪耀 (D) *v*. (挨家挨户)兜售;贩卖;散播(观点)

84. residual
    (A) *n*. 主要动力;(钟表)主发条;主要原因;主要动机 (B) *n*. 剩余;残渣 *adj*. 剩余的;残留的 (C) *n*. 组织;纸巾;薄纱;一套 *vt*. 饰以薄纱;用化妆纸揩去 (D) *n*. 澄清;说明;净化

85. beneficent
    (A) *adj*. 钝的;不锋利的;生硬的;直率的 *vt*. 使……迟钝 (B) *adj*. 睿智的;聪慧的;有远见的;聪慧的 (C) *adj*. 慈善的;善行的 (D) *adj*. 不利的;相反的;敌对的

86. conspirator
    (A) *n*. 阴谋者;反叛者;同谋者 (B) *n*. 狂热 *v*. 发狂;产生纹裂 (C) *n*. 霸权;至高无上;主权;最高地位 (D) *n*. 白蚁

87. recapture
    (A) *vt*. 击败;摧毁;使……平坦 *vi*. 变平;变单调 (B) *vt*. 夺回;拿回;再体验;政府征收再经历 *n*. 夺回;取回;政府对公司超额收益或利润的征收 (C) *v*. 撕下……的假面具;揭露 (D) *v*. 推翻;倾覆;瓦解;投球过远;背弃 *n*. 推翻;打倒;倾覆;投球过猛;(拱门、门廊上方的)铁艺装饰板

88. rancher
    (A) *n*. 悖论;反论;似是而非的论点 (B) *n*. 大农场经营者;大农场工人;牧场住宅 (C) *n*. 黄蜂 (D) *n*. 装杂物的容器;总受器;分沫器 *adj*. 包罗万象的

89. admirable
    (A) *adj*. 全然的;严厉的;未缓和的 (B) *adj*. 习惯的 *n*. 习惯法汇编 (C) *adj*. 有效的;强有力的;有权势的;有说服力的 (D) *adj*. 令人钦佩的;极好的;值得赞扬的

90. dawdle
    (A) *v*. 作汩汩声;汩汩地流 (B) *vi*. 混日子;游手好闲;偷懒 (C) *vi*. 玩弄;闲荡;轻率地对待 *vt*. 浪费(时间) (D) *vt*. 花费 *n*. /会计/经费;支出;费用

91. lofty
    (A) *adj*. 高的;崇高的;高级的;高傲的 (B) *adj*. 古怪的;反常的 *n*. 古怪的人 (C) *adj*. 恼人的;讨厌的 (D) *adj*. 拉紧的;紧张的;整洁的 *vt*. 使……纠缠;使……缠结

92. deprecate
    (A) *v*. 加入工会;成立工会 (B) *vt*. 除去……镣铐;释放 (C) *vt*. 摄取;咽下;吸收;接待 (D) *vt*. 反对;抨击;轻视;声明不赞成

93. harass
    (A) *vt*. 节制;减轻 (B) *v*. 骚扰;使……困扰(或烦恼);反复袭击 (C) *vt*. 信任 (D) *vt*. 使……一致;使……和解;调停;调解;使……顺从

94. foothold
    (A) *n*. 痛苦;悲惨;不幸;苦恼;穷困 (B) *n*. /外科/关节炎 (C) *n*. 据点;立足处 (D) *n*. 混合;调合;调合物

95. tantalizing
    (A) *adj*. 有助于复原的;整容的 *n*. 滋补剂 (B) *adj*. 时髦的;现代风格的;潇洒的 (C) *adj*. 撩人的;逗引性的;干着急的 (D) *adj*. 浮躁的;易变的;变幻无常的

96. vanish
    (A) *v*. 向……行贿;诱哄(尤指小孩) *n*. 贿赂 (B) *vt*. 胜过;做得比……好 (C) *vt*. 谴责;告发;公然抨击;通告废除 (D) *v*. 消失;突然不见;成为零 *n*. 弱化音

97. advisable
    (A) *adj*. 好奇的;好问的;爱打听的 (B) *adj*. 典型的;完美的;精髓的 (C) *adj*. 浑浊的;含糊不清的 (D) *adj*. 明智的;可取的;适当的

98. garish
   (A) *adj.* 合格的;合适的 *n.* 合格者　(B) *adj.* 透明的;显然的;坦率的;易懂的　(C) *adj.* 炫耀的;过分装饰的　(D) *adj.* 警惕的;警醒的;注意的

99. outperform
   (A) *v.* 调和;使……缓和　(B) *vt.* 胜过;做得比……好　(C) *vt.* 误会;误解　(D) *v.* 不同意 *n.* 异议

100. tapestry
   (A) *n.* 主妇;保姆;妇女;女舍监　(B) *n.* 织锦;挂毯;绣帷　(C) *n.* 克服困难的办法;排除障碍的方法;小立足点　(D) *n.* (工资外的)补贴;特殊待遇 *v.* 振作起来;(咖啡)滤煮;昂首 *adj.* 活跃的;活泼的

101. sprawl
   (A) *v.* 蔓延;随意扩展 *n.* 蔓延物　(B) *vt.* 使……喜悦;使……高兴　(C) *v.* 夺得;抢走;一把抓起　(D) *v.* 包围;困扰

102. menial
   (A) *adj.* 适合的;能适应的;可修改的　(B) *adj.* 卑微的;仆人的 *n.* 仆人;住家佣工;下贱的人　(C) *adj.* 不可分割的;不可剥夺的;不能让与的　(D) *adj.* 间接的;结果的;重要的;随之发生的;自傲的

103. absenteeism
   (A) *n.* 恶习;缺点 *prep.* 代替 *vt.* 钳住 *adj.* 副的;代替的　(B) *n.* 旷工;旷课;有计划的怠工;经常无故缺席　(C) *n.* 上升;上坡路;登高　(D) *n.* 抗凝血酶

104. aerial
   (A) *adj.* 有责任的;有解释义务的;可解释的　(B) *adj.* /数/归纳的;/电/感应的;诱导的　(C) *adj.* 空中的;航空的;空气中的 *n.* /电讯/天线　(D) *adj.* 遭遗弃的;丢失的

105. solitary
   (A) *adj.* 孤独的;独居的 *n.* 独居者;隐士　(B) *adj.* 恶意的;恶毒的;蓄意的;怀恨的　(C) *adj.* 公正的;明断的;法庭的　(D) *adj.* 歪斜的;歪曲的;用反语表达幽默的;揶揄的 *v.* 扭曲;扭歪

106. drape
   (A) *v.* 发出沙沙声;使……窸窣作响　(B) *v.* 控制;引导;驾驶 *n.* 阉牛　(C) *vt.* 用布帘覆盖;使……呈褶裥状　(D) *vi.* 缅怀往事;叙旧

107. lessen
   (A) *vt.* 命令;吩咐;嘱咐;禁止　(B) *v. & n.* 漫步;流浪　(C) *vt.* 使……变小;使……减轻;使……变少 *vi.* 减少;减轻;变小　(D) *v. & n.* 疲劳;杂役 *adj.* 疲劳的

108. diabetes
   (A) *n.* 下降;沉沦　(B) *n.* 被子;棉 *vt.* 东拼西凑地编;加软衬料后缝制 *vi.* 缝被子　(C) *n.* 库存;积蓄 *v.* 贮存;储蓄　(D) *n.* 糖尿病;多尿症

109. potent
   (A) *adj.* 男性的;阳性的;男子气概的 *n.* 男性;阳性;阳性词　(B) *adj.* 有效的;强有力的;有权势的;有说服力的　(C) *adj.* 不平行的;无法匹敌的　(D) *adj.* 假的;做作的;捏造的

110. alimony
   (A) *n.* 离婚扶养费;生活费　(B) *n.* 特征　(C) *n.* 友情;同志之爱　(D) *n.* 硫;硫磺;硫磺色;美洲粉蝶

111. blemish
   (A) *v.* 发出沙沙声;使……窸窣作响　(B) *vt.* 补救;纠正 *n.* 解决方法;治疗;药品　(C) *vi.* 缅怀往事;叙旧　(D) *v. & n.* 瑕疵;缺点;玷污

112. imposingly
   (A) *adv.* 机智地;俏皮地　(B) *adv.* 单独地;唯一地　(C) *adv.* 兼;同时发生地　(D) *adv.* 令人印象深刻地

113. likelihood
   (A) *n.* 可能性;可能　(B) *n.* 膨胀;通货膨胀;夸张;自命不凡　(C) *n.* 没药(热带树脂;可作香料、药材);/植/没药树　(D) *n.* 博学;学识

114. ditch

　　(A) *n*. 天资;自然倾向;适宜　(B) *n*. 飞行员　(C) *n*. 沟渠;壕沟 *v*. 开沟;修渠　(D) *n*. 常态

115. clear-cut

　　(A) *adj*. 注意的;警惕的;警醒的　(B) *adj*. 清晰的;轮廓鲜明的　(C) *adj*. 极小的;(字母)小写的;微不足道的(非正式) *n*. 小写字体;小写字母　(D) *adj*. 明智的;合理的;正确的

116. eccentric

　　(A) *adj*. 古怪的;反常的 *n*. 古怪的人　(B) *adj*. 不间断的;连续的　(C) *adj*. 原始的;本能的　(D) *adj*. 超凡魅力的;神赐能力的

117. crank out

　　(A) 制成　(B) 反之亦然　(C) 吸引和赢得　(D) 尽管;尽管;虽然

118. enclave

　　(A) *n*. 飞地;被包围的领土;被包围物　(B) *n*. 免疫/特异性;特征;专一性　(C) *n*. 首位　(D) *n*. 早产婴儿

119. alchemist

　　(A) *n*. 野鸡;雉科鸟　(B) *n*. 炼金术士　(C) *n*. 遗产;遗赠　(D) *n*. 虔诚;孝敬;虔诚的行为或语言

120. hypocrisy

　　(A) *n*. 幽灵 *adj*. 幽灵的;幻觉的;有名无实的　(B) *n*. 虚伪;伪善　(C) *n*. 可闻度;可听到　(D) *n*. 隔离;分离;种族隔离

121. snap

　　(A) *n*. 华丽服饰;全套甲胄;全副盔甲　(B) *n*. 解剖;解剖学;剖析;骨骼　(C) *n*. (口语)轻而易举　(D) *n*. (脸部或躯体)扭弯;扭歪;扭曲的动作(或姿势);困难;周折

List 8 Practice

从下列选项中选出词义正确的一项。

1. catchall
   (A) *n*. 装杂物的容器;总受器;分沫器 *adj*. 包罗万象的　(B) *n*. 博物馆馆长;动物园园长　(C) *n*. 遗赠;遗产　(D) *n*. 偏爱;嗜好

2. devise
   (A) *vt*. 使……困惑;使……为难;使……复杂化　(B) *vt*. 把……编入目录　(C) *vi*. 逃走;消失;消散 *vt*. 逃跑;逃走;逃避　(D) *vt*. 构思;设计

3. hotshot
   (A) *n*. 噱头;手腕 *vt*. 阻碍……的正常生长或发展 *vi*. 表演特技　(B) *n*. 硫;硫磺;硫磺色;美洲粉蝶　(C) *n*. 有成就的人;高手 *adj*. 高手的　(D) *n*. 揭发出来的事情

4. aggrandize
   (A) *vt*. 增加;夸大;强化　(B) *vt*. 使……困惑 *n*. 挡板;困惑 *vi*. 做徒劳挣扎　(C) *v*. 部署　(D) *vt*. 获得;取得;导致

5. withstand
   (A) *vt*. 仔细考虑;谋划 *vi*. 思考;考虑　(B) *v*. & *n*. 哭泣;哭号　(C) *vt*. 抵御　(D) *vt*. 证实;使……坚固

6. percussion
   (A) *n*. 突然的痛苦;突然的剧痛　(B) *n*. 打扰　(C) *n*. /临床/叩诊;振动;敲打乐器　(D) *n*. 卵石;大圆石;巨砾

7. rectify
   (A) *v*. 蔓延;随意扩展 *n*. 蔓延物　(B) *v*. 使……更强壮;使……恢复生机　(C) *v*. 膨胀;肿胀;隆起 *n*. 肿胀;隆起 *adj*. 漂亮的;一流的　(D) *vt*. 改正;精馏;整流

8. prolific
   (A) *adj*. 明显的;不会弄错的　(B) *adj*. 多产的;丰富的　(C) *adj*. 可有可无的;非必要的　(D) *adj*. 琐碎的;小气的;小规模的

9. conviction
   (A) *n*. 监禁;关押;坐牢;下狱　(B) *n*. 苦恼;恼怒;令人烦恼的事　(C) *n*. 标题;字幕;说明;逮捕 *vt*. 加上说明;加上标题　(D) *n*. 定罪;确信;证明有罪;确信;坚定的信仰

10. potency
    (A) *n*. 演说;致辞;叙述法　(B) *n*. 效能;力量;潜力;权势　(C) *n*. /经/滞胀;不景气状况下的物价上涨　(D) *n*. 配件;附件;从犯

11. misapprehend
    (A) *vt*. 娱乐;招待　(B) *v*. 破坏;撤销　(C) *vt*. 误会;误解　(D) *v*. (动物)脱毛;换羽;(毛、羽)蜕去 *n*. 脱毛;换羽

12. studiously
    (A) *adv*. 极端地;可怕地;非常地　(B) *adv*. 于死后;于身后;于著作者死后出版地　(C) *adv*. 好学地;细心计划地　(D) *adv*. 故意地;注意地

13. wasp
    (A) *n*. 细长的列;收割的刈痕　(B) *n*. 黄蜂　(C) *n*. 润滑;润滑作用　(D) *n*. 补偿

14. covetously

(A) *adv*. 计划性地 (B) *adv*. 表面地；浅薄地 (C) *adv*. 从何处；由此；到原来的地方 (D) *adv*. 贪心地；妄想地

15. bellow

(A) *v*. (不断)烦扰；不断袭击 (B) *vt*. 赎回；挽回；兑换；履行；补偿；恢复 (C) *vt*. 大声喊叫；大声发出 (D) *vt*. 降低；使……贬值；掺杂

16. imputation

(A) *n*. 谴责；训斥 *vt*. 谴责；训斥 (B) *n*. 同形异义词 (C) *n*. 归罪；非难；归咎；污名 (D) *n*. 沟渠；壕沟 *v*. 开沟；修渠

17. variant

(A) *n*. 强烈反对机械化或自动化的人 (B) *n*. 变体；转化 *adj*. 不同的；多样的 (C) *n*. 束缚；桎梏；脚镣 (D) *n*. 流露；流出；倾泻

18. preeminence

(A) *n*. 卓越；杰出 (B) *n*. 主角；主演；主要人物；领导者 (C) *n*. 自负；自我中心 (D) *n*. 韧性；固执；不屈不挠；黏性

19. exaction

(A) *n*. 充分；丰富；大量 (B) *n*. 强求；勒索；榨取；苛捐杂税 (C) *n*. 复审；复试 (D) *n*. 年鉴；历书；年历

20. sparse

(A) *adj*. 拱形的；圆顶的 (B) *adj*. 朴素的；未装饰的 (C) *adj*. 稀疏的；稀少的 (D) *adj*. 渴望的；沉思的；引起怀念的；不满足似的

21. preposterous

(A) *adj*. 细长的；苗条的；微薄的 (B) *adj*. 衰老的；破旧的 (C) *adj*. 陈旧的；老朽的 (D) *adj*. 荒谬的；可笑的

22. scuttle

(A) *vt*. 阐明；说明 (B) *v*. 符合；遵照；适应环境 *adj*. 一致的；顺从的 (C) *v*. 急促奔跑 (D) *v*. 用力咀嚼

23. outstep

(A) *vt*. 超过；走过头 (B) *v*. (在乡间)漫步；闲逛；漫谈；闲聊；(植物)蔓生 (C) *v*. 使……全神贯注；提前占据；使……日夜思考 (D) *v*. 移居国外；流放；放弃国籍 *n*. 被流放者；移居国外者 *adj*. 移居国外的；被流放的

24. corral

(A) *vt*. 等候；等待；期待 (B) *vt*. 承认；退让 *vi*. 让步 (C) *v*. 把(马、牛)关进畜栏 *n*. (北美农牧场的)畜栏 (D) *v*. 提升；提拔；赞扬；使……得意

25. involuntarily

(A) *adv*. 勤奋地；勤勉地 (B) *adv*. 无心地；不自觉地；偶然地 (C) *adv*. 公然地；喧闹地；看穿了地 (D) *adv*. 迅速地；立即地；敏捷地

26. divinity

(A) *n*. 借记；借方；借项 *v*. 记入借(账户)借方；(从银行账户中)取款 (B) *n*. 人群；众多 *v*. 蜂拥而至；群集 (C) *n*. 神；神性；神学 (D) *n*. /免疫/特异性；特征；专一性

27. tribute

(A) *n*. 强烈反对机械化或自动化的人 (B) *n*. 占星术；占星学；星座 (C) *n*. 礼物；/税收/贡物；颂词；(尤指对死者的)致敬；悼念；吊唁礼物 (D) *n*. 古董；珍品

28. assimilate

(A) *vt*. 击败；摧毁；使……平坦 *vi*. 变平；变单调 (B) *vt*. 镀金；虚饰；供给钱 (C) *vt*. 吸收；使……同化；把……比作；使……相似 (D) *vt*. 宣判……无罪；证明……的清白

29. protagonist

(A) *n*. 纠察员 (B) *n*. 策略；战术；用兵学 (C) *n*. 主角；主演；主要人物；领导者 (D) *n*. 变异；变化；不一致；分歧；/数/方差

30. prune

(A) *vt*. 粉碎;使……破产 *n*. 破碎 *vi*. 粉碎 *adj*. 了不起的 (B) *v*. & *n*. 哭泣;哭号 (C) *vi*. 修剪(树枝);删除;减少 *n*. 深紫红色;傻瓜;李子干 (D) *vt*. 充塞 *vi*. 拥挤

31. implacable
    (A) *adj*. 轰动的;耸人听闻的;非常好的;使人感动的 (B) *adj*. 不能安抚的;无法改变的 (C) *adj*. 华而不实的;俗丽的 *n*. 盛大宴会 (D) *adj*. 粗心大意的;草率的;不思考的

32. ill-advised
    (A) *adj*. 不适当的;不相称的;不合身的;不得体的 (B) *adj*. 不明智的;失策的;不理智的;没脑筋的;欠考虑的 (C) *adj*. 微生物的;由细菌引起的 (D) *adj*. 笨拙的;笨重的;不灵便的;难处理的

33. sanction
    (A) *n*. 制裁;处罚;制发 *v*. 批准;对……实行制裁;赞许 (B) *n*. 涡流;漩涡 (C) *n*. 贮存(品);秘藏(品) *v*. 贮藏(钱财或贵重物品) (D) *n*. 优越;优势;优越性

34. weathered
    (A) *n*. 欢笑;嬉戏;欢庆 (B) *n*. 奴役;束缚;奴役身份 (C) *n*. 冲突;争吵;不和 (D) *n*. 天气;气象;气候;处境 *vt*. 经受住;使……风化;侵蚀;使……受风吹雨打 *vi*. 风化;受侵蚀;经受风雨 *adj*. 露天的;迎风的

35. lavender
    (A) *n*. 激励;提示;刺激 (B) *n*. /天/小行星;/无脊椎/海盘车;小游星 *adj*. 星状的 (C) *n*. 薰衣草;淡紫色 *adj*. 淡紫色的 *vt*. 用薰衣草熏 (D) *n*. 灾祸;不幸事故;晦气

36. nocturnal
    (A) *adj*. 全神贯注的;心事重重的;被先占的 (B) *adj*. 夜的;夜曲的;夜间发生的 (C) *adj*. 浮华的;有纨绔习气的 (D) *adj*. 空闲的;自由的;已脱离的

37. waver
    (A) *vt*. 假装;装作;捏造;想象 (B) *vt*. 收集(资料);拾(落穗) (C) *vi*. 摇曳;踌躇;摆动 *n*. 动摇;踌躇;挥动者 (D) *vt*. 重申;反复地做

38. appall
    (A) *v*. 穿过;来回移动 *n*. 横穿 (B) *v*. 极化;偏振;两极分化 (C) *vt*. 使……胆寒;使……惊骇 (D) *v*. 使……发酵;激起(麻烦;动乱) *n*. 发酵;酵素;动乱

39. stern
    (A) *adj*.(婚后)居住在男方家的 (B) *adj*. 严厉的;坚定的;严峻的;认真的 *n*. 船尾;末端 (C) *adj*. 卓越的;超常的;出类拔萃的 (D) *adj*. 差的;自卑的;下级的;下等的

40. reassure
    (A) *v*.抵消 (B) *vt*. 钉住;刺穿;使……呆住 (C) *vi*. 飘动;鼓翼;烦扰 *n*. 摆动;鼓翼;烦扰 (D) *v*. 使……安心;安慰;重新保证;分保

41. microscopic
    (A) *adj*. 电气化的 (B) *adj*. 微观的;用显微镜可见的 (C) *adj*. 似烤面包片的;暖和舒适的;祝酒的 (D) *adj*. 娱乐的;消遣的;休养的

42. precursor
    (A) *n*. 可闻度;可听到 (B) *n*. 鹿角;茸角;多叉鹿角 (C) *n*. 先驱;前导 (D) *n*. 书包;小背包

43. omniscient
    (A) *adj*. 全知的;无所不知的 *n*. 上帝;无所不知者 (B) *adj*. 需要努力的;显示努力的;充满努力的 (C) *adj*. 静态的;静电的;静力的 *n*. 静电;静电干扰 (D) *adj*. 可察觉到的;可感知的

44. cast-off
    (A) *adj*. 饮食过量的;饮食奢侈的 (B) *adj*. 实际的;实用性的 (C) *adj*. 显著的;断然的 (D) *adj*. 遭遗弃的;丢失的

45. unambitious
    (A) *adj*. 爱冒险的;大胆的;充满危险的 (B) *adj*. 无野心的;无名利心的;谦虚的 (C) *adj*. 规律的;训练的;训诫的 (D) *adj*. 夸张的;情节剧的;戏剧似的

46. proliferation
    (A) *n*. 筋;肌腱;体力;精力 (B) *n*. 喉舌;代言人;送话口 (C) *n*. 苦恼;恼怒;令人烦恼的事 (D) *n*.激增;涌现

47. epidemic

(A) *adj*. 流行的;传染性的 *n*. 传染病;流行病;风尚等的流行 (B) *adj*. 有效的;强有力的;有权势的;有说服力的 (C) *adj*. 留意的;注意的;照顾周到的 (D) *adj*. 显著的;看得见的 *n*./物/可观察量

48. impose

(A) *vi*. 畏缩;退避 *n*. 畏缩 (B) *vt*. 摇动;骚动;使……激动 *vi*. 煽动 (C) *vi*. 利用;欺骗;施加影响 *vt*. 强加;征税;以……欺骗 (D) *vt*. 确定;查明;探知

49. wry

(A) *adj*. 荒凉的;无人烟的 *vt*. 使……荒凉;使……孤寂 (B) *adj*. 课外的;业余的;婚外的 (C) *adj*. 歪斜的;歪曲的;用反语表达幽默的;揶揄的 *v*. 扭曲;扭歪 (D) *adj*. 权宜的;方便的;有利的 *n*. 权宜之计;应急手段

50. exertion

(A) *n*. 发挥;运用;努力 (B) *n*. 集市;市场;义卖市场 (C) *n*. 水族馆;养鱼池;玻璃缸 (D) *n*. 可信赖;确实性

51. venting

(A) *n*. 同谋者;共犯 (B) *n*. 卵石;大圆石;巨砾 (C) *n*. 排气;通气 (D) *n*. 反感;厌恶;憎恶;不相容

52. festive

(A) *adj*. 极小的;微小的 (B) *adj*. 无用的;无效果的 (C) *adj*. 节日的;喜庆的;欢乐的 (D) *adj*. 留意的;注意的;照顾周到的

53. distortion

(A) *n*. 揭发隐私 (B) *n*. 变形;/物/ 失真;扭曲;曲解 (C) *n*. 煤烟;烟灰 (D) *n*. 喉舌;代言人;送话口

54. daze

(A) *vt*. 使……茫然 *n*. 迷乱 (B) *vt*. 复制;折叠 *adj*. 复制的;折叠的 (C) *v*.篡改 (D) *vt*. 粉碎;使……破产 *n*. 破碎 *vi*. 粉碎 *adj*. 了不起的

55. oppression

(A) *n*.勇气;决心 (B) *n*. 原型;标准;模范 (C) *n*. 压抑;镇压;压迫手段;沉闷;苦恼 (D) *n*. 发出持续的嗡嗡声;嗡嗡作响 *v*. 唠叨

56. autoimmune

(A) *adj*. 自身免疫的;自体免疫的 (B) *adj*. 昏暗的;朦胧的;晦涩的 *vt*. 使……模糊不清;掩盖;隐藏 (C) *adj*. 似垫子的;柔软的 (D) *adj*. 崭新的;清新的;干净的;未开发的;原始的

57. ridicule

(A) *vt*. 理解;逮捕;忧虑 (B) *v*. 连接;联结;使……连锁 *adj*. 连接的;联结的;连锁的 (C) *v*. & *n*. 嘲笑;奚落 (D) *vi*. 利用;欺骗;施加影响 *vt*. 强加;征税;以……欺骗

58. eternity

(A) *n*. 辩论;争吵 *v*. 辩论;对……进行质疑;争夺;抵抗(进攻) (B) *n*. 来世;来生;不朽;永世;永恒 (C) *n*. 汹涌;大浪;波涛;汹涌澎湃;巨涌 *v*. 汹涌;起大浪;蜂拥而来 (D) *n*./外科/关节炎

59. virile

(A) *adj*. 有自信的 (B) *adj*.有阳刚之气的 (C) *adj*. 易犯错误的;不可靠的 (D) *adj*. 烟火的;令人眼花缭乱的;出色的

60. hibernate

(A) *vt*. 使……含无机化合物;使……矿物化 (B) *vi*. 过冬;(动物)冬眠;(人等)避寒 (C) *vt*. 使……疏远;离间;让与 (D) *v*. & *n*. 喘息渴望

61. shear

(A) *vt*. 颠覆;推翻;破坏 (B) *v*. 用离心机分离;使……受离心作用 *n*. 离心机 (C) *vt*. 表明;表示;引起 (D) *vt*. 剪;修剪;剥夺 *n*. 切变;修剪;大剪刀

62. mingle

(A) *vi*. 缅怀往事;叙旧 (B) *vt*. 引导;招待;迎接;开辟 (C) *vi*. 混合;交往 (D) *v*. 促进;增进;助长

63. perturbation
    (A) *n*. 食草动物 (B) *n*. /天/摄动；不安；扰乱 (C) *n*. /地质/海侵；犯罪；违反；逸出 (D) *n*. 补救；疗法；解决办法；(硬币的)公差 *v*. 补救；纠正；治疗

64. lagoon
    (A) *n*. 监狱；宗教裁判官；宗教裁判所；教养所 (B) *n*. /地理/水文/泻湖；环礁湖；咸水湖 (C) *n*. 同形异义词 (D) *n*. 灌木篱墙

65. delineate
    (A) *v*. 猛烈攻击；袭击 (B) *vt*. 描绘；描写；画……的轮廓 (C) *v*. & *n*. 哭泣；哭号 (D) *v*. 并吞

66. petty
    (A) *adj*. 微弱的；无力的；虚弱的 (B) *adj*. 审美的(等于 aesthetic)；感觉的 *n*. 美学；审美家；唯美主义者 (C) *adj*. 琐碎的；小气的；小规模的 (D) *adj*. 课外的；业余的；婚外的

67. forlorn
    (A) *adj*. 被遗弃的；绝望的；孤独的 (B) *adj*. 春天的；和煦的；青春的 (C) *adj*. 引起幻觉的 (D) *adj*. 留意的；注意的；照顾周到的

68. portfolios
    (A) *n*. 变体；转化 *adj*. 不同的；多样的 (B) *n*. 档案；文件夹；证券投资组合 (C) *n*. 激增；涌现 (D) *n*. 难题；谜语

69. ethologist
    (A) *n*. 标签；记账 *vt*. 计算；记录 (B) *n*. 综合症状；并发症状 (C) *n*. 剥夺；损失；匮乏；贫困 (D) *n*. 动物行为学家；(个体)生态学研究者

70. scope
    (A) *n*. 有成就的人；高手 *adj*. 高手的 (B) *n*. 排气；通气 (C) *n*. 范围；余地；视野 *vt*. 审视 (D) *n*. 玩世不恭；愤世嫉俗；冷嘲热讽

71. pendent
    (A) *adj*. 正直的；诚实的；垂直的；直立的；笔直的；合乎正道的 (B) *adj*. 悬而未决的；下垂的；未定的；向外伸出的 (C) *adj*. 有症状的；症候的 (D) *adj*. 卑鄙的；邪恶的；低廉的；肮脏的

72. maternal
    (A) *adj*. 下垂的；悬垂的；摇摆的 (B) *adj*. 乡村的；纯朴的；粗野的；手工粗糙的 *n*. 乡下人；乡巴佬 (C) *adj*. 母亲的；母系的；母体遗传的 (D) *adj*. 心情矛盾的

73. injunction
    (A) *n*. 自给自足 (B) *n*. /管理/禁令；命令；劝告 (C) *n*. 古董；珍品 (D) *n*. 丛；笨重的脚步声；土块 *vi*. 形成一丛；以沉重的步子行走 *vt*. 使……成一丛；使……凝结成块

74. elucidate
    (A) *vt*. 反对；抨击；轻视；声明不赞成 (B) *v*. 篡改 (C) *vt*. 阐明；说明 (D) *v*. 泛滥；肆虐

75. sulfur
    (A) *n*. 古董；珍品 (B) *n*. 硫；硫磺；硫磺色；美洲粉蝶 (C) *n*. 遗产；遗赠 (D) *n*. 支持者；建议者；提出认证遗嘱者

76. entertain
    (A) *vt*. 娱乐；招待 (B) *v*. & *n*. 嘲笑；戏弄；奚落 (C) *vt*. 废弃；使……解体；拆毁 *vi*. 吵架 (D) *vt*. 兜售；招徕 *n*. 侦查者；兜售者

77. preceptress
    (A) *n*. 女教师；女导师；女校长 (B) *n*. 外交；外交手腕；交际手段 (C) *n*. 公职人员；官员；(做繁琐工作的)职员 (D) *n*. 会议；事件；诉讼；记录

78. lurid
    (A) *adj*. 先天的；固有的 (B) *adj*. 可怕的；耸人听闻的；火烧似的 (C) *adj*. 可爱的；讨人喜欢的 (D) *adj*. 小的；小型的；微小的 *n*. 爱称；指小词；身材极小的人

79. industrious
    (A) *adj*. 非常危险的；要使颈骨折断似的；极快的 (B) *adj*. 可怕的；糟透的；令人不快的 (C) *adj*. 严峻的；简朴的；苦行的；无装饰的 (D) *adj*. 勤勉的

80. thrill

(A) *n*. 激动;震颤 *vt*. 使……颤动;使……紧张;使……感到兴奋或激动 *vi*. 颤抖;感到兴奋;感到紧张　(B) *n*. 地图集;寰椎　(C) *n*. 牛皮纸　(D) *n*. 发誓;誓言;许愿 *v*. 发誓;郑重宣告

81. mesh

(A) *vi*. 相啮合 *n*. 网眼;网丝;圈套　(B) *vt*. 预言;预示;预告　(C) *vt*. 骚扰;调戏;干扰　(D) *vt*. 领先;在……之前;优于;高于 *vi*. 领先;在前面

82. noxious

(A) *adj*. 绣花的;刺绣的 *v*. 刺绣;润色;渲染　(B) *adj*. 有害的;有毒的;败坏道德的;讨厌的　(C) *adj*. 自满的;得意的;满足的　(D) *adj*. 谦逊的;含蓄的;不炫耀的

83. sequestration

(A) *n*. 大胆;厚颜无耻　(B) *n*. 夸张的语句;夸张法　(C) *n*. 封存;隔离　(D) *n*. 变异;变化;不一致;分歧;/数/方差

84. tenet

(A) *n*. 折磨;严酷的考验;痛苦的经验　(B) *n*. 原则;信条　(C) *n*. 生育高峰中出生的人;发育完全的雄袋鼠;异常大的东西　(D) *n*. 昆虫学者

85. xenophobia

(A) *n*. 困境;誓约 *vt*. 保证;约定　(B) *n*. 仇外;对外国人的畏惧和憎恨　(C) *n*. 面容;表情;支持;拥护 *v*. 支持;赞同;认可　(D) *n*. 侧面;外形;剖面;简况 *v*. 描……的轮廓;扼要描述

86. foundry

(A) *n*. 满足;满意　(B) *n*. 草皮　(C) *n*. 铸造;铸造类;/机/铸造厂　(D) *n*. 障眼物;眼罩 *v*. 蒙住眼睛 *adj*. 被蒙住眼睛的 *adv*. 易如反掌地;鲁莽地;轻率地

87. tumult

(A) *n*. 骚动;骚乱;吵闹;激动　(B) *n*. 天空;苍天　(C) *n*. 奴役;束缚;奴役身份　(D) *n*. 微光;闪光;瞬息的一现 *v*. 闪烁;隐约地闪现

88. provocative

(A) *adj*. /地质/构造的;建筑的　(B) *adj*. 刺激的;挑拨的;气人的　(C) *adj*. 地方性的;风土的　(D) *adj*. 缓和的;温和的;调节的

89. quarantine

(A) *n*. 拘泥于字面解释的人;直译者　(B) *n*. 方案;情节;剧本;设想　(C) *n*. 剧变;隆起;举起　(D) *n*. 检疫;隔离

90. quintessential

(A) *adj*. 海藻的　(B) *adj*. 受损的　(C) *adj*. 典型的;完美的;精髓的　(D) *adj*. 公正的;明断的;法庭的;审判上的

91. envelop

(A) *vi*. 蹉跎;蹒跚;失足;犯错　(B) *vt*. 包围;包封 *n*. 信封;包裹　(C) *v*. 咆哮;气势汹汹地说(但效果不大)　(D) *vt*. 剥夺;使……失去;逐出;霸占

92. physician

(A) *n*. 讲道坛;高架操纵台;神职人员　(B) *n*. 海胆　(C) *n*. /兽医/兽疥癣;/兽医/家畜疗　(D) *n*. 医师;内科医师

93. sagacious

(A) *adj*. 睿智的;聪慧的;有远见的;聪慧的　(B) *adj*. 私生的;非法的;不合理的　(C) *adj*. 对他人的感受漠不关心;对某事物无感觉;无反应　(D) *adj*. 壮观的;给人深刻印象的;威风的;仪表堂堂的

94. gizzard

(A) *n*. 恋物(等于 fetich);迷信;偶像　(B) *n*. (鸟的)肌胃;砂囊　(C) *n*. 监禁;关押;坐牢;下狱　(D) *n*. /经/滞胀;不景气状况下之物价上涨

95. yoke

(A) *n*. 宣传者;鼓吹者　(B) *n*. 长矛;执矛战士;柳叶刀 *vt*. 以长矛攻击;用柳叶刀割开;冲进　(C) *n*. 轭;束缚;牛轭　(D) *n*. 贮存(品);秘藏(品) *v*. 贮藏(钱财或贵重物品)

96. atrocious

(A) *adj*. 不需要的;有害的;讨厌的;空闲的　(B) *adj*. 多年生的;常年的;四季不断的　(C) *adj*. 自

高自大的 (D) *adj*. 凶恶的;残暴的

97. engender
　　(A) *vt*. 破坏;使……枯萎　(B) *v*. 向……行贿;诱哄(尤指小孩) *n*. 贿赂　(C) *v*. 产生;造成;引起
　　(D) *v*. & *n*. 轻蔑;嘲笑;藐视的对象

98. metropolitan
　　(A) *adj*. 大都会的　(B) *adj*. 容易的;不费力气的　(C) *adj*. 有效的;强有力的;有权势的;有说服力的　(D) *adj*. 名义上的;有名无实的;/会计/票面上的

99. polarization
　　(A) *n*. 极化;偏振;两极分化　(B) *n*. 跷跷板;秋千 *adj*. 交互的;前后动的 *vi*. 玩跷跷板;上下来回摇动 *vt*. 使……上下或来回摇动　(C) *n*. 芳香　(D) *n*. 渗透;突破;侵入;洞察力

100. aristocrat
　　(A) *n*. 小幅增加;微升;报升(股票成交价格比上一个交易的微高)　(B) *n*. /有化/乳糖　(C) *n*. 贵族　(D) *n*. 空军中队

101. wispy
　　(A) *adj*. 繁重的;累赘的;恼人的　(B) *adj*. 迟疑的;踌躇的;犹豫不定的　(C) *adj*. 像小束状的;纤细的;脆弱的　(D) *adj*. 明确的;清楚的;直率的;详述的

102. restorative
　　(A) *adj*. 小的;小型的;微小的 *n*. 爱称;指小词;身材极小的人　(B) *adj*. 有助于复原的;整容的 *n*. 滋补剂　(C) *adj*. 粗糙的;粗俗的;下等的　(D) *adj*. 实际的;实用性的

103. equate
　　(A) *v*. 获得;取得;导致　(B) *vt*. 使……相等;视为平等 *n*. 等同　(C) *v*. 使……安心;安慰;重新保证;分保　(D) *vt*. 浪费;使……消散

104. propagandist
　　(A) *n*. /数/排列;/数/置换　(B) *n*. 鹌鹑;北美鹑;鹌鹑肉 *v*. 畏缩;胆怯;感到恐惧　(C) *n*. 君主政体;君主国;君主政治　(D) *n*. 宣传者;鼓吹者

105. ascertain
　　(A) *v*. 获得　(B) *vt*. 确定;查明;探知　(C) *vi*. 执行牧师职务;辅助或伺候某人　(D) *v*. 把……改变用途

106. hassle
　　(A) *n*. 财团;联合;合伙　(B) *n*. 困难;分歧;起哄 *v*. 烦扰;与……争辩　(C) *n*. 盗窃;盗窃罪
　　(D) *n*. 倒置;反向;倒转

107. myrrh
　　(A) *n*. 步枪;滑膛枪;毛瑟枪　(B) *n*. 空军中队　(C) *n*. 莲座丛;玫瑰形饰物;圆花饰　(D) *n*. 没药(热带树脂,可作香料、药材);/植/没药树

108. grip
　　(A) *n*. 紧握;柄;支配;握拍方式;拍柄绷带 *vt*. 紧握;夹紧 *vi*. 抓住　(B) *n*. 导管;沟渠;导水管
　　(C) *n*. 霸权;至高无上;主权;最高地位　(D) *n*. 获得物;获得;收购

109. inattentive
　　(A) *adj*. 大使的;使节的　(B) *adj*. 退休的;名誉退休的　(C) *adj*. 疏忽的;怠慢的;不注意的　(D) *adj*. 节约的;(牲畜或植物)苗壮的;健康的

110. squint
　　(A) *vt*. 运用;发挥;施以影响　(B) *vt*. 谴责;告发;公然抨击;通告废除　(C) *vi*. 眯眼看;斜视;窥视;偏移 *vt*. 使……斜眼;眯眼看　(D) *v*. & *n*. 磨碎;折磨;苦工作

111. precedent
　　(A) *n*. 妙语;嘲弄;讽刺语 *vi*. 嘲弄;讥讽　(B) *n*. 先例;前例　(C) *n*. 主权;统治权;支配;领土
　　(D) *n*. 机动;演习;策略;调遣 *vi*. 机动;演习;调遣;用计谋

112. tapering
　　(A) *adj*. 尖端细的;渐渐减少的　(B) *adj*. 可憎的;讨厌的　(C) *adj*. 卑鄙的;低劣的　(D) *adj*. 不注意的;不留心的

113. stray

(A) *vi.* 流浪;迷路;偏离　(B) *vt.* 拉长;使……延长;使……伸长 *adj.* 伸长的;延长的　(C) *vi.* 遵守;顺从;遵从;答应　(D) *vt.* 吐露;委托

114. scoff

(A) *vt.* 缩减;剪短;剥夺……特权等　(B) *vt.* 支持;嫁娶;赞成;信奉　(C) *v.* 加入工会;成立工会　(D) *v. & n.* 嘲笑;贪婪地吃;狼吞虎咽

115. promulgate

(A) *vt.* 紧握 *vi.* 握紧 *n.* 紧抓　(B) *v.* 穿过;来回移动 *n.* 横穿　(C) *vt.* 公布;传播;发表　(D) *vt.* 分散;使……散开 *vi.* 分散 *adj.* 分散的

116. tribunal

(A) *n.* 特征　(B) *n.* 端正;得体　(C) *n.* 法庭;裁决;法官席　(D) *n.* 愤怒;愤慨;暴行;侮辱 *vt.* 凌辱;强奸;对……施暴行;激起愤怒

117. quietude

(A) *n.* 标枪;投枪　(B) *n.* 补偿;报酬;赔偿金　(C) *n.* 篡夺;夺取　(D) *n.* 平静;寂静;沉着

118. trust

(A) *n.* 法庭;裁决;法官席　(B) *n.* 恢复力;弹力;顺应力　(C) *n.* 慎重;细心　(D) *n.* 信托

119. normalcy

(A) *n.* 女高音;最高音部;女高音歌手　(B) *n.* 分配;分配物;养家费;命运　(C) *n.* 严守时间;正确;规矩　(D) *n.* 常态

120. competence

(A) *n.* 无恶意的玩笑　(B) *n.* 药剂师　(C) *n.* 妙语;警句　(D) *n.* 能力;胜任;权限;作证能力;足以过舒适生活的收入

121. merciful

(A) *adj.* 不能挽回的;不能补救的　(B) *adj.* 分裂的　(C) *adj.* 炎症性的;煽动性的;激动的　(D) *adj.* 仁慈的;慈悲的;宽容的

List 9 Practice

从下列选项中选出词义正确的一项。

1. tributary
   (A) *n*. 牵挂；关怀 (B) *n*. /军/后勤；后勤学；物流 (C) *n*. (大河或湖泊的)支流；进贡国；附属国 (D) *n*. 归罪；非难；归咎；污名
2. arrant
   (A) *adj*. 娱乐的；消遣的；休养的 (B) *adj*. 神圣的；非凡的；天赐的；极好的 (C) *adj*. 极恶的；声名狼藉的；彻头彻尾的 (D) *adj*. 坚定的
3. egregious
   (A) *adj*. 不景气的 *v*. 倾斜身体；倾斜；倚靠；使……斜靠 (B) *adj*. 真正的；名副其实的 (C) *adj*. 惊人的；过分的；恶名昭彰的 (D) *adj*. 无可比拟的
4. blubbery
   (A) *adj*. 鲸脂的 (B) *adj*. 空闲的；自由的；已脱离的 (C) *adj*. 卓越的；有名望的 (D) *adj*. 优先的；选择的；特惠的；先取的
5. ingenuity
   (A) *n*. 贮存物 (B) *n*. 心灵手巧；独创性；足智多谋；精巧的装置 (C) *n*. /数//天/ 摄动；不安；扰乱 (D) *n*. 强求；勒索；榨取；苛捐杂税
6. remedy
   (A) *v*. 消失；突然不见；成为零 *n*. 弱化音 (B) *vt*. 公布；传播；发表 (C) *vt*. 补救；纠正 *n*. 解决方法；治疗；药品 (D) *vt*. 驱散；驱逐；消除(烦恼等)
7. slumber
   (A) *n*. 草皮 (B) *n*. 睡眠；麻木状态；静止状态 *v*. 睡眠；蛰伏；麻木 (C) *n*. 女教师；女导师；女校长 (D) *n*. 隔离；分离；种族隔离
8. cusp
   (A) *n*. /机/ 步冲轮廓法；抗偏驶性；分段剪切 (B) *n*. 轨道；轨线；弹道 (C) *n*. 狼狈；挫败；崩溃 (D) *n*. 尖点；交点；介于两个状态之间；将要进入特定状态
9. dire
   (A) *adj*. 炫耀；过分装饰的 (B) *adj*. 实际的；实用性的 (C) *adj*. 可怕的；悲惨的；极端的 (D) *adj*. 饮食过量的；饮食奢侈的
10. all-purpose
    (A) *adj*. 机敏的；狡猾的；诡计多端的 (B) *adj*. 通用的；多用途的 (C) *adj*. 乌托邦的；空想的；理想化的 *n*. 空想家；乌托邦的居民 (D) *adj*. 地上的；月下的
11. striation
    (A) *n*. 条纹；流束 (B) *n*. 困惑；混乱 (C) *n*. 尸体 (D) *n*. 白垩；粉笔；白垩地层；用粉笔划的记号
12. primordial
    (A) *adj*. 威胁的；险恶的 (B) *adj*. 矛盾的；诡论的；似非而是的 (C) *adj*. 第一的；首先的 *n*. 第一 *adv*. 第一 (D) *adj*. 阴险的；凶兆的；灾难性的；左边的
13. wooed and won
    (A) 为……而烦恼 (B) 尽管；尽管；虽然 (C) 坚持；依靠；依附 (D) 吸引；赢得

14. prowl

    (A) *vt.* 忽视;草率地看过;含糊地念;诋毁 *n.* 污点;诽谤;连音符　(B) *v.* 潜行;徘徊;搜寻 *n.* 徘徊;潜行;悄悄踱步　(C) *vt.* 确立;牢固;侵犯　(D) *v.* 用离心机分离;使……受离心作用 *n.* 离心机

15. aesthetic

    (A) *adj.* 实际的;实用性的　(B) *adj.* 迟疑的;踌躇的;犹豫不定的　(C) *adj.* 美的;美学的;审美的;具有审美趣味的　(D) *adj.* 通货紧缩的

16. teeny

    (A) *adj.* 转移的;移开的 *v.* 避免;转开　(B) *adj.* 可理解的　(C) *adj.* 细心的;小心谨慎的;一丝不苟的　(D) *adj.* 极小的;微小的

17. squanderer

    (A) *n.* (大河或湖泊的)支流;进贡国;附属国　(B) *n.* 放荡者;挥霍者　(C) *n.* 暴虐　(D) *n.* 不流利

18. warp

    (A) *n.* 怪念头;反复无常　(B) *n.* 骚动;暴乱　(C) *n.* 党派性;党派偏见;对党派的忠诚　(D) *n.* 弯曲;歪曲;偏见;乖戾 *v.* 变形;有偏见;曲解

19. frown

    (A) *vt.* 征服;使……服从;克制　(B) *vt.* 组成;构成;建立;任命　(C) *v. & n.* 皱眉;不同意　(D) *vt.* 颤抖

20. constitute

    (A) *vt.* 控告;暗示……有罪　(B) *vt.* 制止;阻止;使……打消念头　(C) *vt.* 使……气馁;使……畏缩;威吓　(D) *vt.* 组成;构成;建立;任命

21. pigmentation

    (A) *n.* 掠夺;破坏;破坏痕迹　(B) *n.* 染色;色素淀积;天然颜色　(C) *n.* 基础;奠基石　(D) *n.* 司法权;审判权;管辖权;权限;权力

22. watchful

    (A) *adj.* 注意的;警惕的;警醒的　(B) *adj.* 负债的;受惠的 *v.* 使……负债;使……受恩惠　(C) *adj.* 正统的;惯常的;东正教的 *n.* 正统的人事　(D) *adj.* 随心所欲的;惯性滑行的 *n.* 惯性滑行

23. adaptable

    (A) *adj.* 本国的;地方的 *n.* 本地话;方言　(B) *adj.* 闪烁的;忽隐忽现的;摇曳的　(C) *adj.* 有魅力的;引人注意的;令人神往的　(D) *adj.* 适合的;能适应的;可修改的

24. deterioration

    (A) *n.* /木/剥皮机　(B) *n.* 残酷;残忍;残酷的行为　(C) *n.* 无经验的人;无经验的组织;新体系　(D) *n.* 恶化;退化;堕落

25. impartiality

    (A) *n.* 医师;内科医师　(B) *n.* 公正;公平;不偏不倚　(C) *n.* /有化/乳糖　(D) *n.* 困境;誓约 *vt.* 保证;约定

26. lava

    (A) *n.* (鸟的)栖木　(B) *n.* 火山岩浆;火山所喷出的熔岩　(C) *n.* 主要动力;(钟表)主发条;主要原因;主要动机　(D) *n.* 委员会;佣金;委任 *vt.* 委任;使……服役;委托制作

27. clueless

    (A) *adj.* 可憎的;讨厌的　(B) *adj.* 差的;自卑的;下级的;下等的　(C) *adj.* 平静的;温和的;沉着的　(D) *adj.* 一无所知的;无能为力的(含贬义)

28. fasting

    (A) *n.* 剥夺;损失;匮乏;贫困　(B) *n.* 天资;自然倾向;适宜　(C) *n.* 禁食;斋戒　(D) *n.* 口是心非;表里不一;不诚实

29. vacant

    (A) *adj.* 空虚的;空的;空缺的;空闲的;茫然的　(B) *adj.* 恼人的;讨厌的　(C) *adj.* 白话的;通俗的;口语体的　(D) *adj.* 半透明的

30. inflict

    (A) *vi.* 流浪;迷路;偏离　(B) *vt.* 运用;发挥;施以影响　(C) *vt.* 使……遭受(伤害或破坏等)

(D) v. 汇款;赦(罪);推迟;减弱 n. 职权范围
31. ignominy
    (A) n. 耻辱;不体面;丑行 (B) n. 野兔 (C) n. 克服困难的办法;排除障碍的方法;小立足点
    (D) n. 习惯;熟习
32. mishap
    (A) n. 遗产;遗赠 (B) n. 勇气;决心 (C) n. 恶习;缺点 prep. 代替 vt. 钳住 adj. 副的;代替的
    (D) n. 灾祸;不幸事故;晦气
33. decisive
    (A) adj. 懊悔的;悔恨的 (B) adj. 极恶的;声名狼藉的;彻头彻尾的 (C) adj. 巧妙的;狡猾的;欺诈的 (D) adj. 决定性的;果断的;确定的;明确的
34. internecine
    (A) adj. 明确的;清楚的;直率的;详述的 (B) adj. 两败俱伤的;致命的 (C) adj. 沉闷的;冗长乏味的 (D) adj. 温柔的;柔软的;脆弱的
35. outpouring
    (A) n. 蛹 (B) n. 捕食;掠夺 (C) n. 流露;流出;倾泻 (D) n. 萌发;产生
36. nonentity
    (A) n. /兽医/兽疥癣/;兽医/家畜疥 (B) n. 清真寺 (C) n. 不存在;虚无;无足轻重的人 (D) n. 洗礼;严峻考验
37. intrusive
    (A) adj. 决定性的;果断的;确定的;明确的 (B) adj. 侵入的;打扰的 (C) adj. 拉紧的;紧张的;整洁的 vt. 使……纠缠;使……缠结 (D) adj. 放纵的;宽容的;任性的
38. foppish
    (A) adj. 经验丰富的;老练的;调过味的 (B) adj. 细心的;小心谨慎的;一丝不苟的 (C) adj. 遗传的;世袭的 n. 遗传类 (D) adj. 浮华的;有纨绔习气的
39. glean
    (A) vt. 给;产生;让步;举办;授予 (B) v. 游说;拉选票 (C) vt. 收集(资料);拾(落穗) (D) vt. 修补;翻新;修改 n. 改进;换新鞋面
40. enjoin
    (A) vt. 命令;吩咐;嘱咐;禁止 (B) vt. 超过;走过头 (C) vt. 粘上;署名;将罪责加之于 (D) vi. 迫近;即将发生
41. resplendence
    (A) n. 同步 (B) n. 激增;涌现 (C) n. 辉煌;灿烂 (D) n. 紫藤
42. clash
    (A) vt. 命令;注定 vi. 颁布命令 (B) v. & n. 冲突 (C) v. 把(马、牛)关进畜栏 n. (北美农牧场的)畜栏 (D) v. 逐渐减少;逐渐变弱
43. symptomatic
    (A) adj. 有症状的;症候的 (B) adj. 难怪的;可原谅的 (C) adj. 迷人的 (D) adj. 全知的;无所不知的 n. 上帝;无所不知者
44. incidental
    (A) adj. 液压的;水力的;水力学的 (B) adj. 本土的;国产的;固有的 (C) adj. 附带的;偶然的;容易发生的 n. 附带事件;偶然事件;杂项 (D) adj. /管理/ 管理的;经理的
45. subscribe
    (A) v. 安静 n. 寂静 (B) v. 根除;彻底毁坏 (C) vi. 订阅;捐款;认购;赞成 (D) v. 推翻;倾覆;瓦解;投(球过远);背弃 n. 推翻;打倒;投球过猛;(拱门、门廊上方的)铁艺装饰板
46. lubrication
    (A) n. 润滑;润滑作用 (B) n. 都市人 (C) n. 长矛;执矛战士;柳叶刀 vt. 以长矛攻击;用柳叶刀割开;冲进 (D) n. 挡风玻璃
47. immure
    (A) v. 禁闭;监禁 (B) vt. 假定;推测;擅自;意味着 (C) v. 扩散;转移 (D) vt. 拒绝;否定;批判;与……断绝关系;拒付

48. personify

(A) *vt*. 使……具体化;使……有形;使……突然出现;使……重物质而轻精神 (B) *vi*. 进行哲学探讨;理性地思考 (C) *vt*. 控告;暗示……有罪 (D) *v*. 是……的典型;集中表现;是(品质、观念)的化身;拟人化

49. acoustic

(A) *adj*. 滑稽的;好笑的 (B) *adj*. 有助于复原的;整容的 *n*. 滋补剂 (C) *adj*. 未提炼的 (D) *adj*. 声学的;音响的;听觉的

50. courtesy

(A) *n*. /天/小行星/;无脊椎/海盘车;小游星 *adj*. 星状的 (B) *n*. 礼貌;好意;恩惠 (C) *n*. 尽责;凭良心办事 (D) *n*. 免除;豁免;免税

51. cognate

(A) *adj*. 分裂的 (B) *adj*. 爱冒险的;大胆的;充满危险的 (C) *adj*. /地质/同源的;同类的 (D) *adj*. 繁重的;麻烦的;负有义务的;负有法律责任的

52. compost

(A) *n*. 堆肥;混合物 *vt*. 堆肥;施堆肥 (B) *n*. 顶点;高潮 (C) *n*. 一绺头发;发辫;卷发;枝条 *vt*. 把(头发)梳理成绺 (D) *n*. 控告;指控

53. volunteerism

(A) *n*. 志愿精神;志愿服务 (B) *n*. 面容;表情;支持;拥护 *v*. 支持;赞同;认可 (C) *n*. 高压灭菌器;高压锅 (D) *n*. 仁慈;温和

54. plaster

(A) *vi*. 把……烧成灰;烧弃 (B) *v*. 用离心机分离;使……受离心作用 *n*. 离心机 (C) *vt*. 减轻;粘贴;涂以灰泥 (D) *vt*. 剥夺……的公民权

55. syndrome

(A) *n*. 综合症状;并发症状 (B) *n*. 常态 (C) *n*. 服装;盛装 *vt*. 打扮;使……穿衣 (D) *n*. 辉煌;灿烂

56. soberly

(A) *adv*. 冷静地;严肃地;朴素地 (B) *adv*. 诱人地;迷人地 (C) *adv*. 随时地;暂时地;立刻 (D) *adv*. 口语地;用通俗语

57. fungal

(A) *adj*. 乡村的;纯朴的;粗野的;手工粗糙的 *n*. 乡下人;乡巴佬 (B) *adj*. 真菌的 (C) *adj*. 真正的;名副其实的 (D) *adj*. 有益的;有助于……的

58. appendage

(A) *n*. 包;捆;灾祸;不幸 *v*. 将……打包 (B) *n*. 附加物;下属;附器 (C) *n*. 来世;来生;不朽;永世;永恒 (D) *n*. 矛盾;相差

59. defendant

(A) *n*. 奢侈;浪费;过度;放肆的言行 (B) *n*. 反对;矛盾;乖张 (C) *n*. 被告(人) *adj*. 防御的;防守的 (D) *n*. 主要产品;订书钉;主题;主食 *adj*. 主要的;大宗生产的

60. solely

(A) *adv*. 不可否认地;确凿无疑地 (B) *adv*. 坚决地;不妥协地 (C) *adv*. 单独地;唯一地 (D) *adv*. 成功地;耀武扬威地

61. penitentiary

(A) *n*. 饲料 *vi*. 搜寻粮草;搜寻 (B) *n*. 监狱;宗教裁判官;宗教裁判所;教养所 (C) *n*. 迷;狂热爱好者 (D) *n*. 乳香

62. accessory

(A) *n*. 对抗;面对;对峙 (B) *n*. /语/音节 (C) *n*. 知己;密友 (D) *n*. 配件;附件;从犯

63. practicable

(A) *adj*. 相称的;同样大小的 (B) *adj*. 可实行的 (C) *adj*. 迷人的;妩媚的 *v*. 使……迷惑 (D) *adj*. 禁欲苦修的;使人难为情的

64. facetiousness

(A) *n*. 滑稽;玩笑 (B) *n*. 制酪业;乳制品业 (C) *n*. 适度;节制;温和;缓和 (D) *n*. 无经验的

人;无经验的组织;新体系

65. terrifically
    (A) *adv.* 从何处;由此;到原来的地方 (B) *adv.* 机械地;呆板地;物理上地 (C) *adv.* 极端地;可怕地;非常地 (D) *adv.* (法律文件等)以下;此后;死后 *n.* 来世;将来 *adj.* 今后的;此后的;死后的

66. obliviousness
    (A) *n.* 贮藏室 (B) *n.* 健忘;不注意 (C) *n.* 主权;主权国家;君主;独立国 (D) *n.* 圆满成功;完成;成就;达到极点

67. confounded
    (A) *adj.* 困惑的;糊涂的;讨厌的;惊慌失措的 (B) *adj.* 在前的;前面的 (C) *adj.* 本土的;国产的;固有的 (D) *adj.* 正统的;惯常的;东正教的 *n.* 正统的人事

68. momentous
    (A) *adj.* 重要的;重大的 (B) *adj.* 强健的;健康的;粗野的 (C) *adj.* 胆小的;羞怯的 (D) *adj.* 有事业心的;有进取心的;有魄力的

69. garner
    (A) *vi.* 踌躇;蹒跚;失足;犯错 (B) *vi.* 摔倒;倒塌;滚动 *n.* 跌倒;翻筋斗 (C) *v. & n.* 嘲笑;奚落 (D) *v.* 获得(信息或支持);储存 *n.* 谷仓

70. altruism
    (A) *n.* 负荷;负担;载重量 (B) *n.* 利他;利他主义 (C) *n.* 包;捆;灾祸;不幸 *v.* 将……打包 (D) *n.* /晶体/晶格;格子;格架

71. fare
    (A) *v.* 彻底检修;赶上;超过 *n.* 大检修 (B) *v.* 经营;进展;过活 (C) *vi.* 增殖;扩散;激增 (D) *vt.* 征服;击败;克服

72. fragmentary
    (A) *adj.* 支离破碎的 (B) *adj.* 分层的;形成阶层的;分为不同等级的 (C) *adj.* 适于耕种的;可开垦的 (D) *adj.* 胆小的;羞怯的

73. functionary
    (A) *n.* 公职人员;官员;(做繁琐工作的)职员 (B) *n.* 狂欢节;嘉年华会;饮宴狂欢 (C) *n.* 制图师;地图制作者 (D) *n.* 诉讼当事人

74. apprehend
    (A) *vt.* 理解;逮捕;忧虑 (B) *v.* 蹒跚学步;摇摇晃晃地走 (C) *vt.* 使……具体化;使……有形;使……突然出现;使……重物质而轻精神 (D) *vi.* 发牢骚;叫喊;抱怨

75. emancipate
    (A) *vi.* 修剪(树枝);删除;减少 *n.* 深紫红色;傻瓜;李子干 (B) *v.* 大声地嚼;咯咯地咬;啮;(变得)焦急 (C) *vt.* 解放;释放 (D) *vi.* 蹲下;盘坐 *n.* 守旧者

76. discrepancy
    (A) *n.* 可怜的人;不幸的人;卑鄙的人 (B) *n.* 矛盾;相差 (C) *n.* 警告 (D) *n.* (口语)轻而易举

77. restoration
    (A) *n.* 小昆虫;小烦扰 (B) *n.* (穷人居住的)简陋小木屋 (C) *n.* 感觉;知觉;直觉 (D) *n.* 恢复;复位;王政复辟;归还

78. disclosure
    (A) *n.* 人群;(尤指)暴民;犯罪团伙;黑手党 *v.* (鸟群或兽群)围攻;聚众袭击 (B) *n.* 霸权;至高无上;主权;最高地位 (C) *n.* /脊椎/两栖动物;水陆两用飞机 (D) *n.* 揭发出来的事情

79. threshold
    (A) *n.* 候选资格;候选人之身份 (B) *n.* 入口;门槛;开始;极限;临界值 (C) *n.* 医师;内科医师 (D) *n.* 恶作剧;开玩笑 *vt.* 装饰 *vi.* 炫耀自己;胡闹

80. pang
    (A) *n.* 顺从;辞职;放弃 (B) *n.* 流露;流出;倾泻 (C) *n.* 突然的痛苦;突然的剧痛 (D) *n.* 剥夺;损失;匮乏;贫困

81. inflammatory
    (A) *adj.* 炎症性的;煽动性的;激动的 (B) *adj.* 稀疏的;稀少的 (C) *adj.* 紧张的;费力的;奋发的

(D) *adj*. 烹饪的;烹饪用的;食物的

82. affectionate
    (A) *adj*. 深情的 (B) *adj*. 迟疑的;踌躇的;犹豫不定的 (C) *adj*. 有力的;精力充沛的 (D) *adj*. 钝的;不锋利的;生硬的;直率的 *vt*. 使……迟钝

83. pesky
    (A) *adj*. 惊人的;异常的;奇妙的;巨大的 (B) *adj*. 公正的;明断的;法庭的;审判上的 (C) *adj*. 刺激的;挑拨的;气人的 (D) *adj*. 恼人的;讨厌的

84. plunder
    (A) *v*. 使……迷惑;使……不知所措 (B) *v*. 掠夺;抢劫;侵吞;剽窃 *n*. 抢夺;战利品 (C) *vt*. 召唤;召集 (D) *vt*. 唤醒;激起;使……振奋

85. ameliorate
    (A) *vt*. 解放 (B) *v*. 迫使;驱策 (C) *vt*. 改善;减轻(痛苦等) (D) *vt*. 拍卖;竞卖 *n*. 拍卖

86. vice
    (A) *n*. 沟渠;壕沟 *v*. 开沟;修渠 (B) *n*. 达到;成就 (C) *n*. (用于体弱婴儿或早产儿护理的)恒温箱;保育箱;孵化器 (D) *n*. 恶习;缺点 *prep*. 代替 *vt*. 钳住 *adj*. 副的;代替的

87. quadrupedal
    (A) *adj*. 有四足的;四足动物的 (B) *adj*. 自满的;得意的;满足的 (C) *adj*. 无用的;无效果的 (D) *adj*. 讨厌的;会引起反对的;有异议的

88. mould
    (A) *n*. (人的)个性;类型 (B) *n*. 卑鄙;吝啬;劣等 (C) *n*. 后裔;子孙 (D) *n*. 疫苗

89. chronological
    (A) *adj*. 按发生时间顺序排列的;按时间计算的 (B) *adj*. 愠怒的,不高兴的;(天气)阴沉的;沉闷的 (C) *adj*. 无用的;无效的;没有出息的;琐细的;不重要的 (D) *adj*. 排他的

90. humdrum
    (A) *adj*. 可怕的;悲惨的;极端的 (B) *adj*. 单调的;无聊的 *n*. 单调 *vi*. 单调乏味地进行 (C) *adj*. 可理解的 (D) *adj*. 轻率的;不顾别人的;无谋的

91. obstinacy
    (A) *n*. 打扰 (B) *n*. 同谋者;共犯 (C) *n*. 板条;狭条 *v*. 用板条制作;提供板条;猛投 (D) *n*. 固执;顽固;(病痛等的)难治;难解除

92. usurp
    (A) *vi*. 竞争;奋斗;斗争;争论 *vt*. 主张;为……斗争 (B) *vt*. 减轻;使……缓和;使……平静 (C) *v*. 游说;拉选票 (D) *vt*. 篡夺;夺取;侵占

93. disrepair
    (A) *n*. 同步 (B) *n*. 回忆;回忆起的事物 (C) *n*. 筋;肌腱;体力;精力 (D) *n*. 失修;塌毁;破损

94. herbivorous
    (A) *adj*. 明智的;合理的;正确的 (B) *adj*. 不能通过的;顽固的;费解的;不接纳的 (C) *adj*. /动/食草的 (D) *adj*. 不能安抚的;无法改变的

95. hickory
    (A) *n*. 企业家;承包人;主办者 (B) *n*. 山核桃木 (C) *n*. 至上主义者 *adj*. 至上主义者的 (D) *n*. 沮丧;灰心;惊慌 *vt*. 使……沮丧;使……惊慌

96. illegitimate
    (A) *adj*. 食肉的;肉食性的 (B) *adj*. 私生的;非法的;不合理的 (C) *adj*. 整洁的;整齐的 (D) *adj*. 可察觉到的;可感知的

97. unanswerable
    (A) *adj*. 自满的;得意的;满足的 (B) *adj*. 无法回答的;没有责任的 (C) *adj*. 男性的;阳性的;男子气概的 *n*. 男性;阳性;阳性词 (D) *adj*. 闷热的;狂暴的;淫荡的

98. mud slinging
    (A) 渴望;抱负;送气;吸气 (B) 揭发隐私 (C) 详细审查;监视;细看;选票复查 (D) 瘫痪;麻痹

99. pertain
    (A) *vi*. 属于;关于;适合 (B) *vi*. 犯规;腐烂;缠结 (C) *vi*. 有影响;产生作用 (D) *v*. 俯冲

100. sensual
(A) *adj*. 构造似城堡的 (B) *adj*. 明确的;不含糊的 (C) *adj*. 庞大的;巨大的 (D) *adj*. 感官的;性感的

101. meticulous
(A) *adj*. 谦逊的;含蓄的;不炫耀的;不铺张的 (B) *adj*. 排他的 (C) *adj*. 遭遗弃的;丢失的 (D) *adj*. 一丝不苟的;小心翼翼的;拘泥小节的

102. abode
(A) *n*. 排水沟;槽 *vi*. 流;形成沟 *vt*. 开沟于……;弄糟 *adj*. 贫贱的 (B) *n*. 学徒期;学徒身份 (C) *n*. 自制;忍耐;宽容 (D) *n*. 住处;营业所

103. halting
(A) *adj*. 异常的;不规则的;不恰当的 (B) *adj*. 柔软体操的;体操的 (C) *adj*. 形态学的 (D) *adj*. 犹豫的;蹒跚的;跛的

104. monastery
(A) *n*. 先知;预言者;提倡者 (B) *n*. 浮标;航标;救生圈 *v*. 使……浮起;使……振奋 (C) *n*. 乱语;快速而不清楚的言语 (D) *n*. 修道院;僧侣

105. censure
(A) *v*. 严厉斥责;正式谴责 *n*. 谴责 (B) *v*. 激起(强烈的感情);搅动 *n*. 轰动;愤怒 (C) *v*. 抬起;举起;振奋;鼓舞;捡起 *n*. 提高;增长;振奋;精神动力 (D) *vt*. 分散;使……散开 *vi*. 分散 *adj*. 分散的

106. resilience
(A) *n*. 恢复力;弹力;顺应力 (B) *n*. 巨石 (C) *n*. 雪花石膏 *adj*. 以雪花石膏制的 (D) *n*. 发生;起源

107. pounding
(A) *adj*. 敌对的 (B) *adj*. 不需要的;有害的;讨厌的;空闲的 (C) *adj*. 巨大的;重重的 (D) *adj*. 拟真的;沉浸式的;沉浸感的;增加沉浸感的

108. disquiet
(A) *n*. /临床/叩诊;振动;敲打乐器 (B) *n*. 焦虑不安 (C) *n*. 冲沟;水沟 *v*. 在……上开沟 (D) *n*. 香脂;凤仙花;香膏;产香脂的树

109. purge
(A) *vt*. 包围;给……缝边 *n*. 边;边缘;摺边 *vi*. 做褶边 (B) *v*. 盛行 (C) *vi*. 净化;通便 (D) *vt*. 走过头;过度伸张;诈骗

110. villain
(A) *n*. 挡风玻璃 (B) *n*. 达到;成就 (C) *n*. 适合;一致 (D) *n*. 坏人;恶棍;戏剧、小说中的反派角色

111. barge
(A) *n*. 孤寂;悲哀;忧伤;荒芜;荒凉;废墟;凄凉 (B) *n*. 平底载货船 *vi*. 闯入;撞 (C) *n*. (涂料、除臭剂等)喷雾器;喷雾罐 (D) *n*. 癔病;歇斯底里;不正常的兴奋

112. decipher
(A) *v*. 破译;译解 *n*. 密电(或密信)的译文 (B) *vt*. 预示;为……的兆头 (C) *vt*. 改进;/计/ 更新;式样翻新 *n*. 式样翻新;花样翻新 (D) *v*. 萌芽;发芽;迅速增长 *n*. 芽;嫩枝

113. synthetic
(A) *adj*. 犹豫的;蹒跚的;跛的 (B) *adj*. 神秘的;含义模糊的;/动/ 隐藏的 (C) *adj*. 独裁主义的;权力主义的 *n*. 权力主义者;独裁主义者 (D) *adj*. 综合的;合成的;人造的

114. rag
(A) *n*. 军国主义;尚武精神;好战态度 (B) *n*. 威严 (C) *n*. 自负;自我中心 (D) *n*. 破布;碎屑

115. sinew
(A) *n*. 织布机;若隐若现的景象 *vi*. 可怕地出现;朦胧地出现;隐约可见 *vt*. 在织布机上织 (B) *n*. 补偿 (C) *n*. 筋;肌腱;体力;精力 (D) *n*. 灯丝;细丝

116. stratified
(A) *adj*. 认知的;认识的 (B) *adj*. 恶意的;恶毒的;蓄意的;怀恨的 (C) *adj*. 有名望的;享有声望

的　(D) *adj*. 分层的;形成阶层的;分为不同等级的

117. mismatch

　　(A) *vt*. 超过;胜过　(B) *v*. & *n*. 不匹配　(C) *vt*. 吐露;委托　(D) *vt*. 使……戏剧化;编写剧本

118. alienated

　　(A) *adj*. 乌托邦的;空想的;理想化的 *n*. 空想家;乌托邦的居民　(B) *adj*. 不易忘怀的;萦绕于心头的;给人以强烈感受的　(C) *adj*. 疏远的;被疏远的　(D) *adj*. 被遗弃的;绝望的;孤独的

119. serene

　　(A) *adj*. 平静的;安详的;清澈的;晴朗的 *n*. 平静;晴朗 *vt*. 使……平静　(B) *adj*. 古怪的;反常的 *n*. 古怪的人　(C) *adj*. 不明智的;失策的;不理智的;没脑筋的;欠考虑的　(D) *adj*. 沉闷的;枯燥的

120. abridge

　　(A) *vt*. 检举;贯彻;从事;依法进行 *vi*. 起诉;告发;作检察官　(B) *vt*. 删节;缩短;节略　(C) *vt*. 撬动;撬开 *vi*. 刺探;探查　(D) *vt*. 加快;促进;发出

121. wittily

　　(A) *adv*. 明显地;显著地;引人注目地　(B) *adv*. 勤奋地;勤勉地　(C) *adv*. 明显地;显著地;引人注目地　(D) *adv*. 机智地;俏皮地

List 10 Practice

从下列选项中选出词义正确的一项。

1. successive
    (A) *adj.* 极小的;(字母)小写;微不足道的(非正式) *n.* 小写字体 (B) *adj.* 脸红的 *n.* /涂料/雾浊
    (C) *adj.* 火的;/岩/火成的;似火的 (D) *adj.* 连续的;继承的;依次的

2. ripple
    (A) *n.* 宣传者;鼓吹者 (B) *n.* 信条;教义 (C) *n.* 波纹;涟漪 *vi.* 起潺潺声 (D) *n.* 杰出人物统治论者;精英主义者;优秀人才;杰出人物 *adj.* 精英主义的;优秀人才的;杰出人才的

3. expedite
    (A) *v.* 大声地嚼;咯咯地咬;啃;(变得)焦急 (B) *vt.* 加快;促进;发出 (C) *v.* 合并;汞齐化;调制汞合金 (D) *v.* 拟定

4. throng
    (A) *n.* 人群;众多 *v.* 蜂拥而至;群集 (B) *n.* 大道 (C) *n.* 单调;千篇一律 (D) *n.* 激励;提示;刺激

5. dominion
    (A) *n.* 掠夺;破坏;破坏痕迹 (B) *n.* 迫害;烦扰 (C) *n.* 主权;统治权;支配;领土 (D) *n.* 协议;草案;礼仪 *v.* 拟定

6. unanimously
    (A) *adv.* 全体一致地 (B) *adv.* 化为碎片地;分离地 *adj.* 分成碎片的;分离的 (C) *adv.* 刻苦地;勤勉地 (D) *adv.* 表面上;外表

7. concise
    (A) *adj.* 贫困的;贫穷的;生活艰苦的 (B) *adj.* 可怕的;耸人听闻的;火烧似的 (C) *adj.* 无数的;数不清的 (D) *adj.* 简明的;简洁的

8. urbanite
    (A) *n.* 都市人 (B) *n.* 高压灭菌器;高压锅 (C) *n.* 韧性;固执;不屈不挠;黏性 (D) *n.* 美食家菜肴精美的

9. bog down
    (A) 管闲事;干涉;干预 (B) 妨碍;阻碍 (C) 为……而烦恼 (D) 逃离

10. dramatize
    (A) *v.* & *n.* 还击;机敏的回答 (B) *vi.* 属于;关于;适合 (C) *vt.* 使……戏剧化;编写剧本 (D) *v.* 把(马、牛)关进畜栏 *n.* (北美农牧场的)畜栏

11. deter
    (A) *vt.* 推荐;称赞 *vi.* 称赞 (B) *vt.* 使……烦恼;使……困惑;使……恼怒 (C) *vt.* 制止;阻止;使……打消念头 (D) *vt.* 颁布;制定法律;扮演;发生

12. vernal
    (A) *adj.* 愠怒的;不高兴的 (B) *adj.* 霸权的;支配的 (C) *adj.* 春天的;和煦的;青春的 (D) *adj.* 笨拙的

13. banner
    (A) *n.* 面包屑;碎屑;少许 *vt.* 弄碎;捏碎 (B) *n.* 厌恶;讨厌的人 (C) *n.* 横幅图片的广告模式;旗帜;横幅;标语 (D) *n.* 织锦;挂毯;绣帷

14. entrust

(A) v. 倾倒；丢下；猛地放下　(B) vt. 分配　(C) vt. 耸肩；预感到；弯腰驼背　(D) vt. 委托；信托

15. mineralize

(A) vi. 弯腰 n. 弯腰 vt.俯曲　(B) vt. 使……含无机化合物；使……矿物化　(C) vi. 净化；通便　(D) vt. 使……隔离；使……分离；在……实行种族隔离

16. rebuke

(A) vt. 鼓舞；使……精力充沛　(B) v. 开沟；掘沟；修渠　(C) v. 斥责；指责；控制 n. 指责；斥责　(D) vt. 包含；包围；环绕

17. deploy

(A) vi. 同步；同时发生　(B) v. 配置；展开；使……疏开 n. 部署　(C) v. 破译；译解 n. 密电（或密信）的译文　(D) vt. 证明；证实 vi. 证明；作证

18. facade

(A) n. 正面；表面；外观　(B) n. 词典编纂者　(C) n. 千里眼；有洞察力的人 adj. 透视的；有洞察力的　(D) n. 过时；淘汰

19. predation

(A) n. 捕食；掠夺　(B) n. 悟性；洞察力；实际知识 v. 理解 adj. 聪慧的；具有实际知识的　(C) n. 撤退；休息寓所；撤退 vi. 撤退；退避；向后倾 vt. 退(棋)；使……后退　(D) n. 抑制；/心理/压抑；镇压

20. cesspool

(A) n. 被告（人）adj. 防御的；防守的　(B) n. 凉亭；树荫处　(C) n. 君主政体；君主国；君主政治　(D) n. 污水坑

21. reciprocate

(A) v. 散步；闲逛；（体育比赛）轻而易举地获胜　(B) vt. 突然插入；插嘴　(C) v. 报答；互换；互给　(D) v. 回旋；使……急转；混乱；恍惚；（思绪）接连不断 n. 旋转；回旋；一连串的事或活动；短暂的旅行

22. stepwise

(A) adj. 逐步的；逐渐的；（按音阶）级进的 adv. 逐步地；阶梯式地　(B) adj. 器具的；有帮助的　(C) adj. 肉体的；肉欲的；淫荡的　(D) adj. 有害的；有毒的；败坏道德的；讨厌的

23. bosom

(A) n.胸怀；胸襟；内心；内部 vt. 怀抱；把……藏在心中 adj. 知心的；亲密的　(B) n. 峡谷；胃；暴食；咽喉；障碍物 vt. 使……吃饱；吞下；使……扩张 vi. 拼命吃；狼吞虎咽　(C) n. 伐木工人；木材商的佣工；短夹克衫　(D) n. 接近。/数/邻近；接近；接近度；距离；亲近

24. bluster

(A) v. 咆哮；气势汹汹地说（但效果不大）　(B) v. 移居国外；流放；放弃国籍 n. 被流放者；移居国外者；adj. 移居国外的；被流放的　(C) vt. 添加；再加上　(D) vt. 使……含无机化合物；使……矿物化

25. islet

(A) n. 零售 v. 零售 adj. 零售的　(B) n.暴虐　(C) n. 麻醉剂　(D) n. 小岛

26. hedgerow

(A) n. 司空见惯的事；普通的东西；老生常谈　(B) n. 灌木篱墙　(C) n. 滑稽；玩笑　(D) n. 鳏夫

27. crumb

(A) n. 贵族；高贵；高尚　(B) n. 孵化；舱口 vt. 孵；策划 vi. 孵化　(C) n. 胆怯；胆小；羞怯　(D) n. 面包屑；碎屑；少许 vt. 弄碎；捏碎

28. sanity

(A) n. 平庸之才　(B) n. 钩边；钩编织品 v. 用钩针编织　(C) n. /电讯/天线（等于aerial）；/昆/触须；/植/蕊喙；直觉　(D) n. 明智；头脑清楚；精神健全；通情达理

29. inflation

(A) n. 剧烈；敏锐；锐利　(B) n. 自负；自我中心　(C) n. 眼　(D) n. 膨胀；通货膨胀；夸张；自命不凡

30. wistful

251

(A) *adj.* 包含的;包括的 (B) *adj.* 迷人的 (C) *adj.* 不合时宜的;过早的 (D) *adj.* 渴望的;沉思的;引起怀念的;不满足似的

31. chronicle
    (A) *n.* 编年史 *vt.* 记录;把……载入编年史 (B) *n.* 住处;营业所 (C) *n.* 基础;奠基石 (D) *n.* 鼻孔

32. harangue
    (A) *n.* 高谈阔论;热烈的演说 *v.* 向……滔滔不绝地演讲;大声训斥 (B) *n.* /地质/山崩;大胜利 *vi.* 发生山崩;以压倒优势获胜 (C) *n.* 隆隆声;辘辘声 *v.* 隆隆作响;喃喃地讲话 (D) *n.* 厌恶;讨厌的人

33. glom on to
    (A) 一般化的;不突出的 (B) 对……产生强烈的兴趣;粘住 (C) 唯恐;以免;(引出产生某种情感的原因)唯恐;担心 (D) 与……截然相反;对照

34. monstrous
    (A) *adj.* 巨大的;怪异的;荒谬的;畸形的 (B) *adj.* 可怕的;悲惨的;极端的 (C) *adj.* 疏忽的;怠慢的;不注意的 (D) *adj.* 转移的;移开的 *v.* 避免;转开

35. revive
    (A) *vt.* 测量;估计;给……定规格 (B) *vt.* 删节;缩短;节略 (C) *vi.* 潜伏;潜藏;埋伏 *n.* 潜伏;埋伏 (D) *vi.* 复兴;复活;苏醒;恢复精神

36. hunker
    (A) *vt.* 烤焦;使……枯萎 (B) *vi.* 遵守;顺从;遵从;答应 (C) *vi.* 蹲下;盘坐 *n.* 守旧者 (D) *vt.* 使……遭受(伤害或破坏等)

37. retort
    (A) *vt.* 删节;缩短;节略 (B) *v. & n.* 反驳;回嘴 (C) *vt.* 吸收;使……同化;把……比作;使……相似 (D) *v.* 迅速增加;采蘑菇;迅速生长

38. transparent
    (A) *adj.* 唇的;唇音的 (B) *adj.* 透明的;显然的;坦率的;易懂的 (C) *adj.* 轻蔑的 (D) *adj.* 仁慈的;慈善的

39. amphibian
    (A) *n.* 花环 (B) *n.* 发现拖;呢绒;织物 *vt.* 使……滴下 *vi.* 滴下 (C) *n.* /脊椎/两栖动物;水陆两用飞机 (D) *n.* 骚动;骚乱;吵闹;激动

40. impede
    (A) *v.* 即兴演唱;即兴讲演 *adj.* 即兴的 *n.* 即兴的演唱 (B) *vt.* 推荐;称赞 *vi.* 称赞 (C) *vt.* 烤焦;使……枯萎 (D) *vt.* 阻碍;妨碍;阻止

41. scrawled
    (A) *v.* 摇晃;摇摆;游移不定 *n.* 摆动;摇晃;不稳定 (B) *vi.* 竞争;奋斗;斗争;争论 *vt.* 主张;为……斗争 (C) *v.* 嘲笑;愚弄 *n.* 讥讽;嘲讽话 (D) *vt.* 潦草地写;乱涂

42. spiteful
    (A) *adj.* 不确定的;冒险性的;认命的;危险的 (B) *adj.* 怀恨的;恶意的 (C) *adj.* 怀旧的;乡愁的 (D) *adj.* 轻蔑的

43. ally
    (A) *n.* 命名法;术语 (B) *n.* 草皮 (C) *n.* 排印;活版印刷术;印刷格式 (D) *n.* 同盟国;伙伴

44. falsifying
    (A) *v.* 发出嘎吱声;压坏;压扁;挤进 *n.* 咯吱声 (B) *v.* 蹒跚学步;摇摇晃晃地走 (C) *vt.* 打开;呈现 (D) *v.* 篡改

45. idle
    (A) *adj.* 不相容的;矛盾的 *n.* 互不相容的人或事物 (B) *adj.* 焦点的;在焦点上的;灶的;病灶的 (C) *adj.* 闲置的;懒惰的;停顿的 *vi.* 无所事事;虚度;空转 (D) *adj.* 爱冒险的;大胆的;充满危险的

46. rumbling
    (A) *n.* 隆隆声;辘辘声 *v.* 隆隆作响;喃喃地讲话 (B) *n.* 标题;字幕;说明;逮捕 *vt.* 加上说明;加上标题 (C) *n.* 反复无常;易变;不定性 (D) *n.* 沮丧;灰心;惊慌 *vt.* 使……沮丧;使……惊慌

47. consensus
   (A) n. 横幅图片的广告模式;旗帜;横幅;标语 (B) n. 可闻度;可听到 (C) n. 党派性;党派偏见;对党派的忠诚 (D) n. 一致;舆论;合意

48. comprehensible
   (A) adj. 可理解的 (B) adj. 单调的 (C) adj. 节日的;喜庆的;欢乐的 (D) adj. 沮丧的;没有精神的;意气消沉的

49. painstakingly
   (A) adv. 极端地;可怕地;非常地 (B) adv. 可耻地 (C) adv. 煞费苦心地;费力地 (D) adv. 令人印象深刻地

50. retract
   (A) v. 念咒召唤;用魔法驱赶 (B) v. & n. 还击;机敏的回答 (C) v. 缩回;缩进;取消 (D) vi. 堆积;倾斜转弯

51. instantaneous
   (A) adj. 轻蔑的 (B) adj. 实际的;实用主义的 (C) adj. 悲观的;厌世的;悲观主义的 (D) adj. 瞬间的;即时的;猝发的

52. blunt
   (A) adj. 公正的;明断的;法庭的 (B) adj. 联动的 (C) adj. 审议的;慎重的 (D) adj. 钝的;不锋利的;生硬的;直率的 vt. 使……迟钝

53. transgression
   (A) n. /地质/ 海侵;犯罪;违反;逸出 (B) n. 选举权;投票;参政权;代祷;赞成票 (C) n. 放弃 v. 放弃 (D) n. /胚/ 胚胎;胚芽;初期

54. paradox
   (A) n. 恶作剧;开玩笑 vt. 装饰 vi. 炫耀自己;胡闹 (B) n. 悖论;反论;似是而非的论点 (C) n. 少量;小额施舍;少量津贴 (D) n. 超新星

55. compartment
   (A) n. 原则;信条 (B) n. 码头;停泊处 v. 靠码头;为……建码头 (C) n. /建/隔间;区划;卧车上的小客房 vt. 分隔;划分 (D) n. /晶体/ 晶格;格子;格架

56. termite
   (A) n. 机器人 (B) n. 剩余;残渣 adj. 剩余的;残留的 (C) n. 犹豫不定 (D) n. 白蚁

57. withdrawal
   (A) n. 牡丹;芍药 (B) n. 脑力劳动的产物 (C) n. /法/ 证词;证言;证据 (D) n. 撤退;收回;提款;取消;退股

58. unanimity
   (A) n. 标题;字幕;说明;逮捕 vt. 加上说明;加上标题 (B) n. 学者 adj. 受过教育的 (C) n. 极微小;希腊语的第九个字母 (D) n. 一致同意

59. artful
   (A) adj. 矛盾的;诡论的;似非而是的 (B) adj. 闷热的;狂暴的;淫荡的 (C) adj. 巧妙的;狡猾的;欺诈的 (D) adj. 企业家的;创业者的;中间商的

60. spirited
   (A) adj. 贪婪的;掠夺的 (B) adj. (婚后)居住在男方家的 (C) adj. 英勇的;生机勃勃的 (D) adj. 志趣不相投的

61. implemental
   (A) adj. 未经耕作的;无教养的;不文明的 (B) adj. 由种族人组成的;由同类组成的;同种类的 (C) adj. 器具的;有帮助的 (D) adj. 联动的

62. culprit
   (A) n. 冷淡;漠不关心;冷静 (B) n. 犯人;罪犯;被控犯罪的人 (C) n. 展示(本领、才华或优良品质)的场合;(商店或博物馆等的)玻璃柜台;玻璃陈列柜 v. 展现;表现 (D) n. 可信赖;确实性

63. dispute
   (A) n. 红嘴山鸦 (B) n. 辩论;争吵 v. 辩论;对……进行质疑;争夺;抵抗(进攻) (C) n. 波纹;涟漪 vi. 起潺潺声 (D) n. 反感;厌恶;憎恶;不相容

64. objectionable

(A) *adj*. 讨厌的;会引起反对的;有异议的 (B) *adj*. 有害的;有毒的;败坏道德的;讨厌的 (C) *adj*. 平静的;温和的;沉着的 (D) *adj*. 旋涡的 *n*. 搅拌;搅乳;一次提制的奶油;*v*. 搅拌;翻腾;反胃;使……感到不安

65. perilous

(A) *adj*. 谦逊的;含蓄的;不炫耀的 (B) *adj*. 有责任的;有解释义务的;可解释的 (C) *adj*. 危险的;冒险的 (D) *adj*. 书记的;牧师的 *n*. 牧师

66. superficially

(A) *adv*. 坚决地;不妥协地 (B) *adv*. 表面地;浅薄地 (C) *adv*. 随时地;暂时地;立刻 (D) *adv*. 真正地;确实地;可靠地

67. hereditary

(A) *adj*. 仁慈的;慈悲的;宽容的 (B) *adj*. 遗传的;世袭的 *n*. 遗传类 (C) *adj*. 难看的;不雅观的 (D) *adj*. 微生物的;由细菌引起的

68. discern

(A) *vt*. 觉察出;识别;了解 (B) *vt*. 声称;意图;意指;打算 (C) *v*. 呼喊;惊叫 (D) *vt*. 整饰;推荐;喂马;刷洗(马等)

69. retina

(A) *n*. 翻译;表现;表演;描写;打底;(建筑物等)透视图 (B) *n*. 螺旋桨;推进器 (C) *n*. 审慎 (D) *n*. 视网膜

70. stationary

(A) *adj*. 固定的;静止的;定居的;常备军的 (B) *adj*. 缓和的;温和的;调节的 (C) *adj*. 沙哑的;刺耳的;粗声的 (D) *adj*. 液压的;水力的;水力学的

71. attainment

(A) *n*. 睿智;聪敏;有远见 (B) *n*. 原则;信条 (C) *n*. 生物多样性 (D) *n*. 达到;成就

72. fatigue

(A) *vi*. 减价;跌价 (B) *v*. & *n*. 喜爱;想象;幻想 (C) *v*. & *n*. 疲劳;杂役 *adj*. 疲劳的 (D) *vt*. 假定;要求;视……为理所当然 *n*. 基本条件;假定

73. quaver

(A) *vi*. 产生;自然增长或利益增加 *vt*. 获得;积累 (B) *vt*. 召唤;召集 (C) *vt*. 击败;摧毁;使……平坦 *vi*. 变平;变单调 (D) *vt*. 颤抖

74. intermission

(A) *n*. 归罪;非难;归咎;污名 (B) *n*. 识别;洞察力;敏锐;眼力 (C) *n*.中间休息;间歇 (D) *n*. 渎职;违法行为;不正当;坏事

75. lurching

(A) *n*. 升空;飘浮 (B) *n*. 车辆横向振动;突倾;东倒西歪地行驶 (C) *n*. 细长的列;收割的刈痕 (D) *n*. 玩世不恭;愤世嫉俗;冷嘲热讽

76. indulge

(A) *vt*. 重申;反复地做 (B) *v*. 挖洞 *n*.(动物的)洞穴 (C) *vt*. 赋予人性;人格化 (D) *vt*. 满足;纵容 *vi*. 沉溺

77. purport

(A) *vt*. 声称;意图;意指;打算 (B) *vt*. 推论;推断;演绎出 (C) *v*. 摸索;探索 *n*. 摸索;触摸 (D) *vt*. 使……受钟爱;使……亲密

78. secure

(A) *v*. 潦草或匆忙地写;乱写乱涂 *n*. 潦草的字 (B) *vt*. 承认;公开宣称;坦率承认 (C) *v*.(经过大量努力)获得;争取到 (D) *v*. 作汩汩声;汩汩地流

79. sullen

(A) *adj*. 不能弥补的;不能复原的;无法挽救的 (B) *adj*. 极小的;(字母)小写;微不足道的(非正式) *n*. 小写字体;小写字母 (C) *adj*. 社会的 (D) *adj*. 愠怒的;不高兴的;(天气)阴沉的;沉闷的

80. mottle

(A) *v*. 赔偿;酬谢 *n*. 赔偿;报酬 (B) *vi*. 过冬;(动物)冬眠;(人等)避寒 (C) *vt*. 分配 (D) *vt*.

使……呈杂色;使……显得斑驳陆离 n. 斑点;杂色;斑驳

81. erratic
    (A) adj. 疲倦的;厌烦的 vi. 疲倦;厌烦 (B) adj. 挥霍的;十分慷慨的 n. 挥霍者 (C) adj. 旋涡的 n. 搅拌;搅乳一次提制的奶油 v. 搅拌;翻腾;反胃;使……感到不安 (D) adj. 不规则的;不确定的;不稳定的;不可靠的

82. scold
    (A) vt. 使……气馁;使……畏缩;威吓 (B) v. 责骂;叱责 n. 责骂;爱责骂的人 (C) vt. 赞美;美化;崇拜 (D) vt. 摄取;咽下;吸收;接待

83. arrogant
    (A) adj. 自大的;傲慢的 (B) adj. 有力的;精力充沛的 (C) adj. 机敏的;狡猾的;诡计多端的 (D) adj. 不知情的;不知不觉的;无意的

84. feigned
    (A) adj. 歇斯底里的;异常兴奋的 (B) adj. 懒惰的;无痛的 (C) adj. 假的;做作的;捏造的 (D) adj. 心烦的;忧虑的

85. impend
    (A) vt. 大声喊叫;大声发出 (B) v. 摸索;探索 n. 摸索;触摸 (C) v. 产卵;酿成;造成 n. 卵;菌丝;产物 (D) vi. 迫近;即将发生

86. paramount
    (A) adj. 有魅力的;引人注意的;令人神往的 (B) adj. 首要的 (C) adj. 猖獗的;蔓延的;狂暴的 (D) adj. 皮肤病学的

87. reduction
    (A) n. 织布机;若隐若现的景象 vi. 可怕地出现;朦胧地出现;隐约可见 vt. 在织布机上织 (B) n. 开业者;从业者;执业医生 (C) n. 敌意;战争行动 (D) n. 减少;下降;缩小;还原反应

88. venture
    (A) vt. 敢于 vi. 冒险;投机 n. 企业;风险;冒险 (B) vt. 自称;公开表示 (C) vi. 发哼声 vt. 哼着说 n. 哼声;鼻息 (D) v. 控制;驾驶

89. mortality rate
    (A) 死亡率 (B) /植/蕨;/植/蕨类植物 (C) 掠夺;破坏;破坏痕迹 (D) /昆/ 蚜虫

90. retrofit
    (A) vt. 改进;/计/更新;式样翻新 n. 式样翻新;花样翻新 (B) vt. 吸引;使……加入;聘 vi. 从事;使……融入 n. 密切关系 (C) v. 化蛹 (D) vi. 从事;着手;上船或飞机 vt. 使……从事;使……上船

91. corpse
    (A) n. /数/命题;提议 vt. 向……提议 (B) n. 尸体 (C) n. /遗/突变;变化;元音变化 (D) n. 撤退;收回;提款;取消;退股

92. biodiversity
    (A) n. 慎重;细心 (B) n. 堆肥;混合物 vt. 堆肥;施堆肥 (C) n. /昆/卵产;下子 (D) n. 生物多样性

93. ironmongery
    (A) n. 钩边;钩针编织品 v. 用钩针编织 (B) n. 被子;棉 vt. 东拼西凑地编;加软衬料后缝制 vi. 缝被子 (C) n. (尤指科学、教育的)机构;(与法律相关的)注释 v. 实行;建立 (D) n. 铁器店;铁器类;五金器件

94. drone
    (A) n. 特点 (B) n. 怪念头;反复无常 (C) n. 智慧;才智;智力 (D) n. 发出持续的嗡嗡声;嗡嗡作响 v. 唠叨

95. wretchedness
    (A) n. 端正;得体 (B) n. 拙劣的模仿;诙谐的改编诗文 vt. 拙劣模仿 (C) n. 附加物;下属;附器 (D) n. 可怜;悲惨;不幸

96. spell out
    (A) 自给自足 (B) 讲清楚 (C) 把镜头移近在……处 (D) 制成

97. trustworthiness
    (A) *n*. 恶行;欺诈;无赖行为　(B) *n*. 附件;依恋;连接物;扣押财产　(C) *n*. 獾　*vt*. 纠缠不休;吵着要;烦扰　(D) *n*. 可信赖;确实性

98. veranda
    (A) *n*. 方案;情节;剧本;设想　(B) *n*. 一致;舆论;合意　(C) *n*. (和房屋侧面相连的)游廊、阳台　(D) *n*. 骚动;暴乱

99. debunk
    (A) *vt*. 召集;召集……开会　(B) *vi*. 喋喋不休;牙牙学语;作潺潺声　(C) *vt*. 揭穿;拆穿……的假面具;暴露　(D) *v*. 精心策划(秘密地)

100. transfix
    (A) *v*. 吻合;有共同点　(B) *vt*. 释放;使……自由;除去……脚镣　(C) *vt*. 钉住;刺穿;使……呆住　(D) *vt*. 命令;吩咐;嘱咐;禁止

101. consummation
    (A) *n*. 礼物;/税收/贡物;颂词;(尤指对死者的)致敬;悼念;吊唁礼物　(B) *n*. 壁炉架;壁炉台　(C) *n*. 圆满成功;完成;成就;达到极点　(D) *n*. 混合;调合;调合物

102. savannah
    (A) *n*. 草皮　(B) *n*. 小地毯;毛皮地毯;男子假发　(C) *n*. 热带和亚热带草原;(非洲的)稀树草原　(D) *n*. 水族馆;养鱼池;玻璃缸

103. scribble
    (A) *vt*. 镀金;虚饰;供给钱　(B) *v*. 潦草或匆忙地写;乱写;乱涂　*n*. 潦草的字　(C) *vi*. 产生;自然增长或利益增加　*vt*. 获得;积累　(D) *v*. 使……忙乱;紧张;使……心烦意乱

104. anew
    (A) *adv*. 大概;推测起来;可假定　(B) *adv*. 诱人地;迷人地　(C) *adv*. 冒险地　(D) *adv*. 重新;再

105. replica
    (A) *n*. 封存;隔离　(B) *n*. 请愿;请愿书;祈求;/法/ 诉状　(C) *n*. 尽责;凭良心办事　(D) *n*. 复制品;仿制品

106. grudge
    (A) *vt*. 劝诫;警告　(B) *vt*. 修补;翻新;修改　*n*. 改进;换新鞋面　(C) *v*. & *n*. 怀恨;怨恨　(D) *v*. 散步;闲逛;(体育比赛)轻而易举地获胜

107. reprimand
    (A) *n*. 斑点;污点;疙瘩　*vt*. 弄脏　(B) *n*. 夸张的语句;夸张法　(C) *n*. 丑陋　(D) *n*. 谴责;训斥;申诉　*vt*. 谴责;训斥;责难

108. entrench
    (A) *vt*. 确立;牢固;侵犯　(B) *vt*. 装饰;使……生色　(C) *vt*. 使……最优化;使……完善　(D) *vi*. 推测;投机;思索

109. aristocratic
    (A) *adj*. 狡猾的;逃避的;善于骗人的;躲闪的　(B) *adj*. 名义上的;有名无实的;/会计/票面上的　(C) *adj*. 贵族的;贵族政治的;有贵族气派的　(D) *adj*. 宽的;广阔的

110. debar
    (A) *vt*. (法律或法规)禁止某人做某事　(B) *v*. & *n*. 疲劳;杂役　*adj*. 疲劳的　(C) *vt*. 使……茫然　*n*. 迷乱　(D) *vt*. 使……相等;视为平等　*n*. 等同

111. segregate
    (A) *vt*. 丢下;用力投掷;愤慨地说出　*vi*. 猛投;猛掷　*n*. 用力的投掷　(B) *vt*. 胜过;打败　(C) *vt*. 使……隔离;使……分离;在……实行种族隔离　(D) *vt*. 使……凋谢;使……畏缩;使……衰弱

112. amalgamate
    (A) *v*. & *n*. 痛苦;使……极度痛苦;感到极度痛苦　(B) *vt*. 使……变形;使……变质　*vi*. 变形;变质　(C) *vt*. 证实;使……坚固　(D) *v*. 合并;汞齐化;调制汞合金

113. denude
    (A) *v*. 传达;表达(思想感情)　(B) *vi*. 遵守;顺从;遵从;答应　(C) *v*. 迷住;使……着迷　(D) *vt*.

剥夺；使……裸露

114. genome

(A) *n*. 基因组；染色体组　(B) *n*. 附加物；下属；附器　(C) *n*. 癔病；歇斯底里；不正常的兴奋　(D) *n*. 铸造；铸造类；/机/铸造厂

115. blob

(A) *n*. 睿智；聪敏；有远见　(B) *n*. 一滴；一抹；难以名状的一团　(C) *n*. 档案；文件夹；证券投资组合　(D) *n*. 发誓；誓言；许愿 *v*. 发誓；郑重宣告

116. remuneration

(A) *n*. 报酬；酬劳；赔偿　(B) *n*. 罪人；有错者　(C) *n*. 薰衣草；淡紫色 *adj*. 淡紫色的 *vt*. 用薰衣草熏　(D) *n*. 煤烟；烟灰

117. disciplinary

(A) *adj*. 狡猾的；逃避的；善于骗人的；躲闪的　(B) *adj*. 真正的；真实的；可信的　(C) *adj*. 皮肤病学的　(D) *adj*. 规律的；训练的；训诫的

118. theatrical

(A) *adj*. 不利的；有害的　(B) *adj*. 占有的；所有的；所有格的；占有欲强的 *n*. 所有格　(C) *adj*. 有危险的；冒险的；碰运气的　(D) *adj*. 戏剧的；夸张的；做作的

119. timidity

(A) *n*. 胆怯；胆小；羞怯　(B) *n*. 份额　(C) *n*. 危险；冒险 *vt*. 危及；置……于险境　(D) *n*. 责备；谴责

120. curio

(A) *n*. 古董；珍品　(B) *n*. 上升；上坡路；登高　(C) *n*. (昆虫等的)触须(等于 palpus)　(D) *n*. 獾 *vt*. 纠缠不休；吵着要；烦扰

121. flank

(A) *n*. 骚动；暴乱　(B) *n*. 减少；降低；缩小　(C) *n*. 没药(热带树脂；可作香料、药材)；/植/没药树　(D) *n*. 侧面；侧翼；侧腹

List 11 Practice

从下列选项中选出词义正确的一项。

1. momentarily
   (A) *adv.* 极端地;可怕地;非常地　(B) *adv.* 口语地;用通俗语　(C) *adv.* 随时地;暂时地;立刻　(D) *adv.* 真正地;确实地;可靠地
2. gradation
   (A) *n.*(色彩、颜色、次序、音调等)渐变;分等级　(B) *n.* 试验;审讯 *adj.* 试验的　(C) *n.* 丑陋　(D) *n.* 步枪;滑膛枪;毛瑟枪
3. jarring
   (A) *adj.* 综合的;合成的;人造的　(B) *adj.* 转移的;移开的 *v.* 避免;转开　(C) *adj.* 不和谐的;刺耳的;碾轧的 *n.* 碾轧声;冲突;震动 *v.* 震惊;冲突;发刺耳声　(D) *adj.* 朝上的;向上翘的;翻过来的
4. downtrodden
   (A) *adj.* 微生物的;由细菌引起的　(B) *adj.* 共生的;共栖的　(C) *adj.* 被践踏的;被蹂躏的;受压迫的　(D) *adj.* 无用的;无效果的
5. imitating
   (A) *vt.* 投合;迎合;满足需要;提供饮食及服务　(B) *v.* 模仿;仿效;仿造;伪造　(C) *vi.* 跨踏;蹒跚;失足;犯错　(D) *vt.* 给予选举权;给予自治权;解放;释放
6. stark
   (A) *adj. & adv.* 完全的;荒凉的;刻板的;光秃秃的　(B) *adj.* 思想的;意识形态的　(C) *adj.* 枯萎的 *v.* 使……枯萎　(D) *adj.* 多才多艺的;通用的;万能的
7. trickery
   (A) *n.* 咆哮;吼;轰鸣 *v.* 咆哮;吼叫;喧闹　(B) *n.* 迷;狂热爱好者　(C) *n.* 欺骗;诡计　(D) *n.* 暴龙
8. inversion
   (A) *n.* 暴乱;放纵;蔓延 *vi.* 骚乱;放荡 *vt.* 浪费;挥霍　(B) *n.* 保护;防护　(C) *n.* 倒置;反向;倒转　(D) *n.* 激增;涌现
9. monograph
   (A) *n.* 病原体;病菌　(B) *n.* 专题著作;专题论文 *vt.* 写关于……的专著　(C) *n.* 新奇事物;异族事物　(D) *n.* 铤而走险的人 *adj.* 蛮勇的
10. mantelpiece
    (A) *n.* 天资;自然倾向;适宜　(B) *n.* 壁炉架;壁炉台　(C) *n.* 都市人　(D) *n.* /天/类星体;恒星状球体
11. livability
    (A) *n.* 线性;线性度;直线性　(B) *n.* 主要产品;订书钉;主题;主食 *adj.* 主要的;大宗生产的　(C) *n.* 宜居性　(D) *n.* 修道院;僧侣
12. effortless
    (A) *adj.* 容易的;不费力气的　(B) *adj.* 绣花的;刺绣的 *v.* 刺绣;润色;渲染　(C) *adj.* 粗心大意的;草率的;不思考的　(D) *adj.* 闷热的;狂暴的;淫荡的
13. acrobatic
    (A) *adj.* 杂技的;特技的　(B) *adj.* /木/多节的;粗糙的;多瘤的　(C) *adj.* 细长的;苗条的;微薄的

(D) *adj*. 猖獗的；蔓延的；狂暴的
14. soothsayer
    (A) *n*. 固执；顽固；(病痛等的)难治；难解除　(B) *n*. 渗透；突破；侵入；洞察力　(C) *n*. 算命者　(D) *n*. (鸟的)肌胃；砂囊
15. jeopardy
    (A) *n*. 暴虐　(B) *n*. /数/ 收敛；会聚；集合　(C) *n*. 中间休息；间歇　(D) *n*. 危险；(被告处于被判罪或受处罚的)危险境地
16. crescendo
    (A) *n*. 措辞；语法；词组　(B) *n*. /脊椎/驼鹿；麋　(C) *n*. 针脚；线迹；一针 *v*. 缝合　(D) *n*. 声音渐增 *adv*. 渐次加强地 *adj*. 渐强的 *vi*. 音量逐渐增强
17. quantum
    (A) *n*. 视网膜　(B) *n*. 药剂师　(C) *n*. 野兔　(D) *n*. 份额
18. faulty
    (A) *adj*. 极小的；(字母)小写；微不足道的(非正式) *n*. 小写字体；小写字母　(B) *adj*. 轻率的；鲁莽的；不顾后果的　(C) *adj*. 心烦的；忧虑的　(D) *adj*. 有错误的；有缺点的
19. judicial
    (A) *adj*. 不间断的；连续的　(B) *adj*. 拟真的；沉浸式的；沉浸感的；增加沉浸感的　(C) *adj*. 重大的；严肃的；黯淡的；有沉音符的；(乐)缓慢的　(D) *adj*. 公正的；明断的；法庭的；审判上的
20. resignation
    (A) *n*. 海浪；拍岸浪　(B) *n*. 连续统一体　(C) *n*. (交通)拥塞　(D) *n*. 顺从；辞职；放弃
21. courageous
    (A) *adj*. /地质/ 构造的；建筑的　(B) *adj*. 有胆量的；勇敢的　(C) *adj*. 固有的；内在的；与生俱来的；遗传的　(D) *adj*. 不知疲倦的；不屈不挠的；有耐性的
22. demand
    (A) *n*. 古怪；怪癖；/数/离心率　(B) *n*. 规定；条款；准备；供应品　(C) *n*. 天空；苍天　(D) *n*. 要求 *v*. 强烈要求；需要
23. anesthetic
    (A) *n*. 激动；搅动；煽动；烦乱　(B) *n*. 麻醉剂　(C) *n*. 司空见惯的事；普通的东西；老生常谈　(D) *n*. 尽责；凭良心办事
24. chough
    (A) *n*. 尖牙；毒牙　(B) *n*. 红嘴山鸦　(C) *n*. 微光；闪光；瞬息的一现 *v*. 闪烁；隐约地闪现　(D) *n*. 缝；接缝 *vt*. 缝合 *vi*. 裂开
25. disguise
    (A) *vt*. 胜过；做得比……好　(B) *v*. 部署　(C) *vt*. 遗赠；把……遗赠给；把……传下去　(D) *vt*. 掩饰；假装；隐瞒 *n*. 伪装
26. peculiar
    (A) *adj*. 肆无忌惮的；寡廉鲜耻的；不讲道德的　(B) *adj*. 特殊的；独特的；奇怪的；罕见的 *n*. 特权；特有财产　(C) *adj*. 显著的；断然的　(D) *adj*. 习惯的；惯常的；习以为常的
27. agitation
    (A) *n*. 激动；搅动；煽动；烦乱　(B) *n*. 渴望；热望；憧憬 *adj*. 渴望的；极想得到的　(C) *n*. 斑点；污点；疙瘩 *vt*. 弄脏　(D) *n*. 一绺头发；发辫；卷发；枝条 *vt*. 把(头发)梳理成绺
28. polarize
    (A) *vt*. 召集；召集……开会　(B) *v*. 极化；偏振；两极分化　(C) *vt*. 装饰；使……生色　(D) *vt*. 删节；缩短；节略
29. intestinal
    (A) *adj*. 连通的；有联系的　(B) *adj*. 不足的；有缺陷的；不充分的　(C) *adj*. 肠的　(D) *adj*. 异常的；不规则的；不恰当的
30. disparity
    (A) *n*. 不同；不一致；不等　(B) *n*. 骚动；骚乱；吵闹；激动　(C) *n*. (尤指科学、教育的)机构；(与法律相关的)注释 *v*. 实行；建立　(D) *n*. 顺从；辞职；放弃

31. dismissive
    (A) *adj*. 轻蔑的;鄙视的 (B) *adj*. 未翻转的;未颠倒的;不转动的 (C) *adj*. 纤弱的;细长的;纤细优美的 (D) *adj*. 可怕的;悲惨的;极端的

32. conduit
    (A) *n*. 刽子手;死刑执行人 (B) *n*. 热心;专心 (C) *n*. 导管;沟渠;导水管 (D) *n*. 恋物(等于fetich);迷信;偶像

33. unsettling
    (A) *adj*. 警惕的;警醒的;注意的 (B) *adj*. 令人不安(或紧张、担忧)的;扰乱的 (C) *adj*. 喧闹的;狂暴的;猛烈的 (D) *adj*. 警告的;劝诫的

34. aptly
    (A) *adv*. 化为碎片地;分离地 *adj*. 分成碎片的;分离的 (B) *adv*. 诱人地;迷人地 (C) *adv*. 于死后;于身后;于著作者死后出版地 (D) *adv*. 适宜地;适当地

35. hazardous
    (A) *adj*. 易受影响的;易感动的;容许……的 (B) *adj*. 阴险的;凶兆的;灾难性的;左边的 (C) *adj*. 有危险的;冒险的;碰运气的 (D) *adj*. 自身免疫的;自体免疫的

36. taut
    (A) *adj*. 羡慕的;嫉妒的 (B) *adj*. 微观的;用显微镜可见的 (C) *adj*. 拉紧的;紧张的;整洁的 *vt*. 使……纠缠;使……缠结 (D) *adj*. 庄严的;值得尊敬的;珍贵的

37. somber
    (A) *adj*. 常规的;例行的;平常的;乏味的 (B) *adj*. 天上的;天空的 (C) *adj*. 忧郁的;昏暗的;严峻的 (D) *adj*. 重大的;严肃的;黯淡的;有沉音符的;(乐)缓慢的

38. drudgery
    (A) *n*. 公共汽车;精选集;文集 *adj*. 综合性的;总括的;(包括)多项的 (B) *n*. 持续;停留;续篇;诉讼延期 (C) *n*. 苦工;苦差事 (D) *n*. 减少;降低;缩小

39. unilateral
    (A) *adj*. 昏昏欲睡的;沉寂的;催眠的 (B) *adj*. 坦率的;直言不讳的 (C) *adj*. 强词夺理的;诡辩的 (D) *adj*. 单边的;/植/单侧的;单方面的;单边音的;(父母)单系的

40. gibe
    (A) *vt*. 推挤;争夺 *vi*. 竞争 (B) *vt*. 向……吠叫 (C) *v*. 嘲笑;愚弄 *n*. 讥讽;嘲讽话 (D) *vt*. 阐明;说明

41. quilt
    (A) *n*. 恶行;欺诈;无赖行为 (B) *n*. 被子;棉 *vt*. 东拼西凑地编;加软衬料后缝制 *vi*. 缝被子 (C) *n*. 没药(热带树脂;可作香料、药材);/植/没药树 (D) *n*. 极化;偏振;两极分化

42. unfounded
    (A) *adj*. 愠怒的;不高兴的 (B) *adj*. & *adv*. 完全的;荒凉的;刻板的;光秃秃的 (C) *adj*. 未建立的;没有理由的;没有事实根据的 (D) *adj*. 瘦弱的;似草质的;尽是杂草的

43. dispensable
    (A) *adj*. 可有可无的;非必要的 (B) *adj*. 空中的;航空的;空气中的 *n*. /电讯/天线 (C) *adj*. 切实可行的;可经营的;能工作的 (D) *adj*. 歪斜的;歪曲的;用反语表达幽默的;揶揄的 *v*. 扭曲;扭歪

44. satiate
    (A) *vt*. 充分满足;使……厌腻 (B) *v*. 烦恼;使……困惑;使……恼怒 (C) *v*. 闪耀 (D) *v*. 插入;强使……接受 *n*. 推力;强攻

45. conscientiousness
    (A) *n*. 出处;起源 (B) *n*. 尽责;凭良心办事 (C) *n*.感觉;知觉;直觉 (D) *n*. 癔病;歇斯底里;不正常的兴奋

46. extremism
    (A) *n*. 博学;学识 (B) *n*. 极端主义;极端性(尤指政治或宗教方面) (C) *n*. 变异;变化;不一致;分歧;/数/方差 (D) *n*. 都市人

47. lineage
    (A) *n*. /药/解毒剂;解药 (B) *n*. 血统;家系;/遗/世系 (C) *n*. 渎职;违法行为;不正当;坏事

(D) *n*. 选举权;投票

48. valet
(A) *n*. 石墨 *v*. 用石墨涂 (B) *n*. 贴身男仆;用车的人;伺候客人停车 *vt*. 为……管理衣物;替……洗熨衣服 *vi*. 清洗汽车;服侍 (C) *n*. 医师;内科医师 (D) *n*. 流入;汇集;河流的汇集处

49. dissent
(A) *v*. 促进;增进;助长 (B) *v*.(经过大量努力)获得;争取到 (C) *v*. 不同意 *n*. 异议 (D) *vt*. 包含;包围;环绕

50. hush
(A) *v*. 安静 *n*. 寂静 (B) *vt*. 删节;缩短;节略 (C) *vt*. 废黜;废位赶出;罢免 (D) *v*. & *n*. 嘲笑;冷笑

51. toehold
(A) *n*. 司空见惯的事;普通的东西;老生常谈 (B) *n*. 机构;习俗;制度 (C) *n*. 克服困难的办法;排除障碍的方法;小立足点 (D) *n*. 发誓;誓言;许愿 *v*. 发誓;郑重宣告

52. trait
(A) *n*. 特征 (B) *n*. 指甲修饰师 (C) *n*. 假装;骗子;赝品 *vt*. 假装;冒充 (D) *n*. 苦恼;恼怒;令人烦恼的事

53. unbending
(A) *adj*. 省的;地方性的;偏狭的 *n*. 粗野的人;乡下人;外地人 (B) *adj*. 自身免疫的;自体免疫的 (C) *adj*. 过度紧张的;过度兴奋的 (D) *adj*. 坚定的;不易弯曲的;冷漠的

54. exclamation
(A) *n*. 感叹;惊叫;惊叹词 (B) *n*. 热带和亚热带草原;(非洲的)稀树草原 (C) *n*. 堆肥;混合物 *vt*. 堆肥;施堆肥 (D) *n*. 耻辱;不体面;丑行

55. unreflective
(A) *adj*. 粗心大意的;草率的;不思考的 (B) *adj*. 全神贯注的;心事重重的;被先占的 (C) *adj*. 不确实的;偶然发生的;不安的 (D) *adj*. 遏制的;威慑的;制止的 *n*. 威慑;妨碍物;挽留的事物

56. juxtaposition
(A) *n*. 并置;并列;毗邻 (B) *n*. 耻辱;不体面;丑行 (C) *n*. 归罪;非难;归咎;污名 (D) *n*. 掩藏;掩饰;伪装;化装;欺骗;化装舞会 *v*. 伪装;化装;冒充

57. retaliation
(A) *n*. 仁慈;善行 (B) *n*. 报复;反击;回敬 (C) *n*. 故意的假情报;虚假信息 (D) *n*. 财团;联合;合伙

58. daunt
(A) *v*. 潜行;徘徊;搜寻 *n*. 徘徊;潜行;悄悄踱步 (B) *vt*. 使……气馁;使……畏缩;威吓 (C) *vt*. 紧握 *vi*. 握紧 *n*. 紧抓 (D) *v*. 禁闭;监禁

59. neurotic
(A) *adj*. 长期存在的;存在已久的 (B) *adj*. 华而不实的;俗丽的 *n*. 盛大宴会 (C) *adj*. 神经过敏的;神经病的 *n*. 神经病患者;神经过敏者 (D) *adj*. 微弱的;无力的;虚弱的

60. queer
(A) *adj*. 突出的;显著的;杰出的;卓越的 (B) *adj*. 病态的;由病引起的;恐怖的 (C) *adj*. 有力的 (D) *adj*. 异常的;妖里妖气的;男同性恋的;不舒服的 *n*. 同性恋者;怪人;伪造的货币 *v*. 破坏……的计划

61. speculation
(A) *n*. 抑制;压抑;禁止 (B) *n*. 白蚁 (C) *n*. 被子;棉 *vt*. 东拼西凑地编;加软衬料后缝制 *vi*. 缝被子 (D) *n*. 投机;推测;思索;投机买卖

62. ponder
(A) *v*. 模仿;仿效 (B) *vt*. 使……高兴;使……振奋;使……愉快 (C) *vt*. 仔细考虑;衡量 (D) *v*. & *n*. 讲述;叙述;重新计数或计算

63. boisterous
(A) *adj*. 神圣的;非凡的;天赐的;极好的 (B) *adj*. 喧闹的;狂暴的;猛烈的 (C) *adj*. 外围的;次要的 (D) *adj*. 不合时宜的;过早的

64. poignant

(A) *adj*. 生理节律的 (B) *adj*. 尖锐的;辛酸的;深刻的;切中要害的 (C) *adj*. 勤劳的;艰苦的;费劲的 (D) *adj*. 省的;地方性的;偏狭的 *n*. 粗野的人;乡下人;外地人

65. in conjunction with

(A) 濒于;近乎;挨着;接壤 (B) 因……而感到愉快 (C) 为某事而感到不安 (D) 共同;与……协力

66. nominal

(A) *adj*. 全神贯注的;心事重重的;被先占的 (B) *adj*. 羡慕的;嫉妒的 (C) *adj*. 名义上的;有名无实的;/会计/票面上的 (D) *adj*. 懒惰的;无痛的

67. implant

(A) *vt*. 种植;灌输;嵌入 *n*. /医/植入物 (B) *vt*. 忽视;草率地看过;含糊地念;诋毁 *n*. 污点;诽谤;连音符 (C) *vt*. 使……呈杂色;使……显得斑驳陆离 *n*. 斑点;杂色;斑驳 (D) *vi*. 闲荡;漫步

68. hierarchy

(A) *n*. 空军中队 (B) *n*. 愤慨;愤怒;义愤 (C) *n*. 层级;等级制度 (D) *n*. 废奴主义者;废除主义者

69. expedient

(A) *adj*. 空虚的;空的;空缺的;空闲的;茫然的 (B) *adj*. 需要努力的;显示努力的;充满努力的 (C) *adj*. 乐观的;积极向上的 (D) *adj*. 权宜的;方便的;有利的 *n*. 权宜之计;应急手段

70. chastisement

(A) *n*. 敌意;战争行动 (B) *n*. 翻译;表现;表演;描写;打底;(建筑物等)透视图 (C) *n*. 惩罚 (D) *n*. 适合;一致

71. substantiate

(A) *v*. 破坏;撤销 (B) *vt*. 把……称为 (C) *vi*. 有影响;产生作用 (D) *vt*. 证实;使……实体化

72. prosaically

(A) *adv*. 不可否认地;确凿无疑地 (B) *adv*. 平凡地;散文式地 (C) *adv*. 坚决地;不妥协地 (D) *adv*. 勤奋地;费力地

73. shriveled

(A) *adj*. 枯萎的 *v*. 使……枯萎 (B) *adj*. 绝对的;透明的;峻峭的;纯粹的 *adv*. 完全;陡峭地 *vi*. 偏航 (C) *adj*. 有害的;恶性的;致命的;险恶的 (D) *adj*. 食肉的;肉食性的

74. gurgle

(A) *v*. 作汩汩声;汩汩地流 (B) *vt*. 改善;减轻(痛苦等) (C) *vt*. 拍卖;竞卖 *n*. 拍卖 (D) *v*. 刺;戳;刺激;督促

75. designation

(A) *n*. 揭发出来的事情 (B) *n*. 连续统一体 (C) *n*. 指定;名称;指示;选派 (D) *n*. 霸权;至高无上;主权;最高地位

76. snip

(A) *vt*. 删节;缩短;节略 (B) *v*. 击打 (C) *vt*. 剪断 (D) *v*. 使……有胆量;更勇敢;鼓励

77. handicapping

(A) *n*. 障碍;不利条件 (B) *n*. 作罢;让渡 (C) *n*. 指定;名称;指示;选派 (D) *n*. 揭发隐私

78. carnal

(A) *adj*. 肉体的;肉欲的;淫荡的 (B) *adj*. 野生的;凶猛的;阴郁的 (C) *adj*. 残忍的;惊人的 (D) *adj*. 坦率的;直言不讳的

79. prophet

(A) *n*. 同温层;最上层;最高阶段 (B) *n*. 女主顾;女赞助人;女保护人 (C) *n*. /电讯/天线(等于 aerial);/昆/触须;/植/蕊喙;直觉 (D) *n*. 先知;预言者;提倡者

80. pardonable

(A) *adj*. 难怪的;可原谅的 (B) *adj*. 无回报的;无报酬的 (C) *adj*. 坦率的;直言不讳的 (D) *adj*. 同义的

81. transit
    (A) v. & n. 诈骗 (B) vi. 调解;斡旋;居中 (C) v. 交通运输系统;运输 (D) vi. 逆行;倒退;复归
82. run of the mill
    (A) 与……截然相反;对照 (B) 逃离 (C) 使……喜出望外 (D) 一般化的;不突出的
83. behold
    (A) v. 设陷阱(或罗网、套子)捕捉;使……上当 n. (捕鸟、兽的)陷阱;圈套 (B) vt. 公开;揭露 (C) v. 报答;互换;互给 (D) vi. 看
84. emancipator
    (A) n. 释放者;解放者 (B) n. 紫藤 (C) n. 跷跷板;秋千 adj. 交互的;前后动的 vi. 玩跷跷板;上下来回摇动 vt. 使……上下或来回摇动 (D) n. 恢复;复位;王政复辟;归还
85. eligible
    (A) adj. 阴兆的;凶兆的;灾难性的;左边的 (B) adj. 雇佣的;唯利是图的 n. 雇佣兵;唯利是图者 (C) adj. 合格的;合适的 n. 合格者 (D) adj. 难看的;不雅观的
86. plight
    (A) n. 恋物(等于 fetich);迷信;偶像 (B) n. 赎罪;补偿;弥补 (C) n. 困境;誓约 vt. 保证;约定 (D) n. 业主;所有者;经营者
87. teleology
    (A) n. 目的论 (B) n. /数/ 收敛;会聚;集合 (C) n. 孵化;舱口 vt. 孵;策划 vi. 孵化 (D) n. 配件;附件;从犯
88. stooped
    (A) vt. 使……重新统一;再统一;再联合 (B) vi. 弯腰 n. 弯腰 vt. 俯曲 (C) v. 弄丢 (D) v. 分歧;偏离;分叉;离题
89. pristine
    (A) adj. 有力的;精力充沛的 (B) adj. 坚忍的;禁欲的;斯多葛学派的 (C) adj. 崭新的;清新的;干净的;未开发的;原始的 (D) adj. 不正当的;不讲道理的;不合法的
90. cashew
    (A) n. 杂乱的一堆;一片混乱;翻滚;起伏 (B) n. 急流;高速交通工具;高速交通网 (C) n. 阳光突现;从云隙射下的阳光;镶有钻石的旭日形首饰 (D) n. 腰果;腰果树 adj. 漆树科的
91. outrival
    (A) v. 用离心机分离;使……受离心作用 n. 离心机 (B) vt. 胜过;打败 (C) vt. 改进;/计/ 更新;式样翻新 n. 式样翻新;花样翻新 (D) v. 严厉斥责;正式谴责 n. 谴责
92. caption
    (A) n. 悖论;反论;似是而非的论点 (B) n. 公告;宣布;宣告;公布 (C) n. 全部节目 (D) n. 标题;字幕;说明;逮捕 vt. 加上说明;加上标题
93. penalty
    (A) n. 副产品;衍生产品 (B) n. 罚款;罚金;处罚 (C) n. 专门知识;专门技术 (D) n. 奢侈;浪费;过度;放肆的言行
94. sovereignty
    (A) n. 俯冲;除去;减法 (B) n. 配件;附件;从犯 (C) n. 主权;主权国家;君主;独立国 (D) n. 侵略;进攻;侵犯;侵害
95. self-assured
    (A) adj. 有自信的 (B) adj. 吵闹的;骚乱的;狂暴的 (C) adj. 分裂的 (D) adj. 胆小的;羞怯的
96. legitimacy
    (A) n. 惩罚 (B) n. 水族馆;养鱼池;玻璃缸 (C) n. 暴龙 (D) n. 合法;合理;正统
97. affiliate
    (A) v. 蹒跚学步;摇摇晃晃地走 (B) vi. 从事;着手;上船或飞机 vt. 使……从事;使……上船 (C) vi. 发哼声 vt. 哼着说 n. 哼声;鼻息 (D) v. 使……附属;加入;接纳;紧密联系 n. 分支机构;联号
98. diminution

(A) *n*. 祭坛;圣坛;圣餐台　(B) *n*. 减少;降低;缩小　(C) *n*. /有化/乳糖　(D) *n*. 装饰;/建//服装/装饰物;教堂用品

99. unbecoming
(A) *adj*. 肉体的;肉欲的;淫荡的　(B) *adj*. 微小的;详细的　(C) *adj*. 不适当的;不相称的;不合身的;不得体的　(D) *adj*. 包含的;包括的

100. acreage
(A) *n*. 面积　(B) *n*. 富裕;丰富;流入;汇聚　(C) *n*. 封存;隔离　(D) *n*. 板条 *vt*. 给……钉板条

101. dethrone
(A) *vt*. (将文字材料)译成密码;编码;编制成计算机语言　(B) *v*. 规避　(C) *vt*. 充分满足;使……厌腻　(D) *vt*. 废黜;废位赶出;罢免

102. literalist
(A) *n*. 拘泥于字面解释的人;直译者　(B) *n*. 步枪;滑膛枪;毛瑟枪　(C) *n*. 层级;等级制度　(D) *n*. 峡谷;胃;暴食;咽喉;障碍物 *vt*. 使……吃饱;吞下;使……扩张 *vi*. 拼命吃;狼吞虎咽

103. pittance
(A) *n*. 少量;小额施舍;少量津贴　(B) *n*. 基础　(C) *n*. 愤慨;愤怒;义愤　(D) *n*. 便帽

104. rebuttals
(A) *n*. 壁架　(B) *n*. 排气;通气　(C) *n*. 辩驳;反驳;驳斥　(D) *n*. 鳃

105. disorder
(A) *n*. 冲突;争吵;不和　(B) *n*. 颠覆;破坏　(C) *n*. 混乱;骚乱 *vt*. 使……失调;扰乱　(D) *n*. 战士;争斗者 *adj*. 战斗的;好斗的

106. unwitting
(A) *adj*. 复发的;周期性的;经常发生的　(B) *adj*. 不知情的;不知不觉的;无意的　(C) *adj*. 白话的;通俗的;口语体的　(D) *adj*. 甘美的;满足感官的

107. spin-off
(A) *n*. 公告;宣布;宣告;公布　(B) *n*. 阴谋(尤指政治上的) *vi*. 策划阴谋　(C) *n*. 副产品;衍生产品　(D) *n*. 海胆

108. carnivore
(A) *n*. 微调　(B) *n*. 成年;男子;男子气概　(C) *n*. 食肉动物;食虫植物　(D) *n*. 司法权;审判权;管辖权;权限;权力

109. stump
(A) *n*. 奢侈;浪费;过度;放肆的言行　(B) *n*. 树桩;残余部分;假肢 *vt*. 砍伐;使……为难　(C) *n*. 凶猛;残忍;暴行　(D) *n*. 专门知识;专门技术

110. cynical
(A) *adj*. 巨大的;广大的;无边无际的;非常好的　(B) *adj*. 猖獗的;蔓延的;狂暴的　(C) *adj*. 严厉的;坚定的;严峻的;认真的 *n*. 船尾;末端　(D) *adj*. 愤世嫉俗的;冷嘲的

111. egotism
(A) *n*. /法/ 证词;证言;证据　(B) *n*. 自负;自我中心　(C) *n*. 易误;不可靠;出错性　(D) *n*. 变形;/物/ 失真;扭曲;曲解

112. writhe
(A) *vi*. 脱毛;换毛　(B) *vt*. 鼓舞;使……精力充沛　(C) *v*. 使……迷惑;使……不知所措　(D) *vi*. 翻滚;蠕动 *vt*. 扭曲;扭动 *n*. 翻滚;扭动;苦恼

113. tam
(A) *n*. 便帽　(B) *n*. 年鉴;历书;年历　(C) *n*. 蛹　(D) *n*. 尖顶;尖塔;螺旋 *vi*. 螺旋形上升

114. magnanimous
(A) *adj*. 可有可无的;非必要的　(B) *adj*. 宽宏大量的;有雅量的;宽大的　(C) *adj*. 任意的;无差别的;不分皂白的　(D) *adj*. 不能弥补的;不能复原的;无法挽救的

115. inherent
(A) *adj*. 固有的;内在的;与生俱来的;遗传的　(B) *adj*. 绝对的;透明的;峻峭的;纯粹的 *adv*. 完全;陡峭地 *vi*. 偏航　(C) *adj*. 繁重的;累赘的;恼人的　(D) *adj*. 连通的;有联系的

116. aquarium

(A) *n*. 休息;睡眠;静止 *v*. 使……休息;寄托于　(B) *n*. 首位　(C) *n*. 水族馆;养鱼池;玻璃缸　(D) *n*. 贮存物

117. meteorological

(A) *adj*. 适合的;能适应的;可修改的　(B) *adj*. 浮华的;有纨绔习气的　(C) *adj*. 崭新的;清新的;干净的;未开发的;原始的　(D) *adj*. 气象的;气象学的

118. sprout

(A) *vi*. 闲荡;漫步　(B) *vi*. 发芽;长芽　(C) *vt*. 召集;召集……开会　(D) *vt*. 证实;使……实体化

119. excel

(A) *vt*. 超过;擅长 *vi*. (在某方面)胜过(或超过)别人　(B) *v*. 掠夺;抢劫;侵吞;剽窃 *n*. 抢夺;战利品　(C) *v*. 推迟;延期;服从　(D) *v*. 挖洞 *n*. (动物的)洞穴

120. exclusionary

(A) *adj*. 排他的　(B) *adj*. 地球外的　(C) *adj*. 清晰的;轮廓鲜明的　(D) *adj*. 遗传的;世袭的 *n*. 遗传类

121. clamber

(A) *vi*. 攀登;爬上 *vt*. 爬;攀登 *n*. 攀登;爬上　(B) *v*. 挖洞 *n*. (动物的)洞穴　(C) *vt*. 证明;证实 *vi*. 证明;作证　(D) *v*. 回旋;使……急转;混乱;恍惚;(思绪)接连不断 *n*. 旋转;回旋;一连串的事或活动;短暂的旅行

List 12 Practice

从下列选项中选出词义正确的一项。

1. chivalrous
   (A) *adj.* 无回报的;无报酬的   (B) *adj.* 上山的;艰难的(斗争等)   (C) *adj.* 侠义的;骑士的   (D) *adj.* 无法回答的;没有责任的

2. hectare
   (A) *n.* 公顷   (B) *n.* 排水沟;槽 *vi.* 流,形成沟 *vt.* 开沟于……;弄熄 *adj.* 贫贱的   (C) *n.* 地图集;寰椎   (D) *n.* 恶棍;无赖;流氓 *adj.* 恶棍(般)的;卑鄙的

3. vertebrate
   (A) *n.* 沼泽;低地;水洼;湿地   (B) *n.* 发誓;誓言;许愿 *v.* 发誓;郑重宣告   (C) *n.* 脊椎动物   (D) *n.* 礼物;/税收/贡物;颂词;(尤指对死者的)致敬;悼念;吊唁礼物

4. observance
   (A) *n.* 惯例;遵守;仪式;庆祝   (B) *n.* (陶瓷)碎片   (C) *n.* 地图集;寰椎   (D) *n.* 藏品;无主财宝;埋藏物;宝库

5. lucrative
   (A) *adj.* 被遗弃的;绝望的;孤独的   (B) *adj.* 名义上的;有名无实的;/会计/票面上的   (C) *adj.* 一无所知的;无能为力的(含贬义)   (D) *adj.* 有利可图的;赚钱的;合算的

6. tournament
   (A) *n.* 邪恶;不道德   (B) *n.* 放荡者;挥霍者   (C) *n.* 锦标赛;联赛;比赛   (D) *n.* 简陋的小屋;棚屋

7. prompting
   (A) *n.* 诉讼当事人   (B) *n.* /胚/ 胚胎;胚芽;初期   (C) *n.* 激励;提示;刺激   (D) *n.* 年鉴;历书;年历

8. dreadful
   (A) *adj.* 可怕的;糟透的;令人不快的   (B) *adj.* (水)奔流的;(雨)倾泻的;如注的;猛烈的   (C) *adj.* 易受影响的;易感动的;容许……的   (D) *adj.* 暂时的;当时的;现世的

9. repository
   (A) *n.* 贮藏室   (B) *n.* 责备;耻辱 *vt.* 责备;申斥   (C) *n.* (涂料、除臭剂等) 喷雾器;喷雾罐   (D) *n.* 财团;联合;合伙

10. swoop
    (A) *vt.* 公布;传播;发表   (B) *vt.* 使……变小;使……减轻;使……变少 *vi.* 减少;减轻;变小   (C) *vt.* 责骂;斥责 *vi.* 斥责;责骂   (D) *v.* 俯冲

11. grind
    (A) *v.&n.* 磨碎;折磨;苦工作   (B) *v.* 弄丢   (C) *v.&n.* 痛苦;使……极度痛苦;感到极度痛苦   (D) *vt.* 擦破;激怒 *vi.* 擦伤;激怒 *n.* 擦伤;气恼

12. sinner
    (A) *n.* 锦标赛;联赛;比赛   (B) *n.* 罪人;有错者   (C) *n.* 灵长类   (D) *n.* 装饰;/建//服装/装饰物;教堂用品

13. permutation
    (A) *n.* 措辞;语法;词组   (B) *n.* 盛会;选美比赛;露天表演;虚饰   (C) *n.* /数/排列;/数/置换

(D) *n*. 野兔

14. antipathy
    (A) *n*. 铤而走险的人 *adj*. 蛮勇的 (B) *n*. 志愿精神;志愿服务 (C) *n*. 困难;分歧;起哄 *v*. 烦扰;与……争辩 (D) *n*. 反感;厌恶;憎恶;不相容

15. opulently
    (A) *adv*. 富裕地;丰裕地 (B) *adv*. 迄今;至今 (C) *adv*. 定期地;周期性地;偶尔;间歇 (D) *adv*. 向那方;到那边

16. tyranny
    (A) *n*. 暴虐 (B) *n*. 极简派艺术;最低纲领;极保守行动 (C) *n*. /天/类星体;恒星状球体 (D) *n*. 膨胀;通货膨胀;夸张;自命不凡

17. reassuring
    (A) *adj*. 安心的;可靠的;鼓气的 (B) *adj*. 极乐的;幸福的 (C) *adj*. 透明的;显然的;坦率的;易懂的 (D) *adj*. 微观的;用显微镜可见的

18. fancy
    (A) *vt*. 突然插入;插嘴 (B) *vt*. 愚弄;欺骗 *n*. 骗局;恶作剧 (C) *vt*. 兜售;招徕 *n*. 侦查者;兜售者 (D) *v*. & *n*. 喜爱;想象;幻想

19. tactful
    (A) *adj*. 合理的;无损的;有能力的;充足的 (B) *adj*. 废弃的;老式的 *n*. 废词;陈腐的人 *vt*. 淘汰;废弃 (C) *adj*. 机智的;圆滑的;老练的 (D) *adj*. 假的;做作的;捏造的

20. conservatively
    (A) *adv*. 诱人地;迷人地 (B) *adv*. 表面上;外表 (C) *adv*. 无心地;不自觉地;偶然地 (D) *adv*. 谨慎地;保存地;适当地

21. inconstancy
    (A) *n*. 定罪;确信;证明有罪;确信;坚定的信仰 (B) *n*. 反复无常;易变;不定性 (C) *n*. 党派性;党派偏见;对党派的忠诚 (D) *n*. 论坛;讨论会;法庭;公开讨论的广场

22. astrology
    (A) *n*. 占星术;占星学;星座 (B) *n*. 顺从;辞职;放弃 (C) *n*. (交通)拥塞 (D) *n*. 代理人;委托书;代用品

23. allocate
    (A) *vt*. 假定;要求;视……为理所当然 *n*. 基本条件;假定 (B) *v*. 污辱;指责 (C) *vt*. 剪;修剪;剥夺 *n*. 切变;修剪;大剪刀 (D) *vt*. 分配

24. impostor
    (A) *n*. 极简派艺术;最低纲领;极保守行动 (B) *n*. 码头;停泊处 *v*. 靠码头;为……建码头 (C) *n*. 骗子;冒充者 (D) *n*. 迷宫;迷惑 *vt*. 迷失;使……混乱

25. evince
    (A) *vt*. 沉思;注视;思忖;预期 *vi*. 冥思苦想;深思熟虑 (B) *vt*. 测算;估计;认为;计算 (C) *vt*. 表明;表示;引起 (D) *vt*. 觉察出;识别;了解

26. interject
    (A) *v*. 篡改 (B) *vt*. 抵消;中和;阻碍 (C) *vt*. 突然插入;插嘴 (D) *vt*. 逗弄;使……干着急

27. filament
    (A) *n*. 灯丝;细丝 (B) *n*. 能力;胜任;权限;作证能力;足以过舒适生活的收入 (C) *n*. 演说;致辞;叙述法 (D) *n*. 放荡;放肆

28. hatred
    (A) *n*. 奢侈;浪费;过度;放肆的言行 (B) *n*. 头皮;战利品 *v*. 剥头皮 (C) *n*. 润滑;润滑作用 (D) *n*. 憎恨;怨恨;敌意

29. eclipse
    (A) *vt*. 唤醒;激起;使……振奋 (B) *vt*. 描绘;描写;画……的轮廓 (C) *v*. 分歧;偏离;分叉;离题 (D) *vt*. 使……黯然失色;形成蚀 *n*. 日蚀;月蚀;黯然失色

30. stance
    (A) *n*. 平静;寂静;沉着 (B) *n*. 破坏;失事;残骸;失去健康的人 *vt*. 破坏;使……失事;拆毁 *vi*. 失

267

事；营救失事船只　（C）n. 立场；姿态；位置；准备击球姿势　（D）n. 山脊；山脉；屋脊

31. unpretentious
（A）adj. 谦逊的；含蓄的；不炫耀的；不铺张的　（B）adj. 简明的；简洁的　（C）adj. 恶毒的；有恶意的；坏心肠的　（D）adj. 教区的；狭小的；地方范围的

32. scum
（A）n. 左舷　（B）n. 范围；余地；视野 vt. 审视　（C）n. 浮渣；泡沫；糟粕　（D）n. 先知；预言者；提倡者

33. ledge
（A）n. 极微小；希腊语的第九个字母　（B）n. 仇外；对外国人的畏惧和憎恨　（C）n. 壁架　（D）n. 流利；健谈

34. plumage
（A）n. 伐木工人；木材商的佣工；短夹克衫　（B）n. 贫困；贫穷　（C）n. 鸟类羽毛；翅膀　（D）n. 过路收费亭

35. sway
（A）vt. 阐明；说明　（B）vt. 影响；统治 n. 影响；摇摆；统治　（C）v. 恳求；请求　（D）vt. 修饰；装饰；润色 vi. 装饰起来；加以润色

36. convergence
（A）n. 实体；存在；本质　（B）n. /数/ 收敛；会聚；集合　（C）n. 矛盾；相差　（D）n. 自给自足

37. enshroud
（A）v. 迷住；使……着迷　（B）vt. 掩盖；遮蔽；笼罩　（C）v. 包围；困扰　（D）vi. 长羽毛 vt. 装上羽毛

38. nuances
（A）n. 优点；功绩 vt. 值得 vi. 应受报答　（B）n. 细微差别　（C）n. 借记；借方；借项 v. 记入（账户）借方；（从银行账户中）取款　（D）n. 光彩；壮丽；显赫

39. shrouding
（A）n. 壁画　（B）n. 诊断　（C）n. 萌发；产生　（D）n. 覆盖 v. 用裹尸布裹；遮蔽

40. consequential
（A）adj. 甘美的；满足感官的　（B）adj. 间接的；结果的；重要的；随之发生的；自傲的　（C）adj. 人口结构的；人口统计的 n. 特定年龄段的人口；人口统计数据；人口统计资料　（D）adj. 地方性的；风土的

41. concatenate
（A）v. 连接；联结；使……连锁 adj. 连接的；联结的；连锁的　（B）v. 交通运输系统；运输　（C）vt. 命令；吩咐；嘱咐；禁止　（D）v. 包围；困扰

42. optimize
（A）vt. 超过；擅长 vi. （在某方面）胜过（或超过）别人　（B）vt. 使……最优化；使……完善　（C）vt. 使……变形；使……变质 vi. 变形；变质　（D）vt. 充塞 vi. 拥挤

43. astute
（A）adj. 普遍的；无所不在的　（B）adj. 普遍的；无所不在的　（C）adj. 机敏的；狡猾的；诡计多端的　（D）adj. 地狱的；令人毛骨悚然的

44. shed
（A）vi. 相啮合 n. 网眼；网丝；圈套　（B）vi. 进行哲学探讨；理性地思考　（C）v. 将……分类　（D）vt. 流出；摆脱；散发；倾吐

45. consortium
（A）n. 制酪业；乳制品业　（B）n. 剥夺；损失；匮乏；贫困　（C）n. 花环　（D）n. 财团；联合；合伙

46. complementary
（A）adj. 美的；美学的；审美的；具有审美趣味的　（B）adj. 报警的；泄密的；搬弄是非的 n. 迹象；指示器；搬弄是非者　（C）adj. 补充的；互补的　（D）adj. 无礼的；傲慢的；粗野的；无耻的

47. tumble
（A）vi. 退缩；畏惧 n. 退缩；畏惧　（B）vi. 摔倒；倒塌；滚动 n. 跌倒；翻筋斗　（C）vt. 查明；精确地找到；准确描述　（D）vt. 确立；牢固；侵犯

48. iota
(A) n. 牡丹;芍药 (B) n. 歌剧中的首席女主角;名媛;喜怒无常的女人 (C) n. 同步 (D) n. 极微小;希腊语的第九个字母

49. affluence
(A) n. 富裕;丰富;流入;汇聚 (B) n. 愤怒;愤慨;暴行;侮辱 vt. 凌辱;强奸;对……施暴行;激起愤怒 (C) n. 起诉;检举;进行;经营 (D) n. 圆满成功;完成;成就;达到极点

50. lurk
(A) vt. 仔细考虑;衡量 (B) v. 模仿;仿效 (C) vi. 潜伏;潜藏 n. 潜伏;埋伏 (D) vt. 投合;迎合;满足需要;提供饮食及服务

51. outgrow
(A) vt. 过大而不适于;出生 (B) vt. 使……道德败坏;使……堕落;使……士气低落 (C) vt. 教育;教授;反复灌输 (D) vt. 比……重(在重量上);比……重要;比……有价值

52. supremacy
(A) n. 霸权;至高无上;主权;最高地位 (B) n. 手工艺;手工艺品 (C) n. 评价;估价(尤指估价财产;以便征税) (D) n. 峡谷;胃;暴食;咽喉;障碍物 vt. 使……吃饱;吞下;使……扩张 vi. 拼命吃;狼吞虎咽

53. smash
(A) vt. 逐出;驱逐;使……移动;用力移动 (B) vt. 唆使;煽动;教唆;怂恿 (C) vt. 粉碎;使破产 n. 破碎 vi. 粉碎 adj. 了不起的 (D) vt. 公布;传播;发表

54. timid
(A) adj. 愚蠢的 (B) adj. 缓和的;温和的;调节的 (C) adj. 可怕的;惨白的;惊人的;极坏的 (D) adj. 胆小的;羞怯的

55. debase
(A) vt. 声称;意图;意指;打算 (B) v. & n. 冲突 (C) vt. 降低;使……贬值;掺杂 (D) v. 潜行;徘徊;搜寻 n. 徘徊;潜行;悄悄踱步

56. coax
(A) v. 哄;哄诱 (B) vt. 勾引;引诱;对……说话;搭讪 (C) v. 给予;授予;商议 (D) vi. 增殖;扩散;激增

57. underscore
(A) v. 把(马、牛)关进畜栏 n. (北美农牧场的)畜栏 (B) vt. 强调 n. 底线 (C) vt. (法律或法规)禁止某人做某事 (D) vt. 阐明;说明

58. smugly
(A) adv. 重新;再 (B) adv. 极其;痛惜地;非常痛地 (C) adv. 大概;推测起来;可假定 (D) adv. 自鸣得意地;沾沾自喜的

59. make off
(A) 努力设法解决;搏斗 (B) 吸引和赢得 (C) 讲清楚 (D) 逃离

60. reiterate
(A) vt. 重申;反复地做 (B) vt. 护送;陪同 n. 陪同;护航舰 (C) vt. 略记;摘要记载下来 (D) vt. 产生;招致;成为……之父

61. pernicious
(A) adj. 穿衣的;覆盖的 (B) adj. 有害的;恶性的;致命的;险恶的 (C) adj. 空中的;航空的;空气中的 n. /电讯/ 天线 (D) adj. 雕刻的;雕刻般的

62. apex
(A) n. 守财奴;吝啬鬼 (B) n. 司法权;审判权;管辖权;权限;权力 (C) n. 顶点;尖端 (D) n. 渎职;违法行为;不正当;坏事

63. descent
(A) n. (土地或房产的)终身保有者;永久产权的业主 (B) n. 犬科动物 (C) n. 小瀑布;瀑布状物;串联 vi. 像瀑布般大量倾泻下来 vi. 像瀑布般悬挂着 (D) n. 下降;沉沦

64. pinpoint
(A) vt. 操纵;操作;巧妙地处理;篡改 (B) vt. 查明;精确地找到;准确描述 (C) vt. 打开;呈现

269

(D) v. 抵消

65. parochial
    (A) adj. 表型的 (B) adj. 堂吉诃德式的；狂想的 (C) adj. 教区的；狭小的；地方范围的 (D) adj. 差的；自卑的；下级的；下等的

66. grope
    (A) v. 摸索，探索 n. 摸索；触摸 (B) v. & n. 供应过多；充斥 (C) v. 融化；解冻；变得随和；使……变得友善 n. 解冻时期；关系缓和 (D) v. 根除；彻底毁坏

67. stitch
    (A) n. 针脚；线迹；一针 v. 缝合 (B) n. 天空；苍天 (C) n. 层级；等级制度 (D) n. 阴谋者；反叛者；同谋者

68. collectible
    (A) adj. 闷热的；狂暴的；淫荡的 (B) adj. 驯服的；平淡的 vt. 驯养 vi. 变得驯服 (C) adj. 复发的；周期性的；经常发生的 (D) adj. 可收集的；可回收的

69. plaintiff
    (A) n. 词典编纂者 (B) n. 原告 (C) n. 飞地；被包围的领土；被包围物 (D) n. 仁慈；善行

70. rustic
    (A) adj. 非代表性的；不典型的 (B) adj. 雇佣的；唯利是图的 n. 雇佣兵；唯利是图者 (C) adj. 令人不安(或紧张、担忧)的；扰乱的 (D) adj. 乡村的；纯朴的；粗野的；手工粗糙的 n. 乡下人；乡巴佬

71. volition
    (A) n. 意志；意志力；决断力 (B) n. 糖尿病；多尿症 (C) n. 确证；证实；确证的事实 (D) n. 优越；优势；优越性

72. gravity-defying
    (A) adj. 迷人的；使人着迷的；使……销魂的 (B) adj. 浑浊的；含糊不清的 (C) adj. 基本的；初步的；退化的；残遗的；未发展的 (D) adj. 反重力的

73. propel
    (A) vt. 满足；纵容 vi. 沉溺 (B) vt. 推进；驱使；激励；驱策 (C) vt. 充塞 vi. 拥挤 (D) v. 咆哮；气势汹汹地说(但效果不大)

74. bulge
    (A) n. 营养失调；营养不良 (B) n. 胀；膨胀；凸出部分 (C) n. 骚乱；混乱；故意伤害罪；重伤罪；蓄意破坏 (D) n. 怪念头；反复无常

75. espoused
    (A) vt. 支持；嫁娶；赞成；信奉 (B) vt. 强调；重读 (C) vt. 掩饰；假装；隐瞒 n. 伪装 (D) vt. 吸引；使……加入；聘 vi. 从事；使……融入 n. 密切关系

76. eccentricity
    (A) n. 信托 (B) n. 紫藤 (C) n. 古怪；怪癖；/数/离心率 (D) n. 出现；浮现

77. emeritus
    (A) adj. 空闲的；自由的；已脱离的 (B) adj. 古怪的；反常的 n. 古怪的人 (C) adj. 退休的；名誉退休的 (D) adj. 不含糊的；清楚的；明白的

78. unmitigated
    (A) adj. 男性的；阳性的；男子气概的 n. 男性；阳性；阳性词 (B) adj. 无可比拟的 (C) adj. 全然的；严厉的；未缓和的 (D) adj. 想象的；稀奇的

79. squalid
    (A) adj. 空中的；航空的；空气中的 n. /电讯/ 天线 (B) adj. (事先安排好的但显得自然的)有人物出现的活动 (C) adj. 华丽的；装饰的 (D) adj. 肮脏的；污秽的；卑劣的

80. consent
    (A) v. & n. 咬碎；咬碎声；扎扎地踏 (B) vi. 同意；赞成；答应 (C) vt. 阐明；说明 (D) v. 移居国外；流放；放弃国籍 n. 被流放者；移居国外者；adj. 移居国外的；被流放的

81. garniture
    (A) n. 传粉者；传粉媒介；传粉昆虫；授花粉器 (B) n. 入口；门槛；开始；极限；临界值 (C) n. (为

身体提供热量的)碳水化合物;含碳水化合物的食物　(D)　*n*．装饰品;附属品;配件

82. gill

　　(A)　*n*．饲料　*vi*．搜寻粮草;搜寻　(B)　*n*．(陶瓷)碎片　(C)　*n*．鳃　(D)　*n*．愤慨;愤怒;义愤

83. luscious

　　(A)　*adj*．受损的　(B)　*adj*．甘美的;满足感官的　(C)　*adj*．不足的;有缺陷的;不充分的　(D)　*adj*．迷人的;妩媚的　*v*．使……迷惑

84. aquatic

　　(A)　*adj*．名义上的;有名无实的;/会计/票面上的　(B)　*adj*．包含的;包括的　(C)　*adj*．有效的;灵验的　(D)　*adj*．水生的;水栖的;在水中或水面进行的　*n*．水上运动;水生植物或动物

85. enact

　　(A)　*vt*．使……胆寒;使……惊骇　(B)　*v*．安静　*n*．寂静　(C)　*vt*．颁布;制定法律;扮演;发生　(D)　*vt*．使……喜悦;使……高兴

86. tumultuous

　　(A)　*adj*．华而不实的;俗丽的　*n*．盛大宴会　(B)　*adj*．磨破的;衣衫褴褛的;乏味的;俗套的　(C)　*adj*．吵闹的;骚乱的;狂暴的　(D)　*adj*．磨破的;衣衫褴褛的;乏味的;俗套的

87. warrant

　　(A)　*n*．休息;睡眠;静止　*v*．使……休息;寄托于　(B)　*n*．流行性感冒　(C)　*n*．金属炭火盆;烧烤;铜匠　(D)　*n*．根据;证明;正当理由;委任状　*vt*．保证;担保;批准;辩解

88. attachment

　　(A)　*n*．附件;依恋;连接物;扣押财产　(B)　*n*．路边　(C)　*n*．贵族;高贵;高尚　(D)　*n*．健忘;不注意

89. gild

　　(A)　*vt*．分离;派遣;使……超然　(B)　*vt*．迅速带走　(C)　*vt*．镀金;虚饰;供给钱　(D)　*vt*．反对;抨击;轻视;声明不赞成

90. brainchild

　　(A)　*n*．过路收费亭　(B)　*n*．敌意;战争行动　(C)　*n*．嘲弄;笑柄;徒劳无功;拙劣可笑的模仿或歪曲　(D)　*n*．脑力劳动的产物

91. agitated

　　(A)　*adj*．激动的;焦虑的;表现不安的　(B)　*adj*．不值得做的;无报酬的　(C)　*adj*．宽敞的;广阔的;无边无际的　(D)　*adj*．讽刺性的;讥讽的;爱挖苦人的

92. exalt

　　(A)　*v*．提升;提拔;赞扬;使……得意　(B)　*v*．迅速增加;采蘑菇;迅速生长　(C)　*v*．抬起;举起;振奋;鼓舞;捡起　*n*．提高;增长;振奋;精神动力　(D)　*vi*．群聚;丛生　*vt*．使……聚集;聚集在某人的周围

93. prosthetic

　　(A)　*adj*．垂涎的;梦寐以求的　*v*．垂涎;渴望;贪图　(B)　*adj*．负债的;受惠的　*v*．使……负债;使……受恩惠　(C)　*adj*．丰富的;很多的;多产的　(D)　*adj*．假体的

94. ratify

　　(A)　*vt*．代表;作为……的典型;具有……的特点　(B)　*v*．(河流、道路等)蜿蜒;漫步　*n*．河流(或道路)弯道;河曲;漫游　(C)　*v*．是……的典型;集中表现;是(品质、观念)的化身;拟人化　(D)　*vt*．批准;认可

95. commence

　　(A)　*v*．开始;着手　(B)　*v*．使……相混;融合;掺和　(C)　*vt*．举出;引证　(D)　*v*．用姿势示意;(讲话时)做手势

96. irrevocably

　　(A)　*adv*．全部地;立刻地;率直地;一直向前;痛快地　*adj*．完全的;彻底的;直率的;总共的　(B)　*adv*．成功地;耀武扬威地　(C)　*adv*．无理由地;无目的地　(D)　*adv*．不能取消地;不能撤回地

97. prone

　　(A)　*adj*．对他人的感受漠不关心的;对某事物无感觉、无反应　(B)　*adj*．丰富的;慷慨的;浪费的　(C)　*adj*．卑鄙的;邪恶的;低廉的;肮脏的　(D)　*adj*．俯卧的;有……倾向的;易于……的

98. displace

(A) *vi*. 逃走;消失;消散 *vt*. 逃跑;逃走;逃避 (B) *v*. 表明;清楚显示;显现; (C) *vt*. 取代;置换;转移;把……免职 (D) *v*. 使……突然地下落;猛插;骤降;陡峭地向下倾斜;颠簸;跳进;使……陷入;栽种

99. larceny

(A) *n*. 盗窃;盗窃罪 (B) *n*. 简陋的小屋;棚屋 (C) *n*. 航空;飞行术;飞机制造业 (D) *n*. 充分;丰富;大量

100. decreed

(A) *adj*. 海藻的 (B) *adj*. 规律的;训练的;训诫的 (C) *adj*. (要价等)过高的;(性格等)过分的;不在法律范围之内的 (D) *adj*. 任命的 *v*. 颁布法令

101. temperament

(A) *n*. 壮丽;庄严;宏伟 (B) *n*. 气质;性情;性格;急躁 (C) *n*. 机动;演习;策略;调遣 *vi*. 机动;演习;调遣;用计谋 (D) *n*. 辉煌;灿烂

102. transmute

(A) *v*. & *n*. 供应过多;充斥 (B) *vt*. 宣判……无罪;证明……的清白 (C) *v*. 嘲笑;愚弄 *n*. 讥讽;嘲讽话 (D) *vt*. 使……变形;使……变质 *vi*. 变形;变质

103. silhouette

(A) *n*. 热心;专心 (B) *n*. 丛林狼;郊狼;非法移民偷运者 (C) *n*. 饲料 *vi*. 搜寻粮草;搜寻 (D) *n*. 轮廓;剪影

104. lethargy

(A) *n*. 过路收费亭 (B) *n*. 激动;搅动;煽动;烦乱 (C) *n*. 孔;穴;(照相机;望远镜等的)光圈;孔径;缝隙 (D) *n*. 无精打采;死气沉沉;昏睡;嗜眠(症)

105. grit

(A) *n*. 仁慈;善行 (B) *n*. 勇气;决心 (C) *n*. 水獭;水獭皮 (D) *n*. 事业

106. hatch

(A) *n*. 歌剧中的首席女主角;名媛;喜怒无常的女人 (B) *n*. 赛马的骑师;(非正式)操作员;驾驶员 *v*. 当赛马骑师;驾驶;耍手段图谋;欺骗;移动 (C) *n*. 剩余;残渣 *adj*. 剩余的;残留的 (D) *n*. 孵化;舱口 *vt*. 孵;策划 *vi*. 孵化

107. token

(A) *n*. 垃圾填埋地;垃圾堆 (B) *n*. 罪人;有错者 (C) *n*. 表征;代币;记号 *adj*. 象征的;表意的 *vt*. 象征;代表 (D) *n*. /生物/ 繁殖力;多产

108. perish

(A) *v*. & *n*. 讲述;叙述;重新计数或计算 (B) *v*. 蹒跚学步;摇摇晃晃地走 (C) *v*. 迫使;驱策 (D) *vt*. 使……麻木;毁坏 *vi*. 死亡;毁灭;腐烂;枯萎

109. consolidate

(A) *vt*. 巩固;支持;从下面支撑;加强……的基础 (B) *v*. 巩固;使……固定;联合 (C) *vt*. 给……穿衣;覆盖;赋予 (D) *vi*. 相啮合 *n*. 网眼;网丝;圈套

110. mediate

(A) *vi*. 喋喋不休;牙牙学语;作潺潺声 (B) *vi*. 渴望;立志;追求 (C) *v*. 回旋;使……急转;混乱;恍惚;(思绪)接连不断 *n*. 旋转;回旋;一连串的事或活动;短暂的旅行 (D) *vi*. 调解;斡旋;居中

111. repression

(A) *n*. 筋;肌腱;体力;精力 (B) *n*. 缓存;贮存物;隐藏处 *vt*. 隐藏 (C) *n*. 抑制;/心理/压抑;镇压 (D) *n*. 鳃

112. dispossess

(A) *vt*. 查明;精确地找到;准确描述 (B) *vt*. 剥夺;使……失去;逐出;霸占 (C) *vt*. 除去……镣铐;释放 (D) *v*. 致使;提供;回报;援助;提交;提出

113. meander

(A) *v*. 大声地嚼;格格地咬;啨;(变得)焦急 (B) *v*. 蹒跚学步;摇摇晃晃地走 (C) *v*. (河流、道路等)蜿蜒;漫步 *n*. 河流(或道路)弯道;河曲;漫游 (D) *vt*. 使……登基;立……为王;任为主教;崇拜 *vi*. 热心

114. munch

(A) v. 责骂;叱责 n. 责骂;爱责骂的人　(B) vt. 包围;给……缝边 n. 边;边缘;摺边 vi. 做褶边　(C) vt. 强调;重读　(D) v. 用力咀嚼

115. overreach

(A) vt. 走过头;过度伸张;诈骗　(B) vt. 包含;包围;环绕　(C) vt. 烤焦;使……枯萎　(D) vt. 使……受钟爱;使……亲密

116. port

(A) n. 灾祸;不幸事故;晦气　(B) n. 左舷　(C) n. 繁殖;生殖;复制　(D) n. 昏暗;阴暗

117. assembly

(A) n. 装配;集会;汇编;编译　(B) n. 女家庭教师　(C) n. 贵族;高贵;高尚　(D) n. 寄宿;寄宿处;出租的房间

118. unrewarding

(A) adj. 不值得做的;无报酬的　(B) adj. 综合的;合成的;人造的　(C) adj. 极小的;微小的　(D) adj. 必要的;不可避免的 n. 必要的事;命令

119. anomaly

(A) n. 异常;不规则;反常事物　(B) n. 挂锁;关闭;禁止进入 vt. 用挂锁锁上;关闭　(C) n. 灾难;不幸事件　(D) n. 群;棉束(等于 floc) vt. 用棉束填满 vi. 聚集;成群而行

120. haunting

(A) adj. 适于耕种的;可开垦的　(B) adj. 巨大的;广大的;无边无际的;非常好的　(C) adj. 无情的;不屈不挠的;不可阻挡的　(D) adj. 不易忘怀的;萦绕于心头的;给人以强烈感受的

121. gladden

(A) vi. 群聚;丛生 vt. 使……聚集;聚集在某人的周围　(B) vt. 删节;缩短;节略　(C) vi. 犯规;腐烂;缠结　(D) vt. 使……喜悦;使……高兴

List 13 Practice

从下列选项中选出词义正确的一项。

1. retention
    (A) *n*. 不适当;不正确;用词错误　(B) *n*. 辛苦;苦工 *vi*. 辛苦工作 *vt*. 费力地做;使……过度劳累　(C) *n*. 保留;扣留;滞留;记忆力;闭尿　(D) *n*. 恢复;复位;王政复辟;归还
2. idly
    (A) *adv*. 自相矛盾地;似是而非地;反常地　(B) *adv*. 无理由地;无目的地　(C) *adv*. 欢欣地;极快乐地　(D) *adv*. 大概
3. tamp
    (A) *v*. 用姿势示意;(讲话时)做手势　(B) *vt*. 操纵;操作;巧妙地处理;篡改　(C) *v*. 看着……微笑　(D) *vt*. 夯实;砸实;填塞 *n*. 捣棒;打夯的工具
4. flatten
    (A) *vt*. 击败;摧毁;使……平坦 *vi*. 变平;变单调　(B) *vt*. 使……高兴;使……振奋;使……愉快　(C) *vt*. 预言;预示;预告　(D) *vt*. 护送;陪同 *n*. 陪同;护航舰
5. preeminent
    (A) *adj*. 给予的;授予的　(B) *adj*. 不能挽回的;不能补救的　(C) *adj*. 卓越的;超群的　(D) *adj*. 驯服的;平淡的 *vt*. 驯养 *vi*. 变得驯服
6. pyrotechnic
    (A) *adj*. 壮观的;给人深刻印象的;威风的;仪表堂堂的　(B) *adj*. 显著的;突出的;跳跃的 *n*. 凸角;突出部分　(C) *adj*. 不足的;有缺陷的;不充分的　(D) *adj*. 烟火的;令人眼花缭乱的;出色的
7. fortitude
    (A) *n*. 火山岩浆;火山所喷出的熔岩　(B) *n*. 鸟类羽毛;翅膀　(C) *n*. 刚毅;不屈不挠;勇气　(D) *n*. 优点;功绩 *vt*. 值得 *vi*. 应受报答
8. sarcasm
    (A) *n*. 幽灵　*adj*. 幽灵的;幻觉的;有名无实的　(B) *n*. 讽刺;挖苦;嘲笑　(C) *n*. 白垩;粉笔;白垩地层;用粉笔划的记号　(D) *n*. 贵族;高贵;高尚
9. conform to
    (A) 拖延　(B) 必然;一定要　(C) 确认　(D) 符合;遵照
10. widower
    (A) *n*. 伐木工人;木材商的佣工;短夹克衫　(B) *n*. 制酪业;乳制品业　(C) *n*. 纱线;奇谈;故事 *vt*. 用纱线缠 *vi*. 讲故事　(D) *n*. 鳏夫
11. humanoid
    (A) *adj*. 怀疑的;不轻信的　(B) *adj*. 像人的 *n*. 类人动物　(C) *adj*. 无文化修养的;浅薄的　(D) *adj*. 挥霍的;十分慷慨的 *n*. 挥霍者
12. inimitable
    (A) *adj*. 珍珠的　(B) *adj*. 野生的;凶猛的;阴郁的　(C) *adj*. 谦逊的;不装腔作势的;不出风头的　(D) *adj*. 无可比拟的
13. disobedient
    (A) *adj*. 不服从的;违背的;不孝的　(B) *adj*. 无回报的;无报酬的　(C) *adj*. 黑暗的;沮丧的;阴郁的　(D) *adj*. 笨重的;累赘的

14. beget

　　(A) vt. 拉长;使……延长;使……伸长 adj. 伸长的;延长的　(B) vt. 颠覆;推翻;破坏　(C) vt. 产生;招致;成为……之父　(D) vt. 预示;为……的兆头

15. tame

　　(A) adj. 驯服的;平淡的 vt. 驯养 vi. 变得驯服　(B) adj. 疏忽的;怠慢的;不注意的　(C) adj. 人口稠密的;人口多的　(D) adj. 落满灰尘的

16. mayhem

　　(A) n. 耐力;持久力;毅力　(B) n. 鼻孔　(C) n. 骚乱;混乱　(D) n. 短吻鳄

17. mouthpiece

　　(A) n. 喉舌;代言人;送话口　(B) n. 矿筛 vt. 筛 vi. 用锅煎　(C) n. (色彩、颜色、次序、音调等的)渐变;分等级　(D) n. 花岗岩;坚毅;冷酷无情

18. medley

　　(A) n. 不满;不平;委屈;冤情　(B) n. 附件;依恋;连接物;扣押财产　(C) n. 骚乱;混乱　(D) n. 混合;混杂 adj. 混合的;拼凑的

19. dismiss

　　(A) vt. 劝诫;警告　(B) vt. 解散;解雇;开除　(C) v. 扩散;转移　(D) vi. 徘徊;苟延残喘;磨蹭

20. periodically

　　(A) adv. 定期地;周期性地;偶尔;间歇　(B) adv. 成功地;耀武扬威地　(C) adv. 平凡地;散文式地　(D) adv. 大概;推测起来;可假定

21. glisten

　　(A) vi. 相啮合 n. 网眼;网丝;圈套　(B) vi. 闪光;闪亮 n. 闪光;闪耀　(C) v. 致使;提供;回报;援助;提交;提出　(D) vt. 使……衰竭;使……伤元气

22. domestic

　　(A) adj. 节日的;喜庆的;欢乐的　(B) adj. 轻蔑的;不加考虑的;不屑一顾的　(C) adj. 国内的;家庭的 n. 国货;佣人　(D) adj. 海藻的

23. ideological

　　(A) adj. 严厉的;不吝惜的;不宽恕的　(B) adj. 思想的;意识形态的　(C) adj. 凶恶的;残暴的　(D) adj. 肆无忌惮的;寡廉鲜耻的;不讲道德的

24. expatriate

　　(A) v. 移居国外;流放;放弃国籍 n. 被流放者;移居国外者 adj. 移居国外的;被流放的　(B) vt. 使……成为贵族;使……高贵;授予爵位　(C) vt. 发掘;掘出　(D) vt. 冒称;霸占;没来由地将……归属于

25. femininity

　　(A) v. 开玩笑;表现浮夸　(B) n. /植/ 浮游植物(群落)　(C) n. 女子气质;柔弱　(D) n. 惊跑;人群的蜂拥;军队溃败 vi. 蜂拥;逃窜

26. counterpart

　　(A) n. 障碍;栏;跳栏 v. 克服　(B) n. 女家庭教师　(C) n. 冲沟;水沟 v. 在……上开沟　(D) n. 副本;配对物;极相似的人或物

27. indolent

　　(A) adj. 容易的;不费力气的　(B) adj. 微弱的;无力的;虚弱的　(C) adj. 懒惰的;无痛的　(D) adj. 异常的;不规则的;不恰当的

28. pancreas

　　(A) n. 回顾;追溯 vi. 回顾;追溯;回想 vt. 回顾;追忆　(B) n. /解剖/胰腺　(C) n. 作罢;让渡　(D) n. 诡辩;找碴子;吹毛求疵

29. overrun

　　(A) vt. 向……吠叫　(B) vi. 攀登;爬上 vt. 爬;攀登 n. 攀登;爬上　(C) v. (经过大量努力)获得;争取到　(D) v. 泛滥;肆虐

30. achingly

　　(A) adv. 极其;痛惜地;非常痛地　(B) adv. 笨拙地;粗陋地　(C) adv. 自相矛盾地;似是而非地;反常地　(D) adv. 迄今;至今

31. riot
   (A) *n*. 暴乱;放纵;蔓延 *vi*. 骚乱;放荡 *vt*. 浪费;挥霍   (B) *n*. 一致;舆论;合意   (C) *n*. 对手;敌手   (D) *n*. 明智;头脑清楚;精神健全;通情达理

32. prudent
   (A) *adj*. 未受伤的   (B) *adj*. 谨慎的;精明的;节俭的   (C) *adj*. 态度不明朗的;不承担义务的;无明确意义的   (D) *adj*. 惊人的;过分的;恶名昭彰的

33. featureless
   (A) *adj*. 明确的;不含糊的   (B) *adj*. 未决定的;行将发生的   (C) *adj*. 不注意的;不留心的   (D) *adj*. 无特色的

34. skyscraper
   (A) *n*. 摩天楼;特别高的东西   (B) *n*. 普遍存在;到处存在   (C) *n*. 尖牙;毒牙   (D) *n*. 原则;信条

35. repose
   (A) *n*. 试验;审讯 *adj*. 试验的   (B) *n*. 摩擦声;尖锐的声音;鸣声   (C) *n*. 休息;睡眠;静止 *v*. 使……休息;寄托于……   (D) *n*. 公告;宣布;宣告;公布

36. accost
   (A) *vt*. 使……相等;视为平等 *n*. 等同   (B) *vt*. 勾引;引诱;对……说话;搭讪   (C) *v*. 用离心机分离;使……受离心作用 *n*. 离心机   (D) *vi*. 喋喋不休;牙牙学语;作潺潺声

37. authentically
   (A) *adv*. 可耻地   (B) *adv*. 真正地;确实地;可靠地   (C) *adv*. 令人印象深刻地   (D) *adv*. 机械地;呆板地;物理上地

38. unadorned
   (A) *adj*. 有名望的;享有声望的   (B) *adj*. 朴素的;未装饰的   (C) *adj*. 重要的;重大的   (D) *adj*. 边缘的;临界的;末端的

39. outrage
   (A) *n*. 古怪;怪癖;/数/离心率   (B) *n*. 愤怒;愤慨;暴行;侮辱 *vt*. 凌辱;强奸;对……施暴行;激起愤怒   (C) *n*. 承租人;房客;佃户;居住者   (D) *n*. 乐土

40. penetration
   (A) *n*. 渗透;突破;侵入;洞察力   (B) *n*. 偏爱;嗜好   (C) *n*. 党派性;党派偏见;对党派的忠诚   (D) *n*. 范围;余地;视野 *vt*. 审视

41. persecution
   (A) *n*. 轭;束缚;牛轭   (B) *n*. 迫害;烦扰   (C) *n*. 平静;寂静;沉着   (D) *n*. 主权;统治权;支配;领土

42. reproof
   (A) *n*. (鸟的)栖木   (B) *n*. 障碍;栏;跳栏 *v*. 克服   (C) *n*. 给……居住权;移植   (D) *n*. 责备;谴责

43. concoction
   (A) *n*. 避开;(板球)刺杀   (B) *n*. 混合;调合;调合物   (C) *n*. 纵容   (D) *n*. 信条;教义

44. monotony
   (A) *n*. 单调;千篇一律   (B) *n*. 装配;集会;汇编;编译   (C) *n*. 阴谋者;反叛者;同谋者   (D) *n*. 谴责;训斥;申诉 *vt*. 谴责;训斥;责难

45. agglomerate
   (A) *v*. 使……成团;使……结块;凝聚 *n*. 团块;凝聚物;(事物的)集合;(火山)集块岩 *adj*. 成团的;结块的;凝聚的;聚集的   (B) *v*. 挖掘;开凿   (C) *vt*. 骚扰;调戏;干扰   (D) *v*. 到绝顶;达到高潮;达到顶点

46. cringe
   (A) *v*. & *n*. 畏缩;奉承;阿谀   (B) *vt*. 修饰;装饰;润色 *vi*. 装饰起来;加以润色   (C) *vt*. 使……戏剧化;编写剧本   (D) *v*. & *n*. 讲述;叙述;重新计数或计算

47. mendacity
   (A) *n*. /地质/ 海侵;犯罪;违反;逸出   (B) *n*. 谎言;虚伪;撒谎癖   (C) *n*. 先知;预言者;提倡者

(D) n. 农学家

48. throughout
    (A) adv. 谨慎地;保存地;适当地 (B) adj. 轻率的 (C) adv. & prep. 自始至终;遍及 (D) adv. 机械地;呆板地;物理上地

49. bewilder
    (A) v. & n. 轻蔑;嘲笑;藐视的对象 (B) v. 使……迷惑;使……不知所措 (C) v. 极化;偏振;两极分化 (D) vt. 吸收;使……同化;把……比作;使……相似

50. raw
    (A) adj. 课外的;业余的;婚外的 (B) adj. 生的;未加工的;阴冷的;刺痛的;擦掉皮的;无经验的;(在艺术等方面)不成熟的 (C) adj. 自满的;得意的;满足的 (D) adj. 公平的;公正的;平衡法的

51. carnivorous
    (A) adj. 熙熙攘攘的;忙乱的 (B) adj. 食肉的;肉食性的 (C) adj. 天使的;似天使的;天国的 (D) adj. 生的;未加工的;阴冷的;刺痛的;擦掉皮的;无经验的;(在艺术等方面)不成熟的

52. morphine
    (A) n. 迫击炮;臼;研钵;灰浆 vt. 用灰泥涂抹;用灰泥结合 (B) n. 孵化;舱口 vt. 孵;策划 vi. 孵化 (C) n. /毒物//药/吗啡 (D) n. 牵挂;关怀

53. luxuriant
    (A) adj. 纤弱的;细长的;纤细优美的 (B) adj. 繁茂的;浓密的;丰富的;肥沃的;奢华的 (C) adj. 可锻的;可塑的;有延展性的;易适应的 (D) adj. 地上的;月下的

54. tinge
    (A) n. 自制;忍耐;宽容 (B) n. 淡色;些许味道;风味 vt. 微染;使……带气息 (C) n. 占星术;占星学;星座 (D) n. 警告;中止诉讼手续的申请;货物出门概不退换;停止支付的广告

55. romp
    (A) vt. 修饰;装饰;润色 vi. 装饰起来;加以润色 (B) vt. 阻碍;妨碍;阻止 (C) vi. 遵守;顺从;遵从;答应 (D) vi. 玩耍;轻快地跑;轻易地取胜 n. 嬉耍喧闹;顽皮的女孩

56. subvert
    (A) vi. 飘动;鼓翼;烦扰 n. 摆动;鼓翼;烦扰 (B) v. 逃避;规避;逃脱 (C) vt. 颠覆;推翻;破坏 (D) vt. 改进;/计/更新;式样翻新 n. 式样翻新;花样翻新

57. soot
    (A) n. 煤烟;烟灰 (B) n. 凤头鹦鹉;葵花鹦鹉 (C) n. 艺术性;工艺;艺术技巧 (D) n. 满足;满意

58. improvisational
    (A) adj. 沮丧的;低垂的;气馁的 n. 倒台;俯视的目光;向下转换 (B) adj. 怀恨的;恶意的 (C) adj. 节约的;(牲畜或植物)茁壮的;健康的 (D) adj. 即兴的

59. proprietor
    (A) n. 战争;冲突 (B) n. 业主;所有者;经营者 (C) n. 减少;降低;缩小 (D) n. 发誓;誓言;许愿 v. 发誓;郑重宣告

60. stigmatized
    (A) vt. 超过;走过头 (B) v. 缠绕;上发条 (C) v. 污辱;指责 (D) v. 勒死

61. mischief
    (A) n. 獾 vt. 纠缠不休;吵着要;烦扰 (B) n. 轭;束缚;牛轭 (C) n. 背诵;朗诵;详述 (D) n. 恶作剧;伤害;顽皮;不和

62. unequivocal
    (A) adj. 缓和的;温和的;调节的 (B) adj. 单调的 (C) adj. 崭新的;清新的;干净的;未开发的;原始的 (D) adj. 明确的;不含糊的

63. desolation
    (A) n. 不满;不平;委屈;冤情 (B) n. (土地或房产)终身保有者;永久产权的业主 (C) n. 压抑;镇压;压迫手段;沉闷;苦恼 (D) n. 孤寂;悲哀;忧伤;荒芜;荒凉;废墟;凄凉

64. discomfiture

   (A) *n*. 狼狈;挫败;崩溃　(B) *n*. 误解;错误知觉　(C) *n*. 军国主义;尚武精神;好战态度　(D) *n*. 大道

65. untimely

   (A) *adj*. 声学的;音响的;听觉的　(B) *adj*. 统治的;在位的　(C) *adj*. 不合时宜的;过早的　(D) *adj*. 疏忽的;懈怠的;玩忽职守的

66. reunify

   (A) *vi*. 增殖;扩散;激增　(B) *vt*. 使……重新统一;再统一;再联合　(C) *v*. 发出沙沙声;使……窸窣作响　(D) *vt*. 剪;修剪;剥夺 *n*. 切变;修剪;大剪刀

67. assail

   (A) *vi*. 增殖;扩散;激增　(B) *v*. 发出沙沙声;使……窸窣作响　(C) *v*. 猛烈攻击;袭击　(D) *v*. 弄丢

68. manifest

   (A) *v*. 确定;敲定;解决;成功赢得　(B) *vt*. 使……隔绝;使……隐退;没收;扣押　(C) *v*. 表明;清楚显示;显现　(D) *v*. 使……忙乱;紧张;使……心烦意乱

69. acquisition

   (A) *n*. 酿造;酝酿;计划　(B) *n*. 会议;事件;诉讼;记录　(C) *n*. 获得物;获得;收购　(D) *n*. 智慧;才智;智力

70. confer

   (A) *vi*. 堆积;倾斜转弯　(B) *v*. 给予;授予;商议　(C) *vt*. 节制;减轻　(D) *v*. 传播;流传;循环;流通

71. rescind

   (A) *vt*. 使……全神贯注;独占;吸引　(B) *v*. 迷住;使……着迷　(C) *vt*. 解除;废除　(D) *vt*. 谴责;告发;公然抨击;通告废除

72. eminence

   (A) *n*. 评价;估价(尤指估价财产,以便征税)　(B) *n*. 显赫;卓越;高处　(C) *n*. 创造性;发明的才能　(D) *n*. 骨盆

73. slab

   (A) *n*. /法/仲裁者;裁决人　(B) *n*. 厚板;平板;混凝土路面;厚片 *vt*. 把……分成厚片;用石板铺　(C) *n*. 大众;平民;人口　(D) *n*. 瘟疫;麻烦事 *v*. 使……折磨;使……苦恼

74. procure

   (A) *v*. 使……持续;使……长存;使……永久化(尤指不好的事物)　(B) *v*. 获得;取得;导致　(C) *v*. 泛滥;肆虐　(D) *vt*. 征服;击败;克服

75. irremediable

   (A) *adj*. 多山的;巨大的　(B) *adj*. 显著的;断然的　(C) *adj*. 联动的　(D) *adj*. 不能挽回的;不能补救的

76. denomination

   (A) *n*. 固执;顽固;(病痛等)难治;难解除　(B) *n*. 宣传者;鼓吹者　(C) *n*. 牡丹;芍药　(D) *n*. 面额;名称;教派

77. abject

   (A) *adj*. 卑鄙的;可怜的;不幸的;(境况)凄惨的;绝望的　(B) *adj*. 巨大的;异常的;非常的　(C) *adj*. 易受影响的;易感动的;容许……的　(D) *adj*. 废弃的;老式的 *n*. 废词;陈腐的人 *vt*. 淘汰;废弃

78. descendant

   (A) *n*. 微调　(B) *n*. 后裔;子孙　(C) *n*. (脸部或躯体)扭曲;扭歪;扭曲的动作(或姿势);困难;周折　(D) *n*. 蔑视;发嘶嘶声 *v*. 发出嘘声;发嘶嘶声(hiss 的 ing 形式)

79. prosecution

   (A) *n*. 起诉;检举;进行;经营　(B) *n*. 骚动;骚乱;吵闹;激动　(C) *n*. /昆/产卵;下子　(D) *n*. (警察、士兵、军车) 批;代表团

80. rosette

   (A) *n*. (为身体提供热量的)碳水化合物;含碳水化合物的食物　(B) *n*. 成年;男子;男子气概　(C) *n*.

揭发隐私 (D) *n*. 莲座丛;玫瑰形饰物;圆花饰

81. blurt

    (A) *vt*. 使……变小;使……减轻;使……变少 *vi*. 减少;减轻;变小 (B) *v*. 蔓延;随意扩展 *n*. 蔓延物 (C) *v*. 挖掘;开凿 (D) *vt*. 未加思索地脱口而出;突然说出

82. judicial

    (A) *adj*. 沉闷的;冗长乏味的 (B) *adj*. 专制的;独裁的;专横的 (C) *adj*. 公正的;明断的;法庭的 (D) *adj*. 珍珠的

83. lexicographer

    (A) *n*. 障眼物;眼罩 *v*. 蒙住眼睛 *adj*. 被蒙住眼睛的 *adv*. 易如反掌地;鲁莽地;轻率地 (B) *n*. 词典编纂者 (C) *n*. 出处;起源 (D) *n*. 事先审理 *adj*. 审判前的

84. palliation

    (A) *n*. 剧团 *vi*. 巡回演出 (B) *n*. (痛苦的)减轻;缓和;辩解 (C) *n*. 对手;敌手 (D) *n*. 女低音;女低音歌唱家

85. transferable

    (A) *adj*. 热情友好的;由衷的;兴奋的 *n*. 甜果汁饮料;镇定药;兴奋剂 (B) *adj*. 无法回答的;没有责任的 (C) *adj*. 可转让的;可转移的 (D) *adj*. 本土的;国产的;固有的

86. uncluttered

    (A) *adj*. 孤独的;独居的 *n*. 独居者;隐士 (B) *adj*. 有效的;强有力的;有权势的;有说服力的 (C) *adj*. 昏暗的;朦胧的;晦涩的 *vt*. 使……模糊不清;掩盖;隐藏 (D) *adj*. 整洁的;整齐的

87. elusive

    (A) *adj*. 胆小的;羞怯的 (B) *adj*. 难懂的;易忘的;逃避的;难捉摸的 (C) *adj*. 志趣不相投的 (D) *adj*. 启发式的;探索的 *n*. 启发式教育法

88. illuminate

    (A) *vt*. 召集;召集……开会 (B) *vt*. 装饰;使……生色 (C) *v*. (经过大量努力)获得;争取到 (D) *vt*. 阐明;说明

89. tuft

    (A) *n*. /数/ 命题;提议 *vt*. 向……提议 (B) *n*. 热带和亚热带草原;(非洲的)稀树草原 (C) *n*. 禁食;斋戒 (D) *n*. (在底部丛生或聚集的)一绺毛发;一丛草

90. console

    (A) *n*. 沥青;柏油 *vt*. 以沥青铺 *adj*. 用柏油铺成的 (B) *n*. 获得物;获得;收购 (C) *n*. 控制台 *vt*. 安慰 (D) *n*. 炼金术士

91. ferocity

    (A) *n*. 丰满 (B) *n*. 下面;阴暗面 (C) *n*. 遗赠;遗产 (D) *n*. 凶猛;残忍;暴行

92. vendor

    (A) *n*. 含糊;不明确;暧昧;模棱两可的话 (B) *n*. 零售 *v*. 零售 *adj*. 零售的 (C) *n*. 孔;穴;(照相机;望远镜等的)光圈;孔径;缝隙 (D) *n*. 卖主;小贩

93. feat

    (A) *n*. 装杂物的容器;总受器;分沫器 *adj*. 包罗万象的 (B) *n*. 大厦;大建筑物 (C) *n*. (语气轻蔑的)谈论 (D) *n*. 功绩;壮举;技艺表演

94. cloister

    (A) *n*. 满足;满意 (B) *n*. 昏暗;阴暗 (C) *n*. 归罪;非难;归咎;污名 (D) *n*. (修道院或大教堂广场周围)有顶的地区

95. germination

    (A) *n*. 猛攻;突击 (B) *n*. 萌发;产生 (C) *n*. 锦标赛;联赛;比赛 (D) *n*. 藏品;无主财宝;埋藏物;宝库

96. contextualization

    (A) *n*. 情境化;处境化;语境化 (B) *n*. 下面;阴暗面 (C) *n*. 恢复力;弹力;顺应力 (D) *n*. 下降;沉沦

97. cling to

    (A) 讲清楚 (B) 为某事而感到不安 (C) 坚持;依靠;依附 (D) 完成

98. dedicate
   (A) vt. 使……重新统一;再统一;再联合　(B) vt. 致力;献身;题献　(C) v. 压倒;击败;控制;专横对待　(D) v. 萌芽;发芽;迅速增长 n. 芽;嫩枝

99. loom
   (A) n. 勇气;决心　(B) n. 旅行拖车;有篷马车;旅行队　(C) n. 织布机;若隐若现的景象 vi. 可怕地出现;朦胧地出现;隐约可见 vt. 在织布机上织　(D) n. 主要产品;订书钉;主题;主食 adj. 主要的;大宗生产的

100. ratchet up
   (A) 渐升高;略微调高　(B) /口/使……开始　(C) 尽管;尽管　(D) conj. 唯恐;以免;(引出产生某种情感的原因)唯恐;担心

101. hyperbole
   (A) n. 夸张的语句;夸张法　(B) n. 托盘　(C) n. 补偿　(D) n. 适度;节制;温和;缓和

102. prospective
   (A) adj. 破旧的　(B) adj. 自满的;得意的;满足的　(C) adj. 有魅力的;引人注意的;令人神往的　(D) adj. 未来的;预期的

103. fondling
   (A) vt. 整饰;推荐;喂马;刷洗(马等)　(B) vt. 解散;解雇;开除　(C) vt. 增加;夸大;强化　(D) vt. 爱抚;抚弄

104. quixotic
   (A) adj. 堂吉诃德式的;狂想的　(B) adj. 紧张的;费力的;奋发的　(C) adj. 浮躁的;易变的;变幻无常的　(D) adj. 正直的;诚实的;垂直的;直立的;笔直的;合乎正道的

105. insensitive
   (A) adj. 对他人的感受漠不关心;对某事物无感觉、无反应　(B) adj. 典范的;惩戒性的;可仿效的　(C) adj. 像小束状的;纤细的;脆弱的　(D) adj. 精致的;细腻的;异常的

106. detractor
   (A) n. 少量;一点点　(B) n. 古生物学者　(C) n. 出处;起源　(D) n. 贬低者;诽谤者

107. growl
   (A) vt. 重申;反复地做　(B) vt. 回避(问题)　(C) vi. 咆哮着说 vt. 咆哮 n. 咆哮声　(D) v. 扩散;转移

108. authoritarian
   (A) adj. 不需要的;有害的;讨厌的;空闲的　(B) adj. 显著的;断然的　(C) adj. 独裁主义的;权力主义的 n. 权力主义者;独裁主义者　(D) adj. 地方性的;风土的

109. proxy
   (A) n. 反对;矛盾;乖张　(B) n. 公顷　(C) n. 代理人;委托书;代用品　(D) n. 丛林狼;郊狼;非法移民偷运者

110. compartmentalize
   (A) v. 歧视;区别;辨别　(B) vt. 消除;镇压;压碎;使……咯吱咯吱的响 n. 嘎吱声;压倒对方的反驳;压碎的一堆　(C) vt. 划分;区分　(D) vt. 决定;使……分解 vi. 解决;分解 n. 坚决

111. glorify
   (A) v. 猛烈攻击;袭击　(B) vi. 减价;跌价　(C) vt. 掩饰;假装;隐瞒 n. 伪装　(D) vt. 赞美;美化;崇拜

112. vigorous
   (A) adj. 畅通无阻的;未受阻的　(B) adj. 间接的;结果的;重要的;随之发生的;自傲的　(C) adj. 疲倦的;厌烦的 vi. 疲倦;厌烦　(D) adj. 有力的;精力充沛的

113. graphite
   (A) n. 石墨 v. 用石墨涂　(B) n. 民谣;叙事歌谣;流行抒情歌曲　(C) n. 壁画 adj. (似)墙的　(D) n. 幼仔;幼童军;没经验的年轻人 vi. 生幼仔

114. proliferate
   (A) v. 损伤外观;丑化;毁坏　(B) vi. 增殖;扩散;激增　(C) vt. 领先;在……之前;优于;高于 vi. 领先;在前面　(D) vt. 使……隔绝;使……隐退;没收;扣押

115. tactic

(A) *n*. 策略;战术;用兵学　(B) *n*. 同谋者;共犯　(C) *n*. 肿块;隆起物;撞击 *v*. 碰撞;撞击;颠簸而行 *adv*. 突然地　(D) *n*. 入口;门槛;开始;极限;临界值

116. inescapability

(A) *n*. 获得物;获得;收购　(B) *n*. 厚板;平板;混凝土路面;厚片 *vt*. 把……分成厚片;用石板铺　(C) *n*. 不可避免　(D) *n*. 孤寂;悲哀;忧伤;荒芜;荒凉;废墟;凄凉

117. typography

(A) *n*. 咒语;符咒　(B) *n*. 高谈阔论;热烈的演说 *v*. 向……滔滔不绝地演讲;大声训斥　(C) *n*. 排印;活版印刷术;印刷格式　(D) *n*. 破坏;失事;残骸;失去健康的人 *vt*. 破坏;使……失事;拆毁 *vi*. 失事;营救失事船只

118. celestial

(A) *adj*. 坚忍的;禁欲的;斯多葛学派的　(B) *adj*. 天上的 *n*. 神仙　(C) *adj*. 电气化的　(D) *adj*. 不注意的;不留心的

119. avalanche

(A) *vt*. 给……穿衣;覆盖;赋予　(B) *vt*. 雪崩　(C) *vt*. 遗赠;把……遗赠给;把……传下去　(D) *vt*. 胜过;打败

120. admonition

(A) *n*. 警告　(B) *n*. 噱头;手腕 *vt*. 阻碍……的正常生长或发展 *vi*. 表演特技　(C) *n*. (在英国)从男爵;拥有世袭荣誉称号;职位在男爵之下的平民　(D) *n*. 膨胀;通货膨胀;夸张;自命不凡

121. crimson

(A) *n*. 噱头;手腕 *vt*. 阻碍……的正常生长或发展 *vi*. 表演特技　(B) *n*. 勇气;决心　(C) *n*. 深红色　(D) *n*. 警告;中止诉讼手续的申请;货物出门概不退换;停止支付的广告

List 14 Practice

从下列选项中选出词义正确的一项。

1. satchel
   (A) *n*. 华丽服饰；全套甲胄；全副盔甲   (B) *n*. 简陋的小屋；棚屋   (C) *n*. 书包；小背包   (D) *n*. 零售 *v*. 零售 *adj*. 零售的

2. sensational
   (A) *adj*. 赤道的；近赤道的；中纬线的   (B) *adj*. 穷困的；无的；缺乏的   (C) *adj*. 奸诈的；叛逆的；背叛的；危险的   (D) *adj*. 轰动的；耸人听闻的；非常好的；使人感动的

3. mutant
   (A) *n*. 突变体；突变异种 *adj*. 突变的   (B) *n*. 骨盆   (C) *n*. /声/ 音色；音质；音品   (D) *n*. 就业能力；/劳经/受雇就业能力；受聘价值；可雇性

4. filth
   (A) *n*. 胸怀；胸襟；内心；内部 *vt*. 怀抱；把……藏在心中 *adj*. 知心的；亲密的   (B) *n*. 欺骗；骗子；诡计   (C) *n*. 无经验的人；无经验的组织；新体系   (D) *n*. 污秽

5. sophistic
   (A) *adj*. 自满的；得意的；满足的   (B) *adj*. 强词夺理的；诡辩的   (C) *adj*. 令人不安(或紧张、担忧)的；扰乱的   (D) *adj*. 陈旧的；老朽的

6. undulating
   (A) *adj*. 话多的；健谈的；喋喋不休的   (B) *adj*. 华丽的；装饰的   (C) *adj*. 波状的；波浪起伏的   (D) *adj*. 注意力不集中的；浮躁的

7. scythe
   (A) *n*. 减少；下降；缩小；还原反应   (B) *n*. (修道院或大教堂广场周围)有顶的地区   (C) *n*. 长柄大镰刀   (D) *n*. /地质/山崩；大胜利 *vi*. 发生山崩；以压倒优势获胜

8. overture
   (A) *n*. 猛攻；突击   (B) *n*. 前奏曲；提案；序幕 *vt*. 提议；为……奏前奏曲   (C) *n*. 剧烈；敏锐；锐利   (D) *n*. 束缚；桎梏；脚镣

9. lactose
   (A) *n*. 策略；战术；用兵学   (B) *n*. 杰出人物统治论者；精英主义者；优秀人才；杰出人物 *adj*. 精英主义的；优秀人才的；杰出人才的   (C) *n*. /有化/乳糖   (D) *n*. 不可避免

10. shard
    (A) *n*. (陶瓷)碎片   (B) *n*. 主要动力；(钟表)主发条；主要原因；主要动机   (C) *n*. 附件；依恋；连接物；扣押财产   (D) *n*. 出处；起源

11. inhibit
    (A) *v*. 使……附属；加入；接纳；紧密联系 *n*. 分支机构；联号   (B) *v*. 设陷阱(或罗网、套子)捕捉；使……上当 *n*. (捕鸟、兽的)陷阱；圈套   (C) *vt*. 抑制；禁止   (D) *v*. 杜绝

12. wit
    (A) *n*. 敏感性；感情；磁化系数   (B) *n*. 作罢；让渡   (C) *n*. 不足；缺点；不适当；不完全   (D) *n*. 智慧；才智；智力

13. alienate
    (A) *vt*. 改善；减轻(痛苦等)   (B) *vt*. 使……最优化；使……完善   (C) *vt*. 使……疏远；离间；让与

(D) *vt*. 改进；/计/ 更新；式样翻新 *n*. 式样翻新；花样翻新

14. rigorous
    (A) *adj*. 有责任的；有解释义务的；可解释的 (B) *adj*. 退休的；名誉退休的 (C) *adj*. 形态学的 (D) *adj*. 严格的；严厉的；严密的；严酷的

15. unscramble
    (A) *v*. 压倒；击败；控制；专横对待 (B) *v*. 把……改变用途 (C) *v*. & *n*. 冲突 (D) *v*. 理顺（混乱的情形）

16. populous
    (A) *adj*. 同义的 (B) *adj*. 人口稠密的；人口多的 (C) *adj*. 真正的；名副其实的 (D) *adj*. 有害的；有毒的；败坏道德的；讨厌的

17. carbohydrate
    (A) *n*. （为身体提供热量的）碳水化合物；含碳水化合物的食物 (B) *n*. 卫生；卫生学；保健法 (C) *n*. 板条 *vt*. 给……钉板条 (D) *n*. 同形异义词

18. blissful
    (A) *adj*. 透明的；显然的；坦率的；易懂的 (B) *adj*. 恶毒的；恶意的；堕落的；有错误的；品性不端的；剧烈的 (C) *adj*. 极乐的；幸福的 (D) *adj*. 狂喜的；入迷的 *n*. 狂喜的人

19. acorn
    (A) *n*. 过时；淘汰 (B) *n*. /数/ 收敛；会聚；集合 (C) *n*. 欺骗；诡计 (D) *n*. /植/橡子；/林/橡实

20. whimsical
    (A) *adj*. 古怪的；异想天开的；反复无常的 (B) *adj*. 肠的 (C) *adj*. 朦胧的；星云的；星云状的 (D) *adj*. 不朽的；不灭的

21. venomous
    (A) *adj*. 任意的；自由决定的 (B) *adj*. 受人尊敬的 (C) *adj*. 杂技的；特技的 (D) *adj*. 有毒的；恶毒的；分泌毒液的；怨恨的

22. gnarled
    (A) *adj*. 多余的；过剩的；被解雇的；失业的；冗长的；累赘的 (B) *adj*. 有控制能力的；巧妙的 (C) *adj*. /木/多节的；粗糙的；多瘤的 (D) *adj*. 辐射的；容光焕发的；光芒四射的 *n*. 光点；发光的物体

23. remnant
    (A) *n*. 剩余 (B) *n*. 幼童；幼童军；没经验的年轻人 *vi*. 生幼仔 (C) *n*. 突然的痛苦；突然的剧痛 (D) *n*. 确证；证实；确证的事实

24. accentuate
    (A) *vt*. 强调；重读 (B) *v*. 做手脚；破坏 (C) *v*. 把……塞入；把……夹入 *n*. 减脂手术；缝摺 (D) *vt*. 超过；胜过

25. incriminate
    (A) *vt*. 控告；暗示……有罪 (B) *v*. 发出嘎吱声；压坏；压扁；挤进 *n*. 咯吱声 (C) *vt*. 仲裁；公断 (D) *v*. 勒死

26. antique
    (A) *adj*. 衰老的；破旧的 (B) *adj*. 明确的；清楚的；直率的；详述的 (C) *adj*. 锯齿状的；参差不齐的 (D) *adj*. 古老的；年代久远的；过时的；古董的；古风的；古式的 *n*. 古董；古玩；古风；古希腊和古罗马艺术风格 *vi*. 觅购古玩

27. malfeasance
    (A) *n*. 渎职；违法行为；不正当；坏事 (B) *n*. 代理人；委托书；代用品 (C) *n*. 对立面；对照；对仗 (D) *n*. 先驱；前导

28. cache
    (A) *n*. 千里眼；有洞察力的人 *adj*. 透视的；有洞察力的 (B) *n*. 特征 (C) *n*. 缓存；贮存物；隐藏处 *vt*. 隐藏 (D) *n*. 安慰；慰问；起安慰作用的人或事物

29. lowbrow
    (A) *adj*. 强大的；可怕的；艰难的 (B) *adj*. 巨大的；异常的；非常的 (C) *adj*. 无文化修养的；浅薄的 (D) *adj*. 矛盾的；诡论的；似非而是的

30. antiquated

(A) *adj.* 逐步的;逐渐的;(按音阶)级进的 *adv.* 逐步地;阶梯式地 (B) *adj.* 不朽的;不灭的 (C) *adj.* 过时的;陈旧的;年老的 (D) *adj.* 巨大的;怪异的;荒谬的;畸形的

31. monotonous

(A) *adj.* 单调的 (B) *adj.* 笨拙的 (C) *adj.* 沮丧的;没有精神的;意气消沉的 (D) *adj.* 不服从的;违背的;不孝的

32. imprudence

(A) *n.* /数//天/摄动;不安;扰乱 (B) *n.* 恶习;缺点 *prep.* 代替 *vt.* 钳住 *adj.* 副的;代替的 (C) *n.* 轻率;鲁莽的行为 (D) *n.* 注视 *v.* 看见;注视

33. hallmark

(A) *n.* 摩天楼;特别高的东西 (B) *n.* 揭发隐私 (C) *n.* 释放者;解放者 (D) *n.* 特点;品质证明

34. captivating

(A) *adj.* 不知情的;不知不觉的;无意的 (B) *adj.* 锯齿状的;参差不齐的 (C) *adj.* 迷人的 (D) *adj.* 可爱的;讨人喜欢的

35. primal

(A) *adj.* 注意力不集中的;浮躁的 (B) *adj.* 浑浊的;含糊不清的 (C) *adj.* 必要的;不可避免的 *n.* 必要的事;命令 (D) *adj.* 原始的;本能的

36. proximity

(A) *n.* 鼻孔 (B) *n.* 接近;/数/邻近;接近;接近度;距离;亲近 (C) *n.* 山核桃木 (D) *n.* 羊皮纸

37. psychedelic

(A) *adj.* 皮肤病学的 (B) *adj.* 唇;唇音的 (C) *adj.* 原始的;本能的 (D) *adj.* 引起幻觉的

38. baffle

(A) *vt.* 使……困惑 *n.* 挡板;困惑 *vi.* 做徒劳挣扎 (B) *vt.* 修补;翻新;修改 *n.* 改进;换新鞋面 (C) *vi.* 焕发;闪烁 (D) *vt.* 使……困惑;使……为难;使……复杂化

39. moose

(A) *n.* 折磨;严酷的考验;痛苦的经验 (B) *n.* 突然的痛苦;突然的剧痛 (C) *n.* 灰尘;污点;小颗粒 *vt.* 使……有斑点 (D) *n.* /脊椎/驼鹿;麋

40. legislation

(A) *n.* 深红色 (B) *n.* 尖牙;毒牙 (C) *n.* 立法;法律 (D) *n.* 理解;恐惧;逮捕;忧惧

41. melodramatic

(A) *adj.* 未来的;预期的 (B) *adj.* 私生的;非法的;不合理的 (C) *adj.* 夸张的;情节剧的;戏剧似的 (D) *adj.* (词或词形)反身的;反射性的;本能反应的;(关系)自反的;考虑自身影响的

42. integrity

(A) *n.* 不满;不平;委屈;冤情 (B) *n.* 完整;正直;诚实;廉正 (C) *n.* 保护;防护 (D) *n.* 优越;优势;优越性

43. clemency

(A) *n.* 山脊;山脉;屋脊 (B) *n.* 发出持续的嗡嗡声;嗡嗡作响 *v.* 唠叨 (C) *n.* 司法部;法官;司法制度 (D) *n.* 仁慈;温和

44. allude

(A) *vi.* 抱怨;嘟囔 *n.* 怨言 (B) *vt.* 理解;逮捕;忧虑 (C) *vt.* 根除;根绝;消灭 (D) *vi.* 暗指;转弯抹角地说到;略为提及;顺便提到

45. ingredient

(A) *n.* 主权;统治权;支配;领土 (B) *n.* 沼泽;低地;水洼;湿地 (C) *n.* 功绩;壮举;技艺表演 (D) *n.* 原料;要素;组成部分

46. ecstatic

(A) *adj.* 狂喜的;入迷的 *n.* 狂喜的人 (B) *adj.* 惊人的;过分的;恶名昭彰的 (C) *adj.* 无回报的;无报酬的 (D) *adj.* 最高的;最高级的;过度的 *n.* 最高级

47. regress

(A) *v.* 污辱;指责 (B) *vt.* 遮蔽;掩饰;以面纱遮掩 (C) *vt.* 放逐;驱逐 (D) *vi.* 逆行;倒退;复归

48. deduct

(A) *vi*. 过冬;(动物)冬眠;(人等)避寒　(B) *vt*. 突然插入;插嘴　(C) *vt*. 扣除;减去;演绎　(D) *vt*. 使……登基;立……为王;任为主教;崇拜 *vi*. 热心

49. pervasive

(A) *adj*. 无异于的　(B) *adj*. 连续的;继承的;依次的　(C) *adj*. 普遍的;到处渗透的;流行的　(D) *adj*. 公正的;明断的;法庭的;审判上的

50. coveted

(A) *adj*. 垂涎的;梦寐以求的 *v*. 垂涎;渴望;贪图　(B) *adj*. 波状的;波浪起伏的　(C) *adj*. 挑衅的;蔑视的;挑战的　(D) *adj*. 刺激的;挑拨的;气人的

51. volubility

(A) *n*. 渴望;热望;憧憬 *adj*. 渴望的;极想得到的　(B) *n*. 流利;健谈　(C) *n*. 牡丹;芍药　(D) *n*. 自负;自我中心

52. organelle

(A) *n*. 自制;忍耐;宽容　(B) *n*. 军国主义;尚武精神;好战态度　(C) *n*. 英勇;勇猛　(D) *n*. 细胞器;细胞器官

53. arthritis

(A) *n*. 一致;舆论;合意　(B) *n*. 树桩;残余部分;假肢 *vt*. 砍伐;使……为难　(C) *n*. /外科/关节炎　(D) *n*. 渎职;违法行为;不正当;坏事

54. whisk

(A) *v*. & *n*. 诈骗　(B) *vt*. 迅速带走　(C) *v*. 嘲笑;愚弄 *n*. 讥讽;嘲讽话　(D) *v*. 推翻;倾覆;瓦解;投球过远;背弃 *n*. 推翻;打倒;倾覆;投球过猛;(拱门、门廊上方的)铁艺装饰板

55. militia

(A) *n*. 自卫队;义勇军;国民军　(B) *n*. 毒药;祸害;灭亡的原因　(C) *n*. 剧变;隆起;举起　(D) *n*. 协议;草案;礼仪 *v*. 拟定

56. debit

(A) *n*. 废奴主义者;废除主义者　(B) *n*. 借记;借方;借项 *v*. 记入借(账户)借方;(从银行账户中)取款　(C) *n*. 贵族　(D) *n*. 简陋的小屋;棚屋

57. justness

(A) *n*. 拙劣的模仿;诙谐的改编诗文 *vt*. 拙劣模仿　(B) *n*. /计/数/算法;运算法则　(C) *n*. 全能;无限力量　(D) *n*. 公正;正确;精确

58. entomologists

(A) *n*. 抑制;压抑;禁止　(B) *n*. 解放;释放　(C) *n*. 债权人;贷方　(D) *n*. 昆虫学者

59. canvass

(A) *vt*. 使……多任务化 *n*. /计/多任务　(B) *v*. 游说;拉选票　(C) *vt*. 改善;减轻(痛苦等)　(D) *v*. 模仿;仿效

60. lounge

(A) *vt*. 爱抚;抚弄　(B) *vt*. 胜过;打败　(C) *v*. 损伤外观;丑化;毁坏　(D) *v*. & *n*. 闲逛;懒洋洋地躺卧;闲混

61. malleable

(A) *adj*. 全权代表的;有全权的 *n*. 全权代表;全权大使　(B) *adj*. 给予的;授予的　(C) *adj*. 可锻的;可塑的;有延展性的;易适应的　(D) *adj*. 暗示的;提示的;影射的

62. tickle sb. pink

(A) 突然工作(或行动)起来　(B) 使……喜出望外　(C) 把镜头移近在……处　(D) 优越地位;有利地形

63. hoary

(A) *adj*. 违反直觉的　(B) *adj*. 久远的;古老的;灰白的　(C) *adj*. 外围的;次要的　(D) *adj*. 饮食过量的;饮食奢侈的

64. testimony

(A) *n*. /法/ 证词;证言;证据　(B) *n*. 薰衣草;淡紫色 *adj*. 淡紫色的 *vt*. 用薰衣草熏　(C) *n*. /机/活塞;潜水者;跳水者;莽撞的人　(D) *n*. 羽管键琴;大键琴

65. reigning
   (A) *adj*. 普遍的;到处渗透的;流行的 (B) *adj*. 统治的;在位的 (C) *adj*. 贵族的;贵族政治的;有贵族气派的 (D) *adj*. 乌托邦的;空想的;理想化的 *n*. 空想家;乌托邦的居民

66. blight
   (A) *vt*. 给;产生;让步;举办;授予 (B) *vt*. 破坏;使……枯萎 (C) *vt*. 致力;献身;题献 (D) *vt*. 掩盖;遮蔽;笼罩

67. outright
   (A) *adv*. 全部地;立刻地;率直地;一直向前;痛快地 *adj*. 完全的;彻底的;直率的;总共的 (B) *adv*. 羞怯地;愚蠢地 (C) *adv*. 无可挑剔地 (D) *adv*. 适宜地;适当地

68. acquaint
   (A) *v*. 击打 (B) *vt*. 使……熟悉;使……认识 (C) *vt*. 使……惊呆;使……昏迷 (D) *vi*. 分裂;裂成碎片 *n*. 碎片;微小的东西

69. averted
   (A) *adj*. 转移的;移开的 *v*. 避免;转开 (B) *adj*. 缓和的;温和的;调节的 (C) *adj*. 不受影响的;无动于衷的;不能渗透的 (D) *adj*. 粗糙的;粗俗的;下等的

70. get a kick out of
   (A) 自给自足 (B) 现状 (C) 反之亦然 (D) 因……而感到愉快

71. blunder
   (A) *n*. 愚蠢(或粗心)的错误 *v*. 犯大错;笨嘴笨舌;跌跌撞撞地走 (B) *n*. 侵入;闯入 (C) *n*. 评价;估价(尤指估价财产;以便征税) (D) *n*. 空军中队

72. prescribe
   (A) *vi*. 规定;开药方 (B) *vt*. 赎回;挽回;兑换;履行;补偿;恢复 (C) *vt*. 赞美;美化;崇拜 (D) *vt*. 减轻;使……缓和;使……平静

73. choke back
   (A) 抑制 (B) 渐升高;略微调高 (C) 反之亦然 (D) 抑制

74. pedant
   (A) *n*. 尸体 (B) *n*. 责备;谴责 (C) *n*. 学究;书呆子;卖弄学问的人;空谈家 (D) *n*. 长柄大镰刀

75. pearly
   (A) *adj*.珍珠的 (B) *adj*. 琐碎的;小气的;小规模的 (C) *adj*. 肉体的;肉欲的;淫荡的 (D) *adj*. 透明的;显然的;坦率的;易懂的

76. bequeath
   (A) *vt*. 超过;胜过 (B) *vt*. 遗赠;把……遗赠给;把……传下去 (C) *vt*. 使……麻木;毁坏 *vi*. 死亡;毁灭;腐烂;枯萎 (D) *vt*. 抵消;中和;阻碍

77. acuteness
   (A) *n*. 专门知识;专门技术 (B) *n*. 渴望;热望;憧憬 *adj*. 渴望的;极想得到的 (C) *n*. 不同;不一致;不等 (D) *n*. 剧烈;敏锐;锐利

78. pendulous
   (A) *adj*. 热情友好的;由衷的;兴奋的 *n*. 甜果汁饮料;镇定药;兴奋剂 (B) *adj*. 纤弱的;细长的;纤细优美的 (C) *adj*. 下垂的;悬垂的;摇摆的 (D) *adj*. 讨厌的;会引起反对的;有异议的

79. agitate
   (A) *vt*. 摇动;骚动;使……激动 *vi*. 煽动 (B) *v*. (在乡间)漫步;闲逛;漫谈;闲聊;(植物)蔓生 (C) *vt*. 代表;作为……的典型;具有……的特点 (D) *vt*. 责骂;斥责 *vi*. 斥责;责骂

80. malice
   (A) *n*. 憎恨;怨恨;敌意 (B) *n*. 鳃 (C) *n*. 恶意;怨恨;预谋 (D) *n*. 公正;正确;精确

81. forage
   (A) *n*. 饲料 *vi*. 搜寻粮草;搜寻 (B) *n*. 炼金术士 (C) *n*. 同谋者;共犯 (D) *n*. 方案;情节;剧本;设想

82. morbid
   (A) *adj*. 多余的;不必要的;奢侈的 (B) *adj*. 病态的;由病引起的;恐怖的 (C) *adj*. 话多的;健谈

的;喋喋不休的 （D）*adj*. 巧妙的;狡猾的;欺诈的

83. pending
（A）*adj*. 透明的;显然的;坦率的;易懂的 （B）*adj*. 不能弥补的;不能复原的;无法挽救的 （C）*adj*. 未决定的;即将发生的 （D）*adj*. 不提供信息的;不增长见闻的

84. dicey
（A）*adj*. 重大的;决定性的;宿命的 （B）*adj*. 不确定的;冒险性的;认命的;危险的 （C）*adj*. 牵强附会的 （D）*adj*. 霸权的;支配的

85. accountable
（A）*adj*. 国内的;家庭的 *n*. 国货;佣人 （B）*adj*. 明显的;不会弄错的 （C）*adj*. 有责任的;有解释义务的;可解释的 （D）*adj*. 谨慎的;机警的;唯恐的

86. naivete
（A）*n*. 宜居性 （B）*n*. 肿块;隆起物;撞击 *v*. 碰撞;撞击;颠簸而行 *adv*. 突然地 （C）*n*. 天真;质朴;纯真无邪 （D）*n*. 象形文字;图画文字;秘密符号

87. rapacious
（A）*adj*. 轻率的;不慎重的 （B）*adj*. 贪婪的;掠夺的 （C）*adj*. 讽刺性的;讥讽的;爱挖苦人的 （D）*adj*. 坚定的;不易弯曲的;冷漠的

88. depravity
（A）*n*. 花岗岩;坚毅;冷酷无情 （B）*n*. 幕;棺罩;遮盖物 *vt*. 覆盖;使……乏味 *vi*. 走味 （C）*n*. 织布机;若隐若现的景象 *vi*. 可怕地出现;朦胧地出现;隐约可见 *vt*. 在织布机上织 （D）*n*. 堕落;邪恶

89. prominent
（A）*adj*. 突出的;显著的;杰出的;卓越的 （B）*adj*. 对他人的感受漠不关心的;对某事物无感觉;无反应 （C）*adj*. 不神圣的;罪恶的;不适宜的 （D）*adj*. 勤勉的

90. disengaged
（A）*adj*. 未来的;预期的 （B）*adj*. 细长的;苗条的;微薄的 （C）*adj*. 空闲的;自由的;已脱离的 （D）*adj*. 器具的;有帮助的

91. supernovae
（A）*n*. 制酪业;乳制品业 （B）*n*. 古生物学者 （C）*n*. 超新星 （D）*n*. 巨石

92. nuisance
（A）*n*. 讨厌的人;损害;麻烦事;讨厌的东西 （B）*n*. 学究;书呆子;卖弄学问的人;空谈家 （C）*n*. 候选资格;候选人的身份 （D）*n*. 折磨;严酷的考验;痛苦的经验

93. staple
（A）*n*. 不受惩罚;无患;/法/ 免罚 （B）*n*. 突出;突出物 （C）*n*. 卓越;杰出 （D）*n*. 主要产品;订书钉;主题;主食 *adj*. 主要的;大宗生产的

94. roam
（A）*v*. & *n*. 漫步;流浪 （B）*vt*. 怀孕;构思;以为;持有 （C）*v*. & *n*. 咬碎;咬碎声;扎扎地踏 （D）*vt*. 使……受钟爱;使……亲密

95. daredevil
（A）*n*. 蛹 （B）*n*. 铤而走险的人 *adj*. 蛮勇的 （C）*n*. 正面;表面;外观 （D）*n*. 特点;品质证明

96. liveried
（A）*adj*. 背部的;背的;背侧的 （B）*adj*. 宽敞的;广阔的;宽大的 （C）*adj*. 穿制服的;穿规定服装的 （D）*adj*. 未翻转的;未颠倒的;不转动的

97. disenfranchise
（A）*v*. 获得;取得;导致 （B）*vt*. 剥夺……的公民权 （C）*v*. 弄丢 （D）*v*. 主张

98. indispensable
（A）*adj*. 贫困的;贫穷的;生活艰苦的 （B）*adj*. 不可缺少的;绝对必要的;责无旁贷的 （C）*adj*. 艳丽的;炫耀的;显眼的 （D）*adj*. 清晰的;轮廓鲜明的

99. esthetic
（A）*adj*. 谦逊的;不装腔作势的;不出风头的 （B）*adj*. （词或词形）反身的;反射性的;本能反应的;（关系）自反的;考虑自身影响的 （C）*adj*. 间接的;结果的;重要的;随之发生的;自傲的 （D）*adj*.

审美的(等于 aesthetic);感觉的 *n*. 美学;审美家;唯美主义者

100. unpretentious
(A) *adj*. /动/食草的　(B) *adj*. 谦逊的;含蓄的;不炫耀的　(C) *adj*. 清晰的;轮廓鲜明的　(D) *adj*. 令人吃惊的

101. aviator
(A) *n*. /毒物//药/吗啡　(B) *n*. 飞行员　(C) *n*. 胸怀;胸襟;内心;内部 *vt*. 怀抱;把……藏在心中 *adj*. 知心的;亲密的　(D) *n*. 万物有灵论

102. phenotypic
(A) *adj*. 表型的　(B) *adj*. 谨慎的;精明的;节俭的　(C) *adj*. 饮食的;饭食的;规定食物的 *n*. 规定的食物;食谱　(D) *adj*. 天使的;似天使的;天国的

103. attentive
(A) *adj*. 常规的;例行的;平常的;乏味的　(B) *adj*. 留意的;注意的;照顾周到的　(C) *adj*. 地上的;月下的　(D) *adj*. 任命的 *v*. 颁布法令

104. disinformation
(A) *n*. /地质/山崩;大胜利 *vi*. 发生山崩;以压倒优势获胜　(B) *n*. 故意的假情报;虚假信息　(C) *n*. 澄清;说明;净化　(D) *n*. 织锦;挂毯;绣帷

105. installment
(A) *n*. 光彩;壮丽;显赫　(B) *n*. 挽歌;恸哭 *vi*. 哀悼;悲叹 *vt*. 哀悼;痛惜　(C) *n*. 安装;分期付款;部分;就职　(D) *n*. 渴望;热望;憧憬 *adj*. 渴望的;极想得到的

106. constellation
(A) *n*. 标题;字幕;说明;逮捕 *vt*. 加上说明;加上标题　(B) *n*. 渗透;突破;侵入;洞察力　(C) *n*. (痛苦的)减轻;缓和;辩解　(D) *n*. /天/ 星座;星群;荟萃;兴奋丛

107. presumption
(A) *n*. 摩擦声;尖锐的声音;鸣声　(B) *n*. 激动;搅动;煽动;烦乱　(C) *n*. 礼貌;好意;恩惠　(D) *n*. 放肆;傲慢;推测

108. armband
(A) *n*. 配件;附件;从犯　(B) *n*. 大胆;厚颜无耻　(C) *n*. 臂章;袖章;臂环　(D) *n*. 死亡;终止;转让;传位 *vt*. 遗赠;禅让

109. aphid
(A) *n*. 怪癖;急转;借口　(B) *n*. 抑制;压抑;禁止　(C) *n*. /昆/ 蚜虫　(D) *n*. 处置;/心理/性情

110. disparate
(A) *adj*. 穿制服的;穿规定服装的　(B) *adj*. 不同的;不相干的;全异的　(C) *adj*. 可察觉的;可感知的　(D) *adj*. 统一的;一致的;相同的;均衡的;始终如一的

111. combatant
(A) *n*. 海胆　(B) *n*. 战士;争斗者 *adj*. 战斗的;好斗的　(C) *n*. 大胆;厚颜无耻　(D) *n*. 硫;硫磺;硫磺色;美洲粉蝶

112. clumsy
(A) *adj*. 寄生的　(B) *adj*. 拟真的;沉浸式的;沉浸感的;增加沉浸感的　(C) *adj*. 警惕的;警醒的;注意的　(D) *adj*. 笨拙的

113. pessimistic
(A) *adj*. 悲观的;厌世的;悲观主义的　(B) *adj*. 懒惰的;无痛的　(C) *adj*. 钝的;不锋利的;生硬的;直率的 *vt*. 使……迟钝　(D) *adj*. 有独创性的;机灵的;精制的

114. pilgrimage
(A) *n*. 惊跑;人群的蜂拥;军队溃败 *vi*. 蜂拥;逃窜　(B) *n*. 装配;集会;汇编;编译　(C) *n*. 对抗;面对;对峙　(D) *n*. 朝圣之旅

115. relish
(A) *vi*. 争;竞争 *vt*. 使……针锋相对;提出……来竞争;以……作较量　(B) *v*. & *n*. 享受　(C) *v*. 悄悄地缓慢行进　(D) *vt*. 向……吠叫

116. anemometer
(A) *n*. 风力计;风速计　(B) *n*. 灾难;不幸事件　(C) *n*. 入口;门槛;开始;极限;临界值　(D) *n*.

年鉴;历书;年历

117. hieroglyph

(A) *n*. 安慰;慰问;起安慰作用的人或事物 (B) *n*. 微光;闪光;瞬息的一现 *v*. 闪烁;隐约地闪现
(C) *n*. 象形文字;图画文字;秘密符号 (D) *n*. 灌木篱墙

118. unfold

(A) *vt*. 打开;呈现 (B) *v*. 使……恢复 *n*. 复原 (C) *v*. 推迟;延期;服从 (D) *vt*. 使……相等;视为平等 *n*. 等同

119. wail

(A) *vt*. 使……烦恼;使……困惑;使……恼怒 (B) *v*. & *n*. 哭泣;哭号 (C) *v*. 部署 (D) *vt*. 假装;装作;捏造;想象

120. apologetically

(A) *adv*. 可耻地 (B) *adv*. 道歉地 (C) *adv*. 不可否认地;确凿无疑地 (D) *adv*. (法律文件等)以下;此后;死后 *n*. 来世;将来 *adj*. 今后的;此后的;死后的

121. finery and folly

(A) 把镜头移近在……处 (B) 妨碍;阻碍 (C) 反之亦然 (D) 服饰和愚昧

List 15 Practice

从下列选项中选出词义正确的一项。

1. foliage
   (A) n. 植物;叶子(总称) (B) n. 选举权;投票 (C) n. 线性;线性度;直线性 (D) n. 生物多样性

2. impaired
   (A) adj. 受损的 (B) adj. 表型的 (C) adj. 即将发生的;迫切的;悬挂的 v. 迫近;悬空(impend的现在分词) (D) adj. 可锻的;可塑的;有延展性的;易适应的

3. intangible
   (A) adj. 不值得做的;无报酬的 (B) adj. 强健的;健康的;粗野的 (C) adj. 无形的;触摸不到的;难以理解的 (D) adj. 寄生的

4. intervening
   (A) adj. 强制的 (B) adj. 介于中间的 (C) adj. 枯萎的 v. 使……枯萎 (D) adj. 肉体的;肉欲的;淫荡的

5. flinch
   (A) vi. & n. 退缩;畏惧 (B) v. 蹒跚学步;摇摇晃晃地走 (C) vi. 净化;通便 (D) vt. 检举;贯彻;从事;依法进行 vi. 起诉;告发;做检察官

6. slur
   (A) vt. 忽视;草率地看过;含糊地念;诋毁 n. 污点;诽谤;连音符 (B) v. 精心策划(秘密地) (C) vt. 减轻;使……缓和;使……平静 (D) vt. 支持;拥护

7. ordeal
   (A) n. 牵挂;关怀 (B) n. (身体或智力方面的)缺陷;(身体机能的)损伤;削弱 (C) n. 折磨;严酷的考验;痛苦的经验 (D) n. 植物;叶子(总称)

8. startling
   (A) adj. 可证实的;能作证的;可检验的 (B) adj. 令人吃惊的 (C) adj. 轻蔑的 (D) adj. 上山的;艰难的(斗争等)

9. compile
   (A) vt. 划分;区分 (B) v. 猛烈攻击;袭击 (C) vt. 编译;编制;编辑;/图情/汇编 (D) vt. 觉察出;识别;了解

10. encapsulate
    (A) v. 概括 (B) vt. 缩减;剪短;剥夺……特权等 (C) vt. 使……公之于众;揭开;揭幕 vi. 除去面纱;显露 (D) v. 吻合;有共同点

11. bewitching
    (A) adj. 仁慈的;慈悲的;宽容的 (B) adj. 顽固的;顽强的;难处理的 (C) adj. 迷人的;使人着迷的;使……销魂的 (D) adj. 颗粒的;粒状的

12. recurrent
    (A) adj. 复发的;周期性的;经常发生的 (B) adj. 有暴风雨的;暴乱的;剧烈的 (C) adj. 相称的;同样大小的 (D) adj. 形态学的

13. lobstering
    (A) n. 撤退;休息寓所;撤退 vi. 撤退;退避;向后倾 vt. 退(棋);使……后退 (B) n. 敌意;战争行

动 (C) *n*. 捕龙虾 (D) *n*. 出现;浮现

14. unscathed
    (A) *adj*. 未受伤的 (B) *adj*. 粗心大意的;草率的;不思考的 (C) *adj*. 愚蠢的 (D) *adj*. 废弃的;老式的 *n*. 废词;陈腐的人 *vt*. 淘汰;废弃

15. embolden
    (A) *vt*. 使……一致;使……和解;调停;调解;使……顺从 (B) *v*. 使……有胆量;更勇敢;鼓励 (C) *v*. & *n*. 享受 (D) *vt*. 使……麻木;毁坏 *vi*. 死亡;毁灭;腐烂;枯萎

16. forensic
    (A) *adj*. 荒谬的;可笑的 (B) *adj*. 首要的 (C) *adj*. 法院的;辩论的;适于法庭的 (D) *adj*. 甘美的;满足感官的

17. disparagement
    (A) *n*. 铁器店;铁器类;五金器件 (B) *n*. 学者 *adj*. 受过教育的 (C) *n*. 牵挂;关怀 (D) *n*.(语气轻蔑的)谈论

18. mirage
    (A) *n*. 祭坛;圣坛;圣餐台 (B) *n*.(戏剧、电影的)午后场;日场 (C) *n*. 海市蜃楼;幻想 (D) *n*. 疫苗

19. showy
    (A) *adj*. 爱冒险的;大胆的;充满危险的 (B) *adj*. 神圣的;非凡的;天赐的;极好的 (C) *adj*. 人道主义的;博爱的;基督凡人论的 *n*. 人道主义者;慈善家;博爱主义者;基督凡人论者 (D) *adj*. 艳丽的;炫耀的;显眼的

20. perforated
    (A) *adj*. 有错误的;有缺点的 (B) *adj*. 穿孔的;有排孔的 (C) *adj*. 喧闹的;狂暴的;猛烈的 (D) *adj*. 精明的;狡猾的;机灵的 *n*. 精明(的人);机灵(的人)

21. clothe
    (A) *vt*. 给……穿衣;覆盖;赋予 (B) *v*. 骚扰;使……困扰(或烦恼);反复袭击 (C) *v*. 穿过;来回移动 *n*. 横穿 (D) *vt*. 发掘;掘出

22. carnival
    (A) *n*. 狂欢节;嘉年华会;饮宴狂欢 (B) *n*.(鸟的)栖木 (C) *n*. 样品;样本;标本 (D) *n*.(尤指科学、教育的)机构;(与法律相关的)注释 *v*. 实行;建立

23. arbitrate
    (A) *vt*. 解放;释放 (B) *vt*. 仲裁;公断 (C) *v*. 给予;授予;商议 (D) *vt*. 沉思;注视;思忖;预期 *vi*. 冥思苦想;深思熟虑

24. alliance
    (A) *n*. 联盟;联合;联姻 (B) *n*. 焦虑不安 (C) *n*. 昏暗;阴暗 (D) *n*. 划分;划界;限界

25. counterfeit
    (A) *adj*. 迷人的 (B) *adj*. 即兴的 (C) *adj*. 隐蔽的;隐退的;隐居的 *v*. 隔绝 (D) *adj*. 伪造的;假冒的 *v*. 伪造;仿造 *n*. 仿冒品

26. dislodge
    (A) *v*. & *n*.(有规律地)抽动;(有节奏地)跳动;抽搐;阵痛 (B) *vt*. 逐出;驱逐;使……移动;用力移动 (C) *v*. 挖掘;开凿 (D) *vt*. 决定;使……分解 *vi*. 解决;分解 *n*. 坚决

27. boomer
    (A) *n*. 生育高峰中出生的人;发育完全的雄袋鼠;异常大的东西 (B) *n*. 沟渠;壕沟 *v*. 开沟;修渠 (C) *n*. 简洁;简短;短暂 (D) *n*. 政权;政体;社会制度;管理体制

28. desolate
    (A) *adj*. 综合的;合成的;人造的 (B) *adj*. 荒凉的;无人烟的 *vt*. 使……荒凉;使……孤寂 (C) *adj*. 正直的;诚实的;垂直的;直立的;笔直的;合乎正道的 (D) *adj*. 紧张的;费力的;奋发的

29. glut
    (A) *vt*. 补救;纠正 *n*. 解决方法;治疗;药品 (B) *v*. 破坏;撤销 (C) *v*. & *n*. 供应过多;充斥 (D) *vt*. 使……茫然 *n*. 迷乱

30. notch

(A) n. 归罪;非难;归咎;污名　(B) n. 刻痕;凹口 vt. 赢得;用刻痕计算　(C) n.(大河或湖泊的)支流;进贡国;附属国　(D) n. 调查;宗教法庭;审讯

31. imbibe

(A) vt. 略记;摘要记载下来　(B) vt. 吸收;接受;喝;吸入　(C) v. 调和;使……缓和　(D) v.(在乡间)漫步;闲逛;漫谈;闲聊;(植物)蔓生

32. adventurous

(A) adj. 使……干枯的;使……畏缩的;极有毁灭性的;极有讽刺性的　(B) adj. 不朽的;不灭的 (C) adj. 乐观的;满怀希望的;面色红润的　(D) adj. 爱冒险的;大胆的;充满危险的

33. placid

(A) adj. 难看的;不雅观的　(B) adj. 共生的;共栖的　(C) adj. 平静的;温和的;沉着的　(D) adj. 表型的

34. chafe

(A) vt. 召唤;召集　(B) vt. 浪费;使……消散　(C) vt. 使……遭受(伤害或破坏等)　(D) vt. 擦破;激怒 vi. 擦伤;激怒 n. 擦伤;气恼

35. flagrant

(A) adj. 显著的;突出的;跳跃的;n. 凸角;突出部分　(B) adj. 钝的;不锋利的;生硬的;直率的 vt. 使……迟钝　(C) adj. 惊人的;令人震惊的　(D) adj. 不能容忍的;非常的;臭名远扬的;明目张胆的

36. phraseology

(A) n. 措辞;语法;词组　(B) n. 垃圾填埋地;垃圾堆　(C) n. 指甲修饰师　(D) n. /光//天/光度;光明;光辉

37. heuristic

(A) adj. 首要的;支配一切的;包罗万象的　(B) adj. 波状的;波浪起伏的　(C) adj. 启发式的;探索的 n. 启发式教育法　(D) adj. 勤劳的;艰苦的;费劲的

38. adduce

(A) v. & n. 喧嚣;斗殴　(B) v. & n.(有规律地)抽动;(有节奏地)跳动;抽搐;阵痛　(C) vt. 修补;翻新;修改 n. 改进;换新鞋面　(D) vt. 举出;引证

39. quell

(A) vt. 使……黯然失色;形成蚀 n. 日蚀;月蚀;黯然失色　(B) v. 提升;提拔;赞扬;使……得意　(C) vt. 劝诫;警告　(D) vt. 平息;镇压;减轻

40. merit

(A) n. 优点;功绩 vt. 值得 vi. 应受报答　(B) n. 贪婪;贪财　(C) n. 机械化;机动化　(D) n. 天气;气象;气候;处境 vt. 经受住;使……风化;侵蚀;使……受风吹雨打 vi. 风化;受侵蚀;经受风雨 adj. 露天的;迎风的

41. sanguine

(A) adj. 尖端细的;渐渐减少的　(B) adj. 乐观的;满怀希望的;面色红润的　(C) adj. 粗暴的;粗哑的;脾气坏的 vt. 粗鲁地说;生硬地说　(D) adj. 审议的;慎重的

42. repudiate

(A) vt. 包围;包封 n. 信封;包裹　(B) v. & n. 咬碎;咬碎声;扎扎地踏　(C) v. 插入;强使……接受 n. 推力;强攻　(D) vt. 拒绝;否定;批判;与……断绝关系;拒付

43. unrivaled

(A) adj. 无敌的;至高无上的;无比的　(B) adj. 爱管闲事的;好干涉的　(C) adj. 烹饪的;烹饪用的;食物的　(D) adj. 多才多能力的

44. personification

(A) n. 人格化;化身;拟人法(一种修辞手法);象征　(B) n. 翻译;表现;表演;描写;打底;(建筑物等)透视图　(C) n. 仁慈;善行　(D) n. 唯我主义;利己主义

45. don

(A) vt. 挫败;反对;阻碍 adj. 横放的;固执的 n. 划手座;独木舟的横梁　(B) vt. 穿上　(C) vt. 常到;常去 adj. 频繁的　(D) vt. 分散;使……散开 vi. 分散 adj. 分散的

46. oration

(A) *n*. 演说;致辞;叙述法 (B) *n*. 学究;书呆子;卖弄学问的人;空谈家 (C) *n*. 发挥;运用;努力 (D) *n*. 障眼物;眼罩 *v*. 蒙住眼睛 *adj*. 被蒙住眼睛的 *adv*. 易如反掌地;鲁莽地;轻率地

47. perplex

(A) *v*. & *n*. 哭泣;哭号 (B) *v*. 使……有胆量;更勇敢;鼓励 (C) *vt*. 使……困惑;使……为难;使……复杂化 (D) *vt*. 分离;派遣;使……超然

48. synchrony

(A) *n*. /动力/涡轮;/动力/涡轮机 (B) *n*. 分配;分配物;养家费;命运 (C) *n*. 贫困;贫穷 (D) *n*. 同步

49. inextricably

(A) *adv*. & *prep*. 自始至终;遍及 (B) *adv*. 无意地;不经意地 (C) *adv*. 可耻地 (D) *adv*. 逃不掉地;解不开地;解决不了地

50. want

(A) *n*. 辩论;争吵 *v*. 辩论;对……进行质疑;争夺;抵抗(进攻) (B) *n*. 小瀑布;瀑布状物;串联 *vi*. 像瀑布般大量倾泻下来 *vi*. 像瀑布般悬挂着 (C) *n*. 缺乏;贫穷;必需品;想要的东西 (D) *n*. 口是心非;表里不一;不诚实

51. embryo

(A) *n*. 牵挂;关怀 (B) *n*. /胚/ 胚胎;胚芽;初期 (C) *n*. 手工艺;手工艺品 (D) *n*. 生物气候学;物候学

52. pupa

(A) *n*. 事先审理 *adj*. 审判前的 (B) *n*. 横幅图片的广告模式;旗帜;横幅;标语 (C) *n*. 失修;塌毁;破损 (D) *n*. 蛹

53. minuscule

(A) *adj*. 食肉的;肉食性的 (B) *adj*. 极小的;(字母)小写;微不足道的(非正式) *n*. 小写字体 (C) *adj*. 流行的;传染性的 *n*. 传染病;流行病;风尚等的流行 (D) *adj*. 明确的;不含糊的

54. disperse

(A) *v*. 发光;把……照向;擦亮;出色 (B) *vt*. 信任 (C) *vt*. 建立 (D) *vt*. 分散;使……散开 *vi*. 分散 *adj*. 分散的

55. bloated

(A) *adj*. (身体部位)肿起的;臃肿的;生活奢侈的;饮食过度的 (B) *adj*. 疏忽的;怠慢的;不注意的 (C) *adj*. 未开发的;未使用的;塞子未开的 (D) *adj*. 公正的;明断的;法庭的

56. exquisite

(A) *adj*. 首要的 (B) *adj*. 精致的;细腻的;异常的 (C) *adj*. 压迫的;沉重的;压制性的;难以忍受的 (D) *adj*. 舒适的;温暖的 *vt*. 使……变得温暖舒适;隐藏 *n*. 舒适温暖的地方

57. forbearance

(A) *n*. (色彩、颜色、次序、音调等的)渐变;分等级 (B) *n*. 暴虐 (C) *n*. 自制;忍耐;宽容 (D) *n*. (尤指科学、教育的)机构;(与法律相关的)注释 *v*. 实行;建立

58. innumerable

(A) *adj*. 不足的;有缺陷的;不充分的 (B) *adj*. 深渊的;深海的;深不可测的 (C) *adj*. 无数的;数不清的 (D) *adj*. 有四足的;四足动物的

59. depredation

(A) *n*. 全体;总效果;全套服装;全套家具;合奏组 *adv*. 同时 (B) *n*. 温度调节 (C) *n*. 任命;提名;提名权 (D) *n*. 掠夺;破坏;破坏痕迹

60. suffrage

(A) *n*. 选举权;投票 (B) *n*. 大胆;厚颜无耻 (C) *n*. 焦虑不安 (D) *n*. 小幅增加;微升;报升(股票成交价格比上一个交易的微高)

61. submerge

(A) *vt*. 遗赠;把……遗赠给;把……传下去 (B) *vt*. 投合;迎合;满足需要;提供饮食及服务 (C) *vt*. 淹没;把……浸入;沉浸 (D) *vt*. 强调 *n*. 底线

62. churning

(A) *adj*. 恶毒的;恶意的;堕落的;有错误的;品性不端的;剧烈的　(B) *adj*. 旋涡的 *n*. 搅拌;搅乳;一次提制的奶油 *v*. 搅拌;翻腾;反胃;使……感到不安　(C) *adj*. 无数的　(D) *adj*. 普遍的;到处渗透的;流行的

63. burdensome
    (A) *adj*. 体贴的;体谅的;考虑周到的　(B) *adj*. 卓越的;超群的　(C) *adj*. 皮肤病学的　(D) *adj*. 繁重的;累赘的;恼人的

64. plenitude
    (A) *n*. 诡辩;找碴子;吹毛求疵　(B) *n*. 充分;丰富;大量　(C) *n*. 死亡;终止;转让;传位 *vt*. 遗赠;禅让　(D) *n*. 极端主义;极端性(尤指政治或宗教方面)

65. regulate
    (A) *vt*. 遗赠;把……遗赠给;把……传下去　(B) *vt*. 调节;规定;控制;校准　(C) *vt*. 征服;使……服从;克制　(D) *v*. 拍电报

66. proponent
    (A) *n*. 牡丹;芍药　(B) *n*. 支持者;建议者;提出认证遗嘱者　(C) *n*. 昏暗;阴暗　(D) *n*. 壁架

67. paternal
    (A) *adj*. 多余的;不必要的;奢侈的　(B) *adj*. 悲观的;厌世的;悲观主义的　(C) *adj*. 父亲的;父亲般的　(D) *adj*. 可证实的;能作证的;可检验的

68. elevate
    (A) *vt*. 强调 *n*. 底线　(B) *vi*. 流浪;迷路;偏离　(C) *vt*. 提升;举起;振奋情绪　(D) *vi*. 冲刷;擦;腹泻 *vt*. 擦亮;洗涤;冲洗;清除 *n*. 擦;冲刷;洗涤剂;(畜类等的)腹泻

69. shone
    (A) *vt*. 根除;根绝;消灭　(B) *vt*. 丢下;用力投掷;愤慨地说出 *vi*. 猛投;猛掷 *n*. 用力的投掷　(C) *vt*. 宣判……无罪;证明……的清白　(D) *v*. 发光;把……照向;擦亮;出色

70. temper
    (A) *v*. 调和;使……缓和　(B) *vt*. 使……道德败坏;使……堕落;使……士气低落　(C) *vi*. 减价;跌价　(D) *v*. 使……迷惑;使……不知所措

71. minuscule
    (A) *adj*. 疏忽的;懈怠的;玩忽职守的　(B) *adj*. 极小的;(字母)小写的;微不足道的(非正式) *n*. 小写字体;小写字母　(C) *adj*. 过度紧张的;过度兴奋的　(D) *adj*. 无法回答的;没有责任的

72. unoccupied
    (A) *adj*. 空闲的;没人住的;未占领的　(B) *adj*. 普遍的;无所不在的　(C) *adj*. 权宜的;方便的;有利的 *n*. 权宜之计;应急手段　(D) *adj*. 构造似城堡的

73. stratosphere
    (A) *n*. 坏人;恶棍;戏剧、小说中的反派角色　(B) *n*. 同温层;最上层;最高阶段　(C) *n*. /数/ 收敛;会聚;集合　(D) *n*. 憎恨;怨恨;敌意

74. heedless
    (A) *adj*. 不注意的;不留心的　(B) *adj*. 似垫子的;柔软的　(C) *adj*. 无异于的　(D) *adj*. 禁欲苦修的;使人难为情的

75. symbiotic
    (A) *adj*. 声学的;音响的;听觉的　(B) *adj*. 共生的;共栖的　(C) *adj*. 平静的;温和的;沉着的　(D) *adj*. 首要的;支配一切的;包罗万象的

76. gleam
    (A) *n*. 渴望;热望;憧憬 *adj*. 渴望的;极想得到的　(B) *n*. 微光;闪光;瞬息的一现 *v*. 闪烁;隐约地闪现　(C) *n*. 食草动物　(D) *n*. 揭发出来的事情

77. embankment
    (A) *n*. 饵;诱惑物 *v*. 上饵;故意激怒;(放犬)折磨或攻击(动物)　(B) *n*. 卓越;杰出　(C) *n*. 路堤;堤防　(D) *n*. 后见之明;枪的照门

78. obsolescence
    (A) *n*. 植物;叶子(总称)　(B) *n*. (报纸上的)讣告;讣文　(C) *n*. 过时;淘汰　(D) *n*. 编年史 *vt*. 记录;把……载入编年史

79. tuberculosis

(A) *n*. 激动;震颤;紧张 *vt*. 使……颤动;使……紧张;使……感到兴奋或激动 *vi*. 颤抖;感到兴奋;感到紧张 (B) *n*. 认可;支持;背书 (C) *n*. 停滞;滞止 (D) *n*. 肺结核;结核病

80. mercenary

(A) *adj*. 无法回答的;没有责任的 (B) *adj*. 气象的;气象学的 (C) *adj*. 巨大的;异常的;非常的 (D) *adj*. 雇佣的;唯利是图的 *n*. 雇佣兵;唯利是图者

81. syllable

(A) *n*. /语/音节 (B) *n*. 讲坛;演讲者;嘴;喙 (C) *n*. 组织;纸巾;薄纱;一套 *vt*. 饰以薄纱;用化妆纸揩去 (D) *n*. 上升;上坡路;登高

82. almanac

(A) *n*. 大厦;大建筑物 (B) *n*. 无政府状态;混乱 (C) *n*. 责备;谴责 (D) *n*. 年鉴;历书;年历

83. landslide

(A) *n*. 狂热 *v*. 发狂;产生纹裂 (B) *n*. /地质/山崩;大胜利 *vi*. 发生山崩;以压倒优势获胜 (C) *n*. 先知;预言者;提倡者 (D) *n*. 发现拖;呢绒;织物 *vt*. 使……滴下 *vi*. 滴下

84. amid

(A) *v*. 分享;参与;分担 (B) *v*. 逃离 (C) *v*. 突然工作(或行动)起来 (D) *prep*. 在……过程中;四周是;在……气氛中

85. interconnected

(A) *adj*. 连通的;有联系的 (B) *adj*. 对流的;传递性的 (C) *adj*. 贪婪的;掠夺的 (D) *adj*. 戏剧的;夸张的;做作的

86. hellish

(A) *adj*. 贫困的;贫穷的;生活艰苦的 (B) *adj*.地狱的;令人毛骨悚然的 (C) *adj*. 体贴的;体谅的;考虑周到的 (D) *adj*. 繁重的;累赘的;恼人的

87. unscrupulous

(A) *adj*. 肆无忌惮的;寡廉鲜耻的;不讲道德的 (B) *adj*. 机智的;圆滑的;老练的 (C) *adj*. 审议的;慎重的 (D) *adj*. 轶事的;轶事一样的

88. reproach

(A) *n*. 责备;耻辱 *vt*. 责备;申斥 (B) *n*. 聚集(物);团块;凝聚;混合物 (C) *n*. 拘泥于字面解释的人;直译者 (D) *n*. 学者 *adj*. 受过教育的

89. partake

(A) 必然;一定要 (B) *v*. 分享;参与;分担 (C) 为……而烦恼 (D) 与……截然相反;对照

90. clarification

(A) *n*. 信条;教义 (B) *n*. 惯例;遵守;仪式庆祝 (C) *n*. 澄清;说明;净化 (D) *n*. 北美驯鹿

91. apprehension

(A) *n*. 根据;证明;正当理由;委任状 *vt*. 保证;担保;批准;辩解 (B) *n*. 理解;恐惧;逮捕;忧惧 (C) *n*. 对手;敌手 (D) *n*. 联盟;联邦;私党

92. pall

(A) *n*. 讲道坛;高架操纵台;神职人员 (B) *n*. 燃烧;氧化;骚动 (C) *n*. 幕;棺罩;遮盖物 *vt*. 覆盖;使……乏味 *vi*. 走味 (D) *n*. 骚动;骚乱;吵闹;激动

93. tenacity

(A) *n*. 创造性;发明的才能 (B) *n*. 展示(本领、才华或优良品质)的场合;(商店或博物馆等)玻璃柜台;玻璃陈列柜 *v*. 展现;表现 (C) *n*. 韧性;固执;不屈不挠;黏性 (D) *n*. 困惑;混乱

94. transactive

(A) *adj*. 联动的 (B) *adj*. 古老的;年代久远的;过时的;古董的;古风的;古式的 *n*. 古董;古玩;古风;古希腊和古罗马艺术风格 *vi*. 觅购古玩 (C) *adj*. 缓和的;温和的;调节的 (D) *adj*. 液压的;水力的;水力学的

95. hostility

(A) *n*. 杰出人物统治论者;精英主义者;优秀人才;杰出人物 *adj*. 精英主义的;优秀人才的;杰出人才的 (B) *n*. 鳏夫 (C) *n*. 无用;徒劳;无价值 (D) *n*. 敌意;战争行动

96. cryptologist

(A) *n*. 病原体;病菌 (B) *n*. 覆盖 *v*. 用裹尸布裹;遮蔽 (C) *n*. 密码破译家;密码学家 (D) *n*. 责备;耻辱 *vt*. 责备;申斥

97. beam upon

(A) 修饰;装饰;润色;装饰起来;加以润色 (B) 增加;夸大;强化 (C) 看着……微笑 (D) 潦草地写

98. circadian

(A) *adj*. 不明智的;失策的;不理智的;没脑筋的;欠考虑的 (B) *adj*. 相称的;同样大小的 (C) *adj*. 生理节律的 (D) *adj*. 公正的;明断的;法庭的

99. relinquishing

(A) *n*. 多功能性;多才多艺;用途广泛 (B) *n*. 托盘 (C) *n*. 放弃 *v*. 放弃 (D) *n*. 求援;求助

100. auction

(A) *v*. 表明;清楚显示;显现 (B) *vt*. 沉思;注视;思忖;预期 *vi*. 冥思苦想;深思熟虑 (C) *v*. 骚扰;使……困扰(或烦恼);反复袭击 (D) *vt*. 拍卖;竞卖 *n*. 拍卖

101. workable

(A) *adj*. 切实可行的;可经营的;能工作的 (B) *adj*. 地狱的;令人毛骨悚然的 (C) *adj*. 空中的;航空的;空气中的 *n*. /电讯/ 天线 (D) *adj*. 开创性的

102. literate

(A) *n*. 壁炉架;壁炉台 (B) *n*. (旧)兄弟们;同胞;同党;会友 (C) *n*. /生物/ 繁殖力;多产 (D) *n*. 学者 *adj*. 受过教育的

103. castellated

(A) *adj*. 构造似城堡的 (B) *adj*. 悬而未决的;下垂的;未定的;向外伸出的 (C) *adj*. 男性的;阳性的;男子气概的 *n*. 男性;阳性;阳性词 (D) *adj*. 波状的;波浪起伏的

104. squiggle

(A) *vt*. 潦草地写 (B) *vi*. 看 (C) *vi*. 玩弄;闲荡;轻率地对待 *vt*. 浪费(时间) (D) *v*. 杜绝

105. menacing

(A) *adj*. 威胁的;险恶的 (B) *adj*. 俯卧的;有……倾向的;易于……的 (C) *adj*. 不朽的;不灭的 (D) *adj*. 时代错误的

106. assortment

(A) *n*. 同谋者;共犯 (B) *n*. 分类;混合物 (C) *n*. 弯曲;歪曲;偏见;乖戾 *v*. 变形;有偏见;曲解 (D) *n*. 讲坛;演讲者;嘴;喙

107. brilliancy

(A) *n*. 避开;(板球)刺杀 (B) *n*. 表现;显示;示威运动 (C) *n*. 灌木篱墙 (D) *n*. 光辉;耀度;宝石光

108. mosque

(A) *n*. 清真寺 (B) *n*. 法制;合法 (C) *n*. 集市;市场;义卖市场 (D) *n*. 猛攻;突击

109. pinnacle

(A) *n*. 顺从;尊重 (B) *n*. 轭;束缚;牛轭 (C) *n*. 高峰;小尖塔;尖峰;极点 *vt*. 造小尖塔;置于尖顶上;置于高处 (D) *n*. 连接;联系

110. patroness

(A) *n*. 贴身男仆;用车的人;伺候客人停车 *vt*. 为……管理衣物;替……洗熨衣服 *vi*. 清洗汽车;服侍 (B) *n*. 鸵鸟;逃避现实的人 (C) *n*. 女主顾;女资助人;女保护人 (D) *n*. 自高自大者

111. prod

(A) *vt*. 消除;镇压;压碎;使……咯吱咯吱的响 *n*. 嘎吱声;压倒对方的反驳;压碎的一堆 (B) *vt*. 颤抖 (C) *v*. 杀死 (D) *v*. 刺;戳;刺激;督促

112. deliberative

(A) *adj*. 审议的;慎重的 (B) *adj*. 无礼的;傲慢的;粗野的;无耻的 (C) *adj*. 地狱的;令人毛骨悚然的 (D) *adj*. 企业家的;创业者的;中间商的

113. provenance

(A) *n*. 紫红色;/植/倒挂金钟属 (B) *n*. 难题;谜语 (C) *n*. 红树林 (D) *n*. 出处;起源

114. upturned

(A) *adj*. 疏忽的；怠慢的；不注意的　(B) *adj*. 暂时的；当时的；现世的　(C) *adj*. 朝上的；向上翘的；翻过来的　(D) *adj*. 不景气的　*v*. 倾斜身体；倾斜；倚靠；使……斜靠

115. divinely

(A) *adv*. 谨慎地；保存地；适当地　(B) *adv*. 兼；同时发生地　(C) *adv*. 据称；据称地　(D) *adv*. 凭神的力量

116. dismal

(A) *adj*. 精致的；细腻的；异常的　(B) *adj*. 凄凉的；忧郁的；阴沉的　(C) *adj*. 娱乐的；消遣的；休养的　(D) *adj*. 美的；美学的；审美的；具有审美趣味的

117. demoralize

(A) *vt*. 逐出；驱逐；使……移动；用力移动　(B) *vt*. 使……道德败坏；使……堕落；使……士气低落　(C) *vt*. 赎回；挽回；兑换；履行；补偿；恢复　(D) *v*. 提升；提拔；赞扬；使……得意

118. flock

(A) *n*. 铤而走险的人 *adj*. 蛮勇的　(B) *n*. 群；棉束(等于 floc) *vt*. 用棉束填满 *vi*. 聚集；成群而行　(C) *n*. 纠察员　(D) *n*. 反对；矛盾；乖张

119. diverge

(A) *v*. 分歧；偏离；分叉；离题　(B) *vt*. 使……多任务化 *n*. /计/多任务　(C) *v*. 挖洞 *n*. (动物的)洞穴　(D) *vt*. 使……茫然 *n*. 迷乱

120. rendering

(A) *n*. 指甲修饰师　(B) *n*. 危险；(被告处于被判罪或受处罚的)危险境地　(C) *n*. 紫红色；/植/倒挂金钟属　(D) *n*. 翻译；表现；表演；描写；打底；(建筑物等)透视图

121. usurpation

(A) *n*. 欺骗；骗子；诡计　(B) *n*. 鳃　(C) *n*. 演说；致辞；叙述法　(D) *n*. 篡夺；夺取

List 16 Practice

从下列选项中选出词义正确的一项。

1. embellish
    (A) *vt.* 构思;设计 (B) *vt.* 修饰;装饰;润色 *vi.* 装饰起来;加以润色 (C) *v.* 迫使;驱策 (D) *v.* 精心策划(秘密地)
2. dough
    (A) *n.* 凤头鹦鹉;葵花鹦鹉 (B) *n.* 犬科动物 (C) *n.* 灾难;不幸事件 (D) *n.* 生面团;金钱
3. prodigious
    (A) *adj.* 美的;美学的;审美的;具有审美趣味的 (B) *adj.* 惊人的;异常的;奇妙的;巨大的 (C) *adj.* 繁茂的;浓密的;丰富的;肥沃的;奢华的 (D) *adj.* 瞬间的;即时的;猝发的
4. singly
    (A) *adv.* 逐一地;个别地;各自地;直截了当地 (B) *adv.* 勤奋地;勤勉地 (C) *adv.* 勤奋地;勤勉地 (D) *adv.* 据称;据称地
5. therapeutic
    (A) *adj.* /木/多节的;粗糙的;多瘤的 (B) *adj.* 沮丧的;没有精神的;意气消沉的 (C) *adj.* 不同的;不相干的;全异的 (D) *adj.* 治疗的;治疗学的;有益于健康的
6. enthrone
    (A) *vt.* 废弃;使……解体;拆毁 *vi.* 吵架 (B) *v.* & *n.* 喧嚣;斗殴 (C) *v.* 产卵;酿成;造成 *n.* 卵;菌丝;产物 (D) *vt.* 使……登基;立……为王;任为主教;崇拜 *vi.* 热心
7. audibility
    (A) *n.* 报复;反击;回敬 (B) *n.* 装饰品;附属品;配件 (C) *n.* 威严 (D) *n.* 可闻度;可听到
8. incredulous
    (A) *adj.* 怀疑的;不轻信的 (B) *adj.* 合适的 (C) *adj.* 有远见的;宗教幻觉的;空想的;梦想的 *n.* 有眼光的人;出现宗教幻觉的人;梦想家 (D) *adj.* 认知的;认识的
9. conceited
    (A) *adj.* 自高自大的 (B) *adj.* 经验丰富的;老练的;调过味的 (C) *adj.* 未决定的;行将发生的 (D) *adj.* 好奇的;好问的;爱打听的
10. finch
    (A) *n.* 小玩意;小器具;小配件;诡计 (B) *n.* 雀科鸣鸟;雀类 (C) *n.* 雀科鸣鸟;雀类 (D) *n.* 韧性;固执;不屈不挠;黏性
11. lay claim to
    (A) 要求;自以为 (B) 在……中间(等于 amidst) (C) 为……而烦恼 (D) 超过
12. extirpate
    (A) *v.* 根除;彻底毁坏 (B) *v.* (用软纸或布)吸干;把墨水溅到(纸上);弄脏;使……模糊;遮蔽 *n.* 污渍;墨渍 (C) *vt.* 吐露;委托 (D) *vi.* 推测;投机;思索
13. instigate
    (A) *vt.* 唆使;煽动;教唆;怂恿 (B) *vt.* 公开;揭露 (C) *vt.* 抵消;中和;阻碍 (D) *v.* 把……塞入;把……夹入 *n.* 减脂手术;缝摺
14. surly
    (A) *adj.* 脾气坏的;粗鲁无礼的 (B) *adj.* 顽固的;倔强的;难以控制的 (C) *adj.* 法院的;辩论的;

适于法庭的 (D)adj.惊人的;过分的;恶名昭彰的
15. presumably
(A)adv.直到此时;迄今为止;在这以前 (B)adv.大概 (C)adv.疯狂似地;狂暴地 (D)adv.于死后;于身后;于著作者死后出版地
16. superimposed
(A)adj.极小的;微小的 (B)adj.危险的;冒险的 (C)adj.好奇的;好问的;爱打听的 (D)adj.叠加的
17. legume
(A)n.豆类;豆科植物;豆荚 (B)n.香脂;凤仙花;香膏;产香脂的树 (C)n.(在英国)从男爵;拥有世袭荣誉称号;职位在男爵之下的平民 (D)n.征收;征兵;征税 vt.征收(税等);征集(兵等);发动(战争) vi.征税;征兵
18. summit
(A)n.顶点;最高级会议;最高阶层 adj.最高级的;政府首脑的 (B)n.灾祸;不幸事故;晦气 (C)n.联盟;联邦;私党 (D)n.包围;封锁;障碍物;阻滞;阻塞 v.封锁
19. anatomy
(A)n.解剖;解剖学;剖析;骨骼 (B)n.信条;教义 (C)n.动力;促进;冲力 (D)n.女主顾;女资助人;女保护人
20. combustion
(A)n.(用于体弱婴儿或早产儿护理的)恒温箱;保育箱;孵化器 (B)n.平庸之才 (C)n.燃烧;氧化;骚动 (D)n.无差别
21. apartheid
(A)n.领带;领巾;领结 (B)n.邪恶;不道德 (C)n.种族隔离 (D)n.先知;预言者;提倡者
22. haggle
(A)v.致使;提供;回报;援助;提交;提出 (B)vt.装饰;使……生色 (C)v.&n.痛苦;使……极度痛苦;感到极度痛苦 (D)v.讨价还价;争论;乱劈;乱砍 n.讨价还价;争论
23. protrusion
(A)n.(警察、士兵、军车)批;代表团 (B)n./数//天/搅动;不安;扰乱 (C)n.突出;突出物 (D)n.公顷
24. nostril
(A)n.发生;起源 (B)n.鼻孔 (C)n.路边 (D)n.红树林
25. inventiveness
(A)n.大步;步幅;进展 v.跨过;大踏步走过 (B)n.创造性;发明的才能 (C)n.顺从;服从;遵守 (D)n.膨胀;通货膨胀;夸张;自命不凡
26. parchment
(A)n.羊皮纸 (B)n.剩余 (C)n.揭发隐私 (D)n.学徒期;学徒身份
27. toughness
(A)n.沥青;柏油 vt.以沥青铺 adj.用柏油铺成的 (B)n.解剖;解剖学;剖析;骨骼 (C)n.平庸之才 (D)n.韧性;强健;有黏性
28. inefficacious
(A)adj.留意的;注意的;照顾周到的 (B)adj.拱形的;圆顶的 (C)adj.差的;自卑的;下级的;下等的 (D)adj.无用的;无效果的
29. comical
(A)adj.似垫子的;柔软的 (B)adj.揭幕的 n.除去遮盖物;公开;揭幕式 v.揭示;除去面纱 (C)adj.全然的;严厉的;未缓和的 (D)adj.滑稽的;好笑的
30. altruistic
(A)adj.转移的;移开的 v.避免;转开 (B)adj.利他的;无私心的 (C)adj.遏制的;威慑的;制止的 n.威慑;妨碍物;挽留的事物 (D)adj.尖锐批评的
31. pragmatic
(A)adj.实际的;实用主义的 (B)adj.由同种族人组成的;由同类组成的;同种类的 (C)adj.复杂的;错综的;缠结的 (D)adj.过度紧张的;过度兴奋的

32. ambivalent
    (A) *adj*. 轻蔑的;鄙视的 (B) *adj*. 不同的;不相干的;全异的 (C) *adj*. 瞬间的;即时的;猝发的 (D) *adj*. 心情矛盾的
33. recompense
    (A) *v*. 赔偿;酬谢 *n*. 赔偿;报酬 (B) *v*. 推翻;倾覆;瓦解;投球过远;背弃 *n*. 推翻;打倒;倾覆;投球过猛;(拱门、门廊上方的)铁艺装饰板 (C) *vt*. 包含;包围;环绕 (D) *vt*. 使……公之于众;揭开;揭幕 *vi*. 除去面纱;显露
34. inventory
    (A) *n*. 剩余;残渣 *adj*. 剩余的;残留的 (B) *n*. 极化;偏振;两极分化 (C) *n*. 存货;存货清单;详细目录;财产清册 (D) *n*. 就业能力;/劳经/受雇就业能力;受聘价值;可雇性
35. masterful
    (A) *adj*. 可实行的 (B) *adj*. 有效的;灵验的 (C) *adj*. 有控制能力的;巧妙地 (D) *adj*. 杂技的;特技的
36. formidable
    (A) *adj*. 爱管闲事的;好干涉的 (B) *adj*. 食肉的;肉食性的 (C) *adj*. 难懂的;易忘的;逃避的;难捉摸的 (D) *adj*. 强大的;可怕的;艰难的
37. affluent
    (A) *adj*. 可怕的;惨白的;惊人的;极坏的 (B) *adj*. 自高自大的 (C) *adj*. 微小的;详细的 (D) *adj*. 富足的
38. spring ... into action
    (A) 突然工作(或行动)起来 (B) 坚持;依靠;依附 (C) (争论双方的)共同基础;一致之处 (D) 现状
39. phytoplankton
    (A) *n*. /植/ 浮游植物(群落) (B) *n*. 混合;混杂 *adj*. 混合的;拼凑的 (C) *n*. 组织;纸巾;薄纱;一套 *vt*. 饰以薄纱;用化妆纸揩去 (D) *n*. /地质/ 海侵;犯罪;违反;逸出
40. tamper
    (A) *vt*. 雪崩 (B) *vt*. 使……重新统一;再统一;再联合 (C) *v*. 做手脚;破坏 (D) *vt*. 颤抖
41. abolitionist
    (A) *n*. 基础;奠基石 (B) *n*. /脊椎/驼鹿;麋(复数 moose) (C) *n*. 芦荟;龙舌兰 (D) *n*. 废奴主义者;废除主义者
42. impel
    (A) *v*. 迫使;驱策 (B) *vi*. 潜伏;潜藏;埋伏 *n*. 潜伏;埋伏 (C) *vt*. 勾引;引诱;对……说话;搭讪 (D) *v*. (翻箱倒柜地)搜寻;寻找;搜出;查获某物
43. recount
    (A) *vt*. 给予选举权;给予自治权;解放;释放 (B) *vt*. 查明;精确地找到;准确描述 (C) *v*. & *n*. 讲述;叙述;重新计数或计算 (D) *vt*. 热烈称赞 *adj*. 受到高度赞扬的 *n*. 赞扬
44. shanty
    (A) *n*. (穷人居住的)简陋小木屋 (B) *n*. 冗词;废话 (C) *n*. 瘟疫;麻烦事 *v*. 使……折磨;使……苦恼 (D) *n*. 无效
45. inadequacy
    (A) *n*. 制图师;地图制作者 (B) *n*. 暴乱;放纵;蔓延 *vi*. 骚乱;放荡 *vt*. 浪费;挥霍 (C) *n*. 不足;缺点;不适当;不完全 (D) *n*. /地质/岩浆;糊剂
46. valor
    (A) *n*. 一滴;一抹;难以名状的一团 (B) *n*. 障碍;栏;跳栏 *v*. 克服 (C) *n*. 报应;惩罚;报答;报偿 (D) *n*. 英勇;勇猛
47. penal
    (A) *adj*. 宽宏大量的;有雅量的;宽大的 (B) *adj*. 刑事的;刑罚的 (C) *adj*. 戏剧的;夸张的;做作的 (D) *adj*. 实用的;功利的;功利主义的
48. pheasant
    (A) *n*. 霸权;至高无上;主权;最高地位 (B) *n*. 野鸡;雉科鸟 (C) *n*. 学者 *adj*. 受过教育的 (D) *n*. 过路收费亭

49. veil

(A) *vt*.遮蔽;掩饰;以面纱遮掩 (B) *vt*.使……困惑;使……为难;使……复杂化 (C) *vt*.超过;擅长 *vi*.(在某方面)胜过(或超过)别人 (D) *v*.哄;哄诱

50. commandment

(A) *n*.能力;胜任;权限;作证能力;足以过舒适生活的收入 (B) *n*.滑稽;玩笑 (C) *n*.(某种公共交通工具的)客流量 (D) *n*.戒律;法令

51. unrequited

(A) *adj*.难看的;不雅观的 (B) *adj*.无回报的;无报酬的 (C) *adj*.浮华的;有纨绔习气的 (D) *adj*.空虚的;空的;空缺的;空闲的;茫然的

52. fluster

(A) *v*.使……忙乱;紧张;使……心烦意乱 (B) *v.* & *n*.瑕疵;缺点;玷污 (C) *v*.给予;授予;商议 (D) *vt*.骚扰;调戏;干扰

53. sustenance

(A) *n*.食物;生计;支持 (B) *n*./毒物//药/吗啡 (C) *n*.炼金术士 (D) *n*.乡愁;怀旧之情;怀乡病

54. nebulous

(A) *adj*.愤世嫉俗的;冷嘲的 (B) *adj*.朦胧的;星云的;星云状的 (C) *adj*.名义上的;有名无实的;/会计/票面上的 (D) *adj*.异常的;例外的;优越的

55. contentment

(A) *n*.编年史 *vt*.记录;把……载入编年史 (B) *n*.鼻孔 (C) *n*.满足;满意 (D) *n*.精神病院

56. coerce

(A) *vt*.使……茫然 *n*.迷乱 (B) *vi*.相啮合 *n*.网眼;网丝;圈套 (C) *vt*.假定;推测;擅自;意味着 (D) *vt*.强制;迫使

57. harbinger

(A) *n*.轻率;鲁莽的行为 (B) *n*.歌剧中的首席女主角;名媛;喜怒无常的女人 (C) *n*.先驱;前兆;预告者 *vt*.预告;充做……的前驱 (D) *n*.变体;转化 *adj*.不同的;多样的

58. censuses

(A) *n*.英勇;勇猛 (B) *n*.人口普查;人口调查 (C) *n*.(在英国)从男爵;拥有世袭荣誉称号;职位在男爵之下的平民 (D) *n*./生物/活力;精力

59. credit

(A) *vt*.信任 (B) *vt*.(法律或法规)禁止某人做某事 (C) *vt*.整饰;推荐;喂马;刷洗(马等) (D) *v*.传播;流传;循环;流通

60. clumsily

(A) *adv*.适宜地;适当地 (B) *adv*.从何处;由此;到原来的地方 (C) *adv*.无心地;不自觉地;偶然地 (D) *adv*.笨拙地;粗陋地

61. morphological

(A) *adj*.尖端细的;渐渐减少的 (B) *adj*.人口结构的;人口统计的 *n*.特定年龄段的人口;人口统计数据;人口统计资料 (C) *adj*.形态学的 (D) *adj*.绣花的;刺绣的 *v*.刺绣;润色;渲染

62. commemorate

(A) *vt*.庆祝;纪念 (B) *v*.报答;互换;互给 (C) *vi*.冲刷;擦;腹泻 *vt*.擦亮;洗涤;冲洗;清除 *n*.擦;冲刷;洗涤剂;(畜类等的)腹泻 (D) *v*.根除;彻底毁坏

63. affix

(A) *v*.迅速增加;采蘑菇;迅速生长 (B) *vt*.粘上;署名;将罪责加于 (C) *v*.俯冲 (D) *vt*.击败;摧毁;使……平坦 *vi*.变平;变单调

64. utopia

(A) *n*.(鸟的)栖木 (B) *n*.避开;(板球)刺杀 (C) *n*.并置;并列;毗邻 (D) *n*.乌托邦(理想中最美好的社会);理想国

65. actualities

(A) *n*.黄蜂 (B) *n*.(英)卡车;/车辆/货车;运料车 (C) *n*.现状;现实;事实 (D) *n*.骨盆

66. blanket

(A) v. & n. 咬碎;咬碎声;扎扎地踏 (B) vt. 覆盖;掩盖;用毯覆盖 (C) vt. 欺骗;使……着迷;轻松地消磨 (D) vt. 巩固;支持;从下面支撑;加强……的基础

67. inferior

(A) adj. 未提炼的 (B) adj. 不知疲倦的;不屈不挠的;有耐性的 (C) adj. 空闲的;自由的;已脱离的 (D) adj. 差的;自卑的;下级的;下等的

68. turbine

(A) n. 档案;文件夹(portfolio 的复数);证券投资组合 (B) n. 贷款;借款 vi. 借出 vt. 借;借给 (C) n. 鳃 (D) n. /动力/涡轮;涡轮机

69. fickle

(A) adj. 想象的;稀奇的 (B) adj. 闪烁的;忽隐忽现的;摇曳的 (C) adj. 浮躁的;易变的;变幻无常的 (D) adj. 柔软体操的;体操的

70. educe

(A) vt. 编译;编制;编辑;/图情/汇编 (B) vt. 将置于上下文中研究;使……溶入背景 (C) vt. 引出;演绎 (D) vt. 推挤;争夺 vi. 竞争

71. unimpeded

(A) adj. 畅通无阻的;未受阻的 (B) adj. 机敏的;狡猾的;诡计多端的 (C) adj. 水生的;水栖的;在水中或水面进行的 n. 水上运动;水生植物或动物 (D) adj. 直觉的;凭直觉获知的

72. squadron

(A) n. 树桩;残余部分;假肢 vt. 砍伐;使……为难 (B) n. 弹性;跳回 (C) n. 胀;膨胀;凸出部分 (D) n. 空军中队

73. fledge

(A) vi. 长羽毛 vt. 装上羽毛 (B) vt. 赞美;美化;崇拜 (C) vt. 反对;抨击;轻视;声明不赞成 (D) vt. 分散;使……散开 vi. 分散 adj. 分散的

74. drag on

(A) 在……之间 (B) 拖延 (C) 基因改造生物 (D) 对……产生强烈兴趣;粘住

75. tentative

(A) adj. 强行的 (B) adj. 试验性的;暂定的;踌躇的 n. 假设;试验 (C) adj. (身体部位)肿起的;臃肿的;生活奢侈的;饮食过度的 (D) adj. 规律的;训练的;训诫的

76. undo

(A) vt. 擦破;激怒 vi. 擦伤;激怒 n. 擦伤;气恼 (B) vt. 使……烦恼;使……困惑;使……恼怒 (C) v. 破坏;撤销 (D) vt. 给……穿衣;覆盖;赋予

77. liability

(A) n. 胸怀;胸襟;内心;内部 vt. 怀抱;把……藏在心中 adj. 知心的;亲密的 (B) n. 旋风 (C) n. 便帽 (D) n. 责任;债务;倾向;可能性;不利因素

78. decryption

(A) n. 辛苦;苦工 vi. 辛苦工作 vt. 费力地做;使……过度劳累 (B) n. 出现;浮现 (C) n. /通信/ 解密;/计//通信/ 译码(解释编码的数据) (D) n. 障眼物;眼罩 v. 蒙住眼睛 adj. 被蒙住眼睛的 adv. 易如反掌地;鲁莽地;轻率地

79. surge

(A) n. 报酬;酬劳;赔偿 (B) n. 汹涌;大浪;波涛;汹涌澎湃;巨涌 v. 汹涌;起大浪;蜂拥而来 (C) n. 辉煌;灿烂 (D) n. 外交;外交手腕;交际手段

80. explicit

(A) adj. 长期存在的;存在已久的 (B) adj. 不神圣的;罪恶的;不适宜的 (C) adj. 典范的;惩戒性的;可仿效的 (D) adj. 明确的;清楚的;直率的;详述的

81. incomprehensible

(A) adj. 不神圣的;罪恶的;不适宜的 (B) adj. 连通的;有联系的 (C) adj. 费解的;不可思议的;无限的 (D) adj. 勤劳的;艰苦的;费劲的

82. sheer

(A) adj. 不朽的;不灭的 (B) adj. 大使的;使节的 (C) adj. 绝对的;透明的;峻峭的;纯粹的 adv.

完全;陡峭地 *vi*. 偏航 (D) *adj*. 愠怒的;不高兴的;(天气)阴沉的;沉闷的

83. felicity
    (A) *n*. 拘泥于字面解释的人;直译者 (B) *n*. 幸福;快乐;幸运 (C) *n*. 嘲弄;笑柄;徒劳无功;拙劣可笑的模仿或歪曲 (D) *n*. 食草动物

84. hydraulic
    (A) *adj*. 真菌的 (B) *adj*. 负债的;受惠的 *v*. 使……负债;使……受恩惠 (C) *adj*. 驯服的;平淡的 *vt*. 驯养 *vi*. 变得驯服 (D) *adj*. 液压的;水力的;水力学的

85. tweak
    (A) *n*. 垃圾填埋地;垃圾堆 (B) *n*. 微调 (C) *n*. 黄蜂 (D) *n*. 矛盾;相差

86. grave
    (A) *adj*. /地质/构造的;建筑的 (B) *adj*. 错误的 (C) *adj*. 非代表性的;不典型的 (D) *adj*. 重大的;严肃的;黯淡的;有沉音符的;/乐/缓慢的

87. marvel
    (A) *vt*. 调节;规定;控制;校准 (B) *v*. 感到惊奇(或好奇);大为赞叹 *n*. 令人惊异的人(或事);不平凡的成果;成就;奇迹;十分有用(灵巧)的物(人);惊讶;惊奇 (C) *vt*. 使……困惑 *n*. 挡板;困惑 *vi*. 做徒劳挣扎 (D) *v*. 传播;流传;循环;流通

88. outraged
    (A) *adj*. 非正统的;异端的;异教的 (B) *adj*. 挑衅的;蔑视的;挑战的 (C) *adj*. 微弱的;无力的;虚弱的 (D) *adj*. 义愤填膺的;愤慨的;气愤的

89. bump
    (A) *n*. 覆盖 *v*. 用裹尸布裹;遮蔽 (B) *n*. 肿块;隆起物;撞击 *v*. 碰撞;撞击;颠簸而行 *adv*. 突然地 (C) *n*. 伐木工人;木材商的佣工;短夹克衫 (D) *n*. 篡夺;夺取

90. anachronistic
    (A) *adj*. 热情的;热心的;激烈的 (B) *adj*. 时代错误的 (C) *adj*. 巨大的;异常的;非常的 (D) *adj*. 适于耕种的;可开垦的

91. withering
    (A) *adj*. 暗示的;提示的;影射的 (B) *adj*. 单调的 (C) *adj*. 人口结构的;人口统计的 *n*. 特定年龄段的人口;人口统计数据;人口统计资料 (D) *adj*. 使……干枯的;使……畏缩的;极有毁灭性的;极有讽刺性的

92. diva
    (A) *n*. 歌剧中的首席女主角;名媛;喜怒无常的女人 (B) *n*. 疫苗 (C) *n*. 军国主义;尚武精神;好战态度 (D) *n*. 坏人;恶棍;戏剧、小说中的反派角色

93. congest
    (A) *vt*. 充塞 *vi*. 拥挤 (B) *v*. 并吞 (C) *v*. & *n*. 戏弄(某人) (D) *v*. 使……恢复 *n*. 复原

94. dismissive
    (A) *adj*. 轻蔑的;不加考虑的;不屑一顾的 (B) *adj*. 繁重的;麻烦的;负有义务的;负有法律责任的 (C) *adj*. 尖锐的;辛酸的;深刻的;切中要害的 (D) *adj*. 复杂的;错综的;缠结的

95. rostrum
    (A) *n*. 论坛;讨论会;法庭;公开讨论的广场 (B) *n*. 机器人 (C) *n*. 投机;推测;思索;投机买卖 (D) *n*. 讲坛;演讲者;嘴;喙

96. beholding
    (A) *n*. 注视 *v*. 看见;注视 (B) *n*. 过路收费亭 (C) *n*. 接近;/数/邻近;接近;接近度;距离;亲近 (D) *n*. 机动;演习;策略;调遣 *vi*. 机动;演习;调遣;用计谋

97. wield
    (A) *vt*. 使用;行使;挥舞 (B) *v*. 经营;进展;过活 (C) *vt*. 测量;估计;给……定规格 (D) *vt*. 忽视;草率地看过;含糊地念;诋毁 *n*. 污点;诽谤;连音符

98. reluctance
    (A) *n*. 汗水;流汗;努力 (B) *n*. 开业者;从业者;执业医生 (C) *n*. 营地;露营 (D) *n*. 勉强;不情愿

303

99. flickering
   (A) *adj*. 闪烁的;忽隐忽现的;摇曳的 　(B) *adj*. 拟真的;沉浸式的;沉浸感的;增加沉浸感的 　(C) *adj*. 可实行的 　(D) *adj*. 构造似城堡的
100. indecisiveness
   (A) *n*. 刽子手;死刑执行人 　(B) *n*. 可信赖;确实性 　(C) *n*. /通信/ 解密/计//通信/ 译码(解释编码的数据) 　(D) *n*. 犹豫不定
101. dormant
   (A) *adj*. 不合时宜的;过早的 　(B) *adj*. 休眠的;静止的;睡眠状态的;隐匿的 　(C) *adj*. 肆无忌惮的;寡廉鲜耻的;不讲道德的 　(D) *adj*. 天使的;似天使的;天国的
102. influx
   (A) *n*. 流入;汇集;河流的汇集处 　(B) *n*. 沟渠;壕沟 *v*. 开沟;修渠 　(C) *n*. 壁画 　(D) *n*. 咆哮;吼;轰鸣 *v*. 咆哮;吼叫;喧闹
103. scorn
   (A) *v*. & *n*. 轻蔑;嘲笑;藐视的对象 　(B) *vi*. 自夸;吹嘘 *vt*. 自夸;吹嘘 *n*. 自吹自擂 　(C) *vt*. 篡夺;夺取;侵占 　(D) *vt*. 解放;释放
104. hare
   (A) *n*. 地图集;寰椎 　(B) *n*. 野兔 　(C) *n*. 死亡;终止;转让;传位 *vt*. 遗赠;禅让 　(D) *n*. 异常;不规则;反常事物
105. burthen
   (A) *n*. 礼貌;好意;恩惠 　(B) *n*. 根据;证明;正当理由;委任状 *vt*. 保证;担保;批准;辩解 　(C) *n*. 负荷;负担;载重量 　(D) *n*. 先知;预言者;提倡者
106. utterance
   (A) *n*. 表达;说话;说话方式 　(B) *n*. 书包;小背包 　(C) *n*. 死亡率 　(D) *n*. 鸵鸟;逃避现实的人
107. render
   (A) *v*. 致使;提供;回报;援助;提交;提出 　(B) *v*. (在乡间)漫步;闲逛;漫谈;闲聊;(植物)蔓生 　(C) *v*. 萌芽;发芽;迅速增长 *n*. 芽;嫩枝 　(D) *v*. (用肘)推开;劝说;接近 *n*. 推动
108. sturdy
   (A) *adj*. 坚定的;强健的;健全的 　(B) *adj*. 巨大的;怪异的;荒谬的;畸形的 　(C) *adj*. 大量的;实质的;内容充实的 *n*. 本质;重要材料 　(D) *adj*. 庄严的;严肃的;隆重的;郑重的
109. blurring
   (A) *adj*. 模糊的 　(B) *adj*. 轶事的;轶事一样的 　(C) *adj*. 分层的;形成阶级的;分为不同等级的 　(D) *adj*. 父亲的;父亲般的
110. champion
   (A) *vi*. 蹉跌;踬跚;失足;犯错 　(B) *vt*. 支持;拥护 　(C) *vi*. 净化;通便 　(D) *vt*. 夺回;拿回;再体验;政府征收再经历 *n*. 夺回;取回;政府对公司超额收益或利润的征收
111. adverse
   (A) *adj*. 介于中间的 　(B) *adj*. 海藻的 　(C) *adj*. 严厉的;不吝惜的;不宽恕的 　(D) *adj*. 不利的;相反的;敌对的
112. long-standing
   (A) *adj*. 长期存在的;存在已久的 　(B) *adj*. 权宜的;方便的;有利的 *n*. 权宜之计;应急手段 　(C) *adj*. 狂乱的;疯狂的 　(D) *adj*. 庞大的;巨大的
113. unassuming
   (A) *adj*. 易受影响的;易感动的;容许……的 　(B) *adj*. 首要的;支配一切的;包罗万象的 　(C) *adj*. 谦逊的;不装腔作势的;不出风头的 　(D) *adj*. 凶恶的;残暴的
114. principalities
   (A) *n*. 树桩;残余部分;假肢 *vt*. 砍伐;使……为难 　(B) *n*. /军/ 后勤;后勤学;物流 　(C) *n*. 权天使 　(D) *n*. 咆哮;吼;轰鸣 *v*. 咆哮;吼叫;喧闹
115. raucous
   (A) *adj*. 落满灰尘的 　(B) *adj*. 沙哑的;刺耳的;粗声的 　(C) *adj*. 巨大的;广大的;无边无际的;非常好的 　(D) *adj*. 可憎的;讨厌的

116. monopoly

(A) *n*. 突然的痛苦;突然的剧痛　(B) *n*. 开业者;从业者;执业医生　(C) *n*. 监狱;宗教裁判官;宗教裁判所;教养所　(D) *n*. 垄断;垄断者;专卖权

117. frequent

(A) *vt*. 证实;使……实体化　(B) *v*. 缩回;缩进;取消　(C) *vt*. 常到;常去 *adj*. 频繁的　(D) *vi*. 发哼声 *vt*. 哼着说 *n*. 哼声;鼻息

118. splinter

(A) *vt*. 充塞 *vi*. 拥挤　(B) *vt*. 使……麻木;毁坏 *vi*. 死亡;毁灭;腐烂;枯萎　(C) *vi*. 分裂;裂成碎片 *n*. 碎片;微小的东西　(D) *v*. (翻箱倒柜地)搜寻;寻找;搜出;查获某物

119. gracile

(A) *adj*. 乡村的;纯朴的;粗野的;手工粗糙的 *n*. 乡下人;乡巴佬　(B) *adj*. 令人不安(或紧张、担忧)的;扰乱的　(C) *adj*. 纤弱的;细长的;纤细优美的　(D) *adj*. 遗传的;世袭的 *n*. 遗传类

120. conservationist

(A) *n*. 鸵鸟;逃避现实的人　(B) *n*. 减少;下降;缩小;还原反应　(C) *n*. 煤烟;烟灰　(D) *n*. (自然环境、野生动植物等)保护主义者

121. gully

(A) *n*. 缺乏;贫困;必需品;想要的东西　(B) *n*. 牵挂;关怀　(C) *n*. (交通)拥塞　(D) *n*. 冲沟;水沟 *v*. 在……上开沟

List 17 Practice

从下列选项中选出词义正确的一项。

1. posthumously
    (A) *adv. & conj.* 用以 *pron.* 借以　(B) *adv.* 机械地;呆板地;物理上地　(C) *adv.* 于死后;于身后;于著作者死后出版地　(D) *adv.* 定期地;周期性地;偶尔;间歇

2. stewardship
    (A) *n.* 住处;营业所　(B) *n.* 激增;涌现　(C) *n.* 管理工作;管事人的职位及职责　(D) *n.* 行动;功绩;证书 *vt.* 立契转让

3. weary
    (A) *adj.* 疲倦的;厌烦的 *vi.* 疲倦;厌烦　(B) *adj.* 重大的;严肃的;黯淡的;有沉音符的;(乐)缓慢的　(C) *adj.* 不朽的;不灭的　(D) *adj.* 宽的;广阔的

4. specificity
    (A) *n.* 细长的列;收割的刈痕　(B) *n.* 主角;主演;主要人物;领导者　(C) *n.* /免疫/特异性;特征;专一性　(D) *n.* 障碍,栏;跳栏 *v.* 克服

5. pharmacist
    (A) *n.* 药剂师　(B) *n.* 责备;耻辱 *vt.* 责备;申斥　(C) *n.* 白蚁　(D) *n.* (工资外的)补贴;特殊待遇 *v.* 振作起来;(咖啡)滤煮;昂首 *adj.* 活跃的;活泼的

6. typify
    (A) *v. & n.* 诈骗　(B) *vi.* 濒临;接近;处在边缘 *n.* 边缘　(C) *vt.* 代表;作为……的典型;具有……的特点　(D) *v.* 使……全神贯注;提前占据;使……日夜思考

7. thither
    (A) *adv.* 机械地;呆板地;物理上地　(B) *adv.* 向那方;到那边　(C) *adv.* 明显地;显著地;引人注目地　(D) *adv.* 极端地;可怕地;非常地

8. aficionado
    (A) *n.* 感叹;惊叫;惊叹词　(B) *n.* 浮标;航标;救生圈 *v.* 使……浮起;使……振奋　(C) *n.* 矿业;采矿　(D) *n.* 迷;狂热爱好者

9. turnabout
    (A) *n.* 面积　(B) *n.* 转变;旋转;转向　(C) *n.* /天/ 星座;星群;荟萃;兴奋丛　(D) *n.* 学者 *adj.* 受过教育的

10. counterargument
    (A) *n.* 敌意;憎恨　(B) *n.* 特点　(C) *n.* 抗辩;辩论;用来反驳的论点　(D) *n.* 享受;乐趣;爱好;调味品 *v.* 尽情享受

11. heap
    (A) *n.* 大步;步幅;进展 *v.* 跨过;大踏步走过　(B) *n.* 单调;千篇一律　(C) *n.* 主要产品;订书钉;主题;主食 *adj.* 主要的;大宗生产的　(D) *n.* 堆;许多;累积 *vt.* 堆;堆积

12. underappreciated
    (A) *adj.* 间质的;空隙的;填隙的 *n.* 填隙原子;节间 *n.* 插屏广告　(B) *adj.* 未受到充分赏识的;未得到正确评价的　(C) *adj.* 宽敞的;广阔的;无边无际的　(D) *adj.* 随心所欲的;惯性滑行的 *n.* 惯性滑行

13. picket

　　(A) v. 使……安心;安慰;重新保证;分保　(B) vt. 骚扰;调戏;干扰　(C) vt. 潦草地写;乱涂　(D) vt. 派……担任纠察;用尖桩围住　vi. 担任纠察

14. bittersweet

　　(A) adj. 疲倦的;厌烦的 vi. 疲倦;厌烦　(B) adj. 独裁主义的;权力主义的 n. 权力主义者;独裁主义者　(C) adj. 适于耕种的;可开垦的　(D) adj. 苦乐参半的 n. 又苦又甜的东西

15. diminutive

　　(A) adj. 小的;小型的;微小的 n. 爱称;指小词;身材极小的人　(B) adj. 恶毒的;恶意的;堕落的;有错误的;品性不端的;剧烈的　(C) adj. 紧张忙碌的;肺病的;脸上发红的;狂热的　(D) adj. 可有可无的;非必要的

16. bondage

　　(A) n. 乡愁;怀旧之情;怀乡病　(B) n. 奴役;束缚;奴役身份　(C) n. 面包屑;碎屑;少许 vt. 弄碎;捏碎　(D) n. 试验;审讯 adj. 试验的

17. prevail

　　(A) vi. 濒临;接近;处在边缘 n. 边缘　(B) vt. 取笑;戏弄;梳理;欺负;强求;使……起毛　(C) vt. 理解;逮捕;忧虑　(D) v. 盛行

18. as opposed to

　　(A) 在……过程中;四周是;在……气氛中　(B) 与……截然相反;对照　(C) v. 分享;参与;分担　(D) 给人深刻印象的

19. visionary

　　(A) adj. 有远见的;宗教幻觉的;空想的;梦想的 n. 有眼光的人;出现宗教幻觉的人;梦想家　(B) adj. 无法容忍的;不可能的;反常的;粗暴的　(C) adj. 未决定的;行将发生的　(D) adj. 无法回答的;没有责任的

20. balladeer

　　(A) n. 可闻度;可听到　(B) n. 民谣歌手　(C) n. /天/小行星;/无脊椎/海盘车;小游星 adj. 星状的　(D) n. 裁员;解雇

21. topographic

　　(A) adj. 半透明的　(B) adj. & adv. 完全的;荒凉的;刻板的;光秃秃的　(C) adj. 闲置的;懒惰的;停顿的 vi. 无所事事;虚度;空转　(D) adj. 地形测量的;地质的

22. rampant

　　(A) adj. 浮华的;有纨绔习气的　(B) adj. 猖獗的;蔓延的;狂暴的　(C) adj. (要价等)过高的;(性格等)过分的;不在法律范围之内的　(D) adj. 壮观的;给人深刻印象的;威风的;仪表堂堂的

23. coronation

　　(A) n. 壁画 adj. (似)墙的　(B) n. /机/ 步冲轮廓法;抗偏驶性;分段剪切　(C) n. 基础;奠基石　(D) n. 加冕礼

24. synonymous

　　(A) adj. 可转让的;可转移的　(B) adj. 荒凉的;无人烟的 vt. 使……荒凉;使……孤寂　(C) adj. 温顺的;谦恭的;驯服的　(D) adj. 同义的

25. accusation

　　(A) n. 乳香　(B) n. 控告;指控　(C) n. 基础　(D) n. 主妇;保姆;妇女;女舍监

26. versatile

　　(A) adj. 多才多艺的;通用的;万能的　(B) adj. 合法的;正当的;合理的;正统的 vt. 使……合法;认为正当　(C) adj. 连续的;继承的;依次的　(D) adj. 认真的;热心的;重要的 n. 认真;定金;诚挚

27. subduction

　　(A) n. 民谣;叙事歌谣;流行抒情歌曲　(B) n. 反对;矛盾;乖张　(C) n. 背景　(D) n. 俯冲;除去;减法

28. pious

　　(A) adj. 极小的;微小的　(B) adj. 垂涎的;梦寐以求的 v. 垂涎;渴望;贪图　(C) adj. 虔诚的;敬神的;可嘉的;尽责的　(D) adj. 紧张的;费力的;奋发的

29. bode

(A) *vt*. 预示;为……的兆头 (B) *v*. 悄悄地缓慢行进 (C) *vi*. 闪光;闪亮 *n*. 闪光;闪耀 (D) *vt*. 承认;公开宣称;坦率承认

30. jockey

(A) *n*. 薰衣草;淡紫色 *adj*. 淡紫色的 *vt*. 用薰衣草熏 (B) *n*. 赛马的骑师;(非正式)操作员;驾驶员 *v*. 当赛马骑师;驾驶;耍手段图谋;欺骗;移动 (C) *n*. 诡辩;找碴子;吹毛求疵 (D) *n*. 沥青;柏油 *vt*. 以沥青铺 *adj*. 用柏油铺成的

31. inspirational

(A) *adj*. 无用的;无效的;没有出息的;琐细的;不重要的 (B) *adj*. 鼓舞人心的;带有灵感的;给予灵感的 (C) *adj*. 按发生时间顺序排列的;按时间计算的 (D) *adj*. 不利的

32. hem

(A) *vt*. 包围;给……缝边 *n*. 边;边缘;摺边 *vi*. 做褶边 (B) *vt*. 补救;纠正 *n*. 解决方法;治疗;药品 (C) *vt*. 表明;表示;引起 (D) *vt*. 篡夺;夺取;侵占

33. backdrop

(A) *n*. 侵略;进攻;侵犯;侵害 (B) *n*. 交换;交易;权衡;协定 (C) *n*. 家长式统治;家长作风 (D) *n*. 背景

34. frankincense

(A) *n*. 乳香 (B) *n*. /植/ 浮游植物(群落) (C) *n*. 管理工作;管事人的职位及职责 (D) *n*. 迫击炮;臼;研钵;灰浆 *vt*. 用灰泥涂抹;用灰泥结合

35. babble

(A) *vt*. 向……吠叫 (B) *v*. & *n*. 惧怕 (C) *vt*. 迫害;困扰;同……捣乱 (D) *vi*. 喋喋不休;呀呀学语;作潺潺声

36. blotch

(A) *n*. 严守时间;正确;规矩 (B) *n*. 短吻鳄 (C) *n*. 隆隆声;辘辘声 *v*. 隆隆作响;喃喃地讲话(rumble 的 ing 形式) (D) *n*. 斑点;污点;疙瘩 *vt*. 弄脏

37. thwart

(A) *vi*. 修剪(树枝);删除;减少 *n*. 深紫红色;傻瓜;李子干 (B) *vt*. 挫败;反对;阻碍 *adj*. 横放的;固执的 *n*. 划手座;独木舟的横梁 (C) *vi*. 混合;交往 (D) *v*. 报答;互换;互给

38. slain

(A) *vi*. 倾侧;倾斜 *vt*. 使……倾侧;使……倾斜 *n*. 船的倾侧 (B) *vi*. 规定;开药方 (C) *v*. 用离心机分离;使……受离心作用 *n*. 离心机 (D) *v*. 杀死

39. irksome

(A) *adj*. 适于耕种的;可开垦的 (B) *adj*. 令人厌烦的;讨厌的;令人厌恶的 (C) *adj*. 真菌的 (D) *adj*. 公平的;公正的;平衡法的

40. litter

(A) *v*. 穿过;来回移动 *n*. 横穿 (B) *vt*. 巩固;支持;从下面支撑;加强……的基础 (C) *v*. 弄丢 (D) *vt*. 剪断

41. superlative

(A) *adj*. 娱乐的;消遣的;休养的 (B) *adj*. 呆板的;坚硬的 *adv*. 极其;僵硬地 *vt*. 诈骗;失信 (C) *adj*. 男性的;阳性的;男子气概的 *n*. 男性;阳性;阳性词 (D) *adj*. 最高的;最高级的;过度的 *n*. 最高级

42. superiority

(A) *n*. 优越;优势;优越性 (B) *n*. 条纹;流束 (C) *n*. 司法部;法官;司法制度 (D) *n*. 剧团 *vi*. 巡回演出

43. swamp

(A) *n*. 沼泽;低地;水洼;湿地 (B) *n*. 不流利 (C) *n*. 包围;封锁;障碍物;阻滞;阻塞 *v*. 封锁 (D) *n*. 药剂师

44. unparallel

(A) *adj*. 迷人的;妩媚的 *v*. 使……迷惑 (B) *adj*. 球状的;由小球形成的;闻名世界的 (C) *adj*. 不规则的;不确定的;不稳定的;不可靠的 (D) *adj*. 不平行的;无法匹敌的

45. sagacity

(A) *n*. 睿智；聪敏；有远见 (B) *n*. 恶行；欺诈；无赖行为 (C) *n*. 导管；沟渠；导水管 (D) *n*. 顶点；尖端

46. militarism

(A) *n*. 军国主义；尚武精神；好战态度 (B) *n*. /数/排列；/数/置换 (C) *n*. 警告 (D) *n*. 免除；豁免；免税

47. indiscrimination

(A) *n*. 激增；涌现 (B) *n*. 无差别 (C) *n*. 减少；降低；缩小 (D) *n*. 不可避免

48. multiskilling

(A) *adj*. 多才多能力的 (B) *adj*. 宽敞的；广阔的；宽大的 (C) *adj*. 附带的；偶然的；容易发生的 *n*. 附带事件；偶然事件；杂项 (D) *adj*. 拟真的；沉浸式的；沉浸感的；增加沉浸感的

49. labial

(A) *adj*. 唇的；唇音的 (B) *adj*. 表型的 (C) *adj*. 肆无忌惮的；寡廉鲜耻的；不讲道德的 (D) *adj*. 地狱的；令人毛骨悚然的

50. gleefully

(A) *adv*. 计划性地 (B) *adv*. 过度地；不适当地；不正当地 (C) *adv*. 欢欣地；极快乐地 (D) *adv*. 连贯地；前后一致地；条理清楚地；互相偶合地；凝聚性地

51. avow

(A) *vt*. 复制；折叠 *adj*. 复制的；折叠的 (B) *vt*. 兜售；招徕 *n*. 侦查者；兜售者 (C) *vt*. 承认；公开宣称；坦率承认 (D) *vt*. 逮捕；阻止；吸引 *n*. 逮捕；监禁

52. uplift

(A) *vt*. 释放；使……自由；除去……脚镣 (B) *v*. （用力地）拉；(迅速地)穿衣服；竞争；努力做 (C) *v*. 抬起；举起；振奋；鼓舞；捡起 *n*. 提高；增长；振奋；精神动力 (D) *vi*. 长羽毛 *vt*. 装上羽毛

53. reminisce

(A) *v*. 萌芽；发芽；迅速增长 *n*. 芽；嫩枝 (B) *vi*. 缅怀往事；叙旧 (C) *vt*. 热烈称赞 *adj*. 受到高度赞扬的 *n*. 赞扬 (D) *v*. 破译；译解 *n*. 密电(或密信的)译文

54. impoverished

(A) *adj*. 不注意的；不留心的 (B) *adj*. 极小的；微小的 (C) *adj*. 微生物的；由细菌引起的 (D) *adj*. 穷困的；用尽了的；无创造性的

55. benefactor

(A) *n*. 恩人；捐助者；施主 (B) *n*. /通信/ 解密；/计//通信/ 译码(解释编码的数据) (C) *n*. 丛林狼；郊狼；非法移民偷运者 (D) *n*. 细长的列；收割的刈痕

56. bustling

(A) *adj*. 熙熙攘攘的；忙乱的 (B) *adj*. 重要的；重大的 (C) *adj*. 烹饪的；烹饪用的；食物的 (D) *adj*. 有阳刚之气的

57. mortifying

(A) *adj*. 惊人的；异常的；奇妙的；巨大的 (B) *adj*. 即兴的 (C) *adj*. 巨大的；重重的 (D) *adj*. 禁欲苦修的；使人难为情的

58. outlay

(A) *vt*. 冒称；霸占；没来由地将……归属于 (B) *v*. & *n*. 嘲笑；奚落 (C) *v*. & *n*. 闲逛；懒洋洋地躺卧；闲混 (D) *vt*. 花费 *n*. /会计/经费；支出；费用

59. stew over

(A) 与……一致；协调；与……保持一致 (B) 促进 (C)（口语）使……开始 (D) 为……而烦恼

60. dehydration

(A) *n*. 脱水 (B) *n*. /外科/关节炎 (C) *n*.（交通）拥塞 (D) *n*. 困境；誓约 *vt*. 保证；约定

61. demise

(A) *n*. 反对；矛盾；乖张 (B) *n*. 贮藏室 (C) *n*. 死亡；终止；转让；传位 *vt*. 遗赠；禅让 (D) *n*. 辛苦；苦工 *vi*. 辛苦工作 *vt*. 费力地做；使……过度劳累

62. monarchy

　　(A) *n*. 事业　(B) *n*. 导管;沟渠;导水管　(C) *n*. 君主政体;君主国;君主政治　(D) *n*. 遗产;遗赠

63. sluggish

　　(A) *adj*. 本能的;直觉的;天生的　(B) *adj*. 响亮的　(C) *adj*. 萧条的;迟钝的 *n*. 市况呆滞　(D) *adj*. 有控制能力的;巧妙地

64. trial

　　(A) *n*. 沥青;柏油 *vt*. 以沥青铺 *adj*. 用柏油铺成的　(B) *n*. 解剖;解剖学;剖析;骨骼　(C) *n*. 大步;步幅;进展 *v*. 跨过;大踏步走过　(D) *n*. 试验;审讯 *adj*. 试验的

65. enunciation

　　(A) *n*. 飞行员 *v*. 驾驶;引导;试用　(B) *n*. 恶行;欺诈;无赖行为　(C) *n*. 野兔　(D) *n*. 阐明;表明;清晰的发音

66. mushroom

　　(A) *vt*. 粉碎;使……破产 *n*. 破碎 *vi*. 粉碎 *adj*. 了不起的　(B) *vi*. 发哼声 *vt*. 哼着说 *n*. 哼声;鼻息　(C) *v*. & *n*. 漫步;流浪　(D) *v*. 迅速增加;采蘑菇;迅速生长

67. rivulet

　　(A) *n*. 小溪;小河　(B) *n*. 副本;配对物;极相似的人或物　(C) *n*. 机械化;机动化　(D) *n*. 安慰;慰问;起安慰作用的人或事物

68. galvanize

　　(A) *vt*. 兜售;招徕 *n*. 侦查者;兜售者　(B) *vt*. 委托;信托　(C) *vt*. 镀锌;通电;刺激　(D) *vt*. 使……黯然失色;形成蚀 *n*. 日蚀;月蚀;黯然失色

69. elitist

　　(A) *n*. 利他;利他主义　(B) *n*. 杰出人物统治论者;精英主义者;优秀人才;杰出人物 *adj*. 精英主义的;优秀人才的;杰出人才的　(C) *n*. /数//物/梯度;坡度;倾斜度　(D) *n*. 被子;棉 *vt*. 东拼西凑地编;加软衬料后缝制 *vi*. 缝被子

70. dampen

　　(A) *v*. & *n*. 哭泣;哭号　(B) *vt*. 使……呈杂色;使……显得斑驳陆离 *n*. 斑点;杂色;斑驳　(C) *vt*. 抑制;使……沮丧;使……潮湿　(D) *v*. 发出沙沙声;使……窸窣作响

71. subservient

　　(A) *adj*. 义愤填膺的;愤慨的;气愤的　(B) *adj*. 恶毒的;有恶意的;坏心肠的　(C) *adj*. 屈从的;奉承的;有用的;有帮助的　(D) *adj*. 男性的;阳性的;男子气概的 *n*. 男性;阳性;阳性词

72. herald

　　(A) *vt*. 解散;解雇;开除　(B) *v*. 预示……的来临;宣布;通报;公开称赞　(C) *v*. 渴望;恳求　(D) *v*. 撕下……的假面具;揭露

73. seasoned

　　(A) *adj*. 狂乱的;疯狂的　(B) *adj*. 不提供信息的;不增长见闻的　(C) *adj*. 经验丰富的;老练的;调过味的　(D) *adj*. 落满灰尘的

74. commonplace

　　(A) *n*. 司空见惯的事;普通的东西;老生常谈　(B) *n*. 附加物;下属;附器　(C) *n*. 慷慨;大方;胸怀广阔　(D) *n*. 口是心非;表里不一;不诚实

75. snug

　　(A) *adj*. 单调的;无聊的 *n*. 单调 *vi*. 单调乏味地进行　(B) *adj*. 舒适的;温暖的 *vt*. 使……变得温暖舒适;隐藏 *n*. 舒适温暖的地方　(C) *adj*. 不需要的;有害的;讨厌的;空闲的　(D) *adj*. 颗粒的;粒状的

76. superfluous

　　(A) *adj*. 同义的　(B) *adj*. 首要的;支配一切的;包罗万象的　(C) *adj*. 多余的;不必要的;奢侈的　(D) *adj*. 话多的;健谈的;喋喋不休的

77. shew

　　(A) *adj*. 愤世嫉俗的;冷嘲的　(B) *adj*. 偏的;歪斜的;偏态的;异面的 *n*. 斜角;倾斜;偏见;偏态 *v*. 偏离;歪斜;扭转;偏转;歪曲;使……(分布)偏态;斜视　(C) *adj*. 萧条的;迟钝的 *n*. 市况呆滞　(D) *adj*. 罕见的;稀少的;珍贵的;不频发的

78. mural
   (A) *n*. 壁画 *adj*. (似)墙的 (B) *n*. 板条;狭条 *v*. 用板条制作;提供板条;猛投 (C) *n*. (在底部丛生或聚集的)一绺毛发;一丛草 (D) *n*. 阐明;表明;清晰的发音

79. brevity
   (A) *n*. 谎言;虚伪;撒谎癖 (B) *n*. 简洁;简短;短暂 (C) *n*. /电讯/天线(等于 aerial);/昆/触须;/植/蕊喙;直觉 (D) *n*. 饲料 *vi*. 搜寻粮草;搜寻

80. embroider
   (A) *adj*. 不情愿的;勉强的;顽抗的 (B) *adj*. 绣花的;刺绣的 *v*. 刺绣;润色;渲染 (C) *adj*. 不确实的;偶然发生的;不安的 (D) *adj*. 肉体的;肉欲的;淫荡的

81. unveil
   (A) *vt*. 使……公之于众;揭开;揭幕 *vi*. 除去面纱;显露 (B) *v*. & *n*. 嘲笑;戏弄;奚落 (C) *v*. 促进;增进;助长 (D) *v*. 经营;进展;过活

82. sheepishly
   (A) *adv*. 极其;痛惜地;非常痛地 (B) *adv*. 公然地;喧闹地;看穿了地 (C) *adv*. 直到此时;迄今为止;在这以前 (D) *adv*. 羞怯地;愚蠢地

83. linger
   (A) *v*. 给予;授予;商议 (B) *vt*. 使……闪耀;使……张开 *n*. 加剧;恶化;底部展开;闪耀;耀斑 (C) *vi*. 徘徊;苟延残喘;磨蹭 (D) *vt*. 使……重新统一;再统一;再联合

84. rudimentary
   (A) *adj*. 志趣不相投的 (B) *adj*. 不足的;有缺陷的;不充分的 (C) *adj*. 基本的;初步的;退化的;残遗的;未发展的 (D) *adj*. 地球的;尘世的;可能的

85. fresco
   (A) *n*. 睿智;聪敏;有远见 (B) *n*. 暴君;法老 (C) *n*. /机/ 步冲轮廓法;抗偏驶性;分段剪切 (D) *n*. 壁画

86. disclose
   (A) *v*. (在乡间)漫步;闲逛;漫谈;闲聊;(植物)蔓生 (B) *vt*. 遮蔽;掩饰;以面纱遮掩 (C) *vt*. 粘上;署名;将罪责加之于 (D) *vt*. 公开;揭露

87. minute
   (A) *adj*. 脸红的 *n*. /涂料/雾浊 (B) *adj*. 被遗弃的;绝望的;孤独的 (C) *adj*. 男性的;阳性的;男子气概的 *n*. 男性;阳性;阳性词 (D) *adj*. 微小的;详细的

88. incalculable
   (A) *adj*. 穿孔的;有排孔的 (B) *adj*. 好奇的;好问的;爱打听的 (C) *adj*. 无数的 (D) *adj*. 有效的;灵验的

89. get worked up about sth.
   (A) 为某事而感到不安 (B) 渴望;为……叹息 (C) /口/使……开始 (D) 濒于;近乎;挨着;接壤

90. ensemble
   (A) *n*. 耐力;持久力;毅力 (B) *n*. 复审;复试 (C) *n*. 肤色;面色;情况;局面 (D) *n*. 全体;总效果;全套服装;全套家具;合奏组 *adv*. 同时

91. onslaught
   (A) *n*. 猛攻;突击 (B) *n*. 原告 (C) *n*. 霸权;至高无上;主权;最高地位 (D) *n*. 线;串;海滨 *vi*. 搁浅

92. crunch
   (A) *v*. & *n*. 咬碎;咬碎声;扎扎地踏 (B) *vi*. 分裂;裂成碎片 *n*. 碎片;微小的东西 (C) *vt*. 剥夺;使……失去;逐出;霸占 (D) *v*. 传达;表达(思想感情)

93. hack
   (A) *v*. 使……摇晃地悬挂着;提着;炫示;用……来诱惑(或激励) (B) *v*. 砍;猛踢;非法入侵计算机;对付 (C) *vt*. 派……担任纠察;用尖桩围住 *vi*. 担任纠察 (D) *vt*. 兜售;招徕 *n*. 侦查者;兜售者

94. wariness
   (A) *n*. 谨慎;小心 (B) *n*. 废奴主义者;废除主义者 (C) *n*. 冲突;争吵;不和 (D) *n*. 企业;风

险;冒险 *vi*. 冒险;投机

95. admonish
    (A) *vt*. 揭穿;拆穿……的假面具;暴露 (B) *vt*. 烤焦;使……枯萎 (C) *vi*. 利用;欺骗;施加影响 *vt*. 强加;征税;以……欺骗 (D) *vt*. 劝诫;警告

96. orchestrate
    (A) *vt*. 推荐;称赞 *vi*. 称赞 (B) *vi*. 下垂;萎靡;凋萎 *vt*. 使……下垂 *n*. 下垂;消沉 (C) *v*. 精心策划(秘密地) (D) *vt*. 使……含无机化合物;使……矿物化

97. mannerism
    (A) *n*. 包;捆;灾祸;不幸 *v*. 将……打包 (B) *n*. 特殊习惯;矫揉造作;怪癖 (C) *n*. 论述;论文;专著 (D) *n*. 地图集;寰椎

98. nuance
    (A) *adj*. 微妙的 (B) *adj*. 自高自大的 (C) *adj*. 自大的;傲慢的 (D) *adj*. 渴望的;沉思的;引起怀念的;不满足似的

99. condescension
    (A) *n*. 码头;停泊处 *v*. 靠码头;为……建码头 (B) *n*. 谦虚;屈尊;傲慢态度;纡尊降贵(表不满) (C) *n*. (警察、士兵、军车)批;代表团 (D) *n*. 凶狠;残忍;暴行

100. relegate
    (A) *v*. 贬职;把降低到 (B) *vt*. 产生;招致;成为……之父 (C) *vt*. 不予重视;将……轻描淡写 (D) *v*. 弄丢

101. gradient
    (A) *n*. 光彩;壮丽;显赫 (B) *n*. 人格化;化身;拟人法(一种修辞手法);象征 (C) *n*. 措辞;语法;词组 (D) *n*. /数//物/梯度;坡度;倾斜度

102. briny
    (A) *adj*. 不明智的;失策的;不理智的;没脑筋的;欠考虑的 (B) *adj*. 对抗的;对手的;敌手的 (C) *adj*. 海水的;咸的;盐水的 (D) *adj*. 美的;美学的;审美的;具有审美趣味的

103. cumbersome
    (A) *adj*. 综合的;合成的;人造的 (B) *adj*. 笨重的;累赘的 (C) *adj*. 极小的;微小的 (D) *adj*. 重大的;严肃的;黯淡的;有沉音符的;(乐)缓慢的

104. chromosome
    (A) *n*. 背景 (B) *n*. 分配;分配物;养家费;命运 (C) *n*. 美食家;精美的菜肴 (D) *n*. /遗//细胞/染料/染色体

105. faculty
    (A) *n*. 厌恶;讨厌的人 (B) *n*. 恶习;缺点 *prep*. 代替 *vt*. 钳住 *adj*. 副的;代替的 (C) *n*. 才能 (D) *n*. 减少;下降;缩小;还原反应

106. hygiene
    (A) *n*. 平静;寂静;沉着 (B) *n*. 卫生;卫生学;保健法 (C) *n*. 丛林狼;郊狼;非法移民偷运者 (D) *n*. 传粉者;传粉媒介;传粉昆虫;授花粉器

107. enchanting
    (A) *adj*. 严厉的;不吝惜的;不宽恕的 (B) *adj*. 迷人的;妩媚的 *v*. 使……迷惑 (C) *adj*. 有自信的 (D) *adj*. 轻蔑的;不加考虑的;不屑一顾的

108. hurdle
    (A) *n*. 障碍;栏;跳栏 *v*. 克服 (B) *n*. 协议;草案;礼仪 *v*. 拟定 (C) *n*. 紫藤 (D) *n*. 回顾;追溯 *vi*. 回顾;追溯;回想 *vt*. 回顾;追忆

109. reproduction
    (A) *n*. 飞地;被包围的领土;被包围物 (B) *n*. 繁殖;生殖;复制 (C) *n*. 新奇事物;异族事物 (D) *n*. 先驱;前兆;预告者 *vt*. 预告;充作……的前驱

110. institution
    (A) *n*. 机构;习俗;制度 (B) *n*. 针脚;线迹;一针 *v*. 缝合 (C) *n*. 贮存物 (D) *n*. 短吻鳄

111. pinching
    (A) *adj*. 吝啬的;引起痛苦的 (B) *adj*. 企业家的;创业者的;中间商的 (C) *adj*. 从属的;次要的

n. 部属　*v*. 使……居下位　（D）*adj*. 不平行的；无法匹敌的

112. camaraderie
　　（A）*n*. 海市蜃楼；幻想　（B）*n*. 高峰；小尖塔；尖峰；极点　*vt*. 造小尖塔；置于尖顶上；置于高处　（C）*n*. 友情；同志之爱　（D）*n*. 认可；支持；背书

113. curbside
　　（A）*n*. 细长的列；收割的刈痕　（B）*n*. (在底部丛生或聚集的) 一绺毛发；一丛草　（C）*n*. 多功能性；多才多艺；用途广泛　（D）*n*. 路边

114. cater
　　（A）*v*. 使……全神贯注；提前占据；使……日夜思考　（B）*vt*. 未加思索地冲口说出；突然说出　（C）*vt*. 组成；构成；建立；任命　（D）*vt*. 投合；迎合；满足需要；提供饮食及服务

115. incantation
　　（A）*n*. 咒语；符咒　（B）*n*. 利他；利他主义　（C）*n*. 薰衣草；淡紫色 *adj*. 淡紫色的 *vt*. 用薰衣草熏　（D）*n*. 解剖；解剖学；剖析；骨骼

116. discriminate
　　（A）*v*. 缠绕；上发条　（B）*v*. 歧视；区别；辨别　（C）*vt*. 信任　（D）*v*. & *n*. 洋溢；面红；旺盛；奔流；用水冲洗 *adj*. 富有的

117. fervor
　　（A）*n*. 热情；热烈；热心；炽热　（B）*n*. 辩论；争吵 *v*. 辩论；对……进行质疑；争夺；抵抗(进攻)　（C）*n*. 牵引；/机//车辆/牵引力　（D）*n*. 女低音；女低音歌唱家

118. Pharaoh
　　（A）*n*. 草皮　（B）*n*. 暴君；法老　（C）*n*. 贪婪；贪财　（D）*n*. 鸟类羽毛；翅膀

119. replenish
　　（A）*vt*. 补充；再装满；把……装满；给……添加燃料　（B）*v*. 到绝顶；达到高潮；达到顶点　（C）*vi*. 规定；开药方　（D）*vt*. 指定；指派；标出；把……定名为

120. confrontation
　　（A）*n*. 对抗；面对；对峙　（B）*n*. 剧变；隆起；举起　（C）*n*. 创造性；发明的才能　（D）*n*. 反感；厌恶；憎恶；不相容

121. proceeding
　　（A）*n*. 噱头；手腕 *vt*. 阻碍……的正常生长或发展 *vi*. 表演特技　（B）*n*. 脊椎动物　（C）*n*. 变体；转化 *adj*. 不同的；多样的　（D）*n*. 会议；事件；诉讼；记录

List 18 Practice

从下列选项中选出词义正确的一项。

1. preoccupy
   (A) *v*. 遗弃;舍弃;离弃(某地方) (B) *v*. 使……全神贯注;提前占据;使……日夜思考 (C) *v*. 消失;突然不见;成为零 *n*. 弱化音 (D) *vi*. 属于;关于;适合

2. parasitic
   (A) *adj*. 连通的;有联系的 (B) *adj*. 社会的 (C) *adj*. 有益的;有助于……的 (D) *adj*. 寄生的

3. sap
   (A) *vt*. 致力;献身;题献 (B) *vt*. 强调 *n*. 底线 (C) *v*. & *n*. 享受 (D) *vt*. 使……衰竭;使伤元气

4. dissected
   (A) *adj*. 难看的;不雅观的 (B) *adj*. 异常的;例外的;优越的 (C) *adj*. 分裂的 (D) *adj*. 热情友好的;由衷的;兴奋的 *n*. 甜果汁饮料;镇定药;兴奋剂

5. telltale
   (A) *adj*. 电气化的 (B) *adj*. 报警的;泄密的;搬弄是非的 *n*. 迹象;指示器;搬弄是非者 (C) *adj*. 瘦弱的;似杂草的;尽是杂草的 (D) *adj*. 可疑的;暧昧的;无把握的;半信半疑的

6. impending
   (A) *adj*. 一丝不苟的;小心翼翼的;拘泥小节的 (B) *adj*. 堂吉诃德式的;狂想的 (C) *adj*. 有专营市场的;贪得无厌的;不知足的 (D) *adj*. 即将发生的;迫切的;悬挂的 *v*. 迫近;悬空

7. subjugate
   (A) *vt*. 征服;使……服从;克制 (B) *vt*. 轻视;鄙视 (C) *vi*. 畏缩;退避 *n*. 畏缩 (D) *vt*. 比……重(在重量上);比……重要;比……有价值

8. luminosity
   (A) *n*. 孤寂;悲哀;忧伤;荒芜;荒凉;废墟;凄凉 (B) *n*. 监禁;关押;坐牢;下狱 (C) *n*. (口语)轻而易举 (D) *n*. /光//天/光度;光明;光辉

9. pry
   (A) *vt*. 使……登基;立……为王;任为主教;崇拜 *vi*. 热心 (B) *vi*. 抱怨;嘟囔 *n*. 怨言 (C) *vt*. 调节;规定;控制;校准 (D) *vt*. 撬动;撬开 *vi*. 刺探;探查

10. notwithstanding
    (A) *prep*. & *adv*. 尽管 *conj*. 虽然 (B) *prep*. 与……截然相反;对照 (C) *adv*. 必然;一定要 (D) *adj*. 吸引;赢得

11. whimsy
    (A) *n*. 农学家 (B) *n*. 流露;流出;倾泻 (C) *n*. 怪念头;反复无常 (D) *n*. 损害;伤害;损害物

12. taint
    (A) *v*. 污染;玷污;使……腐坏 *n*. 腐坏;污染;污点;感染;难闻的气味 (B) *vt*. 抑制;禁止 (C) *v*. 理顺(混乱的情形) (D) *v*. 歧视;区别;辨别

13. versatility
    (A) *n*. 冲沟;水沟 *v*. 在……上开沟 (B) *n*. 有成就的人;高手 *adj*. 高手的 (C) *n*. 多功能性;多才多艺;用途广泛 (D) *n*. 触手

14. mob

(A) *n*.厌恶;讨厌的人 (B) *n*.宣传者;鼓吹者 (C) *n*.小地毯;毛皮地毯;男子假发 (D) *n*.人群;(尤指)暴民 犯罪团伙;黑手党 *v*.(鸟群或兽群)围攻;聚众袭击

15. unduly

(A) *adv*.过度地;不适当地;不正当地 (B) *adv*.凭神的力量 (C) *adv*.据称;据称地 (D) *adv*.无缝地

16. caterer

(A) *n*.高峰;小尖塔;尖峰;极点 *vt*.造小尖塔;置于尖顶上;置于高处 (B) *n*.加冕礼 (C) *n*.过时;淘汰 (D) *n*.备办食物者;承办酒席的人;筹备人

17. convective

(A) *adj*.歇斯底里的;异常兴奋的 (B) *adj*.滑稽的;好笑的 (C) *adj*.缺乏的;吝啬的;仅有的;稀疏的 (D) *adj*.对流的;传递性的

18. torrential

(A) *adj*.不合时宜的;过早的 (B) *adj*.首要的 (C) *adj*.(水)奔流的;(雨)倾泻的;如注的;猛烈的 (D) *adj*.顽固的;倔强的;难以控制的

19. roomy

(A) *adj*.伪造的;假冒的 *v*.伪造;仿造 *n*.仿冒品 (B) *adj*.宽敞的;广阔的;宽大的 (C) *adj*.可怕的;惨白的;惊人的;极坏的 (D) *adj*.使……干枯的;使……畏缩的;极有毁灭性的;极有讽刺性的

20. unreturned

(A) *adj*.惊人的;巨大的 (B) *adj*.时髦的;流行的;受新潮思想影响的 (C) *adj*.华丽的;装饰的 (D) *adj*.未翻转的;未颠倒的;不转动的

21. cravat

(A) *n*.领带;领巾;领结 (B) *n*.讲坛;演讲者;嘴;喙 (C) *n*.完整;正直;诚实;廉正 (D) *n*.认可;支持;背书

22. spherule

(A) *n*.解放;释放 (B) *n*.小球;小球体 (C) *n*.(尤指科学、教育的)机构;(与法律相关的)注释 *v*.实行;建立 (D) *n*.调查;宗教法庭;审讯

23. hyacinth

(A) *n*.风信子;红锆石;紫蓝色 (B) *n*.分解;溶解;(议会等的)解散;(契约等的)解除;死亡 (C) *n*.臂章;袖章;臂环 (D) *n*.炼金术士

24. dispassionate

(A) *adj*.无数的;数不清的 (B) *adj*.书记的;牧师的 *n*.牧师 (C) *adj*.不带感情的;平心静气的;公平的 (D) *adj*.无特色的

25. dorsal

(A) *adj*.背部的;背的;背侧的 (B) *adj*.对流的;传递性的 (C) *adj*.疲倦的;厌烦的 *vi*.疲倦;厌烦 (D) *adj*.不带感情的;平心静气的;公平的

26. obsession

(A) *n*.轻率;鲁莽的行为 (B) *n*.(报纸上的)讣告;讣文 (C) *n*.领带;领巾;领结 (D) *n*.痴迷;困扰

27. landfill

(A) *n*.垃圾填埋地;垃圾堆 (B) *n*.燃烧;氧化;骚动 (C) *n*./植/花蜜;甘露;神酒;任何美味的饮料 (D) *n*./有化/乳糖

28. magma

(A) *n*./地质/岩浆;糊剂 (B) *n*.保留;扣留;滞留;记忆力;闭尿 (C) *n*.困境;誓约 *vt*.保证;约定 (D) *n*.花环

29. aversion

(A) *n*.强烈反对机械化或自动化的人 (B) *n*.侧面;外形;剖面;简况 *v*.描……的轮廓;扼要描述 (C) *n*.厌恶;讨厌的人 (D) *n*.北美驯鹿

30. magnolia

(A) *n*.伐木工人;木材商的佣工;短夹克衫 (B) *n*.出现;浮现 (C) *n*.剩余;残渣 *adj*.剩余的;残

留的 (D) n. 木兰;玉兰类的植物

31. invaluable
   (A) adj. 次最优的;最适度下的 (B) adj. 无价的;非常贵重的 (C) adj. 仁慈的;慈善的 (D) adj. 笨拙的

32. aggravation
   (A) n. (昆虫等的)触须(等于 palpus) (B) n. 分配;分配物;养家费;命运 (C) n. 激动;搅动;煽动;烦乱 (D) n. 加剧;激怒;更恶化

33. sibling
   (A) n. 恩人;捐助者;施主 (B) n. 兄弟姊妹 (C) n. 对抗;面对;对峙 (D) n. 掩藏;掩饰;伪装;化装;欺骗;化装舞会 v. 伪装;化装;冒充

34. hurl
   (A) vt. 调节;规定;控制;校准 (B) vt. 使……变形;使……变质 vi. 变形;变质 (C) vt. 丢下;用力投掷;愤慨地说出 vi. 猛投;猛掷 n. 用力的投掷 (D) vt. 使……公之于众;揭开;揭幕 vi. 除去面纱;显露

35. headlong
   (A) adv. 机智地;俏皮地 (B) adj. 轻率的 (C) adv. 表面地;浅薄地 (D) adv. 顺从地;服从地;忠顺地

36. inning
   (A) n. (鸟的)栖木 (B) n. 棒球的一局 (C) n. 鳏夫 (D) n. 阴谋(尤指政治上的) vi. 策划阴谋

37. overbearing
   (A) vt. 引导;招待;迎接;开辟 (B) v. 讨价还价;争论;乱劈;乱砍 n. 讨价还价;争论 (C) vt. 教化;赋予人性;使……通人情 (D) v. 压倒;击败;控制;专横对待

38. besiege
   (A) vt. 宣判……无罪;证明……的清白 (B) vt. 给;产生;让步;举办;授予 (C) vt. 使……凋谢;使……畏缩;使……衰弱 (D) v. 包围;困扰

39. hitherto
   (A) adv. 刻苦地;勤勉地 (B) adv. 兼;同时发生地 (C) adv. 迄今;至今 (D) adv. 口语地;用通俗语

40. extracurricular
   (A) adj. 烟火的;令人眼花缭乱的;出色的 (B) adj. 重大的;严肃的;黯淡的;有沉音符的;/乐/缓慢的 (C) adj. 令人厌烦的;讨厌的;令人厌恶的 (D) adj. 课外的;业余的;婚外的

41. lumberjack
   (A) n. (报纸上的)讣告;讣文 (B) n. 变形;变质 (C) n. 负荷;负担;载重量 (D) n. 伐木工人;木材商的佣工;短夹克衫

42. toasty
   (A) adj. 联动的 (B) adj. 似烤面包片的;暖和舒适的;祝酒的 (C) adj. 启发式的;探索的 n. 启发式教育法 (D) adj. 悲观的;厌世的;悲观主义的

43. annihilate
   (A) vt. 歼灭;战胜;废止 vi. 湮灭;湮没 (B) vt. 消除;镇压;压碎;使……咯吱咯吱地响 n. 嘎吱声;压倒对方的反驳;压碎的一堆 (C) vt. 使……成为贵族;使……高贵;授予爵位 (D) v. 分歧;偏离;分叉;离题

44. logistics
   (A) n. 对手;敌手 (B) n. 加冕礼 (C) n. /军/ 后勤;后勤学;物流 (D) n. 流行性感冒(简写 flu)

45. cobbled
   (A) adj. 节约的;(牲畜或植物)苗壮的;健康的 (B) adj. 铺有鹅卵石的 v. 铺鹅卵石 (C) adj. 目空一切的;高傲的;傲慢的;自大的 (D) adj. 机敏的;狡猾的;诡计多端的

46. coat of arms
   (A) 主妇;保姆;妇女;女舍监 (B) 海浪;拍岸浪 (C) 交换;交易;权衡;协定 (D) 盾徽;盾形纹章

47. inauspicious

(A) *adj*. 疼痛的；痛心的 (B) *adj*. 先天的；固有的 (C) *adj*. 母亲的；母系的；母体遗传的 (D) *adj*. 不祥的；不吉的；厄运的

48. ruminate

(A) *vt*. 反刍；沉思；反复思考 *vi*. 沉思；反刍 (B) *vt*. 沉思；注视；思忖；预期 *vi*. 冥思苦想；深思熟虑 (C) *v. & n*. 哭泣；哭号 (D) *vt*. 测量；估计；给……定规格

49. knight

(A) *n*. 污秽 (B) *n*. 挡风玻璃 (C) *n*. 骑士；武士；爵士；*vt*. 授以爵位 (D) *n*. 范围；余地；视野 *vt*. 审视

50. validate

(A) *vi*. 登陆；下车；上岸 (B) *v*. 潦草或匆忙地写；乱写；乱涂 *n*. 潦草的字 (C) *vt*. 证实；验证；确认；使……生效 (D) *vt*. 发音；宣判 *vi*. 发音；作出判断

51. materialize

(A) *vt*. 放弃；停止；对……断念 (B) *vt*. 使……具体化；使……有形；使……突然出现；使……重物质而轻精神 (C) *v*. 逐渐减少；逐渐变弱 (D) *vt*. 篡夺；夺取；侵占

52. dreary

(A) *adj*. 沉闷的；枯燥的 (B) *adj*. 先天的 (C) *adj*. 疼痛的；痛心的 (D) *adj*. 任意的；自由决定的

53. dovetail

(A) *v*. 吻合；有共同点 (B) *v*. 污染；玷污；使……腐坏 *n*. 腐坏；污染；污点；感染；难闻的气味 (C) *v*. 禁闭；监禁 (D) *vi*. 规定；开药方

54. insuperable

(A) *adj*. 熙熙攘攘的；忙乱的 (B) *adj*. 不能克服的 (C) *adj*. 可实行的 (D) *adj*. 有责任的；有解释义务的；可解释的

55. shackle

(A) *n*. 束缚；桎梏；脚镣 (B) *n*. 可怜；悲惨；不幸 (C) *n*. 矿筛 *vt*. 筛 *vi*. 用锅煎 (D) *n*. 骚动；暴乱

56. tollbooth

(A) *n*. 暴龙 (B) *n*. 铁器店；铁器类；五金器件 (C) *n*. 过路收费亭 (D) *n*. 宣传者；鼓吹者

57. municipality

(A) *n*. 织锦；挂毯；绣帷 (B) *n*. /兽医/兽疥癣/兽医/家畜疗 (C) *n*. 流行性感冒（简写 flu） (D) *n*. 市政当局；自治市或区

58. communicate

(A) *v*. 传达；表达（思想感情） (B) *vt*. 强调 *n*. 底线 (C) *vi*. 退缩；畏惧 *n*. 退缩；畏惧 (D) *vt*. 使……熟悉；使……认识

59. futile

(A) *adj*. 无用的；无效的；没有出息的；琐细的；不重要的 (B) *adj*. 有远见的；宗教幻觉的；空想的；梦想的 *n*. 有眼光的人；出现宗教幻觉的人；梦想家 (C) *adj*. 无用的；无效的；没有出息的；琐细的；不重要的 (D) *adj*. 令人厌烦的；讨厌的；令人厌恶的

60. vex

(A) *vt*. 歼灭；战胜；废止 *vi*. 湮灭；湮没 (B) *v*. 赔偿；酬谢 *n*. 赔偿；报酬 (C) *v*. 烦恼；使……困惑；使……恼怒 (D) *vi*. 同意；赞成；答应

61. trade-off

(A) *n*. 易误；不可靠；出错性 (B) *n*. 怪念头；反复无常 (C) *n*. 交换；交易；权衡；协定 (D) *n*. 美食家；精美的菜肴

62. forestall

(A) *vt*. 先发制人；垄断；囤积 (B) *v*. 推迟；延期；服从 (C) *vi*. 闲荡；漫步 (D) *vt*. 使……吓一跳；使……惊奇 *vi*. 惊吓；惊奇 *n*. 惊愕

63. imitate

(A) *vt*. 维护；证明……无辜；证明……正确 (B) *v*. 击打 (C) *vt*. 突然插入；插嘴 (D) *v*. 模仿；

仿效

64. upbeat
    (A) *adj*. 细长的;苗条的;微薄的 (B) *adj*. 乐观的;积极向上的 (C) *adj*. 企业家的;创业者的;中间商的 (D) *adj*. 天上的;天空的

65. alligator
    (A) *n*. 折扣;贴现率 *vi*. 贴现;打折出售商品 *vt*. 打折;将……贴现;贬损;低估;忽视 (B) *n*. 短吻鳄 (C) *n*. 高谈阔论;热烈的演说 *v*. 向……滔滔不绝地演讲;大声训斥 (D) *n*. 辉煌;灿烂

66. employability
    (A) *n*. 早产婴儿 (B) *n*. 就业能力;/劳经/受雇就业能力;受聘价值;可雇性 (C) *n*. 自高自大者 (D) *n*. 雪花石膏 *adj*. 以雪花石膏制的

67. authentic
    (A) *adj*. 真正的;真实的;可信的 (B) *adj*. 不知疲倦的;不屈不挠的;有耐性的 (C) *adj*. 破旧的 (D) *adj*. 浮华的;有纨绔习气的

68. earnest
    (A) *adj*. 认真的;热心的;重要的 *n*. 认真;定金;诚挚 (B) *adj*. 违反直觉的 (C) *adj*. 有事业心的;有进取心的;有魄力的 (D) *adj*. 庞大的;巨大的

69. robust
    (A) *adj*. 统一的;一致的;相同的;均衡的;始终如一的 (B) *adj*. 不知情的;不知不觉的;无意的 (C) *adj*. 强健的;健康的;粗野的 (D) *adj*. 特殊的;独特的;奇怪的;罕见的 *n*. 特权;特有财产

70. audacity
    (A) *n*. 长柄大镰刀 (B) *n*. 大胆;厚颜无耻 (C) *n*. 同步 (D) *n*. 卓越;杰出

71. enfranchisement
    (A) *n*. 优越;优势;优越性 (B) *n*. 解放;释放 (C) *n*. 要求 *v*. 强烈要求;需要 (D) *n*. /昆/蚜虫

72. lawfulness
    (A) *n*. 法制;合法 (B) *n*. /天/类星体;恒星状球体 (C) *n*. 韧性;强健;有黏性 (D) *n*. 噱头;手腕 *vt*. 阻碍……的正常生长或发展 *vi*. 表演特技

73. boulder
    (A) *n*. 卵石;大圆石;巨砾 (B) *n*. 认可;支持;背书 (C) *n*. 燃烧;氧化;骚动 (D) *n*. 万物有灵论

74. contemplate
    (A) *vt*. 维护;证明……无辜;证明……正确 (B) *v*. 迫使;驱策 (C) *vt*. 沉思;注视;思忖;预期 *vi*. 冥思苦想;深思熟虑 (D) *v*. 合并;汞齐化;调制汞合金

75. arrogate
    (A) *vt*. 使……道德败坏;使……堕落;使……士气低落 (B) *vt*. 冒称;霸占;没来由地将……归属于 (C) *vt*. 使……气馁;使……畏缩;威吓 (D) *vt*. 复制;折叠 *adj*. 复制的;折叠的

76. meddlesome
    (A) *adj*. 空中的;航空的;空气中的 *n*. /电讯/ 天线 (B) *adj*. 治疗的;治疗学的;有益于健康的 (C) *adj*. 爱管闲事的;好干涉的 (D) *adj*. 不可缺少的;绝对必要的;责无旁贷的

77. enfranchise
    (A) *vt*. 给予选举权;给予自治权;解放;释放 (B) *vt*. 抵消;中和;阻碍 (C) *vt*. 仲裁;公断 (D) *vt*. 挫败;反对;阻碍 *adj*. 横放的;固执的 *n*. 划手座;独木舟的横梁

78. stoical
    (A) *adj*. 荒谬的;可笑的 (B) *adj*. 垂涎的;梦寐以求的 *v*. 垂涎;渴望;贪图 (C) *adj*. 空虚的;空的;空缺的;空闲的;茫然的 (D) *adj*. 坚忍的;禁欲的;斯多葛学派的

79. usher
    (A) *vi*. 复兴;复活;苏醒;恢复精神 (B) *v*. 散步;闲逛;(体育比赛)轻而易举地获胜 (C) *vt*. 引导;招待;迎接;开辟 (D) *vt*. 耸肩;预感到;弯腰驼背

80. stagnation
    (A) *n*. 被子;棉 *vt*. 东拼西凑地编;加软衬料后缝制 *vi*. 缝被子 (B) *n*. 请愿;请愿书;祈求;/法/

诉状 (C) *n*. 停滞;滞止 (D) *n*. 沉思;冥想 *adj*. 冥想的;沉思的

81. presume
(A) *vt*. 假定;推测;擅自;意味着 (B) *vt*. 吸引;使……加入;聘 *vi*. 从事;使……融入 *n*. 密切关系 (C) *vt*. 夺回;拿回;再体验;政府征收再经历 *n*. 夺回;取回;政府对公司超额收益或利润的征收 (D) *vi*. 看

82. loquacious
(A) *adj*. 疏远的;被疏远的 (B) *adj*. 像人的 *n*. 类人动物 (C) *adj*. 屈从的;奉承的;有用的;有帮助的 (D) *adj*. 话多的;健谈的;喋喋不休的

83. postulate
(A) *vt*. 假定;要求;视……为理所当然 *n*. 基本条件;假定 (B) *vt*. 歼灭;战胜;废止 *vi*. 湮灭;湮没 (C) *vt*. 镀金;虚饰;供给钱 (D) *vt*. 使……麻木;毁坏 *vi*. 死亡;毁灭;腐烂;枯萎

84. soprano
(A) *n*. /声/ 音色;音质;音品 (B) *n*. 转变;旋转;转向 (C) *n*. 女高音;最高音部;女高音歌手 (D) *n*. (修道院或大教堂广场周围)有顶的地区

85. threadbare
(A) *adj*. 坚定的;强健的;健全的 (B) *adj*. 公正的;明断的;法庭的 (C) *adj*. 磨破的;衣衫褴褛的;乏味的;俗套的 (D) *adj*. 有效的;灵验的

86. ardent
(A) *adj*. 绝对的;透明的;峻峭的;纯粹的 *adv*. 完全;陡峭地 *vi*. 偏航 (B) *adj*. 热情的;热心的;激烈的 (C) *adj*. 焦点的;在焦点上的;灶的;病灶的 (D) *adj*. 美的;美学的;审美的;具有审美趣味的

87. punctuality
(A) *n*. 严守时间;正确;规矩 (B) *n*. 板条 *vt*. 给……钉板条 (C) *n*. 主妇;保姆;妇女;女舍监 (D) *n*. 焊接工

88. asphalt
(A) *n*.事业 (B) *n*. 沥青;柏油 *vt*. 以沥青铺 *adj*. 用柏油铺成的 (C) *n*. 少量;小额施舍;少量津贴 (D) *n*. 候选资格;候选人之身份

89. snare
(A) *v*. & *n*. 供应过多;充斥 (B) *v*. 设陷阱(或罗网、套子)捕捉;使……上当 *n*. (捕鸟、兽的)陷阱;圈套 (C) *vi*. 过冬;(动物)冬眠;(人等)避寒 (D) *vt*. 拒绝;否定;批判;与……断绝关系;拒付

90. disfluencies
(A) *n*. 不流利 (B) *n*. 并置;并列;毗邻 (C) *n*. 感叹;惊叫;惊叹词 (D) *n*. 表征;代币;记号 *adj*. 象征的;表意的 *vt*. 象征;代表

91. musket
(A) *n*. 保护;防护 (B) *n*.事业 (C) *n*. 颠覆;破坏 (D) *n*. 步枪;滑膛枪;毛瑟枪

92. underpinning
(A) *n*. 挡风玻璃 (B) *n*. 触手 (C) *n*. 基础 (D) *n*. 夸张的语句;夸张法

93. jagged
(A) *adj*. 紧张刺激的;扣人心弦的 (B) *adj*. 受损的 (C) *adj*. 公正的;明断的;法庭的 (D) *adj*. 锯齿状的;参差不齐的

94. customary
(A) *adj*. 适合的;能适应的;可修改的 (B) *adj*. 地形测量的;地质的 (C) *adj*. 有专营市场的;贪得无厌的;不知足的 (D) *adj*. 习惯的 *n*. 习惯法汇编

95. compensation
(A) *n*. 侧面;外形;剖面;简况 *v*. 描……的轮廓;扼要描述 (B) *n*.算命者 (C) *n*. 补偿;报酬;赔偿金 (D) *n*. 囚禁;圈养

96. unsparing
(A) *adj*. 错误的 (B) *adj*. 复发的;周期性的;经常发生的 (C) *adj*. 凄凉的;忧郁的;阴沉的 (D) *adj*. 严厉的;不吝惜的;不宽恕的

97. profile
(A) *n*. 企业;风险;冒险 *vi*. 冒险;投机 (B) *n*. 金属炭火盆;烧烤;铜匠 (C) *n*. 侧面;外形;剖面;

简况 v. 描……的轮廓;扼要描述 (D) n. 生育高峰中出生的人;发育完全的雄袋鼠;异常大的东西

98. scenario

(A) n. 先知;预言者;提倡者 (B) n. 线性;线性度;直线性 (C) n. 突然的痛苦;突然的剧痛 (D) n. 方案;情节;剧本;设想

99. entity

(A) n. 实体;存在;本质 (B) n. 主要动力;(钟表)主发条;主要原因;主要动机 (C) n. /木/ 剥皮机 (D) n. 短吻鳄

100. antenna

(A) n. 棒球的一局 (B) n. 来世;来生;不朽;永世;永恒 (C) n. /电讯/天线(等于 aerial);/昆/触须;/植/蕊喙;直觉 (D) n. 功绩;壮举;技艺表演

101. impairment

(A) n. 恶作剧;伤害;顽皮;不和 (B) n. 神;神性;神学 (C) n. (身体或智力方面的)缺陷;(身体机能的)损伤;削弱 (D) n. 刻痕;凹口 vt. 赢得;用刻痕计算

102. rapid

(A) n. 急流;高速交通工具;高速交通网 (B) n. 对立面;对照;对仗 (C) n. 垄断;垄断者;专卖权 (D) n. 都市人

103. sensation

(A) n.感觉;知觉;直觉 (B) n. 分配;分配物;养家费;命运 (C) n.便帽 (D) n. 贷款;借款 vi. 借出 vt. 借;借给

104. eradicate

(A) v. 兴旺;发达;成功 (B) v. 嘲笑;愚弄 n. 讥讽;嘲讽话 (C) vt. 根除;根绝;消灭 (D) vi. 有影响;产生作用

105. anthropomorphize

(A) vt. 赋予人性;人格化 (B) v. 沉思;注视;思忖;预期 (C) vt. 使……漏气 vi. 放气;漏气 adj. 泄气的 (D) vt. 承认;公开宣称;坦率承认

106. nonchalance

(A) n. 激励;提示;刺激 (B) n. 冷淡;漠不关心;冷静 (C) n. 天资;自然倾向;适宜 (D) n. /天/类星体;恒星状球体

107. recoil

(A) v. 不同意 n. 异议 (B) v. & n. 畏缩;弹回;报应 (C) vi. 逃走;消失;消散 vt. 逃跑;逃走;逃避 (D) vt. 流出;摆脱;散发;倾吐

108. blockade

(A) n. 企业家;承包人;主办者 (B) n. (鸟的)肌胃;砂囊 (C) n. 路边 (D) n. 包围;封锁;障碍物;阻滞;阻塞 v. 封锁

109. calisthenic

(A) adj. 可怕的;糟透的;令人不快的 (B) adj. 首要的;支配一切的;包罗万象的 (C) adj. 柔软体操的;体操的 (D) adj. 肮脏的;卑鄙的;利欲熏心的;色彩暗淡的

110. javelin

(A) n. 胜利;凯旋;欢欣 vi. 获得胜利;成功 (B) n. 责备;耻辱 vt. 责备;申斥 (C) n. 标枪;投枪 (D) n. (尤指科学、教育的)机构;(与法律相关的)注释 v. 实行;建立

111. defiant

(A) adj. 可察觉到的;可感知的 (B) adj. 无法容忍的;不可能的;反常的;粗暴的 (C) adj. 挑衅的;蔑视的;挑战的 (D) adj. 两败俱伤的;致命的

112. endemic

(A) adj. 公平的;公正的;平衡法的 (B) adj. 瘦弱的;似杂草的;尽是杂草的 (C) adj. 阴险的;凶兆的;灾难性的;左边的 (D) adj. 地方性的;风土的

113. linearity

(A) n. 博物馆馆长;动物园园长 (B) n. 调色板;颜料 (C) n. 人口普查;人口调查 (D) n. 线性;线性度;直线性

114. peony

(A) $n.$ 线；串；海滨 $vi.$ 搁浅　(B) $n.$ 顶点；尖端　(C) $n.$ 牡丹；芍药　(D) $n.$ 魅力；魔力；迷人的美 $vt.$ 迷惑；迷住

115. sport

(A) $n.$ 一绺头发；发辫；卷发；枝条 $vt.$ 把(头发)梳理成绺　(B) $v.$ 开玩笑；表现浮夸　(C) $n.$ 损害；伤害；损害物　(D) $n.$ 基础

116. griddle

(A) $n.$ 悖论；反论；似是而非的论点　(B) $n.$ 矿筛 $vt.$ 筛 $vi.$ 用锅煎　(C) $n.$ 满足；满意　(D) $n.$ 正面；表面；外观

117. pulpit

(A) $n.$ 勉强；不情愿　(B) $n.$ 混合；调合；调合物　(C) $n.$ 讲道坛；高架操纵台；神职人员　(D) $n.$ 细微差别

118. populace

(A) $n.$ 光辉；耀度；宝石光　(B) $n.$ (某种公共交通工具的)客流量　(C) $n.$ 大众；平民；人口　(D) $n.$ 法庭；裁决；法官席

119. caveat

(A) $n.$ 愤怒；愤慨；暴行；侮辱 $vt.$ 凌辱；强奸；对……施暴行；激起愤怒　(B) $n.$ 药剂师　(C) $n.$ 口是心非；表里不一；不诚实　(D) $n.$ 警告；中止诉讼手续的申请；货物出门概不退换；停止支付的广告

120. agreeableness

(A) $n.$ 适合；一致　(B) $n.$ 玄学；形而上学　(C) $n.$ 司空见惯的事；普通的东西；老生常谈　(D) $n.$ 被子；棉 $vt.$ 东拼西凑地编；加软衬料后缝制 $vi.$ 缝被子

121. ordain

(A) $vt.$ 命令；注定 $vi.$ 颁布命令　(B) $vt.$ 篡夺；夺取；侵占　(C) $v.$ 合并；汞齐化；调制汞合金　(D) $vt.$ 猛冲；猛撞；猛击；赶紧离开；使……破灭

List 19 Practice

从下列选项中选出词义正确的一项。

1. copious
   (A) *adj.* 丰富的;很多的;多产的   (B) *adj.* 稀疏的;稀少的   (C) *adj.* 警惕的;警醒的;注意的   (D) *adj.* 吝啬的;引起痛苦的
2. gaudy
   (A) *adj.* 华而不实的;俗丽的 *n.* 盛大宴会   (B) *adj.* 心情矛盾的   (C) *adj.* 吝啬的;引起痛苦的   (D) *adj.* 强制的
3. misery
   (A) *n.* 讲道坛;高架操纵台;神职人员   (B) *n.* 痛苦;悲惨;不幸;苦恼;穷困   (C) *n.* 超新星   (D) *n.* 贴身男仆;用车的人;伺候客人停车 *vt.* 为……管理衣物;替……洗熨衣服 *vi.* 清洗汽车;服侍
4. dosage
   (A) *n.* 剂量;用量   (B) *n.* 表达;说话;说话方式   (C) *n.* 天空;苍天   (D) *n.* 年鉴;历书;年历
5. unfetter
   (A) *vt.* 提升;举起;振奋情绪   (B) *vt.* 释放;使……自由;除去……脚镣   (C) *vt.* 制止;阻止;使……打消念头   (D) *vt.* 影响;统治 *n.* 影响;摇摆;统治
6. confidant
   (A) *n.* 掠夺;破坏;破坏痕迹   (B) *n.* 挡风玻璃   (C) *n.* 意志;意志力;决断力   (D) *n.* 知己;密友
7. vindication
   (A) *n.* 遵守;符合   (B) *n.* 辩护;证明无罪   (C) *n.* 一致同意   (D) *n.* 创造性;发明的才能
8. shun
   (A) *v.* 闪开;躲开;避开;(尤指不诚实地)逃避 *n.* 推脱的计策;逃避的诡计;骗人的伎俩   (B) *vt.* 排除;妨碍;阻止   (C) *v.* 彻底检修;赶上;超过 *n.* 大检修   (D) *vt.* 避开;避免;回避
9. albeit
   (A) *conj.* 虽然;尽管   (B) 逃离   (C) 受……支配;任凭   (D) 讲清楚
10. outwardly
    (A) *adv.* 煞费苦心地;费力地   (B) *adv.* 极端地;可怕地;非常地   (C) *adv.* 成功地;耀武扬威地   (D) *adv.* 表面上;向外;外观上地
11. impart
    (A) *adj.* 刺激的;挑拨的;气人的   (B) *adj.* 残忍的;惊人的   (C) *adj.* 可怕的;悲惨的;极端的   (D) *adj.* 给予的;授予的
12. solicitude
    (A) *n.* /地理//水文/泻湖;环礁湖;咸水湖   (B) *n.* 牵挂;关怀   (C) *n.* 理解;恐惧;逮捕;忧惧   (D) *n.* 修道院;僧侣
13. jot
    (A) *vt.* 略记;摘要记载下来   (B) *vt.* 淹没;(洪水般)扑来   (C) *vt.* 覆盖;掩盖;用毯覆盖   (D) *v.* 使……迷惑;使……不知所措
14. colossal
    (A) *adj.* 睿智的;聪慧的;有远见的   (B) *adj.* 地球外的   (C) *adj.* 柔软体操的;体操的   (D) *adj.* 巨大的;异常的;非常的

15. mantra
    (A) *n*. 大众;平民;人口　(B) *n*. 不满;不平;委屈;冤情　(C) *n*. 咒语;颂歌　(D) *n*. 标枪;投枪
16. malicious
    (A) *adj*. 恶意的;恶毒的;蓄意的;怀恨的　(B) *adj*. 任意的;自由决定的　(C) *adj*. 补充的;互补的
    (D) *adj*. 挥霍的;十分慷慨的 *n*. 挥霍者
17. manhood
    (A) *n*. 故意的假情报;虚假信息　(B) *n*. 成年;男子;男子气概　(C) *n*. 调查;宗教法庭;审讯　(D) *n*. 囚禁;圈养
18. sonorous
    (A) *adj*. 似垫子的;柔软的　(B) *adj*. 响亮的　(C) *adj*. 伪造的;假冒的 *v*. 伪造;仿造 *n*. 仿冒品
    (D) *adj*. 春天的;和煦的;青春的
19. contralto
    (A) *n*. 华丽服饰;全套甲胄;全副盔甲　(B) *n*.算命者　(C) *n*. 耐力;持久力;毅力　(D) *n*. 女低音;女低音歌唱家
20. whit
    (A) *n*. 饲料 *vi*. 搜寻粮草;搜寻　(B) *n*. 一点点;些微　(C) *n*. 命名法;术语　(D) *n*. 恶习;缺点 *prep*. 代替 *vt*. 钳住 *adj*. 副的;代替的
21. score
    (A) *vt*. 指定;指派;标出;把……定名为　(B) *v*. 潦草或匆忙地写;乱写 *n*. 潦草的字　(C) *vt*. 骚扰;调戏;干扰　(D) *v*. 获得;赢得
22. feral
    (A) *adj*. 野生的;凶猛的;阴郁的　(B) *adj*. /地质/同源的;同类的　(C) *adj*. 绝对的;透明的;峻峭的;纯粹的 *adv*. 完全 *vi*. 偏航　(D) *adj*. 多山的;巨大的
23. inculcate
    (A) *vt*. 走过头;过度伸张;诈骗　(B) *vt*. 教育;教授;反复灌输　(C) *v*. 污染;玷污;使……腐坏 *n*. 腐坏;污染;污点;感染;难闻的气味　(D) *vt*. 使……变小;使……减轻;使……变少 *vi*. 减少;减轻;变小
24. trove
    (A) *n*. 表征;代币;记号 *adj*. 象征的;表意的 *vt*. 象征;代表　(B) *n*. 习惯;熟习　(C) *n*. 基础
    (D) *n*. 藏品;无主财宝;埋藏物;宝库
25. comply
    (A) *vt*. 使……戏剧化;编写剧本　(B) *v*. 化蛹　(C) *vt*. 征服;击败;克服　(D) *vi*. 遵守;顺从;遵从;答应
26. synchronize
    (A) *v*. (不断)烦扰;不断袭击　(B) *vt*. 浪费;使……消散　(C) *vt*. 超过;胜过　(D) *vi*. 同步;同时发生
27. denizen
    (A) *n*. 误解;错误知觉　(B) *n*. 横幅图片的广告模式;旗帜;横幅;标语　(C) *n*. 给……居住权;移植　(D) *n*. 接近;/数/邻近;接近;接近度;距离;亲近
28. pretrial
    (A) *n*. 落后;迟延;防护套;囚犯;桶板　(B) *n*. 润滑;润滑作用　(C) *n*. 包;捆;灾祸;不幸 *v*. 将……打包　(D) *n*. 事先审理 *adj*. 审判前的
29. fatuous
    (A) *adj*. 懊悔的;悔恨的　(B) *adj*. 肮脏的;污秽的;卑劣的　(C) *adj*. 有毒的;恶毒的;分泌毒液的;怨恨的　(D) *adj*. 愚蠢的
30. caribou
    (A) *n*. 北美驯鹿　(B) *n*. 红树林　(C) *n*. 污秽　(D) *n*. (穷人居住的)简陋小木屋
31. bordered on
    (A) 共同;与……协力　(B) 对……产生强烈的兴趣;粘住　(C) 反之亦然　(D) 濒于;近乎;挨着;接壤

32. fallibility

(A) *n*. 漆器 (B) *n*. 易误；不可靠；出错性 (C) *n*. 启示；揭露 (D) *n*. 阴谋(尤指政治上的) *vi*. 策划阴谋

33. ostrich

(A) *n*. 迷宫；迷惑 *vt*. 迷失；使……混乱 (B) *n*. 鸵鸟；逃避现实的人 (C) *n*. 破布；敲打；影响力 *vt*. 给……打补丁；猛击 (D) *n*. 骚动；骚乱；吵闹；激动

34. scour

(A) *vt*. 掩饰；假装；隐瞒 *n*. 伪装 (B) *v*. 勒死 (C) *vi*. 冲刷；擦；腹泻 *vt*. 擦亮；洗涤；冲洗；清除 *n*. 擦；冲刷；洗涤剂；(畜类等的)腹泻 (D) *v*. & *n*. 咕哝；喃喃自语

35. divine

(A) *adj*. 纤弱的；细长的；纤细优美的 (B) *adj*. 神圣的；非凡的；天赐的；极好的 (C) *adj*. 庞大的；巨大的 (D) *adj*. 海水的；咸的；盐水的

36. radiant

(A) *adj*. 辐射的；容光焕发的；光芒四射的 *n*. 光点；发光的物体 (B) *adj*. 按发生时间顺序排列的；按时间计算的 (C) *adj*. 轻率的；鲁莽的；不顾后果的 (D) *adj*. 下垂的；悬垂的；摇摆的

37. consolation

(A) *n*. 左舷 (B) *n*. 伐木工人；木材商的佣工；短夹克衫 (C) *n*. 同步 (D) *n*. 安慰；慰问；起安慰作用的人或事物

38. prodigal

(A) *adj*. 沉闷的；枯燥的 (B) *adj*. 即将发生的；迫切的；悬挂的 *v*. 迫近；悬空 (C) *adj*. 巨大的；怪异的；荒谬的；畸形的 (D) *adj*. 挥霍的；十分慷慨的 *n*. 挥霍者

39. dietary

(A) *adj*. 天上的；天空的 (B) *adj*. 饮食的；饭食的；规定食物的 *n*. 规定的食物；食谱 (C) *adj*. 无法回答的；没有责任的 (D) *adj*. 假的；做作的；捏造的

40. squish

(A) *vt*. 分散；使……散开 *vi*. 分散 *adj*. 分散的 (B) *v*. 发出嘎吱声；压坏；压扁；挤进 *n*. 咯吱声 (C) *vt*. 假定；推测；擅自；意味着 (D) *vt*. 大声喊叫；大声发出

41. preceding

(A) *adj*. 良性的；仁慈的；有益的；和蔼的 (B) *adj*. 在前的；前面的 (C) *adj*. 朴素的；未装饰的 (D) *adj*. 凶恶的；残暴的

42. craze

(A) *n*. 细微差别 (B) *n*. 持久；永久 (C) *n*. 狂热 *v*. 发狂；产生纹裂 (D) *n*. 反复无常；易变；不定性

43. jostle

(A) *vi*. 抱怨；嘟囔 *n*. 怨言 (B) *vt*. 猛冲；猛撞；猛击；赶紧离开；使……破灭 (C) *vt*. 推挤；争夺 *vi*. 竞争 (D) *vt*. 承认；公开宣称；坦率承认

44. metabolic

(A) *adj*. 新陈代谢的 (B) *adj*. 惊人的；异常的；奇妙的；巨大的 (C) *adj*. 同义的 (D) *adj*. 未照亮的

45. discount

(A) *n*. 女子气质；柔弱 (B) *n*. 雀科鸣鸟；雀类 (C) *n*. 淡色；些许味道；风味 *vt*. 微染；使……带气息 (D) *n*. 折扣；贴现率 *vi*. 贴现；打折扣出售商品 *vt*. 打折扣；将……贴现；贬损；低估；忽视

46. engaging

(A) *adj*. 迷人的 (B) *adj*. 大都会的 (C) *adj*. 地球的；尘世的；可能的 (D) *adj*. 明智的；合理的；正确的

47. dally

(A) *v*. 使……迷惑；施魔法；使……陶醉；使……入迷 (B) *vt*. 把……强加；把……硬挤 *vi*. 闯入；侵入；侵扰 (C) *vt*. 补救；纠正 *n*. 解决方法；治疗；药品 (D) *vi*. 玩弄；闲荡；轻率地对待 *vt*. 浪费(时间)

48. rug

(A) *n*. 小地毯;毛皮地毯;男子假发 (B) *n*.胸怀;胸襟;内心;内部 *vt*. 怀抱;把……藏在心中 *adj*. 知心的;亲密的 (C) *n*. 女低音;女低音歌唱家 (D) *n*. 峡谷;胃;暴食;咽喉;障碍物 *vt*. 使……吃饱;吞下;使……扩张 *vi*. 拼命吃;狼吞虎咽

49. antler

(A) *n*. 公正;正确;精确 (B) *n*. 少量;一点点 (C) *n*. 细长的列;收割的刈痕 (D) *n*. 鹿角;茸角;多叉鹿角

50. arduous

(A) *adj*. 轻蔑的;鄙视的 (B) *adj*. 努力的;费力的;险峻的 (C) *adj*. 压迫的;沉重的;压制性的;难以忍受的 (D) *adj*. 拟真的;沉浸式的;沉浸感的;增加沉浸感的

51. outweigh

(A) *v*. 闪开;躲开;避开;(尤指不诚实地)逃避 *n*. 推脱的计策;逃避的诡计;骗人的伎俩 (B) *vt*. 比……重(在重量上);比……重要;比……有价值 (C) *vi*. 混日子;游手好闲;偷懒 (D) *v*. 严厉斥责;正式谴责 *n*. 谴责

52. savvy

(A) *n*. 糖尿病;多尿症 (B) *n*. 悟性;洞察力;实际知识 *v*. 理解 *adj*. 聪慧的;具有实际知识的 (C) *n*. 病原体;病菌 (D) *n*. 矛盾;相差

53. lest

(A) *v*. 坚持立场 (B) *v*. 共同;与……协力 (C) *v*. 阐明 (D) *conj*. 唯恐;以免;(引出产生某种情感的原因)唯恐;担心

54. tally

(A) *n*. 辉煌;灿烂 (B) *n*. 富裕;丰富;流入;汇聚 (C) *n*. 标签;记账 *vt*. 计算;记录 (D) *n*. 长矛;执矛战士;柳叶刀 *vt*. 以长矛攻击;用柳叶刀割开;冲进

55. proposition

(A) *n*. 卓越;杰出 (B) *n*. 咆哮;吼;轰鸣 *v*. 咆哮;吼叫;喧闹 (C) *n*. 食物;生计;支持 (D) *n*. /数/ 命题;提议 *vt*. 向……提议

56. forcible

(A) *adj*. 谦逊的;含蓄的;不炫耀的 (B) *adj*.强行的 (C) *adj*. 即将发生的;迫切的;悬挂的 *v*. 迫近;悬空 (D) *adj*. 非正统的;异端的;异教的

57. wire

(A) *v*.＆ *n*. 混合 (B) *vt*. 强调 *n*. 底线 (C) *v*. 拍电报 (D) *v*. 摸索;探索 *n*. 摸索;触摸

58. rustling

(A) *v*. 感到惊奇(或好奇);大为赞叹 *n*. 令人惊异的人(或事);不平凡的成果;成就;奇迹;十分有用(灵巧)的物(人);惊讶;惊奇 (B) *v*. 发出沙沙声;使……窸窣作响 (C) *v*. 穿过;来回移动 *n*. 横穿 (D) *vt*. 包含;包围;环绕

59. anomalous

(A) *adj*. 壮观的;给人深刻印象的;威风的;仪表堂堂的 (B) *adj*. 清晰的;轮廓鲜明的 (C) *adj*. 激动的;焦虑的;表现不安的 (D) *adj*. 异常的;不规则的;不恰当的

60. mortar

(A) *n*. 残酷;残忍;残酷的行为 (B) *n*. 迫击炮;臼;研钵;灰浆 *vt*. 用灰泥涂抹;用灰泥结合 (C) *n*. 遵守;符合 (D) *n*. 并置;并列;毗邻

61. upright

(A) *adj*. 国内的;家庭的 *n*. 国货;佣人 (B) *adj*. 猖獗的;蔓延的;狂暴的 (C) *adj*. 受损的 (D) *adj*. 正直的;诚实的;垂直的;直立的;笔直的;合乎正道的

62. scatterbrained

(A) *adj*. 注意力不集中的;浮躁的 (B) *adj*. 脸红的 *n*. /涂料/雾浊 (C) *adj*. 努力的;费力的;险峻的 (D) *adj*. 仁慈的;慈悲的;宽容的

63. decrepit

(A) *adj*. 烟火的;令人眼花缭乱的;出色的 (B) *adj*. 休眠的;静止的;睡眠状态的;隐匿的 (C) *adj*. 衰老的;破旧的 (D) *adj*. 不能弥补的;不能复原的;无法挽救的

64. flee

(A) *vi*. 逃走;消失;消散 *vt*. 逃跑;逃走;逃避 （B）*v*. 传播;流传;循环;流通 （C）*v*. 逃避;规避;逃脱 （D）*v*. & *n*. 嘲笑;奚落

65. mockery

(A) *n*. 羊皮纸 （B）*n*. 接近;/数/邻近;接近;接近度;距离;亲近 （C）*n*. 仁慈;善行 （D）*n*. 嘲弄;笑柄;徒劳无功;拙劣可笑的模仿或歪曲

66. perplexity

(A) *n*. 水族馆;养鱼池;玻璃缸 （B）*n*. 困惑;混乱 （C）*n*. 命名法;术语 （D）*n*. 矛盾;相差

67. entreat

(A) *vt*. 使……惊呆;使……昏迷 （B）*vt*. 抑制;禁止 （C）*v*. 支撑;放置;用……撑住(某物) （D）*v*. 恳求;请求

68. ghastly

(A) *adj*. 可怕的;惨白的;惊人的;极坏的 （B）*adj*. 态度不明朗的;不承担义务的;无明确意义的 （C）*adj*. 可怕的;耸人听闻的;火烧似的 （D）*adj*. 限制的;限制性的;约束的

69. uninterrupted

(A) *adj*. 节日的;喜庆的;欢乐的 （B）*adj*. 卓越的;超常的;出类拔萃的 （C）*adj*. 不间断的;连续的 （D）*adj*. 罕见的;稀少的;珍贵的;不频发的

70. habituation

(A) *n*. 司机 *vt*. 开车运送 *vi*. 当汽车司机 （B）*n*. 习惯;熟习 （C）*n*. 食草性 （D）*n*. 鳃

71. impropriety

(A) *n*. /地质/ 海侵;犯罪;违反;逸出 （B）*n*. 巨石 （C）*n*. 缝;接缝 *vt*. 缝合 *vi*. 裂开 （D）*n*. 不适当;不正确;用词错误

72. pandemonium

(A) *n*. 魅力;魔力;迷人的美 *vt*. 迷惑;迷住 （B）*n*. /管理/禁令;命令;劝告 （C）*n*. 给……居住权;移植 （D）*n*. 一片混乱;闹哄哄的场所

73. tout

(A) *vt*. 兜售;招徕 *n*. 侦察者;兜售者 （B）*vt*. 改进;/计/更新;式样翻新 *n*. 式样翻新;花样翻新 （C）*v*. 使……持续;使……长存;使……永久化(尤指不好的事物) （D）*vt*. 理解;逮捕;忧虑

74. masquerade

(A) *n*. 掩藏;掩饰;伪装;化装;欺骗;化装舞会 *v*. 伪装;化装;冒充 （B）*n*. 飞行员 （C）*n*. 司空见惯的事;普通的东西;老生常谈 （D）*n*. 中间休息;间歇

75. bower

(A) *n*. 凉亭;树荫处 （B）*n*. 破布;碎屑 （C）*n*. 不适当;不正确;用词错误 （D）*n*. /植/花蜜;甘露;神酒;任何美味的饮料

76. globular

(A) *adj*. 从属的;次要的 *n*. 部属 *v*. 使……居下位 （B）*adj*. 球状的;由小球形成的;闻名世界的 （C）*adj*. 有名望的;享有声望的 （D）*adj*. 容易的;不费力气的

77. blaze

(A) *v*. 向……行贿;诱哄(尤指小孩) *n*. 贿赂 （B）*v*. & *n*. 不匹配 （C）*vi*. 群聚;丛生 *vt*. 使……聚集;聚集在某人的周围 （D）*v*. 闪耀

78. spawn

(A) *vt*. 给;产生;让步;举办;授予 （B）*v*. 产卵;酿成;造成 *n*. 卵;菌丝;产物 （C）*vt*. 收集(资料);拾(落穗) （D）*vt*. 推论;推断;演绎出

79. treatise

(A) *n*. 华丽服饰;全套甲胄;全副盔甲 （B）*n*. 求援;求助 （C）*n*. 咒语;颂歌 （D）*n*. 论述;论文;专著

80. undergird

(A) *v*. 纠正;重新放直 *n*. 赔偿;矫正;救济 （B）*v*. 挖洞 *n*. （动物的）洞穴 （C）*v*. （翻箱倒柜地）搜寻;寻找;搜出;查获某物 （D）*vt*. 加强;从底层加固

81. suspicion
   (A) *n*. 悖论;反论;似是而非的论点　(B) *n*. 薰衣草;淡紫色 *adj*. 淡紫色的 *vt*. 用薰衣草熏　(C) *n*. 怀疑　(D) *n*. 瘟疫;麻烦事 *v*. 使……折磨;使……苦恼

82. conjure
   (A) *vt*. 减轻;使……缓和;使……平静　(B) *v*. 萌芽;发芽;迅速增长 *n*. 芽;嫩枝　(C) *v*. 念咒召唤;用魔法驱赶　(D) *v*. (翻箱倒柜地)搜寻;寻找;搜出;查获某物

83. welder
   (A) *n*. 路边　(B) *n*. 焊接工　(C) *n*. 肤色;面色;情况;局面　(D) *n*. 伐木工人;木材商的佣工;短夹克衫

84. deficient
   (A) *adj*. 可有可无的;非必要的　(B) *adj*. 需要努力的;显示努力的;充满努力的　(C) *adj*. 不朽的;不灭的　(D) *adj*. 不足的;有缺陷的;不充分的

85. ineffectuality
   (A) *n*. 女高音;最高音部;女高音歌手　(B) *n*. 抗辩;辩论;用来反驳的论点　(C) *n*. 无效　(D) *n*. 变形;变质

86. lodging
   (A) *n*. 恶化;退化;堕落　(B) *n*. 鼻孔　(C) *n*. 意志;意志力;决断力　(D) *n*. 寄宿;寄宿处;出租的房间

87. sequester
   (A) *vt*. 使……隔绝;使……隐退;没收;扣押　(B) *v*. (翻箱倒柜地)搜寻;寻找;搜出;查获某物　(C) *v*. 悄悄地缓慢行进　(D) *v*. 呼喊;惊叫

88. algorithm
   (A) *n*. 评价;估价(尤指估价财产;以便征税)　(B) *n*. /兽医;兽疥癣/;兽医/家畜疥　(C) *n*. /计/数/算法;运算法则　(D) *n*. 绿色植物;温室

89. profess
   (A) *vt*. 铭记于心;使……不朽;防腐　(B) *v*. 不同意 *n*. 异议　(C) *vt*. 包含;包围;环绕　(D) *vt*. 自称;公开表示

90. boudoir
   (A) *n*. 咆哮;吼;轰鸣 *v*. 咆哮;吼叫;喧闹　(B) *n*. 弹性;跳回　(C) *n*. 闺房;女人的会客室或化妆室　(D) *n*. 冗词;废话

91. venture
   (A) *n*. 声音渐增 *adv*. 渐次加强地 *adj*. 渐强的 *vi*. 音量逐渐增强　(B) *n*. 企业;风险;冒险 *vi*. 冒险;投机　(C) *n*. 对抗;面对;对峙　(D) *n*. 公共汽车;精选集;文集 *adj*. 综合性的;总括的;(包括)多项的

92. quail
   (A) *n*. 意外事故;伤亡人员;急诊室　(B) *n*. 求援;求助　(C) *n*. 鹌鹑;北美鹑;鹌鹑肉 *v*. 畏缩;胆怯;感到恐惧　(D) *n*. 标枪;投枪

93. toil
   (A) *n*. 混合;混杂 *adj*. 混合的;拼凑的　(B) *n*. 辛苦;苦工 *vi*. 辛苦工作 *vt*. 费力地做;使……过度劳累　(C) *n*. (自然环境、野生动植物等)保护主义者　(D) *n*.旅行拖车;有篷马车;旅行队

94. amicable
   (A) *adj*. 无精打采的;懒洋洋的;昏睡的　(B) *adj*. 友好的;友善的　(C) *adj*. 屈从的;奉承的;有用的;有帮助的　(D) *adj*. 无敌的;至高无上的;无比的

95. egocentrism
   (A) *n*. 汗水;流汗;努力　(B) *n*. /胚/胚胎;胚芽;初期　(C) *n*. 唯我主义;利己主义　(D) *n*. 礼貌;好意;恩惠

96. lethargic
   (A) *adj*. 无精打采的;懒洋洋的;昏睡的　(B) *adj*. 悲观的;厌世的;悲观主义的　(C) *adj*. 炎症性的;煽动性的;激动的　(D) *adj*. 严格的;严厉的;严密的;严酷的

97. scanty
   (A) *adj*. 暂时的;当时的;现世的 (B) *adj*. 缺乏的;吝啬的;仅有的;稀疏的 (C) *adj*. 坚定的;强健的;健全的 (D) *adj*. 不值得做的;无报酬的

98. mechanization
   (A) *n*. /经/滞胀;不景气状况下的物价上涨 (B) *n*. /天/ 星座;星群;荟萃;兴奋丛 (C) *n*. 机械化;机动化 (D) *n*. 中立;中性;中立立场

99. artistry
   (A) *n*. 痴迷;困扰 (B) *n*. 生面团;金钱 (C) *n*. 艺术性;工艺;艺术技巧 (D) *n*. 附加物;下属;附器

100. unshackle
   (A) *vi*. 发牢骚;叫喊;抱怨 (B) *vt*. 除去……镣铐;释放 (C) *v*. 篡改 (D) *vi*. 进行哲学探讨;理性地思考

101. exonerate
   (A) *vt*. 加快;促进;发出 (B) *vt*. 宣判……无罪;证明……的清白 (C) *v*. 模仿;仿效 (D) *vt*. 向……吠叫

102. hysterical
   (A) *adj*. 有危险的;冒险的;碰运气的 (B) *adj*. 歇斯底里的;异常兴奋的 (C) *adj*. 丰富的;很多的;多产的 (D) *adj*. 短暂的;朝生暮死的 *n*. 只生存一天的事物

103. omnipotence
   (A) *n*. 幼仔;幼童军;没经验的年轻人 *vi*. 生幼仔 (B) *n*. 顶点;最高级会议;最高阶层 *adj*. 最高级的;政府首脑的 (C) *n*. 全能;无限力量 (D) *n*. 危难;不幸;贫困;悲痛 *vt*. 使……悲痛;使……贫困

104. electrified
   (A) *adj*. 顽固的;倔强的;难以控制的 (B) *adj*. 有名望的;享有声誉的 (C) *adj*. 电气化的 (D) *adj*. 有力的;精力充沛的

105. conform
   (A) *vt*. 引导;招待;迎接;开辟 (B) *vi*. 相啮合 *n*. 网眼;网丝;圈套 (C) *v*. 符合;遵照;适应环境 *adj*. 一致的;顺从的 (D) *v*. 使……发酵;激起(麻烦;动乱) *n*. 发酵;酵素;动乱

106. status quo of
   (A) 现状 (B) 讲清楚 (C) 符合;遵照 (D) 连同;共同;与……协力

107. outdo
   (A) *vt*. 仲裁;公断 (B) *vt*. 超过;胜过 (C) *v*. & *n*. (有规律地)抽动;(有节奏地)跳动;抽搐;阵痛 (D) *vt*. 组成;构成;建立;任命

108. ingenious
   (A) *adj*. 有独创性的;机灵的;精制的 (B) *adj*. 货币的;财政的 (C) *adj*. 鲸脂的 (D) *adj*. 明智的;可取的;适当的

109. litigant
   (A) *n*. 折磨;严酷的考验;痛苦的经验 (B) *n*. 诉讼当事人 (C) *n*. 灌木篱墙 (D) *n*. 对立面;对照;对仗

110. inquisitive
   (A) *adj*. 畅通无阻的;未受阻的 (B) *adj*. 好奇的;好问的;爱打听的 (C) *adj*. 显著的;看得见的 *n*. /物/ 可观察量 (D) *adj*. 刑事的;刑罚的

111. hindsight
   (A) *n*. 后见之明;枪的照门 (B) *n*. 痴迷;困扰 (C) *n*. 无精打采;死气沉沉;昏睡;嗜眠(症) (D) *n*. 教养;养育;抚育

112. designate
   (A) *v*. & *n*. 喜爱;想象;幻想 (B) *vt*. 重申;反复地做 (C) *vi*. 蹲下;盘坐 *n*. 守旧者 (D) *vt*. 指定;指派;标出;把……定名为

113. gnat
   (A) *n*. 障碍;不利条件 (B) *n*. /建/隔间;区划;卧车上的小客房 *vt*. 分隔;划分 (C) *n*. 鳏夫

(D) *n*. 小昆虫；小烦扰
114. dine
(A) *vi*. 进餐；用餐　(B) *v*. & *n*. 畏缩；弹回；报应　(C) *vt*. 沉思；注视；思忖；预期 *vi*. 冥思苦想；深思熟虑　(D) *vt*. 突然插入；插嘴
115. infrequent
(A) *adj*. 习惯的 *n*. 习惯法汇编　(B) *adj*. 罕见的；稀少的；珍贵的；不频发的　(C) *adj*. 精致的；细腻的；异常的　(D) *adj*. 美的；美学的；审美的；具有审美趣味的
116. assert oneself
(A) 对……产生强烈的兴趣；粘住　(B) 果断地行动（或讲话）　(C) 渴望；为……叹息　(D) 优越地位；有利地形
117. accomplice
(A) *n*. 跷跷板；秋千 *adj*. 交互的；前后动的 *vi*. 玩跷跷板；上下来回摇动 *vt*. 使……上下或来回摇动　(B) *n*. 藏品；无主财宝；埋藏物；宝库　(C) *n*. 发挥；运用；努力　(D) *n*. 同谋者；共犯
118. efficacious
(A) *adj*. 坚定的　(B) *adj*. 相称的；同样大小的　(C) *adj*. 有效的；灵验的　(D) *adj*. 受人尊敬的
119. manicurist
(A) *n*. 指甲修饰师　(B) *n*. 俯冲；除去；减法　(C) *n*. 树桩；残余部分；假肢 *vt*. 砍伐；使……为难　(D) *n*. 信托
120. volatile
(A) *adj*. 易挥发的；不稳定的；反复无常的　(B) *adj*. 不朽的；不灭的　(C) *adj*. 不情愿的；勉强的；顽抗的　(D) *adj*. 统治的；在位的
121. caravan
(A) *n*. 创造性；发明的才能　(B) *n*. 调查；宗教法庭；审讯　(C) *n*. 旅行拖车；有篷马车；旅行队　(D) *n*. 健忘；不注意

List 20 Practice

从下列选项中选出词义正确的一项。

1. ingest
   (A) vt. 丢下;用力投掷;愤慨地说出 vi. 猛投;猛掷 n. 用力的投掷 (B) vt. 使……困惑;使……为难;使……复杂化 (C) vt. 摄取;咽下;吸收;接待 (D) vt. 超过;擅长 vi. (在某方面)胜过(或超过)别人

2. luddite
   (A) n. 一致;舆论;合意 (B) n. 声音渐增 adv. 渐次加强地 adj. 渐强的 vi. 音量逐渐增强 (C) n. 强烈反对机械化或自动化的人 (D) n. 阳光突现;从云隙射下的阳光;镶有钻石的旭日形首饰

3. sentinel
   (A) n. 一片混乱;闹哄哄的场所 (B) n. 哨兵 (C) n. 论述;论文;专著 (D) n. 新奇事物;异族事物

4. firmament
   (A) n. 睡眠;麻木状态;静止状态 v. 睡眠;蛰伏;麻木 (B) n. 无差别 (C) n. 天空;苍天 (D) n. 奇异的机械;奇特的装置

5. autoclave
   (A) n. 高压灭菌器;高压锅 (B) n. (为身体提供热量的)碳水化合物;含碳水化合物的食物 (C) n. 空军中队 (D) n. (旧)兄弟们;同胞;同党;会友

6. possessive
   (A) adj. 占有的;所有的;所有格的;占有欲强的 n. 所有格 (B) adj. 无数的;数不清的 (C) adj. 古怪的;反常的 n. 古怪的人 (D) adj. 闪烁的;忽隐忽现的;摇曳的

7. greedy
   (A) adj. 有错误的;有缺点的 (B) adj. 破旧的 (C) adj. 可理解的 (D) adj. 贪婪的;贪吃的;渴望的

8. chide
   (A) v. 主张 (B) v. (用力)拖;拉;费力前进 n. 赃物;一网的捕鱼量;旅程;拖运距离 (C) vt & vi. 责骂;斥责 (D) v. & n. 讲述;叙述;重新计数或计算

9. ephemeral
   (A) adj. 侵入的;打扰的 (B) adj. 短暂的;朝生暮死的 n. 只生存一天的事物 (C) adj. 令人不安(或紧张、担忧)的;扰乱的 (D) adj. 法院的;辩论的;适于法庭的

10. cockatoo
    (A) n. 旋风 (B) n. 凤头鹦鹉;葵花鹦鹉 (C) n. 简陋的小屋;棚屋 (D) n. 主要动力;(钟表)主发条;主要原因;主要动机

11. inadvertently
    (A) adv. 定期地;周期性地;偶尔;间歇 (B) adv. 谨慎地;保存地;适当地 (C) adv. 无意地;不经意地 (D) adv. 笨拙地;粗陋地

12. retrial
    (A) n. 复审;复试 (B) n. 达到;成就 (C) n. 线;串;海滨 vi. 搁浅 (D) n. /数/排列;/数/置换

13. sculptural
    (A) adj. 警告的;劝诫的 (B) adj. 液压的;水力的;水力学的 (C) adj. 微弱的;无力的;虚弱的

(D) *adj*. 雕刻的;雕刻般的
14. veritable
    (A) *adj*. 真正的;名副其实的 (B) *adj*. 心情矛盾的 (C) *adj*. 俯卧的;有……倾向的;易于……的 (D) *adj*. 自满的;得意的;满足的
15. multitask
    (A) *vt*. 迫害;困扰;同……捣乱 (B) *vt*. 使……多任务化 *n*./计/多任务 (C) *vt*. 推挤;争夺 *vi*. 竞争 (D) *vt*. 超过;胜过
16. dusty
    (A) *adj*. 肤色的;天性的 (B) *adj*. 荒凉的;冷淡的;不好客的;不适居留的 (C) *adj*. 落满灰尘的 (D) *adj*. 实际的;实用性的
17. mouldy
    (A) *n*. 谴责;训斥;申诉 *vt*. 谴责;训斥;责难 (B) *n*. 认可;支持;背书 (C) *n*. 利他;利他主义 (D) *n*. 鱼雷 *adj*. 发霉的;腐朽的
18. speculate
    (A) *vt*. 操纵;操作;巧妙地处理;篡改 (B) *v*. & *n*. 磨碎;折磨;苦工作 (C) *v*. 挖洞 *n*.(动物的)洞穴 (D) *vi*. 推测;投机;思索
19. conspicuous
    (A) *adj*. 不规则的;不确定的;不稳定的;不可靠的 (B) *adj*. 无数的;种种的 *n*. 无数;极大数量 (C) *adj*. 显著的;显而易见的 (D) *adj*. 地上的;月下的
20. vow
    (A) *n*. /建/隔间;区划;卧车上的小客房 *vt*. 分隔;划分 (B) *n*. 至上主义者 *adj*. 至上主义者的 (C) *n*. 书包;小背包 (D) *n*. 发誓;誓言;许愿 *v*. 发誓;郑重宣告
21. strangle
    (A) *vi*. 脱毛;换毛 (B) *v*. 给予;授予;商议 (C) *v*. 勒死 (D) *v*. 使……发酵;激起(麻烦;动乱) *n*. 发酵;酵素;动乱
22. phenology
    (A) *n*. /药/解毒剂;解药 (B) *n*. 外交;外交手腕;交际手段 (C) *n*. 生物气候学;物候学 (D) *n*. 小岛
23. becoming
    (A) *adj*. 习惯的 *n*. 习惯法汇编 (B) *adj*. 不带感情的;平心静气的;公平的 (C) *adj*. 经验丰富的;老练的;调过味的 (D) *adj*. 合适的
24. omnibus
    (A) *n*. 轻视;蔑视;耻辱 (B) *n*. 轭;束缚;牛轭 (C) *n*. 家长式统治;家长作风 (D) *n*. 公共汽车;精选集;文集 *adj*. 综合性的;总括的;(包括)多项的
25. uncultivated
    (A) *adj*. 思想的;意识形态的 (B) *adj*. 怀旧的;回忆往事的 *n*. 回忆录作者;回忆者 (C) *adj*. 未经耕作的;无教养的;不文明的 (D) *adj*. 破旧的
26. heretofore
    (A) *adv*. 明显地;显著地;引人注目地 (B) *adv*. 直到此时;迄今为止;在这以前 (C) *adv*. 因此 (D) *adv*. 平凡地;散文式地
27. stake out position
    (A) 尽管;尽管;虽然 (B) 自然地;当然地(用于提及另一自然相关的事物) (C) 坚持立场 (D) 渴望;为……叹息
28. moderation
    (A) *n*. 流露;流出;倾泻 (B) *n*. 丰满 (C) *n*. 适度;节制;温和;缓和 (D) *n*. 诊断
29. gauge
    (A) *vt*. 使……高兴;使……振奋;使……愉快 (B) *vt*. 测量;估计;给……定规格 (C) *vt*. 比……重(在重量上);比……重要;比……有价值 (D) *v*. & *n*. 讲述;叙述;重新计数或计算
30. colloquial
    (A) *adj*. 巨大的;重重的 (B) *adj*. 白话的;通俗的;口语体的 (C) *adj*. 雕刻的;雕刻般的 (D) *adj*.

实际的;实用主义的

31. insolent

(A) *adj*. 穿孔的;有排孔的 (B) *adj*. 自大的;傲慢的 (C) *adj*. 精致的;细腻的;异常的 (D) *adj*. 无礼的;傲慢的;粗野的;无耻的

32. engross

(A) *vi*. 把……烧成灰;烧弃 (B) *vt*. 使……全神贯注;独占;吸引 (C) *v*. & *n*. 皱眉;不同意 (D) *vi*. 同步;同时发生

33. moderate

(A) *vt*. 节制;减轻 (B) *vt*. 教化;赋予人性;使……通人情 (C) *vt*. 划分;区分 (D) *v*. 禁闭;监禁

34. aroma

(A) *n*. 剧烈;敏锐;锐利 (B) *n*. 怪念头;反复无常 (C) *n*. 释放者;解放者 (D) *n*. 芳香

35. abolish

(A) *vt*. 废除;废止;取消;革除 (B) *vt*. 击败;摧毁;使……平坦 *vi*. 变平;变单调 (C) *v*. 穿过;来回移动 *n*. 横穿 (D) *vt*. 使……登基;立……为王;任为主教;崇拜 *vi*. 热爱

36. fuchsia

(A) *n*. 征收;征兵;征税 *vt*. 征收(税等);征集(兵等);发动(战争) *vi*. 征税;征兵 (B) *n*. 旅行拖车;有篷马车;旅行队 (C) *n*. 紫红色;/植/倒挂金钟属 (D) *n*. 剂量;用量

37. merriment

(A) *n*. 欢笑;嬉戏;欢庆 (B) *n*. 危险;冒险 *vt*. 危及;置……于险境 (C) *n*. 苦恼;恼怒;令人烦恼的事 (D) *n*. 细长的列;收割的刈痕

38. antidote

(A) *n*. 公告;宣布;宣言;公布 (B) *n*. 试验;审讯 *adj*. 试验的 (C) *n*. 装杂物的容器;总受器;分沫器 *adj*. 包罗万象的 (D) *n*. /药/解毒剂;解药

39. charismatic

(A) *adj*. 不景气的 *v*. 倾斜身体;倾斜;倚靠;使……斜靠 (B) *adj*. 模糊的 (C) *adj*. 私生的;非法的;不合理的 (D) *adj*. 超凡魅力的;神赐能力的

40. badger

(A) *n*. 细胞器;细胞器官 (B) *n*. 獾 *vt*. 纠缠不休;吵着要;烦扰 (C) *n*. 堕落;邪恶 (D) *n*. 沮丧;灰心;惊慌 *vt*. 使……沮丧;使……惊慌

41. unholy

(A) *adj*. 公正的;明断的;法庭的;审判上的 (B) *adj*. 令人吃惊的 (C) *adj*. 省的;地方性的;偏狭的 *n*. 粗野的人;乡下人;外地人 (D) *adj*. 不神圣的;罪恶的;不适宜的

42. retail

(A) *n*. 温度调节 (B) *n*. 零售 *v*. 零售 *adj*. 零售的 (C) *n*. 缺乏;贫困;必需品;想要的东西 (D) *n*. 有成就的人;高手 *adj*. 高手的

43. calamity

(A) *n*. 先驱;前兆;预告者 *vt*. 预告;充做……的前驱 (B) *n*. 监督;照管;疏忽 (C) *n*. 灾难;不幸事件 (D) *n*. 蛹

44. impervious

(A) *adj*. 偏的;歪斜的;偏态的;异面的 *n*. 斜角;倾斜;偏见;偏态 *v*. 偏离;歪斜;扭转;偏转;歪曲;使……分布偏态;斜视 (B) *adj*. 对他人的感受漠不关心的;对某事物无感觉;无反应 (C) *adj*. 不受影响的;无动于衷的;不能渗透的 (D) *adj*. 卑微的;仆人的 *n*. 仆人;住家佣工;下贱的人

45. mischievous

(A) *adj*. 全然的;严厉的;未缓和的 (B) *adj*. 旋涡的 *n*. 搅拌;搅乳;一次提制的奶油 *v*. 搅拌;翻腾;反胃;使……感到不安 (C) *adj*. 淘气的;(人、行为等)恶作剧的;有害的 (D) *adj*. 繁重的;麻烦的;负有义务的;负有法律责任的

46. clench

(A) *vt*. 紧握 *vi*. 握紧 *n*. 紧抓 (B) *v*. 严厉斥责;正式谴责 *n*. 谴责 (C) *v*. 使……摇晃地悬挂着;提着;炫示;用……来诱惑(或激励) (D) *vi*. 进行哲学探讨;理性地思考

47. homograph

(A) *n.* 传粉者；传粉媒介；传粉昆虫；授花粉器 (B) *n.* 同形异义词 (C) *n.* 细长的列；收割的刈痕 (D) *n.* 享受；乐趣；爱好；调味品 *v.* 尽情享受

48. whirl

(A) *vi.* 干涉；调停；插入 (B) *v.* 回旋；使……急转；混乱；恍惚；(思绪)接连不断 *n.* 旋转；回旋；一连串的事或活动；短暂的旅行 (C) *vt.* 诱使；怂恿 (D) *vi.* 减价；跌价

49. managerial

(A) *adj.* 时髦的；流行的；受新潮思想影响的 (B) *adj.* 微生物的；由细菌引起的 (C) *adj.* /管理/管理的；经理的 (D) *adj.* 合适的

50. recollection

(A) *n.* /光//天/光度；光明；光辉 (B) *n.* 回忆；回忆起的事物 (C) *n.* 恩人；捐助者；施主 (D) *n.* 能力；胜任；权限；作证能力；足以过舒适生活的收入

51. fledgling

(A) *n.* 无经验的人；无经验的组织；新体系 (B) *n.* 撤退；收回；提款；取消；退股 (C) *n.* 死亡率 (D) *n.* 概念；见解；打算

52. recourse

(A) *n.* 滑稽；玩笑 (B) *n.* 虚伪；伪善 (C) *n.* /法/仲裁者；裁决人 (D) *n.* 求援；求助

53. nostalgic

(A) *adj.* 贵族的；贵族政治的；有贵族气派的 (B) *adj.* 熙熙攘攘的；忙乱的 (C) *adj.* 不含糊的；清楚的；明白的 (D) *adj.* 怀旧的；乡愁的

54. diplomacy

(A) *n.* 凤头鹦鹉；葵花鹦鹉 (B) *n.* 轨道；轨线；弹道 (C) *n.* 外交；外交手腕；交际手段 (D) *n.* /地理/水文/泻湖；环礁湖；咸水湖

55. illusiveness

(A) *n.* 副本；配对物；极相似的人或物 (B) *n.* 天资；自然倾向；适宜 (C) *n.* 错觉；幻影 (D) *n.* 猛攻；突击

56. rehabilitate

(A) *v.* 使……恢复 *n.* 复原 (B) *v.* 表明；清楚显示；显现； (C) *v.* 合并；汞齐化；调制汞合金 (D) *vi.* 退缩；畏惧 *n.* 退缩；畏惧

57. play out

(A) 完成 (B) 必然；一定要 (C) 突然工作(或行动)起来 (D) 要求；自以为

58. coyote

(A) *n.* 心灵手巧；独创性；足智多谋；精巧的装置 (B) *n.* 丛林狼；郊狼；非法移民偷运者 (C) *n.* 固执；顽固；(病痛等的)难治；难解除 (D) *n.* 先知；预言者；提倡者

59. precede

(A) *vt.* 公布；传播；发表 (B) *vt.* 公布；传播 (C) *vt.* 使用；行使；挥舞 (D) *vt.* 领先；在……之前；优于；高于 *vi.* 领先；在前面

60. concede

(A) *v.* 扩散；转移 (B) *vt.* 承认；退让 *vi.* 让步 (C) *v.* & *n.* 轻蔑；嘲笑；藐视的对象 (D) *vt.* 分离；派遣；使……超然

61. situated

(A) *adj.* 位于……的；处于……境遇的 (B) *adj.* 不知疲倦的；不屈不挠的；有耐性的 (C) *adj.* 轻率的；不慎重的 (D) *adj.* 连通的；有联系的

62. continuance

(A) *n.* 自制；忍耐；宽容 (B) *n.* 持续；停留；续篇；诉讼延期 (C) *n.* 超新星 (D) *n.* 牛皮纸

63. culminate

(A) *v.* 到绝顶；达到高潮；达到顶点 (B) *vt.* 粉碎；使……破产 *n.* 破碎 *vi.* 粉碎 *adj.* 了不起的 (C) *vt.* 节制；减轻 (D) *vi.* 减价；跌价

64. ubiquitous

(A) *adj.* 像人的 *n.* 类人动物 (B) *adj.* 落满灰尘的 (C) *adj.* 普遍存在的；无所不在的 (D) *adj.*

不合时宜的;过早的

65. intact

(A) *adj*. 粗心大意的;草率的;不思考的 (B) *adj*. 黑暗的;沮丧的;阴郁的 (C) *adj*. 最高的;最高级的;过度的 *n*. 最高级 (D) *adj*. 完整的;原封不动的;未受损伤的

66. tug

(A) *vt*. 补充;再装满;把……装满;给……添加燃料 (B) *v*. 使……附属;加入;接纳;紧密联系 *n*. 分支机构;联号 (C) *vt*. 流出;摆脱;散发;倾吐 (D) *v*. (用力地)拉;(迅速地)穿衣服;竞争;努力做

67. endear

(A) *vt*. 不予重视;将……轻描淡写 (B) *vt*. 支持;嫁娶;赞成;信奉 (C) *vt*. 使……受钟爱;使……亲密 (D) *vt*. 用布帘覆盖;使……呈褶裥状

68. petite

(A) *adj*. (女子)娇小的;小个子的 *n*. 妇女服装尺码的小号 (B) *adj*. 悬而未决的;下垂的;未定的;向外伸出的 (C) *adj*. 生理节律的 (D) *adj*. 优先的;选择的;特惠的;先取的

69. gargantuan

(A) *adj*. 仁慈的;慈悲的;宽容的 (B) *adj*. 轻蔑的;鄙视的 (C) *adj*. 安心的;可靠的;鼓气的 (D) *adj*. 庞大的;巨大的

70. lance

(A) *n*. 长矛;执矛战士;柳叶刀 *vt*. 以长矛攻击;用柳叶刀割开;冲进 (B) *n*. 虔诚;孝敬;虔诚的行为或语言 (C) *n*. 獾 *vt*. 纠缠不休;吵着要;烦扰 (D) *n*. /毒物//药/吗啡

71. lorry

(A) *n*. 唯我主义;利己主义 (B) *n*. 意志;意志力;决断力 (C) *n*. 威严 (D) *n*. (英)卡车;/车辆/货车;运料车

72. brewing

(A) *n*. 全体;总效果;全套服装;全套家具;合奏组 *adv*. 同时 (B) *n*. 暴乱;放纵;蔓延 *vi*. 骚乱;放荡 *vt*. 浪费;挥霍 (C) *n*. 噱头;手腕 *vt*. 阻碍……的正常生长或发展 *vi*. 表演特技 (D) *n*. 酿造;酝酿;计划

73. imposing

(A) *adj*. 有独创性的;机灵的;精制的 (B) *adj*. 波状的;波浪起伏的 (C) *adj*. 书记的;牧师的 *n*. 牧师 (D) *adj*. 壮观的;给人深刻印象的;威风的;仪表堂堂的

74. sordid

(A) *adj*. 常规的;例行的;平常的;乏味的 (B) *adj*. 肮脏的;卑鄙的;利欲熏心的;色彩暗淡的 (C) *adj*. 笨重的;累赘的 (D) *adj*. 肉体的;肉欲的;淫荡的

75. compound

(A) *n*. 胸怀;胸襟;内心;内部 *vt*. 怀抱;把……藏在心中 *adj*. 知心的;亲密的 (B) *n*. 首位 (C) *n*. 责备;耻辱 *vt*. 责备;申斥 (D) *n*. /化学/化合物;混合物;复合词 *adj*. 复合的;混合的 *v*. 合成;混合;恶化;加重;和解;妥协

76. endorsement

(A) *n*. 堆;许多;累积 *vt*. 堆;堆积 (B) *n*. 渗透;突破;侵入;洞察力 (C) *n*. 认可;支持;背书 (D) *n*. 库存;积蓄 *v*. 贮存;储蓄

77. stockpile

(A) *n*. 幸福;快乐;幸运 (B) *n*. 迫击炮;臼;研钵;灰浆 *vt*. 用灰泥涂抹;用灰泥结合 (C) *n*. 库存;积蓄 *v*. 贮存;储蓄 (D) *n*. 原料;要素;组成部分

78. handicraft

(A) *n*. 划分;划界;限界 (B) *n*. 手工艺;手工艺品 (C) *n*. 方法;途径 (D) *n*. 清真寺

79. mannequin

(A) *n*. 顺从;辞职;放弃 (B) *n*. 福音(书);佳音 (C) *n*. 人体模型;服装模特儿 (D) *n*. 隆隆声;辘辘声 *v*. 隆隆作响;喃喃地讲话

80. reluctant

(A) *adj*. 无礼的;傲慢的;粗野的;无耻的 (B) *adj*. 不情愿的;勉强的;顽抗的 (C) *adj*. 反重力的

(D) *adj*. 单调的

81. ambassadorial

(A) *adj*. 大使的;使节的　(B) *adj*./地质/同源的;同类的　(C) *adj*. 卓越的;超群的　(D) *adj*. 机智的;圆滑的;老练的

82. entice

(A) *vt*. 重击;用拳头打;砰地撞到 *vi*. 重击;狠打;砰然地响 *n*. 重打;重击声　(B) *vt*. 淹没;把……浸入;沉浸　(C) *vt*. 测量;估计;给……定规格　(D) *vt*. 诱使;怂恿

83. meek

(A) *adj*. 缓和的;温和的;调节的　(B) *adj*. 异常的;不规则的;不恰当的　(C) *adj*. 合适的　(D) *adj*. 温顺的;谦恭的;驯服的

84. unorthodox

(A) *adj*. 精致的;细腻的;异常的　(B) *adj*. 有自信的　(C) *adj*. 非正统的;异端的;异教的　(D) *adj*. 异常的;妖里妖气的;男同性恋的;不舒服的 *n*. 同性恋者;怪人;伪造的货币 *v*. 破坏……的计划

85. blatantly

(A) *adv*. 机智地;俏皮地　(B) *adv*. 相互地;相反地　(C) *adv*. 可耻地　(D) *adv*. 公然地;喧闹地;看穿了地

86. illumination

(A) *n*. 照明;光源　(B) *n*. 唯我主义;利己主义　(C) *n*. 幽灵;幻影;鬼怪　(D) *n*. 獾 *vt*. 纠缠不休;吵着要;烦扰

87. rouse

(A) *vt*. 使……困惑;使……为难;使……复杂化　(B) *vt*. 驱逐;剥夺;取代　(C) *v*. 嘲笑;冷笑 *n*. 嘲笑;冷笑　(D) *vt*. 唤醒;激起;使……振奋

88. premise

(A) *n*. 野兔　(B) *n*. 前提;假定 *v*. 以……为前提;引出;说明　(C) *n*. 揭发隐私　(D) *n*. 迷;狂热爱好者

89. startle

(A) *vt*. 包围;包封 *n*. 信封;包裹　(B) *vt*. 使……吓一跳;使……惊奇 *vi*. 惊吓;惊奇 *n*. 惊愕　(C) *v*. & *n*. 供应过多;充斥　(D) *vt*. 引导;招待;迎接;开辟

90. fallible

(A) *adj*. 易犯错误的;不可靠的　(B) *adj*. 神秘的;不可理解的;不能预测的;不可思议的　(C) *adj*. 朴素的;未装饰的　(D) *adj*. 沉闷的;枯燥的

91. expertise

(A) *n*./生物/活力;精力　(B) *n*. 专门知识;专门技术　(C) *n*. 谎言;虚伪;撒谎癖　(D) *n*. 欢笑;嬉戏;欢庆

92. lure

(A) *v*. & *n*. 畏缩;奉承;阿谀　(B) *v*. & *n*. 诱惑　(C) *vt*. 拍卖;竞卖 *n*. 拍卖　(D) *v*. 吻合;有共同点

93. plodding

(A) *adj*. 给予的;授予的　(B) *adj*. 单调乏味的;沉重缓慢的　(C) *adj*. 严厉的;不吝惜的;不宽恕的　(D) *adj*./数/归纳的;/电/感应的;诱导的

94. preferential

(A) *adj*. 优先的;选择的;特惠的;先取的　(B) *adj*. 精明的;狡猾的;机灵的 *n*. 精明(的人);机灵(的人)　(C) *adj*. 铺有鹅卵石的 *v*. 铺鹅卵石　(D) *adj*. 荒凉的;感到凄凉的

95. odious

(A) *adj*. 可憎的;讨厌的　(B) *adj*. 坚定的　(C) *adj*. 绣花的;刺绣的 *v*. 刺绣;润色;渲染　(D) *adj*. 有效的;强有力的;有权势的;有说服力的

96. intentness

(A) *n*. 离婚扶养费;生活费　(B) *n*. 专题著作;专题论文 *vt*. 写关于……的专著　(C) *n*./昆/产卵;下子　(D) *n*. 热心;专心

97. specimen
   (A) *n*. 滑稽；玩笑   (B) *n*. 线性；线性度；直线性   (C) *n*. 样品；样本；标本   (D) *n*. 极化；偏振；两极分化

98. cluster
   (A) *vt*. 使……烦恼；使……困惑；使……恼怒   (B) *vi*. 群聚；丛生 *vt*. 使……聚集；聚集在某人的周围   (C) *vt*. 超过；走过头   (D) *vt*. 仔细考虑；衡量

99. remiss
   (A) *adj*. 卓越的；超群的   (B) *adj*. 不适宜的；不得体的   (C) *adj*. 疏忽的；懈怠的；玩忽职守的   (D) *adj*. 水生的；水栖的；在水中或水面进行的 *n*. 水上运动；水生植物或动物

100. catalogue
   (A) *vt*. 把……编入目录   (B) *vt*. 领先；在……之前；优于；高于 *vi*. 领先；在前面   (C) *vi*. 遵守；顺从；遵从；答应   (D) *v*. 赔偿；酬谢 *n*. 赔偿；报酬

101. circulate
   (A) *v*. 传播；流传；循环；流通   (B) *v*. 发光；把……照向；擦亮；出色   (C) *vt*. 遮蔽；掩饰；以面纱遮掩   (D) *v*. 看着……微笑

102. apprenticeship
   (A) *n*. 主权；统治权；支配；领土   (B) *n*. 面容；表情；支持；拥护 *v*. 支持；赞同；认可   (C) *n*. 冗词；废话   (D) *n*. 学徒期；学徒身份

103. peripheral
   (A) *adj*. 决定性的；果断的；确定的；明确的   (B) *adj*. 有力的   (C) *adj*. 外围的；次要的   (D) *adj*. 心烦的；忧虑的

104. grievance
   (A) *n*. 协议；草案；礼仪 *v*. 拟定   (B) *n*. 极端主义；极端性（尤指政治或宗教方面）   (C) *n*. 涡流；漩涡   (D) *n*. 不满；不平；委屈；冤情

105. neutrality
   (A) *n*. 中立；中性；中立立场   (B) *n*. 混乱；骚乱 *vt*. 使……失调；扰乱   (C) *n*. 免除；豁免；免税   (D) *n*. 英勇；勇猛

106. indelible
   (A) *adj*. 教区的；狭小的；地方范围的   (B) *adj*. 书记的；牧师的 *n*. 牧师   (C) *adj*. /管理/ 管理的；经理的   (D) *adj*. 难忘的；擦不掉的

107. contend
   (A) *vi*. 竞争；奋斗；斗争；争论 *vt*. 主张；为……斗争   (B) *v*. 猛烈攻击；袭击   (C) *vi*. 干涉；调停；插入   (D) *vt*. 怀孕；构思；以为；持有

108. indebted
   (A) *adj*. 有利可图的；赚钱的；合算的   (B) *adj*. 有责任的；有解释义务的；可解释的   (C) *adj*. 负债的；受惠的 *v*. 使……负债；使……受恩惠   (D) *adj*. 教区的；狭小的；地方范围的

109. evangel
   (A) *n*. 知己；密友   (B) *n*. (身体或智力方面的)缺陷；(身体机能的)损伤；削弱   (C) *n*. 板条；狭条 *v*. 用板条制作；提供板条；猛投   (D) *n*. 福音(书)；佳音

110. thoroughfare
   (A) *n*. 启示；揭露   (B) *n*. 大道   (C) *n*. 倒置；反向；倒转   (D) *n*. 极微小；希腊语的第九个字母

111. cascade
   (A) *n*. 狂喜；得意   (B) *n*. 落后；迟延；防护套；囚犯；桶板   (C) *n*. 小瀑布；瀑布状物；串联 *vi*. 像瀑布般大量倾泻下来 *vi*. 像瀑布般悬挂着   (D) *n*. 虚伪；伪善

112. longing
   (A) *n*. 领带；领巾；领结   (B) *n*. 导管；沟渠；导水管   (C) *n*. 轮廓；剪影   (D) *n*. 渴望；热望；憧憬 *adj*. 渴望的；极想得到的

113. chuse
   (A) *vt*. 自称；公开表示   (B) *v*. 模仿；仿效   (C) *v*. (用软纸或布)吸干；把墨水溅到(纸上)；弄脏；使……模糊；遮蔽 *n*. 污渍；墨渍   (D) *v*. 选择(古语中等于 choose)

114. hereafter

(A) *adv*.（法律文件等）以下；此后；死后 *n*. 来世；将来 *adj*. 今后的；此后的；死后的 (B) *adv*. 极端地；可怕地；非常地 (C) *adv*. 羞怯地；愚蠢地 (D) *adv*. 欢欣地；极快乐地

115. creditor

(A) *n*. 债权人；贷方 (B) *n*. 恶化；退化；堕落 (C) *n*. 有成就的人；高手 *adj*. 高手的 (D) *n*. 流入；汇集；河流的汇集处

116. runout

(A) *n*. /遗/细胞/染料/染色体 (B) *n*. 避开 (C) *n*. 全部节目 (D) *n*. 矿筛 *vt*. 筛 *vi*. 用锅煎

117. metamorphosis

(A) *n*. 发出持续的嗡嗡声；嗡嗡作响 *v*. 唠叨 (B) *n*. 调色板；颜料 (C) *n*. 变形；变质 (D) *n*. 人口普查；人口调查

118. harrumph

(A) *vi*. 发哼声 *vt*. 哼着说 *n*. 哼声；鼻息 (B) *v*. 使……附属；加入；接纳；紧密联系 *n*. 分支机构；联号 (C) *vt*. 公开；揭露 (D) *v*. 念咒召唤；用魔法驱赶

119. downplay

(A) *v*. 配置；展开；使……疏开 *n*. 部署 (B) *vi*. 自夸；吹嘘 *vt*. 自夸 *n*. 自吹自擂 (C) *vi*. 暗指；转弯抹角地说到；略为提及；顺便提到 (D) *vt*. 不予重视；将……轻描淡写

120. atonement

(A) *n*. 矛盾；相差 (B) *n*. 海胆 (C) *n*. 食草性 (D) *n*. 赎罪；补偿；弥补

121. timbre

(A) *n*. 颠覆；破坏 (B) *n*. /声/ 音色；音质；音品 (C) *n*. 哨兵 (D) *n*. 编年史 *vt*. 记录；把……载入编年史

List 21 Practice

从下列选项中选出词义正确的一项。

1. masculine
   (A) *adj.* 昏暗的;朦胧的;晦涩的 *vt.* 使……模糊不清;掩盖;隐藏 (B) *adj.* 愠怒的;不高兴的 (C) *adj.* 男性的;阳性的;男子气概的 *n.* 男性;阳性;阳性词 (D) *adj.* 庄严的;值得尊敬的;珍贵的
2. downcast
   (A) *adj.* 孤立的;与世隔绝的;海岛的 (B) *adj.* 沮丧的;低垂的;气馁的 *n.* 倒台;俯视的目光;向下转换 (C) *adj.* 皮肤病学的 (D) *adj.* 温顺的;谦恭的;驯服的
3. underside
   (A) *n.* 下面;阴暗面 (B) *n.* 残酷;残忍;残酷的行为 (C) *n.* 死亡率 (D) *n.* 沮丧;灰心;惊慌 *vt.* 使……沮丧;使……惊慌
4. ill-will
   (A) *n.* 骚乱;混乱;故意伤害罪;重伤罪;蓄意破坏 (B) *n.* 备办食物者;承办酒席的人;筹办人 (C) *n.* 迫害;烦扰 (D) *n.* 敌意;憎恶
5. scrap
   (A) *v.* 用力咀嚼 (B) *vi.* 混日子;游手好闲;偷懒 (C) *vt.* 委派……为代表 *n.* 代表 (D) *vt.* 废弃;使……解体;拆毁 *vi.* 吵架
6. evade
   (A) *vi.* 玩耍;轻快地跑;轻易地取胜 *n.* 嘻耍喧闹;顽皮的女孩 (B) *vt.* 减轻;粘贴;涂以灰泥 (C) *v.* 逃避;规避;逃脱 (D) *vi.* 净化;通便
7. humanitarian
   (A) *adj.* 人道主义的;博爱的;基督凡人论的 *n.* 人道主义者;慈善家;博爱主义者;基督凡人论者 (B) *adj.* 随心所欲的;惯性滑行的 *n.* 惯性滑行 (C) *adj.* 稀疏的;稀少的 (D) *adj.* 有胆量的;勇敢的
8. salient
   (A) *adj.* 全权代表的;有全权的 *n.* 全权代表;全权大使 (B) *adj.* 有危险的;冒险的;碰运气的 (C) *adj.* 脾气坏的;粗鲁无礼的 (D) *adj.* 显著的;突出的;跳跃的 *n.* 凸角;突出部分
9. wistaria
   (A) *n.* 强烈反对机械化或自动化的人 (B) *n.* 紫藤 (C) *n.* 辩驳;反驳;驳斥 (D) *n.* 鸟类羽毛;翅膀
10. oppressive
    (A) *adj.* 压迫的;沉重的;压制性的;难以忍受的 (B) *adj.* 丰富的;慷慨的;浪费的 (C) *adj.* 浅薄的;易损坏的;不牢靠的 (D) *adj.* 负债的;受惠的 *v.* 使……负债;使……受恩惠
11. lateral
    (A) *adj.* 空虚的;空的;空缺的;空闲的;茫然的 (B) *adj.* 错误的 (C) *adj.* 温顺的;谦恭的;驯服的 (D) *adj.* 侧面的;横向的
12. dairying
    (A) *n.* 剩余;残渣 *adj.* 剩余的;残留的 (B) *n.* 线性;线性度;直线性 (C) *n.* 激增;涌现 (D) *n.* 制酪业;乳制品业
13. decimate
    (A) *v.* 萌芽;发芽;迅速增长 *n.* 芽;嫩枝 (B) *vt.* 引出;演绎 (C) *vt.* 宣判……无罪;证明……的

清白 (D) v. 大批杀害;大量毁灭;大大削弱;使……严重失效

14. strenuous
(A) adj. 华而不实的;俗丽的 n. 盛大宴会 (B) adj. 有四足的;四足动物的 (C) adj. 紧张的;费力的;奋发的 (D) adj. 不能弥补的;不能复原的;无法挽救的

15. enterprising
(A) adj. 给予的;授予的 (B) adj. 有事业心的;有进取心的;有魄力的 (C) adj. 朴素的;未装饰的 (D) adj. 未翻转的;未颠倒的;不转动的

16. dump
(A) v. 使……迷惑;使……不知所措 (B) vt. 夺回;拿回;再体验;政府征收再经历 n. 夺回;取回;政府对公司超额收益或利润的征收 (C) v. 精心策划(秘密地) (D) v. 倾倒;丢下;猛地放下

17. detrimental
(A) adj. 琐碎的;小气的;小规模的 (B) adj. 鲸脂的 (C) adj. 不利的;有害的 (D) adj. 惊人的;令人震惊的

18. groan
(A) v. & n. 呻吟;抱怨;发嘎吱声 (B) v. 责骂;叱责 n. 责骂;爱责骂的人 (C) vt. 把……编入目录 (D) v. 支撑;放置;用……撑住(某物)

19. demographic
(A) adj. 无法容忍的;不可能的;反常的;粗暴的 (B) adj. 边缘的;临界的;末端的 (C) adj. 人口结构的;人口统计的 n. 特定年龄段的人口;人口统计数据;人口统计资料 (D) adj. 锯齿状的;参差不齐的

20. forgo
(A) v. 发出沙沙声;使……窸窣作响 (B) vt. 抑制;使……沮丧;使……潮湿 (C) vt. 放弃;停止;对……断念 (D) v. 悄悄地缓慢行进

21. stagflation
(A) n. 掩藏;掩饰;伪装;化装;欺骗;化装舞会 v. 伪装;化装;冒充 (B) n. 女子气质;柔弱 (C) n. /经/滞胀;不景气状况下的物价上涨 (D) n. 辩驳;反驳;驳斥

22. peril
(A) n. 危险;冒险 vt. 危及;置……于险境 (B) n. 灵长类 (C) n. 裁员;解雇 (D) n. (口语)轻而易举

23. ferret
(A) vt. 抑制;禁止 (B) vt. 添加;再加上 (C) v. 使……安心;安慰;重新保证;分保 (D) v. (翻箱倒柜地)搜寻;寻找;搜出;查获某物

24. atlas
(A) n. 地图集;寰椎 (B) n. 感叹;惊叫;惊叹词 (C) n. 抑制;/心理/压抑;镇压 (D) n. 民谣;叙事歌谣;流行抒情歌曲

25. preclude
(A) vt. 常到;常去 adj. 频繁的 (B) vt. 排除;妨碍;阻止 (C) vi. 净化;通便 (D) vi. 自夸;吹嘘 vt. 自夸;吹嘘 n. 自吹自擂

26. sublunary
(A) adj. 静态的;静电的;静力的 n. 静电;静电干扰 (B) adj. 温柔的;柔软的;脆弱的 (C) adj. 地上的;月下的 (D) adj. 强行的

27. equitable
(A) adj. 公平的;公正的;平衡法的 (B) adj. 适于耕种的;可开垦的 (C) adj. 同义的 (D) adj. 不平行的;无法匹敌的

28. ostensibly
(A) adv. 表面上;外表 (B) adv. & prep. 自始至终;遍及 (C) adv. 勤奋地;勤勉地 (D) adv. 同时

29. retreat
(A) n. 山脊;山脉;屋脊 (B) n. (语气轻蔑的)谈论 (C) n. 撤退;休息寓所;撤退 vi. 撤退;退避;向后倾 vt. 退(棋);使……后退 (D) n. 假装;骗子;赝品 vt. 假装;冒充

30. wretch
   (A) n. 行动;功绩;证书 vt. 立契转让 (B) n. 羽管键琴;大键琴 (C) n. 可怜的人;不幸的人;卑鄙的人 (D) n. 障碍;不利条件

31. foretell
   (A) v. 迅速增加;采蘑菇;迅速生长 (B) vt. 致力;献身;题献 (C) v. & n. 供应过多充斥 (D) vt. 预言;预示;预告

32. snatch
   (A) vt. 夺回;拿回;再体验;政府征收再经历 n. 夺回;取回;政府对公司超额收益或利润的征收 (B) vt. 使……均匀;使……类同 (C) v. 发光;把……照向;擦亮;出色 (D) v. 夺得;抢走;一把抓起

33. static
   (A) adj. 启发式的;探索的 n. 启发式教育法 (B) adj. 未经耕作的;无教养的;不文明的 (C) adj. 吝啬的;引起痛苦的 (D) adj. 静态的;静电的;静力的 n. 静电;静电干扰

34. freeholder
   (A) n. 寄宿;寄宿处;出租的房间 (B) n. 昏暗;阴暗 (C) n. 冲突;争吵;不和 (D) n. (土地或房产的)终身保有者;永久产权的业主

35. clerical
   (A) adj. 讨厌的;过分甜的;粘得讨厌的 n. 令人作呕的人 (B) adj. 有效的;灵验的 (C) adj. 启发式的;探索的 n. 启发式教育法 (D) adj. 书记的;牧师的 n. 牧师

36. trapes
   (A) vi. 闲荡;漫步 (B) vt. 证实;使……坚固 (C) v. 咆哮;气势汹汹地说(但效果不大) (D) v. & n. 诱惑

37. champ
   (A) v. 大声地嚼;咯咯地咬;啮;(变得)焦急 (B) vt. 排除;妨碍;阻止 (C) vt. 赋予人性;人格化 (D) vt. 表明;表示;引起

38. chalk
   (A) n. 白垩;粉笔;白垩地层;用粉笔划的记号 (B) n. 自卫队;义勇军;国民军 (C) n. /生物/活力;精力 (D) n. 水獭;水獭皮

39. canids
   (A) n. 野鸡;雉科鸟 (B) n. 犬科动物 (C) n. 尸体 (D) n. (身体或智力方面的)缺陷;(身体机能的)损伤;削弱

40. nobility
   (A) n. 原则;信条 (B) n. 贵族;高贵;高尚 (C) n. 特点 (D) n. 人群;众多 v. 蜂拥而至;群集

41. bale
   (A) n. 排水沟;槽 vi. 流;形成沟 vt. 开沟于……;弄熄 adj. 贫贱的 (B) n. 包;捆;灾祸 v. 将……打包 (C) n. 对手;敌手 (D) n. 迷宫;迷惑 vt. 迷失;使……混乱

42. exemption
   (A) n. 自高自大者 (B) n. 免除;豁免;免税 (C) n. 痉挛;绞痛 vt. 束缚;限制;adj. 狭窄的;难解的 (D) n. 贮藏室

43. orthodox
   (A) adj. 正统的;惯常的;东正教的 n. 正统的人事 (B) adj. 肮脏的;污秽的;卑劣的 (C) adj. 歇斯底里的;异常兴奋的 (D) adj. 完整的;原封不动的;未受损伤的

44. preoccupied
   (A) adj. 不含糊的;清楚的;明白的 (B) adj. 全神贯注的;心事重重的;被先占的 (C) adj. 难懂的;易忘的;逃避的;难捉摸的 (D) adj. 补充的;互补的

45. counterintuitive
   (A) adj. 违反直觉的 (B) adj. 卑鄙的;低劣的 (C) adj. 违反直觉的 (D) adj. 乡村的;纯朴的;粗野的;手工粗糙的 n. 乡下人;乡巴佬

46. practical
   (A) adj. 甘美的;满足感官的 (B) adj. 热情的;热心的;激烈的 (C) adj. 任意的;自由决定的 (D) adj. 实际的;实用性的

47. disseminate

(A) *vt.* 宣传；传播；散布　(B) *vt.* 使用；行使；挥舞　(C) *vi.* 攀登；爬上 *vt.* 爬；攀登 *n.* 攀登；爬上　(D) *v.* 使……安心；安慰；重新保证；分保

48. droop

(A) *v.* 贬职；把降低到　(B) *vt.* 回避（问题）　(C) *vi.* 下垂；萎靡；凋萎 *vt.* 使……下垂 *n.* 下垂；消沉　(D) *vt.* 命令；吩咐；嘱咐；禁止

49. commission

(A) *n.* 路堤；堤防　(B) *n.* 报酬；酬劳；赔偿　(C) *n.* 迷宫；迷惑 *vt.* 迷失；使……混乱　(D) *n.* 委员会；佣金；委任 *vt.* 委任；使……服役；委托制作

50. rash

(A) *adj.* 恶毒的；恶意的；堕落的；有错误的；品性不端的；剧烈的　(B) *adj.* 轻率的；鲁莽的；不顾后果的　(C) *adj.* 机敏的；狡猾的；诡计多端的　(D) *adj.* 构造似城堡的

51. aperture

(A) *n.* 辩论；争吵 *v.* 辩论；对……进行质疑；争夺；抵抗（进攻）　(B) *n.* 针脚；线迹；一针 *v.* 缝合　(C) *n.* 触手　(D) *n.* 孔；穴；(照相机；望远镜等)光圈；孔径；缝隙

52. demarcation

(A) *n.* 痉挛；绞痛 *vt.* 束缚；限制；*adj.* 狭窄的；难解的　(B) *n.* 脱水　(C) *n.* 划定；划界；限界　(D) *n.* 猞猁；山猫

53. insatiable

(A) *adj.* 相称的；同样大小的　(B) *adj.* 高的；崇高的；高级的；高傲的　(C) *adj.* 有专营市场的；贪得无厌的；不知足的　(D) *adj.* 先天的；固有的

54. exotica

(A) *n.* 新奇事物；异族事物　(B) *n.* 鼻孔　(C) *n.* 铤而走险的人 *adj.* 蛮勇的　(D) *n.* 激动；震颤；紧张 *vt.* 使……颤动；使……紧张；使……感到兴奋或激动 *vi.* 颤抖；感到兴奋；感到紧张

55. persecute

(A) *v.* 潦草或匆忙地写；乱写；乱涂 *n.* 潦草的字　(B) *vt.* 承认；公开宣称；坦率承认　(C) *vt.* 迫害；困扰；同……捣乱　(D) *vt.* 误会；误解

56. dodge

(A) *v.* 治理；利用；套；驾驭　(B) *vt.* 表明；表示；引起　(C) *v.* 闪开；躲开；避开；(尤指不诚实地)逃避 *n.* 推脱的计策；逃避的诡计；骗人的伎俩　(D) *vt.* 收集(资料)；拾(落穗)

57. prop

(A) *v. & n.* 痛苦；使……极度痛苦；感到极度痛苦　(B) *v.* 穿过；来回移动 *n.* 横穿　(C) *vi.* 抱怨；嘟囔 *n.* 怨言　(D) *v.* 支撑；放置；用……撑住(某物)

58. fabricate

(A) *vt.* 加强；从底层加固　(B) *vt.* 制造；伪造；装配　(C) *vt.* 测量；估计；给……定规格　(D) *vt.* 预示；为……的兆头

59. aggression

(A) *n.* 免除；豁免；免税　(B) *n.* 侵略；进攻；侵犯；侵害　(C) *n.* 加剧；激怒；更恶化　(D) *n.* 安慰；慰问；起安慰作用的人或事物

60. futility

(A) *n.* 全体；总效果；全套服装；全套家具；合奏组 *adv.* 同时　(B) *n.* 诉讼当事人　(C) *n.* 无用；徒劳；无价值　(D) *n.* 发挥；运用；努力

61. unambiguous

(A) *adj.* 富足的　(B) *adj.* 不含糊的；清楚的；明白的　(C) *adj.* 明显的；不会弄错的　(D) *adj.* 不带感情的；平心静气的；公平的

62. padlock

(A) *n.* 痛苦；悲惨；不幸；苦恼；穷困　(B) *n.* 妙语；嘲弄；讽刺语 *vi.* 嘲弄；讥讽　(C) *n.* 捕蝇草；捕蝇器；防火墙机器　(D) *n.* 挂锁；关闭；禁止进入 *vt.* 用挂锁锁上；关闭

63. obedience

(A) *n.* 步枪；滑膛枪；毛瑟枪　(B) *n.* 地质；山崩；大胜利 *vi.* 发生山崩；以压倒优势获胜　(C) *n.*

顺从;服从;遵守 (D) n. 灯丝;细丝

64. observable
    (A) adj. 显著的;看得见的 n./物/ 可观察量 (B) adj. 稀疏的;稀少的 (C) adj. 有力的;精力充沛的 (D) adj. 遗传的;世袭的 n. 遗传类

65. buffer
    (A) n./计/ 缓冲区;缓冲器/车辆/减震器 vt. 缓冲 (B) n. 习惯;熟习 (C) n. 骚乱;混乱 (D) n. 牵引;/机//车辆/牵引力

66. shack
    (A) n. 一片混乱;闹哄哄的场所 (B) n. 党派性;党派偏见;对党派的忠诚 (C) n. 上升;上坡路;登高 (D) n. 简陋的小屋;棚屋

67. contortion
    (A) n. 复审;复试 (B) n.（脸部或躯体）扭弯;扭歪;扭曲的动作（或姿势）;困难;周折 (C) n./植/橡子;/林/橡实 (D) n. 幕;棺罩;遮盖物 vt. 覆盖;使……乏味 vi. 走味

68. secluded
    (A) adj. 温柔的;柔软的;脆弱的 (B) adj. 严格的;严厉的;严密的;严酷的 (C) adj. 电气化的 (D) adj. 隐蔽的;隐退的;隐居的 v. 隔绝

69. defy
    (A) vt. 测算;估计;认为;计算 (B) v. & n. 藐视;公然反抗;挑衅 (C) v. 遗弃;舍弃;离弃(某地方) (D) v.（不断）烦扰;不断袭击

70. intrude
    (A) vt. 操纵;操作;巧妙地处理;篡改 (B) vt. 使……均匀;使……类同 (C) vt. 公布;传播;发表 (D) vt. 把……强加;把……硬挤 vi. 闯入;侵入;侵扰

71. leaf litter
    (A) 完成 (B) 落叶层 (C) 必然;一定要 (D) 分享;参与;分担

72. captivity
    (A) n. 机器人 (B) n. 年鉴;历书;年历 (C) n. 囚禁;圈养 (D) n. 清真寺

73. encompass
    (A) vt. 包含;包围;环绕 (B) vt. 反对;抨击;轻视;声明不赞成 (C) vi. 摇曳;蹒跚;摆动 n. 动摇;蹒跚;挥动者 (D) vt. 烤焦;使……枯萎

74. vernacular
    (A) adj. 谨慎的;精明的;节俭的 (B) adj. 严厉的;不吝惜的;不宽恕的 (C) adj. 负债的;受惠的 v. 使……负债;使……受恩惠 (D) adj. 本国的;地方的 n. 本地话;方言

75. ominous
    (A) adj. 预兆的;不吉利的 (B) adj. 尖端细的;渐渐减少的 (C) adj. 费解的;不可思议的;无限的 (D) adj. 引起幻觉的

76. tenant
    (A) n. 幼仔;幼童军;没经验的年轻人 vi. 生幼仔 (B) n. 痉挛;绞痛 vt. 束缚;限制;adj. 狭窄的;难解的 (C) n. 顺从;尊重 (D) n. 承租人;房客;佃户;居住者

77. quibbling
    (A) n. 诡辩;找碴子;吹毛求疵 (B) n. 小岛 (C) n. 毒药;祸害;灭亡的原因 (D) n. 情境化;处境化;语境化

78. scalp
    (A) n. 解剖;解剖学;剖析;骨骼 (B) n. 装饰;/建//服装/装饰物;教堂用品 (C) n. 辩驳;反驳;驳斥 (D) n. 头皮;战利品 v. 剥头皮

79. humanize
    (A) vt. 使……困惑;使……为难;使……复杂化 (B) vt. 教化;赋予人性;使……通人情 (C) vt. 检举;贯彻;从事;依法进行 vi. 起诉;告发;做检察官 (D) vt. 召集;召集……开会

80. underpin
    (A) vt. 巩固;支持;从下面支撑;加强……的基础 (B) vt. 证明;证实;vi. 证明;作证 (C) v. 促进;增进;助长 (D) v. 抵消

81. sore

　　(A) *adj*. 谦逊的；含蓄的；不炫耀的　(B) *adj*. 明确的；清楚的；直率的；详述的　(C) *adj*. 疼痛的；痛心的　(D) *adj*. /地质/同源的；同类的

82. retrospect

　　(A) *n*. 来世；来生；不朽；永世；永恒　(B) *n*. 纱线；奇谈；故事 *vt*. 用纱线缠 *vi*. 讲故事　(C) *n*. 灾难；不幸事件　(D) *n*. 回顾；追溯 *vi*. 回顾；追溯；回想 *vt*. 回顾；追忆

83. perceptible

　　(A) *adj*. 明确的；不含糊的　(B) *adj*. 宽敞的；广阔的；宽大的　(C) *adj*. 可察觉到的；可感知的　(D) *adj*. 多年生的；常年的；四季不断的

84. baronet

　　(A) *n*. 出现；浮现　(B) *n*. (在英国)从男爵；拥有世袭荣誉称号；职位在男爵之下的平民　(C) *n*. 原型；标准；模范　(D) *n*. 沼泽；低地；水洼；湿地

85. trench

　　(A) *n*. 摇篮；发源地；*vt*. 抚育　(B) *n*. /地质/ 海侵；犯罪；违反；逸出　(C) *n*. 零售 *v*. 零售 *adj*. 零售的　(D) *n*. 沟；沟渠；战壕；堑壕 *v*. 掘沟

86. minister

　　(A) *vi*. 执行牧师职务；辅助或伺候某人　(B) *v*. 经营；进展；过活　(C) *vt*. 包含；包围；环绕　(D) *vt*. 证实；使……坚固

87. consign

　　(A) *vt*. 除去……镣铐；释放　(B) *vt*. 包围；包封 *n*. 信封；包裹　(C) *vt*. 交付；托运；把……委托给　(D) *vt*. 吸收；接受；喝；吸入

88. attest

　　(A) *vt*. 证明；证实 *vi*. 证明；作证　(B) *vt*. 种植；灌输；嵌入 *n*. /医/ 植入物　(C) *v*. 迅速增加；采蘑菇；迅速生长　(D) *v*. (经过大量努力)获得；争取到

89. redeem

　　(A) *vt*. 赎回；挽回；兑换；履行；补偿；恢复　(B) *v*. & *n*. 诈骗　(C) *vi*. 倾侧；倾斜 *vt*. 使……倾侧；使……倾斜 *n*. 船的倾侧　(D) *vt*. 交付；托运；把……委托给

90. groom

　　(A) *vt*. 使……受钟爱；使……亲密　(B) *v*. 移居国外；流放；放弃国籍 *n*. 被流放者；移居国外者；*adj*. 移居国外的；被流放的　(C) *v*. & *n*. 磨碎；折磨；苦工作　(D) *vt*. 整饰；推荐；喂马；刷洗(马等)

91. cower

　　(A) *vt*. 阐明；说明　(B) *vi*. 退缩；抖缩；蜷缩；弯腰屈膝　(C) *v*. 损伤外观；丑化；毁坏　(D) *v*. & *n*. 惧怕

92. hunch

　　(A) *vt*. 耸肩；预感到；弯腰驼背　(B) *v*. 急促奔跑　(C) *v*. 废弃；使……解体；拆毁 *vi*. 吵架　(D) *vt*. 解除；废除

93. gruff

　　(A) *adj*. (事先安排好的但显得自然的)有人物出现的活动　(B) *adj*. 庄严的；严肃的；隆重的；郑重的　(C) *adj*. 微妙的　(D) *adj*. 粗暴的；粗哑的；脾气坏的 *vt*. 粗鲁地说；生硬地说

94. susceptible

　　(A) *adj*. 有症状的；症候的　(B) *adj*. 颗粒的；粒状的　(C) *adj*. 易受影响的；易感动的；容许……的　(D) *adj*. 有正当理由的；合乎情理的；事出有因的

95. arrest

　　(A) *vt*. 紧握 *vi*. 握紧 *n*. 紧抓　(B) *vt*. 决定；使……分解 *vi*. 解决；分解 *n*. 坚决　(C) *vi*. 玩弄；闲荡；轻率地对待 *vt*. 浪费(时间)　(D) *vt*. 逮捕；阻止；吸引 *n*. 逮捕；监禁

96. profuse

　　(A) *adj*. 先天的；固有的　(B) *adj*. 神圣的；非凡的；天赐的；极好的　(C) *adj*. 羡慕的；嫉妒的　(D) *adj*. 丰富的；慷慨的；浪费的

97. extraneous
　　(A) adj. 外来的;没有关联的;来自体外的　(B) adj. 慈善的;善行的　(C) adj. 正统的;惯常的;东正教的 n. 正统的人事　(D) adj. 基本的;初步的;退化的;残遗的;未发展的

98. gibberish
　　(A) n. 乱语;快速而不清楚的言语　(B) n. 分散;传播;散布;疏散;消失　(C) n. 方案;情节;剧本;设想　(D) n. 装配;集会;汇编;编译

99. kick off
　　(A) 为……而烦恼　(B) 必然;一定要　(C)(口语)使……开始　(D) 为……而烦恼

100. attune
　　(A) vt. 使……协调;使……合拍　(B) vi. 干涉;调停;插入　(C) v. 回旋;使……急转;混乱;恍惚;(思绪)接连不断 n. 旋转;回旋;一连串的事或活动;短暂的旅行　(D) v. 调和;使……缓和

101. mitigation
　　(A) n. 苦工;苦差事　(B) n. 无经验的人;无经验的组织;新体系　(C) n. 减轻;缓和;平静　(D) n. 减轻;缓和;平静

102. legible
　　(A) adj. 清晰的;易读的;易辨认的　(B) adj. 沮丧的;没有精神的;意气消沉的　(C) adj.(婚后)居住在男方家的　(D) adj. 使……干枯的;使……畏缩的;极有毁灭性的;极有讽刺性的

103. bon mot
　　(A) n. 策略;战术;用兵学　(B) n. /地质/岩浆;糊剂　(C) n. 妙语;警句　(D) n. 人格化;化身;拟人法(一种修辞手法);象征

104. transgenic
　　(A) adj. 努力的;费力的;险峻的　(B) adj. 转基因的;基因改造的　(C) adj. 显著的;突出的;跳跃的 n. 凸角;突出部分　(D) adj. 分层的;形成阶层的;分为不同等级的

105. inalienable
　　(A) adj. 不可分割的;不可剥夺的;不能让与的　(B) adj. 任意的;无差别的;不分皂白的　(C) adj. 不能弥补的;不能复原的;无法挽救的　(D) adj. 穿制服的;穿规定服装的

106. maze
　　(A) n. 迷宫;迷惑;vt. 迷失;使……混乱　(B) n. 早产婴儿　(C) n. /地质/岩浆;糊剂　(D) n. 仁慈;善行

107. phantom
　　(A) n. 幽灵 adj. 幽灵的;幻觉的;有名无实的　(B) n.(交通)拥塞　(C) n. 自负;要求;主张;借口;骄傲　(D) n. /数/天/摄动;不安;扰乱

108. dash
　　(A) v.(经过大量努力)获得;争取到　(B) vt.& vi. 斥责;责骂　(C) vt. 驱逐;剥夺;取代　(D) vt. 猛冲;猛撞;猛击;赶紧离开;使……破灭

109. institute
　　(A) n. 仁慈;善行　(B) n. 山脊;山脉;屋脊　(C) n. 固执;顽固　(D) n. (病痛等的)难治;难解除;(尤指科学、教育的)机构;(与法律相关的)注释 v. 实行;建立

110. extravagance
　　(A) n. /植/ 浮游植物(群落)　(B) n. 狼狈;挫败;崩溃　(C) n. 奢侈;浪费;过度;放肆的言行　(D) n. 尽责;凭良心办事

111. sullen
　　(A) adj. 微妙的　(B) adj. 可实行的　(C) adj. 愠怒的;不高兴的　(D) adj. 侧面的;横向的

112. preliminary
　　(A) adj. 地狱的;令人毛骨悚然的　(B) adj. 空闲的;没人住的;未占领的　(C) adj. 恼人的;讨厌的　(D) adj. 初步的;开始的 n. 初步行动

113. garland
　　(A) n. /天/小行星;/无脊椎/海盘车;小游星 adj. 星状的　(B) n. 飞地;被包围的领土;被包围物　(C) n. 困难;分歧;起哄 v. 烦扰;与……争辩　(D) n. 花环

114. dissolution
(A) *n*. 首位　(B) *n*. 策略;战术;用兵学　(C) *n*. 祭坛;圣坛;圣餐台　(D) *n*. 分解;溶解;(议会等的)解散;(契约等的)解除;死亡

115. gloom
(A) *n*. 昏暗;阴暗　(B) *n*. /数/排列;/数/置换　(C) *n*. 基础;奠基石　(D) *n*. 讽刺;挖苦;嘲笑

116. protectiveness
(A) *n*. 卫生;卫生学;保健法　(B) *n*. 加剧;激怒;更恶化　(C) *n*. 激动;搅动;煽动;烦乱　(D) *n*. 保护;防护

117. showcase
(A) *n*. 染色;色素淀积;天然颜色　(B) *n*. 机械化;机动化　(C) *n*. 女教师;女导师;女校长　(D) *n*. 展示(本领、才华或优良品质)的场合;(商店或博物馆等的)玻璃柜台;玻璃陈列柜 *v*. 展现;表现

118. needy
(A) *adj*. 显著的;看得见的 *n*. /物/ 可观察量　(B) *adj*. /动/食草的　(C) *adj*. 贫困的;贫穷的;生活艰苦的　(D) *adj*. 不间断的;连续的

119. choreographed
(A) *adj*. 有独创性的;机灵的;精制的　(B) *adj*. 难怪的;可原谅的　(C) *adj*. 宽敞的;广阔的;宽大的　(D) *adj*. (事先安排好的但显得自然的)有人物出现的活动

120. desolating
(A) *adj*. 明智的;可取的;适当的　(B) *adj*. 荒凉的;感到凄凉的　(C) *adj*. 闲置的;懒惰的;停顿的 *vi*. 无所事事;虚度;空转　(D) *adj*. 目空一切的;高傲的;傲慢的;自大的

121. solidarity
(A) *n*. 煤烟;烟灰　(B) *n*. 团结;团结一致　(C) *n*. /地理//水文/泻湖;环礁湖;咸水湖　(D) *n*. 渗透;突破;侵入;洞察力

122. concurrently
(A) *adv*. 机械地;呆板地;物理上地　(B) *adv*. 兼;同时发生地　(C) *adv*. 于死后;于身后;于著作者死后出版地　(D) *adv*. 贪心地;妄想地

123. complexional
(A) *adj*. 肤色的;天性的　(B) *adj*. 背部的;背的;背侧的　(C) *adj*. 固定的;静止的;定居的;常备军的　(D) *adj*. 疏忽的;懈怠的;玩忽职守的

124. coarse
(A) *adj*. 审议的;慎重的　(B) *adj*. 无野心的;无名利心的;谦虚的　(C) *adj*. 粗糙的;粗俗的;下等的　(D) *adj*. 热情的;热心的;激烈的

Answers 练习题答案

List 1 Practice

1. C 2. C 3. D 4. C 5. B 6. C 7. C 8. B 9. B 10. C 11. A 12. D 13. C 14. D 15. B
16. B 17. D 18. D 19. B 20. D 21. B 22. A 23. B 24. D 25. D 26. D 27. C 28. B
29. D 30. D 31. A 32. D 33. B 34. D 35. D 36. C 37. B 38. B 39. C 40. A 41. A
42. B 43. A 44. D 45. D 46. D 47. D 48. A 49. D 50. A 51. B 52. B 53. A 54. B
55. D 56. D 57. B 58. D 59. A 60. A 61. C 62. D 63. A 64. C 65. D 66. B 67. C
68. C 69. B 70. D 71. A 72. D 73. D 74. B 75. A 76. A 77. C 78. A 79. A 80. B
81. C 82. C 83. A 84. A 85. C 86. D 87. C 88. C 89. D 90. C 91. B 92. A 93. B
94. B 95. C 96. C 97. A 98. D 99. D 100. D 101. A 102. B 103. C 104. D 105. A 106. D
107. B 108. B 109. C 110. C 111. D 112. B 113. C 114. C 115. D 116. B 117. C 118. C
119. D 120. B 121. D

List 2 Practice

1. D 2. A 3. C 4. A 5. C 6. A 7. B 8. A 9. A 10. A 11. B 12. D 13. B 14. C 15. D
16. B 17. D 18. D 19. D 20. A 21. B 22. D 23. D 24. D 25. D 26. A 27. C 28. C
29. D 30. B 31. A 32. C 33. A 34. A 35. A 36. A 37. C 38. D 39. D 40. C 41. D
42. C 43. A 44. B 45. C 46. C 47. C 48. C 49. C 50. D 51. B 52. A 53. C 54. B
55. C 56. D 57. B 58. B 59. C 60. C 61. B 62. C 63. D 64. A 65. D 66. C 67. D
68. A 69. B 70. D 71. C 72. C 73. C 74. D 75. A 76. C 77. D 78. A 79. C 80. D
81. C 82. C 83. C 84. C 85. D 86. B 87. D 88. B 89. A 90. B 91. C 92. C 93. D
94. C 95. A 96. D 97. B 98. B 99. D 100. C 101. C 102. C 103. D 104. B 105. D 106. B
107. A 108. D 109. C 110. B 111. B 112. D 113. C 114. B 115. B 116. B 117. C 118. C
119. D 120. D 121. B

List 3 Practice

1. D 2. C 3. A 4. D 5. A 6. A 7. D 8. B 9. D 10. B 11. A 12. D 13. D 14. C 15. A
16. D 17. D 18. B 19. C 20. C 21. A 22. B 23. C 24. C 25. C 26. C 27. A 28. D
29. C 30. A 31. B 32. A 33. A 34. A 35. C 36. C 37. A 38. B 39. B 40. D 41. D
42. D 43. B 44. B 45. A 46. C 47. C 48. D 49. D 50. C 51. D 52. A 53. D 54. C
55. B 56. C 57. D 58. C 59. D 60. B 61. B 62. A 63. D 64. B 65. D 66. C 67. B

68. B 69. C 70. D 71. C 72. A 73. B 74. B 75. D 76. C 77. C 78. C 79. B 80. C
81. B 82. A 83. D 84. A 85. D 86. C 87. A 88. B 89. B 90. D 91. C 92. A 93. A
94. D 95. B 96. C 97. D 98. A 99. B 100. D 101. C 102. B 103. D 104. B 105. A 106. B
107. A 108. B 109. A 110. C 111. C 112. D 113. C 114. A 115. D 116. C 117. D 118. C
119. B 120. D 121. B

List 4 Practice

1. A 2. D 3. D 4. C 5. C 6. C 7. C 8. D 9. D 10. A 11. D 12. B 13. B 14. B 15. D
16. D 17. D 18. C 19. D 20. D 21. A 22. D 23. B 24. B 25. A 26. A 27. D 28. D
29. C 30. D 31. B 32. B 33. B 34. C 35. C 36. D 37. D 38. B 39. A 40. D 41. D
42. C 43. A 44. D 45. D 46. C 47. B 48. D 49. A 50. D 51. A 52. A 53. C 54. B
55. A 56. C 57. C 58. A 59. A 60. C 61. B 62. A 63. C 64. A 65. A 66. C 67. A
68. B 69. A 70. C 71. B 72. B 73. D 74. D 75. C 76. A 77. D 78. D 79. B 80. D
81. C 82. C 83. B 84. A 85. D 86. D 87. B 88. A 89. B 90. A 91. C 92. A 93. C
94. D 95. C 96. B 97. A 98. A 99. B 100. B 101. C 102. D 103. D 104. D 105. D 106. D
107. B 108. B 109. B 110. C 111. B 112. C 113. D 114. C 115. D 116. D 117. B 118. A
119. D 120. A 121. B

List 5 Practice

1. D 2. D 3. C 4. D 5. B 6. A 7. B 8. A 9. B 10. D 11. A 12. B 13. C 14. C 15. A
16. C 17. B 18. B 19. A 20. B 21. B 22. B 23. B 24. B 25. A 26. C 27. D 28. B
29. B 30. C 31. A 32. D 33. A 34. B 35. C 36. A 37. B 38. C 39. B 40. B 41. A
42. A 43. D 44. D 45. B 46. C 47. A 48. A 49. C 50. D 51. C 52. C 53. B 54. B
55. C 56. A 57. B 58. A 59. C 60. D 61. D 62. D 63. C 64. B 65. C 66. C 67. A
68. C 69. D 70. B 71. D 72. B 73. D 74. D 75. D 76. C 77. C 78. B 79. A 80. B
81. C 82. D 83. D 84. A 85. D 86. B 87. A 88. B 89. C 90. C 91. D 92. C 93. D
94. D 95. A 96. B 97. B 98. A 99. A 100. A 101. A 102. B 103. C 104. A 105. A 106. C
107. B 108. B 109. B 110. A 111. C 112. C 113. A 114. C 115. C 116. C 117. B 118. A
119. C 120. B 121. C

List 6 Practice

1. A 2. B 3. C 4. A 5. A 6. B 7. C 8. A 9. A 10. D 11. D 12. D 13. D 14. B 15. B
16. B 17. C 18. C 19. D 20. A 21. A 22. C 23. C 24. C 25. B 26. B 27. A 28. C
29. C 30. C 31. C 32. B 33. D 34. D 35. B 36. D 37. B 38. D 39. C 40. B 41. D
42. D 43. A 44. B 45. B 46. D 47. D 48. D 49. C 50. B 51. C 52. B 53. C 54. C
55. C 56. B 57. B 58. D 59. A 60. A 61. C 62. B 63. A 64. C 65. C 66. C 67. B
68. A 69. A 70. D 71. D 72. D 73. A 74. A 75. D 76. D 77. A 78. A 79. B 80. C
81. B 82. B 83. A 84. A 85. D 86. C 87. C 88. D 89. C 90. A 91. D 92. C 93. A
94. C 95. A 96. C 97. A 98. A 99. B 100. B 101. D 102. B 103. D 104. A 105. C 106. A
107. C 108. C 109. B 110. C 111. C 112. D 113. B 114. C 115. A 116. A 117. D 118. A
119. B 120. D 121. B

List 7 Practice

1. A 2. D 3. A 4. D 5. C 6. A 7. A 8. A 9. B 10. C 11. C 12. D 13. B 14. B 15. B
16. B 17. B 18. B 19. B 20. A 21. A 22. C 23. D 24. B 25. D 26. B 27. A 28. B
29. B 30. D 31. B 32. A 33. A 34. A 35. D 36. D 37. A 38. D 39. A 40. C 41. A
42. A 43. D 44. C 45. B 46. A 47. C 48. A 49. D 50. C 51. A 52. B 53. A 54. A
55. C 56. C 57. D 58. C 59. B 60. D 61. A 62. B 63. D 64. C 65. D 66. A 67. B
68. B 69. B 70. B 71. C 72. D 73. A 74. A 75. C 76. A 77. D 78. A 79. D 80. C
81. B 82. D 83. D 84. B 85. C 86. A 87. B 88. B 89. D 90. B 91. A 92. D 93. B
94. C 95. C 96. D 97. D 98. C 99. B 100. B 101. A 102. B 103. B 104. C 105. A 106. C
107. C 108. D 109. B 110. A 111. D 112. D 113. A 114. C 115. B 116. A 117. A 118. A
119. B 120. B 121. C

List 8 Practice

1. A 2. D 3. C 4. A 5. C 6. C 7. D 8. B 9. D 10. B 11. C 12. D 13. B 14. D 15. C
16. C 17. B 18. A 19. B 20. C 21. D 22. C 23. A 24. C 25. B 26. C 27. C 28. C
29. C 30. C 31. B 32. B 33. A 34. D 35. C 36. B 37. C 38. C 39. B 40. D 41. B
42. C 43. A 44. D 45. B 46. D 47. A 48. C 49. C 50. A 51. C 52. C 53. B 54. A
55. C 56. A 57. C 58. B 59. B 60. B 61. D 62. C 63. B 64. B 65. B 66. C 67. A
68. B 69. D 70. C 71. B 72. C 73. B 74. C 75. B 76. A 77. A 78. B 79. D 80. A
81. A 82. B 83. C 84. B 85. B 86. C 87. A 88. B 89. D 90. C 91. B 92. D 93. A
94. B 95. C 96. D 97. C 98. A 99. A 100. C 101. C 102. B 103. B 104. D 105. B 106. B
107. D 108. A 109. C 110. C 111. B 112. A 113. A 114. D 115. C 116. C 117. D 118. D
119. D 120. D 121. D

List 9 Practice

1. C 2. C 3. C 4. A 5. B 6. C 7. B 8. D 9. C 10. B 11. A 12. C 13. D 14. B 15. C
16. D 17. B 18. D 19. C 20. D 21. B 22. A 23. D 24. D 25. B 26. B 27. D 28. C
29. A 30. C 31. A 32. D 33. D 34. B 35. C 36. C 37. B 38. D 39. C 40. A 41. C
42. B 43. A 44. C 45. C 46. A 47. A 48. D 49. D 50. B 51. C 52. A 53. A 54. C
55. A 56. A 57. B 58. B 59. C 60. C 61. B 62. D 63. B 64. A 65. C 66. B 67. A
68. A 69. D 70. B 71. B 72. A 73. A 74. A 75. C 76. B 77. D 78. D 79. B 80. C
81. A 82. A 83. D 84. B 85. C 86. D 87. A 88. A 89. A 90. B 91. D 92. D 93. D
94. C 95. B 96. B 97. B 98. B 99. A 100. D 101. D 102. D 103. D 104. D 105. A 106. A
107. C 108. B 109. C 110. D 111. B 112. A 113. D 114. D 115. C 116. D 117. B 118. C
119. A 120. B 121. D

List 10 Practice

1. D 2. C 3. B 4. A 5. C 6. A 7. D 8. A 9. B 10. C 11. C 12. C 13. C 14. D 15. B

16. C 17. B 18. A 19. A 20. D 21. C 22. A 23. A 24. A 25. D 26. B 27. D 28. D
29. D 30. D 31. A 32. A 33. B 34. A 35. D 36. C 37. B 38. B 39. C 40. D 41. D
42. B 43. D 44. D 45. C 46. A 47. D 48. A 49. C 50. C 51. D 52. D 53. A 54. B
55. C 56. D 57. D 58. D 59. C 60. C 61. D 62. B 63. B 64. A 65. C 66. B 67. B
68. A 69. D 70. A 71. D 72. C 73. D 74. C 75. B 76. D 77. A 78. C 79. D 80. D
81. D 82. B 83. A 84. C 85. D 86. B 87. D 88. A 89. A 90. A 91. B 92. D 93. D
94. D 95. D 96. B 97. D 98. C 99. C 100. C 101. C 102. C 103. B 104. D 105. D 106. C
107. D 108. A 109. C 110. A 111. C 112. D 113. D 114. A 115. B 116. A 117. D 118. D
119. A 120. A 121. D

List 11 Practice

1. C 2. A 3. C 4. C 5. B 6. A 7. C 8. C 9. B 10. B 11. C 12. A 13. A 14. C 15. D
16. D 17. D 18. D 19. D 20. D 21. B 22. D 23. B 24. B 25. D 26. B 27. A 28. B
29. C 30. A 31. A 32. C 33. B 34. D 35. C 36. C 37. C 38. C 39. D 40. C 41. B
42. C 43. A 44. A 45. B 46. B 47. B 48. B 49. C 50. A 51. C 52. A 53. D 54. A
55. A 56. A 57. B 58. B 59. C 60. D 61. D 62. C 63. B 64. B 65. D 66. C 67. A
68. C 69. D 70. C 71. D 72. B 73. A 74. A 75. C 76. C 77. A 78. A 79. D 80. A
81. C 82. D 83. D 84. A 85. C 86. C 87. A 88. B 89. C 90. D 91. B 92. D 93. B
94. C 95. A 96. D 97. D 98. B 99. C 100. A 101. D 102. A 103. A 104. C 105. C 106. B
107. C 108. C 109. B 110. D 111. B 112. D 113. A 114. B 115. A 116. C 117. D 118. B
119. A 120. A 121. A

List 12 Practice

1. C 2. A 3. C 4. A 5. D 6. C 7. C 8. A 9. A 10. D 11. A 12. B 13. C 14. D 15. A
16. A 17. A 18. D 19. C 20. D 21. B 22. A 23. D 24. C 25. C 26. C 27. A 28. D
29. D 30. C 31. A 32. C 33. C 34. C 35. B 36. B 37. B 38. B 39. D 40. B 41. A
42. B 43. C 44. D 45. D 46. C 47. B 48. D 49. A 50. C 51. A 52. A 53. C 54. D
55. C 56. A 57. B 58. D 59. D 60. A 61. B 62. C 63. D 64. B 65. C 66. A 67. A
68. D 69. B 70. D 71. A 72. D 73. B 74. B 75. A 76. C 77. C 78. C 79. D 80. B
81. D 82. C 83. B 84. D 85. C 86. C 87. D 88. A 89. C 90. D 91. A 92. A 93. D
94. D 95. A 96. D 97. D 98. C 99. A 100. D 101. B 102. D 103. D 104. D 105. B 106. D
107. C 108. D 109. B 110. D 111. C 112. B 113. C 114. D 115. A 116. B 117. A 118. A
119. A 120. D 121. D

List 13 Practice

1. C 2. B 3. D 4. A 5. C 6. D 7. C 8. B 9. D 10. D 11. B 12. D 13. A 14. C 15. A
16. C 17. A 18. D 19. B 20. A 21. B 22. C 23. B 24. A 25. C 26. D 27. C 28. B
29. D 30. A 31. A 32. B 33. D 34. A 35. C 36. B 37. B 38. B 39. B 40. A 41. B
42. D 43. B 44. A 45. A 46. A 47. B 48. C 49. B 50. B 51. B 52. C 53. B 54. B
55. D 56. C 57. A 58. D 59. B 60. C 61. D 62. D 63. D 64. A 65. C 66. B 67. C
68. C 69. C 70. B 71. C 72. B 73. B 74. B 75. D 76. D 77. A 78. B 79. A 80. D

81. D 82. C 83. B 84. B 85. C 86. D 87. B 88. D 89. D 90. C 91. D 92. D 93. D
94. D 95. B 96. A 97. C 98. B 99. C 100. A 101. A 102. D 103. D 104. A 105. A 106. D
107. C 108. C 109. C 110. C 111. D 112. D 113. A 114. B 115. A 116. C 117. C 118. B
119. B 120. A 121. C

List 14 Practice

1. C 2. D 3. A 4. D 5. B 6. C 7. C 8. B 9. C 10. A 11. C 12. D 13. C 14. D 15. D
16. B 17. A 18. C 19. D 20. A 21. D 22. C 23. A 24. A 25. A 26. D 27. A 28. C
29. C 30. C 31. A 32. C 33. D 34. C 35. D 36. B 37. D 38. A 39. D 40. C 41. C
42. B 43. D 44. D 45. D 46. A 47. D 48. C 49. C 50. A 51. B 52. D 53. C 54. B
55. A 56. B 57. D 58. D 59. B 60. D 61. C 62. B 63. B 64. A 65. B 66. B 67. A
68. B 69. A 70. D 71. A 72. A 73. A 74. C 75. A 76. B 77. D 78. C 79. A 80. C
81. A 82. B 83. C 84. B 85. C 86. C 87. B 88. D 89. A 90. C 91. C 92. A 93. D
94. A 95. B 96. C 97. B 98. B 99. D 100. B 101. B 102. A 103. B 104. B 105. C 106. D
107. D 108. C 109. C 110. B 111. B 112. D 113. A 114. D 115. B 116. A 117. C 118. A
119. B 120. B

List 15 Practice

1. A 2. A 3. C 4. B 5. A 6. A 7. C 8. B 9. C 10. A 11. C 12. A 13. C 14. A 15. B
16. C 17. D 18. C 19. D 20. B 21. A 22. A 23. B 24. A 25. D 26. B 27. A 28. B
29. C 30. B 31. B 32. D 33. C 34. D 35. D 36. A 37. C 38. D 39. D 40. A 41. B
42. D 43. A 44. A 45. B 46. A 47. C 48. D 49. D 50. C 51. B 52. D 53. B 54. D
55. A 56. B 57. C 58. C 59. D 60. A 61. C 62. B 63. D 64. B 65. B 66. B 67. C
68. C 69. D 70. A 71. B 72. A 73. B 74. A 75. B 76. B 77. C 78. C 79. D 80. D
81. A 82. D 83. B 84. D 85. A 86. B 87. A 88. A 89. B 90. C 91. B 92. C 93. C
94. A 95. D 96. C 97. C 98. C 99. C 100. D 101. A 102. D 103. A 104. A 105. A 106. B
107. D 108. A 109. C 110. C 111. D 112. A 113. D 114. C 115. D 116. B 117. B 118. B
119. A 120. D 121. D

List 16 Practice

1. B 2. D 3. B 4. A 5. D 6. D 7. D 8. A 9. A 10. C 11. A 12. A 13. A 14. A 15. B
16. D 17. A 18. A 19. A 20. C 21. C 22. D 23. C 24. B 25. B 26. A 27. D 28. D
29. D 30. B 31. A 32. D 33. A 34. C 35. C 36. D 37. D 38. A 39. A 40. C 41. D
42. A 43. C 44. A 45. C 46. D 47. B 48. B 49. A 50. D 51. B 52. A 53. A 54. B
55. C 56. D 57. C 58. B 59. A 60. D 61. C 62. A 63. B 64. D 65. C 66. B 67. D
68. D 69. C 70. C 71. A 72. D 73. A 74. B 75. B 76. C 77. D 78. C 79. B 80. D
81. C 82. C 83. B 84. D 85. B 86. D 87. B 88. D 89. B 90. B 91. D 92. A 93. A
94. A 95. D 96. A 97. A 98. D 99. A 100. D 101. B 102. A 103. A 104. B 105. C 106. A
107. A 108. A 109. A 110. B 111. D 112. A 113. C 114. C 115. B 116. D 117. C 118. C
119. C 120. D 121. D

List 17 Practice

1. C   2. C   3. A   4. C   5. A   6. C   7. B   8. D   9. B   10. C   11. D   12. B   13. D   14. D   15. A
16. B   17. D   18. B   19. A   20. B   21. D   22. B   23. D   24. D   25. B   26. A   27. D   28. C
29. A   30. B   31. B   32. A   33. D   34. A   35. D   36. D   37. B   38. D   39. B   40. C   41. D
42. A   43. A   44. D   45. A   46. A   47. B   48. A   49. A   50. C   51. C   52. C   53. B   54. D
55. A   56. A   57. D   58. D   59. D   60. A   61. C   62. C   63. C   64. D   65. D   66. D   67. A
68. C   69. B   70. C   71. C   72. B   73. C   74. A   75. B   76. C   77. B   78. A   79. B   80. B
81. A   82. D   83. C   84. C   85. D   86. D   87. D   88. C   89. A   90. D   91. A   92. A   93. B
94. A   95. D   96. C   97. B   98. A   99. B   100. A   101. D   102. C   103. B   104. D   105. C   106. B
107. B   108. A   109. B   110. A   111. A   112. C   113. D   114. D   115. A   116. B   117. A   118. B
119. A   120. A   121. D

List 18 Practice

1. B   2. D   3. D   4. C   5. B   6. D   7. A   8. D   9. D   10. A   11. C   12. A   13. C   14. D   15. A
16. D   17. D   18. C   19. B   20. D   21. A   22. B   23. A   24. C   25. A   26. D   27. A   28. A
29. C   30. D   31. B   32. D   33. B   34. C   35. B   36. B   37. D   38. D   39. C   40. D   41. D
42. B   43. A   44. C   45. B   46. D   47. D   48. A   49. C   50. C   51. B   52. A   53. A   54. B
55. A   56. C   57. D   58. A   59. A   60. C   61. C   62. A   63. D   64. B   65. B   66. B   67. A
68. A   69. C   70. B   71. B   72. A   73. A   74. C   75. B   76. C   77. A   78. D   79. C   80. C
81. A   82. D   83. A   84. C   85. C   86. B   87. A   88. B   89. B   90. A   91. D   92. C   93. D
94. D   95. C   96. D   97. C   98. D   99. A   100. C   101. C   102. A   103. A   104. C   105. A   106. B
107. B   108. D   109. C   110. C   111. C   112. D   113. D   114. C   115. B   116. B   117. C   118. C
119. D   120. A   121. A

List 19 Practice

1. A   2. A   3. B   4. A   5. B   6. D   7. B   8. D   9. A   10. D   11. D   12. B   13. A   14. D   15. C
16. A   17. B   18. B   19. D   20. B   21. D   22. A   23. B   24. D   25. D   26. D   27. C   28. D
29. D   30. A   31. D   32. B   33. B   34. C   35. B   36. A   37. D   38. D   39. B   40. B   41. B
42. C   43. C   44. A   45. D   46. A   47. D   48. A   49. D   50. B   51. B   52. B   53. D   54. C
55. D   56. B   57. C   58. B   59. D   60. B   61. D   62. A   63. C   64. A   65. D   66. B   67. D
68. A   69. C   70. B   71. D   72. D   73. A   74. A   75. A   76. B   77. D   78. B   79. D   80. D
81. C   82. C   83. B   84. D   85. C   86. D   87. A   88. C   89. D   90. C   91. B   92. C   93. B
94. B   95. C   96. A   97. B   98. C   99. C   100. B   101. B   102. B   103. C   104. C   105. C   106. A
107. B   108. A   109. B   110. B   111. A   112. D   113. D   114. A   115. B   116. B   117. D   118. C
119. A   120. A   121. C

List 20 Practice

1. C   2. C   3. B   4. C   5. A   6. A   7. D   8. C   9. B   10. B   11. C   12. A   13. D   14. A   15. B

16. C 17. D 18. D 19. C 20. D 21. C 22. C 23. D 24. D 25. C 26. B 27. C 28. C
29. B 30. B 31. D 32. B 33. A 34. D 35. A 36. C 37. A 38. D 39. D 40. B 41. D
42. B 43. C 44. C 45. C 46. A 47. B 48. B 49. C 50. B 51. A 52. D 53. D 54. C
55. C 56. A 57. A 58. B 59. D 60. B 61. A 62. B 63. A 64. C 65. D 66. D 67. C
68. A 69. D 70. A 71. D 72. D 73. D 74. B 75. D 76. C 77. C 78. B 79. C 80. B
81. A 82. D 83. D 84. C 85. D 86. A 87. D 88. B 89. B 90. A 91. B 92. B 93. B
94. A 95. A 96. D 97. C 98. B 99. C 100. A 101. A 102. D 103. C 104. D 105. A 106. D
107. A 108. C 109. D 110. B 111. C 112. D 113. D 114. A 115. A 116. B 117. C 118. A
119. D 120. D 121. B

List 21 Practice

1. C 2. B 3. A 4. D 5. D 6. C 7. A 8. D 9. B 10. A 11. D 12. D 13. D 14. C 15. B
16. D 17. C 18. A 19. C 20. C 21. C 22. A 23. D 24. A 25. B 26. C 27. A 28. A
29. C 30. C 31. D 32. D 33. D 34. D 35. D 36. A 37. A 38. A 39. B 40. B 41. B
42. B 43. A 44. B 45. A 46. D 47. A 48. C 49. D 50. B 51. D 52. C 53. C 54. A
55. C 56. C 57. D 58. B 59. B 60. C 61. B 62. D 63. C 64. A 65. A 66. D 67. B
68. D 69. B 70. D 71. B 72. C 73. A 74. D 75. A 76. D 77. A 78. D 79. B 80. A
81. C 82. D 83. C 84. B 85. D 86. A 87. C 88. A 89. A 90. D 91. B 92. A 93. D
94. C 95. D 96. D 97. A 98. A 99. C 100. A 101. D 102. A 103. C 104. B 105. A 106. A
107. A 108. D 109. D 110. C 111. C 112. D 113. D 114. D 115. A 116. D 117. D 118. C
119. D 120. B 121. B 122. B 123. A 124. C

Indexes(A~Z)　索引(A~Z)

单词及对应页码按字母顺序排列。

aberration	10	adversary	27
abject	102	adverse	130
abode	71	advisable	56
abolish	165	ad-lib	52
abolition	48	aerial	60
abolitionist	127	aerosol	36
abridge	73	aesthetic	74
absenteeism	59	affectionate	75
abysmal	36	affiliate	92
abyssal	54	affix	132
accentuate	112	afflict	50
accessory	75	affluence	97
acclaim	7	affluent	128
accolade	48	aficionado	136
accomplice	155	agglomerate	108
accordingly	55	aggrandize	67
accost	102	aggravation	144
accountable	111	aggression	172
accrue	22	agitate	116
accusation	141	agitated	94
achingly	104	agitation	93
acorn	115	agreeableness	148
acoustic	73	agronomist	27
acquaint	110	alabaster	44
acquisition	108	albeit	153
acreage	92	alchemist	58
acrobatic	92	algal	15
actuality	132	algorithm	153
acuteness	114	alienate	114
adaptable	74	alienated	73
adduce	125	alimony	54
adequate	8	allay	25
admirable	56	alliance	123
admonish	140	alligator	143
admonition	103	allocate	94
adorn	11	allotment	13
adventurous	123	allude	113
adversarial	39	ally	85

all-purpose	75	apprehension	122
almanac	119	apprehensive	25
aloe	16	apprenticeship	163
altar	5	aptitude	51
altruism	70	aptly	88
altruistic	132	aquarium	88
amalgamate	83	aquatic	99
ambassadorial	165	arable	37
ambiguity	15	arbiter	34
ambivalence	19	arbitrate	119
ambivalent	132	ardent	143
ameliorate	77	arduous	156
amicable	154	arena	8
amid	122	aristocrat	63
amphibian	85	aristocratic	80
anachronistic	131	armband	112
anarchy	42	aroma	165
anatomy	133	arrant	70
android	27	array	37
anecdotal	4	arrest	172
anemometer	113	arrogant	82
anesthetic	89	arrogate	151
anew	79	artful	82
angelic	11	arthritis	113
anguish	50	artistry	158
animism	30	as opposed to	140
annex	23	ascent	7
annihilate	143	ascertain	63
anomalous	155	asphalt	150
anomaly	94	aspiration	27
antagonistic	34	aspire	14
antennae	146	assail	109
anthropomorphize	147	assembly	97
antidote	166	assert oneself	155
antipathy	95	assiduously	30
antiquated	116	assimilate	64
antique	114	assortment	121
antithesis	18	asteroids	35
antithrombin	8	astrology	98
antler	156	astute	98
apartheid	132	asunder	21
aperture	172	at the mercy of	55
apex	99	atlas	170
aphid	112	atonement	160
apologetically	110	atrocious	65
appall	61	attachment	99
apparition	31	attainment	82
appendage	71	attentive	115
appraisal	13	attest	171
apprehend	76	attire	24

attune	174	becoming	166
auction	121	beguile	43
audacity	149	behold	91
audibility	133	beholding	133
auditorium	50	bellow	66
aught	24	benefactor	141
augment	28	beneficent	57
austere	42	benevolence	1
authentic	149	benevolent	16
authentically	106	benignant	30
authoritarian	102	bequeath	117
autoclave	160	bequest	42
autocratic	4	besiege	144
autoimmune	68	betwixt	6
avalanche	104	bewilder	103
avarice	19	bewitching	124
avenue	25	biodiversity	78
averse	57	biplane	10
aversion	144	bittersweet	139
averted	116	blanket	129
aviation	38	blatantly	166
aviator	116	blaze	154
avow	136	blemish	55
await	50	blend	44
		blight	116
babble	135	blindfold	45
backdrop	136	blissful	112
badger	163	bloated	126
baffle	113	blob	78
bait	31	blockade	147
bale	170	blot	37
ballad	43	blotch	135
balladeer	141	blubbery	71
balsam	25	blunder	114
bane	14	blunt	80
banish	10	blurring	129
bank	33	blurt	105
banner	85	blushing	38
banquet	45	bluster	82
banter	18	bode	138
baptism	32	bog down	78
barge	75	boisterous	91
baritone	57	bon mot	175
baronet	172	bondage	136
barreled	34	bonfire	46
base	5	boomer	123
bay	20	bordered on	156
bazaar	34	bosom	85
be bound to	18	boudoir	152
beam upon	125	boulder	146

bounty	19	cast-off	68
bower	155	casualty	6
brainchild	96	catalogue	165
brawl	42	catchall	61
brazier	37	categorise	2
breakneck	42	cater	137
brethren	27	caterer	146
brevity	141	cause	58
brewing	166	cautionary	5
bribe	33	caveat	150
brilliancy	121	celestial	12, 106
briny	141	censure	71
broach	24	censuses	128
buffer	176	centrifuge	34
bulge	98	cesspool	84
bump	129	chafe	120
buoy	38	chalk	176
burdensome	122	champ	173
burgeon	27	champion	130
burrow	31	chancy	51
burthen	131	charade	6
bustle	45	charismatic	162
bustling	140	chastisement	92
by extension	22	chauffeur	6
		cheapen	3
cabal	58	chide	161
cache	111	chivalrous	97
cachet	170	choke back	115
calamity	162	choreographed	177
calisthenic	151	chough	86
camaraderie	141	chromosome	137
candidacy	33	chronicle	82
canids	171	chronological	76
canvass	114	churning	122
caption	90	chuse	168
captivate	36	circadian	118
captivating	117	circulate	165
captivity	175	circumspection	15
caravan	159	circumvent	37
carbohydrate	115	clad	11
careen	45	clairvoyant	17
caribou	153	clamber	91
carnal	89	clamor	35
carnival	118	clarification	124
carnivore	91	clash	73
carnivorous	109	clear-cut	53
cartographer	29	clemency	112
cascade	162	clench	162
cashew	87	clerical	169
castellated	118	clinch	17

cling to	103	compound	160
clobber	11	comprehensible	81
cloister	102	comprehension	58
clothe	120	concatenate	94
clout	22	concede	164
clueless	75	conceited	131
clump	7	conceive	13
clumsily	133	concisc	82
clumsy	113	concoction	105
cluster	164	concurrently	176
coarse	174	condescension	137
coat of arms	144	conducive	12
coax	99	conduit	91
cobbled	143	confederacy	40
cockatoo	163	confer	107
coerce	129	confidant	153
coercive	22	confide	17
cogitate	42	conform	157
cognate	74	conform to	108
cognitive	39	conformity	40
coherently	38	confounded	75
collectible	100	confrontation	142
colloquial	161	congest	134
colloquially	39	congestion	56
colossal	157	conglomeration	8
combatant	116	conjure	152
combustion	134	connexion	30
comical	127	conscientiousness	90
commandment	129	consensus	81
commemorate	131	consent	96
commence	95	consequential	97
commend	28	conservationist	131
commensurate	48	conservatively	96
commission	171	considerate	3
common ground	55	consign	170
commonalty	51	consolation	158
commonplace	135	console	107
commotion	38	consolidate	100
communicate	149	consortium	95
compartment	84	conspicuous	162
compartmentalize	105	conspirator	56
compensation	147	constellation	115
competence	62	constitute	73
compile	123	consummation	82
complacent	38	contemplate	19
complementary	98	contempt	3
complexion	13	contend	163
complexional	173	contentment	128
comply	157	contextualization	104
compost	75	contextualize	39

contingent	22	crochet	12
continuance	166	cruelty	42
continuum	47	crumb	84
contortion	171	crunch	138
contralto	157	cryptic	46
contraption	1	cryptologist	120
contrariness	5	cubs	12
conundrum	53	culinary	25
convective	147	culminate	161
convergence	101	culmination	60
conviction	66	culprit	78
convoke	2	cumbersome	140
convulsion	29	curator	15
copious	153	curbside	136
cordial	15	curio	79
cornerstone	47	curtail	40
coronation	136	cushiony	51
corpse	79	cusp	77
corral	66	custody	36
correctitude	33	customary	145
corroborate	41	cyclone	36
corroboration	22	cynical	87
coruscate	14	cynicism	48
countenance	20		
counteract	3	dairying	169
counterargument	138	dally	159
counterfeit	121	dampen	140
counterintuitive	174	dangle	6
counterpart	103	daredevil	117
courageous	89	dash	173
courtesy	73	daunt	86
coveted	112	dawdle	57
covetously	65	daze	64
cow	8	debar	79
cower	174	debase	97
coyote	166	debit	112
cradle	44	debunk	84
cramp	31	decimate	173
crank out	57	decipher	76
cravat	151	decisive	72
crave	32	decreed	98
craze	158	decrepit	155
credit	130	decryption	133
creditor	166	dedicate	105
creed	23	deduce	56
creep	11	deduct	111
crept	21	deed	56
crescendo	92	deface	28
crimson	107	defendant	74
cringe	103	defer	14

deference	51	dietary	154
defiant	143	diligently	5
deficient	153	diminution	92
deflate	39	diminutive	141
deflationary	5	dine	155
defy	176	diplomacy	162
dehydration	135	dire	70
delegate	47	discern	83
deliberative	125	discernment	15
delineate	64	disciplinary	82
delinquent	17	disclose	142
demand	87	disclosure	72
demarcation	169	discomfiture	107
demise	137	discount	158
demographic	175	discrepancy	71
demoralize	125	discretionary	10
denizen	152	discriminate	141
denomination	106	disdain	32
denounce	36	disembark	13
denude	80	disenfranchise	117
deploy	82	disengaged	111
depravity	111	disfluencies	147
deprecate	55	disguise	91
depredation	122	disinformation	114
deprivation	6	dislodge	119
dermatological	34	dismal	125
descendant	105	dismay	46
descent	99	dismiss	106
desert	38	dismissal	46
designate	158	dismissive	86
designation	89	disobedient	106
desolate	125	disorder	87
desolating	171	disparagement	125
desolation	104	disparate	110
despise	34	disparity	91
despoil	54	dispassionate	148
destitute	51	dispel	10
detach	16	dispensable	89
deter	85	dispersal	42
deterioration	72	disperse	122
deterrent	8	dispirited	27
dethrone	90	displace	96
detractor	103	disposition	57
detriment	47	dispossess	98
detrimental	177	dispute	79
devise	65	disquiet	70
diabetes	54	disrepair	74
diagnosis	1	dissected	145
dicey	117	disseminate	170
dichotomy	35	dissent	88

dissipate	15	ecstatic	110
dissolution	176	eddy	17
distortion	67	edifice	48
distress	7	educe	129
distressed	29	efficacious	156
disturbance	37	effortful	23
ditch	41	effortless	90
diva	130	egocentrism	155
diverge	122	egotism	91
divine	158	egotist	44
divinely	119	egregious	72
divinity	61	electric	14
dodge	172	electrified	157
dodgy	32	elevate	124
doggedly	26	eligible	90
domestic	104	elitist	139
dominion	82	elongate	24
don	121	elucidate	61
doomed	47	elusive	103
dormant	134	emancipate	71
dorsal	148	emancipator	88
dosage	152	embalm	38
dough	129	embankment	119
dovetail	147	embark	18
downcast	175	embellish	130
downplay	165	embolden	124
downtrodden	89	embroider	137
drag on	128	embryo	118
dramatize	84	emergence	1
drap	21	emeritus	96
drape	58	eminence	103
dread	26	eminent	25
dreadful	98	emphatic	14
dreary	149	employability	144
drone	84	enact	98
droop	174	encampment	28
drowsy	7	encapsulate	124
drudgery	91	enchant	18
dub	51	enchanting	137
dubious	18	enclave	53
dump	174	encode	20
duplicity	21	encompass	170
dusty	167	endear	166
dwindle	40	endearing	56
		endemic	145
earnest	149	endorsement	160
earthly	11	enfeeble	33
eccentric	56	enfranchise	148
eccentricity	94	enfranchisement	145
eclipse	99	engage	12

engaging	159	execrate	34
engender	63	executioner	60
engross	166	exemplary	36
enjoin	76	exemption	169
enmity	27	exert	54
ennoble	28	exertion	63
ensemble	136	exhale	41
enshroud	98	exhilarate	35
enterprising	171	exhume	12
entertain	65	exonerate	155
enthrone	131	exorbitant	22
entice	161	exotica	177
enticingly	8	expatriate	104
entity	143	expedient	87
entomologists	114	expedite	81
entreat	157	expertise	167
entrench	79	explicit	134
entrepreneur	36	exquisite	121
entrepreneurial	49	extirpate	134
entrust	81	extracurricular	150
enunciation	141	extraneous	175
envelop	62	extraterrestrial	6
envious	48	extravagance	176
envision	1	extremism	89
ephemeral	165	exultation	5
epidemic	62		
equate	65	fabricate	170
equatorial	41	facade	81
equitable	170	facetiousness	74
eradicate	150	faculty	141
erratic	80	fallibility	155
erroneous	54	fallible	166
erudition	37	falsifying	81
escort	25	fanciful	33
espoused	101	fancy	99
esteemed	32	fang	11
esthetic	117	fare	74
eternity	63	farfetched	42
ethologist	66	fasting	73
evade	177	fateful	34
evangel	160	fatigue	80
evince	100	fatuous	152
exaction	63	faulty	92
exalt	96	feat	103
excavate	15	featureless	108
excel	87	fecundity	18
exceptional	21	feeble	45
exclaim	3	feign	10
exclamation	89	feigned	79
exclusionary	90	felicity	128

feline	29	foundry	68
femininity	103	fragmentary	75
feral	159	frankincense	138
ferment	2	frantic	2
fern	45	frantically	12
ferocious	1	fraud	24
ferocity	105	freeholder	172
ferret	169	freewheeling	29
fervor	140	frequent	133
festive	67	fresco	140
fetish	39	frown	76
fickle	130	fuchsia	166
filament	97	functionary	74
filth	111	fungal	75
finch	133	further	38
finesse	116	futile	144
firmament	163	futility	173
flagrant	121		
flank	84	gadget	11
flare	8	galvanize	138
flatten	107	gargantuan	164
flavor	8	garish	56
fledge	131	garland	171
fledgling	161	garner	77
flee	155	garniture	97
flickering	131	gaudy	158
flimsy	10	gauge	167
flinch	124	genesis	60
flock	122	genome	84
flush	44	germination	107
fluster	134	gesticulate	13
flutter	37	get a kick out of	112
flytrap	22	get worked up about sth.	138
focal	53	ghastly	153
foliage	122	gibberish	173
fondling	105	gibe	88
foothold	58	gild	95
foppish	72	gill	95
forage	114	give ground	23
forbearance	126	gizzard	66
forcible	157	gladden	99
forensic	124	glamour	17
forestall	149	gleam	118
foretell	169	glean	71
forgo	171	gleefully	139
forlorn	68	glisten	109
formidable	130	gloat	5
fortitude	105	globular	157
forum	59	glom on to	80
foul	8	gloom	176

gloomy	51	hare	129
glorify	106	harness	57
glut	125	harpsichord	2
GMO (genetically modifiedorganism)	40	harrumph	163
		harry	6
gnarled	117	hassle	68
gnat	156	hatch	95
gorge	2	hatchet	20
gourmet	7	hatred	94
governess	38	haul	25
gracile	133	haunting	97
gradation	93	hazardous	90
gradient	137	headlong	148
grandeur	47	heap	142
granite	50	hectare	98
granular	20	hectic	34
graphite	105	hedgerow	83
grapple with	57	heedless	121
grave	127	hegemonic	14
gravity-defying	96	hellish	120
greedy	163	hem	136
greenery	34	herald	142
griddle	144	herbivore	1
grievance	167	herbivorous	76
grip	69	herbivory	25
grit	97	hereafter	161
groan	174	hereditary	83
groom	169	heretofore	168
grope	94	hesitant	39
groundbreaking	20	heuristic	120
growl	109	hibernate	65
grudge	84	hickory	76
gruff	176	hierarchy	86
grumble	42	hieroglyph	110
gully	132	hindsight	159
gurgle	93	hissing	16
gutter	34	hitherto	148
		hoard	49
habitual	23	hoary	112
habituation	156	hoax	3
hack	140	holistic	55
haggle	128	holler	57
hail	9	homogeneous	2
hallmark	111	homogenize	4
halting	76	homograph	165
handicapping	92	hostility	125
handicraft	163	hotshot	61
harangue	82	humanitarian	174
harass	60	humanize	170
harbinger	128	humanoid	106

humdrum	73	implemental	84
hunch	177	impose	65
hunker	83	imposing	167
hurdle	139	imposingly	57
hurl	147	impostor	95
hush	93	impoverished	138
hyacinth	145	imprisonment	2
hydraulic	127	impropriety	157
hygiene	139	improvisational	102
hyperbole	105	imprudence	115
hypocrisy	60	impunity	15
hysteria	56	imputation	65
hysterical	159	in conjunction with	35, 90
		in step with	20
icky	16	inadequacy	131
ideological	107	inadvertently	160
idle	85	inalienable	175
idly	108	inarticulate	1
igneous	59	inattentive	66
ignominiously	45	inauspicious	148
ignominy	72	incalculable	137
illegitimate	77	incantation	141
illuminate	106	incidental	71
illumination	167	incinerate	47
illusiveness	161	inclusive	36
ill-advised	68	incompatible	36
ill-will	170	incomprehensible	129
imbibe	121	inconsiderate	25
imitate	149	inconstancy	97
imitating	91	incredulous	131
immense	47	incriminate	114
immersive	53	incubator	37
immure	71	inculcate	158
impaired	123	indebted	167
impairment	149	indecisiveness	129
impart	156	indefatigable	34
impartiality	76	indelible	166
impeccably	1	indigenous	25
impede	85	indignation	15
impel	128	indiscreet	4
impend	79	indiscriminate	5
impending	150	indiscrimination	135
impenetrable	31	indispensable	115
imperative	11	indolent	106
imperishable	31	inductive	49
impersonal	39	indulge	79
impervious	160	indulgence	22
impetus	27	indulgent	42
implacable	64	industrious	65
implant	86	ineffectuality	152

inefficacious	127	intervene	24
inescapability	103	intervening	120
inexorable	50	intervention	58
inextricably	120	intestinal	88
infatuation	56	intricacy	12
inferior	130	intricate	29
inflammatory	74	intrude	173
inflation	83	intrusion	43
inflict	76	intrusive	74
influenza	35	intuitive	39
influx	129	inundate	43
infrequent	158	invaluable	147
ingenious	156	inventiveness	128
ingenuity	75	inventory	128
ingest	164	inversion	90
ingredient	113	invigorate	25
inherent	90	involuntarily	67
inhibit	114	iota	96
inhibition	38	irksome	140
inhospitable	30	ironmongery	83
inimitable	109	irremediable	109
injunction	67	irretrievable	59
innate	20	irreverent	5
inning	149	irrevocably	100
innumerable	125	islet	79
inquisition	8		
inquisitive	157	jagged	148
insatiable	174	jarring	92
inscrutable	41	javelin	149
insensitive	103	jeer	1
insolent	164	jeopardy	90
inspirational	142	jockey	142
installment	114	josh	49
instantaneous	85	jostle	156
instigate	129	jot	155
instinctive	14	judicial	88
institute	177	judiciary	58
institution	138	jurisdiction	46
institutionalize	19	justified	46
insular	39	justness	110
insuperable	146	juxtaposition	93
intact	166		
intangible	118	kick off	172
integrity	116	knavery	19
intentness	162	knight	143
interconnected	123		
interject	95	labial	139
intermission	85	laborious	44
internecine	74	lacquer	6
interstitial	51	lactose	116

lag	45	lodging	153
lagoon	63	lofty	59
lament	30	logistics	147
lance	160	longing	161
landfill	144	long-standing	134
landslide	118	loom	106
larceny	97	loquacious	150
lateral	173	lorry	161
lath	7	lounge	110
lattice	28	lowbrow	114
lava	72	lubrication	72
lavender	65	lucrative	95
lawfulness	148	luddite	162
lay claim to	133	lumberjack	146
layoffs	30	luminosity	144
leaf litter	174	lurching	82
lean	19	lure	162
ledge	101	lurid	65
ledger	36	lurk	98
legacy	41	luscious	97
legible	173	luxuriant	108
legislation	115	lynx	19
legitimacy	89		
legitimate	4	magma	148
legume	132	magnanimous	90
lessen	54	magnolia	146
lest	154	mainspring	11
lethargic	153	maintain	5
lethargy	101	majesty	59
levitation	23	make off	98
levy	40	malevolent	59
lexicographer	109	malfeasance	110
liability	129	malice	111
liberality	47	malicious	158
liberate	23	malleable	113
licentiousness	11	malnutrition	28
likelihood	55	managerial	164
lineage	91	maneuver	57
linearity	148	mange	31
lineup	49	mangrove	33
linger	137	manhood	154
literalist	87	manicurist	155
literate	124	manifest	104
litigant	154	manifestation	27
litter	136	manipulate	55
livability	87	mannequin	165
liveried	113	mannerism	136
loan	19	mantelpiece	90
lobstering	120	mantra	157
locomotion	17	marginal	23

markedly	34	mingled	56
martial art	49	minimalism	1
marvel	132	mining	4
masculine	177	minister	169
masquerade	159	minuscule	119, 121
masterful	132	minute	136
materialize	149	mirage	121
maternal	64	misapprehend	68
matinee	32	mischief	105
matron	29	mischievous	161
mayhem	54, 109	miser	59
maze	169	misery	152
meander	98	misgiving	9
meanness	32	mishap	73
mechanically	38	mismatch	70
mechanization	158	misperception	32
meddle with	16	mitigation	170
meddlesome	144	mob	143
mediate	96	mockery	152
mediation	30	moderate	163
mediocrity	2	moderation	165
medley	102	modicum	16
meek	164	molest	40
megalith	33	molt	5
melodramatic	113	momentarily	86
menacing	121	momentous	76
mendacity	107	monarchy	142
menial	55	monastery	77
mercenary	121	monetary	38
merciful	64	monger	54
merit	123	monograph	89
merriment	164	monopoly	131
mesh	64	monotonous	112
metabolic	152	monotony	106
metamorphosis	161	monstrous	80
metaphysics	59	moose	113
metastasize	3	morbid	110
meteorological	91	morphine	107
meticulous	71	morphological	129
metropolitan	66	mortality rate	81
microbial	50	mortar	154
microscopic	63	mortifying	140
midst	12	mosque	119
mighty	49	mottle	82
militarism	138	mould	70
militate	33	mouldy	167
militia	115	moult	27
mindful of	11	mountainous	13
mineralize	78	mouthpiece	107
mingle	66	mudslinging	72

multiskilling	135	obscure	45
multitask	164	observable	171
munch	95	observance	100
municipality	146	obsession	143
mural	136	obsolescence	123
murky	30	obsolete	3
mushroom	141	obstinacy	73
musing	42	obstinate	45
musket	144	oculi	28
mutant	110	odious	164
mutation	53	offset	44
mutter	10	ominous	176
myriad	49	omnibus	167
myrrh	66	omnipotence	153
		omniscient	63
naivete	112	on the heel	42
nebulous	132	onerous	27
nectar	30	onslaught	142
needy	169	oppression	61
neurotic	88	oppressive	170
neutrality	164	opt	31
nibbling	51	optimism	11
nobility	177	optimize	98
nocturnal	66	opulently	97
nomenclature	53	oration	120
nominal	89	orchestrate	140
nomination	12	ordain	146
nonchalance	148	ordeal	119
nonentity	75	organelle	112
non-committal	8	ornament	58
normalcy	67	ornate	3
nostalgia	15	orthodox	170
nostalgic	163	ostensibly	176
nostril	134	ostrich	156
notch	124	otter	22
nothingness	39	oust	57
notion	1	outdo	155
notwithstanding	144	outgrow	97
noxious	67	outlay	138
nuance	138	outperform	56
nuances	99	outpost	18
nudge	17	outpouring	76
nuisance	112	outrage	105
nuthouse	50	outraged	134
		outrageous	52
obedience	169	outright	116
obediently	41	outrival	93
obituary	34	outspoken	37
objectionable	84	outstep	61
obliviousness	70	outwardly	157

outweigh	157	peeler	3
overarching	22	peg	6
overbearing	145	pelvis	29
overcloud	45	penal	134
overdrive	35	penalty	89
overhaul	50	pendent	62
overreach	101	pending	117
overrun	102	pendulous	115
oversight	13	penetration	103
overthrow	30	penitentiary	77
overture	111	penury	33
overwrought	49	peony	147
oviposition	46	perceptible	174
		perch	24
padlock	171	percussion	61
pageant	41	perennial	54
painstakingly	85	perforated	119
paleontologist	47	peril	172
palette	11	perilous	79
pall	123	periodically	106
palliation	106	peripheral	165
palp	26	perish	100
palsy	31	perk	41
pampered	7	permanence	49
pancreas	109	permutation	95
pandemonium	154	pernicious	97
pang	74	perpetually	38
panicky	31	perpetuate	42
panoply	59	perplex	122
pant	23	perplexity	157
paradox	79	persecute	174
paradoxical	13	persecution	108
paradoxically	7	personification	125
paramount	80	personify	70
parasitic	147	perspiration	48
parchment	128	pertain	74
pardonable	86	perturbation	66
parochial	94	pervading	57
parody	42	pervasive	111
partake	124	pesky	73
partisanship	17	pessimistic	111
paternal	123	petite	162
paternalism	37	petition	45
pathogen	58	petty	64
patrilocal	20	phantom	172
patroness	124	Pharaoh	142
patronize	39	pharmacist	139
pearly	115	pheasant	130
peculiar	92	phenology	165
pedant	112	phenotypic	115

philosophize	39	precede	167
phraseology	118	precedent	67
physician	68	preceding	156
phytoplankton	128	preceptress	64
picket	140	preclude	170
picketer	16	precursor	64
piety	8	predation	83
pigmentation	72	predilection	30
pilgrimage	116	predominately	51
pilot	25	preemie	40
pinching	142	preeminence	66
pinnacle	124	preeminent	102
pinpoint	100	preferential	167
pious	139	preliminary	174
pittance	87	premise	160
placid	120	preoccupied	175
plague	50	preoccupy	147
plaintiff	95	preposterous	62
plaster	76	prescribe	115
play out	165	prestigious	7
pledge	24	presumably	59, 132
plenipotentiary	19	presume	145
plenitude	118	presumption	111
plight	88	pretension	47
plodding	165	pretrial	157
plumage	44, 101	prevail	139
plumpness	60	priestcraft	4
plunder	73	primacy	21
plunge	33	primal	110
plunger	5	primary	31
poignant	91	primates	23
polarization	62	primordial	75
polarize	87	principalities	129
pollinator	3	pristine	86
ponder	89	proceeding	137
populace	146	proclamation	7
populous	110	procure	15, 108
port	96	prod	124
portfolios	64	prodigal	153
possessive	165	prodigious	133
posthumously	139	profess	152
postulate	145	profile	146
potency	68	profuse	172
potent	55	proliferate	107
pounding	74	proliferation	62
practicable	77	prolific	64
practical	170	prominent	111
practitioner	41	promised land	48
pragmatic	133	prompting	98
prank	51	promptly	32

promulgate	66	quasar	4
prone	99	quaver	83
pronounce	16	queer	88
pronounced	55	quell	122
prop	176	quibbling	173
propagandist	61	quietude	67
propagate	30	quilt	88
propel	21	quintessential	64
propeller	18	quip	48
prophet	88	quirk	7
proponent	119	quixotic	103
proposition	154		
proprietor	106	radiant	153
prosaic	59	rag	71
prosaically	93	ramble	24
prosecute	28	rampant	137
prosecution	104	rancher	53
prospective	105	rapacious	115
prosper	57	rapid	151
prosthetic	99	rash	173
protagonist	68	ratchet up	102
protectiveness	175	ratify	101
protocol	6	raucous	127
prototype	49	raw	107
protrusion	130	realm	36
provenance	118	reap	33
provincial	22	reassure	68
provision	53	reassuring	96
provocative	68	rebuke	84
prowl	77	rebuttals	90
proximity	110	recapture	60
proxy	108	reciprocally	7
prudence	58	reciprocate	84
prudent	103	recitation	46
prune	68	reckon	1
pry	144	recoil	147
psychedelic	114	recollection	161
pulpit	145	recompense	128
punctuality	145	reconcile	29
pupa	126	recount	131
pupate	49	recourse	162
purge	70	recreational	58
purport	84	rectify	67
purportedly	22	recurrent	119
pyrotechnic	107	redeem	171
		redress	47
quadrupedal	75	reduction	81
quail	158	redundant	33
quantum	86	reflexive	21
quarantine	64	regime	31

regress	115	retaliation	91
regulate	120	retention	102
rehabilitate	162	retina	78
reigning	113	retort	83
reimbursement	17	retract	78
reiterate	95	retreat	172
relegate	142	retrial	163
relinquish	10	retribution	19
relinquishing	126	retrofit	81
relinquishment	24	retrospect	172
relish	36	reunify	104
reluctance	129	revamp	20
reluctant	163	revelation	59
remedy	45, 76	reverberation	50
reminisce	141	revitalize	39
reminiscent	47	revive	82
remiss	164	ridership	22
remit	44	ridge	19
remnant	116	ridicule	63
remorseful	11	rigorous	112
remuneration	79	riot	108
render	132	riposte	51
rendering	118	ripple	50
repertoire	37	rivulet	138
replenish	141	roam	111
replica	83	roar	58
replicate	11	robust	148
repose	104	romp	108
repository	101	roomy	149
repression	99	rosette	109
reprimand	78	rostrum	133
reproach	124	rouge	18
reproduction	140	rouse	166
reproof	108	routine	24
repudiate	122	rudimentary	137
repurpose	1	rug	152
rescind	109	rumbling	80
resemblance	14	ruminate	143
residual	56	run of the mill	90
resignation	86	runout	163
resilience	74	rustic	98
resiliency	12	rustling	154
resolute	54		
resolve	21	sagacious	62
respiratory	40	sagacity	139
resplendence	71	salient	176
restoration	75	sanction	61
restorative	67	sanctuary	48
restrictive	48	sanguine	125
retail	167	sanity	83

sap	143	shackle	145
sarcasm	108	sham	16
satchel	111	shanty	127
satiate	93	shard	114
satirical	36	shear	68
savannah	80	shed	94
savvy	153	shed light on	37
scalp	169	sheepishly	139
scanty	155	sheer	132
scatterbrained	159	shew	135
scenario	144	shone	124
schematically	53	showcase	175
scoff	65	showy	125
scold	80	shrewd	13
scope	64	shriveled	87
score	154	shrouding	100
scorn	134	shun	154
scornful	20	sibling	149
scoundrel	15	sidestep	11
scour	154	sigh for	2
scrap	170	silhouette	94
scrawled	79	sinew	72
scribble	83	singly	130
scrupulous	25	sinister	18
scrutiny	55	sinner	98
sculptural	165	situated	166
scum	101	skyscraper	109
scuttle	64	slab	109
scythe	115	slain	138
seam	12	slander	31
seamlessly	29	slat	10
sear	15	slender	18
seasoned	137	sluggish	136
secluded	171	slumber	77
secure	83	slur	120
seductive	19	smash	100
seesaw	24	smirk	29
segregate	78	smudge	58
segregation	15	smug	41
self-assured	93	smugly	99
self-sufficiency	31	snap	60
sensation	145	snare	145
sensational	113	snarky	14
sensual	71	snatch	174
sentinel	167	sneer	52
sequester	155	snip	88
sequestration	61	snug	140
serene	74	soberly	73
shabby	50	societal	58
shack	170	solely	76

solemn	49	starboard	40
solicitude	159	stark	88
solidarity	171	startle	164
solitary	55	startling	119
somber	91	static	173
sonorous	154	stationary	80
soot	107	status quo of	157
soothsayer	91	statute	23
sophistic	116	steadfast	16
soprano	148	steer	2
sordid	164	stepwise	78
sore	177	stern	66
sound	2	stew over	139
sovereignty	87	stewardship	136
spacious	16	stiff	46
sparse	64	stigmatized	104
spawn	152	stir	2
specificity	138	stitch	96
specimen	164	stochastic	6
speck	29	stockpile	163
speculate	160	stoical	149
speculation	89	stooped	89
spell out	79	strand	55
spherule	145	strangle	161
spin-off	93	stratified	77
spire	23	stratosphere	122
spirited	80	stray	63
spiteful	80	strenuous	173
splendor	48	strenuously	28
splinter	133	striation	71
sport	146	stride	7
sprawl	59	stridulation	59
spring ... into action	128	strife	33
sprout	91	stroll	57
squadron	133	stubborn	37
squalid	99	studiously	65
squanderer	72	stumble	6
squelch	38	stump	86
squiggle	120	stunt	2
squint	63	stupefy	21
squish	152	stupendous	9
stagflation	173	sturdy	131
staggering	21	stylish	13
stagnation	150	subduction	139
stake out position	160	subjugate	147
stamina	25	sublunary	173
stampede	49	submerge	121
stamping out	51	suboptimal	47
stance	100	subordinate	51
staple	113	subscribe	70

subservient	141	tally	156
substantial	40	tam	89
substantiate	87	tame	106
subterranean	35	tamp	104
subversion	4	tamper	132
subvert	106	tantalize	58
successive	79	tantalizing	56
suffrage	10	tantamount	27
suggestive	37	taper	19
sulfur	62	tapering	67
sullen	79, 177	tapestry	55
sultry	60	taut	86
summit	130	tease	41
summon	23	tectonic	13
sunburst	40	tedious	33
superadd	26	teeny	72
supercilious	3	teleology	89
superficially	78	telltale	143
superfluous	142	temper	124
superimposed	128	temperament	100
superiority	141	tempered	17
superlative	136	tempestuous	35
supernova	113	temporal	32
supremacist	32	tenacity	118
supremacy	94	tenant	174
surf	14	tender	53
surge	134	tenet	63
surly	131	tentacle	14
susceptibility	15	tentative	127
susceptible	175	termite	78
suspicion	159	terrifically	76
sustenance	130	testimony	113
swamp	141	tether	17
swath	13	thaw	4
sway	99	theatrical	82
swell	54	therapeutic	127
swindle	28	thermoregulation	29
swoop	97	thither	142
syllable	125	thoroughfare	167
symbiotic	119	threadbare	150
symptomatic	76	threshold	71
synchronize	158	thrifty	41
synchrony	120	thrill	63
syndrome	70	throb	32
synonymous	138	throng	83
synthetic	76	throughout	109
		thrust	44
tactful	100	thump	46
tactic	109	thwart	137
taint	145	tickle sb. pink	116

timbre	161	trust	61
timeworn	3	trustworthiness	78
timid	96	tuberculosis	123
timidity	81	tuck	46
tinge	105	tuft	106
tissue	56	tug	163
toasty	150	tumble	101
toddle	37	tumult	64
toehold	92	tumultuous	101
toil	153	turbine	129
token	95	turf	55
tollbooth	149	turnabout	139
topographic	141	tweak	129
torrential	150	typify	136
torso	12	typography	108
toughness	133	tyrannosaurus	17
tournament	100	tyranny	94
tout	156		
traction	10	ubiquitous	163
trade-off	148	ubiquity	31
trait	90	ugliness	20
trajectory	3	unadorned	103
transactive	123	unambiguous	175
transcendent	14	unambitious	66
transferable	102	unanimity	85
transfix	81	unanimously	80
transgenic	173	unanswerable	71
transgression	81	unassuming	128
transit	88	unbecoming	93
translucent	23	unbending	93
transmute	96	uncluttered	103
transparent	84	uncompromisingly	17
trapes	169	uncongenial	28
traverse	14	unconstrained	59
tray	34	uncultivated	163
treacherous	40	undeniably	47
treatise	157	underappreciated	138
trench	176	undergird	159
trendy	41	underpin	171
tress	4	underpinning	146
trial	140	underscore	99
tribunal	61	underside	175
tributary	72	undo	133
tribute	62	undulating	114
trickery	90	unduly	144
triumph	21	unequivocal	102
triumphantly	46	unfetter	155
trot	37	unfold	114
troupe	57	unfounded	93
trove	153	unholy	165

uniform	14	utopia	127
unilateral	87	utopian	5
unillumined	42	utter	20
unimpeded	132	utterance	132
uninformative	13	vacant	70
uninterrupted	156	vaccine	24
unionize	6	valet	92
unmask	23	validate	146
unmistakable	46	valor	130
unmitigated	94	vanish	55
unoccupied	125	vanquish	28
unorthodox	161	vantage ground	45
unparallel	135	variance	31
unpretentious	96, 113	variant	67
unrefined	48	vault	19
unreflective	86	vaunt	12
unrepresentative	49	veil	132
unrequited	130	vellum	16
unreturned	144	vendor	104
unrewarding	100	venerable	28
unrivaled	123	venomous	115
unscathed	126	venting	62
unscramble	116	venture	84, 152
unscrupulous	119	veranda	83
unseemly	32	verbiage	13
unsettling	93	verge	16
unshackle	156	verifiable	3
unsightly	5	veritable	166
unsparing	146	vernacular	176
untapped	47	vernal	79
untimely	109	versatile	139
unveil	135	versatility	151
unveiling	14	vertebrate	100
unwanted	8	vex	12, 150
unwieldy	33	vexation	47
unwitting	93	viable	60
upbeat	150	vice	75
upbringing	7	vice versa	36
upheaval	38	vicious	16
uphill	29	vie	48
uplift	142	vigilant	23
upright	156	vigor	49
uptick	54	vigorous	107
upturned	120	vile	20
urbanite	80	villain	72
urchin	3	vim and vigor	43
usher	147	vindicate	4
usurp	73	vindication	156
usurpation	122	virile	68
utilitarian	55	visionary	135

volatile	158	widower	107
volition	95	wield	127
volubility	117	win upon	48
volunteerism	72	wince	21
vow	161	windshield	6
		wire	154
wail	117	wispy	64
want	123	wistaria	175
warfare	33	wistful	81
wariness	140	wit	111
warp	73	withdrawal	81
warrant	95	wither	46
wary	48	withering	127
wasp	65	withstand	68
watchful	72	wittily	73
waver	67	wobble	23
weary	137	wonderment	35
weathered	62	wooed and won	75
weather-cock	56	workable	124
weedy	29	wreck	24
weld	20	wrest	28
welder	155	wretch	174
welter	28	wretchedness	83
wharf	54	writhe	87
whence	25	wrongful	44
wherewith	8	wry	65
whimsical	112		
whimsy	146	xenophobia	61
whirl	162		
whisk	111	yarn	44
whit	158	yoke	68
whitewash	35		
wickedness	31	zoom in on	50
widest	4		